D1699711

Buch-Updates

Registrieren Sie dieses Buch
auf unserer Verlagswebsite.
Sie erhalten dann
Buch-Updates und weitere,
exklusive Informationen
zum Thema.

Galileo
BUCH UPDATE

Und so geht's
> Einfach www.galileodesign.de aufrufen
<<< Auf das Logo **Buch-Updates** klicken
> Unten genannten **Zugangscode** eingeben

Ihr persönlicher Zugang
zu den Buch-Updates

104312201150

Monika Gause

Adobe Illustrator CS3

Das Praxisbuch zum Lernen und Nachschlagen

Galileo Press

Liebe Leserin, lieber Leser,

ein Buch zu Adobes Illustrationsprogramm zu schreiben, ist sicher eine der größten Herausforderungen im Leben eines Designers. So mächtig wie Illustrator sind nur wenige Tools, und hier den Durchblick zu wahren, einer klaren Struktur zu folgen und die schweren Techniken anschaulich zu erklären, ist eine sehr anspruchsvolle Tätigkeit.

Umso besser ist es, dass wir als Autorin für unser Praxisbuch Monika Gause gewinnen konnten. Auf jeder Seite des Buchs werden Sie merken, dass die Autorin von der Arbeit mit diesem Tool begeistert ist, dass sie mit Freude ihr umfangreiches Wissen rund um Illustrator weitergibt.

Was für Sie ein Glück ist, denn nicht weniger schwierig als das Schreiben eines Illustrator-Buchs ist das Erlernen des Programms! Mit diesem Praxisbuch steht Ihnen Monika Gause bei der Arbeit mit Illustrator zur Seite und erklärt Ihnen alle Funktionen und Techniken. Dabei geht sie so fundiert vor, dass alte »Vektorhasen« oder Umsteiger von Macromedia FreeHand das Buch als Nachschlagewerk nutzen können. Und nicht nur das: Alleine beim Durchblättern des Buchs möchte man doch zur Maus respektive zum Zeichenstift des Grafiktabletts greifen, so ansprechend sind die Illustrationen der Autorin. Hier wird deutlich, was ein kreativer Kopf aus Illustrator herausholen kann.

Und Sie können das auch!

Sollten Sie Fragen, Lob oder Anmerkungen zum Buch haben oder einen Vorschlag zur Verbesserung, so freue ich mich über Ihre Mail. Aber jetzt wünsche ich Ihnen erst einmal viel Erfolg bei der Arbeit mit Adobe Illustrator.

Ruth Lahres
Lektorat Galileo Design
ruth.lahres@galileo-press.de

www.galileodesign.de
Galileo Press • Rheinwerkallee 4 • 53229 Bonn

TEIL I: Programmoberfläche und grundlegende Einstellungen

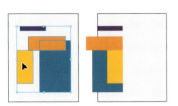

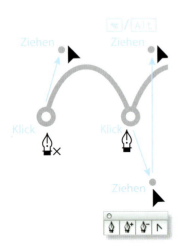

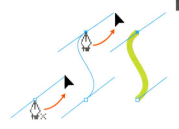

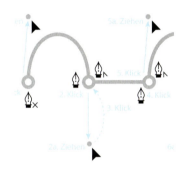

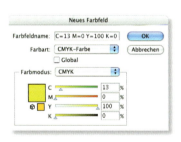

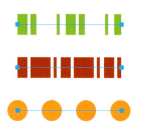

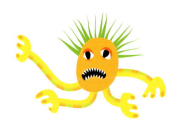

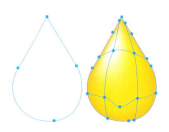

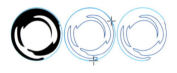

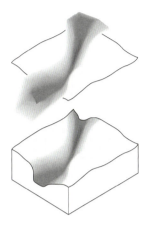

Office-Software: *Tabellen-kalkulation, Textverarbeitung, Organizer, Präsentation, E-Mail*

First make it red. If that doesn't work, make it bigger.

To design is much more than simply to assemble, to order or to edit. To design is to transform Prose into poetry.

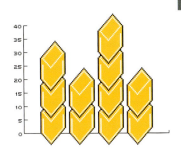

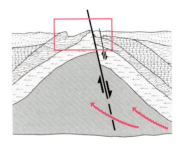

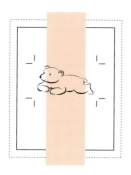

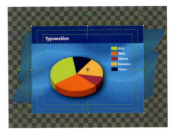

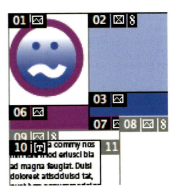

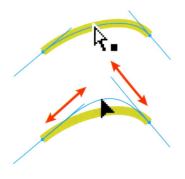

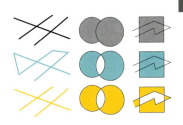

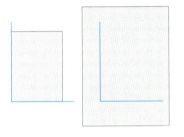

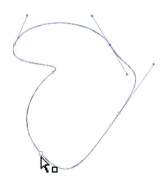

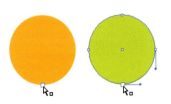

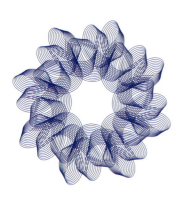

Auf der Buch-DVD befinden sich Video-Lektionen mit einer Laufzeit von 2 Stunden, die Ihnen alle Werkzeug von Adobe Illustrator CS3 erklären. Sie wurden dem Training »Adobe Illustrator CS3« von Karl Bihlmeier, ISBN 978-3- 8362-1018-8, entnommen.

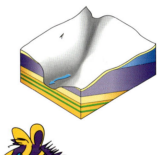

TEIL I
Programmoberfläche und
grundlegende Einstellungen

1 Die Arbeitsumgebung in Illustrator CS3

1.1 Herzlichen Glückwunsch!

Dieses Jahr 2007 markiert nicht nur ein vor allem von Mac-Usern lang erwartetes Upgrade der Adobe-Produktpalette, sondern auch den 20. Geburtstag von Illustrator. Im Januar 1987 hat Adobe das Programm auf der Computermesse Macworld vorgestellt – Illustrator erlaubte als erste Software das Editieren von Bézier-Kurven durch Klicken und Ziehen der Punkte und Grifflinien mit der Maus. Dieses neue Konzept wurde den Anwendern in Version 1.1 noch mit einem Trainingsvideo erklärt, in dem John Warnock (Mitgründer von Adobe) die Funktionen vorführt.

Das Konzept des Begrüßungsvideos haben die Entwickler mit jeder Version an die jeweils aktuellen Methoden angepasst und so empfängt Illustrator Sie beim ersten Öffnen mit einem **Start-bildschirm** in erfrischenden Gelbtönen.

Der sinnvollste Bestandteil des Fensters ist allerdings das kleine Kästchen links unten, denn alle Angebote dieser Seite erreichen Sie auch auf anderem Weg – und um Illustrator zu lernen, haben Sie ja dieses Buch. Also setzen Sie dort ein Häkchen, so kommt Illustrator zukünftig immer gleich zur Sache – ohne Begrüßung.

▲ **Abbildung 1.1**
Seit Version 1.0 dabei: Botticellis »Geburt der Venus«

▲ **Abbildung 1.2**
Der Startbildschirm

1.2 Die Arbeitsfläche

Der Arbeitsbereich mit der Zeichenfläche, der Menüleiste, der Werkzeugpalette, der Steuerungspalette bildet zusammen mit diversen weiteren Paletten die Elemente in Illustrator, die Ihnen zur Erstellung Ihrer Illustration zur Verfügung stehen, in denen Sie Einstellungen vornehmen und Vorgaben sowie Eigenschaften verwalten.

Dokumentfenster

Illustrator öffnet seine Dateien in Dokumentfenstern, in denen die **Zeichenfläche** – umrandet von einer schwarzen Linie – mit der Grafik oder ein Ausschnitt davon in einer frei bestimmbaren

Vergrößerungsstufe dargestellt wird. Die Größe der Zeichenfläche bestimmen Sie beim Erstellen eines neuen Dokuments.

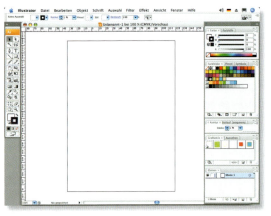 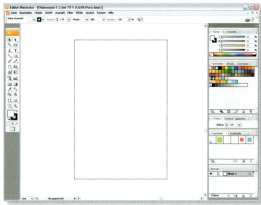

▲ **Abbildung 1.3**
Illustrator-Arbeitsoberfläche: Macintosh- (links) und Windows-Version

▲ **Abbildung 1.4**
Voreingestellt ist die Werkzeug-Palette am linken Bildschirmrand angedockt (mehr zum Dock siehe folgende Seiten).

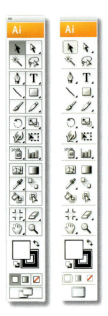

▲ **Abbildung 1.5**
Zweispaltige Werkzeugpalette Mac OS und Windows

Der auffälligste Unterschied von Vektor-Software wie Illustrator zu vielen anderen Programmen ist der Raum um die Zeichenfläche herum – die **Montagefläche**. Dieser Stauraum steht zum Erstellen kleiner Nebenzeichnungen oder zum vorübergehenden »Aufbewahren« von nicht benötigten Teilen Ihrer Illustration zur Verfügung, also grafischem Stückwerk, das nicht mitgedruckt werden soll.

Am unteren Rand des Dokumentfensters sehen Sie auf der linken Seite die **Statusleiste**; hier werden u. a. die Vergrößerungs- bzw. Zoom-Stufe und verschiedene andere Informationen über das Dokument angezeigt (Statusleiste siehe Kapitel 4).

Die Anzeige des Dokumenttitelbalkens und der Menüleiste lässt sich ausblenden – dies geschieht auch oft unabsichtlich. Drücken Sie die Taste F, um durch die vier unterschiedlichen Bildschirmmodi zu wechseln.

Werkzeugpalette

Am linken Rand des Bildschirms finden Sie die Werkzeuge zur Erstellung, Bearbeitung und Auswahl von Vektorobjekten, zusammengefasst in der **Werkzeugpalette**. Mit dem Menübefehl Fenster • Werkzeuge blenden Sie die Palette ein oder aus. Je nach Bildschirmgröße und persönlichen Vorlieben können Sie die Werkzeugpalette ein- oder zweispaltig anzeigen lassen – zum Umschalten zwischen den beiden Modi klicken Sie auf den Button mit dem Doppelpfeil am oberen Rand der Palette oder (wenn die Palette angedockt ist).

Wie alle anderen Paletten können Sie auch diese mit dem Mauszeiger am oberen Rand »anfassen« und verschieben.

Wenn Sie den Cursor über dem Feld eines Werkzeugs stillhal-
ten, wird der Name des Werkzeugs als Tooltip – in der deutschen
Version »QuickInfo« genannt – eingeblendet. Das gesamte Ins-
trumentarium lernen Sie in diesem Buch natürlich noch kennen.

Um ein Werkzeug auszuwählen, klicken Sie mit der Maus darauf, oder verwenden Sie den Tastaturbefehl, der mit dem Namen
angezeigt wird. Das aktive Tool ist auf dem Mac durch eine graue
Unterlegung und unter Windows durch eine Umrandung hervorgehoben.

Auf vielen Werkzeug-Buttons ist rechts unten ein kleines Dreieck zu finden. Wenn Sie auf den Button klicken und die Maus
gedrückt halten, werden weitere Werkzeuge angezeigt, die zusammen mit dem angezeigten eine Gruppe bilden. Bewegen Sie
den Cursor mit gedrückter Maustaste bis zu dem gewünschten
Werkzeug, um es nach dem Loslassen zu aktivieren.

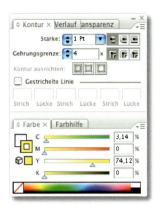

Lassen Sie die Maustaste los, wenn sich der Cursor auf dem Pfeil
am Ende der Palette befindet, wird die Werkzeuggruppe als
eigenständige Palette »abgerissen«, die Sie dann durch Klicken
und Ziehen der Titelleiste verschieben können. Mit einem Klick in
das Schließfeld wird sie wieder geschlossen.

Sie können sich eine Werkzeuggruppen-Palette auch mehrfach
»abreißen« und für Ihre Arbeit strategisch günstig im Dokument-
fenster verteilen.

Paletten (Bedienfelder)

Die meisten Objekteigenschaften, alle Farb- und Muster-Bibliotheken, viele Werkzeug-Optionen und etliche Operationen werden über **Paletten** aufgerufen und gesteuert.

Rufen Sie die Paletten, die Sie für eine Operation benötigen,
aus dem Menü FENSTER oder über den Shortcut auf, der im Fenster-Menü jeweils hinter dem Palettennamen angezeigt wird.
Voreingestellt sind die gebräuchlichsten Paletten im »Dock« am
rechten Bildschirmrand verankert (mehr zum Dock auf den folgenden Seiten).

Ein Häkchen vor dem Eintrag im Fenster-Menü bedeutet, dass
die Palette aktiv ist. Die meisten Paletten sind in Gruppen zusammengestellt und werden als Gruppe geöffnet.

▲ **Abbildung 1.6**
Palettengruppe aus Kontur-
Palette, Verlauf-Palette und Trans-
parenz-Palette mit »angedockter«
Farbpalette

◀ **Abbildung 1.7**
Wählen Sie ein Werkzeug aus
einer Gruppe, oder lassen Sie die
Werkzeuggruppe als separate
Palette darstellen.

▲ **Abbildung 1.8**
Werkzeuggruppen: Schließ-
Buttons links oben bei Mac OS
und rechts oben bei Windows

Tipp

Die Anzeige von Tooltips steuern
Sie, indem Sie unter VOREINSTEL-
LUNGEN • ALLGEMEIN… die Option QUICKINFO ANZEIGEN aktivieren bzw. deaktivieren.

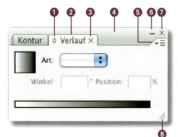

▲ Abbildung 1.9
Palettengruppe in Mac OS

Um eine Palettengruppe wieder zu schließen, klicken Sie auf den Schließ-Button ❼. Statt sie zu schließen, können Sie Palettengruppen auch auf ihre Titelleiste reduzieren – »minimieren« –, indem Sie auf den Minimieren-Button ❻ klicken. Betätigen Sie den Button erneut, wird die Gruppe wieder komplett dargestellt.

Sie können Paletten und Palettengruppen frei über den Bildschirm bewegen und positionieren. Um eine Palette zu bewegen, klicken und ziehen Sie die Titelleiste ihres Fensters ❹.

Einige Paletten lassen sich in ihrer Größe verändern, z.B. die Verlauf-Palette. Klicken und ziehen Sie dafür das Größenfeld rechts unten im Palettenfenster ❽.

In der Standardansicht finden Sie in Illustrator mehrere Paletten zu Gruppen zusammengefasst. Dies ermöglicht eine platzsparende Handhabung der Hilfsfenster.

Wenn Sie eine Palette aus einer Gruppe in den Vordergrund holen wollen, klicken Sie auf den Reiter mit ihrem Namen ❷. Eine einzelne Palette schließen Sie mit dem Schließ-Button im Reiter ❸.

Um eine Palette aus einer Gruppe zu entfernen, ziehen Sie ihren Reiter aus der Gruppe heraus.

Abbildung 1.10 ▶
Gruppieren der Farbpalette mit der Aussehen-Palette. Ziehen Sie den Reiter in den Kopfbereich der Palette.

Ziehen Sie den Reiter einer Palette in den Kopfbereich einer anderen Palette oder Gruppe hinein – der Bereich wird dabei blau hervorgehoben –, bildet das Programm eine neue Gruppe aus diesen beiden Paletten bzw. fügt die Palette der bestehenden Gruppe hinzu.

Abbildung 1.11 ▶
Verankern der Farbpalette an der Aussehen-Palette

Unter eine einzelne Palette oder unter eine Palettengruppe können Sie weitere Paletten »andocken«, indem Sie deren Reiter unter die Funktionsbuttons des anderen Palettenfensters ziehen. Auf diese Art verankerte Paletten bewegen sich dann beim Verschieben der »Mutter-Palette« mit.

Jeweils ein Doppelklick auf den Reiter ❷ wechselt zwischen der Standardansicht der Palette mit allen Optionen und der Darstellung, bei der nur die Titelleiste sichtbar ist, hin und her. Einige Paletten lassen sich in mehreren Schritten minimieren; dies lösen Sie durch einen Klick auf den Button ❶ im Reiter aus.

Alle Paletten verfügen über ein eigenes Palettenmenü, das spezielle Optionen für die Palette und oft auch weitere Funktionen anbietet. Rufen Sie dieses Palettenmenü mit einem Klick auf den Menü-Button ❺ auf.

Alle Paletten verstecken | Drücken Sie ⬚, um alle Paletten auszublenden. Um sie wieder anzuzeigen, drücken Sie die Tabulatortaste erneut.

Dock

Am linken und rechten Bildschirmrand können Paletten verankert werden. Das »Andocken« ermöglicht es, die Paletten auf die Symbol-Darstellung zu reduzieren, um Platz auf dem Bildschirm zu gewinnen und dennoch bei Bedarf schnell auf die Arbeitsmittel zugreifen zu können. Die Dock-Funktionalität kommt Ihnen vor allem entgegen, wenn nur ein Monitor zur Verfügung steht, zum Beispiel an einem Notebook.

Die Steuerung der Dockanzeige nehmen Sie mit den Symbolen in der grauen Titelleiste des Docks vor.

Klicken Sie auf den Titelbalken bzw. auf den Doppelpfeil ⬚, um den Andockbereich zu erweitern oder auf Symbole zu verkleinern. Klicken und ziehen Sie den Griff ⬚ links im Titelbalken, um die Breite der Andockfelder zu verändern.

> **Tipp**
> Möchten Sie ein unabsichtliches Gruppieren oder Verankern von Paletten verhindern, drücken Sie beim Schieben der Palette `ctrl`/`Strg`.

▼ **Abbildung 1.12**
Paletten im Dock (von links): auf Symbole reduziert, Symbole mit Titel, Andockbereich erweitert, Anzeige einer einzelnen Palette

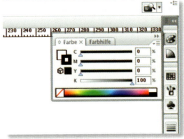

Um Paletten in den Andockbereich zu bewegen, ziehen Sie ihren Reiter oder – bei einer Palettengruppe – den Kopfbereich an den rechten oder linken Bildschirmrand bzw. in ein bereits bestehendes Dock.

Sie können Paletten sowohl in den auf Symbole reduzierten als auch in den erweiterten Andockbereich verschieben – die Palettenanzeige im Dock passt sich an die jeweilige Darstellung an.

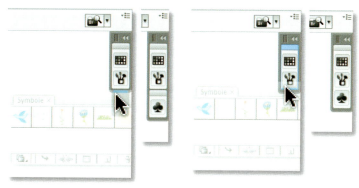

▲ **Abbildung 1.13**
Verankern von Paletten im Dock (von links): Erstellen eines neuen Andockbereichs, Verankern einer einzelnen Palette, Verankern einer Palette in einer Paletten-Gruppe

▲ **Abbildung 1.14**
Mehrere Andockbereiche können nebeneinander angeordnet sein.

Im Dock verankerte Paletten verkleinern Sie auf das Symbol, indem Sie auf den Button Verkleinern ▶▶ oben rechts in der Palette klicken. Oder aktivieren Sie die Option SYMBOLBEDIENFELDER AUTOMATISCH VERKLEINERN unter VOREINSTELLUNGEN • BENUTZEROBERFLÄCHE, dann werden Paletten minimiert, sobald Sie neben ihre Fläche klicken.

Eine in Symbolform dargestellte Palette zeigen Sie an, indem Sie auf ihr Symbol klicken.

Steuerungspalette

In der Steuerungspalette bietet Illustrator zentral und situationsabhängig die gebräuchlichsten Transformations- und Bearbeitungsmöglichkeiten an, die Sie sich anderenfalls in Paletten und Menüs zusammensuchen müssten. Über die Steuerungspalette lassen sich aber auch die Spezialpaletten aufrufen, wenn Sie deren detailliertere Optionen benötigen.

Beim ersten Start von Illustrator ist die Steuerungspalette unter der Menüleiste platziert. Sie können sie am linken Rand an der angedeuteten Fensterleiste anfassen und wie andere Paletten an jeden beliebigen Ort auf dem Bildschirm verschieben. Da die Leiste in ihren Ausmaßen jedoch etwas unhandlich ist, ist es empfehlenswert, sie irgendwo am Bildschirmrand zu belassen.

Tipp

Klicken Sie auf einen blau unterstrichenen Eintrag in der Steuerungspalette, um die passende Palette aufzurufen.

Die Steuerungspalette passt sich an die Breite Ihres Bildschirms an, indem sie Optionen auslässt, für die kein Platz mehr ist. Sie können aber auch selbst Einfluss darauf nehmen, welche Optionen angezeigt werden. Rufen Sie dazu in der Leiste ganz rechts das Palettenmenü ▾≡ auf und entfernen das Häkchen vor den Optionen, die Sie nicht benötigen, indem Sie die entsprechenden Menüpunkte auswählen. Ein erneuter Aufruf der Menüposition fügt die Option der Steuerungspalette wieder zu.

Allgemeine Paletten-Optionen
Den Hintergrund-Grauton der Bedienelemente und Paletten können Sie in der Helligkeit verändern, um ihn z. B. an die Benutzeroberfläche von Videobearbeitungsprogrammen anzupassen. Rufen Sie VOREINSTELLUNGEN • BENUTZEROBERFLÄCHE auf und verschieben den Regler.

Werte in Paletten einrichten
Für Einstellungen, die Sie in Paletten vornehmen, stehen Ihnen meistens verschiedene Wege offen. Entweder Sie wählen eine Position aus einem Ausklappmenü, oder Sie betätigen einen Schieberegler; oft bietet Illustrator auch Eingabefelder an, in die Sie alphanumerische Werte eintragen können.

Sie können solche Eingabefelder auch für einfache Berechnungen nutzen, mit den Operatoren + für Addition, – für Subtraktion, * für Multiplikation, / für Division sowie % für Prozentberechnung. Um den aktuellen Wert in die Kalkulation einzubeziehen, setzen Sie die Einfügemarke vor oder nach den bereits eingetragenen Wert und geben einen mathematischen Ausdruck dazu ein. Bestätigen Sie Ihre Eingabe mit ⏎ .

Maßeinheiten in den Eingabefeldern
In den Eingabefeldern werden üblicherweise die Maßeinheiten verwendet, die Sie als Vorgaben in den Voreinstellungen oder im aktuellen Dokument bestimmt haben.

Möchten Sie in einzelnen Fällen andere Einheiten verwenden, können Sie diese direkt in Eingabefelder eintragen – Illustrator rechnet die Werte nach der Eingabebestätigung in die voreingestellte Maßeinheit um.

▲ **Abbildung 1.15**
Die Steuerungspalette zeigt kontextbezogen – je nach ausgewähltem Objekt – wichtige Funktionen an. Von oben sind folgende Objekte aktiviert: VERKNÜPFTE RASTERGRAFIK, TEXT-OBJEKT, ANKERPUNKT.

▲ **Abbildung 1.16**
Dunkle Darstellung der Bedienelemente

▲ **Abbildung 1.17**
Winkel- und Schieberegler sowie jeweils zugehörige Eingabefelder in der Dialogbox des Scribble-Effekts

Maßeinheit	Abkürzung
Millimeter	mm
0,25 Millimeter	Q
Zentimeter	cm
Zoll (Inch)	"
Punkt	Pt
Pica	Pc
Pixel	Px

▲ **Tabelle 1.1**
Abkürzungen für Maßeinheiten

▲ **Abbildung 1.18**
Kontextmenü

Die Maßeinheiten geben Sie mit einer der Abkürzungen ein, die in Tabelle 1.1 aufgeführt sind.

Voreinstellungen

Unter Mac OS finden Sie die Illustrator-Voreinstellungen im Menü ILLUSTRATOR • VOREINSTELLUNGEN. Unter Windows sind die Voreinstellungen im Menü BEARBEITEN zu erreichen. Im gesamten Buch referenzieren wir die Voreinstellungen daher ohne den übergeordneten Menüpfad.

Die Beschreibung der Voreinstellungen finden Sie jeweils bei den Funktionen und Befehlen, die davon betroffen sind.

Kontextmenü

Das Kontextmenü stellt Ihnen situationsabhängig die jeweils gebräuchlichsten Menübefehle zur Verfügung. Unter Mac OS rufen Sie es auf, indem Sie ⌃Ctrl⌄ drücken und die Maustaste klicken. Bei Verwendung einer Mehr-Tasten-Maus bzw. unter Windows erscheint das Kontextmenü mit einem Klick auf die rechte Maustaste.

Aufgrund der teilweise tief verschachtelten Menübefehle ist das Kontextmenü eine praktische Einrichtung. Damit Sie sich an die Verwendung gewöhnen, sollten Sie es in den unterschiedlichsten Situationen einfach »auf Verdacht« aufrufen und Befehle darüber auswählen, soweit sie zur Verfügung stehen.

Menübefehle verwenden

Viele Befehle und Steuerungsmöglichkeiten finden Sie in Illustrators Paletten – vor allem in der Werkzeugpalette. Dennoch sind einige Funktionen nur über Menübefehle zu erreichen.

Shortcuts | Für etliche dieser Menübefehle haben die Entwickler Tastaturkürzel oder »Shortcuts« eingerichtet – diese sind jeweils hinter dem Menüeintrag angegeben, und wir haben sie natürlich in dieses Buch aufgenommen. Es kann jedoch vorkommen, dass ein Shortcut in der deutschen Programmversion nicht funktioniert.

Die Tastaturbefehle können Sie an Ihre eigenen Bedürfnisse anpassen (Personalisieren siehe Kapitel 21).

Untermenüs | Ein Pfeil ▶ hinter einem Menüeintrag kennzeichnet diesen Eintrag als den Oberbegriff einer Gruppe von Befehlen, die Sie aus einem Untermenü auswählen.

1.3 Adobe Bridge

Mit allen Adobe-Programmen und mit der Creative Suite erhalten Sie Adobe Bridge, einen Dateibrowser, den Sie alternativ zur Oberfläche Ihres Betriebssystems bzw. als Bild- und Grafik-Datenbank verwenden können.

Eine Vorschaufunktion für Adobe-Dateien und die verbreiteten Austauschformate ist integriert. Die zu Ihren Dateien angelegten Metadaten können Sie anzeigen und als Sortierkriterium verwenden – zu Ihren Illustrator-Dateien werden auch verwendete Farben und angelegte Farbfelder angezeigt. Darüber hinaus sind die Versions- und Projektverwaltung Version Cue sowie Acrobat Connect – ein Online-Meeting-Service – Bestandteil von Adobe Bridge.

In BRIDGE HOME können Sie sich speziell für Illustrator zusammengestellte Links und Tipps anzeigen lassen.

Illustrator aufrufen | Haben Sie in Bridge eine Illustrator-Datei aktiviert, öffnen Sie sie entweder durch einen Doppelklick oder indem Sie DATEI • ÖFFNEN MIT • ADOBE ILLUSTRATOR CS3 wählen.

In Illustrator platzieren | Möchten Sie eine im Dateibrowser ausgewählte Datei in einer Illustrator-Datei platzieren, rufen Sie DATEI • PLATZIEREN • IN ILLUSTRATOR aus dem Menü auf.

Skripte und Stapelverarbeitung | Bei der Installation wurden bereits einige programmbezogene Skripte eingerichtet. Diese rufen Sie auf im Menü WERKZEUGE • ILLUSTRATOR.

▲ **Abbildung 1.19**
Adobe Bridge: Illustrator-Bereich (links) und »coole Extras« im Dateibrowser (rechts)

Version Cue | Die Versions- und Projektverwaltung Version Cue ist in Adobe Bridge integriert worden. Sie erreichen Version Cue über das Menü FAVORITEN.

Farbmanagement | Das Farbmanagement für alle Creative-Suite-Anwendungen synchronisieren Sie in Bridge unter BEARBEITEN • CREATIVE SUITE FARBEINSTELLUNGEN… (Farbmanagement siehe Kapitel 8).

Hilfe und Tipps | Zusätzlich zu der in Illustrator integrierten Programmhilfe finden Sie im Illustrator-Bereich von Adobe Bridge Links zu Foren und Online-Magazinen. Wählen Sie BRIDGE HOME und klicken dort auf das Illustrator-Icon, um in den Produktbereich zu gelangen.

2 Neue Funktionen

Neben der spektakulären Neuerung INTERAKTIVE FARBE erwarten Sie vor allem viele kleine Arbeitserleichterungen, neue Werkzeuge und Verbesserungen im Hintergrund.

2.1 Arbeitsoberfläche

Optimierung
Der Programmcode wurde überarbeitet und für die neuen Betriebssysteme und die neue Hardware angepasst, so dass vor allem Macintel-User einen deutlichen Geschwindigkeits- und Stabilitätsgewinn bemerken werden.

Dokumentprofile
Die Entwickler haben das Konzept der Startdateien erweitert und in diese Dateien – die neue Bezeichnung lautet »Dokumentprofile« – zusätzliche Optionen integriert, die für vier verschiedene Anwendungsbereiche bereits vordefiniert sind: DRUCK, WEB, VIDEO UND FILM und MOBILE GERÄTE (siehe Kapitel 4 und 21).

▲ **Abbildung 2.1**
Dokumentprofile

Palettenhandling und Dock
Diese Veränderung fällt gleich beim Starten des Programms ins Auge. Paletten lassen sich auf Symbole reduzieren. So sind sie platzsparend und unauffällig immer im Zugriff. Anders gestaltet und positioniert wurden ebenfalls die Steuerungsbuttons für die Paletten (siehe Kapitel 1).

▲ **Abbildung 2.2**
Paletten im Dock

Steuerungspalette
Die kontextsensitive Steuerungspalette macht es möglich, nicht ständig alle benötigten Paletten geöffnet zu lassen, da zusätzliche Funktionen darin integriert wurden (siehe Kapitel 1).

Farbmarkierungen für Ebenen
Die Farben, die Sie bereits in früheren Versionen für die Hervorhebung von aktivierten Pfaden anlegen konnten, werden jetzt

▲ **Abbildung 2.3**
Sichtbare Farbmarkierungen in der Ebenen-Palette

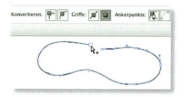

▲ **Abbildung 2.4**
Komfortableres Editieren von Pfaden mit zusätzlichen Funktionen

▲ **Abbildung 2.5**
Drucksensitives, kalligrafisches Radiergummi-Werkzeug

▲ **Abbildung 2.6**
Überarbeiteter Isolationsmodus

▲ **Abbildung 2.7**
Ausrichten von Schnittmasken anhand der Maskenform

auch in der Ebenen-Palette direkt angezeigt und helfen bei der schnellen Identifikation von Ebenen (siehe Kapitel 11).

Optimierungen und Bugfixes

Shortcuts, die in der Vorversion zwar in Handbuch und Menü aufgeführt waren, aber nicht funktionierten, und kleine Ärgernisse wie beispielsweise die fehlende Anpassung der Tabulatorpositionen beim Skalieren von Texten wurden bereinigt.

Adobe Labs: kuler und knowhow

Die US-Version enthält eine Anbindung an die Online-Community KULER sowie die kontextsensitive Hilfe-Palette KNOWHOW.

2.2 Grafikbearbeitung

Pfadbearbeitung

Mit vielen Hilfsmitteln wie z. B. der deutlicheren Hervorhebung von Ankerpunkten beim Mouse-Over, der Erweiterung der Ausrichten-und-Verteilen-Funktion auf einzelne Punkte oder einer für Anfänger intuitiveren Löschmöglichkeit für einzelne Punkte bringt Adobe hier deutliche Verbesserungen (siehe Kapitel 6).

Radiergummi

Aus anderen Programmen bereits bekannt ist ein Radiergummi, mit dem man Teile von Formen einfach entfernen kann. Illustrator hat dieses Werkzeug jetzt auch. Elegant daran ist, dass es sich wie ein Kalligraphie-Pinsel verwenden lässt (siehe Kapitel 7).

Isolationsmodus

Flash-Nutzern wird Illustrators neuer Isolationsmodus bei der Bearbeitung von Gruppen und Symbolen bekannt vorkommen. Auf Wunsch vieler Anwender ist es jetzt möglich, den Doppelklick als Auslöser für den Moduswechsel in den Voreinstellungen zu deaktivieren (siehe Kapitel 5 und 11).

Schnittmasken

Auch die Handhabung von Schnittmasken wurde verbessert. Nicht nur, dass Sie platzierte Pixelbilder jetzt einfacher maskieren können, auch das nachträgliche Editieren von Schnittmasken und ihren Inhalten geht leichter von der Hand. Und nicht zuletzt erfolgt die Ausrichtung eines Schnittsatzes jetzt anhand der Maskenform und nicht mehr auf Basis der gesamten Objektmaße (siehe Kapitel 11).

2.3 Farbe

Interaktive Farbe

Mit dieser Funktion haben die Entwickler die Einfachheit des »interaktiven Malens« auf die Behandlung von Farben übertragen. Farbvariationen eines einzigen Motivs lassen sich damit ebenso realisieren wie die Reduzierung von Druckfarben. Darüber hinaus wurde mit INTERAKTIVE FARBE das Erstellen von Farbharmonien in Illustrator integriert (siehe Kapitel 8).

▲ Abbildung 2.8
Farbrad und Farbhilfe-Palette der INTERAKTIVEN FARBE

Farbgruppen

Zur besseren Organisation können Sie Farbfelder in Farbgruppen einordnen. In der Funktionalität der INTERAKTIVEN FARBE spielen Farbgruppen eine wichtige Rolle beim Verwalten und Anwenden von Farbharmonien (siehe Kapitel 8).

DeviceN-Farbräume

Illustrator CS3 unterstützt DeviceN-Farbräume. Dadurch ist es beispielsweise möglich, Volltonfarben in einem Verlaufsgitter zu verwenden und als Volltonfarben zu separieren. Darüber hinaus wurde die Unterstützung von Mehrkanalbildern verbessert (siehe Kapitel 9 und 18).

▲ Abbildung 2.9
Arbeiten mit transparenten Duplex- und Mehrkanal-PSDs

Anwendung von Photoshop-Filtern in CMYK-Dateien

Ebenfalls dank der DeviceN-Unterstützung können Sie Photoshop-Filter jetzt auch im Dokumentfarbmodus CMYK anwenden (siehe Kapitel 13).

2.4 Produktion

Schnittbereiche

Die Begrenzung auf einen Schnittbereich pro Datei wurde aufgehoben. Damit lassen sich Schnittbereiche als weiterer Ersatz für das von vielen Anwendern vermisste Mehr-Seiten-Feature einsetzen. Für die Videoproduktion können Sie in Schnittbereichen spezielle Anzeigeoptionen aktivieren (siehe Kapitel 4, 19 und 20).

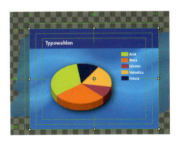

▲ Abbildung 2.10
Schnittbereich mit Anzeige der videosicheren Bereiche

Mobile Endgeräte

Zum Testen Ihrer Grafiken und Animationen für Handys und andere mobile Endgeräte ist Device Central als Testumgebung an Illustrator angebunden. Es stellt Software-Emulationen verschiedener Geräte zur Verfügung (siehe Kapitel 20).

▲ Abbildung 2.11
Device Central

▲ Abbildung 2.13
9-Slice-Skalierungs-Hilfslinien

▲ Abbildung 2.14
FreeHand-Dateisymbole

Flash-Text

Mit der neuen Flash-Text-Palette können Sie Textobjekte bereits in Illustrator z. B. als dynamisch oder Eingabetext definieren. Diese Optionen werden in Flash übernommen und helfen Ihnen, den Produktions-Workflow zu optimieren (siehe Kapitel 20).

Symbole

Die Entwickler haben sich für die Arbeit mit Symbolen ein wenig bei Flash umgesehen – so finden Sie in Illustrator neben einem identischen Shortcut z. B. die 9-Slice-Skalierung (leider nur für den Export) und in Zusammenarbeit mit dem Isolationsmodus ein einfacheres Editieren der Symbolgrafik (siehe Kapitel 16).

PDF 1.5 eingebettet

Die beim Speichern eingebettete PDF-Version wurde auf PDF 1.5 erhöht. Damit ist es beispielsweise möglich, in InDesign bei platzierten AI-Dateien die Ebenensichtbarkeit zu bearbeiten.

2.5 Im- und Export

FreeHand-MX-Import

Ein notwendiger Schritt, um umsteigewillige FreeHand-Anwender bei der Migration bestehender Daten zu unterstützen, ist die Erweiterung des Importfilters auf die Versionen bis zu MX. Mehrere Seiten in einer Datei können in Form von Schnittbereichen übernommen werden (siehe Kapitel 22).

Flash-Export

Von Illustrator in Flash CS3 lassen sich Dokumente und Objekte auf drei Wegen übertragen: über die Zwischenablage, als AI-Import in Flash und mit einem verbesserten SWF-Export aus Illustrator. Objekt- und Gruppenhierarchien sowie deren Namen können erhalten werden (siehe Kapitel 20).

▲ Abbildung 2.15
Botticellis Venus im alternativen
»Über Illustrator«-Bildschirm

Venus

Auch wenn mit dieser Version das »Gesicht« von Illustrator nur noch auf abstrakten Darstellungen beruht, ist Venus selbst nach 20 Jahren nicht völlig verschwunden. Sie finden sie, wenn Sie ⌘/Alt drücken, während Sie ÜBER ILLUSTRATOR aufrufen.

3 Vektorgrafik-Grundlagen

Illustrator gehört zur Gruppe der vektorbasierten Grafik-Software. Das bedeutet, dass Linien und Flächen durch mathematische Funktionen beschrieben werden und nicht mittels einzelner Bildpunkte bzw. »Pixel«, die eine bestimmte Farbe besitzen. Auf diese Art definierte Formen sind die einzelnen Objekte, aus denen die gesamte Grafik aufgebaut wird.

[Pixel]
Das Kunstwort aus den Begriffen »Picture« und »Element« bezeichnet einen Bildpunkt als kleinste Einheit einer Bilddatei.

3.1 Warum wir mit Vektoren zeichnen

Wenn Sie schon einmal auf dem Computer ein Bild bearbeitet haben, kennen Sie sicher pixelbasierte Grafikformate, wie sie beispielsweise Digitalkameras oder Scanner liefern. Starkes Vergrößern macht solche Abbildungen oft unansehnlich, denn entweder werden die Ränder und Kanten gezackt, also treppenartig abgestuft, oder das Bild wirkt nach dem Skalieren verschwommen. Der Computer kann vorhandene Bildpunkte vervielfachen, um sie zu vergrößern, was zu dem Treppeneffekt führt, oder er interpoliert zwischen zwei benachbarten Pixeln, das heißt, er lügt einen eigentlich nicht vorhandenen Wert dazwischen. Das wiederum wirkt bei größeren Skalierungsfaktoren wie ein Weichzeichner, so dass das Bild alle harten Kanten verliert.

In der Vektorgrafik dagegen, bei der, wie erwähnt, alle Objekte mit mathematischen Funktionen beschrieben und gespeichert sind, wird das dargestellte Bild erst im Moment der Ausgabe auf dem Bildschirm oder auf einem Drucker in ein Koordinatensystem von Bildpunkten umgerechnet – und zwar immer in der Auflösung, die das Ausgabegerät darstellen kann. Vektorgrafik ist also frei skalierbar.

Ein weiterer Anwendungsbereich für Vektorgrafik ist das Ansteuern von Schneideplottern und Fräsen, um z.B. großformatige Beschriftungen herzustellen. Früher haben Werbetechniker zu diesem Zweck eine kleine Vorlage groß projiziert, nachgezeichnet und von Hand ausgeschnitten. Mit Vektor-Software im Computer und dem Schneideplotter ist es ein Kinderspiel.

▲ **Abbildung 3.1**
Pixelgrafik: In der Vergrößerung sieht man die Bildpunkte, aus denen die Grafik zusammengesetzt ist.

▲ **Abbildung 3.2**
Bézierkurven: In der Vergrößerung sieht man eine scharfe Linie.

3.2 Funktionsweise von Vektorgrafik

Es gibt verschiedene Vorgehensweisen, Formen mathematisch zu definieren. Gemeinsam ist ihnen, dass immer die Außenbegrenzung einer Form bzw. der Verlauf einer Linie berechnet wird, unterschiedlich allerdings sind die Algorithmen, die dazu verwendet werden.

Illustrator arbeitet nach der Methode, die der französische Ingenieur Pierre Bézier für seine Arbeit bei Renault entwickelt hat. Das bedeutet, dass die Form jeder Linie mit einem Kurvenalgorithmus beschrieben wird, der nach seinem Erfinder als »Bézierkurve« bekannt ist. In Illustrator werden alle Linien, die aus einzelnen oder mehreren Kurven aufgebaut sind, als **Pfade** bezeichnet.

Kommen Sie mit auf einen kleinen Ausflug in die Welt der Geometrie, um besser zu verstehen, wie Vektorelemente konstruiert werden.

▲ **Abbildung 3.3**
Pierre Bézier in Bézierpfaden

Gerade Linien: Strecken

»Gehen Sie vom Leuchtturm 400 Meter geradeaus in Richtung Nordwest« beschreibt eine Strecke, also eine gerade Verbindung zwischen zwei Punkten. Allerdings ist diese »relative« Beschreibung mit Hilfe eines Startpunkts, eines Winkels – hier in Form der Himmelsrichtung – und der Streckenlänge unhandlich. Besser zu bestimmen ist eine Strecke, indem man zwei Punkte absolut in einem Koordinatensystem definiert.

▲ **Abbildung 3.4**
Streckenbeschreibung durch Angabe von Winkel (Richtung) und Länge

Geometrische Figuren

Wenn Sie mit mathematischen Angaben Strecken platzieren können, dann ist es damit auch möglich, Quadrate, Rechtecke, Sterne und andere geometrische Figuren darzustellen.

Eine weitere Herausforderung ist die Beschreibung eines Kreises, denn dabei reicht das Verbinden von Punkten mit Strecken nicht mehr aus, da der Kreis aus einer gekrümmten Linie besteht. Die Krümmung ist jedoch eindeutig durch den Radius des Kreises zu definieren.

Die angesprochenen Algorithmen reichen bereits aus, um viele verschiedene Objekte darzustellen, indem geometrische Figuren aneinandergereiht oder kombiniert werden. Allerdings versagen diese Methoden bei unregelmäßigen Krümmungen – hier kommt Herr Bézier ins Spiel.

▲ **Abbildung 3.5**
Der Flaschenumriss besteht nur aus Strecken und Kreissegmenten.

Freie Pfade

Um zu verstehen, wie Pierre Bézier beliebige gekrümmte Linien definiert, sehen wir uns einen Kurvenverlauf zwischen zwei Punkten an. Er verwendet dabei eine mathematische Methode mit vier Punkten, um eine *Näherung* jeder darzustellenden Kurve berechenbar zu machen.

Zwei dieser Punkte stellen die Begrenzungspunkte der Kurve dar, die beiden anderen sind die Endpunkte der Kurventangenten aus den Begrenzungspunkten.

In Illustrator – wie in manchen anderen Vektorprogrammen – bestimmen Sie den Kurvenverlauf intuitiv, indem Sie an den Tangenten-Endpunkten ziehen. Die Punkte werden in Illustrator »Griffpunkte«, die Tangenten »Grifflinien« genannt.

Wir wollen Sie hier nicht mit mathematischen Funktionen quälen, aber ein wenig wollen wir Ihnen schon erklären, wie Herr Bézier das Problem gelöst hat. Um nicht zu verwirren, gebrauchen wir dazu die in Illustrator verwendeten Ausdrücke ANKERPUNKTE, GRIFFLINIEN und GRIFFPUNKTE – zur Veranschaulichung dient die Abbildung 3.6.

Wenn man aus zwei Ankerpunkten zwei Linien herauszieht, die Grifflinien, ergeben sich an deren Enden zwei Punkte, die Griffpunkte. Werden nun die Strecken zwischen Ankerpunkten und den zugehörigen Griffpunkten sowie die Strecke zwischen den beiden Griffpunkten halbiert und die entstehenden Punkte miteinander verbunden, ergibt sich eine »Kurve« mit fünf Ecken. Setzt man diese Halbierung der entstehenden Strecken mehrfach fort, kann man bereits den exakteren Verlauf der Kurve erahnen. Um die Krümmung exakt zu beschreiben, müsste man die Halbierung der Strecken *unendlich* lang fortsetzen. Aber dann würden wir mit Vektorzeichnungen nie fertig werden. Also hört das Programm eben irgendwann damit auf und gibt sich mit einer *annähernden* Beschreibung der Kurve zufrieden, die aber immer noch exakt genug ist, um ordentlich damit arbeiten zu können.

Objekte

Vektor-Software referenziert die Teile eines Bildes nicht als eine Anhäufung von Pixeln, sondern speichert die logischen Einheiten des Bildes als Objekte.

Das kleinste mögliche Objekt ist ein einzelner Punkt, normalerweise besteht ein Objekt mindestens aus einem Pfad, also aus mehreren Punkten. Objekte können miteinander zu komplexeren oder umfangreicheren Objekten kombiniert werden. Alle Kombinationen müssen durch Befehle ausgelöst werden – Objekte, die übereinandergelegt werden, kombinieren sich nicht automatisch, sondern bleiben in einem »Stapel« als eigenständige Objekte bestehen. Stellen Sie sich diese Arbeitsweise vor wie beim Arbeiten mit Formen, die Sie aus farbigem Papier ausschneiden und übereinanderlegen.

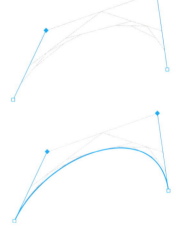

▲ **Abbildung 3.6**
Kurvennäherung

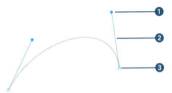

▲ **Abbildung 3.7**
Ankerpunkte ❸, Grifflinien ❷ und Griffpunkte ❶

Casteljau-Algorithmus
Die Kurvennäherung mit Hilfe der Unterteilungen wird nach Paul de Casteljau benannt. Er hatte noch vor Bézier eine äquivalente Methode entdeckt. Sein Arbeitgeber Citroën behandelte seine Entdeckung allerdings als Firmengeheimnis. Daher hatte Pierre Bézier den Ruhm.

▲ **Abbildung 3.8**
Papier-Collage

Eigenschaften

Die Merkmale eines Objekts werden als »Eigenschaften« des Objekts behandelt. Dadurch kann nicht nur die Form, sondern auch ihr Erscheinungsbild viel einfacher bearbeitet werden, ohne sich um die anderen Objekte kümmern zu müssen.

Moderne Vektor-Software ist in der Lage, einem Objekt nicht mehr nur eine Strichstärke als Kontur und eine Farbe als Füllung der Fläche zuzuweisen, sondern kann auch Verläufe, Muster, unregelmäßige Pinselstriche und diverse Effekte, die bisher eher aus der pixelbasierten Bildbearbeitung bekannt waren, als Eigenschaft verarbeiten. Darüber hinaus kann ein Objekt nicht nur eine einzige Eigenschaft aus jeder Gattung haben, sondern durchaus mehrere, die sich gegenseitig beeinflussen.

Seitenbeschreibung

Eine Illustrator-Datei basiert auf dem »Portable Document Format« (PDF). Dabei handelt es sich um eine Seitenbeschreibung, bei der Objekte mit ihren Eigenschaften in einem absoluten Koordinatensystem angeordnet werden können. So bleiben alle in dem Dokument integrierten Objekte frei im Zugriff und editierbar.

Das PDF-Format hat Adobe aus »PostScript« weiterentwickelt. »PostScript« ist eine Seitenbeschreibungssprache, die ebenfalls von Adobe stammt und die schon lange als Grundlage dient, auf der ein Computer mit einem Drucker oder Belichter kommuniziert.

4 Arbeiten mit Dokumenten

Die besondere Funktionalität eines Programms spiegelt sich natürlich in der Art wider, wie Dokumente angelegt und eingerichtet werden und welche Hilfsmittel für die Arbeit mit dem Programm vorhanden sind. Was Vektorgrafik über lange Zeit von Rastergrafik unterschieden hat, war die beruhigend hohe Zahl möglicher Rückgängig-Schritte.

▲ **Abbildung 4.1**
Illustrator CS3 Datei- und Vorlagen-Icon

4.1 Dokumente erstellen und öffnen

Falls Sie bisher andere Vektorgrafik-Software benutzt haben, besteht sicher der auffälligste Unterschied in Illustrators Einsatz von Farbmanagement. Beim Erstellen einer neuen Datei geschieht dies im Hintergrund – beim Öffnen einer Datei bemerken Sie es dagegen häufiger.

Neues Dokument erstellen
Es gibt zwei Möglichkeiten zur Erstellung neuer Dokumente. Erzeugen Sie ein vollkommen neues Dokument, so erhalten Sie eine Datei, die einige Standardvorgaben enthält.

Alternativ lässt sich eine Datei aus einer Vorlage erstellen. Wenn Sie eine Komplettinstallation von Illustrator durchgeführt haben, wurden einige Vorlagendateien auf Ihrem Computer gespeichert.

Eine Vorlagendatei ist wie ein Zeichenblock, von dem Sie ein Blatt abreißen, um darauf zu arbeiten. Eine aus einer Vorlage erzeugte Datei kann vordefinierte besondere Farbfelder, die für die Arbeit benötigten Grafikelemente oder auch Teile der Zeichnung enthalten (Arbeiten mit Vorlagen- und Start-Dateien siehe Kapitel 21).

Neue Datei erstellen | Um eine neue Datei zu erstellen, wählen Sie Datei • Neu… – Shortcut ⌘/Strg+N. Anschließend geben Sie Ihre Optionen in die Dialogbox ein.

▲ **Abbildung 4.2**
Einige der installierten Vorlagendateien

Abbildung 4.3 ►
Dialogbox NEUES DOKUMENT

▶ NEUES DOKUMENTPROFIL: Wählen Sie eines aus sechs Profilen, die bereits die wichtigsten Einstellungen im Hinblick auf verschiedene Ausgabemedien enthalten.

▶ GRÖSSE: In diesem Ausklappmenü finden Sie einige für die jeweiligen Ausgabemedien gebräuchliche, vordefinierte Formate. Geben Sie die Maße direkt in die Felder BREITE und HÖHE ein, falls Ihr gewünschtes Format nicht im Menü ist. Illustrator akzeptiert Werte von 1 bis 16383 Pt, das entspricht 0,36 bis 5779,55 mm. Sie können also Dokumente bis zu etwa 5,80 Meter Breite und Länge anlegen.

▶ EINHEIT: Geben Sie hier die Maßeinheit für das Dokument ein, die in den Seitenlinealen und in Dialogboxen verwendet werden soll. Die Angabe betrifft nur die allgemeine Maßeinheit z.B. zur Positionierung von Elementen – die Angabe von Schriftgrößen und die Breite von Konturen wird nicht beeinflusst.

▶ AUSRICHTUNG: Klicken Sie die Buttons für Hoch- oder Querformat, falls Sie die Angaben für Höhe und Breite gegeneinander tauschen möchten.

▶ FARBMODUS: Ein Illustrator-Dokument wird immer in einem der beiden Farbmodi CMYK oder RGB angelegt. Wählen Sie den für die Aufgabe geeigneten Farbmodus aus.

▶ RASTEREFFEKTE: In diesem Feld bestimmen Sie die Auflösung, die für die Berechnung von Rastereffekten verwendet wird (siehe Kapitel 13). Für den Druck wählen Sie HOCH (300 PPI).

▶ VORSCHAUMODUS: Der Vorschaumodus ist die Anzeigeart, in der Sie am Dokument arbeiten. Für bildschirmbasierte Medien ist PIXEL geeignet – den Modus ÜBERDRUCKEN sollten Sie nur vorübergehend einsetzen, da er sehr rechenintensiv ist.

Ohne Dialogbox | Möchten Sie mit den für das zuletzt erstellte neue Dokument verwendeten Einstellungen eine weitere Datei erzeugen, drücken Sie ⌘+⌥+N bzw. Strg+Alt+N.

Tipp

Wählen Sie den Farbmodus im Hinblick auf die Weiterverarbeitung des Dokuments. Das ist in der Regel CMYK, falls das Dokument gedruckt wird, RGB für bildschirmbasierte Ausgabemedien (mehr zu Farben in Kapitel 8, Ausgabe siehe Kapitel 19 und 20).

Tipp

In der Dialogbox NEU AUS VORLAGE können Sie *jede* Illustrator-Datei auswählen – nicht nur als Dateityp »Vorlage« gespeicherte Dokumente.

»Normale« Illustrator-Dateien werden als Kopie geöffnet, die Sie unter einem neuen Namen speichern müssen.

Umgekehrt wird beim ÖFFNEN von Vorlagendateien *immer* eine Kopie erzeugt, selbst wenn Sie das Dokument über den Dialog ÖFFNEN... auswählen.

Neu aus Vorlage | Um eine neue Datei auf der Basis einer Vorlage zu erstellen, wählen Sie DATEI • NEU AUS VORLAGE… – Shortcut ⌘/Strg+⇧+N.

Standardmäßig zeigt Illustrator in dieser Dialogbox nicht wie im Öffnen-Dialog den zuletzt benutzten Ordner an, sondern den Vorlagenordner im Illustrator-Verzeichnis auf Ihrer Festplatte. Navigieren Sie zur gewünschten Datei, und klicken Sie den Neu-Button (Vorlagen erstellen siehe Kapitel 21).

Dokument öffnen

Um ein Dokument zu öffnen, wählen Sie DATEI • ÖFFNEN… – Shortcut ⌘/Strg+O. Navigieren Sie zum gewünschten Dokument und bestätigen mit OK.

Handelt es sich um alte Illustrator-Dateien, oder öffnen Sie Fremdformate wie z. B. Macromedia FreeHand-Dateien, enthalten diese ggf. Farbdefinitionen verschiedener Farbmodi. In diesem Fall zeigt Illustrator eine Dialogbox mit einem Warnhinweis, und Sie müssen sich für einen Farbmodus entscheiden. Die Farben des anderen Modus werden konvertiert.

▲ **Abbildung 4.4**
Es ist möglich, mehrere Dateien gemeinsam zu öffnen – aktivieren Sie weitere Dateien, indem Sie ⇧ bzw. für nicht aufeinanderfolgende Dateien ⌘/Strg drücken und die Dokumente anklicken.

Zuletzt verwendete Dateien | Um eines der zuletzt verwendeten Dokumente erneut zu öffnen, wählen Sie es aus dem Menü DATEI • LETZTE DATEIEN ÖFFNEN.

Durchsuchen | Der Befehl DATEI • DURCHSUCHEN… öffnet Adobe Bridge – eine Software, mit der Sie Ihre Dokumente verwalten können. Bridge lässt sich komfortabler öffnen, indem Sie den Button GEHE ZU BRIDGE rechts in der Steuerungspalette klicken.

▲ **Abbildung 4.5**
Button GEHE ZU BRIDGE

Dokumentformat ändern

Um nachträglich das Format eines Dokuments zu ändern, wählen Sie DATEI • DOKUMENT EINRICHTEN… – Shortcut ⌘+⌥+P bzw. Strg+Alt+P. Aus dem Auswahlmenü der Dialogbox wählen Sie ZEICHENFLÄCHE und geben die gewünschten Maße ein. Das aktuelle Dokument wird von seiner Mitte aus vergrößert oder verkleinert – dabei verschiebt sich der Linealnullpunkt.

Selbst wenn Sie ein Dokument verkleinern, gehen keine Objekte verloren – sie befinden sich lediglich außerhalb der Zeichenfläche und werden daher ggf. nicht ausgedruckt.

Papierfarbe simulieren

Wird Ihre Grafik auf farbigem Papier produziert, können Sie bereits am Bildschirm die Auswirkung der Papierfarbe auf die Druckfarbe simulieren. Auch diese Option finden Sie in der Dialogbox DOKUMENT EINRICHTEN.

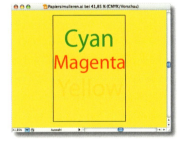

▲ **Abbildung 4.6**
Das Aussehen der Druckfarben auf farbigem Papier wird simuliert.

Abbildung 4.7 ▶
Transparenz-Option im Dialog
DOKUMENT EINRICHTEN

Wählen Sie TRANSPARENZ aus dem Auswahlmenü, aktivieren Sie FARBIGES PAPIER SIMULIEREN, und klicken Sie in das obere der beiden Farbfelder, um den Farbwähler aufzurufen. Richten Sie dort die gewünschte Farbe ein. Die Farbe wird nur am Bildschirm angezeigt – nicht gedruckt.

Farbmanagement

Farbmanagement ist in Illustrator seit einigen Versionen ein fest integrierter Bestandteil. Die Voreinstellung für das Farbmanagement in Illustrator wie in allen Anwendungen der Creative Suite ist *aktiviert*.

Erstellen eines neuen Dokuments | Erstellen Sie ein neues Dokument, wird das dem Dokumentfarbraum entsprechende Farbprofil in das Dokument eingebettet, sofern die Farbmanagement-Richtlinien entsprechend eingestellt sind.

Öffnen von Dokumenten | Bei aktiviertem und entsprechend eingerichtetem Farbmanagement erscheint eine Warnung, sobald Sie ein Dokument öffnen, das mit keinem oder einem anderen als dem aktuell von Illustrator verwendeten Farbprofil versehen ist. Das Farbprofil gibt an, für welche Ausgabesituation das Dokument erstellt wurde.

Sie haben drei Möglichkeiten, den Farbprofil-Konflikt zu lösen – halten Sie ggf. Rücksprache mit den weiterverarbeitenden Betrieben bzw. mit dem Ersteller des Dokuments:

▶ EINGEBETTETES PROFIL VERWENDEN: Behalten Sie das eingebettete Profil. Diese Option ist in den meisten Fällen zu empfehlen. Zu einem späteren Zeitpunkt ist es immer noch möglich, ein anderes Profil zuzuweisen.

▲ **Abbildung 4.8**
Warnung bei Farbprofil-Konflikt

▶ FARBEN DES DOKUMENTS IN DEN ARBEITSFARBRAUM KONVERTIEREN: Das eingebettete Profil wird verworfen und das in den Farbmanagement-Richtlinien eingestellte Profil stattdessen eingebettet. Die Farbwerte verändern sich nicht, die Darstellung der Farben auf dem Bildschirm und im Ausdruck kann ggf. einen deutlichen Unterschied zeigen.

▶ EINGEBETTETES PROFIL LÖSCHEN: Das eingebettete Profil wird entfernt – das Dokument unterliegt nicht mehr dem Farbmanagement.

Farbprofil ändern | Möchten Sie einem Dokument ein anderes Farbprofil zuweisen, wählen Sie BEARBEITEN • PROFIL ZUWEISEN... Die Optionen entsprechen den Einstellungen, die Ihnen zur Verfügung stehen, wenn beim Öffnen eines Dokuments ein Farbprofil-Konflikt auftritt.

4.2 Im Dokument navigieren

Illustrator-Dokumente bestehen nicht nur aus der druckbaren Fläche – um die Zeichenfläche herum ist zusätzlicher Raum. Und es gibt weitere Besonderheiten, welche die Navigation innerhalb eines Illustrator-Dokuments von der Handhabung in anderen Programmen unterscheidet.

Zeichenfläche

Das Dokumentformat, das Sie in der Dialogbox NEUES DOKUMENT eingerichtet haben, sehen Sie als symbolisches »Blatt« vor sich im Dokumentfenster liegen ❷.

Dieses »Blatt« – es wird Zeichenfläche genannt – stellt den Bereich der Datei dar, in dem Sie Grafiken platzieren können, die gedruckt werden sollen.

Vorsicht: In Illustrator können Sie nur die eine und keine weiteren Seiten in Ihrem Dokument anlegen!

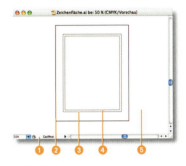

▲ **Abbildung 4.9**
Statusleiste ❶, Zeichenfläche ❷, Papierformat ❸, druckbare Bereiche ❹ und Montagefläche ❺

Begrenzung ausblenden | Falls Sie lieber ohne die Anzeige des Zeichenflächen-Begrenzungsrahmens arbeiten und Ihre Grafik später an das Format anpassen möchten, blenden Sie die Zeichenfläche aus, indem Sie ANSICHT • ZEICHENFLÄCHE AUSBLENDEN wählen.

Tatsächlich druckbare Fläche anzeigen | Die Größe der Zeichenfläche und das Papierformat Ihres Druckers stimmen nicht immer überein. Wählen Sie ANSICHT • SEITENAUFTEILUNG EINBLENDEN, um das im derzeit ausgewählten Drucker vorhandene Papierformat auf der Zeichenfläche anzuzeigen. Es wird mit Hilfe zweier gestrichelter Linien dargestellt: Die äußere dieser beiden Linien ❸ kennzeichnet das eingestellte Papierformat, die innere ❹ die Fläche, die der Drucker auf diesem Format bedrucken kann (Drucken siehe Kapitel 19).

Montagefläche

Der auffälligste Unterschied zu vielen anderen Programmen ist der Raum um die Zeichenfläche herum – die Montagefläche ❺.

▲ **Abbildung 4.10**
Wie bei der Arbeit am Reißbrett haben Sie um Ihr Illustrator-Dokument reichlich Fläche zum Ablegen zur Verfügung.

Die Montagefläche steht zum Zeichnen oder zum »Aufbewahren« von Teilen Ihrer Grafik zur Verfügung.

Beim Scrollen im Dokument kann es passieren, dass plötzlich eine leere Fläche vor Ihnen liegt. Dann ist meist nicht Ihre Zeichnung gelöscht – Sie blicken nur auf einen unbenutzten Teil der Montagefläche. Ihre Grafik holen Sie am schnellsten wieder in den Mittelpunkt, indem Sie den Shortcut ⌘/Strg+0 verwenden. Dies natürlich nur unter der Voraussetzung, dass Sie auf der Zeichenfläche gearbeitet haben.

Statusleiste

Am unteren linken Rand des Dokumentfensters sehen Sie die Statusleiste ❶. In der Statusleiste wird die Vergrößerungsstufe angezeigt, und es steht ein Aufklappmenü zur Verfügung, um die Zoom-Stufe zu wechseln.

Darüber hinaus können Sie sich eine weitere Status-Information anzeigen lassen – rufen Sie ein Menü der möglichen Informationen auf, indem Sie auf den Pfeil rechts neben dem Anzeigetext klicken.

Modifikationsmöglichkeit | Drücken Sie ⌥/Alt und rufen das Menü EINBLENDEN auf, um einige zusätzliche Optionen zu erhalten, z. B. die Anzahl der Tage bis Weihnachten oder die aktuelle Mondphase.

Vergrößerungsstufe verändern/Zoomen 🔍

Jede Stelle Ihrer Illustrator-Datei können Sie in beliebigen Vergrößerungsstufen zwischen 3,13 und 6400 % betrachten, also z. B. wie mit einer Lupe heranzoomen, um Details zu bearbeiten.

Zoom-Werkzeug | Wählen Sie das Zoom-Werkzeug 🔍 – Shortcut Z –, um die Ansicht eines Bereichs zu vergrößern oder zu verkleinern. Klicken Sie in die Mitte des Bereichs, an den Sie heranzoomen möchten. Zoomen Sie wieder heraus, indem Sie ⌥/Alt drücken und klicken.

Um schneller eine große Vergrößerung zu erhalten, klicken und ziehen Sie einen Auswahlrahmen um den Bereich, den Sie vergrößern möchten. Um den Auswahlrahmen während des Aufziehens zu verschieben, halten Sie die Leertaste und schieben den Rahmen.

Während Sie ein beliebiges Werkzeug verwenden, drücken und halten Sie ⌘/Strg+Leertaste, um temporär zum Zoom-Werkzeug zu wechseln. Drücken Sie zusätzlich ⌥/Alt, um herauszuzoomen.

▲ **Abbildung 4.11**
Die Statusleisten der Dokumente zeigen »Augen«, aktuelles Werkzeug, Mondphase, Farbprofil des Dokuments (von oben). Ein Klick auf den Pfeil ❶ öffnet das Aufklappmenü.

Menübefehl | Wählen Sie ANSICHT • EINZOOMEN – Shortcut ⌘/Strg+⇧+= – bzw. ANSICHT • AUSZOOMEN – Shortcut ⌘/Strg+- , um die Ansicht in voreingestellten Sprüngen zu vergrößern oder zu verkleinern.

Die Ansicht der Zeichenfläche lässt sich mit dem Befehl ANSICHT • IN FENSTER EINPASSEN – Shortcut ⌘/Strg+0 – an die Größe des Dokumentfensters anpassen.

Möchten Sie eine Darstellung, die der Originalgröße der Zeichnung zumindest annäherungsweise entspricht – siehe hierzu den »Hinweis« auf der vorherigen Seite –, wählen Sie ANSICHT • ORIGINALGRÖSSE – Shortcut ⌘/Strg+1 .

Navigator-Palette | Rufen Sie die Navigator-Palette unter FENSTER • NAVIGATOR – im Dock ✿ – auf, und stellen Sie die Vergrößerungsstufe mit Hilfe des Schiebereglers ein. Oder aktivieren Sie den aktuellen Wert, der links neben dem Regler angezeigt wird, mit einem Doppelklick, und geben Sie einen neuen ein. Verschieben Sie die Ansicht, indem Sie den roten Rahmen klicken und ziehen.

Die Navigator-Palette zeigt immer die Vorschau Ihres Dokuments an – selbst wenn Sie in der Pfadansicht arbeiten. Über das Palettenmenü haben Sie die Möglichkeit, alle Elemente auszublenden, die nicht auf der Zeichenfläche liegen.

Statusleiste | Wählen Sie in der Statusleiste die gewünschte Vergrößerungsstufe aus dem Ausklappmenü, oder geben Sie sie direkt in das Feld ein.

Ansicht verschieben ✋

Um die Zeichenfläche oder die Montagefläche innerhalb des Dokumentfensters zu verschieben, können Sie alternativ zu den Bildlaufleisten (Scrollbars) das Hand-Werkzeug ✋ verwenden.

Wählen Sie das Werkzeug aus der Werkzeugpalette – Shortcut H –, und klicken und ziehen Sie mit dem Werkzeug, um die Zeichenfläche zu verschieben.

Während Sie ein anderes Werkzeug benutzen – ausgenommen sind lediglich die Text-Werkzeuge –, können Sie jederzeit temporär zum Hand-Werkzeug wechseln, indem Sie die Leertaste drücken und halten.

Vorschau und Pfadansicht

Normalerweise stellt Illustrator Ihre Grafik im **Vorschaumodus** dar. Im Vorschaumodus sind alle Aussehen-Eigenschaften von Objekten und Ebenen wie Farb- und Verlaufsfüllungen, Linien-

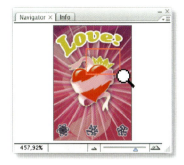

▲ **Abbildung 4.12**
Die Navigator-Palette: Drücken Sie ⌘/Strg , um direkt in der Palette einen Vergrößerungsbereich aufzuziehen.

▲ **Abbildung 4.13**
Beschleunigen Sie den Bildschirmaufbau bei der Arbeit mit dem Hand-Werkzeug, indem Sie VOREINSTELLUNGEN • EINHEITEN UND ANZEIGELEISTUNG aufrufen und den Regler in Richtung SCHNELLERE UPDATES schieben.

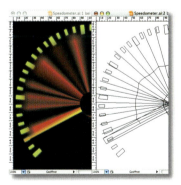

▲ **Abbildung 4.14**
Vorschau (links), Pfadansicht (rechts)

stärken, Transparenzen und Effekte sichtbar. Dieser Modus entspricht in etwa dem gedruckten Ergebnis.

Einige Arbeiten lassen sich schneller und besser erledigen, wenn Sie Kontureneffekte und Füllungen nicht anzeigen lassen, sondern nur die Pfade, aus denen Ihre Illustrationen bestehen. In diesem **Darstellungsmodus** überdecken die Objekte einander nicht. Da keine komplexen Füllungen berechnet werden müssen, wird der Bildschirmaufbau beschleunigt.

Um zur Pfad-Darstellung zu wechseln, wählen Sie ANSICHT • PFADANSICHT – Shortcut ⌘/Strg+Y. In der Pfadansicht wechselt der Menüeintrag zu VORSCHAU. Wählen Sie diesen Eintrag VORSCHAU aus oder verwenden den Shortcut erneut, um wieder die farbige Version anzuzeigen.

Hinweis

Sie können auch nur die Objekte einzelner Ebenen als Pfade anzeigen lassen (Ebenen siehe Kapitel 11).

▲ **Abbildung 4.15**
Objekte überdrucken

Überdruckenvorschau

Die Überdruckenvorschau simuliert zusätzlich zur normalen Vorschau, wie sich die Überdrucken-Eigenschaft einzelner Objekte auswirkt, wenn Sie Ihre Grafik im Vierfarbprozess drucken (Überdrucken siehe Kapitel 19).

Selbstverständlich stellt die Ansicht nur eine Näherung des Druckergebnisses dar – sie ist umso besser, je exakter Ihre Arbeitsumgebung kalibriert ist.

Um die Überdruckenvorschau anzuzeigen, wählen Sie ANSICHT • ÜBERDRUCKENVORSCHAU – Shortcut ⌘+⌥+⇧+Y bzw. Strg+Alt+⇧+Y.

▲ **Abbildung 4.16**
AN PIXEL AUSRICHTEN: nicht aktiviert (oben), aktiviert (unten)

Pixelvorschau

In der Pixelvorschau sehen Sie, wie Ihre Objekte in das Pixelraster eingepasst werden. Bei Auswahl dieses Vorschaumodus wird die Option AN PIXEL AUSRICHTEN aktiviert, mit deren Hilfe Sie Objekte optimal an Pixeln ausrichten können, so dass waagerechte und senkrechte Kanten immer auf ganzen Pixeln positioniert sind und damit nicht weichgezeichnet werden.

Die Pixelvorschau zeigen Sie an, indem Sie ANSICHT • PIXELVORSCHAU – Shortcut ⌘/Strg+⇧+Y – aus dem Menü wählen. Illustrator aktiviert ANSICHT • AN PIXEL AUSRICHTEN dann automatisch – Sie können es jedoch deaktivieren (Webgrafik siehe Kapitel 20).

Dokumentansicht speichern

Eine einmal eingerichtete Ansicht eines Dokuments in einer bestimmten Vergrößerungsstufe und dem Ansichtsmodus – Pfadansicht oder Vorschau – können Sie im Dokument abspeichern.

Ansicht speichern | Um eine eingerichtete Ansicht zu speichern, wählen Sie ANSICHT • NEUE ANSICHT… Geben Sie anschließend einen Namen in die Dialogbox ein und klicken auf OK. Sie können bis zu 25 Ansichten je Dokument speichern.

In einer Ansicht wird nicht nur die Zoom-Stufe, sondern auch die Ebenensichtbarkeit gespeichert. Auf diesem Weg können Sie unterschiedliche Ebenenkompositionen einfach verwalten.

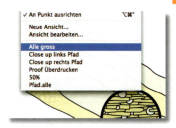

Achtung: Vermeiden Sie die Verwendung von Zeichen wie Klammern (), Schrägstrichen / oder Bindestrichen -. Illustrator CS3 kann nicht alle Sonderzeichen im Menü darstellen – Illustrator CS2 quittierte die Verwendung sogar mit einem Absturz.

▲ **Abbildung 4.17**
Gespeicherte Ansichten im Menü

Ansicht aufrufen | Rufen Sie die Ansichten auf, indem Sie ihre Namen im Menü ANSICHT auswählen.

Ansichten verwalten | Um Ansichten umzubenennen oder zu löschen, wählen Sie ANSICHT • ANSICHT BEARBEITEN… Aktivieren Sie den Namen der Ansicht in der Liste und klicken auf den Button LÖSCHEN oder geben die gewünschte Änderung in das Textfeld ein.

▲ **Abbildung 4.18**
Ansicht bearbeiten

Mehrere Dokumentfenster öffnen

Von einem Dokument lassen sich gleichzeitig mehrere Fenster öffnen. So können Sie an unterschiedlichen Details der Zeichnung oder in anderen Darstellungsmodi in verschiedenen Fenstern arbeiten, anstatt häufig die Ansicht verschieben zu müssen.

Öffnen Sie ein neues Fenster, indem Sie FENSTER • NEUES FENSTER auswählen. Nur unter Windows haben Sie auch die Möglichkeit, mehrere Fenster automatisch auf dem Bildschirm anzuordnen. Wählen Sie FENSTER • ÜBERLAPPEND, um die Fenster leicht versetzt übereinanderzulegen. Wählen Sie FENSTER • NEBENEINANDER, um die Fenster gleichmäßig nebeneinander auf dem Bildschirm anzuordnen.

▲ **Abbildung 4.19**
Windows: Fenster nebeneinander anordnen

Die Position der beim Speichern des Dokuments geöffneten Fenster wird gesichert und beim nächsten Öffnen wieder genauso angeordnet – auch beim Übertragen der Datei auf die andere Plattform.

Schnittbereiche

Schnittbereiche definieren Teile in Ihrer Grafik, die separat ausgegeben – gedruckt, gespeichert oder exportiert – werden können. Damit sind Schnittbereiche die kleine Schwester von mehreren Seiten. Darüber hinaus verfügen Schnittbereiche über spezielle Anzeige-Optionen, die für die Zeichenfläche selbst nicht zur Verfügung stehen – die »Video-Safe«-Bereiche, in der deutschen

▲ **Abbildung 4.20**
Sind auf der Zeichenfläche Schnittmarken, die Sie nicht aktivieren können, handelt es sich um einen Schnittbereich.

▲ **Abbildung 4.25**
Nullpunkt verschieben

▲ **Abbildung 4.26**
Vor allem das Editieren von Objekten in isometrischen Zeichnungen (hier: Größenänderung) wird mit einer angepassten Bildachse vereinfacht.

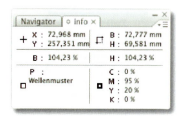

▲ **Abbildung 4.27**
Info-Palette mit optionaler Anzeige der Farbwerte

Nullpunkt verschieben | Falls Sie zu Konstruktionszwecken den Nullpunkt an einer anderen Stelle benötigen, können Sie ihn frei positionieren. Klicken Sie in das Feld links oben im Dokumentfenster, an dem die beiden Lineale sich treffen, und ziehen Sie zu der Stelle, an die Sie den Nullpunkt positionieren möchten. Während Sie ziehen, zeigt ein Fadenkreuz die neue Position des Nullpunkts an.

Für die Positionierung des Nullpunkts können Sie alle Hilfen verwenden, die Ihnen zur Positionierung von Objekten in Illustrator zur Verfügung stehen, wie Hilfslinien oder das Ausrichten an Ankerpunkten.

Wenn Sie den Nullpunkt verändern, verschieben sich Muster, die Sie Objekten zugewiesen haben (Muster siehe Kapitel 16).

Ebenso ändert sich das zugrunde gelegte Pixelraster des Dokuments (Pixelraster siehe Kapitel 20).

Nullpunkt zurücksetzen | Um den Nullpunkt auf den Standard zurückzusetzen, doppelklicken Sie auf die Kreuzungsstelle der Lineale links oben im Dokumentfenster.

Bildachse

Voreingestellt arbeitet Illustrator mit einer waagerechten Grundachse für die Konstruktion und Transformation von Objekten. Dies können Sie jedoch unter VOREINSTELLUNGEN • ALLGEMEIN ändern. Geben Sie einen anderen Winkel unter BILDACHSE ein, und Elemente werden daraufhin in dieser Lage erstellt.

Positionen, Maße und Informationen anzeigen

Positionen und einige Objekteigenschaften sowie die Parameter von Transformationen, die Sie durchführen, werden in der Info-Palette angezeigt. Rufen Sie die Palette unter FENSTER • INFO auf – Shortcut ⌘/Strg+F8, im Dock 🛈.

Die Maße in der Palette berechnet Illustrator in der eingestellten Einheit, Farbwerte entsprechend dem Dokument-Farbmodus.

Objektinformationen | Im oberen Bereich sehen Sie die Position – X- und Y-Werte – des ausgewählten Objekts und dessen Abmessungen – B- und H-Angaben. Die Werte berücksichtigen Position und Abmessungen der Pfade. Möchten Sie die Stärke von Konturen oder durch Effekte entstandene Flächen in die Messung einschließen, aktivieren Sie VORSCHAUBEGRENZUNGEN VERWENDEN unter VOREINSTELLUNGEN • ALLGEMEIN…

Wählen Sie OPTIONEN EINBLENDEN im Palettenmenü, um außerdem die Farbwerte bzw. das Muster von Füllung und Kontur des aktivierten Objekts im unteren Bereich der Palette anzuzeigen.

Transformationen | Verwenden Sie Transformations- oder Mess-Werkzeuge, werden deren Parameter in der mittleren Reihe der Info-Palette eingeblendet.

▶ A: Stellt die zurückgelegte Distanz beim Verschieben bzw. den Abstand eines Punkts zum vorher gesetzten dar.

▶ H: Hier sehen Sie den Vergrößerungsfaktor beim Skalieren.

▶ ◿: Mit diesem Symbol wird der Drehwinkel bei der Verwendung des Drehen-Werkzeugs gekennzeichnet.

▶ ◿: Zeigt den Winkel an, wenn Sie das Verlaufs- oder Mess-Werkzeug verwenden oder ein Objekt verschieben.

▶ ◿: Verwenden Sie das Spiegeln-Werkzeug, zeigt das Symbol den Spiegelungswinkel.

▶ ◿: Wenn Sie das Verbiegen-Werkzeug verwenden, wird hier der Winkel der Verbiegungsachse angezeigt.

▶ ◿: Dieses Symbol kennzeichnet den Umfang der Verbiegung, wenn Sie das Verbiegen-Werkzeug verwenden.

Abstände messen ✐

Die Abstände zwischen Objekten oder die Winkelung einer Kante müssen Sie nicht ausrechnen, stattdessen können Sie beide mit dem Mess-Werkzeug ermitteln.

Wählen Sie das Mess-Werkzeug, klicken Sie den ersten Mess-punkt, und ziehen Sie das Werkzeug zum zweiten Messpunkt. Pfade und Punkte wirken »magnetisch« und lassen den Messpunkt innerhalb einer engen Toleranzgrenze einrasten.

In der Info-Palette werden die X- und Y-Koordinaten des ersten Messpunkts, die gemessene Breite B und Höhe H, die ermittelte Distanz A und der Winkel ◿ zwischen den beiden Messpunkten angezeigt. Die Werte bleiben stehen, bis Sie ein neues Werkzeug wählen bzw. mit einem Tastaturbefehl temporär ein Werkzeug aktivieren.

4.4 Raster und Hilfslinien

Zahlreiche Funktionen erleichtern Ihnen das exakte Positionieren, Verschieben und Ausrichten von Objekten. Neben den hier aufgeführten Rastern und Hilfslinien besteht auch noch die Möglichkeit, die Position eines oder mehrerer Objekte an anderen Objekten zu orientieren.

Raster

Als Konstruktionshilfe können Sie sich das Dokumentraster anzeigen lassen. Das Raster liegt über oder unter Ihrer Grafik und wird nicht gedruckt.

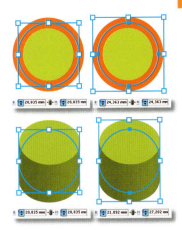

▲ **Abbildung 4.28**
Ohne (links) und mit (rechts) VOR-
SCHAUBEGRENZUNGEN VERWENDEN

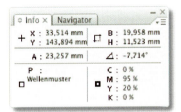

▲ **Abbildung 4.29**
Die Info-Palette zeigt die mit dem Mess-Werkzeug ermittelten Werte an.

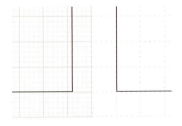

▲ **Abbildung 4.30**
Dokumentraster als Linien und als Punkte

▲ **Abbildung 4.31**
Objekte am Raster ausrichten

Wenn Sie das Raster benötigen, wählen Sie ANSICHT • RASTER EINBLENDEN – Shortcut ⌘+⟨<⟩/⟨Strg⟩+⟨+⟩. Die Rasterweite, Farbe und die Art, in der das Raster angezeigt wird, definieren Sie unter VOREINSTELLUNGEN • HILFSLINIEN UND RASTER… Unter ART haben Sie die Wahl zwischen den sehr deutlichen Linien und den weniger aufdringlichen Punkten.

Der ABSTAND legt die Hauptunterteilungen fest – im Eingabefeld UNTERTEILUNGEN wird das Raster verfeinert: Geben Sie hier einen Wert größer als 1 ein, um die jeweilige Anzahl zusätzlicher Rasterfelder zu erzeugen. Die Option RASTER IM HINTERGRUND positioniert das Raster hinter den Grafikobjekten.

Am Raster ausrichten

Sie können Ihre Objekte mit Hilfe des Rasters positionieren; dafür muss das Raster nicht sichtbar sein.

Um das Raster als Positionierungshilfe zu verwenden, wählen Sie ANSICHT • AM RASTER AUSRICHTEN – Shortcut ⌘+⟨⇧⟩+⟨<⟩ bzw. ⟨Strg⟩+⟨⇧⟩+⟨+⟩. Punkte und Pfade werden damit vom Raster »angezogen«, sobald sie in der Nähe des Rasters bewegt werden. Die Anziehung wirkt nicht auf die Außenbegrenzung des Objekts – z. B. durch eine starke Kontur –, sondern auf den Pfad.

Hilfslinien

Häufig ist das Dokumentraster zu unflexibel, und Sie benötigen Ausrichtungshilfen in unregelmäßigen Abständen. Zu diesem Zweck sind Hilfslinien gedacht. Hilfslinien sind wie die Bleistift-Markierungen, mit denen man früher einen Reinzeichenkarton zu Beginn der Arbeit einteilte, um Objekte auszurichten.

Hilfslinien können gerade Linien oder Vektorformen sein, und Sie können sie nicht nur auf, sondern auch außerhalb der Zeichenfläche nach Bedarf frei positionieren. Wenn Sie sie gerade nicht benötigen, blenden Sie sie einfach aus. Wie das Raster werden auch Hilfslinien nicht gedruckt.

Mit dem Lineal erzeugen | Um eine Hilfslinie zu generieren, gehen Sie wie folgt vor:
1. Blenden Sie die Lineale ein, falls diese nicht sichtbar sind – Shortcut ⌘/⟨Strg⟩+⟨R⟩.
2. Soll die Hilfslinie an einem Ankerpunkt eines Objekts ausgerichtet werden, aktivieren Sie die Option ANSICHT • AN PUNKT AUSRICHTEN, falls sie nicht bereits aktiv ist.
3. Wenn Sie mehrere Ebenen eingerichtet haben: Wählen Sie die Ebene aus, auf der die Hilfslinie erstellt werden soll.
4. Möchten Sie eine horizontale Hilfslinie erstellen, klicken Sie in das Lineal am oberen Fensterrand, für eine vertikale Hilfslinie

klicken Sie in das Lineal am linken Fensterrand und ziehen bis zur gewünschten Stelle im Dokument. Sobald Sie mit dem Cursor den Linealbereich verlassen, wird eine gepunktete Vorschau der Linie angezeigt.

Soll die Hilfslinie an einem Ankerpunkt einrasten, ziehen Sie auf diesen Punkt, bis der Cursor zu ▷ wechselt.

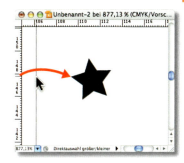

▲ **Abbildung 4.32**
Hilfslinie aus dem Lineal ziehen

Modifikationsmöglichkeit | Drücken Sie ⬦ beim Ziehen der Hilfslinie, um diese an den in der aktuellen Zoom-Stufe angezeigten Linealunterteilungen einzurasten. Drücken Sie beim Ziehen ⌥/Alt , um die Ausrichtung der Hilfslinie zu ändern.

Aus einem Objekt erzeugen | Aktivieren Sie das Objekt, und wählen Sie ANSICHT • HILFSLINIEN • HILFSLINIEN ERSTELLEN – Shortcut ⌘+5 bzw. Strg + Num 5 .

Sperren/Lösen | Hilfslinien sind nach dem Erstellen nicht fixiert. Sollen Hilfslinien vor Veränderungen geschützt werden, aktivieren Sie ANSICHT • HILFSLINIEN • HILFSLINIEN SPERREN – Shortcut ⌘+⌥+, bzw. Strg+Alt+, . Möchten Sie die Hilfslinien editieren, deaktivieren Sie die Sperrung wieder.

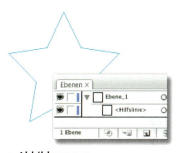

▲ **Abbildung 4.33**
Aus einem Objekt umgewandelte Hilfslinie – Darstellung in der Ebenen-Palette (rechts)

Positionieren | Um eine Hilfslinie exakt zu positionieren, aktivieren Sie sie, indem Sie darauf klicken, und geben Sie die horizontale oder vertikale Position in die Steuerungspalette oder in die Transformieren-Palette in das Eingabefeld x bzw. y ein.

▲ **Abbildung 4.34**
Hilfslinie durch Eingabe eines Werts in der Steuerungspalette exakt positionieren

Duplizieren | Um eine Hilfslinie zu duplizieren, deaktivieren Sie zunächst die Fixierung. Anschließend drücken Sie ⌥/Alt und klicken und ziehen die Hilfslinie, um eine Kopie an der gewünschten Position zu erzeugen.

Anzeige ändern | Unter VOREINSTELLUNGEN • HILFSLINIEN UND RASTER… können Sie Farbe und Anzeigeart der Hilfslinien bestimmen. Sehen Sie hierzu den Abschnitt »Raster« weiter oben.

Zurückwandeln | Aktivieren Sie eine Hilfslinie, und wählen Sie ANSICHT • HILFSLINIEN • HILFSLINIEN ZURÜCKWANDELN – Shortcut ⌘+⌥+5 bzw. Strg+Alt+5 , um aus einer Hilfslinie ein Vektorobjekt zu erzeugen.

Löschen | Um alle Hilfslinien im Dokument zu löschen, wählen Sie ANSICHT • HILFSLINIEN • HILFSLINIEN LÖSCHEN. Möchten Sie einzelne Hilfslinien löschen, deaktivieren Sie zunächst die Fixierung, wählen die Hilfslinie aus und drücken ← .

Hinweis

Hilfslinien sind Objekte. Das bedeutet, dass Hilfslinien mitausgewählt werden, wenn Sie Objekte mit einem Auswahlrechteck selektieren.

Wählen Sie Objekte dagegen mit dem Lasso aus, bleiben Hilfslinien inaktiv.

▲ Abbildung 4.35
Objekte an Hilfslinien ausrichten

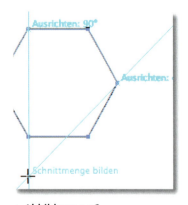

▲ Abbildung 4.36
Magnetische Hilfslinien: Angezeigt
sind Texttipps sowie Konstruktionslinien.

Abbildung 4.37 ▶
Voreinstellungen für magnetische
Hilfslinien

Objekte an Hilfslinien ausrichten

Damit Sie die Hilfslinien zum Ausrichten verwenden können, müssen Sie die Option Ansicht • Am Punkt ausrichten aktivieren. Die Ausrichtung von Objekten an Hilfslinien erfolgt nach der Position des Cursors beim Verschieben des Objekts.

Sie müssen ggf. die Anzeige des Begrenzungsrahmens deaktivieren – Ansicht • Begrenzungsrahmen ausblenden –, damit Sie beim Ziehen an einem Punkt nicht unabsichtlich das Objekt verformen, anstatt es zu verschieben (siehe Kapitel 5).

Klicken Sie also die Stelle an, die Sie an der Hilfslinie ausrichten möchten und ziehen sie an die Hilfslinie. Befindet sich der Cursor innerhalb der Anziehungsdistanz, wechselt das Cursor-Symbol ▷, und das Objekt wird an der Hilfslinie ausgerichtet.

Objekte an Punkten ausrichten

Ist die Option Am Punkt ausrichten aktiviert, können Sie Objekte nicht nur an Hilfslinien, sondern auch an den Anker- und Mittelpunkten anderer Objekte ausrichten.

Wählen Sie Ansicht • An Punkt ausrichten – Shortcut ⌘+⌥+< bzw. Strg+Alt+⊹.

Magnetische Hilfslinien/Smart Guides

Ein Sonderfall sind die magnetischen Hilfslinien – eigentlich eher ein Arbeitsmodus von Illustrator, in dem der Cursor von jedem vorhandenen Objekt angezogen wird. Die magnetischen Hilfslinien schalten Sie ein, indem Sie Ansicht • Magnetische Hilfslinien wählen – Shortcut ⌘/Strg+U. Standardmäßig aktiviert, aber optional ist die Möglichkeit, mit Konstruktionslinien zu arbeiten. Die Konstruktionslinien helfen Ihnen, Objekte in frei einstellbaren Winkeln an anderen Objekten auszurichten.

Die Ausrichtung mit Hilfe der magnetischen Hilfslinien erfolgt anhand der Position des Cursors – beim Verschieben von Objekten müssen Sie den Punkt anklicken, den Sie ausrichten möchten. Die Optionen für die magnetischen Hilfslinien legen Sie in den Voreinstellungen fest.

- ▶ TEXTTIPPS: Zu den Hilfslinien wird eine textliche Erklärung angezeigt.
- ▶ KONSTRUKTIONSLINIEN: Die Konstruktionslinien werden aktiviert.
- ▶ TRANSFORMIEREN-WERKZEUGE: Ist diese Option aktiviert, können Sie die magnetischen Hilfslinien auch beim Transformieren – Drehen, Spiegeln, Verbiegen, Skalieren – verwenden.
- ▶ OBJEKTHERVORHEBUNG: Die Option hebt diejenigen Objekte hervor, die gerade magnetisch wirken.
- ▶ WINKEL: Geben Sie hier bis zu sechs Winkel ein, in denen die Konstruktionslinien erzeugt werden. Wählen Sie entweder aus den vordefinierten Zusammenstellungen, oder geben Sie Winkel frei ein.
- ▶ EINRASTTOLERANZ: Geben Sie eine Distanz an, innerhalb welcher der Cursor von einem Objekt angezogen wird.

Layoutraster erstellen: In Raster teilen

Viele Layoutprogramme haben Funktionen, um ein Layoutraster zu erstellen, also automatisch eine Seite in regelmäßige Zeilen und Spalten mit Abständen einzuteilen. Illustrator hat zwar nicht so eine Funktion, aber Sie können eine andere Operation zu diesem Zweck nutzen.

IN RASTER TEILEN erzeugt aus beliebigen Ursprungsobjekten mehrere nicht gruppierte oder verbundene, regelmäßig angeordnete Rechtecke. Die Ursprungsobjekte werden bei der Operation gelöscht.

Um ein Layoutraster generieren zu lassen, erstellen Sie zunächst ein Objekt in der linken oberen Ecke des Bereichs, über den sich das Layoutraster ausdehnen soll – also z. B. die Zeichenfläche abzüglich eines Randabstands. Aktivieren Sie das Objekt, und wählen Sie OBJEKT • PFAD • IN RASTER TEILEN…, um den Befehl anzuwenden. In der Dialogbox geben Sie die Anzahl der Rechtecke, deren Ausmaße und Abstände ein.

◀ **Abbildung 4.38**
Dialogbox IN RASTER TEILEN

- ▶ ANZAHL: Geben Sie die Anzahl der Zeilen und Spalten ein. Sobald Sie mehr als die Standardeinstellung 1 eingeben, werden die übrigen Eingabefelder aktiviert.

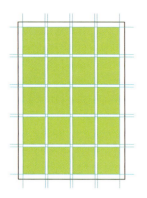

▶ HÖHE/BREITE/ABSTAND: Geben Sie alternativ Höhe bzw. Breite oder den jeweiligen Abstand ein. Der andere Wert wird anhand von Anzahl und Gesamthöhe errechnet.

▶ GESAMTHÖHE/-BREITE: Die Standardeinstellung sind die Aus-maße der Grundfläche der Ursprungsobjekte. Um das Layout-raster zu erstellen, geben Sie hier Höhe und Breite der zu bedruckenden Fläche ein.

▶ HILFSLINIEN HINZUFÜGEN: Diese Option erzeugt Hilfslinien an den Kanten der Rechtecke. Es sind keine »echten« Hilfslinien, sondern eine Gruppe normaler Pfade.

Um das Layoutraster fertigzustellen, löschen Sie die erzeugten Rechtecke, aktivieren die Gruppe der »Hilfslinien«-Pfade und wählen ANSICHT • HILFSLINIEN • HILFSLINIEN ERSTELLEN, damit die Pfade in echte Hilfslinien umgewandelt werden.

4.5 Widerrufen und wiederherstellen

Wenn Sie bisher an die Arbeitsweise der Bildbearbeitung gewöhnt waren, müssen Sie sich beim Widerrufen von Arbeitsschritten in der Vektorgrafik ein wenig umgewöhnen.

Hinweis

Im Gegensatz zu Photoshop gibt es in Illustrator keine Protokoll- oder History-Palette. Durch die zuletzt angewendeten Funkti-onen bewegen Sie sich mit dem Befehl RÜCKGÄNGIG.

Rückgängig

Einer der wichtigsten Befehle – nicht nur in Illustrator – macht den vorherigen Arbeitsschritt rückgängig. Möchten Sie den letz-ten Befehl widerrufen, wählen Sie BEARBEITEN • RÜCKGÄNGIG – Shortcut ⌘/Strg+Z.

Und hier kommen wir zu einem wichtigen Unterschied zwi-schen Vektorgrafik und Bildbearbeitung: Drücken Sie ⌘/Strg+Z erneut, werden weiter zurückliegende Schritte wider-rufen. Die Anzahl der widerrufbaren Arbeitsschritte ist durch den verfügbaren Arbeitsspeicher begrenzt und kann nicht eingestellt werden.

Sollte es nicht möglich sein, Schritte zu widerrufen – oder wie-derherzustellen, siehe unten –, sind die Befehle im Menü grau dargestellt. Die Anzahl der aktuell widerrufbaren Schritte können Sie sich in der Statusleiste anzeigen lassen: Wählen Sie dazu die Option EINBLENDEN • ANZAHL RÜCKGÄNGIG-SCHRITTE aus dem Menü der Statusleiste.

Der Widerrufen-Befehl kann sogar aufgerufen werden, nachdem Sie eine Datei gespeichert – aber noch nicht geschlossen – haben.

▲ **Abbildung 4.40**
Anzeige der Rückgängig-Schritte in der Statusleiste

Wiederholen

Widerrufene Arbeitsschritte können Sie auch wiederherstellen. Wählen Sie dazu BEARBEITEN • WIEDERHOLEN – Shortcut ⌘/Strg + ⇧ + Z .

Letzte Version der Datei

Möchten Sie zu dem Arbeitsstand zurückkehren, an dem Sie die Datei zuletzt gespeichert haben, wählen Sie DATEI • ZURÜCK ZUR LETZTEN VERSION – Shortcut F12 . Da Sie mit diesem Befehl einen beträchtlichen Teil Ihrer Arbeit verlieren könnten – dieser Befehl ist nicht widerrufbar –, fragt Illustrator noch einmal nach, ob Sie das wirklich wollen.

▲ **Abbildung 4.41**
Waren die Windows-Steuerungsbuttons für die Datei in CS2 noch überdeutlich (links), muss man sie jetzt mit der Lupe suchen (rechts).

4.6 Dokumente speichern

Beim Speichern – wie beim Exportieren – schreibt Illustrator Ihre Grafik in eine Datei. Der Unterschied zwischen beiden Optionen besteht in der Datenstruktur der Dateien.

Dateiformate werden in »nativ« und »nicht nativ« aufgeteilt. Native Formate zeichnen sich dadurch aus, dass ein Programm darin alle Merkmale des Dateiinhalts speichern und wieder so auslesen kann, dass sie voll editierbar sind.

Dank Version Cue ergeben sich diverse zusätzliche Möglichkeiten, eine Datei zu speichern.

> **Hinweis**
>
> Illustrator kann vier native Formate speichern: AI (Adobe Illustrator), PDF (Portable Document Format), EPS (Encapsulated PostScript) und SVG (Scalable Vector Graphic). Mehr zu Dateiformaten in Kapitel 19.

Speichern

Sie haben mehrere Möglichkeiten, Ihre Illustrator-Grafik zu speichern. Mit dem Befehl SPEICHERN UNTER erzeugen Sie eine neue Datei auf Ihrem Speichermedium – die gesicherte Grafik wird nach dem Speichervorgang auf dem Bildschirm angezeigt. Möchten Sie dagegen eine Kopie der bearbeiteten Grafik erstellen und anschließend am Original weiterarbeiten, wählen Sie KOPIE SPEICHERN. Der Befehl SPEICHERN steht nur zur Verfügung, wenn bereits eine Datei auf dem Speichermedium angelegt ist.

Um eine neue Datei anzulegen, wählen Sie DATEI • SPEICHERN UNTER... – Shortcut ⌘/Strg + ⇧ + S – oder DATEI • KOPIE SPEICHERN... – Shortcut ⌘ + ⌥ + S bzw. Strg + Alt + S .

1. Wählen Sie den gewünschten Befehl.
2. Navigieren Sie zum gewünschten Speicherort, geben Sie einen Dateinamen ein, und wählen Sie das Dateiformat ADOBE ILLUSTRATOR-DOKUMENT.
3. Klicken Sie auf den Button SICHERN/SPEICHERN.
4. Legen Sie die Formatoptionen fest.

> **Hinweis**
>
> Illustrator erzeugt **keine** temporären Dateien für eine Wiederherstellung des Dokuments in Falle eines Absturzes.

> **Hinweis**
>
> Die Dateiformate EPS, PDF und SVG werden in Kapitel 19 und 20 besprochen.

Abbildung 4.42 ▶

Dialogbox Illustrator-Optionen:
Die Transparenz-Optionen der
Dialogbox (nicht in der Abbildung
zu sehen) werden in Kapitel 12
besprochen.

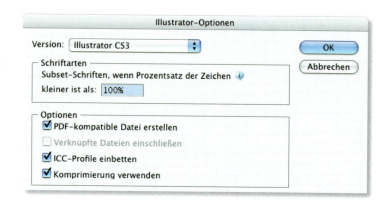

Datenverlust möglich

Da ältere Versionen teilweise nur
sehr wenige Features unterstützen, die Sie in Illustrator CS3
selbstverständlich benutzen, verlieren Sie beim Speichern in älteren Versionen die Editierbarkeit wenigstens einiger Objekte.

Hinweis

Die eingebetteten Schriften stehen Ihnen für die Bearbeitung
der Datei nicht zur Verfügung.
Zu diesem Zweck muss eine
Schrift auf Ihrem System installiert sein.

Tipp

Auch wenn Illustrator ein sta-
biles Programm ist, gilt wie überall: Bewahren Sie Zwischen-
stände auf, und speichern Sie
sorgfältig.

▶ Version: Wählen Sie aus dem Menü, zu welcher Illustrator-
Version die Datei kompatibel sein soll. Speichern Sie Ihre Datei
auf jeden Fall einmal in der aktuellen Version. Benötigen Sie
außerdem eine Datei, die zu einer älteren Programmversion
kompatibel ist, speichern Sie diese zusätzlich.

▶ Schriftarten: Für die Verwendung einer Illustrator-Datei in
Layout-Software sind die eingesetzten Schriften eingebettet.
Mit dieser Option definieren Sie, ob der gesamte Font oder
nur die verwendeten Zeichen eingebettet werden. Im Eingabefeld legen Sie fest, wie hoch der Anteil der verwendeten
Zeichen an einem Font sein muss, damit der komplette Font
eingebettet wird.

Hat ein Font sehr viele Zeichen – OpenType-Fonts können
über 65 000 Zeichen enthalten –, würde die Datei mit einer
komplett eingebetteten Schrift unnötig groß, da Sie nur selten
alle Zeichen in der Datei verwenden.

▶ PDF-kompatible Datei erstellen: Wenn Sie die Datei auch in
anderen Programmen der Creative Suite verwenden möchten,
aktivieren Sie diese Option.

▶ Verknüpfte Dateien einschliessen: Wählen Sie diese Option,
dann werden externe Dateien, die Sie platziert haben, in die
Illustrator-Datei eingebettet. Diese Option ist praktisch für die
Weitergabe fertig gestellter Dateien. Sie sollten sie aber nur
wählen, wenn Sie die externen Dateien nicht mehr weiter
bearbeiten müssen.

▶ ICC-Profile einbetten: Die eingestellten Farbprofile werden
im Dokument gespeichert. Haben Sie dem Dokument ein
Farbprofil zugewiesen, ist diese Option aktiviert.
Deaktivieren Sie ICC-Profile einbetten, wenn Sie das Farbprofil nicht in die Datei einbetten möchten.

▶ Komprimierung verwenden: Die Komprimierung erzeugt
eine merklich kleinere Datei, allerdings dauert der Speicher-

vorgang länger. Adobe empfiehlt, die Option zu deaktivieren, falls das Speichern länger als acht Minuten dauert.

Zwischenspeichern | Ist die Datei einmal gespeichert, lassen sich Zwischenstände einfach mit dem Befehl DATEI • SPEICHERN – Shortcut ⌘/Strg + S – sichern. Das ist praktisch, mit der Zeit wird die Datei durch dieses Verfahren jedoch größer als nötig.

Daher sollten Sie von Zeit zu Zeit, mindestens aber bei Fertigstellung des Dokuments, den Befehl SPEICHERN UNTER… verwenden, um eine komplett neue, kompaktere Datei zu schreiben.

Versionen

Wenn Sie Zugriff auf Version-Cue-Arbeitsbereiche haben, ist es möglich, die unterschiedlichen Arbeitsstände mit diesem Hilfsmittel zu verwalten. Versionen sind als unterschiedliche Zustände einer Datei gespeichert.

Das Version-Cue-Modul, mit dem Sie Ihre Projekte und Versionen verwalten, finden Sie in Adobe Bridge; das Speichern und Öffnen der Versionen ist direkt aus Illustrator möglich.

▲ **Abbildung 4.43**
Dialogbox EINCHECKEN

Datei mit Version Cue verwalten | Sie können nur Versionen von Dateien speichern, die bereits mit Version Cue verwaltet werden – Sie müssen die Datei also zunächst in einen Version-Cue-Arbeitsbereich speichern. Dazu verwenden Sie den Befehl DATEI • EINCHECKEN… Die Version-Cue-Arbeitsbereiche werden automatisch im ADOBE DIALOG geöffnet. Wählen Sie ein Projekt aus und bestätigen mit SPEICHERN. Anschließend geben Sie einen Kommentar zu der Version ein, der mitgespeichert wird.

▲ **Abbildung 4.44**
Eingabe eines Kommentars zu einer Version

Metadaten

Um Ihre Dokumente besser katalogisieren, recherchieren und verwalten zu können sowie zur Optimierung der Workflows über Unternehmensgrenzen hinweg, setzen viele Arbeitsgruppen auf Metadaten.

Mit Hilfe der von Adobe entwickelten XMP-Technologie (eXtensible Metadata Platform) lassen sich umfangreiche Meta-Informationen in Dokumente der Dateiformate Illustrator, PDF, EPS, SVG, GIF, JPEG, Photoshop oder TIFF einbetten und in Publishing-Workflows austauschen.

Möchten Sie XMP-Informationen zu Ihrer Illustrator-Datei abspeichern, rufen Sie DATEI • DATEIINFORMATIONEN… – Shortcut ⌘ + ⌥ + ⇧ + I bzw. Strg + Alt + ⇧ + I – auf. Tragen Sie Ihre Angaben in die entsprechenden Dialogfelder ein.

▲ **Abbildung 4.45**
Anzeige eines Versionskommentars in Adobe Bridge

- ▶ BESCHREIBUNG: Der Bereich BESCHREIBUNG enthält Informationen zum Dokumentinhalt und -autor sowie Informationen zu Nutzungsrechten. Möchten Sie Informationen zu Nutzungsrechten speichern, wählen Sie aus dem Menü COPYRIGHT-STATUS die Option URHEBERRECHTLICH GESCHÜTZT oder ÖFFENTLICHE DOMÄNE (Public Domain) und geben die gewünschten Informationen in die entsprechenden Felder ein.

- ▶ URSPRUNG: Unter URSPRUNG stehen Informationen zum Bearbeitungsverlauf der Datei zur Verfügung. Mit einem Klick auf den Button HEUTE tragen Sie das aktuelle Datum ein.
  Im Aufklappmenü DRINGLICHKEIT kennzeichnen Sie die redaktionelle Priorität des Dokuments.

Abbildung 4.46 ▶
Dateiinformationen

▲ **Abbildung 4.47**
Metadaten, die Sie bereits in Bridge angelegt haben, stehen als Menüauswahl zur Verfügung.

Metadaten speichern | Sollen die eingegebenen Daten außerhalb der Illustrator-Datei gespeichert werden, rufen Sie den Bereich ERWEITERT auf. Verwenden Sie den Button SPEICHERN…, um die Metadaten in einer XMP-Datei zu sichern.

Metadaten-Vorlage | Die Dateiinformationen lassen sich schneller anlegen, wenn Sie mit Metadaten-Vorlagen arbeiten. Erstellen Sie sich einen Satz allgemeiner Informationen innerhalb der Dateiinformationen-Dialogbox und speichern diesen als Vorlage. Rufen Sie dazu das Menü der Dialogbox mit einem Klick auf den Pfeil ⊙ oben rechts auf und wählen den Eintrag METADATEN-VORLAGE SPEICHERN…

TEIL II
Objekte erstellen

5 Geometrische Objekte und Transformationen

Die wenig spektakulären geometrischen Objekte wirken zunächst nicht so, als ließen sich die damit erzeugten einfachen Formen über die Übungsphase hinweg für die praktische Arbeit gebrauchen. Dennoch sind sie eine wichtige Basis, auf der Sie durch Transformation und Kombination wesentlich komplexere Formen entwickeln können. Zum einen sparen Sie sich durch diese Vorgehensweise Zeit und zum anderen sind die mit den Werkzeugen erstellten Formen viel exakter als handgezeichnete.

5.1 Geometrische Objekte erstellen

Illustrator bietet Ihnen zwei Gruppen von Werkzeugen, mit denen Sie einfache geometrische Objekte erstellen können: Objekte mit offenen Pfaden – die **Linien** – und Objekte, die von einem geschlossenen Pfad begrenzt werden – die **Formen**.

Beim Starten von Illustrator finden Sie die Werkzeuge für Linien in der Palette unter dem Linien-Werkzeug und die für Formen unter dem Rechteck-Werkzeug zusammengefasst.

▲ **Abbildung 5.2**
Linien-Werkzeuge

▲ **Abbildung 5.1**
Werkzeuge für Linien: Linien, Bogen, Spiralen, rechteckige und radiale Raster

▲ **Abbildung 5.4**
Form-Werkzeuge – das Blendenflecke-Werkzeug (rechts) finden Sie in Kapitel 13.

▲ **Abbildung 5.3**
Werkzeuge für Formen: Rechtecke, gerundete Rechtecke, Ovale bzw. Kreise, Polygone und Sterne

Mit diesen Werkzeugen können Sie recht einfach geometrische Objekte erzeugen, die Sie anschließend wie selbst erstellte Pfade bearbeiten können (dazu mehr in den folgenden Kapiteln).

Die geometrischen Werkzeuge sind alle in der gleichen Weise zu bedienen. Mit der Maus:

1. Werkzeug auswählen
2. Startposition für das Objekt durch Klicken festlegen
3. Mit gedrückter Maustaste das Objekt aufziehen, bis es die gewünschte Größe erreicht hat

Mit der Maus und Modifizierungstasten | Halten Sie beim »Aufziehen« bestimmte Tasten auf der Tastatur gedrückt, können Sie einige der Parameter interaktiv steuern. Die Tasten wirken bei den meisten Werkzeugen gleich oder ähnlich. Um die Erzeugung eines Objekts abzuschließen, lassen Sie zuerst die Maustaste und dann erst die Modifizierungstasten los.

Modifizierungstasten wirken auch dann noch, wenn die Erzeugung des Objekts bereits begonnen hat. Verschiedene Tasten zusammen angewandt kombinieren deren Wirkungen. Eine Übersicht der Modifikationsmöglichkeiten finden Sie im Anschluss an die Vorstellung der Werkzeuge.

Oder numerisch | Um die Form eines Objektes numerisch zu bestimmen, klicken Sie nur an den gewünschten Startpunkt auf der Arbeitsfläche und lassen die Maustaste wieder los. In der dann erscheinenden Dialogbox können Sie die erforderlichen Größen eintragen.

Einstellungen, die Sie mit Hilfe von Tastenkombinationen oder im Dialogfeld vornehmen, werden als Grundeinstellung für das nächste Objekt übernommen, das mit dem jeweiligen Werkzeug erzeugt wird.

Werkzeuggruppen als eigenständige Paletten

Die Werkzeuggruppen können Sie von der Hauptpalette »abreißen« und als eigene Palette positionieren und benutzen.

Klicken Sie dazu zunächst auf das erste Werkzeug der Gruppe, um die verborgenen Werkzeuge anzuzeigen. Halten Sie die Maustaste gedrückt, und wählen Sie den kleinen Pfeil ganz rechts aus, um die Gruppe als eigene Palette abzutrennen.

Gerade – Liniensegment ⟍

Wählen Sie das Werkzeug mit dem Shortcut ⌂ + ⌷ . Eine Gerade erstellen Sie, indem Sie den Startpunkt klicken und in die gewünschte Richtung ziehen.

Klicken Sie mit dem Liniensegment-Werkzeug-Cursor auf die Zeichenfläche, um die Dialogbox für die numerische Eingabe aufzurufen.

Neben der Eingabe von Länge und Winkel der Linie kann die Option LINIE FÜLLEN angekreuzt werden, mit der ein Objekt in der aktuell eingestellten Füllfarbe erzeugt wird. Diese Option hat keine sichtbaren Auswirkungen, solange die Linie eine Gerade bleibt.

▲ **Abbildung 5.5**
Liniensegment: Dialogbox für die numerische Eingabe

Bogen

Mit dem Werkzeug für Bogensegmente erzeugen Sie Viertelbögen oder geschlossene dreieckige Formen mit einer konkav oder konvex gewölbten Seite.

Klicken Sie mit dem Bogen-Werkzeug-Cursor auf die Zeichenfläche, um die Dialogbox für die numerische Eingabe aufzurufen. Eine Vorschau zeigt die Wirkung Ihrer Optionen an.

◄ **Abbildung 5.6**
Auswirkungen der Modifikationsmöglichkeiten beim Erzeugen von Bogensegmenten

▶ Der Referenzpunkt legt den Start der Kurve innerhalb des virtuellen Objekt-Rechtecks fest. Um den Referenzpunkt auszuwählen, klicken Sie einen der vier Punkte an, er wird dann schwarz hervorgehoben.

▶ LÄNGE DER ACHSEN bestimmt die Größe des Bogensegments durch Angabe der horizontalen und vertikalen Dimension des virtuellen Objekt-Rechtecks. Die x-Achse verläuft horizontal, die y-Achse vertikal.

▶ ART: Dieses Menü gibt an, ob eine offene Kurve oder eine geschlossene Form gezeichnet wird.

▶ BASISACHSE legt die Achse fest, die als erste aufgezogen wird. Die andere Achse wird dann im rechten Winkel darauf konstruiert. Das Bogensegment wird zwischen dem Referenzpunkt und dem Ende der zuletzt gesetzten Achse gezeichnet.

▶ STEIGUNG bestimmt, ob das Vierteloval konkav oder konvex gezeichnet wird. Ein Wert von 0 erzeugt eine Gerade. Mit positiven Werten bis +100 ist die Kurve konvex, mit negativen Werten bis –100 ist sie konkav. Ein Wert von +50 oder –50

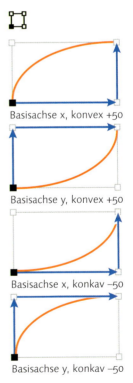

▲ **Abbildung 5.7**
Verschiedene Konstruktionen aus dem Referenzpunkt unten links

Illustrator kann nicht nur geschlossene, sondern auch offene
Pfade füllen. Dafür werden einfach die beiden Endpunkte des
Pfades »virtuell« verbunden und
die Fläche, die sich dabei ergibt,
gefüllt.

Es ist ein Unterschied, ob Sie
ein Bogensegment vom Typ
offen (links) oder geschlossen
(rechts) erstellen. An einer gefüllten Welle sehen Sie, was vor-
geht (unten).

erzeugt einen regelmäßigen Kreisbogen. Der Wert kann auch
an dem Schieberegler unter dem Eingabefeld eingestellt werden.

▶ BOGEN FÜLLEN: Wenn dieses Kontrollkästchen angekreuzt ist,
wird das Objekt mit der aktuell eingestellten Farbe gefüllt.
Achtung! Illustrator füllt auch offene Pfade, nicht nur geschlossene Formen (siehe Tipp).

Spirale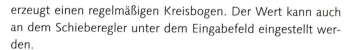

Die geometrisch korrekte Konstruktion von Spiralen ist ohne
dieses Werkzeug sehr schwierig. Das Spirale-Werkzeug macht
daraus ein Kinderspiel. Mit diesem Werkzeug können Sie allerdings nur Spiralen konstruieren, deren Windungen sich nach
innen verjüngen – ein gleichmäßiger Abstand lässt sich nicht realisieren.

Klicken Sie auf Ihrer Arbeitsfläche den Punkt an, an dem die
Spirale beginnen soll. Anschließende Bewegungen der Maus verändern die Größe und die Ausrichtung des Objekts.

Klicken Sie mit dem Spirale-Werkzeug-Cursor auf die Zeichenfläche, um die Dialogbox für die numerische Eingabe aufzurufen:

Abbildung 5.8 ▶
Erzeugung von Spiralen durch numerische Eingabe der Parameter

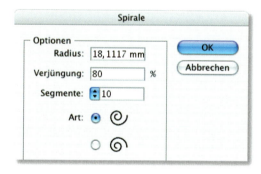

▶ RADIUS: Bestimmt die Größe der Spirale. Dabei entspricht der
Radius der Höhe bzw. Breite des ersten (äußeren) Segments.
Dieses ist in Abbildung 5.9 rot dargestellt.

▶ VERJÜNGUNG: Mit dem Wert VERJÜNGUNG bestimmen Sie die
Dichte der Windungen. Um den unter VERJÜNGUNG eingegebenen Prozentwert wird das jeweils folgende Segment im Verhältnis zum vorhergehenden verkleinert. Sie können Werte
zwischen 5 und 150 % eingeben.

Die maximale Dichte ist mit 99 erreicht, denn mit einem Wert
von 100 entsteht ein Kreis, bei dem alle Spiralelemente quasi
übereinander liegen. Ein Wert von 5 erzeugt eine maximale
Lichte, damit entsteht nur ein Bogensegment.

▲ **Abbildung 5.9**
Aufbau einer Spirale

- SEGMENTE: Gibt an, aus wie vielen Teilsegmenten die Spirale aufgebaut wird. Ein Teilsegment ist eine Viertelwindung in der Spirale. Nach jedem Segment folgt ein Ankerpunkt.
- ART: Hier können Sie auswählen, ob die Spirale links oder rechts gewunden gezeichnet wird.

Rechteckige ▦ oder radiale Raster ◉

Mit diesen Werkzeugen erstellen Sie Rechtecke oder Ovale, die durch Linien unterteilt sind – wenn Sie einzelne Rasterkästchen mit Farbe füllen möchten, verwenden Sie die Funktion INTERAKTIV MALEN (siehe Kapitel 10). Die Aufteilung kann gleichmäßig oder logarithmisch sein. Ohne Modifizierung werden Objekte mit gleichmäßiger Aufteilung erzeugt.

Klicken Sie mit einem der Werkzeug-Cursor auf die Zeichenfläche, um die Dialogbox für die numerische Eingabe zu öffnen.

▲ **Abbildung 5.10**
Ein Radiales Raster als Grundlage für die Konstruktion eines »Japanische Postersonne«-Designs. Nutzen Sie INTERAKTIV MALEN, um die Flächen zu füllen.

▲ **Abbildung 5.11**
Dialogboxen für das Rechteckiges-Raster- und Radiales-Raster-Werkzeug

- Der Referenzpunkt ⊡ bestimmt, in welche Richtung das Raster konstruiert wird. Auch radiale Raster werden nicht vom Mittelpunkt, sondern vom Referenzpunkt aus erzeugt.
  Achtung! Es macht wenig Sinn, einen anderen Referenzpunkt als den Punkt unten links zu wählen, da sonst die Positionsangaben in den Dialogboxen in die Irre führen!
- BREITE/HÖHE: Diese Einträge definieren die Größe des Objekts, indem sie die Maße des Begrenzungsrahmens festlegen.
- UNTERTEILUNGEN ANZAHL: Beim Rechteck-Raster lässt sich mit diesen Eingabefeldern die Anzahl der Zeilen (horizontal) und der Spalten (vertikal) eingeben, die innerhalb des Objekts erzeugt werden. Beim radialen Raster wird entsprechend die

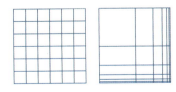

▲ **Abbildung 5.12**
Rechteckiges Raster: gleichmäßige und logarithmische Aufteilung

▲ **Abbildung 5.13**
Radiales Raster: Gleichmäßige und logarithmische Aufteilung

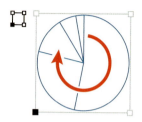

▲ **Abbildung 5.14**
Radiale Asymmetrie: Die Torten-stücke werden bei positiven Eingabewerten im Uhrzeigersinn kleiner.

▲ **Abbildung 5.15**
Äußeres Rechteck als Rahmen: Statt vier einzelner Linien links ist rechts ein Rahmen.

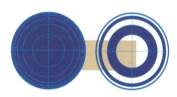

▲ **Abbildung 5.16**
Mit der Option ZUSAMMENGESETZ-TER PFAD können die Zwischen-räume zwischen den Ellipsen abwechselnd gefüllt und durch-sichtig sein.

▲ **Abbildung 5.17**
Rechteck-Optionen

Anzahl der Ringe (konzentrisch) und der Tortenstücke (radial) gewählt.

▶ UNTERTEILUNGEN ASYMMETRIE: Die Größe der Unterteilungs-segmente kann gleichmäßig sein – dies entspricht einem Asym-metriewert von 0%. Bei anderen Asymmetriewerten erfolgt die Unterteilung logarithmisch. Die maximal einstellbare Asymmetrie liegt bei 500%. Um anfängliche Probeergebnisse zu erhalten, beginnen Sie am besten mit Werten zwischen 50% und 80%. Der Schieberegler, der jeder Eingabe zugeord-net ist, tut hier gute Dienste.

Beim rechteckigen Raster beziehen sich OBEN und UNTEN sowie RECHTS und LINKS auf den Referenzpunkt. UNTEN und LINKS bedeutet eine größere Dichte in Richtung des Referenz-punkts, und OBEN und RECHTS verdichten die Unterteilung vom Referenzpunkt weg.

Bei der radialen Asymmetrie des radialen Rasters ist es noch komplizierter: Positive Werte bewirken, dass die Tortenstücke (radiale Unterteilungen) bezogen auf den Referenzpunkt im Uhrzeigersinn kleiner werden. Negative Werte dagegen ver-dichten das Raster gegen den Uhrzeigersinn.

Die Verdichtung der Ringe (konzentrisches Raster) erfolgt mit positiven Werten von innen nach außen, mit negativen Wer-ten entsprechend von außen nach innen.

▶ ÄUSSERES RECHTECK ALS RAHMEN VERWENDEN: Mit diesem Kontrollkästchen können Sie beim rechteckigen Raster bestim-men, dass die Außenbegrenzung nicht als vier einzelne Linien, sondern als Rechteckform generiert wird.

▶ RASTER FÜLLEN: Sie können dieses Objekt dann auch automa-tisch mit der aktuell eingestellten Füllung versehen.

▶ ZUSAMMENGESETZTEN PFAD AUS ELLIPSEN ERSTELLEN: Ohne dieses Kontrollkästchen aktiviert zu haben, werden die inein-ander verschachtelten Ovale/Kreise nur gruppiert. Die Gene-rierung eines zusammengesetzten Pfades macht Sinn, wenn Sie die erzeugten Rasterringe abwechselnd füllen wollen. Mehr zu zusammengesetzten Pfaden finden Sie in Kapitel 10.

Rechteck/Quadrat 🔲 und Ellipse/Kreis ⭕

Wählen Sie das Rechteck-Werkzeug durch einen Klick auf sein Symbol in der Werkzeugpalette oder indem Sie den Shortcut M drücken. Das Ellipse-Werkzeug erreichen Sie mit dem Shortcut L. Klicken und ziehen Sie mit diesen Werkzeugen ein Rechteck bzw. ein Oval auf.

Klicken Sie mit dem Rechteck-Werkzeug-Cursor auf die Zei-chenfläche, um die Dialogbox für die numerische Eingabe aufzu-rufen.

Abgerundetes Rechteck

Klicken und ziehen Sie mit diesen Werkzeugen ein Rechteck mit abgerundeten Ecken auf. Wie alle anderen Eigenschaften der geometrischen Objekte ist auch der Eckenradius nicht »live«, so dass bei einer nachträglichen Skalierung die ursprünglichen perfekten Viertelkreis-Rundungen ebenfalls verändert werden. Sie müssen also ein Rechteck, das Sie mit diesem Werkzeug erzeugen, gleich in der benötigten Größe aufziehen.

Klicken Sie mit dem Abgerundetes-Rechteck-Werkzeug-Cursor auf die Zeichenfläche, um die Dialogbox für die numerische Eingabe aufzurufen.

Polygon

Mit dem Polygon-Werkzeug erstellen Sie gleichmäßige Vielecke. Ein Polygon wird immer vom Mittelpunkt aus erzeugt.

Achtung: Der Mittelpunkt, den Illustrator nach der Erstellung des Objekts anzeigt, ist der Mittelpunkt des Begrenzungsrahmens. Dieser entspricht bei Polygonen mit ungerader Eckenanzahl nicht dem geometrischen Zentrum.

Klicken Sie mit dem Polygon-Werkzeug-Cursor auf die Zeichenfläche, um den Dialog für die numerische Eingabe aufzurufen.

▲ **Abbildung 5.20**
Dialogbox für die numerische Definition eines Polygons

Stern

Das Aussehen des Sterns wird durch den Innenradius (❶ Radius 1) und den Außenradius (❷ Radius 2) definiert.

Klicken Sie mit dem Stern-Werkzeug-Cursor auf die Zeichenfläche, um den Dialog für die numerische Eingabe aufzurufen.

▲ **Abbildung 5.18**
Abgerundetes-Rechteck-Optionen

Tipp

Rundungen, die von einer Größenveränderung nicht beeinflusst sind, erhalten Sie mit dem Effekt ABGERUNDETES RECHTECK (Filter und Effekte siehe Kapitel 13).

▲ **Abbildung 5.19**
Konstruktions-Mittelpunkt des Fünfecks (rot) im Vergleich zu dem auf der Zeichenfläche angezeigten Mittelpunkt (blau)

Tipp

Falls Sie den geometrischen Mittelpunkt eines Polygons zu Konstruktionszwecken benötigen, gehen Sie wie folgt vor:
1. Setzen Sie einen Punkt mit dem Zeichenstift.
2. Verwenden Sie diesen Punkt als Mittelpunkt für die Konstruktion des Polygons.
3. Gruppieren Sie den Ankerpunkt aus Schritt 1 und das Polygon. In der Pfadansicht wird der Ankerpunkt als Kreuz angezeigt.

◄ **Abbildung 5.21**
Dialogbox für die numerische Definition eines Sterns

Taste	Linie	Bogen	Spirale	Rechteckiges R.	Radiales Raster
Leertaste	Verschieben des Objekts	Verschieben des Objekts	Verschieben des Objekts	Verschieben des Objekts	Verschieben des Objekts
⇧	Linien werden an 45°-Winkeln ausgerichtet	Bogen haben eine symmetrische Kurve	richtet die Spirale in 45°-Winkeln aus	erzeugt ein Quadrat	erzeugt einen Kreis
⌥	Zeichnen der Linie aus dem Mittelpunkt	Zeichnen des Bogens aus dem Mittelpunkt	erhöht oder senkt je nach Bewegungsrichtung des Cursors die Anzahl der Windungen	Zeichnen des Rasters vom Mittelpunkt aus	Zeichnen des Rasters vom Mittelpunkt aus
< / Ö	erzeugt viele Objekte aus demselben Ursprungspunkt	erzeugt viele Objekte aus demselben Ursprungspunkt	erzeugt viele Objekte aus demselben Ursprungspunkt	erzeugt viele Objekte aus demselben Ursprungspunkt	erzeugt viele Objekte aus demselben Ursprungspunkt
⌘ / Strg			verändert die Dichte der Windungen je nach Bewegungsrichtung des Cursors		
Cursor bewegen			dreht die Spirale		
↑		gestaltet die Kurve steiler	erhöht die Anzahl der Segmente	erhöht die Anzahl horizontaler Teilungen	erhöht die Anzahl der Ringe
↓		gestaltet die Kurve flacher	senkt die Anzahl der Segmente	senkt die Anzahl horizontaler Teilungen	senkt die Anzahl der Ringe
→			widerruft ⌘ / Strg	erhöht die Anzahl vertikaler Teilungen	erhöht die Anzahl der Segmente
←				senkt die Anzahl vertikaler Teilungen	senkt die Anzahl der Segmente
C		wechselt zwischen offener Kurve und geschlossener Form		verändert die Aufteilung der Spalten logarithmisch	verändert die Aufteilung der Ringe logarithmisch
F		wechselt die Basisachse zwischen X und Y		verändert die Aufteilung der Zeilen logarithmisch	verändert die Aufteilung der Segmente logarithmisch
R			kehrt die Windungsrichtung der Spirale um		
V				verändert die Aufteilung der Zeilen logarithmisch	verändert die Aufteilung der Segmente logarithmisch
X		wechselt zwischen konkaver und konvexer Kurve		verändert die Aufteilung der Spalten logarithmisch	verändert die Aufteilung der Ringe logarithmisch

Anmerkungen zur Tabelle Offene-Form-Werkzeuge

Tastenkombinationen | Drücken Sie mehrere Tasten zusammen, so addieren sich deren Wirkungen.

Leertaste | Mit der Leertaste kann das gesamte Objekt während des Erstellens verschoben werden. Wird die Leertaste, nicht aber die Maustaste losgelassen, nachdem das Objekt neu positioniert ist, kann an der Form des Objekts weitergearbeitet werden.

▲ **Abbildung 5.22**
Links nur mit `<`/`Ö`, rechts wurde zusätzlich die Leertaste gedrückt.

Bogen | Ein symmetrischer Bogen ❶ lässt sich um seinen Scheitelpunkt spiegeln. Die Stärke der Krümmung bestimmt, ob der Bogen steiler oder flacher ❹ ist.

Die Option konkave und konvexe Kurve ❸ wirkt sich nur bei geschlossenen Formen aus. Die Modifikationstaste `C` für eine geschlossene Form können Sie sich gut merken, wenn Sie an das englische »closed« denken ❷.

▲ **Abbildung 5.23**
Modifikationsmöglichkeiten bei der Arbeit mit dem Bogen-Werkzeug

Spirale | Die Anzahl der Windungen können Sie mit den Modifikationstasten `↑` oder `↓` nur verändern, wenn nicht gleichzeitig die Maus bewegt wird ❻. Ein Tastendruck bewirkt eine Veränderung um eine Viertelwindung. Die Segmente werden am Mittelpunkt hinzugefügt oder gelöscht.

Soll mit `⌘`/`Strg` die Dichte der Windungen ❼ verändert werden, müssen Sie die Maus bewegen. Vom Mittelpunkt weg wird die Spirale lichter, in umgekehrter Richtung nimmt die Dichte zu.

Die Umkehrung der Richtung ❺ erfolgt durch eine Spiegelung der Spirale entlang der Achse zwischen Cursor und Mittelpunkt.

Rechteckiges und Radiales Raster | Hier kann sowohl die Anzahl der horizontalen ❽ bzw. vertikalen ❾ Unterteilungen geändert werden als auch deren Aufteilung.

Die Aufteilung der Spalten oder Ringe wird mit jedem Druck der Tasten `C` bzw. `X` logarithmisch um 10 % ❿ nach links oder rechts bzw. innen oder außen gestaucht. Die Aufteilung der Reihen bzw. die radialen Segmente ⓫ mit `F` bzw. `V` erfolgt entsprechend.

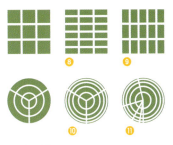

▲ **Abbildung 5.24**
Modifikationsmöglichkeiten der Raster-Werkzeuge

Taste	Rechteck	Abgerundetes Rechteck	Kreis	Polygon	Stern
Leertaste	Verschieben des Objekts	Verschieben des Objekts	Verschieben des Objekts	Verschieben des Objekts	Verschieben des Objekts
⇧	erzeugt ein Quadrat	erzeugt eine quadratische Form	erzeugt einen Kreis	richtet das Objekt waagerecht aus	richtet die oberste Spitze senkrecht aus
⌥	Zeichnen des Objekts vom Mittelpunkt aus	Zeichnen des Objekts vom Mittelpunkt aus	Zeichnen des Objekts vom Mittelpunkt aus		Die Kanten zur jeweils übernächsten Spitze erscheinen durchgezogen
< / Ö	erzeugt viele Objekte aus demselben Ursprungspunkt	erzeugt viele Objekte aus demselben Ursprungspunkt	erzeugt viele Objekte aus demselben Ursprungspunkt	erzeugt viele Objekte aus demselben Ursprungspunkt	erzeugt viele Objekte aus demselben Ursprungspunkt
⌘ / Strg					lässt den Innenradius einrasten, damit Zacken verlängert oder verkürzt werden können
Cursor bewegen				dreht das Objekt	dreht das Objekt
↑		vergrößert den Eckenradius		erhöht die Anzahl der Polygon-Seiten	erhöht die Anzahl der Zacken
↓		verkleinert den Eckenradius		senkt die Anzahl der Polygon-Seiten	senkt die Anzahl der Zacken
→		verwendet den höchstmöglichen Eckenradius			
←		setzt den Eckenradius auf 0 (normales Rechteck)			

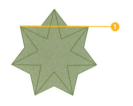

▲ **Abbildung 5.25**
Zackenformen eines Sterns

Anmerkungen zur Tabelle Geschlossene-Form-Werkzeuge

Abgerundetes Rechteck | Die Tasten ↑ und ↓ zum Vergrößern bzw. Verkleinern des Radius der abgerundeten Ecken wirken nur, wenn die Maus nicht bewegt wird.

Durch Einstellen des größtmöglichen Eckenradius wird an der kürzeren Seite ein Halbkreis erzeugt.

Stern | Mit ⌥/Alt erzeugen Sie einen Stern, bei dem die Kanten zur jeweils übernächsten Spitze durchgezogen erscheinen ❶. Drücken Sie während des Aufziehens ⌘+⌥ bzw. Strg+Alt, erhalten Sie ebenfalls diese Form, sie lässt sich jedoch durch Loslassen der Tasten nicht mehr rückgängig machen.

5.2 Objekte auswählen und anordnen

Gerade in komplexeren Illustrationen mit sehr vielen Objekten ist der sichere Umgang mit Auswahl-Werkzeugen, Stapelreihenfolge und Objektgruppen gleichzeitig besonders schwierig und grundlegend für eine erfolgreiche Bewältigung der Aufgabe.

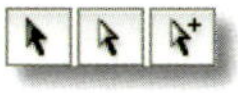

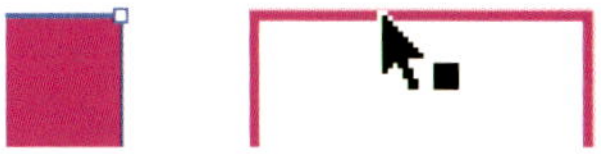

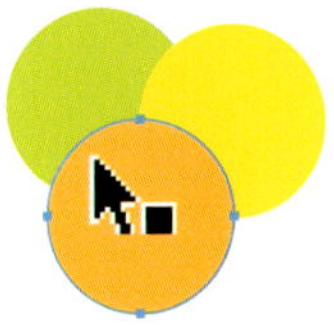

▲ **Abbildung 5.26**
Auswahl-Werkzeug, Direktauswahl-Werkzeug und Gruppenauswahl-Werkzeug

Objekte auswählen
Bevor Sie Objekte verändern können, müssen Sie diese auswählen. Illustrator bietet hierzu zwei Werkzeuge. Mit dem Auswahl-Werkzeug aktivieren Sie das gesamte Objekt, während Sie mit dem Direktauswahl-Werkzeug Teile eines Objekts wie Pfadsegmente, Punkte etc. oder Teile einer Objektgruppe auswählen können.

Tipp

Zwischen den Auswahl-Werkzeugen wechseln Sie temporär, indem Sie die Tasten [⌘]/[Strg] und/oder [⌥]/[Alt] drücken:

Mit [⌘]/[Strg] wechseln Sie jeweils zum vorher benutzten Auswahl-Werkzeug, drücken Sie zusätzlich bzw. alternativ [⌥]/[Alt], um das dritte Werkzeug zu wählen.

Wenn Sie ein Objekt mit dem Auswahl-Werkzeug (schwarzer Pfeil) anklicken, wird durch eine Outline und die Hervorhebung der Punkte angezeigt, dass das Objekt nun aktiv ist. Bei gefüllten Objekten können Sie hierfür auf die Füllung klicken. Bei ungefüllten Objekten muss direkt der Pfad bzw. die Kontur angeklickt werden (siehe dazu auch den Tipp auf Seite 83).

Mit [⇧] lassen sich **mehrere Objekte nacheinander auswählen** und zusammen aktivieren. Die gleiche Wirkung erzielen Sie mit einem Auswahlrechteck, das Sie mit dem Auswahl-Werkzeug über mehrere Elemente aufziehen (siehe Abbildung 5.28). Illustrator aktiviert dabei alle Objekte, die von dem Auswahlrechteck berührt werden.

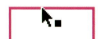

▲ **Abbildung 5.27**
Ein Objekt ohne Füllung muss durch Klick auf die Linie ausgewählt werden. Der Cursor zeigt an, ob ein Objekt unter ihm liegt.

Achtung! Das Auswahlrechteck darf nicht auf der Füllung einer Figur oder auf einem Pfad beginnen, da Sie sonst dieses Objekt ungewollt verschieben (siehe Tipp auf Seite 83).

Um ein Objekt wieder aus der Auswahl herauszunehmen, drücken Sie [⇧] und klicken das entsprechende Objekt erneut an. Die Reihenfolge »erst Modifizierungstaste und dann erst Maustaste bedienen« muss unbedingt beachtet werden, da Sie sonst Ihre restliche Auswahl verlieren.

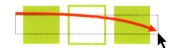

▲ **Abbildung 5.28**
Aufziehen eines Auswahlrechtecks über mehrere Objekte

Darunter-/darüberliegende auswählen | Ist ein Objekt durch ein anderes **verdeckt**, können Sie es aktivieren, indem Sie das vordere auswählen, an eine Stelle klicken, die innerhalb des gewünschten Objekts liegt, und aus dem Kontextmenü den Befehl Auswahl • Nächstes Objekt darunter anwenden. Das funktioniert auch in umgekehrter Richtung mit Auswahl • Nächstes Objekt darüber.

Der gleichnamige Befehl aus dem Hauptmenü aktiviert dagegen das jeweils nächste Objekt in der Stapelreihenfolge – unabhängig vom Klickpunkt.

▲ **Abbildung 5.29**
Um mit dem Klickpunkt den grünen Kreis auszuwählen, verwenden Sie das Kontextmenü. Über das Hauptmenü würde der gelbe Kreis ausgewählt.

Alles auswählen | Alle Objekte im Dokument wählen Sie aus, indem Sie ⌘/Strg+A drücken oder über das Menü unter Auswahl • Alles auswählen. Es werden nicht nur die Objekte auf der Zeichenfläche, sondern ebenfalls Objekte auf der Montagefläche selektiert.

Auswahl umkehren | Unter Umständen sind gerade die Objekte einfacher mit der Maus zu erreichen, die Sie eigentlich nicht auswählen möchten. In diesem Fall könnte der Befehl Auswahl • Auswahl umkehren Abhilfe schaffen. Mit seiner Hilfe ist es möglich, die aktuell aktivierten Objekte zu deaktivieren und dafür alle nicht ausgewählten Objekte auszuwählen.

Auswahl aufheben | Möchten Sie alle Objekte deselektieren, klicken Sie mit dem Auswahl-Werkzeug einfach auf einen leeren Platz auf der Zeichenfläche oder verwenden Sie den Befehl Auswahl • Auswahl aufheben – Shortcut ⌘+⇧+A bzw. Strg+⇧+A.

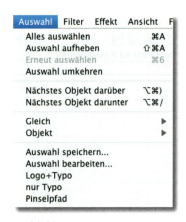

▲ **Abbildung 5.30**
Menü Auswahl mit eigenen gespeicherten Auswahlen

Auswahlen speichern

Falls Sie häufiger dieselben Objekte selektieren müssen, lohnt es sich, die vorgenommene Auswahl zur späteren Verwendung in der Datei zu speichern. Dies ist auch bei einer Auswahl möglich, die Objekte auf mehreren Ebenen einschließt (Ebenen siehe Kapitel 11).

Wenn Sie Ihre Auswahl erstellt haben, wählen Sie Auswahl • Auswahl speichern.... Geben Sie einen Namen in die Dialogbox ein. Die Auswahl wird anschließend unter diesem Namen im Auswahl-Menü aufgelistet.

Benötigen Sie eine Auswahl nicht mehr oder möchten Sie Auswahlen umbenennen, rufen Sie die Dialogbox unter Auswahl • Auswahl bearbeiten... auf.

Die Stapelreihenfolge ändern

Illustrator behandelt Ihre Arbeitsfläche wie einen Posteingangskorb: Es legt ein neues Objekt immer obenauf. Das bedeutet, dass von gefüllten Formen, die an gleichen oder ähnlichen Positionen auf der Arbeitsfläche liegen, immer nur die vorderste komplett sichtbar ist.

Wie im Posteingangskorb auch können Sie Ihre Illustrator-Objekte neu stapeln. Wählen Sie das Objekt aus, dessen Anordnung im Stapel Sie verändern möchten, und rufen Sie dann über das Menü Objekt • Anordnen... die gewünschte Option auf. Sie können Objekte jeweils um einen Schritt nach vorne oder hinten schieben oder ganz nach vorne bzw. ganz nach hinten bringen.

Wenn Sie mit mehreren Ebenen arbeiten, erfolgt diese Neuordnung nur innerhalb der aktiven Ebene. Mehr zu Ebenen finden Sie in Kapitel 11.

Schritt für Schritt: Stapelreihenfolge ändern

1 **Aufgabe**

Öffnen Sie die Datei Objektstapel.ai von der DVD. Der Plan wurde im Nachhinein um einige Objekte ergänzt, und diese müssen jetzt in die richtige Stapelreihenfolge gebracht werden.

▲ **Abbildung 5.31**
Plan vorher (links) und nachher (rechts)

2 **Problem 1: »Liegewiese« links unten**

Das grüne Objekt links unten überdeckt die Bäume. Es bestehen zwei Möglichkeiten: Sie können die Bäume auswählen und nach vorne stellen – für die Auswahl der Bäume müssten Sie jedoch in die Pfadansicht wechseln.

In unserem Fall ist es einfacher: Die »Liegewiese« kann – zusammen mit dem hellgrünen Hintergrund – ganz unten in den Objektstapel geordnet werden.

Aktivieren Sie also das Hintergrundelement, drücken Sie dann ⇧ und wählen das »Liegewiese«-Objekt aus und wählen OBJEKT • ANORDNEN • IN DEN HINTERGRUND oder verwenden Sie den Shortcut ⌘/ Strg + ⇧ + ⟨ .

▲ **Abbildung 5.32**
Problem »Liegewiese«

3 **Problem 2: »Straßenbrücke«**

Die Brücke sollte zwar *über* der Straße, aber *unter* dem Fußweg liegen. Sie könnten die Brücke auswählen und so lange einen Schritt nach hinten schieben, bis sie sich an der richtigen Position befindet. Allerdings ist nicht bekannt, wie viele Schritte dafür notwendig wären, denn auch Objekte, die sich nicht in der Nähe

▲ **Abbildung 5.33**
Problem »Straßenbrücke«

▲ **Abbildung 5.34**
Problem »Baum«

befinden, können im Objektstapel zwischen der Brücke und dem Weg liegen.

Also müssen Sie auch in diesem Fall eine andere Vorgehensweise wählen: Aktivieren Sie den »Fußweg« und alle Objekte, die ihn überlagern sollen (siehe Abbildung 5.33). Gehen Sie am besten so vor, dass Sie zunächst die kleinteiligen Objekte auswählen und zum Schluss den »Fußweg« – achten Sie darauf, dass Sie bei jedem Klick eine Stelle treffen, an der kein bereits ausgewähltes Objekt liegt. Anschließend rufen Sie OBJEKT • ANORDNEN • IN DEN VORDERGRUND – Shortcut ⌘/Strg+⌂+⟩ – auf.

4   Problem 3: »Baum«
Unten in der Mitte der Grafik befindet sich der letzte Problemfall: ein Baum, der nach vorne geholt werden muss. Hier gehen wir das Risiko ein und bewegen das Objekt schrittweise.

Aktivieren Sie den Baum und wählen ggf. mehrfach OBJEKT • ANORDNEN • SCHRITTWEISE NACH VORNE – besser geht es mit dem Shortcut ⌘+⌦+⌂+V bzw. Strg+Alt+⌂+V. ■

5.3   Objekte bearbeiten

Löschen
Aktivierte Objekte können mit BEARBEITEN • LÖSCHEN oder mit ⟵ von der Arbeitsfläche entfernt werden. Haben Sie unabsichtlich ein Element gelöscht, widerrufen Sie den Arbeitsschritt.

Copy & Paste
Mit Hilfe der Zwischenablage können Sie Objekte sowohl innerhalb eines Dokuments wie auch zwischen zwei Dokumenten und sogar zwischen verschiedenen Applikationen – vor allem innerhalb der CreativeSuite – austauschen.

Kopieren und Ausschneiden | Um Objekte von einem in ein anderes Dokument zu übertragen, können Sie – wie in jeder anderen Applikation auch – die Zwischenablage benutzen.

Aktivieren Sie das Objekt, und wählen Sie BEARBEITEN • KOPIEREN bzw. AUSSCHNEIDEN. Auf der Tastatur benutzen Sie ⌘/Strg +C zum Kopieren und ⌘/Strg+X, um Objekte auszuschneiden. Dies funktioniert sowohl innerhalb des Programms als auch zwischen Illustrator und anderen Programmen.

Einfügen | Wenn Sie ein Objekt aus der Zwischenablage in ein Dokument einfügen möchten, wählen Sie BEARBEITEN • EINFÜGEN oder ⌘/Strg+V. Das eingefügte Objekt wird in der Mitte des aktuellen Fensters platziert – nicht der Arbeitsfläche oder des Dokuments. In der Stapelreihenfolge der Objekte wird es ganz vorne angeordnet. Fügen Sie ein Objekt in ein Dokument ein, wird bei dieser Aktion die Zwischenablage nicht geleert – stattdessen können Sie weitere Kopien des Objekts einfügen.

Wenn Sie ein Objekt vor einem anderen im Stapel einfügen möchten, aktivieren Sie dieses und wählen BEARBEITEN • DAVOR EINFÜGEN oder die Tastenkombination ⌘/Strg+F. Entsprechend funktioniert es, ein Objekt hinter einem anderen zu platzieren mit BEARBEITEN • DAHINTER EINFÜGEN oder dem Shortcut ⌘/Strg+B.

Wenn kein Objekt auf der Arbeitsfläche aktiviert ist, während Sie einen der beiden Befehle benutzen, wird das Objekt aus der Zwischenablage mit DAVOR EINFÜGEN ganz vorne bzw. mit DAHINTER EINFÜGEN ganz hinten angeordnet.

Zusätzlich können beide Funktionen dazu dienen, ein anderes Problem zu lösen, denn ein davor bzw. dahinter eingefügtes Objekt wird nicht in der Seitenmitte, sondern relativ zum Koordinaten-Nullpunkt an der gleichen Position platziert, die es im Ursprungsdokument hatte.

Wenn Sie mit mehreren Ebenen arbeiten, erfolgt diese Objektanordnung nur innerhalb der aktiven Ebene. Mehr zu Ebenen finden Sie in Kapitel 11.

Duplizieren

Die Methode des Kopierens und Einsetzens lässt sich bequem zum Kopieren von Objekten verwenden. Einfacher geht es allerdings, wenn Sie ein oder mehrere Objekte aktivieren und mit gedrückter ⌥/Alt-Taste an eine andere Position ziehen. Dabei bleibt das ursprünglich ausgewählte Objekt an seinem Platz, und eine Kopie wird verschoben.

Auch in den Transformations-Dialogboxen können Sie anwählen, dass eine Kopie statt des Originals bearbeitet wird. Und in Kapitel 11, »Ebenen, Aussehen«, lernen Sie eine weitere Methode kennen.

Gruppieren

Wenn Sie mehrere unterschiedliche Objekte dauerhaft oder auf Zeit als Einheit behandeln wollen, können Sie diese zu einer Gruppe zusammenfügen. Dadurch wird die Anordnung der Objekte zueinander gesichert, und Sie sparen sich das mühsame Aktivieren einzelner Objekte, wenn Sie alle zusammen transformieren möchten.

▲ **Abbildung 5.35**
DAVOR EINFÜGEN fügt in einem Stapel das Objekt aus der Zwischenablage vor dem aktiven Objekt ein.

▲ **Abbildung 5.36**
Ein ganz normal eingefügtes Objekt (gelb) liegt in der Mitte des Dokumentfensters – ein davor eingefügtes Element (grün) liegt an seinem ursprünglichen Platz auf der Zeichenfläche (schwarzer Rahmen).

▲ **Abbildung 5.37**
Gruppierte Objekte können wie ein Objekt transformiert werden.

Darüber hinaus liegen alle Objekte einer Gruppe an aufeinander-folgenden Positionen in der Stapelreihenfolge. Durch eine Gruppierung lassen sich also Probleme der Anordnung lösen bzw. vermeiden – es ist allerdings nicht möglich, nicht zur Gruppe gehörende Objekte zwischen die Elemente der Gruppe zu stapeln.

Um eine Gruppe zusammenzufügen, aktivieren Sie die entsprechenden Objekte und wählen dann OBJEKT • GRUPPIEREN oder die Tasten ⌘/ Strg + G .

Gruppen können hierarchisch verschachtelt werden, d. h., Gruppen können Teile einer anderen Gruppe sein.

Eine aktivierte Gruppe kann mit dem Menü OBJEKT • GRUPPIERUNG AUFHEBEN oder der Tastenkombination ⌘/ Strg + ⇧ + G wieder getrennt werden. Damit wird die jeweils hierarchisch erste Gruppe aufgehoben, tiefer verschachtelte Gruppen bleiben bestehen.

Objekte in einer Gruppe auswählen | Um ein einzelnes Objekt, einen Pfad oder seine Punkte innerhalb einer Gruppe zu aktivieren, verwenden Sie das Direktauswahl-Werkzeug.

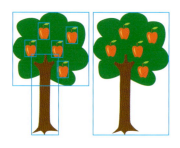

▲ **Abbildung 5.38**
Gruppen können weiter mit anderen Gruppen und mit einzelnen Objekten zu übergeordneten Gruppen zusammengefasst werden.

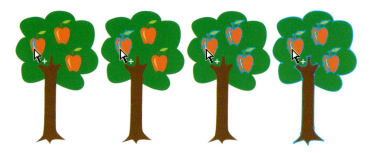

▲ **Abbildung 5.39**
Aktivieren von Objekten mit dem Gruppenauswahl-Werkzeug

Für die Aktivierung einer Gruppe innerhalb einer Gruppe muss das Gruppenauswahl-Werkzeug verwendet werden. Mit diesem Tool können Sie sich auch durch die Gruppenhierarchie arbeiten. Ein Klick mit dem Gruppenauswahl-Werkzeug auf ein Objekt einer Gruppe aktiviert dieses Objekt, jeder weitere Klick auf dasselbe Objekt wählt die nächste hierarchisch übergeordnete Gruppe dazu aus.

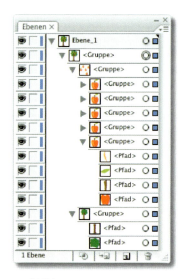

▲ **Abbildung 5.40**
Darstellung einer verschachtelten Gruppierung in der Ebenen-Palette

Ein Objekt hinzufügen | Um einer Grupe ein Objekt hinzuzufügen, ist es nicht nötig, die Gruppe aufzulösen. Stattdessen positionieren Sie das Element an der gewünschten Stelle, schneiden es aus und aktivieren das Objekt innerhalb der Gruppe, vor welches das Element eingefügt werden soll. Wählen Sie anschließend Bearbeiten • Davor einfügen.

Alternativ verwenden Sie die Ebenen-Palette (siehe Kapitel 11) oder den Isolationsmodus (siehe folgenden Abschnitt).

Teile einer Gruppe bearbeiten | Um die einer Gruppe untergeordneten Elemente zu bearbeiten, können Sie den Isolationsmodus verwenden. In diesem Bearbeitungsmodus ist nur das gewünschte Objekt auf der Zeichenfläche bearbeitbar und seine Gruppierung temporär aufgehoben – alle anderen Objekte sind jetzt nicht zugänglich und abgedimmt.

In der Originaleinstellung rufen Sie den Isolationsmodus für ein Objekt auf, indem Sie darauf doppelklicken. Möchten Sie Änderungen in hierarchisch untergeordneten Gruppen dieses Objekts vornehmen, doppelklicken Sie wiederum auf diese. Im grauen Balken unterhalb der Titelleiste wird die Objekthierarchie als Klickpfad dargestellt.

Es ist leider nicht möglich, während des Isolationsmodus in die Pfadansicht zu wechseln.

Um den Isolationsmodus zu verlassen, klicken Sie auf den Button Isolierte Gruppe beenden ⊞ in der Steuerungspalette, oder klicken Sie auf den Pfeil ◁ im grauen Balken.

Ausblenden

Sie können einzelne aktivierte Objekte mit dem Menü Objekt • Ausblenden • Auswahl ausblenden.

Wenn Ihnen beim Bearbeiten von Objekten darüber liegende Objekte im Wege sind, hilft der Menüpunkt Objekt • Ausblenden • Sämtliches Bildmaterial darüber weiter.

Um ausgeblendete Objekte wieder sichtbar zu machen, wählen Sie Objekt • Alles einblenden.

Wie Sie mit dem Aus- und Einblenden von Ebenen verfahren, lesen Sie in Kapitel 11.

Fixieren

Wenn Sie die Position und die aktuellen Eigenschaften eines Objektes schützen möchten oder wenn dieses Objekt die Bearbeitung anderer Objekte behindert, wählen Sie nach der Aktivierung Objekt • Fixieren • Auswahl oder die Tastaturkombination ⌘/Strg+2. Sie können dieses Objekt dann nicht mehr aktivieren und versehentlich ändern.

Mit Objekt • Alle entsperren – Shortcut ⌘+⌥+2 bzw. Strg+Alt+2 – werden alle Fixierungen wieder aufgehoben.

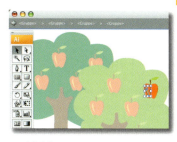

▲ **Abbildung 5.41**
Eine tief verschachtelte Gruppe im Isolationsmodus. Mit den Buttons am oberen Rand können Sie sich durch die Hierarchie bewegen.

Hinweis

Das Aufrufen des Isolationsmodus durch einen Doppelklick können Sie mit Hilfe der Option Zum Isolieren doppelklicken in Voreinstellungen • Allgemein unterbinden. Dann kann der Isolationsmodus nur noch mit dem Button in der Steuerungspalette oder dem Befehl Ausgewählte Gruppe isolieren aus dem Kontextmenü aufgerufen werden.

Tipp

Nicht nur Gruppen, sondern auch interaktive Malgruppen, Symbole und zusammengesetzte Formen lassen sich im Isolationsmodus bearbeiten.

Hinweis

Sowohl der Befehl Alles einblenden als auch Alle entsperren haben keinen Einfluss auf Sichtbarkeit oder Fixierung, die in der obersten Hierachie der Ebenen-Palette vorgenommen wurden (also Haupt-Ebenen).

Tipp

Sie erreichen dasselbe Ergebnis
oft auf mehreren verschiedenen
Wegen. Probieren Sie alle einmal
aus und entscheiden sich für die
Methode, die Ihrer Arbeitsweise
am besten entspricht.

5.4 Objekte transformieren

Verschieben, Drehen, Spiegeln, Skalieren, Verbiegen und Verzerren sind die Standard-Umformungen, die Illustrator für Objekte
anbietet.

Es ist nicht notwendig, Vektorobjekte sofort in ihrer endgültigen Form zu erstellen, da sie ohne Qualitätseinbußen transfor-
mierbar sind. Das vereinfacht Entwurf und Konstruktion, denn
ausgehend von einer Grundform können Sie verschiedene Transformationen oder Einstellungen ausprobieren.

Auch wenn ein Objekt beim Verschieben keine Umformung
erfährt, ist es in Illustrator wegen seiner ähnlichen Handhabung
den Transformationen zugeordnet.

Die verschiedenen Möglichkeiten, um Objekte zu transformieren, sind:

1. mit Hilfe des Begrenzungsrahmens
2. mit den spezifischen Transformationswerkzeugen
3. über die Menübefehle unter OBJEKT • TRANSFORMIEREN oder
   TRANSFORMIEREN im Kontextmenü
4. mit dem Frei-transformieren-Werkzeug
5. mit der Transformieren-Palette

Referenzpunkt

Alle Transformationen beziehen sich auf einen **Referenzpunkt**,
der für die Berechnung der Transformation so etwas wie der Nullpunkt ist. Bei einer Drehung ist es beispielsweise der Punkt, um
den die Drehung vorgenommen wird.

Voreingestellt als Referenzpunkt ist der rechnerische Mittelpunkt des Begrenzungsrahmens eines Objekts. Sie können den
Referenzpunkt aber auch selbst bestimmen.

Wenn Sie mehrere Transformationen direkt hintereinander
verwenden, wird der einmal definierte Referenzpunkt auf die folgenden Umformungen übertragen.

Objekt-Mittelpunkt | Den Mittelpunkt von Objekten, die Sie
mit dem Ellipse-Werkzeug, dem Rechteck- oder Abgerundetes-
Rechteck-Werkzeug erstellen, zeigt Illustrator standardmäßig an.
Sie können jedoch für jedes Objekt individuell bestimmen, ob
der Mittelpunkt eingeblendet werden soll. Dazu verwenden Sie
die Attribute-Palette – Shortcut ⌘/Strg+F11, im Dock am
Symbol zu erkennen – und klicken auf den Button MITTE AUS-
BLENDEN bzw. MITTE EINBLENDEN.

Da der Objekt-Mittelpunkt »magnetisch« ist, können Sie ihn
verwenden, um Objekte z. B. beim Verschieben daran auszurichten.

Begrenzungsrahmen

Der Begrenzungsrahmen ist ein Hilfsmittel, um intuitiv Transformationen durchführen zu können. Um ihn anzeigen zu lassen, müssen Sie das Menü ANSICHT • BEGRENZUNGSRAHMEN EINBLENDEN angewählt haben.

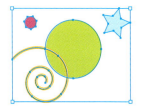

Wenn Sie nun mit dem Auswahl-Werkzeug ein Objekt, eine Gruppe oder mehrere Objekte und/oder Gruppen aktivieren, wird ein Rechteck angezeigt, das alle ausgewählten Objekte umschließt. Dieser Begrenzungsrahmen ist außerdem an den Ecken und in der Mitte der Seiten mit »Anfassern« versehen, die zur Durchführung der Transformation notwendig sind.

▲ **Abbildung 5.46**
Objekt nach einer Drehung (Mitte) und mit ausgerichtetem Begrenzungsrahmen (rechts)

Sollte das aktivierte Objekt vorher bereits transformiert worden sein, muss der Begrenzungsrahmen nicht immer im rechten Winkel zur Arbeitsfläche angezeigt werden, da sich das Programm die letzte Ausrichtung des Rahmens merkt. Mit dem Menüpunkt OBJEKT • TRANSFORMIEREN • BEGRENZUNGSRAHMEN ZURÜCKSETZEN können Sie, wenn nötig, den Rahmen wieder senkrecht stellen lassen.

Die Transformationswerkzeuge

Mit diesen Werkzeugen für Drehen 🔄, Spiegeln 🔁, Skalieren 🔲 und Verbiegen 🔀 können Sie Objekte manuell oder durch die Eingabe der Parameter in der jeweils zugehörigen Dialogbox umformen. Beim manuellen Transformieren mit den Werkzeugen haben Sie folgende Modifizierungsmöglichkeit:

▲ **Abbildung 5.47**
Der Begrenzungsrahmen umschließt die äußersten Punkte aller aktivierten Objekte.

▶ ⬆ erlaubt, je nach Tool, in 45°-Schritten vorzugehen bzw. die Objekt-Proportionen beizubehalten.

Schritt für Schritt: Objekte manuell transformieren

1 **Objekt erstellen und Werkzeug wählen**

Erzeugen Sie ein neues Illustrator-Dokument, und erstellen Sie einen Stern mit dem Stern-Werkzeug. Deaktivieren Sie den Stern nicht, und wählen Sie das Drehen-Werkzeug, indem Sie darauf klicken oder – schneller – die Taste ⒭ drücken. Der Referenzpunkt für die Drehung wird angezeigt.

▲ **Abbildung 5.48**
Der Original-Referenzpunkt wird angezeigt.

2 **Referenzpunkt neu setzen**

Sie könnten das Objekt jetzt um den angezeigten Referenzpunkt drehen, aber in dieser Übung setzen Sie vor dem Drehen zunächst einen neuen Referenzpunkt.

Klicken Sie auf einen Punkt etwas rechts vom Objekt, oder klicken und ziehen Sie den Referenzpunkt an eine andere Position. Achten Sie darauf, den bestehenden Referenzpunkt beim

▲ **Abbildung 5.49**
Referenzpunkt verschieben

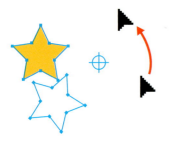

▲ **Abbildung 5.50**
Klicken und ziehen Sie, um das Objekt zu drehen.

▲ **Abbildung 5.51**
Winkel eingeben – die Vorschau zeigt das Resultat.

▲ **Abbildung 5.52**
Winkel eingeben und kopieren

Hinweis

Mit den Kontrollkästchen OBJEKT und MUSTER in der Dialogbox der Transformationswerkzeuge bestimmen Sie, ob Sie nur das Objekt, nur das Muster des Objekts oder beides transformieren wollen. Mehr zum Transformieren von Mustern finden Sie in Kapitel 16.

Klicken und Ziehen genau zu treffen – der Cursor muss ein Fadenkreuz darstellen –, ansonsten würden Sie das Objekt transformieren.

3 **Objekt transformieren**

Klicken Sie auf das Objekt oder auf irgendeine Stelle der Arbeitsfläche und beobachten, wie Ihr Objekt transformiert wird, wenn Sie das Werkzeug bewegen.

Je weiter entfernt vom Referenzpunkt Sie klicken, um mit der Umwandlung zu beginnen, desto besser ist Ihre Kontrolle über die Veränderung des Objekts, da der »Hebel« größer ist. ■

Schritt für Schritt: Transformationswerkzeuge mit der Dialogbox anwenden

1 **Objekt erstellen und Werkzeug wählen**

Erzeugen Sie ein neues Illustrator-Dokument, und zeichnen Sie einen Stern mit dem Stern-Werkzeug. Deaktivieren Sie den Stern nicht.

2 **Transformation um den Mittelpunkt**

Doppelklicken Sie das Drehen-Werkzeug. Der Referenzpunkt wird in die Mitte des Objekts gesetzt und die Dialogbox geöffnet.

Wundern Sie sich nicht, wenn sich das Objekt schon beim Aufrufen eines Transformieren-Dialogs bewegt. Wenn Sie die Vorschau-Option einmal benutzt haben, ist sie beim nächsten Aufruf der Dialogbox aktiv und wird auch gleich mit einem im Eingabefeld vorhandenen Wert auf Ihr Objekt angewendet.

Aktivieren Sie die Vorschau und geben einen Winkel ein. Klicken Sie den Button OK, um die Transformation auszuführen.

3 **Mit alternativem Referenzpunkt transformieren**

Wählen Sie das Drehen-Werkzeug, drücken Sie ⌥/Alt und klicken auf eine Stelle auf der Arbeitsfläche, um den Referenzpunkt neu zu bestimmen. Nach dem Klick öffnet sich die Dialogbox.

Aktivieren Sie die Vorschau, geben Sie einen Winkel ein und klicken auf den Button KOPIEREN, um das Objekt an seinem Platz zu belassen und stattdessen eine Kopie zu erzeugen und im selben Schritt zu drehen. ■

Objekte verschieben

Um ein Objekt manuell zu verschieben, klicken Sie es mit dem Auswahl-Werkzeug an und ziehen es an die gewünschte Position.

Aktivierte Objekte können auch mit den Cursortasten ⎡↑⎤, ⎡↓⎤, ⎡→⎤ und ⎡←⎤ in der entsprechenden Richtung bewegt werden. Sie haben folgende Modifizierungsmöglichkeiten:

▶ ⎡⇧⎤ lässt nur Verschiebungen im 45°-Winkel zu.
▶ ⎡⌥⎤/⎡Alt⎤: Eine Kopie des Originalobjekts wird erzeugt und verschoben.

Wählen Sie das Auswahl-Werkzeug, aktivieren das zu verschiebende Objekt und drücken ⎡↵⎤ oder die Eingabetaste, um die Dialogbox aufzurufen – alternativ doppelklicken Sie das Auswahl-Werkzeug oder wählen Sie aus dem Menü OBJEKT • TRANSFORMIEREN • VERSCHIEBEN – Shortcut ⎡⌘⎤/⎡Strg⎤+⎡⇧⎤+⎡M⎤. Die Verschiebung des Objekts erfolgt hiermit immer relativ zur bisherigen Position.

Um ein Objekt absolut an einer bestimmten Stelle auf der Arbeitsfläche neu zu positionieren, müssen Sie die Transformieren-Palette benutzen, die weiter unten erklärt wird.

▲ **Abbildung 5.53**
Verschieben-Dialogbox

Objekte drehen
Wählen Sie das Werkzeug in der Werkzeugpalette, oder drücken Sie ⎡R⎤.

▶ **Drehen mit dem Drehen-Werkzeug** 🔄
Nach dem Mausklick führen Sie das Drehen-Werkzeug auf der Arbeitsfläche um den Referenzpunkt herum, um ein aktiviertes Objekt zu drehen.

▶ **Drehen mit dem Begrenzungsrahmen**
Um ein Objekt mit dem Begrenzungsrahmen zu drehen, bewegen Sie den Auswahl-Cursor an der Außenkante des Rahmens entlang. Wenn der Cursor dieses Drehen-Symbol ↷ anzeigt, können Sie klicken und den Cursor ziehen, um das Objekt zu drehen.

▶ **Drehen mit der Dialogbox für numerische Eingabe**
Durch Eingabe des Winkels in der Dialogbox drehen Sie Objekte um den definierten Referenzpunkt.
Negative Winkel bewirken eine Drehung im Uhrzeigersinn, positive gegen ihn.

Tipp

In den Eingabefeldern können Sie auch Berechnungen vornehmen lassen: Setzen Sie den Cursor hinter die bereits eingetragene Zahl und geben eine der Rechenarten +, -, *, / sowie eine Zahl ein.

▲ **Abbildung 5.54**
Drehen-Werkzeug

Objekte spiegeln
Wählen Sie das Spiegeln-Werkzeug aus der Werkzeugpalette, oder drücken Sie ⎡O⎤.

▶ **Spiegeln mit dem Spiegeln-Werkzeug** 🪞
Entlang einer virtuellen Achse, die durch den Referenzpunkt verläuft, wird das Objekt gespiegelt. Beim manuellen Spiegeln bewegen Sie mit dem Cursor diese Achse und relativ dazu das Objekt.

▲ **Abbildung 5.55**
Spiegeln-Optionen

▶ **Spiegeln mit der Dialogbox für die numerische Eingabe**

Die virtuelle Achse verläuft durch den Referenzpunkt. Sie haben die Möglichkeit, entweder eine horizontale, eine vertikale oder eine Achse im frei definierbaren Winkel von –360 bis 360° anzugeben.

Eine Achse von 0° verläuft vom Referenzpunkt aus horizontal nach links, andere Werte werden gegen den Uhrzeigersinn von dieser Position berechnet.

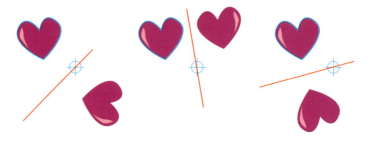

▲ **Abbildung 5.56**
Spiegeln eines Objekts (blau umrandet) um den bezeichneten Referenzpunkt, Achse (rot) im Winkel von 45°, 280° und 15° (von links)

▲ **Abbildung 5.57**
Beschränkung der Skalierung auf die Breite

▲ **Abbildung 5.58**
Ziehen Sie den Cursor auf die gegenüberliegende Seite des Referenzpunkts, um ein Objekt beim Skalieren gleichzeitig zu spiegeln.

▲ **Abbildung 5.59**
Skalieren-Optionen

Objekte skalieren

Wählen Sie das Skalieren-Werkzeug aus der Werkzeugpalette oder drücken Sie $\boxed{S}$.

▶ **Skalieren mit dem Skalieren-Werkzeug**

Dieses Werkzeug dient dazu, die Größe eines Objekts oder einer Objektgruppe zu verändern. Die Handhabung ist am einfachsten mit dem originären Referenzpunkt in der Mitte des Objekts. Ein Referenzpunkt außerhalb des Objekts vervielfacht die Wirkung der Transformation.

Wenn Sie nach dem Klicken den Cursor zur gegenüberliegenden Seite des Referenzpunkts bewegen, wird das Objekt zusätzlich gespiegelt (siehe Abbildung 5.58).

Sie haben folgende Modifizierungsmöglichkeiten:

▶ Ohne Modifizierung wird das Objekt je nach Cursor-Bewegung ungleichmäßig in Höhe und Breite verändert.

▶ $\boxed{\Uparrow}$ erhält die Proportionen des Objekts beim Skalieren, sofern Sie in einem 45°-Winkel ziehen. Horizontale Cursor-Bewegungen verbreitern das Objekt nur, vertikale verändern nur die Höhe.

▶ **Skalieren mit dem Begrenzungsrahmen**

Auch mit den Anfassern des Begrenzungsrahmens können Sie Objekte in der Größe verändern. Bewegen Sie den Cursor über die Anfasser, bis er eines der folgenden Symbole anzeigt:

- ↔ um nur die Breite des Objekts zu verändern
- ↕ um nur die Höhe des Objekts zu verändern
- ↖ um Höhe und Breite des Objekts zu verändern

Wenn eines dieser Zeichen erscheint, können Sie klicken und ziehen, die entsprechende Transformation wird sofort angezeigt. Sie haben folgende Modifizierungsmöglichkeiten:

- ⇧ und Cursor ↖ erhalten beim Skalieren die Proportionen des Objekts, egal in welche Richtung Sie den Cursor bewegen.
- ⌥/Alt verwendet den Objektmittelpunkt als Referenzpunkt bei der Skalierung.

▶ **Skalieren mit der Dialogbox für numerische Eingabe**
Das Kontrollkästchen KONTUREN UND EFFEKTE SKALIEREN muss aktiviert werden, wenn Sie die Konturen und Effekte zusammen mit dem Objekt skalieren wollen, damit beispielsweise Linien beim Vergrößern entsprechend dicker werden.

Objekte gleichmäßig nach allen Seiten skalieren | Ein Sonderfall der Skalierung tritt ein, wenn Sie eine unregelmäßige Fläche gleichmäßig nach allen Seiten erweitern oder »schrumpfen« möchten – so wie einen Pfannkuchenteig, der in der Pfanne zerläuft, oder ein eingelaufenes Kleidungsstück. Für dieses Problem können Sie nicht das Skalieren-Werkzeug verwenden, sondern müssen die Pfade »verschieben«.

Aktivieren Sie das Objekt und wählen den Menübefehl OBJEKT • PFAD • PFAD VERSCHIEBEN… aus. Der Befehl lässt sich sowohl auf Objekte mit offenen Pfaden als auch auf geschlossene Formen anwenden. Wenn Sie ihn auf eine Objektgruppe anwenden, wird jeder in der Gruppe enthaltene Pfad umgeformt.

Nach dem Menüaufruf erscheint eine Dialogbox für numerische Eingabe:

- VERSATZ: Geben Sie positive Werte ein, um die Fläche zu erweitern und negative, um sie zu schrumpfen.
- LINIENECKEN und GEHRUNGSGRENZEN: Diese Eingabeoptionen finden Sie detailliert unter »Standard-Konturoptionen« in Kapitel 9 erklärt.

Objekte verbiegen (Scheren)
Das Verbiegen-Werkzeug können Sie nur aus der Werkzeugpalette auswählen.

▶ **Verbiegen mit dem Verbiegen-Werkzeug**
Wenn Sie das Verbiegen-Werkzeug manuell verwenden, erfolgt die Verbiegung in der Richtung, die sich aus dem Referenzpunkt und der Cursor-Position ergibt. Die Verbiegung wird umso stärker, je weiter Sie den Cursor von der Stelle auf der

▲ **Abbildung 5.60**
Beim manuellen Spiegeln bewegen Sie mit dem Cursor die Achse – das Objekt folgt der Bewegung.

▲ **Abbildung 5.61**
Originalobjekt mit angewandtem Pinselstrich-Effekt (links), Konturen und Effekte sind mit skaliert (Mitte), Konturen und Objekte sind nicht mit skaliert (rechts).

▲ **Abbildung 5.62**
Der Unterschied zwischen Skalieren und Pfad verschieben: die blaue Fläche skaliert (links) und verschobener Pfad (rechts)

Pfad verschieben	
Versatz:	3,5278 mm
Linienecken:	Gehrung
Gehrungsgrenze:	4

▲ **Abbildung 5.63**
Dialogbox PFAD VERSCHIEBEN

Hinweis

PFAD VERSCHIEBEN auf einen offenen Pfad angewendet, erweitert diesen zu einer Fläche (siehe Kapitel 10).

Arbeitsfläche wegbewegen, die Sie bei Beginn der Transformation angeklickt haben (Startpunkt).

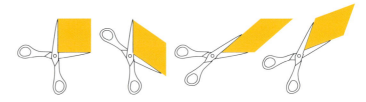

Abbildung 5.64 ▶
In frühen Versionen von Grafikprogrammen hieß diese Funktion »Scheren«. Stellen Sie sich ein Objekt vor, das an den Hälften einer Schere befestigt ist und durch Öffnen und Schließen der Schere verbogen wird.

▲ **Abbildung 5.65**
Verbiegen-Optionen

Das Transformieren eines Objekts mit dem Werkzeug ist sehr intuitiv, da die Ergebnisse von der Wahl Ihres Startpunkts abhängen. Kleine Werkzeug-Bewegungen können zu extremen Verzerrungen führen.

Sie haben folgende Modifizierungsmöglichkeit:

▶ ⬆ beschränkt den Transformations-Winkel auf die Horizontale, die Vertikale bzw. auf 45°-Winkel.

▶ **Verbiegen mit der Dialogbox für numerische Eingabe**

Das Verbiegen mittels numerischer Eingabe ist eines der wichtigsten Werkzeuge bei der Erzeugung von Isometrien – siehe die folgende Schritt-für-Schritt-Übung.

Die Verbiegen-Operation verformt das Objekt in Richtung einer definierbaren Achse um einen wählbaren Verbiegungswinkel. Die Achse gibt die Richtung – also die Ausrichtung der Schere –, der Winkel die Stärke der Verbiegung – also den Winkel der Scherenhälften zueinander – vor.

Schritt für Schritt: Isometrie eines Packungsdesigns

1 **Datei und Hilfslinien**

Richten Sie sich für diese Aufgabe ein neues Dokument im A4-Hochformat ein. Zeigen Sie die Lineale an, indem Sie ANSICHT • LINEALE EINBLENDEN wählen oder ⌘/Strg+R drücken. Ziehen Sie sich Hilfslinien ungefähr in die Mitte des Blatts, indem Sie erst in das Lineal an der linken Seite des Fensters klicken und bis in die Mitte des Blatts ziehen. Dann klicken und ziehen Sie die Hilfslinie aus dem oberen Lineal.

2 **Erste Grundformen erstellen**

Als ersten Schritt der Isometrie erstellen Sie das Packungsdesign in der Aufsicht. Dafür erzeugen Sie drei Rechtecke – für den Anfang irgendwo auf dem Blatt.

Fangen Sie mit dem großen gelben Rechteck an: Wählen Sie das Rechteck-Werkzeug, und klicken Sie auf das Blatt. In die Dialogbox geben Sie die Größe ein – siehe Abbildung 5.66.

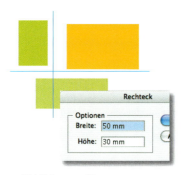

▲ **Abbildung 5.66**
Erstellen des gelben Rechtecks

3 Einfärben

Um das Rechteck mit einer Füllung zu versehen und die Kontur zu löschen, wenden Sie die Steuerungspalette an.

Um die Kontur zu löschen, rufen Sie das Pull-down-Menü unter KONTUR ❶ auf. Wählen Sie das Symbol für OHNE ⊘.

Rufen Sie das Menü unter FLÄCHE ❷ auf, und wählen Sie eine Farbe aus.

4 Weitere Grundformen erstellen

Wiederholen Sie Schritt 1, um die weiteren Grundformen zu erstellen. Geben Sie folgende Werte ein: für das Rechteck links eine Breite von 20 mm und eine Höhe von 30 mm und für das Rechteck unten eine Breite von 50 mm und eine Höhe von 20 mm. Gehen Sie vor wie in Schritt 2, um auch diese Rechtecke zu färben.

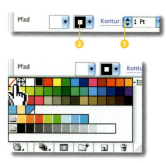

▲ **Abbildung 5.67**
Auswahl der Farben in der Steuerungspalette

5 Grundformen positionieren

Positionieren Sie die Rechtecke jetzt auf dem Blatt. Klicken und ziehen Sie die Rechtecke an den Hilfslinien in Position – siehe Abbildung 5.68.

6 Design der Flächen

Fügen Sie noch einige weitere Objekte auf den Flächen hinzu. Verwenden Sie die Form-Werkzeuge, um geometrische Objekte zu erstellen, und färben Sie sie ein.

Anschließend gruppieren Sie jeweils diejenigen Objekte, die zu einer Seite der Packung gehören. Verwenden Sie das Auswahl-Werkzeug, um das Auswahlrechteck über einer Seite aufzuziehen. Achten Sie darauf, dass wirklich nur Objekte aktiviert sind, die zu der Seite gehören. Dann drücken Sie ⌘/Strg+G.

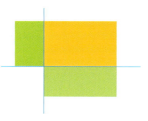

▲ **Abbildung 5.68**
Objekte an Hilfslinien ziehen

◄ **Abbildung 5.69**
Auswählen der Objekte für die Gruppierung

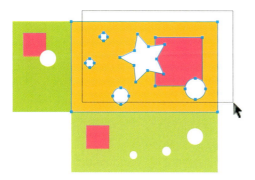

7 Verbiegen der Objekte

Beginnen Sie mit der großen Fläche. Aktivieren Sie die Gruppe dieser Grundfläche mit dem Auswahl-Werkzeug. Dann wählen

Sie das Verbiegen-Werkzeug, halten Sie ⌥/Alt und klicken Sie auf den Referenzpunkt. Die Dialogbox öffnet sich. Geben Sie »Horizontal, –30°« ein.

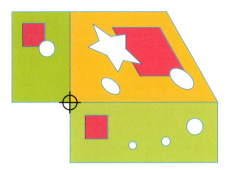

Abbildung 5.70 ▲ ▶
Verbiegen der großen Fläche

Das linke Rechteck muss nicht nur verbogen, sondern gleich anschließend gedreht werden. Aktivieren Sie die Gruppe, halten Sie ⌥/Alt, klicken Sie auf den Referenzpunkt, und geben Sie »Horizontal, 30°« in die Dialogbox ein. Gleich anschließend wählen Sie das Drehen-Werkzeug per Doppelklick auf das Symbol in der Werkzeugpalette, ohne das Rechteck zu deaktivieren, damit der Referenzpunkt erhalten bleibt. Geben Sie »60°« für die Drehung ein.

Abbildung 5.71 ▲ ▶
Verbiegen und Drehen der Fläche links

Abbildung 5.72 ▶
Eingabe der Anpassungswerte in die Steuerungspalette

Das untere Rechteck muss mit der unteren Kante übereinstimmen, dafür ist es jedoch zu hoch. Sie müssen die Höhe des Rechtecks verändern, bevor Sie es verbiegen.

Aktivieren Sie die Gruppe, welche die Elemente des unteren Rechtecks enthält. In der Steuerungspalette wählen Sie den Referenzpunkt im Referenzpunktsymbol ❶. Dann geben Sie »17,367 mm« als neue Höhe in das Eingabefeld ein ❷. Bestätigen Sie mit ⏎.

Anschließend verbiegen Sie auch dieses Objekt. Mit gedrückter ⌥/Alt-Taste klicken Sie auf den Referenzpunkt, und geben Sie »Horizontal, 30°« ein.

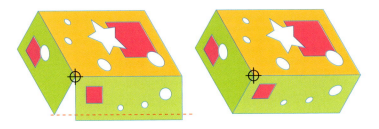

8 **Das Gesamtobjekt drehen**

Die Packung ist jetzt fertig, sie steht nur noch etwas schief auf dem Blatt. Aktivieren Sie alle Objekte, indem Sie ⌘/Strg+A drücken. Doppelklicken Sie dann das Drehen-Werkzeug in der Werkzeugpalette, da Sie für diese Operation keinen speziellen Referenzpunkt mehr benötigen. Geben Sie »30°« für die Drehung ein. ■

◄ **Abbildung 5.74**
Drehen des Gesamtobjekts

Frei-transformieren-Werkzeug ⊞ **– perspektivisch verzerren**

Eines für alles – das Frei-transformieren-Werkzeug bietet Ihnen in einem Tool alle Funktionen des Begrenzungsrahmens und zusätzlich noch die Möglichkeit, Objekte zu verzerren. Dieses Werkzeug ist sinnvoll, wenn Sie lieber mit deaktiviertem Begrenzungsrahmen arbeiten.

Aktivieren Sie die Objekte, die Sie transformieren möchten, zunächst mit dem normalen Auswahl-Werkzeug, und wählen Sie erst dann aus der Palette das Frei-transformieren-Werkzeug aus – Shortcut E. Sobald das Frei-transformieren-Tool aktiv ist, wird für die ausgewählten Objekte automatisch ein Begrenzungsrahmen angezeigt.

Hinweis

Wie Sie mit einem Begrenzungsrahmen die Transformationen Verschieben, Drehen, Spiegeln und Skalieren durchführen, ist bei den jeweiligen Operationen beschrieben.

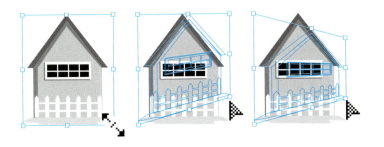

◄ **Abbildung 5.75**
Perspektivische Verzerrung mit dem Frei-transformieren-Werkzeug: ungleichmäßig (Mitte), gleichmäßig (rechts)

▲ **Abbildung 5.76**
Verbiegen

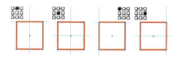

▲ **Abbildung 5.77**
Die blauen Hilfslinien kennzeichnen den eingegebenen Punkt, das
Quadrat wird je nach Referenzpunkt ausgerichtet.

▲ **Abbildung 5.78**
Transformieren-Palette und
Referenzpunkt

▲ **Abbildung 5.79**
Felder Breite und Höhe in der
Transformieren-Palette

Um ein Objekt perspektivisch zu verzerren, klicken Sie zuerst auf einen Eck-Anfasser, drücken erst dann ⌘/Strg+⇧ oder ⌘+⌥+⇧ bzw. Strg+Alt+⇧ für eine gleichmäßig perspektivische Verzerrung und ziehen in horizontaler oder vertikaler Richtung. Achtung! Halten Sie unbedingt die Reihenfolge ein, da sonst der Begrenzungsrahmen mit seinen Anfassern nicht mehr sichtbar ist!

Um ein Objekt zu verbiegen, klicken Sie auf einen Seiten-Anfasser, drücken ⌘/Strg+⌥/Alt und ziehen das Objekt in die gewünschte Form. Klicken Sie auf den Anfasser an der Ober- oder Unterseite für horizontales Verbiegen und auf den linken oder rechten für vertikales Verbiegen. Es besteht folgende Modifizierungsmöglichkeit:

▶ ⇧ erhält beim horizontalen Verbiegen die Höhe und beim vertikalen Verbiegen die Breite des Objekts.

Transformieren-Palette

Die Transformationen VERSCHIEBEN, SKALIEREN, DREHEN, VERBIEGEN sowie VERTIKAL und HORIZONTAL SPIEGELN können Sie numerisch auch in der Transformieren-Palette vornehmen.

Um die Palette anzeigen zu lassen, muss das Häkchen vor dem Menüpunkt FENSTER • TRANSFORMIEREN aktiviert werden.

Sobald Sie ein oder mehrere Objekte auswählen, werden in der Palette die Parameter des zugehörigen Begrenzungsrahmens bezogen auf den definierten Referenzpunkt angezeigt. Auf diesen Referenzpunkt beziehen sich auch die Transformationen, die Sie mit Hilfe der Palette vornehmen. Um eine andere Stelle des Objekts als Referenz zu verwenden, klicken Sie auf eines der kleinen Kästchen im Referenzpunktsymbol 🔳 der Transformieren-Palette.

▶ **Verschieben mit der Transformieren-Palette**
Diese Operation erfolgt *absolut*, indem Sie die neue Position des Objekts im Koordinatensystem angeben. Legen Sie den Referenzpunkt fest, und geben Sie die X- und Y-Koordinate in das entsprechende Feld ein.

▶ **Skalieren mit der Transformieren-Palette**
Geben Sie die gewünschten Werte in die Kästchen B (Breite) und H (Höhe) ein. Wenn Sie beim Skalieren die Proportionen beibehalten möchten, aktivieren Sie das Kettensymbol rechts daneben. Dann muss nur einer der beiden Werte eingegeben werden, und der andere wird automatisch berechnet.
Alternativ geben Sie einen Wert ein, drücken ⌘/Strg und ↵. Der andere Wert wird proportional eingetragen.

▶ **Drehen mit der Transformieren-Palette**
Geben Sie den gewünschten Wert in dem Feld neben dem Winkelsymbol ein. Negative Werte drehen im, positive gegen den Uhrzeigersinn.

▶ **Verbiegen mit der Transformieren-Palette**
An dieser Stelle können Sie durch Eingeben des Verbiegungs-winkels das Objekt nur horizontal verbiegen (neigen).

▶ **Spiegeln mit der Transformieren-Palette**
Mit der Transformieren-Palette können Sie ohne Variationen nur um 180° spiegeln, indem Sie im Palettenmenü ⊙ entwe-der HORIZONTAL oder VERTIKAL SPIEGELN aufrufen.

Sie haben folgende Modifizierungsmöglichkeiten über das Palet-tenmenü ☰:

▶ Für alle Transformationen, welche die Transformieren-Palette anbietet, können Sie auswählen, ob Sie das Objekt, sein Mus-ter oder beides zusammen transformieren möchten. Standard-mäßig ist die Option NUR OBJEKT TRANSFORMIEREN aktiviert. Beim Skalieren mit der Transformieren-Palette haben Sie wie beim Skalieren per Dialogbox auch die Option, Konturen und Effekte mit dem Objekt zu skalieren.

Erneut transformieren
Um die letzte Transformation mit denselben Einstellungen auf dasselbe oder ein anderes Objekt erneut anzuwenden, wählen Sie im Menü OBJEKT • TRANSFORMIEREN • ERNEUT TRANSFORMIE-REN – Shortcut ⌘/Strg+D. Sollten Sie bei der letzten Trans-formation statt des Originals eine Kopie erzeugt und bearbeitet haben, wird auch mit dieser Option eine Kopie erstellt und trans-formiert.

Schritt für Schritt: Erneut transformieren

1 **Die Grundform**
In dieser kleinen Übung setzen wir ERNEUT TRANSFORMIEREN ein, um ein Zifferblatt zu erstellen. Zunächst erzeugen Sie eine Grund-form:

◀ **Abbildung 5.80**
Wir verwenden einen Stern als Grundform.

Hinweis

Die in der Transformieren-Palette angezeigten Werte für Position und Größe des Objekts berücksichtigen die Option VOR-SCHAUBEGRENZUNGEN VERWENDEN unter VOREINSTELLUNGEN • ALL-GEMEIN (siehe Kapitel 4).

Tipp

Illustrator hat keinen eigenstän-digen Befehl für das »Klonen« von Objekten. Benutzen Sie dazu entweder KOPIEREN und DAVOR EINFÜGEN oder im Trans-formations-Dialog den Button KOPIEREN zusammen mit Null-werten in den Eingabefeldern.

Sie können Ihre Grundform aber beliebig komplex gestalten. Wenn Sie mehrere Objekte kombinieren, sollten Sie diese aktivieren und gruppieren, bevor Sie fortfahren.

Hinweis

In vielen Zusammenhängen ist der Transformieren-Effekt dem Befehl Erneut transformieren vorzuziehen (Effekte siehe Kapitel 13).

2 Die Transformation

Für ein Zifferblatt brauchen wir insgesamt elf Kopien des Grundobjekts, die in 30°-Schritten gedreht werden. Um die erste Drehung aufzuzeichnen, aktivieren Sie das Grundobjekt und wählen das Drehen-Werkzeug aus.

Drücken Sie ⌥/Alt, und klicken Sie als neuen Referenzpunkt den zukünftigen Mittelpunkt des zu erzeugenden Zifferblatts an. Geben Sie »30« als Wert für die Drehung ein, und benutzen Sie zur Bestätigung nicht OK, sondern den Button Kopieren.

Abbildung 5.81 ▶
Geben Sie den Drehwinkel ein. Nicht vergessen: Wählen Sie den Mittelpunkt des Zifferblatts als neuen Referenzpunkt!

3 Die weiteren Schritte

Um das Zifferblatt fertig zu stellen, wiederholen Sie Objekt • Transformieren • Erneut transformieren oder die Tastenkombination ⌘/Strg+D, bis das Zifferblatt komplett ist, also noch zehn Mal.

▲ **Abbildung 5.82**
Menübefehl Erneut transformieren

▲ **Abbildung 5.83**
Das »Zifferblatt«

▲ **Abbildung 5.84**
Zusammen um 30° gedreht (Mitte), einzeln um 120° gedreht mit der Zusatzoption Zufallswert. Der zufällige Wert wird zwischen 1 und dem eingegebenen Wert generiert.

Sie können den Befehl Erneut Transformieren auch dann anwenden, wenn Sie die Ausgangstransformation manuell, also nicht numerisch erzeugt haben. ■

Einzeln transformieren

Wenn Sie mehrere Objekte gleichzeitig transformieren, werden diese bei einer Umwandlung wie eine Gruppe behandelt, auch wenn die Objekte nicht gruppiert sind. Das heißt, sie werden relativ zu einem gemeinsamen Referenzpunkt transformiert. Wenn für jedes Objekt sein eigener Referenzpunkt gelten soll,

verwenden Sie die Dialogbox, die über das Menü OBJEKT • TRANS-
FORMIEREN • EINZELN TRANSFORMIEREN aufgerufen wird (siehe
Abbildung 5.85). Sie haben damit die Möglichkeit, Objekte einzeln um den gleichen Wert zu vergrößern, zu verschieben und zu
drehen oder mit dem Button KOPIEREN statt OK zu duplizieren
und die Kopien entsprechend umzuwandeln.

Sehr interessant für die Illustration von Naturmotiven ist die
Option ZUFALLSWERT, um beispielsweise eine realistischer anmu-
tende Verteilung und Ausrichtung von Blumen auf einer Wiese zu
erreichen.

▲ **Abbildung 5.85**
EINZELN TRANSFORMIEREN

▲ **Abbildung 5.86**
Alle Blumen sind Klone dieser einen, die erst grob über die »Wiese« gestreut und anschließend mit dem Befehl EINZELN TRANSFORMIEREN bearbeitet wurden.

Mit den Schiebereglern lassen sich nur sehr geringe Werte einstellen, die Funktion akzeptiert jedoch die direkte Eingabe von
Skalierungen zwischen –4 000 und +4 000 % und Verschiebungen
zwischen –1 411,1111 und +1 411,1111.

5.5 Ausrichten und Verteilen

Ordnung ist das halbe Leben. Sehr praktisch ist daher die Möglichkeit, Objekte – und seit Version CS3 auch einzelne Ankerpunkte, aber dazu mehr in Kapitel 6 – aneinander auszurichten
oder zu verteilen. So können Sie sich ganz auf den Entwurf Ihrer
Illustration konzentrieren und sparen den unnötigen Einsatz von
Hilfslinien.

▲ **Abbildung 5.87**
Die Ausrichten-Palette – Sie finden viele der Optionen auch in
der Steuerungspalette.

Objekte ausrichten

Objekte werden mit der Ausrichten-Palette ausgerichtet. Um die
Palette anzeigen zu lassen, muss das Häkchen vor dem Menü-
punkt FENSTER • AUSRICHTEN aktiviert werden – Shortcut ⇧ +
F7 , im Dock klicken Sie auf das Symbol ▣.

Wählen Sie mindestens zwei Objekte aus, und klicken Sie in
der oberen Zeile der Ausrichten-Palette (OBJEKTE AUSRICHTEN)
das gewünschte Symbol an, um die Objekte entsprechend dem
abgebildeten Symbol zueinander auszurichten – siehe Infobox

am Ende dieses Abschnitts. Die Funktion bietet Ihnen die Option, Objekte zusätzlich anhand der Zeichenfläche und des aktiven Schnittbereichs (siehe Kapitel 4) auszurichten.

Normalerweise erfolgt die Ausrichtung anhand des virtuellen Rechtecks, das alle Objekte umgibt.

Sie haben jedoch die Möglichkeit, ein Referenzobjekt zu bestimmen, dessen Begrenzungen als Basis für die Ausrichtung verwendet werden – das werden wir Ihnen nun in einer Schritt-für-Schritt-Anleitung verdeutlichen.

Sollen Objekte sowohl waagerecht als auch senkrecht ausgerichtet werden, müssen Sie horizontale und vertikale Ausrichtung nacheinander ausführen.

Schritt für Schritt: Ausrichten

1 **An der Seite ausrichten**

In dieser Übung führen Sie verschiedene typische Arbeitsabläufe mit der Ausrichten-Palette durch. Öffnen Sie zunächst die Datei Ausrichten.ai von der DVD. In dieser Datei werden Sie nacheinander verschiedene Objekte aneinander ausrichten.

Rufen Sie die Ausrichten-Palette auf, falls sie nicht bereits angezeigt wird, und positionieren Sie die Palette in der Nähe der Seite.

Zunächst benötigen Sie eine Referenz für die Ausrichtung des ganzen Satzspiegels auf der Mitte der Seite: Aktivieren Sie den Text, wählen Sie AN ZEICHENFLÄCHE AUSRICHTEN aus dem Menü rechts unten in der Ausrichten-Palette, falls es nicht bereits ausgewählt ist. Dies erkennen Sie an der Bezeichnung »Zeichenfläche«. Anschließend müssen Sie die Ausrichtung noch aktivieren, indem Sie auf den Button klicken, so dass er invertiert dargestellt wird.

Um die Ausrichtung des Textes an der Zeichenfläche durchzuführen, klicken Sie auf den Button HORIZONTAL ZENTRIERT AUSRICHTEN.

Wichtig: Deaktivieren Sie die Option AN ZEICHENFLÄCHE AUSRICHTEN nach Gebrauch, indem Sie erneut auf den Button klicken, so dass er wieder normal dargestellt ist.

▲ **Abbildung 5.89**
Ausgangssituation der Schritt-für-Schritt-Anleitung

▲ **Abbildung 5.90**
Ausrichtung der Headline

2 **An Referenzobjekt ausrichten**

Die »Headline« ist jetzt Ihr Referenzobjekt für die folgenden Ausrichtungen. Einige Objekte müssen rechtsbündig mit der Headline ausgerichtet werden. Aktivieren Sie die Headline, den grünen
und den gelben Kasten sowie den Stern.

Klicken Sie noch einmal auf die Headline, und verwenden Sie
anschließend den Button RECHTS AUSRICHTEN ⊟.

In dieser Übung werden Sie mit den beteiligten Objekten
keine weitere Ausrichtung durchführen. Sollten Sie jedoch für
weitere Ausrichtungen mit den aktivierten Objekten ein anderes
Referenzobjekt benötigen, müssen Sie vorher die Aktion BASIS-
OBJEKT ABBRECHEN aus dem Palettenmenü ⊿⊑ ausführen.

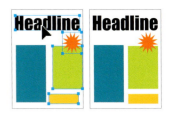

▲ **Abbildung 5.91**
Nachdem Sie die Objekte ausgewählt haben, klicken Sie einmal
auf das Referenzobjekt.

3 **Einfache Ausrichtung**

Es müssen jetzt zwei Ausrichtungen mit unterschiedlichen Objekten durchgeführt werden:
1. der blaue Kasten und die Headline: links ausrichten ⊟
2. der blaue und der grüne Kasten: oben ausrichten ⊞

Aktivieren Sie für jeden Schritt die beteiligten Objekte, und
klicken Sie auf den entsprechenden Button.

▲ **Abbildung 5.92**
Ausrichten des grünen Kastens

4 **Ausrichtung an Referenzobjekt**

Abschließend führen Sie noch eine »Ausrichtung unten« des
gelben Kastens am Referenzobjekt blauer Kasten durch. Aktivieren Sie die beiden Kästen, klicken Sie auf den blauen Kasten und
wählen den Button UNTEN AUSRICHTEN ⊟.

▲ **Abbildung 5.93**
Ausrichtung am Referenzobjekt

Optionen | Direkt auf der Palette sowie im Palettenmenü kön-
nen Sie folgende Optionen und Einstellungen vornehmen:

▶ AN ZEICHENFLÄCHE AUSRICHTEN/AN SCHNITTBEREICH AUSRICH-
TEN: Möchten Sie die Objekte an der Seite, auf der Sie gerade
arbeiten, oder am aktiven Schnittbereich ausrichten, um die
Objekte beispielsweise genau in der Mitte der Fläche zu plat-
zieren, wählen Sie aus dem Menü die Option AN ZEICHENFLÄ-
CHE AUSRICHTEN bzw. AN SCHNITTBEREICH AUSRICHTEN. Die
Referenz wird als Text auf der Palette eingeblendet, und der
Button zeigt das zugehörige Symbol. Anschließend aktivieren
Sie die Ausrichtung durch einen Klick auf den Button.
Soll ein Objekt nicht an Zeichenfläche oder Schnittbereich
ausgerichtet werden, deaktivieren Sie die Option durch einen
weiteren Klick.

▲ **Abbildung 5.94**
Die Ausrichtung an der Zeichenfläche muss in zwei Schritten aktiviert werden: Zunächst wählen Sie
die Referenz aus dem Menü und
im zweiten Schritt aktivieren Sie
die Ausrichtung.

▶ Vorschaubegrenzungen verwenden: Als originäre Grund-einstellung werden Objekte anhand ihrer Objektgrenzen (Mitte der Außenlinie) ausgerichtet. Wenn Objekte eine starke Außenlinie aufweisen, führt diese Einstellung nicht immer zum gewünschten Ergebnis.

Abbildung 5.95 ▶
Mit der Option Vorschaubegren-zungen verwenden wird z. B. die Linienstärke berücksichtigt: Objekte Rechts ausgerichtet (rechts mit Option Vorschau-begrenzungen)

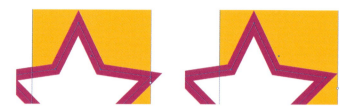

Mit der Option Vorschaubegrenzungen verwenden aus dem Palettenmenü werden die sichtbaren Außenbegrenzungen als Referenz zum Ausrichten von Objekten verwendet, also mit Linienstärken und/oder Effekten.

Tipp

Um Objekte exakt aneinander stoßen zu lassen, verwenden Sie die Funktion Abstand verteilen mit dem Wert 0.

▲ Abbildung 5.96
Die Objekte werden anhand ihrer Außenkanten oder ihrer Mittel-punkte gleichmäßig verteilt.

Objekte gleichmäßig verteilen

Beim Verteilen werden die betreffenden Objekte mit gleichmä-ßigen Abständen zueinander versehen. Die verschiedenen Mög-lichkeiten sind:

▶ Alle Objekte werden gleichmäßig über den Raum verteilt, aus-gerichtet an ihren Außenkanten bzw. ihrem Mittelpunkt, begrenzt von den beiden äußersten Objekten.
▶ Der Raum zwischen den Objekten wird gleichmäßig aufgeteilt.
▶ Ein frei definierbarer Abstand wird zwischen den Objekten eingerichtet.

Ist beim Verteilen von Objekten die Ausrichtung an der Zeichen-fläche oder der Schnittkante aktiviert, werden die äußeren Objekte an die jeweiligen Ränder verschoben.

Objekte verteilen | In der Ausrichten-Palette sind die Symbole in der zweiten und dritten Reihe Objekte verteilen und Abstand verteilen zum Verteilen von Objekten zuständig.

Aktivieren Sie die Objekte, die verteilt werden sollen. Achten Sie darauf, dass in dem Wertefeld Auto eingetragen ist, und kli-cken Sie dann den gewünschten Button in der Ausrichten-Palette an. Sie können Objekte verteilen auch mit dem Ausrichten kombinieren, indem Sie nach der ersten eine weitere Operation der Ausrichten-Palette durchführen.

Ausrichtung (ohne Referenzobjekt)

Mittenausrichtungen ⊞ und ⊞ erfolgen bezogen auf die rechnerische horizontale bzw. vertikale Mitte des virtuellen Rechtecks, das alle aktivierten Objekte umschließt.

Bei Randausrichtungen ⊞ ⊞ ⊞ ⊞ erfolgt die Anordnung der ausgewählten Kanten aller aktivierten Objekte an der entsprechenden Kante des virtuellen Begrenzungsrechtecks (in der Grafik rot gekennzeichnet).

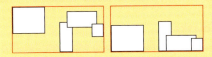

Ausrichtung (mit Referenzobjekt)

Anstatt auf das virtuelle umgebende Rechteck bezieht sich die Definition der Mitte bzw. der Kanten auf das Referenzobjekt (in der Grafik grün). Das heißt, seine Mitte oder seine rechte Kante bestimmen die Position der Mitte oder der rechten Kanten aller ausgerichteten Objekte.

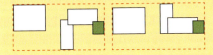

Verteilung (ohne Referenzobjekt)

Die Mittelpunkte ⊞ ⊞ bzw. Kanten ⊞ ⊞ ⊞ ⊞ aller aktivierten Objekte werden gleichmäßig zwischen den Extrempositionen verteilt. Für die Ermittlung der Extrempositionen werden jedoch nicht die Gesamtobjekte, sondern nur ihre jeweils auszurichtenden Kanten (rot) bewertet.

Verteilung (mit Referenzobjekt)

Zwischen den Mittelpunkten oder Kanten der beteiligten Objekte wird der im Eingabefeld definierte Abstand eingerichtet.

Abstand verteilen (ohne Referenzobjekt)

Die aktivierten Objekte werden in horizontaler ⊞ oder vertikaler ⊞ Richtung so auf der Fläche des virtuellen Rechtecks verteilt, dass ein gleichmäßiger Abstand zwischen ihnen entsteht. Die Durchführung ist nur sinnvoll, wenn ausreichend Platz vorhanden ist, um alle Objekte neben- oder übereinander anzuordnen.

Abstand verteilen (mit Referenzobjekt)

Zwischen den Außenbegrenzungen der beteiligten Objekte wird der im Eingabefeld definierte Abstand eingerichtet.

6.2 Mit dem Zeichenstift arbeiten

Werkzeuge zum Zeichnen

Anders als wir es beim Zeichnen auf Papier gewohnt sind, werden beim Konstruieren mit dem Zeichenstift-Werkzeug  die Linien nicht gezogen, sondern einzelne Ankerpunkte gesetzt, die Illustrator dann verbindet.

Sie erzeugen sowohl Eckpunkte als auch Übergangspunkte mit demselben Werkzeug; lediglich das Vorgehen, wie Sie mit dem Werkzeug den Punkt setzen, bestimmt darüber, welche Art Ankerpunkt generiert wird.

Natürlich können Sie auch nachträglich einen Eckpunkt in einen Übergangspunkt umformen und umgekehrt.

Neben dem Zeichenstift-Werkzeug finden Sie Spezialwerkzeuge für das Hinzufügen, Löschen und Konvertieren von Punkten. Während der Erstellung eines Pfads können Sie den Zeichenstift temporär, also vorübergehend, mit Hilfe von Modifizierungstasten in die verschiedenen Zeichenwerkzeuge wandeln. Um rationell mit dem Zeichenstift zu arbeiten und beim Zeichnen im Fluss zu bleiben, empfiehlt es sich, diese Modifizierungstasten einzusetzen.

Der Cursor des Zeichenstift-Werkzeugs nimmt dabei verschiedene Formen an und zeigt Ihnen anhand seines Symbols, welche Aktion an der jeweiligen Stelle unter dem Cursor mit einem Klick möglich ist:

- ▶ einen neuen Pfad beginnen ✒ₓ
- ▶ den Pfad mit einem Ankerpunkt weiterführen ✒
- ▶ einen Ankerpunkt auf einem bestehenden Pfad hinzufügen ✒₊
- ▶ einen Punkt von einem Pfad löschen ✒₋
- ▶ einen Punkt konvertieren ✒ʌ, ⌐
- ▶ an einem Endpunkt ansetzen, um den Pfad weiterzuführen ✒∕
- ▶ an einen bestehenden Pfad anschließen ✒ₒ
- ▶ den Pfad schließen ✒ₒ

Vorbereitungen

Die standardmäßig von Illustrator angezeigten Ankerpunkte und Griffe sind sehr klein. Dies ist besonders auf den aktuellen sehr hoch auflösenden Monitoren ein großes Problem, da die Punkte nur schwer zu greifen sind.

Die Entwickler hatten ein Einsehen, und so können Sie in dieser Version für die Größe der Punkte zwischen drei Optionen auswählen. Rufen Sie VOREINSTELLUNGEN • AUSWAHL & ANKERPUNKT-ANZEIGE auf, um die Punktgröße einzustellen.

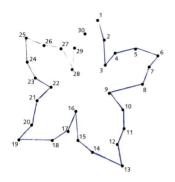

▲ Abbildung 6.4
Der Zeichenstift funktioniert wie ein umgekehrtes Punkte-verbinden-Spiel: Sie setzen die Punkte, und Illustrator verbindet sie.

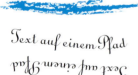

▲ Abbildung 6.5
In welcher Reihenfolge Sie die Punkte setzen, bestimmt die Richtung des Pfads. Die Pfadrichtung wirkt sich beispielsweise auf die Kontur von Pinselstrichen und auf die Ausrichtung eines Textes auf einem Pfad aus.

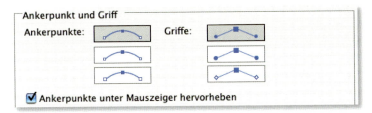

▶ ANKERPUNKTE/GRIFFE: Sie haben die Möglichkeit, die Größe der Ankerpunkte unabhängig von der Größe der Griffe einzustellen. Die grau hinterlegte Option ist aktuell eingestellt. Klicken Sie auf eine andere Darstellung, um diese auszuwählen.

▶ ANKERPUNKTE UNTER MAUSZEIGER HERVORHEBEN: Befindet sich ein Ankerpunkt unter dem Mauszeiger, können Sie diesen zusätzlich hervorheben lassen – dies ist hilfreich, wenn Sie einen Punkt finden müssen, solange kein Objekt aktiviert ist.

▲ **Abbildung 6.7**
Darstellungsgrößen von Ankerpunkten und Griffen: klein (links) bis groß (rechts)

Eckpunkte anlegen

Die einfachsten Formen, die Sie in Vektorprogrammen erzeugen können, sind offene Linien oder Polygone, also Pfade aus geraden Segmenten, die nur aus Eckpunkten ohne Grifflinien bestehen. Ein Polygon, also eine vieleckige Form, erzeugen Sie mit folgenden Arbeits-Schritten:

1. Wählen Sie das Zeichenstift-Werkzeug aus.
2. Bewegen Sie das Werkzeug an eine Position auf der Zeichenfläche, an der sich kein anderer Pfad befindet ❶; der Cursor muss das Symbol ♦ₓ anzeigen. Erzeugen Sie durch einen kurzen Klick den Startpunkt Ihres Objekts ❷.
3. Klicken Sie nun nacheinander auf die Stellen der Zeichenfläche, an denen Sie die folgenden Eckpunkte Ihres Polygons setzen wollen ❸, ❹, ❺. Der Cursor muss dabei das Symbol ♦ anzeigen.
4. Um die Eingabe eines Pfads zu beenden, haben Sie zwei Möglichkeiten:
   a. Klicken Sie wieder auf den Startpunkt, dann entsteht ein geschlossener Pfad. Der Cursor wandelt dabei seine Einfügemarke in ♦ₒ.
   b. Wenn Sie das Objekt als offenen Pfad abschließen wollen, halten Sie die Modifizierungstaste ⌘/ Strg gedrückt und klicken auf eine leere Stelle der Arbeitsfläche. Alternativ können Sie auch ein neues Werkzeug auswählen.

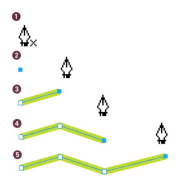

▲ **Abbildung 6.8**
Eckpunkte anlegen

▲ **Abbildung 6.9**
Einen Pfad durch Klick auf den Anfangspunkt schließen

Übung | Um die Vorgehensweise zu trainieren, öffnen Sie die Datei Geraden-zeichnen.ai auf der DVD und zeichnen die Formen wie direkt auf der Zeichenfläche beschrieben.

▲ **Abbildung 6.10**
Die Krümmung eines Kurvensegments wird durch die Grifflinien der beiden benachbarten Ankerpunkte bestimmt.

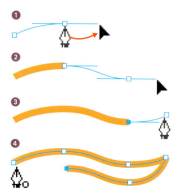

▲ **Abbildung 6.11**
Übergangspunkte

▲ **Abbildung 6.12**
Die Grifflinien ziehen Sie in Zeichenrichtung aus einem Ankerpunkt (oben).

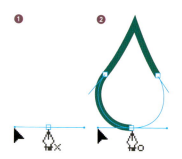

▲ **Abbildung 6.13**
Übergangspunkt als Startpunkt

Übergangspunkte – Kurvenformen zeichnen

Übergangspunkte dagegen bilden keine Ecken aus, sondern ermöglichen einen homogenen Übergang zwischen zwei Kurventeilen. Wie zwei Kurvensegmente in einem Kurvenpunkt ineinander übergehen, bestimmen die Länge und Richtung ihrer Tangenten. Diese Grifflinien werden beim Erstellen des Pfads aus den Ankerpunkten »herausgezogen«.

So erzeugen Sie einen Übergangspunkt mit dem Zeichenstift-Werkzeug:

1. Erstellen Sie den Startpunkt des Pfads.
2. Wenn Sie den folgenden Ankerpunkt setzen, ziehen Sie den Cursor mit gedrückter Maustaste vom Klickpunkt weg ❶.
   Durch dieses Ziehen erstellen Sie die Tangenten, die den Kurvenverlauf bestimmen. Diese Grifflinien sollten Sie immer in Pfadrichtung aus dem Ankerpunkt herausziehen, da sonst eine Schleife im Pfad entsteht.
   Das Programm generiert bei der Aktion gleichmäßig lange Grifflinien zu beiden Seiten des Punkts. Die eine Tangente bestimmt die Form der Kurve zum vorher gesetzten Punkt, die andere Grifflinie legt den Kurvenverlauf zum nachfolgenden Ankerpunkt ❷ fest. Ein so erzeugter Ankerpunkt wird von Illustrator als Übergangspunkt definiert.
3. Gehen Sie genauso vor, um auch die folgenden Punkte als Kurvenpunkte zu erstellen.
   Möchten Sie zwischendurch einen Eckpunkt setzen ❸, klicken Sie wie weiter oben beschrieben nur kurz auf die gewünschte Stelle der Zeichenfläche, ohne zu ziehen.
4. Klicken Sie zuletzt wieder auf den Startpunkt, um den Pfad zu schließen ❹.

Übung | Um die Vorgehensweise zu trainieren, öffnen Sie die Datei Kurven-zeichnen.ai auf der DVD und zeichnen die Formen wie direkt auf der Zeichenfläche beschrieben.

Übergangspunkt als Startpunkt

Sie können einen Übergangspunkt auch bereits als Startpunkt erzeugen (siehe Abbildung 6.13). Gehen Sie dabei wie folgt vor:

1. Setzen Sie den Startpunkt und ziehen gleich die Grifflinie heraus ❶ wie eben beschrieben.
2. Erstellen Sie die folgenden Punkte entweder als Eck- oder Übergangspunkte.
3. Wenn Sie einen geschlossenen Pfad erstellen, ziehen Sie beim abschließenden Klick auf den Startpunkt noch einmal die Grifflinien aus dem Startpunkt ❷, um zu beiden Seiten des Ankerpunkts ein Kurvensegment auszubilden.

Übung | Um die Vorgehensweise zu trainieren, öffnen Sie die Datei Geschlossene-Formen-zeichnen.ai auf der DVD und zeichnen die Formen wie direkt auf der Zeichenfläche beschrieben.

Eine Kurve folgt auf einen Eckpunkt

Ein Eckpunkt muss nicht unbedingt von zwei geraden Pfadsegmenten eingeschlossen sein, er kann auch einem Kurvensegment folgen oder vor einem Kurvensegment angeordnet sein. Einen Eckpunkt, dem ein Kurvensegment folgt, erstellen Sie wie folgt:

1. Zunächst erstellen Sie eine Gerade mit einem Startpunkt und einem Eckpunkt ❶.
2. Lassen Sie die Maustaste los, und bewegen Sie den Cursor über den zuletzt gesetzten Ankerpunkt ❷. Der Cursor zeigt hierbei einen kleinen Pfeil neben der Zeichenfeder ✍.
3. Klicken Sie auf den Punkt und ziehen mit gedrückter Maustaste eine Tangente – die Grifflinie – aus dem Ankerpunkt heraus ❸. Dann lassen Sie die Maustaste los. Diese Aktion verändert zunächst nichts an Ihrer Zeichnung.
4. Erst wenn Sie einen weiteren Punkt setzen ❹, wird klar, dass das Programm die neue Linie als Kurvensegment generiert ❺.

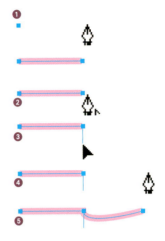

▲ **Abbildung 6.14**
Eine Kurve folgt auf einen Eckpunkt.

Ein Eckpunkt folgt auf eine Kurve

Soll der Eckpunkt dem Kurvensegment folgen, dann verfahren Sie so (siehe Abbildung 6.15):

1. Setzen Sie einen Übergangspunkt als Startpunkt ❶.
2. Der nächste Punkt soll zwar ein Eckpunkt werden, Sie benötigen aber die Grifflinie, daher vervollständigen Sie die Kurve mit einem weiteren Übergangspunkt ❷.
3. Klicken Sie mit dem Cursor einmal auf den eben erstellten Punkt. Die weiterführende Grifflinie wird entfernt ❸.
4. Um ein weiteres Kurvensegment anzuschließen, aber den Eckpunkt zu erhalten, drücken Sie ⌥/[Alt] und ziehen die Grifflinie aus dem Punkt ❹.
5. Führen Sie die Linie weiter ❺.

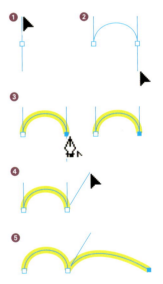

▲ **Abbildung 6.15**
Ein Eckpunkt folgt auf eine Kurve.

Übung | Um die Vorgehensweise zu trainieren, öffnen Sie die Datei Eck-Kurven-zeichnen.ai auf der DVD und zeichnen die Formen wie direkt auf der Zeichenfläche beschrieben.

Modifikationsmöglichkeiten | Ankerpunkte anlegen

▶ ⇧: Halten Sie beim Klicken der Punkte auf der Tastatur die Modifikationstaste ⇧ gedrückt, um Pfadsegmente waagerecht, senkrecht oder in einem 45°-Winkel zu zeichnen.

▶ ⇧: Ziehen Sie Griffpunkte mit der Taste ⇧, werden diese waagerecht, senkrecht oder in einem 45°-Winkel angelegt.

▲ **Abbildung 6.16**
Korrigieren des Segments beim
Setzen des Punkts

▶ ⬙ : Möchten Sie einen neuen Punkt direkt über einen beste- henden Ankerpunkt setzen und dabei gegebenenfalls eine Schleife erzeugen, drücken Sie die Modifikationstaste ⬙ und klicken erst dann den Punkt.

▶ Leertaste: Drücken Sie die Leertaste, noch während Sie einen Ankerpunkt klicken, können Sie den neuen Punkt verschieben. Illustrator erstellt dabei zunächst eine Vorschau des entstehen- den Pfadsegments, so dass es möglich ist, beim Erstellen des Ankerpunkts das Segment noch nachzurichten.

Auf diesem Weg lässt sich so etwas wie ein »Gummiband- Modus« in Illustrator erreichen.

Korrekturen durchführen

Häufig werden Sie direkt beim Zeichnen eines Pfads ungünstig gesetzte Punkte bemerken. Leider stellen sich Fehler meistens erst im Zusammenspiel mehrerer Punkte heraus.

Die Arbeit mit dem Zeichenstift geht besser von der Hand, wenn Sie sie »in einem Rutsch« durchführen – d. h. in einem ers- ten Durchgang den Pfad erstellen und erst im zweiten Durchgang die Feinjustierung der Ankerpunkte und Grifflinien mit Hilfe des Direktauswahl- und des Ankerpunkt-konvertieren-Werkzeugs vornehmen.

Als sinnvoll erweist sich allerdings manchmal die Anwendung des Rückgängig-Befehls. Um den gerade erstellten Punkt zu widerrufen, wählen Sie im Menü die Anweisung BEARBEITEN • RÜCKGÄNGIG: ZEICHENSTIFT – Shortcut: ⌘/Strg+Z.

Der zuletzt gesetzte Punkt wird samt generiertem Pfadseg- ment entfernt und der davor erzeugte Ankerpunkt aktiviert, so dass es möglich ist, sofort wieder ein neues Segment anzuschlie- ßen.

Zusammenfassung: Punkt-Merkmale

Beim Erstellen der beiden Ankerpunkt-Arten ha- ben Sie erfahren, dass sich Eckpunkte und Über- gangspunkte durch die Handhabung ihrer Grifflinien unterschei- den.

Eckpunkte haben entweder keine, eine oder zwei Tangenten. Die Grifflinien eines Eckpunkts können un-

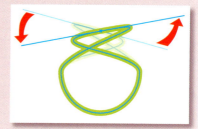

abhängig voneinander bewegt werden und in unter- schiedliche Richtungen zeigen. Übergangspunkte dage- gen besitzen immer zwei Grifflinien, die eine durchge- hende Linie bilden und sich nur ge- meinsam be- wegen lassen.

Schritt für Schritt: Eine einfache Form zeichnen

1 Planung

Öffnen Sie die Illustrator-Datei Vorlage Vogel.ai von der DVD. Die Vorlage für die Zeichnung ist bereits in der Datei. Sehen Sie sich die Vorlage an, und planen Sie, wo Sie Punkte setzen wollen. Beim Nachzeichnen ist es vorläufig nicht so wichtig, dass Sie die vorgegebene Form genau treffen. Es kommt eher darauf an, dass Sie alle Punkte korrekt als Eck- oder Übergangspunkte setzen und möglichst die benötigten Grifflinien sofort mit erzeugen, denn so sparen Sie sich beim Nacharbeiten viel Arbeit und vor allem zeitraubende Werkzeugwechsel.

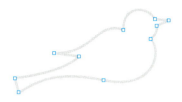

▲ **Abbildung 6.17**
Eine einfache Form

2 Als Start eine Kurve aus einem Eckpunkt

Wählen Sie das Zeichenstift-Werkzeug, und klicken Sie den ersten Punkt, halten Sie die Maustaste gedrückt und ziehen die Griffpunkte heraus. Achten Sie hauptsächlich auf die Grifflinie, die das folgende Kurvensegment bestimmen wird. Die nicht benötigte GRIFFLINIE »brechen« Sie später ab, wenn die Form geschlossen wird.

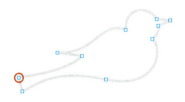

▲ **Abbildung 6.18**
Startpunkt

3 Nach der Kurve folgt eine Gerade

Die Kurve endet in einem Eckpunkt, danach geht es mit einer Geraden weiter. Sie benötigen also einen Ankerpunkt mit *einer* Grifflinie.

Um die Grifflinie beim Setzen des Punkts zu erhalten, müssen Sie den Punkt wie einen Kurvenpunkt erstellen und anschließend in einen Eckpunkt umwandeln. Und so geht's: Klicken Sie an die Stelle, an die Sie den Punkt setzen möchten, halten die Maustaste gedrückt und ziehen die Grifflinien aus dem Ankerpunkt heraus.

▲ **Abbildung 6.19**
Eckpunkt verbindet eine Kurve mit einer Geraden.

Lassen Sie die Maustaste los, bewegen den Cursor über den zuletzt erstellten Punkt, bis der Cursor das Symbol in 🖐 wechselt, und klicken Sie auf den Punkt. Damit wird der erzeugte Übergangspunkt in einen Eckpunkt konvertiert.

4 Jetzt geht's wieder in die Kurve

Eine Kurve, die auf einen Eckpunkt folgt, konstruieren Sie entweder wie im Abschnitt »Eine Kurve folgt auf einen Eckpunkt« beschrieben oder alternativ wie hier beschrieben, indem Sie einen Griff eines Kurvenpunkts »abbrechen«.

Klicken und ziehen Sie also den nächsten Punkt und achten Sie auf die Form des folgenden Kurvensegments. Anschließend brechen Sie die nicht benötigte Grifflinie ab.

Halten Sie dazu die Modifikationstaste ⌥/Alt gedrückt; der Cursor zeigt das Symbol ⌐. Damit klicken Sie auf den nicht benötigten Griffpunkt und ziehen ihn in den Ankerpunkt zurück, den Sie genau treffen müssen. Die richtige Stelle wird durch das Symbol ▷ im Cursor angezeigt.

▲ **Abbildung 6.20**
Eckpunkt

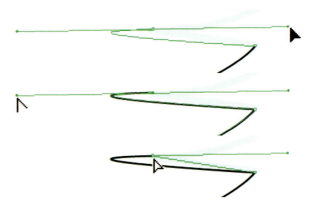

5 Eine S-Kurve

Das Kurvensegment, das Sie jetzt erstellen müssen, beschreibt eine S-Kurve. Mit nur zwei Übergangspunkten können Sie meist eine S-Kurve erstellen – sie entsteht, wenn bei zwei aufeinanderfolgenden Kurvenpunkten die Grifflinien in die gleiche Richtung gezogen werden.

Um diese Kurve zu zeichnen, klicken und ziehen Sie an der entsprechenden Stelle einen Kurvenpunkt, bei dem Sie die erforderliche Tangente in die gleiche Richtung herausziehen wie beim vorherigen Ankerpunkt. Dessen Grifflinien werden Sie im nächsten Schritt »abbrechen«.

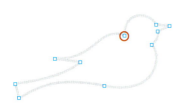

▲ **Abbildung 6.21**
S-Kurve

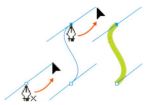

6 Zwei aufeinanderfolgende Kurven

Der soeben erstellte Kurvenpunkt muss nun in einen Eckpunkt umgewandelt werden; da danach aber eine Kurve folgt, brechen Sie die Grifflinie zwar ab, schieben den Ankerpunkt aber nicht in den zugehörigen Griffpunkt zurück.

Halten Sie die Taste ⌥/Alt und ziehen den Griffpunkt in die gewünschte Position. Den folgenden Punkt erstellen Sie als Kurvenpunkt und brechen anschließend die nicht benötigte Grifflinie ab wie bereits in Schritt 3 besprochen.

▲ Abbildung 6.23
Aufeinanderfolgende Kurven

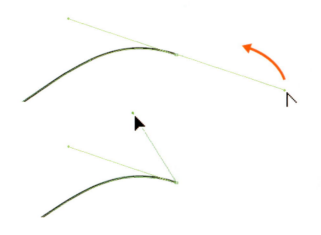

7 Nur eine einfache Linie

Um die Gerade zu erstellen, klicken Sie einfach den gewünschten Eckpunkt.

▲ Abbildung 6.24
Einfache Linie

8 Die letzte Kurve

Hier brauchen Sie einen Übergangspunkt. Klicken Sie auf die gewünschte Stelle, und ziehen Sie die Grifflinien heraus.

9 Die Zielgerade

Sie haben dieses Objekt mit einem Übergangspunkt begonnen, weil Sie für das gebogene erste Pfadsegment die zugehörige Tangente benötigten.

Als letzter Ankerpunkt ist aber ein Eckpunkt erforderlich. Die Art, wie Sie nun vorgehen, ob Sie zum Schluss den Startpunkt nur anklicken oder zusätzlich ziehen, bestimmt darüber, ob dieser Punkt letztendlich ein Eckpunkt oder ein Übergangspunkt wird.

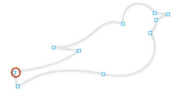

Bewegen Sie den Cursor über den Startpunkt, bis das Symbol ✏ anzeigt, dass der Pfad geschlossen werden kann. Da Sie einen Eckpunkt benötigen, klicken Sie den Startpunkt nur an. ■

Hinweis

Umsteiger, welche die Werkzeuge von FreeHand gewohnt sind, werden die Auswahl-Werkzeuge als gewöhnungsbedürftig empfinden. Illustrator verwendet das Auswahl-Werkzeug und das Direktauswahl-Werkzeug sehr spezifisch, denn das Programm macht einen Unterschied zwischen der Auswahl eines Objekts und der eines Ankerpunkts.

6.3 Punkte und Pfadsegemente auswählen

Pfade sind nach dem Erstellen selten in der optischen Form, die gewünscht ist. Zum Nacharbeiten müssen Sie Ankerpunkte bewegen oder umwandeln, die Grifflinien nachrichten und Pfadsegmente direkt verformen. Voraussetzung dafür ist, dass die entsprechenden Ankerpunkte bzw. Pfadsegmente ausgewählt werden.

Mit dem »normalen« Auswahl-Werkzeug, das Sie bereits in Kapitel 5 kennengelernt haben, können Sie nur ganze Objekte auswählen; zur Aktivierung einzelner Punkte oder Pfadsegmente dient das Direktauswahl-Werkzeug [icon].

Bei der Arbeit mit den Auswahl-Werkzeugen gibt Ihnen – wie beim Zeichenstift – der Cursor wertvolle Hinweise darüber, welche Aktion Sie an einer bestimmten Stelle ausführen können:

▶ der normale Cursor des Auswahl-Werkzeugs ✦
▶ das Objekt aktivieren ✦▪
▶ das Objekt an einem Ankerpunkt aktivieren (dies benötigen Sie z. B. zum Ausrichten) ✦▫
▶ der normale Cursor des Direktauswahl-Werkzeugs ✦
▶ ein Pfadsegment oder das komplette Objekt aktivieren und verschieben ✦▪
▶ einen Ankerpunkt aktivieren und verschieben ✦▫

Beim Ausführen von Aktionen zeigt der Cursor weitere Symbole:
▶ Verschieben eines Objekts, Ankerpunkts oder Griffs ▶
▶ Duplizieren eines Objekts ▶

Vorschau oder Pfadansicht

Üblicherweise erstellen Sie Ihre Grafiken im Vorschaumodus. Manchmal ist es aber auch sinnvoll, die Ansicht schnell zu wechseln, denn in der Pfadansicht sind die Farben, Konturen und Füllungen der Objekte nicht aktiv. So wird es möglich, Pfade zu bearbeiten, die in der Vorschau nicht sichtbar sind.

▲ **Abbildung 6.27**
In der Pfadansicht erkennen Sie auch von breiten Konturen den Pfadverlauf, Sie können Konturen von Flächen unterscheiden, und die Füllung stört nicht bei der Auswahl von Ankerpunkten.

Bei der Arbeit mit dem Auswahlrechteck oder dem Lasso sind gefüllte Flächen oder breite Konturen oft hinderlich; auch deshalb ist es sinnvoll, gelegentlich in die Pfadansicht zu wechseln und zur Weiterbearbeitung Ihrer Auswahl in den Vorschaumodus zurückzukehren – Shortcut in beide Richtungen: ⌘/Strg+Y. Auswahlen gehen dabei nicht verloren. Mehr zu Ansichten finden Sie in Kapitel 4.

Aktive Pfade, Pfadsegmente und Ankerpunkte

Illustrator zeigt in der Bildschirmdarstellung an, welche Pfade, Ankerpunkte und Grifflinien aktiv sind, die bearbeitet werden können.

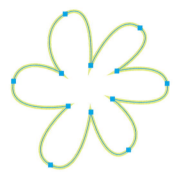

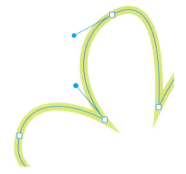

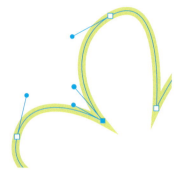

▲ **Abbildung 6.28**
Ist ein Objekt ausgewählt, werden alle seine Ankerpunkte als gefüllte Quadrate angezeigt. Sie können einzelne Punkte oder deren Grifflinien nicht verändern.

▲ **Abbildung 6.29**
Wenn ein Pfadsegment ausgewählt ist, sind alle Ankerpunkte des Objekts nicht gefüllt. Die Grifflinien, welche die Form des aktiven Segments bestimmen, sind sichtbar.

▲ **Abbildung 6.30**
Ist ein Ankerpunkt ausgewählt, wird er als gefülltes Quadrat angezeigt. Die anderen Punkte des Objekts sind ungefüllt.
Die Grifflinien des aktiven Ankerpunkts sowie die Grifflinien der benachbarten Pfadsegmente sind sichtbar.

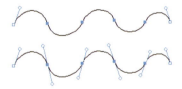

▲ **Abbildung 6.31**
Voreingestellte Darstellung der Grifflinien (oben) und mit Anzeige aller Griffe

▲ **Abbildung 6.32**
Buttons zum Einblenden aller Griffe in der Steuerungspalette

Anzeige der Grifflinien

Voreingestellt zeigt Illustrator nur die Grifflinien eines einzeln ausgewählten Punkts je Objekt an. Sind an einem Objekt mehrere Punkte ausgewählt, werden nur die Grifflinien dargestellt, die jeweils an die äußeren Pfadsegmente dieser Auswahl angrenzen. Möchten Sie die Grifflinien aller ausgewählten Punkte anzeigen lassen, aktivieren Sie unter VOREINSTELLUNGEN • AUSWAHL & ANKERPUNKT-ANZEIGE die Option BEI AUSWAHL VON MEHREREN ANKERPUNKTEN GRIFFE ANZEIGEN.

Dieselbe Einstellung können Sie auch über die Buttons GRIFFE in der Steuerungspalette vornehmen. Drücken Sie den Button GRIFFE EINBLENDEN 🔳 (links) bzw. den Button GRIFFE AUSBLENDEN 🔳 (rechts).

Ein Pfadsegment auswählen

Gehen Sie wie folgt vor, um ein Pfadsegment auszuwählen:
1. Falls das Objekt aktiviert ist – also alle Punkte als gefüllte Quadrate angezeigt werden –, heben Sie zunächst die Auswahl auf, indem Sie neben das Objekt klicken, oder Sie geben den Menübefehl AUSWAHL • AUSWAHL AUFHEBEN – Shortcut ⌘/Strg+⇧+A .

2. Wählen Sie das Direktauswahl-Werkzeug aus der Werkzeug-palette.
3. Bewegen Sie den Cursor über das Pfadsegment – also den Bereich zwischen zwei Punkten –, das Sie auswählen möchten. Sie müssen den Pfad sehr genau treffen, anderenfalls aktivieren Sie das gesamte Objekt statt das einzelne Pfadsegment.
4. Klicken Sie auf das Pfadsegment. Handelt es sich um eine Kurve, müssen jetzt Grifflinien angezeigt werden. Alle Punkte des Pfads werden als nicht gefüllte Quadrate dargestellt.

Hinweis

Beachten Sie die Voreinstellungen für die Anzeige von Anker-punkten.

Auswahl von Pfadsegmenten über das Menü | Über das Aus-wahl-Menü haben Sie weitere Möglichkeiten, Punkte auszuwäh-len. Aktivieren Sie ein Objekt, und wählen Sie die Funktion Aus-WAHL • OBJEKT • GRIFFLINIEN. Damit werden alle Pfadsegmente des Objekts aktiviert.

Dieser Befehl ist nützlich, wenn Sie ein Objekt in einem Schritt an allen Ankerpunkten zerschneiden möchten: Schneiden Sie zu diesem Zweck das Objekt nach Auswählen der Grifflinien aus und fügen es wieder ins Dokument ein.

Einen Ankerpunkt auswählen

Gehen Sie folgendermaßen vor, um einen Punkt auszuwählen:
1. Aktivieren Sie das Objekt, falls Sie eine bessere Orientierung über die Position der Ankerpunkte haben möchten.
2. Holen Sie sich das Direktauswahl-Werkzeug aus der Werk-zeugpalette.
3. Bewegen Sie den Cursor über den Punkt, den Sie auswählen möchten. Dieser wird deutlich hervorgehoben, sofern die Vor-einstellung ANKERPUNKTE UNTER MAUSZEIGER HERVORHEBEN aktiv ist. Zusätzlich dient Ihnen der Cursor als Orientierungs-hilfe.

Das Direktauswahl-Werkzeug zeigt normalerweise über einem Objekt das Symbol ▸▪. Sobald sich der Pfeil aber über einem Ankerpunkt befindet, wechselt er die Marke in ▸□.
4. Wenn Sie den gewünschten Ankerpunkt gefunden haben, aktivieren Sie ihn durch einen kurzen Klick.

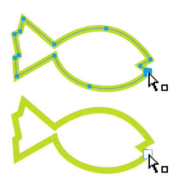

▲ **Abbildung 6.33**
Hervorhebung eines Ankerpunkts unter dem Direktauswahl-Werk-zeug bei aktiviertem (oben) und nicht aktiviertem Objekt (unten)

Modifizierungsmöglichkeiten

▶ ⬚ : Weitere Punkte wählen Sie aus, indem Sie die Taste ⬚ drücken und die zusätzlichen Punkte anklicken.
▶ ⬚ : Wenn Sie einen Ankerpunkt wieder aus der Auswahl herausnehmen möchten, drücken Sie ebenfalls ⬚ und kli-cken den bereits aktivierten Punkt an.

Tipp

Falls Sie es noch von früheren Versionen gewohnt sind: Das Objekt muss nicht mehr deakti-viert werden, bevor Sie einen Punkt auswählen können.

Abbildung 6.34 ▶
Punktauswahl mit dem Direktauswahl-Werkzeug

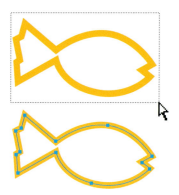

▲ **Abbildung 6.35**
Objektauswahl mit dem Direktauswahl-Werkzeug

▲ **Abbildung 6.36**
Smart Guides zeigen Pfade,
Punkte sowie Grifflinien an,
und sie machen alle Objekte
magnetisch.

Punkte mit dem Auswahlrechteck auswählen

Alternativ aktivieren Sie einen Punkt, indem Sie ein Auswahlrechteck darüber aufziehen.

Mit einem weiteren Auswahlrechteck und gedrückter ⌥-
Taste wählen Sie zusätzliche Punkte aus.

Sie können auch mehrere Methoden kombinieren, indem Sie
die Auswahl beispielsweise mit einem Auswahlrechteck starten
und einzelne Punkte, wie oben beschrieben, wieder von der Auswahl abziehen oder hinzufügen.

Das Auswahlrechteck ist besonders effektiv in der Pfadansicht,
weil dann Konturen und Füllungen nicht stören.

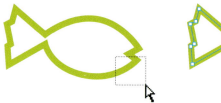

Wenn Sie jedoch mit dem Direktauswahl-Werkzeug ein Auswahlrechteck um das gesamte Objekt ziehen, wählen Sie nicht alle
einzelnen Punkte, sondern das Objekt aus.

Objekte mit dem Direktauswahl-Werkzeug auswählen

Mit dem Direktauswahl-Werkzeug können Sie statt einzelner
Bestandteile eines Pfads auch ein gefülltes Objekt insgesamt aktivieren, indem Sie auf seine Fläche klicken.

Wenn sich das Werkzeug über einem Objekt befindet, ändert
der Cursor sein Symbol in ▙.

Smart Guides – magnetische Hilfslinien

Eine andere Möglichkeit, um Pfade – auch verborgene – zu identifizieren, ist die Option ANSICHT • MAGNETISCHE HILFSLINIEN.
Wenn Sie diesen Modus einschalten, zeigt Illustrator alle Pfade
unter dem Cursor an. Der Shortcut zum Ein- und Ausschalten ist
⌘/Strg+U.

Magnetische Hilfslinien stehen nicht zur Verfügung, wenn die
Option AM RASTER AUSRICHTEN aktiv ist.

Pfade und Punkte ausblenden

Wenn Sie die Anzeige der Grifflinien, Pfade und Punkte stört,
wählen Sie die Menüoption ANSICHT • ECKEN AUSBLENDEN.

Sie haben dann zwar keinen Anhaltspunkt mehr, welche Elemente Ihrer Grafik gerade aktiv sind, unter dem Cursor liegende
Ankerpunkte werden trotzdem weiterhin hervorgehoben.

Aufgrund des Shortcuts ⌘/Strg+H wird die Pfadanzeige häufig unabsichtlich ausgeblendet. Möchten Sie sie wieder einblenden, rufen Sie ANSICHT • BEGRENZUNG EINBLENDEN auf. Bei dieser Bezeichnung kann es sich nur um einen Übersetzungsfehler handeln und es ist zu hoffen, dass Adobe das in einem Update wieder auf das bekannte ECKEN EINBLENDEN korrigiert.

6.4 Punkte bearbeiten

Sie können einzelne oder mehrere Ankerpunkte zusammen bewegen bzw. anderweitig transformieren, um die Form eines Pfads zu ändern. Pfadsegmente lassen sich direkt anfassen und bearbeiten, oder das Segment wird mit Hilfe der Grifflinien in die richtige Form gebracht.

Ankerpunkte bewegen

Um einen Ankerpunkt zu bewegen, aktivieren Sie ihn mit dem Direktauswahl-Werkzeug und ziehen ihn an die gewünschte Position.

Solange nicht bereits das gesamte Objekt aktiviert ist, können Sie in einem Zug einen Punkt auswählen und verschieben, ohne die Maustaste zwischendurch loszulassen.

Ist das Objekt dagegen selektiert und Sie möchten einen Ankerpunkt bewegen, klicken Sie den Punkt einmal mit dem Direktauswahl-Werkzeug an und klicken und ziehen den Punkt in einem zweiten Schritt.

Alternativ lassen sich aktivierte Ankerpunkte mit den Pfeiltasten ↑, ↓, → und ←, der Funktion OBJEKT • VERSCHIEBEN oder per Eingabe der neuen Position in die Transformieren- bzw. die Steuerungspalette bewegen.

Modifizierungsmöglichkeiten | Ankerpunkte bewegen

▶ ⇧: Mit der ⇧-Taste verschieben Sie Ankerpunkte in festen 45°-Winkelungen. Da diese Taste gleichzeitig dazu dient, mehrere Punkte auszuwählen, müssen Sie die Modifikationstaste und die Maus in der richtigen Reihenfolge bedienen.

Der sicherste Weg, um einen oder mehrere Punkte in einem festen 45°-Winkel zu verschieben, umfasst folgende Schritte:
1. Aktivieren Sie zunächst alle Ankerpunkte, die Sie zusammen verschieben wollen.
2. Lassen Sie die Maustaste los, nachdem Sie alle gewünschten Punkte ausgewählt haben. Klicken Sie einen der aktiven Punkte an und halten die Maustaste gedrückt.

Tipp

Wie in vielen anderen Grafikprogrammen lässt sich auch in Illustrator das Auswahl-Werkzeug temporär aufrufen, während Sie ein anderes Werkzeug benutzen. Allerdings wechseln Sie dabei immer zum zuletzt verwendeten Auswahl-Werkzeug – das kann neben dem Direktauswahl-Werkzeug auch eines der beiden anderen Auswahl-Werkzeuge sein.

Wenn Sie während der Erstellung eines Pfads einen der vorher gesetzten Punkte verschieben wollen, müssen Sie das Direktauswahl-Werkzeug verwenden. Klicken Sie deshalb noch einmal kurz auf das Direktauswahl-Werkzeug, bevor Sie den Zeichenstift aufrufen.

3. Betätigen und halten Sie zusätzlich die Modifikationstaste ⬚.
   Ziehen Sie den geklickten Punkt an die gewünschte Position;
   die anderen aktiven Ankerpunkte bewegen sich synchron mit.

Auch wenn Sie nur einen Ankerpunkt verschieben wollen, sollten
Sie diesen Ablauf einhalten.

Punkte transformieren

Nicht nur komplette Formen, auch mehrere Ankerpunkte, die Sie
zusammen ausgewählt haben, können Sie gemeinsam mit den
Transformations-Werkzeugen bearbeiten.

Sehr praktisch ist diese Vorgehensweise beispielsweise beim
»Abknicken« einer Form.

▲ **Abbildung 6.37**
Mehrere Ankerpunkte gemeinsam
TRANSFORMIEREN

Um das Bein zu beugen, wie in dem Beispiel gezeigt, verfahren
Sie wie folgt:
1. Erstellen Sie, falls nötig, Kurvenpunkte an der geplanten Beu-
   gestelle.
2. Aktivieren Sie mit dem Lasso oder mit dem Direktauswahl-
   Werkzeug die Ankerpunkte auf dem Teil des Pfads, der umge-
   bogen werden soll ❶.
3. Wählen Sie das Drehen-Werkzeug aus den Transformations-
   Werkzeugen ❷.
4. Klicken Sie einen Referenzpunkt, und ziehen Sie die Beugung
   in die richtige Position ❸.

Punkte horizontal und/oder vertikal zentrieren

Für das einfache Ausrichten von Punkten steht in Illustrator dieser Befehl zur Verfügung. Komplexere Anordnungen können Sie
mit der Ausrichten-Palette realisieren, aber dazu mehr im nächsten Absatz. Mit der Funktion DURCHSCHNITT BERECHNEN können
Sie mehrere Punkte eines oder mehrerer Objekte horizontal und/
oder vertikal auf eine jeweilige Mittelachse zentrieren.

Aktivieren Sie die auszurichtenden Objekte oder Punkte und
rufen den Menübefehl OBJEKT • PFAD • DURCHSCHNITT BERECH-
NEN… auf – Shortcut ⌘+⌥+J bzw. Strg+Alt+J.

▲ **Abbildung 6.38**
DURCHSCHNITT BERECHNEN auf die
Punkte zweier Objekte angewen-
det

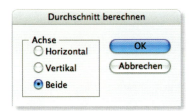

◀ **Abbildung 6.39**
Dialogbox
DURCHSCHNITT BERECHNEN

Geben Sie mit den Optionsbuttons die Richtung der ACHSE an, entlang derer die Ankerpunkte vermittelt werden sollen. Um Punkte nur in vertikaler Richtung zu verschieben, geben Sie eine waagerechte Achse an und umgekehrt. Verwenden Sie diese Funktion anstelle des Ausrichtens zum Beispiel, um eine Linie, die nur aus zwei Punkten besteht, »geradezurücken«.

Da Illustrator einen Durchschnitt bildet, werden zumindest die Punkte in den Extrempositionen verschoben.

Punkte ausrichten und anordnen

Die Funktionen der Ausrichten-Palette können Sie auch auf Punkte anwenden. Die Erklärung dieser Funktionen finden Sie in Kapitel 5. Da bei Auswahl aller einzelnen Punkte eines Objekts das Objekt insgesamt aktiviert wird, ist es nicht möglich, alle Punkte eines Pfads zusammen auszurichten.

Um Punkte aneinander auszurichten, gehen Sie wie folgt vor:

1. Aktivieren Sie die Punkte mit dem Direktauswahl-Werkzeug oder dem Lasso. Der zuletzt ausgewählte Punkt dient als Bezugspunkt für die Ausrichtung, d. h., seine Position verändert sich nicht.
2. (Optional) Wählen Sie aus, ob anstatt des zuletzt ausgewählten Punkts die Zeichenfläche oder der aktive Schnittbereich als Bezugspunkt dienen soll, und aktivieren Sie diese Ausrichtung.
3. Rufen Sie die gewünschte Ausrichtungsart mit einem Klick auf den entsprechenden Button in der Ausrichten-Palette oder der Steuerungspalette auf. Die Option VORSCHAUBEGRENZUNGEN VERWENDEN wird ignoriert.

Mit Grifflinien den Kurvenverlauf anpassen

Selten wird der Kurvenverlauf eines Pfads, den Sie neu erstellen, sofort Ihren Anforderungen entsprechen. Meistens müssen die einzelnen Pfadsegmente nachträglich angepasst werden. Dazu verändern Sie die Grifflinien an den Ankerpunkten, indem Sie die zugehörigen Griffpunkte bewegen.

1. Wählen Sie das Direktauswahl-Werkzeug und bewegen es über den Pfad. Direkt über einem Ankerpunkt zeigt der Cursor das Symbol ▯. Wenn ein Pfadsegment oder die Füllung des

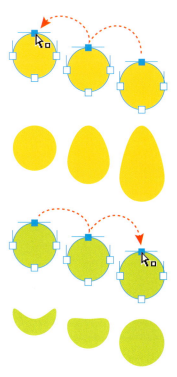

▲ **Abbildung 6.40**
Ausrichten der aktivierten Punkte: Bezugspunkt links (gelb), Bezugspunkt rechts (grün)

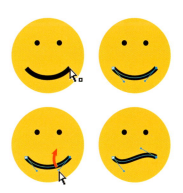

▲ **Abbildung 6.41**
Ankerpunkt aktivieren und eine Grifflinie verändern

Objekts unter dem Zeiger ist, nimmt der Cursor das Symbol an.

2. Klicken Sie auf ein Pfadsegment, um die zugehörigen Grifflinien der beiden benachbarten Punkte anzuzeigen. Mit einem Klick auf einen Punkt dagegen werden die Grifflinien beidseitig dieses Ankerpunkts sichtbar.
3. Bewegen Sie nun die Grifflinien mit Hilfe der Griffpunkte, und verändern Sie so die Krümmung des Kurvensegments.

Werden nach dem Aktivieren eines Punkts oder eines Segments keine Grifflinien angezeigt, sind diese noch im Ankerpunkt versteckt. Lesen Sie dazu mehr im nächsten Abschnitt.

Eckpunkte und Übergangspunkte konvertieren

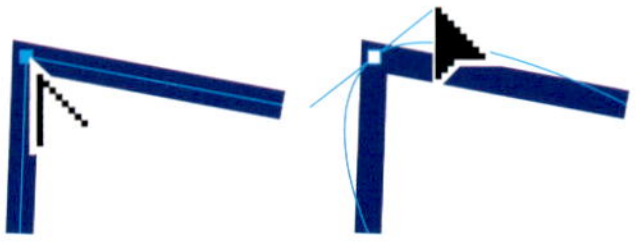

▲ **Abbildung 6.42**
Um einen Eckpunkt in einen Übergangspunkt umzuwandeln, müssen die Grifflinien herausgezogen werden.

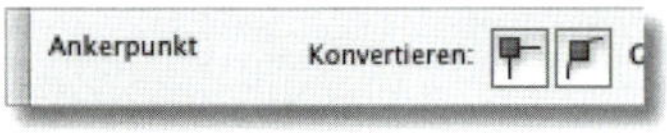

▲ **Abbildung 6.43**
Ankerpunkt-konvertieren-Funktionen in der Steuerungspalette

Wenn Sie einmal versehentlich beim Zeichnen den falschen Typ eines Ankerpunkts gesetzt haben, ist das kein Problem. Sie können jederzeit einen Eckpunkt in einen Kurvenpunkt umwandeln und umgekehrt.

Verwenden Sie dafür das Ankerpunkt-konvertieren-Werkzeug oder temporär den Zeichenstift zusammen mit der Modifikationstaste ⌥/Alt.

Während Sie das Ankerpunkt-umwandeln-Werkzeug nur jeweils an einem Punkt einsetzen können, lassen sich die Funktions-Buttons Ankerpunkte in Ecke bzw. in Übergang konvertieren aus der Steuerungspalette auf mehrere Punkte gleichzeitig anwenden.

Eckpunkt umwandeln | Um einen Eckpunkt in einen Kurvenpunkt umzuwandeln, gehen Sie so vor:

1. Aktivieren Sie den Pfad, und bewegen Sie das Ankerpunkt-konvertieren-Werkzeug über den Punkt.
2. Klicken und ziehen Sie dabei die Kurventangenten, also die Grifflinien, in Pfadrichtung aus dem Ankerpunkt heraus.
   Bei einem bereits bestehenden Objekt ist oft die Pfadrichtung nicht bekannt. Sie müssen also gegebenenfalls ausprobieren, ob die Kurve nach dem Herausziehen der Kurventangente weiterhin glatt verläuft. Bildet der Pfad eine Schleife, steht die Grifflinie gegen die Pfadrichtung!
3. Das Programm generiert die Grifflinien gleichmäßig lang nach beiden Seiten. Meistens benötigen Sie jedoch für die beiden benachbarten Kurventeile unterschiedlich lange Tangenten. Lassen Sie deshalb nach dem Herausziehen die Maustaste los, wählen das Direktauswahl-Werkzeug und richten damit die Grifflinien nach.

Tipp

Das Umwandeln von Eck- in Kurvenpunkte geschieht destruktiv, d. h., Griffe werden neu generiert und vorhandene Griffe »überschrieben«.

Soll ein Griff erhalten werden, markieren Sie dessen Position mit Hilfslinien – diese rasten an Griffpunkten ein – und richten den neuen Griff an den Hilfslinien aus.

Alternativ arbeiten Sie mit magnetischen Hilfslinien (siehe Abbildung 6.48).

Übergangspunkt umwandeln | Wenn Sie einen Kurvenpunkt in einen Eckpunkt umwandeln wollen, sind folgende Schritte notwendig:

1. Aktivieren Sie den entsprechenden Ankerpunkt mit dem Ankerpunkt-konvertieren-Werkzeug ⬉. Dabei werden die Grifflinien sichtbar.
2. Je nachdem, wie die beiden benachbarten Pfadsegmente gestaltet werden sollen, ist das Vorgehen unterschiedlich:

   ▸ Wollen Sie, dass eines oder beide angrenzenden Pfadsegmente zu Kurven werden, müssen Sie die Grifflinien lediglich »abbrechen«. Bewegen Sie mit dem Ankerpunkt-konvertieren-Werkzeug einen der Griffpunkte, dadurch wird an diesem Punkt eine Ecke ausgebildet, denn die gegenüberliegende Tangente bleibt in ihrer ursprünglichen Position. Möchten Sie die andere Grifflinie ebenfalls verändern, wechseln Sie zum Direktauswahl-Werkzeug und richten diese Tangente nach.

   ▸ Soll eines der benachbarten Pfadsegmente eine Gerade werden, gehen Sie genauso vor wie oben beschrieben. Die zu dem geraden Pfadsegment gehörige Tangente wird jedoch nicht mehr benötigt. Deshalb müssen Sie diese Grifflinie in den Ankerpunkt zurückschieben. Dabei ist es wichtig, dass Sie den Punkt genau treffen. Achten Sie deshalb auf das Symbol des Cursors, der Ihnen mit einem weißen Pfeil ▷ anzeigt, wenn Sie über dem Ankerpunkt sind und die Maustaste loslassen können.

   ▸ Falls Sie einen Eckpunkt ohne Grifflinien benötigen, weil beide angrenzenden Pfadsegmente gerade verlaufen sollen, klicken Sie mit dem Ankerpunkt-konvertieren-Werkzeug nur kurz auf den Ankerpunkt, dann verschwinden die Grifflinien automatisch.

▲ **Abbildung 6.44**
Das Ankerpunkt-konvertieren-Werkzeug dient auch dazu, Grifflinien »abzubrechen«, also einen Übergangspunkt in einen Eckpunkt zu konvertieren.

▲ **Abbildung 6.45**
Grifflinie wird in den Punkt geschoben.

Umwandlungsfunktionen | Aktivieren Sie einen oder mehrere Punkte und rufen die Funktion AUSGEWÄHLTE ANKERPUNKTE IN ECKE UMWANDELN ⌐ bzw. AUSGEWÄHLTE ANKERPUNKTE IN ÜBERGANG UMWANDELN ⌐ durch einen Klick auf den jeweiligen Button in der Steuerungspalette auf.

Bei der Erzeugung von Eckpunkten werden alle Griffe in den Punkt zurückgeschoben. Wandeln Sie sie dagegen in Übergangspunkte um, generiert Illustrator automatisch Grifflinien, die zum Verlauf der angrenzenden Pfade passen.

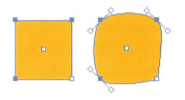

▲ **Abbildung 6.46**
Eckpunkte in Übergangspunkte umgewandelt

Eckpunkte mit anschließenden Kurvensegmenten

Ein Pfadsegment zwischen zwei Eckpunkten muss nicht zwangsläufig eine Gerade sein, das Segment kann auch als Kurve anschlie-

▲ Abbildung 6.47
Ein Eckpunkt verbindet zwei
Kurvensegmente.

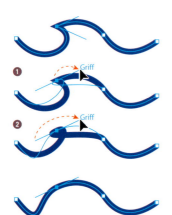

▲ Abbildung 6.48
Umwandlung eines Eck- in einen
Kurvenpunkt bei Erhaltung einer
Grifflinie

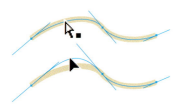

▲ Abbildung 6.49
Direktes Verformen eines
Pfadsegments

ßen. Sie müssen dazu jedoch die zugehörigen Grifflinien aus den
benachbarten Eckpunkten herausziehen:

1. Wählen Sie den Pfad aus.
2. Klicken Sie mit dem Ankerpunkt-konvertieren-Werkzeug auf
   den entsprechenden Ankerpunkt, und ziehen Sie die Grifflinien heraus. Der Punkt wird dabei zum Übergangspunkt!
3. Bewegen Sie nun mit dem gleichen Werkzeug einen der Griffpunkte in eine andere Position. Dabei »brechen« Sie die Grifflinie ab, der Ankerpunkt konvertiert zurück zum Eckpunkt.
4. Wählen Sie das Direktauswahl-Werkzeug, und justieren Sie die
   Grifflinien und damit das Pfadsegment nach.

In Kurvenpunkt zurückwandeln | Soll eine vorhandene Griffli-
nie beim Umwandeln eines Eck- in einen Kurvenpunkt original
erhalten bleiben, haben Sie die Möglichkeit, die Position des
Griffpunkts mit Hilfslinien zu markieren oder mit magnetischen
Hilfslinien zu arbeiten:

1. Aktivieren Sie ANSICHT • MAGNETISCHE HILFSLINIEN – Shortcut
   ⌘/Strg + U.
2. Wählen Sie das Ankerpunkt-konvertieren-Werkzeug und ziehen neue Grifflinien aus dem Punkt. Bewegen Sie den Cursor
   auf die Position des Griffpunkts, den Sie erhalten möchten.
   Die magnetischen Hilfslinien zeigen den Griff an ❶.
3. Falls die Position der beiden Grifflinien jetzt vertauscht ist und
   der Pfad eine Schleife beschreibt, nehmen Sie das Direktauswahl-Werkzeug und ziehen den zu erhaltenden Griff an seine
   korrekte Position ❷.

Kurven direkt bearbeiten, Pfadsegmente verschieben
Anstatt die Form eines Kurvensegments über die Grifflinien zu
manipulieren, können Sie das Segment auch direkt bearbeiten:

1. Wenn das Objekt, das Sie verändern möchten, insgesamt aktiv
   ist, müssen Sie zunächst die Auswahl aufheben und den Pfad
   erneut mit dem Direktauswahl-Werkzeug aktivieren.
2. Klicken Sie auf den gewünschten Teil des Pfads und ziehen den
   Cursor seitlich, um in einem Zug das entsprechende Pfadsegment zu aktivieren und seinen Kurvenverlauf zu verändern.
   Achtung! Bei dieser Aktion verändern die Grifflinien nur ihre
   Länge, ihr Winkel aber bleibt gleich!

Form-ändern-Werkzeug 🔧
Mit dem Drehen-Werkzeug ist es ohne Schwierigkeiten möglich,
die Krümmung eines einigermaßen geraden Pfads zu verändern,
wie das obige Beispiel mit der Beugung des Beins zeigt.

Ist ein Pfad allerdings mit Details versehen, wie beispielsweise der Rand eines Blatts oder die Kante einer Briefmarke, eignen sich die Transformieren-Werkzeuge nicht, denn damit können Sie nur den Verlauf des Pfads verändern, nicht aber seine Strukturdetails erhalten.

Für solche Operationen ist das Form-ändern-Werkzeug  vorgesehen, das Sie in der Werkzeugpalette in einer Gruppe mit dem Skalieren-Werkzeug und dem Verbiegen-Werkzeug finden. Damit verhält sich ein Pfad beim Verformen so, als ob er aus Gummi wäre, die Details des Pfads passen sich der Formänderung mit an. Gehen Sie wie folgt vor, um einen Pfad mit dem Form-ändern-Werkzeug zu bearbeiten:

▲ **Abbildung 6.50**
Form-ändern-Werkzeug in der Werkzeugpalette

◄ **Abbildung 6.51**
Die Arbeit mit dem Form-ändern-Werkzeug ist etwas umständlich.

1. Wählen Sie zunächst die Ankerpunkte bzw. die Pfadsegmente aus, die von der Verformung betroffen sein sollen, wobei diese auch zu verschiedenen Objekten gehören können ❶. Aktivieren Sie aber Objekte *nicht* als Ganzes! Am besten geht das mit dem Lasso oder einem Auswahlrechteck, das vom Direktauswahl-Werkzeug erzeugt wird.

2. Holen Sie sich nun das Form-ändern-Werkzeug und klicken auf die Stelle des Pfads, die als Fokus für die Verformung dienen soll ❷; dabei setzt Illustrator dort einen Punkt mit einem Rahmen ▣. Mit der ⇧-Taste können Sie auch mehrere Fokuspunkte setzen ❸ (Abbildung 6.53).

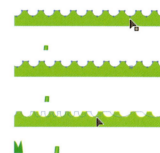

▲ **Abbildung 6.52**
Mit der ⇧-Taste erreichen Sie eine Beschränkung der Verformung beispielsweise in horizontaler Richtung.

◄ **Abbildung 6.53**
Mit dem Form-ändern-Werkzeug wird der Pfad nicht einfach verschoben, vielmehr entsteht eine Rundung, auf der die Details erhalten bleiben.

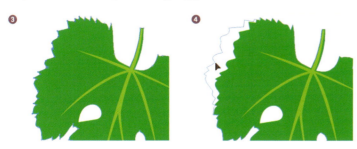

3. Klicken und ziehen Sie anschließend einen der Fokuspunkte, um die gewünschte Veränderung auszuführen ❹. Wenn Sie dabei die Modifikationstaste ⇧ gedrückt halten, werden Werkzeugbewegungen in 45°-Winkelungen erzwungen.

6.5 Pfade nachbearbeiten

Objekte werden meist nicht »in einem Stück« konstruiert; oft müssen Pfade durch Ankerpunkte ergänzt oder mehrere einzelne Teile zu einem gesamten Pfad zusammengesetzt werden. Hierfür stellt Ihnen Illustrator verschiedene Werkzeuge und Methoden zur Verfügung.

Auf einem Pfad Ankerpunkte hinzufügen

Wenn ein Pfadverlauf nicht so ganz Ihren Vorstellungen entspricht, ist es manchmal notwendig, hier oder dort einen Ankerpunkt auf dem Pfad hinzuzufügen. Beachten Sie dabei aber, dass Ihnen zusätzliche Punkte zwar mehr Detailkontrolle geben, andererseits können zu viele Ankerpunkte aber auch Probleme verursachen, weil es schwieriger wird, lange homogene Kurvenschwünge gleichmäßig und ohne Dellen zu erzeugen.

▲ **Abbildung 6.54**
Pfade mit vielen Punkten sind schwierig als Ganzes nachzurichten.

Die Werkzeuge | Ankerpunkte hinzufügen
Zwei Werkzeuge können Sie alternativ benutzen, um einen Pfad durch Ankerpunkte zu ergänzen:

▶ **Zeichenstift** ✎: Über einem aktiven Pfad verwandelt sich der Zeichenstift *automatisch* in das temporäre Ankerpunkt-hinzufügen-Werkzeug. Der Cursor zeigt das mit dem Symbol ✎₊ an. Um einen Ankerpunkt hinzuzufügen, klicken Sie an der gewünschten Stelle auf den ausgewählten Pfad. Der neue Punkt wird auch in Kurvensegmenten so eingefügt, dass sich die Krümmung nicht verändert. Der Punkt bleibt aktiv, und seine Grifflinien sind sichtbar.

▲ **Abbildung 6.55**
Ob ein neuer Punkt (oben) oder ein neuer Pfad entsteht, erkennen Sie am Cursor-Symbol des Zeichenstifts.

Achtung: Wenn Sie es versäumt haben, den Pfad vorher zu aktivieren, erzeugen Sie mit dieser Aktion einen *neuen* Pfad, anstatt nur einen zusätzlichen Punkt auf einem bestehenden Pfad anzulegen! Hilfreich kann hier sein, dass der Zeichenstift zusammen mit der ⌘/Strg-Taste temporär zum zuletzt benutzten Auswahl-Werkzeug wird.

▶ **Ankerpunkt-hinzufügen-Werkzeug** ✎⁺: Sie können das Werkzeug auch permanent aus der Werkzeugpalette auswählen. Das Vorgehen, um einen Ankerpunkt hinzuzufügen, entspricht dem oben beschriebenen. Wenn Sie mit dem Ankerpunkt-hinzufügen-Werkzeug direkt arbeiten, ist es allerdings nicht notwendig, den Pfad vorher zu aktivieren. Sie müssen lediglich den richtigen Pfad ziemlich genau treffen.
Da das permanente Ankerpunkt-hinzufügen-Werkzeug nur auf bestehenden Pfaden funktioniert, ist für Illustrator-Neulinge die Fehleranfälligkeit geringer.

Hinweis

Das Verhalten des Zeichenstifts, über einem aktiven Pfad temporär das Ankerpunkt-hinzufügen-Werkzeug bzw. das Ankerpunkt-löschen-Werkzeug bereitzustellen, können Sie mit der Option Autom. hinzuf./löschen aus unter Voreinstellungen • Allgemein deaktivieren.

Eck- oder Kurvenpunkt | Ankerpunkte hinzufügen

Wenn Sie einen Pfad neu zeichnen, müssen Sie einen Übergangspunkt durch das Herausziehen der Grifflinien festlegen. Setzen Sie dagegen einen Ankerpunkt nachträglich auf einen bestehenden Pfad, haben Sie diese Möglichkeit nicht. Das ist auch nicht nötig, denn Illustrator setzt automatisch den richtigen Ankerpunkt-Typ.

Auf einem Pfadsegment, das eine Gerade bildet, wird der neue Punkt als Eckpunkt definiert. Setzen Sie einen nachträglichen Ankerpunkt auf ein Segment, das auch nur die geringste Krümmung aufweist, erzeugt Illustrator einen Übergangspunkt. Die zugehörigen Grifflinien passt das Programm automatisch an, so dass der Pfadverlauf nach dem Setzen des Punkts genauso aussieht wie vorher.

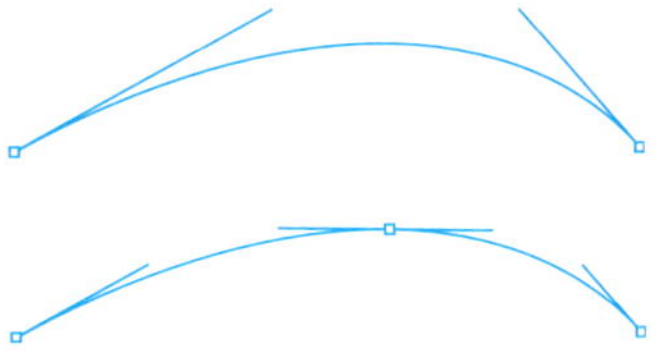

▲ **Abbildung 6.56**
Illustrator setzt den korrekten Übergangspunkt und kürzt die vorhandenen Grifflinien.

Ankerpunkte automatisch hinzufügen

Ein Sonderfall ist es, wenn Sie auf allen Segmenten eines Pfads *jeweils* in der Mitte zwischen zwei Ankerpunkten einen zusätzlichen Punkt benötigen, z. B. als zusätzliche Fixierpunkte, bevor Sie Verflüssigen-Operationen anwenden.

Dafür ist die Menüfunktion OBJEKT • PFAD • ANKERPUNKTE HINZUFÜGEN vorgesehen, die Sie auf aktivierte Objekte anwenden. Mehrfache Benutzung dieses Befehls halbiert die vorher entstandenen Pfadsegmente weiter.

▲ **Abbildung 6.57**
Ankerpunkte hinzufügen mit der entsprechenden Menüfunktion

Pfade verlängern

Sie können an einem der Endpunkte eines bestehenden Pfads ein neues Pfadsegment ansetzen. Dazu gehen Sie wie folgt vor:

1. Wenn der Endpunkt, an dem Sie den Pfad verlängern wollen, ohne Markierung schwer zu treffen ist, beispielsweise bei breiten Konturen, aktivieren Sie zuerst das Objekt.
2. Wählen Sie den Zeichenstift, und bewegen Sie ihn über einen Endpunkt, bis der Cursor das Symbol ✍ zeigt.
3. Klicken Sie auf den Endpunkt, oder klicken und ziehen Sie, um gegebenenfalls die Grifflinie für eine Krümmung sofort mit zu generieren.
4. Erzeugen Sie nun weitere Ankerpunkte wie beim Erstellen eines neuen Pfads.

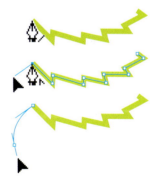

▲ **Abbildung 6.58**
Pfad am Endpunkt fortführen

Achtung: Beim Verlängern eines Pfads mit dieser Methode wird möglicherweise die Pfadrichtung geändert. Sie verläuft nach dem Ansetzen des Pfads in Richtung des geklickten Endpunkts und weiter zu den ergänzten Ankerpunkten.

▲ **Abbildung 6.59**
Pfadrichtung umkehren

Die Umkehrung der Pfadrichtung kann dazu führen, dass richtungsabhängige Konturen nicht mehr so aussehen, wie Sie es wünschen. Klicken Sie gegebenenfalls im Anschluss an das Verlängern mit dem Zeichenstift den gegenüberliegenden Endpunkt an, um die Pfadrichtung wieder zu korrigieren.

Neuen Pfad mit einem bestehenden Pfad verbinden

Das Anhängen eines Pfads funktioniert auch in der anderen Reihenfolge, indem Sie zuerst einen neuen Pfad zeichnen, den Sie zum Abschluss mit einem bestehenden Pfad verbinden. Denn treffen Sie beim Zeichnen eines Pfads auf den Endpunkt eines vorhandenen offenen Pfads, werden beide miteinander verbunden.

Und so wird's gemacht:

1. Zeichnen Sie mit dem Zeichenstift einen neuen Pfad, und lassen Sie den zuletzt gesetzten Ankerpunkt aktiv.
2. Bewegen Sie das Werkzeug über den Endpunkt eines bereits bestehenden offenen Pfads, bis der Cursor einen Endpunkt mit dem Symbol ◊ anzeigt.
3. Klicken Sie auf dieses Pfadende und verbinden damit Ihren neuen mit dem bestehenden zu einem gesamten Pfad.

Beachten Sie bitte, dass sich auch bei dieser Operation die Pfadrichtung und damit richtungsabhängige Eigenschaften umkehren können – wie im letzten Abschnitt beschrieben.

Offene oder geschlossene Pfade?

Illustrator-Pfade können offen oder geschlossen sein. Die Dokumentinformationen-Palette zeigt an, ob ein Pfad geschlossen ist. Aktivieren Sie dazu den Pfad und wählen im Palettenmenü der Dokumentinformationen-Palette den Eintrag OBJEKTE.

Offene Pfade sind an jedem Ende durch Punkte begrenzt, bei geschlossenen Pfaden sind Anfangs- und Endpunkt identisch.

Nach der Illustrator-Begriffserklärung ist »der Bereich, der innerhalb eines Pfads ist«, die Fläche eines Objekts, die gefüllt werden kann. Um diesen Raum zu definieren, werden bei offenen Pfaden die beiden Endpunkte virtuell mit einer Geraden verbunden. In Illustrator können also sowohl geschlossene als auch offene Pfade mit einer Füllung versehen werden, aber …

… Achtung! Nicht jedes andere Vektorprogramm behandelt offene Pfade so wie Illustrator. Wenn Sie Dateien erstellen, die für den Austausch bestimmt sind, wie beispielsweise Logos, empfiehlt es sich, alle Pfade zu schließen, die als Form gefüllt werden sollen.

▲ Abbildung 6.60
Klicken Sie auf den Endpunkt eines offenen Pfads, und schließen Sie an.

Pfade schließen

Damit Sie sich spätere Korrekturen ersparen, ist es nützlich, Pfade sofort bei der Erstellung zu schließen, indem Sie als letzten Schritt noch einmal auf den Startpunkt klicken.

Es ist aber auch möglich, einen Pfad nachträglich per Menübefehl zu schließen.

Aktivieren Sie das Objekt mit dem Auswahl-Werkzeug. Alternativ können Sie auch die beiden offenen Endpunkte mit dem Direktauswahl-Werkzeug bzw. mit dem Lasso auswählen. Soll bei diesem Schritt eine Verbindung zwischen zwei Objekten geschaffen werden, so dürfen diese nicht zu zwei verschiedenen Gruppen oder Unterebenen gehören. Anschließend wählen Sie den Befehl OBJEKT • PFAD • ZUSAMMENFÜGEN... – Shortcut ⌘/Strg+J oder verwenden den Button AUSGEWÄHLTE ENDPUNKTE VERBINDEN 🖋 aus der Steuerungspalette.

Zwischen den Endpunkten erzeugt das Programm eine Gerade als Verbindung; die ehemaligen Endpunkte konvertieren zu Eckpunkten.

Wenn beide Endpunkte exakt übereinanderliegen, vereint Illustrator sie mit dem obigen Menübefehl zu einem einzigen Punkt. In diesem Fall wird die Dialogbox ZUSAMMENFÜGEN aufgerufen, in der Sie die Wahl haben, ob an dem zusammengefügten Ankerpunkt ein Übergang oder eine Ecke erzeugt werden soll. Um Punkte übereinanderzulegen, bevor Sie den Pfad schließen lassen, wählen Sie einen Endpunkt aus und schieben ihn über den anderen Endpunkt, bis der Cursor das Symbol ▷ anzeigt.

Illustrator kann die Endpunkte auch rechnerisch übereinanderlegen. Wählen Sie dazu beide Endpunkte aus. Rufen Sie die Menüfunktion OBJEKT • PFAD • DURCHSCHNITT BERECHNEN... auf. In der zugehörigen Dialogbox geben Sie als Option BEIDE ein. Um den Pfad zu schließen und die beiden Punkte zu vereinen, gehen Sie so vor, wie im letzten Absatz beschrieben.

Am Beispiel einer Herzform sieht das so aus:

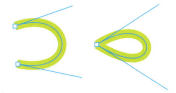

▲ **Abbildung 6.61**
Egal wie nahe zwei Punkte beieinanderliegen, wenn die Ankerpunkte nicht exakt übereinander platziert sind, wird beim Zusammenfügen eine Linie dazwischen erzeugt.

▲ **Abbildung 6.62**
Die Form rechts besteht aus zwei übereinanderliegenden Punkten. Wird das Objekt geschlossen, bleibt nur ein Ankerpunkt bestehen.

▲ **Abbildung 6.63**
Um die Herzform zu schließen, lassen Sie zunächst die Ankerpunkte übereinanderrechnen.

▲ **Abbildung 6.64**
Anschließend fügen Sie die Punkte zusammen, an dieser Stelle muss eine Ecke entstehen.

Tipp

Aktivieren Sie zwei Endpunkte des gleichen Pfads oder von zwei verschiedenen Zeichenwegen und drücken den Shortcut ⌘+⇧+⌥+J bzw. Strg+⇧+Alt+J, werden die beiden Punkte in einem Zug übereinander positioniert und zu einem Punkt zusammengefügt, ohne eine Dialogbox aufzurufen. Der vereinte Ankerpunkt wird ein Eckpunkt.

▲ **Abbildung 6.65**
Endpunkte von zwei Pfaden genau übereinander positionieren

▲ **Abbildung 6.66**
Punkte zusammenfügen

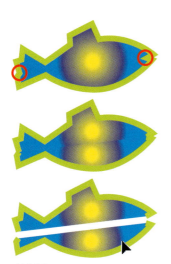

▲ **Abbildung 6.67**
Nach dem ersten Schnitt ist der Pfad offen, nach dem zweiten Schnitt sind es zwei Pfade.

Endpunkte von zwei Pfaden zusammenfügen

Auch Endpunkte von zwei verschiedenen offenen Pfaden lassen sich per Menü zusammenfügen. Achten Sie darauf, dass die betreffenden Pfade nicht zu verschiedenen Gruppen gehören oder auf unterschiedlichen Unterebenen liegen.

Sollten die Pfade nicht korrekt positioniert sein, so dass die beiden Endpunkte, die vereint werden sollen, nicht genau übereinanderliegen, sind folgende Schritte notwendig:

1. Wählen Sie den Pfad mit dem Auswahl-Werkzeug aus.
2. Klicken Sie einen Endpunkt dieses Pfads noch einmal an und ziehen ihn über den Endpunkt des anderen Pfads, mit dem er zusammengefügt werden soll, bis das Symbol ▷ als Cursor erscheint.

   Achtung! Sie müssen den Pfad direkt an dem zu positionierenden Endpunkt »anfassen«, da diese Anzeige nur an der Cursor-Position erfolgt! Damit Sie den Pfad am Endpunkt verschieben können, müssen Sie gegebenenfalls im Menü ANSICHT den Begrenzungsrahmen ausblenden.
3. Aktivieren Sie nun mit dem Lasso die beiden Endpunkte, die Sie verbinden möchten, und rufen die Dialogbox OBJEKT • PFAD • ZUSAMMENFÜGEN… auf, in der Sie wie oben beschrieben den Typ des vereinten Ankerpunkts festlegen – Shortcut ⌘/ Strg + J .

Falls die Punkte nur marginal auseinanderliegen oder Ihnen die exakte Pfadform nicht ganz so wichtig ist, aktivieren Sie die beiden Endpunkte und lassen sie mit der Menüfunktion DURCHSCHNITT BERECHNEN… übereinander positionieren.

Pfade zerschneiden

Umgekehrt ist es natürlich auch möglich, Pfade zu zerschneiden. Dazu verwenden Sie entweder das Schere-Werkzeug oder einen Funktions-Button in der Steuerungspalette:

Schere-Werkzeug ✂ | Mit dem Schere-Werkzeug können Sie einen Pfad an jeder beliebigen Stelle trennen. Der Pfad muss dazu nicht aktiviert sein. Bewegen Sie das Schere-Werkzeug über die gewünschte Position und klicken damit auf den Pfad.

Nach dem Schneiden eines geschlossenen Pfads erhalten Sie einen offenen Pfad. Nach dem Schneiden eines offenen Pfads sind zwei offene Pfade vorhanden. An den Schnittstellen liegen jeweils zwei Ankerpunkte exakt übereinander. Das Segment, das in der Pfadrichtung lag, ist nach dem Schneiden automatisch aktiviert, und es ist in der Stapelung über dem anderen platziert.

Verlaufsfüllungen weist Illustrator nach dem Schneiden beiden Teilformen mit den Einstellungen des Quellobjekts zu (Verläufe siehe Kapitel 9).

Wenn Sie Ankerpunkte mit dem Schere-Werkzeug genau treffen wollen, sollten Sie die Menüoption ANSICHT • MAGNETISCHE HILFSLINIEN aktivieren. Um einen Pfad genau an Ankerpunkten zu trennen, ist die folgende Funktion jedoch besser geeignet.

Pfad an ausgewählten Ankerpunkten ausschneiden | Aktivieren Sie die Ankerpunkte, an denen Sie den Pfad auftrennen möchten, und verwenden Sie den Button ⬚ in der Steuerungspalette.

Pfadsegmente oder Ankerpunkte löschen

Pfadsegmente oder Ankerpunkte können mit verschiedenen Funktionen gelöscht werden, dabei differieren auch die Ergebnisse:

▶ Pfadsegment löschen: Klicken Sie mit dem Direktauswahl-Werkzeug auf ein Pfadsegment, und wählen Sie im Menü BEARBEITEN • LÖSCHEN, oder drücken Sie einfach die Löschtaste. Illustrator entfernt nur das Pfadsegment, die begrenzenden Ankerpunkte bleiben erhalten.

▶ Ankerpunkt mit der Löschtaste entfernen: Aktivieren Sie einen Punkt mit dem Direktauswahl-Werkzeug, und drücken Sie die Löschtaste. Der Punkt *und* die beiden angrenzenden Pfadsegmente werden entfernt, die benachbarten Ankerpunkte bleiben jedoch erhalten. Der Pfad ist nach dieser Operation aufgetrennt – ein geschlossener Pfad ist also anschließend offen, aus einem offenen Pfad werden zwei offene Pfade.

▶ Ankerpunkt-löschen-Werkzeug: Um das Auftrennen des Pfads zu vermeiden, also wirklich nur den Ankerpunkt zu löschen, verwenden Sie das Ankerpunkt-löschen-Werkzeug.

▶ Ankerpunkt-löschen-Funktion: Sollen mehrere Ankerpunkte in einem Schritt gelöscht werden, aktivieren Sie sie mit dem Direktauswahl- oder dem Lasso-Werkzeug und verwenden den Button AUSGEWÄHLTE ANKERPUNKTE ENTFERNEN ⬚ in der Steuerungspalette. Wie bei der Verwendung des Ankerpunkt-löschen-Werkzeugs wird der Pfad auch mit dieser Funktion nicht getrennt.

▶ Einzelnen Ankerpunkt (ohne Pfad) löschen: Ankerpunkte, die nicht Bestandteil eines Pfads sind, haben keine Funktion. Diese herrenlosen Überbleibsel sind nur in der Pfadansicht als kleine Kreuzchen zu erkennen. Im Laufe der Arbeit sammeln sich erfahrungsgemäß unbemerkt etliche davon an.

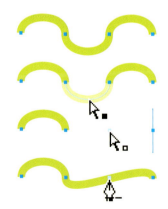

▲ **Abbildung 6.68**
Von oben: Original, Löschen eines Pfadsegments, Löschen eines Ankerpunkts mit der Löschtaste, Anwendung des Ankerpunkt-löschen-Werkzeugs

Zum Aufräumen einer Grafik gehört es deswegen auch, solche verwaisten Punkte zu löschen. Führen Sie dazu den Menübefehl Auswahl • Objekt • Einzelne Ankerpunkte aus, um alle Einzelpunkte zu aktivieren, und entfernen Sie diese anschließend mit der Löschtaste.

▲ **Abbildung 6.69**
Füllregel: Nicht-Null (links),
Gerade-Ungerade (rechts)

▲ **Abbildung 6.70**
Attribute-Palette: Füllregeln

Sich selbst überschneidende Pfade – Füllregel-Eigenschaft

Die meisten Pfade umlaufen ein Objekt, ohne sich dabei selbst in den Weg zu kommen. Sie können Schleifen jedoch gezielt einsetzen, um »Löcher« in einer Form zu erzeugen, d. h. einen Bereich, der von der zugewiesenen Füllung ausgenommen ist.

Diese Löcher entstehen nicht automatisch an einer Schleife, Sie müssen dazu die entsprechende Füllregel-Eigenschaft in der Attribute-Palette festlegen. So gehen Sie dabei vor:

▶ Rufen Sie die Palette im Menü unter Fenster • Attribute auf – Shortcut ⌘/Strg+F11.
Die Füllregel bestimmen Sie mit zwei Buttons, die sich rechts in der Palette befinden.
Sie haben die Wahl zwischen zwei Füllregeln: Nicht-Null und Gerade-Ungerade (mehr zu Füllregeln in Kapitel 10).

6.6 Strategien zum Zeichnen von Vektoren

Vielleicht ist bei Ihnen nun nach dem Lesen dieses Kapitels der Eindruck entstanden, dass das Konstruieren von Vektorobjekten schrecklich kompliziert ist. Das wäre tatsächlich der Fall, wenn Sie jede Form vom ersten bis zum letzten Ankerpunkt mit dem Zeichenstift-Werkzeug erzeugen müssten, aber so ist es glücklicherweise nicht. Es gibt viele Strategien, wie Sie sich die Arbeit erleichtern können – und mit der Zeit stellt sich auch die nötige Übung beim Verwenden der Zeichenfeder ein.

▲ **Abbildung 6.71**
Skizze als Grundlage

Handskizzen als Grundlage

Viele Entwürfe für Zeichnungen und Layout entstehen auf dem Zeichenblock als »Daumennagel-Skizze«. Solche Vorlagen in Illustrator »freihändig« zu fertigen, ist nicht so einfach. Scannen Sie deshalb Ihre Handskizze ein und setzen den Scan in Ihre Illustrator-Datei als Zeichenhilfe auf einer Vorlagen-Ebene ein (Vorlagen siehe Kapitel 11, Pixelbilder siehe Kapitel 18).

▲ **Abbildung 6.72**
Fotovorlage (links), tongetrennt (rechts)

Foto-Vorlagen

Bei Illustrationen, die Sie nach Fotovorlagen erstellen, ist vielleicht das folgende Vorgehen nützlich: Verwenden Sie in Photoshop den Posterisieren-Befehl unter BILD • ANPASSUNGEN • TONTRENNUNG, und passen Sie die Anzahl der Stufen nach Bedarf an, um die bestimmenden Farbflächen der Vorlage erkennbar zu machen. Die so entstandenen Flächen können Ihnen als Anhaltspunkt für die Formgebung in Ihrer Illustration dienen. Platzieren Sie die tongetrennte und die normale Version in der Illustrator-Datei als Vorlage direkt übereinander, so können Sie nach Bedarf hin- und herwechseln.

Form-Werkzeuge benutzen

Benutzen Sie Illustrators Form-Werkzeuge, um sich die Arbeit zu vereinfachen. Viele Formen, die Sie selbst mühsam konstruieren müssten, generiert Ihnen das Programm nach der Eingabe einiger Parameter ganz automatisch. Andere Objekte lassen sich ableiten, indem Sie die Grundformen mit den Transformieren-Werkzeugen bearbeiten.

▲ **Abbildung 6.73**
Viele Grafikteile lassen sich mit den Form-Werkzeugen aufbauen.

Solche generierten Objekte können Sie anschließend wie selbst gezeichnete Pfade bearbeiten oder zerschneiden, falls Sie nur Teile davon benötigen (Form-Werkzeuge siehe Kapitel 5).

Oder Sie kombinieren verschiedene einfache Formen zu einer komplexeren. Die dafür benötigten Werkzeuge und Funktionen lernen Sie in Kapitel 10 kennen. Lesen Sie auch die Checkliste Logo-Vektorisierung in Kapitel 18 mit weiteren Tipps.

Schwungvoll und handgezeichnet

Verwenden Sie das Bleistift-Werkzeug oder einen Pinsel, um einen handgezeichneten »Look« zu erreichen. Zeichnen Sie auf einem Grafiktablett schnell und mit hohen Glättungseinstellungen, wenn schwungvolle Formen gefragt sind. Arbeiten Sie mit höherer Genauigkeit, um natürliche Formen exakt nachzuzeichnen.

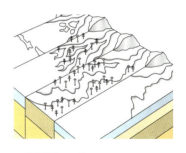

▲ **Abbildung 6.74**
Natürliche Formen lassen sich schneller mit dem Zeichenstift zeichnen als konstruieren.

Bedenken Sie, dass Sie auch Pfade, die Sie mit diesen »Freihand-Werkzeugen« erstellen, mit dem Zeichenstift nachbearbeiten können (Bleistift und Pinsel siehe Kapitel 7).

Wie viele Punkte dürfen es denn sein?

Das Motto für gelungene Pfade sollte sein: »So viele Ankerpunkte wie nötig, aber so wenige wie möglich«. Einfach gesagt, aber gerade für Anfänger nicht immer so einfach zu beurteilen. Da kann es eine gute Hilfe sein, mit den entsprechenden Illustrator-Funktionen Pfade in kleinen Schritten zu vereinfachen, solange die Form eines Pfads optisch nicht merklich leidet.

▲ **Abbildung 6.75**
Eckpunkt, Punkt am Scheitel der Kurve, Krümmungsänderung, Übergang von einer Kurve in die Gerade

Zu viele Punkte erhöhen die Dateigröße und die Komplexität Ihrer Pfade. Bei zu vielen Punkten sind Ihre Dateien unter Umständen von einigen Belichtungsgeräten nicht mehr handhab-

> **Hinweis**
>
> Ein Merkmal verbindet alle Freihand-Tools, egal womit sie eingegeben werden: Sie rasten nicht an Hilfslinien ein.

> **Hinweis**
>
> Bitte lesen Sie die grundlegenden BedienungsHinweise zu Ihrem Grafiktablett im Handbuch nach.

Mit dem Buntstift- und dem Pinsel-Werkzeug zeichnen Sie neue Pfade oder führen Korrekturen an bestehenden Pfaden aus. Das Glätten- und auch das Löschen-Werkzeug dienen nur zur Nachbearbeitung von Pfaden.

Buntstift

Mit dem Buntstift zeichnen Sie wie auf dem Papier oder in Programmen zur Bildbearbeitung, indem Sie das Werkzeug ansetzen und ziehen. Neue Pfade, die Sie mit dem Buntstift-Werkzeug zeichnen, werden mit den aktuellen Kontur-Eigenschaften versehen, also normalerweise mit den zuletzt benutzten.

Einfacher als auf dem Papier ist es, mit dem Buntstift einen Teil eines bestehenden Pfads zu ersetzen, denn Sie können den Pfad einfach korrigieren, ohne vorher radieren zu müssen.

Der Buntstift ist weniger dazu geeignet, Formen exakt zu konstruieren, er ist dennoch ein nützliches Werkzeug, um organische oder unregelmäßige Formen zu zeichnen.

Abbildung 7.4 ▸
Ideales Anwendungsgebiet für das Buntstift-Werkzeug sind organische Formen wie die handgezeichnete Vorlage (links) oder die Umrisse von Landkarten (rechts). Zoomen Sie beim Zeichnen nah an den zu bearbeitenden Bereich heran, um ein möglichst genaues Ergebnis zu erstellen.

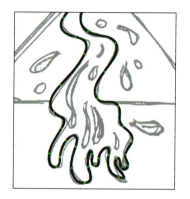

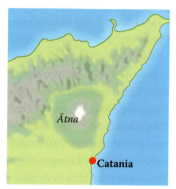

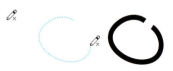

▲ Abbildung 7.5
Mit dem Buntstift einen offenen Pfad zeichnen

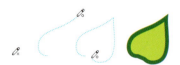

▲ Abbildung 7.6
Einen geschlossenen Pfad zeichnen

Mit dem Buntstift zeichnen | Um mit dem Buntstift einen neuen Pfad zu zeichnen, führen Sie folgende Schritte aus:

1. Aktivieren Sie das Buntstift-Werkzeug – Shortcut [N].
2. Setzen Sie den Cursor mit der Maus oder dem Stift des Grafiktabletts an die Stelle der Arbeitsfläche, an der Sie den Pfad beginnen wollen. Achten Sie dabei auf das Cursor-Symbol, damit Sie wirklich einen neuen Pfad zeichnen, und nicht einen bestehenden, noch aktivierten ändern!
3. Beginnen Sie, den Pfad zu zeichnen. Während Sie die Linie entstehen lassen, wird ihr Verlauf gestrichelt angezeigt.
   - ▸ Mauseingabe: Mausbenutzer klicken und ziehen den gewünschten Pfad. Wenn der Strich fertig gezeichnet ist, lassen Sie einfach die Maustaste los.
   - ▸ Grafiktablett: Setzen Sie den Stift auf die aktive Fläche des Grafiktabletts und ziehen den Pfad. Wenn der Strich beendet werden soll, heben Sie den Stift vom Tablett ab.

4. Illustrator berechnet den Pfad. Je nach Stärke der eingestellten Glättung erzeugt das Programm Korrekturen am Pfadverlauf.

Pfad korrigieren | Mit dem Buntstift-Werkzeug können Sie bestehende Pfade intuitiv verändern:

1. Aktivieren Sie den zu korrigierenden Pfad.
2. Rufen Sie das Buntstift-Werkzeug auf – Shortcut $\boxed{\text{N}}$.
3. Bewegen Sie den Cursor an die Nähe der Stelle des Pfads, die Sie korrigieren möchten ❶, bis das Symbol ✐ angezeigt wird. Wie nahe Sie den Cursor dabei an den Pfad heranführen müssen, damit das Änderungssymbol aktiv ist, bestimmen Sie in den Voreinstellungen des Buntstift-Werkzeugs (siehe unten).
4. So führen Sie die Korrektur aus:
   ▶ Teil im Pfadverlauf ersetzen: Wenn Sie nur einen Teil innerhalb eines Pfadverlaufs ändern wollen, klicken Sie an der Stelle auf den Pfad, an der die Korrektur beginnen soll, und beenden die Eingabe an einer anderen Stelle direkt über dem Pfad ❷.
   Der Linienteil zwischen Korrekturanfang und Korrekturende wird durch den neuen Pfadverlauf ersetzt, der Rest der Linie bleibt in seiner bisherigen Form bestehen.
   ▶ Pfadanfang oder Pfadende ersetzen: Führen Sie die Korrekturlinie vom ursprünglichen Pfad weg und beenden die Veränderung nicht wieder direkt über dem Pfad, wird der alte Pfadverlauf ab dem Korrekturstartpunkt bis zu seinem bisherigen Pfadende gelöscht und durch die neu generierte Linie ersetzt (siehe Abbildung 7.8).
5. Das Programm zeigt eine Vorschau der Korrektur als gestrichelte Linie an. Erst wenn Sie die Buntstift-Eingabe beenden, wird der Pfadverlauf korrigiert und neu erstellt.

Pfade verbinden | Illustrator kann mit dem Buntstift eine Verbindung zwischen zwei bereits existierenden Pfaden herstellen. Dazu sind folgende Schritte nötig (siehe Abbildung 7.9):

1. Aktivieren Sie die beiden zu verbindenden Pfade.
2. Rufen Sie das Buntstift-Werkzeug auf – Shortcut $\boxed{\text{N}}$.
3. Setzen Sie mit dem Cursor an einem Endpunkt der beiden aktivierten Pfade an und beginnen, die Verbindungslinie zu zeichnen.
4. Bevor Sie den neuen Pfadteil beenden, drücken Sie die Modifizierungstaste $\boxed{\text{⌘}}$/$\boxed{\text{Strg}}$. Dabei ändert der Cursor das Symbol in ✐.
5. Ziehen Sie die Linie bis zu einem der Endpunkte des anderen aktivierten Pfads.
6. Lassen Sie zuerst die Maustaste, dann $\boxed{\text{⌘}}$/$\boxed{\text{Strg}}$ los.

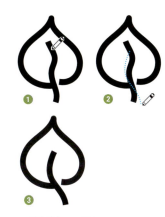

▲ **Abbildung 7.7**
Pfad korrigieren

▲ **Abbildung 7.8**
Pfad korrigieren

▲ **Abbildung 7.9**
Zwei Pfade mit dem Buntstift zusammenfügen

▲ **Abbildung 7.10**
An einen Pfad ansetzen

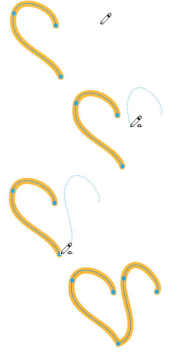

▲ **Abbildung 7.11**
An einen Pfad ansetzen

7. Illustrator verbindet die neue Linie mit den bestehenden zu einem gesamten Pfad.

Pfade ergänzen | Um mit dem Buntstift-Werkzeug an einen bestehenden Pfad einen neu gezeichneten Pfadteil anzusetzen, sind folgende Schritte notwendig:

1. Aktivieren Sie den bestehenden Pfad.
2. Rufen Sie das Buntstift-Werkzeug auf – Shortcut N.
3. Zeichnen Sie ein neues Pfadteil:
   ▶ Linie am Ende eines Pfads ansetzen: Setzen Sie mit dem Cursor an einem der beiden bestehenden Endpunkte des aktivierten Pfads an und zeichnen den neuen Pfadteil. Eventuell müssen Sie die Einstellung AUSGEWÄHLTE PFADE BEARBEITEN in den Buntstift-Optionen deaktivieren.
   Illustrator verbindet die neue Linie automatisch mit dem bestehenden Pfad.
   ▶ Linie an einer beliebigen Stelle der Arbeitsfläche starten: Setzen Sie mit dem Cursor an einer beliebigen Stelle der Arbeitsfläche an und beginnen, den neuen Pfadteil zu zeichnen. Drücken Sie die Modifizierungstaste ⌘/Strg, bevor Sie den neuen Pfadteil beenden. Der Cursor ändert das Symbol in ✐. Ziehen Sie die Linie bis zu einem der Endpunkte des aktivierten Pfads. Lassen Sie erst die Maustaste, dann ⌘/Strg los.
   Illustrator verbindet die neue Linie mit der bestehenden zu einem gesamten Pfad.

Modifikationsmöglichkeiten | Um einen geschlossenen Pfad mit dem Buntstift zu zeichnen, drücken Sie die Modifikationstaste ⌥/Alt, nachdem Sie begonnen haben, den Pfad zu zeichnen. Der Cursor wechselt das Symbol in ✐. Halten Sie die Taste gedrückt, solange Sie zeichnen. Wenn Sie die Eingabe beenden wollen, lassen Sie zuerst die Maustaste, danach ⌥/Alt los. Die Modifikationstaste bewirkt, dass Illustrator selbst dann einen geschlossenen Pfad erzeugt, wenn die Eingabe nicht in der Nähe des Pfadanfangs beendet wird.

Drücken Sie ⌥/Alt, bevor Sie mit dem Zeichnen beginnen, um vom Buntstift-Werkzeug temporär zum Glätten-Werkzeug zu wechseln.

Voreinstellungen | Mit einem Doppelklick auf das Buntstift-Werkzeug in der Werkzeugpalette rufen Sie die Dialogbox VOREINSTELLUNGEN BUNTSTIFT-WERKZEUG auf.

▶ GENAUIGKEIT: Die Genauigkeit, mit der Ihre Handbewegung in einen Pfad umgesetzt wird, bestimmen Sie, indem Sie entweder mit dem Schieberegler oder numerisch im zugehörigen Eingabefeld angeben, ab welchem räumlichen Abstand zum vorherigen ein neuer Ankerpunkt gesetzt werden soll.

Sie können einen Wert zwischen 0,5 und 20 Pixel einstellen. Geben Sie einen niedrigen Wert ein, wird bereits nach einer kleinen Positionsänderung des Cursors ein neuer Punkt gesetzt, die Cursor-Bewegung wird also sehr genau umgesetzt. Bei größeren Werten entstehen entsprechend weniger Punkte und damit ein geglätteter Pfad.

Ob Punkte gesetzt werden, hängt aber nicht alleine von der zurückgelegten Strecke ab, sondern auch von der Form der gezeichneten Linie. Ist die erzeugte Linie fast gerade, sind nur wenige Ankerpunkte nötig, um den Pfad zu beschreiben.

Darüber hinaus ist für die Genauigkeit, mit der Illustrator Ihre Bewegung umsetzt, auch noch die Geschwindigkeit maßgebend, mit der Sie zeichnen, denn bei einem schnelleren Strich entstehen weniger Punkte und damit eine dynamischere Linienform.

▲ **Abbildung 7.13**
Oben schnell und unten langsam gezeichneter Pfad, bei einer GE-NAUIGKEIT von 2 px, GLÄTTUNG 0.

▶ GLÄTTUNG: Mit diesem prozentualen Wert bestimmen Sie, wie stark Kurven vom Programm *nach* der Eingabe geglättet werden sollen. Werte zwischen 0 bis 100 % sind möglich.

Je nach Höhe des Werts gleicht Illustrator die Krümmungen so an, dass sie einen homogenen Verlauf nehmen. Bei höheren Werten kann sich der von Ihnen gezeichnete Pfad durch die GLÄTTUNG stark ändern.

▶ NEUE BUNTSTIFTKONTUREN FÜLLEN: Aktivieren Sie diese Option, um jeden neu erstellten Pfad mit der aktuell eingestellten Füllung zu versehen. Ist in der Werkzeugpalette OHNE voreingestellt, wird dem neuen Objekt trotz dieser Option natürlich keine Fläche zugeordnet.

Hinweis

Die Genauigkeit variiert mit der Zoomstufe, in der Sie in Ihrem Dokument arbeiten: In höheren Vergrößerungsstufen orientiert sich der gezeichnete Pfad enger an Ihrer Stiftführung.

▲ **Abbildung 7.24**
Stiftsteuerung-Menü

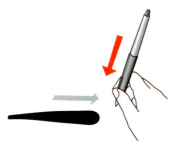

▲ **Abbildung 7.25**
Die Pinselspitze reagiert auf ver-
änderten Druck des Stifts auf das
Grafiktablett.

▲ **Abbildung 7.26**
Wacom »ArtMarker« und
»GripPen«

▲ **Abbildung 7.27**
NEIGUNG: Der Winkel des Stifts
zum Tablett steuert die Dynamik.

die jeweilige Option steuern wollen. Da Sie mit jeweils einer Ein-
gabeoption für die Stiftbewegung drei verschiedene Eigenschaften des Pinselstrichs kombinieren können, ist es Ihnen möglich, während des Zeichnens nicht nur die Form des Pfads,
sondern auch die Stärke seiner Kontur nach ihren Vorstellungen
zu steuern.

Einige dieser Einstellungen nützen Ihnen *nur* bei der Arbeit mit
einem »Wacom Intuos 3«. Für die Einstellungen DREHUNG und
STYLUS-RAD benötigen Sie darüber hinaus bestimmte Eingabe-
stifte: den »ArtMarker« (siehe Abbildung 7.26) bzw. den »Airbrush«.

Folgende Optionen sind jeweils in den Ausklappmenüs für
DURCHMESSER, RUNDHEIT und WINKEL verfügbar:

▶ FIXIERT: Verwenden Sie die Einstellung FIXIERT, um den im Eingabefeld definierten Wert festzustellen und damit willkürliche
Einflüsse zu unterbinden.
Wenn Sie ein Gefühl für die Stiftführung mit den Auswirkungen auf die Linienstärke bekommen wollen, testen Sie sich
einfach durch alle Steuerungsmöglichkeiten, indem Sie jeweils
zwei Pinseleigenschaften fixieren und nur eine der Eingaben
variieren.

▶ ZUFALLSWERT: Die Eigenschaft, für die Sie diese Option wählen, steuert Illustrator mit einem Zufallswert, der sich während
des Zeichnens nicht verändert. Erst bei einem neuen Ansetzen
des Stifts wird vom Programm eine andere zufällige Einstellung
vorgenommen.

▶ DRUCK: Bei dieser Auswahl steuern Sie die dynamische Veränderung der jeweiligen Pinseleigenschaft durch den Druck, den
Sie mit dem Stift auf das Tablett ausüben (siehe Abbildung 7.25).
Höherer Druck bewirkt für den WINKEL der Pinselspitze eine
Drehung gegen den Uhrzeigersinn, für die RUNDHEIT ein run-
deres Aussehen, und der DURCHMESSER wird erhöht.
Viele Grafiktabletts werden mit verschiedenen Stiftminen ausgeliefert, eine gefederte Mine, wie z. B. Wacoms »Pinselspitze«
(siehe Abbildung 7.28), gibt Ihnen mehr Kontrolle über die
drucksensitive Steuerung.

▶ STYLUS-RAD: Das Stylus-Rad ist ein spezielles Merkmal des Ein-
gabe-Werkzeugs »Wacom Airbrush«. Damit können Sie die
Pinseleigenschaft durch Drehung an diesem, einem Scrollrad
vergleichbaren Regler steuern.

▶ NEIGUNG: Wählen Sie NEIGUNG, wenn Sie WINKEL, RUNDHEIT
bzw. DURCHMESSER beim Zeichnen durch Veränderung des
Neigungswinkels des Stifts variieren möchten (siehe Abbildung 7.27).

Eine stärkere Stiftneigung bewirkt bei der Option WINKEL eine Drehung des Winkels der Pinselspitze gegen den Uhrzeigersinn, bei der Option RUNDHEIT eine stärkere Rundung bzw. bei der Option DURCHMESSER einen größeren Durchmesser der Spitze.

▶ ORTUNG: Die ORTUNG ist die Richtung, in die der Stift während des Zeichnens geneigt wird (siehe Abbildung 7.29).

Verwenden Sie den Parameter ORTUNG zur Steuerung des DURCHMESSERS, können relativ abrupte Änderungen der Linienstärke erfolgen.

Gute Ergebnisse mit sehr weichen Übergängen erhalten Sie bei der Steuerung des WINKELS durch den Parameter ORTUNG. Neigen Sie den Stift nach rechts oder nach vorne, wird der Winkel gegen den Uhrzeigersinn, bei einer Neigung nach links oder hinten im Uhrzeigersinn gedreht.

▶ DREHUNG: Durch die Drehung des Stifts während des Zeichnens um seine Längsachse wird DURCHMESSER, WINKEL oder RUNDHEIT verändert (siehe Abbildung 7.30). Diese Funktion können Sie nur mit dem »Wacom ArtMarker« benutzen. Er hat auch eine spezielle ovale Griffform, die für den nötigen Halt beim Drehen sorgt.

7.2 Objekte intuitiv bearbeiten und Pfade vereinfachen

Selbstverständlich lassen sich alle mit Freihand-Werkzeugen erstellten Pfade mit den Zeichenstift-Werkzeugen bearbeiten und korrigieren. Illustrator bietet jedoch auch Werkzeuge, mit denen Sie Objekte genauso intuitiv bearbeiten, wie Sie sie mit Pinsel und Buntstift zeichnen können. Mit den Freihand-Bearbeitungs-Werkzeugen haben Sie die Möglichkeit, Pfade und Objekte zu korrigieren, löschen, zerschneiden und – ganz neu – zu radieren.

Glätten-Werkzeug ✎

Das Glätten-Werkzeug dient zur nachträglichen Glättung eines Pfads oder einzelner seiner Bereiche. Stellen Sie sich das Glätten-Werkzeug nicht wie ein »Bügeleisen« für Ihren Pfad vor – vielmehr zeichnen Sie damit einen geänderten Verlauf. Illustrator übernimmt allerdings nicht die neu gezeichnete Linie, sondern erzeugt nach Beendigung der Eingabe eine Zwischenstufe zwischen dem ursprünglichen Pfad und dem mit dem Glätten-Werkzeug gezeichneten.

▲ **Abbildung 7.28**
Alternative Wacom-Stiftmine »Pinselspitze« (vergrößert)

▲ **Abbildung 7.29**
ORTUNG: Die Richtung der Neigung steuert die Veränderung der Pinselspitze.

▲ **Abbildung 7.30**
DREHUNG: Der ArtMarker wird um seine Längsachse gedreht.

▲ **Abbildung 7.31**
Die Objekte im Logo wurden mit dem Buntstift-Werkzeug gezeichnet und anschließend mit Zeichenstift-Werkzeugen bereinigt.

▲ **Abbildung 7.32**
Der Pfad wird dem Glätten-
Werkzeug angeglichen.

Pfad glätten | So arbeiten Sie mit dem Glätten-Werkzeug:
1. Aktivieren Sie den Pfad, den Sie glätten möchten.
2. Holen Sie sich das Glätten-Werkzeug.
   Wenn Sie gerade mit dem Buntstift- oder dem Pinsel-Werkzeug arbeiten, drücken Sie ⌥/Alt, um vorübergehend zum Glätten-Werkzeug zu wechseln.
3. Setzen Sie das Werkzeug dort am Pfad an, wo Sie mit dem Glätten starten wollen. Klicken Sie, und ziehen Sie den Cursor am bestehenden Pfad entlang.
4. Das Programm berechnet den »geglätteten« Pfadverlauf.

Voreinstellungen | Mit einem Doppelklick auf das Werkzeug in der Werkzeugpalette rufen Sie die Dialogbox VOREINSTELLUNGEN FÜR GLÄTTEN-WERKZEUG auf. Sie können die Werte per Schieberegler oder numerisch eingeben.

Abbildung 7.33 ▶
Dialogbox VOREINSTELLUNGEN
FÜR GLÄTTEN-WERKZEUG

▶ GENAUIGKEIT: Dieser Wert legt fest, wie genau der von Illustrator erstellte geglättete Pfad der Cursor-Bewegung folgt.
▶ GLÄTTUNG: Mit dieser Einstellung bestimmen Sie, wie stark der Pfad nach Beendigung der Eingabe geglättet wird.

Lesen Sie zu den Optionen auch die Hinweise zu der entsprechenden Einstellung für das Buntstift-Werkzeug weiter oben.

Pfade vereinfachen

Je nach den gewählten Werkzeug-Optionen können Pfade, die mit den Freihand-Werkzeugen erstellt sind, mehr Ankerpunkte enthalten, als zur Beschreibung ihrer Form notwendig sind. Das erschwert die Nachbearbeitung und führt manchmal – bei sehr vielen Punkten – zu Schwierigkeiten beim Anwenden von Musterpinseln (siehe Abbildung 7.35) und bei der Ausgabe der Datei.

Die Anzahl der Ankerpunkte können Sie von Illustrator reduzieren lassen. Aktivieren Sie dazu den Pfad oder einen Pfadabschnitt und wählen im Menü OBJEKT • PFAD • VEREINFACHEN… In der zugehörigen Dialogbox VEREINFACHEN definieren Sie, wie das Programm diesen Befehl ausführen soll. Während Sie die Einstellungen vornehmen, sollten Sie das Kontrollkästchen VORSCHAU aktivieren.

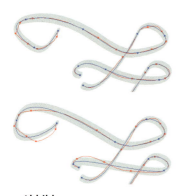

▲ **Abbildung 7.34**
Kurvengenauigkeit 50 % (oben)
und 0 % (unten)

Die Vereinfachungsoptionen können auf ausgewählte Abschnitte des Pfads angewendet werden – die Option GERADE LINIEN wirkt sich jedoch immer auf den gesamten Pfad aus.

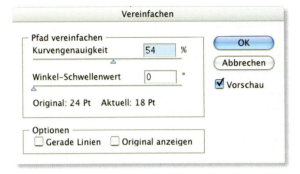

▲ **Abbildung 7.35**
Fehler beim Anwenden eines Musterpinsels durch zuviele Punkte (links) – nach Vereinfachen des Pfads (rechts)

◄ **Abbildung 7.36**
Dialogbox VEREINFACHEN

Optionen | Pfade vereinfachen

▶ KURVENGENAUIGKEIT: Da dieser Befehl alle Ankerpunkte außer Anfangs- und Endpunkt – bzw. alle aktivierten Ankerpunkte – verändert, bestimmen Sie hier mit einem Prozentwert zwischen 0 und 100, wie genau sich der neue Pfadverlauf am alten orientieren soll. Je höher der Wert, desto genauer bleibt der Pfadverlauf erhalten.
Achtung! Werte ab 85 % können dazu führen, dass Punkte hinzugefügt werden. Beachten Sie die Anzahl der Punkte (ORIGINAL und AKTUELL) – diese werden angezeigt, sobald Sie die VORSCHAU aktivieren.

▲ **Abbildung 7.37**
Winkelschwellenwert 105 % (links) und 106 % (rechts), Originalpfad in Rot

▶ WINKEL-SCHWELLENWERT: Durch Eingabe eines Schwellenwerts größer als 0 können Sie die Position von Eckpunkten vor Veränderungen sichern. Mit einem kleinen Wert werden nur Eckpunkte erhalten, an denen der Pfad seine Richtung deutlich ändert. Je größer der Wert, desto mehr Eckpunkte bleiben bestehen.
Ausnahme: Ist die Einstellung GERADE LINIEN gesetzt, bleiben mehr Eckpunkte erhalten, je kleiner Sie den Schwellenwert wählen (Eckpunkte siehe Kapitel 6).

▶ GERADE LINIEN: Mit dieser Option erstellen Sie gerade Linien zwischen den Punkten des Pfads, die bei der Vereinfachung verbleiben.
Diese Einstellung kann eine große Hilfe bei der Optimierung von geometrischen Zeichnungen sein, die Sie mit der Live-Trace-Funktion vektorisieren.

▲ **Abbildung 7.38**
Gerade Linien

▶ ORIGINAL ANZEIGEN: Aktivieren Sie diese Option, wird die Originalform des Pfads in Rot dargestellt. So ist es Ihnen möglich, Werte zu finden, welche die ursprüngliche Form des Objekts beim Vereinfachen nicht beeinträchtigen.

▲ Abbildung 7.39
Je ein geschlossener (Stern) und ein offener Pfad (Welle) mit (grün) und ohne Füllung (rot) werden zerschnitten. Auf dem Pfad der roten Welle sind die Punkte markiert.

Messer-Werkzeug

Mit dem Messer-Werkzeug, das Sie in einer Gruppe mit dem Schere-Werkzeug finden, arbeiten Sie wie mit einem Skalpell.

Pfade zerschneiden | Messer-Werkzeug

Klicken und ziehen Sie den gewünschten Schnitt über die Objekte. Illustrator zerschneidet die Objekte und bildet dabei neue geschlossene Pfade, die jeweils die Aussehen-Eigenschaften des Quellobjekts besitzen.

Es werden nur *aktivierte* Objekte zerschnitten, die entweder mit einer Füllung versehen und/oder geschlossen sind. Haben Sie kein Objekt ausgewählt, werden *alle* Objekte zerschnitten, durch die der Schnitt führt, *egal* auf welcher Ebene sie liegen, soweit sie nicht fixiert oder ausgeblendet sind!

Die neuen Objekte sind nicht GRUPPIERT oder anderweitig verbunden, so dass Sie diese nach dem Schneiden sofort weiterverarbeiten können.

Modifikationsmöglichkeit | Messer-Werkzeug

▶ ⌥/Alt: Mit dieser Modifikationstaste erzeugen Sie einen geraden Schnitt. Führen Sie dabei den Schnitt so, wie Sie das Linien-Werkzeug handhaben (siehe Kapitel 5).

▶ Drücken Sie ⌥+⇧/Alt+⇧, um gerade Schnitte in 45°-Winkeln auszuführen.

Radiergummi-Werkzeug

Dieses neue Werkzeug verbindet die Möglichkeiten des Messer-Werkzeugs mit den Optionen eines Kalligraphie-Pinsels. Auch das Radiergummi arbeitet entweder an aktivierten oder an allen Objekten, durch die Sie das Werkzeug führen. Im Unterschied zum Messer-Werkzeug lassen sich mit dem Radiergummi auch offene ungefüllte Pfade zerschneiden.

Optionen | Öffnen Sie die Werkzeug-Optionen mit einem Doppelklick auf das Werkzeug oder mit der Taste ↵. Die Einstellungsmöglichkeiten entsprechen denen der Kalligraphiepinsel.

Modifikationsmöglichkeiten | Radiergummi-Werkzeug

▶ Mit ⇧ erzeugen Sie Linien im 45°-Winkel.

▶ Drücken Sie ⌥/Alt, um eine Rechteckform aufzuziehen, die von den Objekten entfernt wird.

▶ Mit Drücken der Leertaste vor dem Benutzen des Werkzeugs wechseln Sie vorübergehend zum Hand-Werkzeug.

▶ Drücken Sie < bzw. ⇧ + < zum Verkleinern oder Vergrößern der Werkzeugspitze.

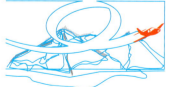

▲ Abbildung 7.40
Das Radiergummi-Werkzeug zerteilt Pinselkonturen und Verläufe (unten: Pfadansicht).

Löschen-Werkzeug

Mit dem Löschen-Werkzeug können Sie unabhängig von vorhandenen Ankerpunkten einzelne Bereiche eines Pfads entfernen.

Teile eines Pfads ausradieren | Löschen-Werkzeug
Klicken und ziehen Sie das Werkzeug über den Bereich eines aktivierten Pfads, den Sie löschen möchten. Beim Ansetzen des Löschen-Werkzeugs müssen Sie den Pfad ziemlich genau treffen. Es ist aber nicht notwendig, anschließend dem Pfadverlauf exakt zu folgen.

▲ **Abbildung 7.41**
Anwendung des Löschen-Werkzeugs

7.3 Freihand-Auswahl

Neben dem Auswahl-Rechteck, das Sie mit den Auswahl-Werkzeugen über mehrere Objekte aufziehen können, gibt es das Lasso-Werkzeug zur freihändigen Auswahl einzelner oder mehrerer Punkte bzw. Pfadsegmente – je nachdem, wie Sie das WERKZEUG führen.

▲ **Abbildung 7.42**
Die Objekte werden aktiviert, wenn Sie sie ganz umkreisen.

Lasso-Werkzeug

Um einzelne oder mehrere Ankerpunkte mit dem Lasso zu aktivieren, wählen Sie das Lasso-Werkzeug aus der Werkzeugpalette – Shortcut Q – klicken und ziehen es um das oder die Objektteile herum, als würden Sie diese einkreisen.

Der Cursor muss nicht bis zum Startpunkt zurückgezogen werden. Illustrator schließt die Auswahl auf dem kürzesten Weg, wenn Sie die Maustaste loslassen.

Damit alle Punkte eines Objekts ausgewählt werden, umrunden Sie das gesamte Objekt mit dem Lasso. Sofern Sie mit dem Lasso nur Teile eines oder mehrerer Objekte erfassen, werden nur die Ankerpunkte aktiviert, die sich innerhalb der Lasso-Auswahl befinden.

Wenn Sie die mit dem Lasso aktivierten Punkte verschieben wollen, verwenden Sie das Direktauswahl-Werkzeug.

▲ **Abbildung 7.43**
Der grüne Kreis wird ganz ausgewählt, von drei anderen Objekten nur einzelne Punkte.

Modifikationsmöglichkeiten | Lasso-Werkzeug
▶ ⇧ verwenden Sie, um Ankerpunkte zur Auswahl hinzuzufügen.
▶ ⌥/Alt: Zusammen mit der ⌥/Alt-Taste werden ausgewählte Punkte deaktiviert.

7.4 Objekte intuitiv deformieren mit den Verflüssigen-Werkzeugen

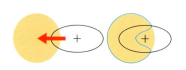

Etwas flapsig ausgedrückt, bilden die Verflüssigen-Werkzeuge die »Küchengeräte-Abteilung« des Programms. Die Wirkung vieler dieser Bearbeitungswerkzeuge ist vergleichbar mit Mixer, Knethaken oder Fleischklopfer. Illustrator nennt die Werkzeuge Verkrümmen, Strudel, Zusammenziehen, Aufblasen, Ausbuchten, Kristallisieren und Zerknittern.

Pfade reagieren schnell auf Bewegungen mit diesen Tools. Die verformten Pfade werden im Übergang zu den nicht deformierten Teilen der Objekte weich geglättet, so dass sich die Verflüssigen-Werkzeuge sehr gut eignen, um natürliche oder dynamische Formen aus geometrischen Figuren zu erzeugen.

Abbildung 7.45 ▶
Anwendung der Verflüssigen-Werkzeuge

Die Verflüssigen-Werkzeuge verformen die Objekte, die ausgewählt wurden. Beim Klicken mit dem Werkzeug wird der bearbeitete Pfad dünn farbig angezeigt.

Falls keine Objekte aktiviert sind, verflüssigen Sie die Objekte, die sich beim Klicken innerhalb des Wirkungsradius des Werkzeug-Cursors befinden, und zwar egal auf welcher Ebene. Die Verflüssigen-Werkzeuge können Sie auf Pfade sowie auf Verzerrungshüllen, Verlaufsgitter und eingebettete Bilder anwenden.

Abhängig von der Größe der Werkzeugspitze sind nicht die kompletten Objekte von der Verformung betroffen, sondern nur einzelne Pfadsegmente. Wenn Sie sichergehen möchten, dass nur bestimmte Objekte oder Objektteile in die Verflüssigen-Operation einbezogen werden, wählen Sie diese vorher aus.

▲ Abbildung 7.46
Eingebettete Bilder können mit den Verflüssigen-Werkzeugen verformt werden.

Verkrümmen-Werkzeug

Mit diesem Werkzeug – Shortcut ⌂+R – erzeugen Sie in den von der Operation betroffenen Pfaden ovale Dellen in der Richtung, in der Sie das Werkzeug bewegen.

Die Werkzeugspitze ist eine ovale Form in einer frei definierbaren Größe und Winkelung.

▲ Abbildung 7.47
Verkrümmen-Werkzeug

Die Einbeulung des Pfads ist umso größer, je näher der Mittelpunkt des Werkzeugs dem bearbeiteten Pfad kommt.

Strudel-Werkzeug

Das Strudel-Werkzeug verwirbelt Pfade in einer Art virtuellem Mixer. Pfade, die sich im Wirkungsbereich des Werkzeugs befinden, werden in Richtung des Werkzeug-Mittelpunkts gezogen und in einer Spirale um ihn gewickelt.

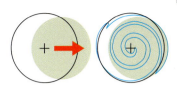

▲ **Abbildung 7.48**
Strudel-Werkzeug

Zusammenziehen-Werkzeug

Das Zusammenziehen-Werkzeug zieht Pfade und Punkte, die sich in seinem Radius befinden, wie ein Magnet in seinen Mittelpunkt (siehe Abbildung 7.49).

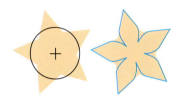

▲ **Abbildung 7.49**
Zusammenziehen-Werkzeug

Aufblasen-Werkzeug

Das Aufblasen-Werkzeug verschiebt Punkte und Pfadsegmente von seinem Mittelpunkt nach außen, so dass eine optische Wirkung wie beim Aufblasen eines bedruckten Luftballons entsteht.

Dieses Werkzeug ist vor allem bei der gleichzeitigen Anwendung auf mehrere zusammengehörende Objekte interessant (siehe Abbildung 7.50).

Die Verformung beschränkt sich auf den heißen Bereich der Werkzeugspitze.

▲ **Abbildung 7.50**
Aufblasen-Werkzeug

Ausbuchten-Werkzeug

Das Ausbuchten-Werkzeug formt viele kleine Kurven in einen Pfad, indem es den Pfad an einigen Punkten fixiert und die Segmente zwischen diesen Punkten in seinen Mittelpunkt zieht (siehe Abbildung 7.51 und 7.54).

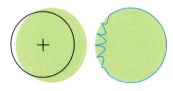

▲ **Abbildung 7.51**
Ausbuchten-Werkzeug

Kristallisieren-Werkzeug

Das Kristallisieren-Werkzeug arbeitet umgekehrt: Es erzeugt Ankerpunkte auf dem Pfad und bewegt diese Punkte als Spitzen von seinem Wirkungsradius weg. Die zwischen den Punkten liegenden Pfadsegmente werden gebogen (siehe Abbildung 7.52).

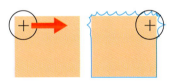

▲ **Abbildung 7.52**
Kristallisieren-Werkzeug

Zerknittern-Werkzeug

Das Zerknittern-Werkzeug faltet einen Pfad wie eine seismische Messkurve (siehe Abbildung 7.53).

Verflüssigen-Werkzeuge zum Deformieren anwenden

Die Art des Gebrauchs ist bei allen Verflüssigen-Werkzeugen gleich.

1. Wählen Sie eines der Verflüssigen-Werkzeuge in der Werkzeugpalette aus.

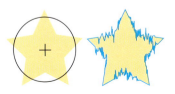

▲ **Abbildung 7.53**
Zerknittern-Werkzeug

▲ Abbildung 7.54
Ausbuchten-Werkzeug

Tipp

Bitte beachten Sie, dass Größe, Winkel und Intensität, die Sie für eines der Verflüssigen-Werkzeuge eingeben, auf alle anderen übernommen werden.

Wenn die beiden Parameter für das Ergebnis in Ihrer Grafik wichtig sind, sollten Sie diese überprüfen, bevor Sie das Werkzeug anwenden.

2. Der Wirkungskreis der Werkzeugspitze wird als Oval unter dem Cursor angezeigt. Sie können die Größe des heißen Bereichs der Spitze nach Ihren Wünschen anpassen, indem Sie zusammen mit der Modifikationstaste ⌥/Alt die Maus klicken und ziehen. Modifizieren Sie zusätzlich mit ⇧, erhalten Sie eine gleichmäßig runde Werkzeugspitze.

3. Nun kommen wir zum Verformen:

   ▶ Aktivierte Pfade: Aktivieren Sie eines oder mehrere Objekte oder einzelne Pfadsegmente. Klicken und ziehen Sie mit dem Werkzeug über die Pfade, oder halten Sie einfach die Maustaste über den aktivierten Objektteilen gedrückt, ohne zusätzlich das Werkzeug zu bewegen.

   ▶ Keine Pfade sind aktiviert: Wenn keine Objekte aktiviert sind, bewegen Sie die Werkzeugspitze über die Objekte, die Sie verflüssigen möchten. Klicken Sie erst über den Objekten und beginnen dann zu ziehen.

   Achtung! Dabei werden alle Objekte auf allen Ebenen deformiert, die sich im heißen Bereich der Werkzeugspitze befinden, sofern sie nicht ausgeblendet oder fixiert sind!

4. Wenn das jeweilige Werkzeug in Aktion ist, bewegen sich die Pfadsegmente der von der Verflüssigung betroffenen Objekte mit dem Werkzeug. Kreuzen Sie mit dem Cursor weitere aktivierte Pfadsegmente, werden diese ebenfalls in die Bearbeitung einbezogen.

5. Um die Anwendung des Werkzeugs zu beenden, lassen Sie die Maustaste los bzw. heben den Stift vom Grafiktablett ab.

6. Wiederholen Sie gegebenenfalls die Schritte ab 3, denn in manchen Fällen ist ein mehrfaches Ansetzen des Werkzeugs in Folge wirkungsvoller als eine lange Anwendung.

Abbildung 7.55 ▶
Die Form der Haare wurde mit dem Verkrümmen-Werkzeug nachgerichtet.

Modifikationsmöglichkeiten | Verflüssigen-Werkzeuge

▶ ⇧: Beschränkt die Werkzeugbewegung auf waagerechte oder senkrechte Winkel.

▶ Cursor-Bewegung: Da die Werkzeuge mit einer kleinen Verzögerung arbeiten, erzeugt verändertes Bewegungstempo der Werkzeuge andere Ergebnisse.

Optionen | Alle Verflüssigen-Werkzeuge

Mit einem Doppelklick auf eines der Verflüssigen-Werkzeuge in der Werkzeugpalette rufen Sie die zugehörigen Optionen auf.

Optionen für Strudel-Werkzeug

Globale Pinseleinstellungen

Breite: 100 Pt

Höhe: 100 Pt

Winkel: 0°

Intensität: 50%

☐ Druckstift verwenden

[OK]
[Abbrechen]
[Zurück]

Strudel-Optionen

Strudeldrehung: 40°

☑ Detail: 2

☑ Vereinfachen: 50

☑ Pinselgröße einblenden

ⓘ Die Pinselgröße können Sie interaktiv ändern, indem Sie die Wahltaste drücken und dann mit dem Werkzeug klicken.

◄ **Abbildung 7.56**
Die Optionen des Strudel-Werkzeugs

- ▶ BREITE bzw. HÖHE: Hier geben Sie die Breite und Höhe des ovalen Wirkungsbereichs der Werkzeugspitze ein. Sie können einen festen Wert aus dem Ausklappmenü auswählen oder einen frei definierten direkt in das Textfeld eingeben.
  Die Maßeinheiten, die in VOREINSTELLUNGEN • EINHEITEN UND ANZEIGELEISTUNG im Bereich ALLGEMEIN eingestellt sind, kommen hier zur Anwendung.
  Bei allen Werkzeugen können Sie die Form und damit den heißen Bereich der Werkzeugspitze auch manuell anpassen – siehe dazu die Anleitung auf der vorigen Seite.
- ▶ WINKEL: Eine ovale SPITZE muss nicht waagerecht ausgerichtet sein. Geben Sie hier einen Winkel ein, um den Wirkungsbereich schräg zu stellen.
- ▶ INTENSITÄT: Bei Mauseingabe bestimmt dieser Wert, wie schnell die Verformung durch das Werkzeug erfolgt.
  Wenn Sie nur geringe Deformationen erreichen möchten, müssen Sie einen sehr niedrigen Intensitätswert einstellen.
  Bei der Eingabe mit einem Stift auf dem Grafiktablett muss das Kontrollkästchen DRUCKSTIFT VERWENDEN aktiviert werden. Die numerische Werteingabe wird damit abgeschaltet, denn dann bestimmt der auf den Stift ausgeübte Druck die Schnelligkeit und damit die Intensität der Verformung.
- ▶ PINSELGRÖSSE EINBLENDEN: Diese Option ist originär in den Voreinstellungen aktiviert.

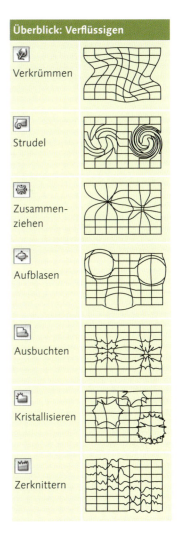

Überblick: Verflüssigen

Verkrümmen

Strudel

Zusammen-ziehen

Aufblasen

Ausbuchten

Kristallisieren

Zerknittern

▲ **Abbildung 7.57**
Mit dem Verkrümmen-Werkzeug bearbeitete Kopien einer komplexeren Form (rechts unten)

▲ **Abbildung 7.58**
Verschiedene Stufen der Komplexität

▲ **Abbildung 7.59**
Von oben: Pinsel verschiebt Ankerpunkt, Pinsel verschiebt wegführende Griffe

Das schwarze Oval unter dem Cursor vermittelt Ihnen ein Gefühl dafür, welche Pfade in den Wirkungsbereich des Werkzeugs einbezogen werden (siehe auch Breite/Höhe). Deaktivieren Sie die Anzeige durch Entfernen des Häkchens.

▶ Detail: Mit diesem Wert geben Sie an, wie detailliert die Verformung sein soll. Ein höherer Wert generiert eine feingliedrigere Verformung, das heißt, die Anzahl der zusätzlich erzeugten Ankerpunkte ist größer als bei einem niedrigen Wert. Die Vorgabe kann zwischen 1 und 10 variieren.

▶ Zusätzliche Option der Werkzeuge Verkrümmen, Strudel, Zusammenziehen, Aufblasen

▷ Vereinfachen: Mit dieser Option geben Sie an, wie stark der Pfad nach der Verflüssigen-Operation optimiert wird. Beim Vereinfachen wird die Anzahl der Punkte, die den Pfad bilden, reduziert. Stellen Sie mit dem Schieberegler ein, wie genau Illustrator dabei vorgehen soll. Höhere Werte erzeugen weniger Punkte und damit glattere Pfade.

▶ Zusätzliche Option des Strudel-Werkzeugs

▷ Strudeldrehung: Je höher der Wert der Strudeldrehung ist, desto stärker und schneller erfolgt die Drehung. Positive Werte bewirken eine Drehung gegen, negative Werte im Uhrzeigersinn.

▶ Zusätzliche Optionen der Werkzeuge Ausbuchten, Kristallisieren, Zerknittern

▷ Komplexität steuert die Reaktionszeit des Werkzeugs – ein höherer Wert lässt das Werkzeug in kürzeren Abständen reagieren. Ein sehr niedriger Komplexitätswert bewirkt keine Änderung, wenn keine Ankerpunkte im Wirkungsbereich des Werkzeugs liegen.

▷ Pinsel verschiebt Ankerpunkt: Mit dieser Option bestimmen Sie, ob das Werkzeug Ankerpunkte, die bereits auf dem Pfad vorhanden sind, verschieben darf. Wenn Sie Pinsel verschiebt Ankerpunkt aktivieren, erzielen Sie extremere Verformungen des Pfads.

▷ Pinsel verschiebt hinführende/wegführende Griffe: Steuern Sie hiermit, welche Grifflinien verändert werden – die Bezeichnung hinführend bzw. wegführend bezieht sich auf die Pfadrichtung.

▶ Zusätzliche Optionen des Zerknittern-Werkzeugs

▷ Horizontal/Vertikal: Mit diesen Werten geben Sie an, wie stark die Verformung in horizontaler bzw. vertikaler Richtung erfolgen soll. Beim Zerknittern-Werkzeug wirkt die Bewegungsrichtung der Werkzeugspitze nicht auf die Richtung der Verformung!

8 Farbe

Seit Jahrhunderten beschäftigen sich Naturwissenschaftler, Künstler und Philosophen damit, das Naturphänomen Farbe zu erklären und die sichtbare Welt zu ordnen. Die verschiedensten Farbmodelle sollen dabei helfen, Farben messbar und zuverlässig beschreibbar zu machen, damit sie in unseren täglich gebrauchten Medien exakt reproduzierbar sind. Farben werden in diesen Modellen auf unterschiedlichste Weise kategorisiert und mit numerischen Werten geordnet.

Von jedem Farbmodell existieren wiederum verschiedene Varianten, die Farbräume. Sie werden definiert durch den begrenzten Farbumfang, den bestimmte Geräte oder Vermittlungsmethoden darstellen können. Die numerischen Werte, welche die Farben beschreiben, beziehen sich jeweils auf einen solchen Farbraum. Gleiche Werte charakterisieren deshalb in einem anderen Farbraum ganz andere Farben.

Die gebräuchlichsten Farbmodelle – auch in Illustrator – sind RGB und CMYK.

8.1 Farbmodelle

RGB

RGB ist ein Farbmodell zur Beschreibung additiv gemischter Farben. Aktive Lichtquellen mit gleicher Stärke in den Grundfarben Rot, Grün und Blau addieren sich im menschlichen Auge zu weißem Licht. Werden die Grundfarben in unterschiedlicher Intensität gemischt, interpretiert es das Auge als farbiges Licht. Je nachdem, welche Lichtquelle schwächer ist oder ganz fehlt, kann damit ein weiter Bereich des sichtbaren Farbspektrums erzeugt werden.

Dabei ist es für das Auge ohne Belang, ob die Farben direkt übereinander projiziert werden, wie beispielsweise bei alten Röhren-Beamern, oder ob die drei aktiven Farblichtquellen aus kleinen nebeneinander liegenden Punkten aufgebaut werden, die das verhältnismäßig geringe Auflösungsvermögen des Auges aus-

▲ **Abbildung 8.1**
Das RGB-Farbmodell erzeugt Farben mit farbigen Lichtquellen.

▲ **Abbildung 8.2**
Im CMYK-Modell für den Druck werden für das menschliche Auge Mischfarben erzeugt, indem unterschiedlich große Rasterpunkte in den Prozessfarben Cyan, Magenta, Gelb und Schwarz versetzt angeordnet werden.

 Exkurs: L*a*b-Farbmodell
Im Gegensatz zu anderen Farbmodellen beschreibt das L*a*b-Modell, wie Farben aussehen, und nicht, wie ein Gerät sie mischt.

Daher wird dieser Standard der CIE (Commission Internationale d'Eclairage) von Farbmanagementsystemen als Referenz verwendet. In Illustrator können Sie L*a*b verwenden, um Volltonfarben zu erstellen und am Bildschirm darzustellen.

▲ **Abbildung 8.3**
Der »Schuh« stellt das vom menschlichen Auge wahrnehmbare Farbspektrum dar. Die inneren Rahmen kennzeichnen die darstellbaren Farben in verschiedenen Farbmodellen.

▶ Weißer Rahmen: RGB-Farbraum
▶ Grauer Rahmen: Pantone-Farbraum
▶ Schwarzer Rahmen: CMYK-Farbraum

Hinweis

Der darstellbare Farbraum aus dem Umfang der von uns wahrnehmbaren Farben ist bei subtraktiver Farbmischung, also bei CMYK, wesentlich kleiner als bei der additiven Farbmischung mit aktiven Lichtquellen im Farbmodell RGB.

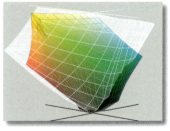

▲ **Abbildung 8.4**
Vergleich der Farbräume »Adobe RGB« und »Europe ISO Coated FOGRA 27« in Apples ColorSync-Dienstprogramm

nutzen, um eine fertig gemische Farbe vorzutäuschen. Mit dieser Methode arbeiten Monitore und Displays.

Schwarz wird durch das Fehlen aller Farbinformationen wahrgenommen. Neutrales Grau entsteht, wenn die Intensität der Grundfarben gleichmäßig reduziert ist, z. B. R–G–B: 87–87–87.

CMYK

CMYK ist ein Farbmodell zur Beschreibung der subtraktiven Farbmischung. Aus dem Farbspektrum einer weißen Lichtquelle, das von einer Fläche reflektiert wird, filtern Farben, die auf der Fläche vorhanden sind, Bereiche des Spektrums heraus. Das Auge erreichen also nur Teile des ursprünglich weißen Lichts, die von uns als Farbe wahrgenommen werden. Da der Teil des weißen Lichts, der bei der Reflexion absorbiert wird, mit dem Farbauftrag auf der reflektierenden Fläche beeinflusst werden kann, spricht man hier von subtraktiver Farbmischung.

Durch kleine farbige Punkte auf einer Fläche, die das weiße Licht filtern, entsteht im menschlichen Auge ein Farbeindruck, der nicht den einzelnen Farben der Punkte entspricht, sondern einer Mischung daraus. Diese Auflösungsschwäche des menschlichen Auges macht man sich beim Vierfarbdruck zunutze, indem Raster aus Punkten der Komplementärfarben zu Rot/Grün/Blau, nämlich Cyan/Magenta/Gelb, auf einen weißen Träger gedruckt werden, um so bei der Reflexion einer Lichtquelle dem Betrachter ein breites Farbspektrum zu simulieren.

Wenn die Farben Cyan, Magenta und Gelb übereinander gedruckt werden, sollten wir theoretisch »Schwarz« sehen oder, anders ausgedrückt, überhaupt keine Farbe erkennen. Hier weichen Theorie und Praxis voneinander ab, denn in unserem Auge entsteht dabei ein recht »schmutziges Graubraun«. Deshalb wird beim Druck ein schwarzes Raster hinzugefügt, um gute Schwarz- und Grautöne sowie saubere Hell-/Dunkelabstufungen erzeugen zu können. Für dieses Farbmodell ist die Bezeichnung CMYK gebräuchlich, nach den entsprechenden Farbbezeichnungen Cyan/Magenta/Yellow/Key in der englischen Sprache. Die Bezeichnung »Key« anstelle von »Black« für »Schwarz« wurde gewählt, um bei der Abkürzung »B« eine Verwechslung mit Blue bzw. Blau auszuschließen.

8.2   Farbmanagement

Farbe wird von jedem Ein- oder Ausgabegerät auf eine andere Weise erfasst oder wiedergegeben. Dabei kommen unterschiedliche Farbmodelle zur Anwendung. Sowohl die technischen

Fähigkeiten der Geräte als auch die verwendeten Farbmodelle schränken den darstellbaren Farbumfang (Gamut) ein. Durch das Farbmanagement sollen nun die einzelnen Farbmodelle und der Farbumfang der beteiligten Geräte und Prozesse in Einklang gebracht werden. Farbmanagement hat die Aufgabe, Farbe konstant und vorhersehbar zu reproduzieren.

Die Optimierung der Bilddaten anhand drucktechnischer Kennlinien – wie es in der Vergangenheit üblich war – setzt voraus, dass die für Erfassung, Verarbeitung und Wiedergabe der Farbinformationen benutzten Geräte dasselbe Farbmodell verwenden. Durch den Einsatz offener, digitaler und modularer Systeme ist das aber nicht mehr sichergestellt. Farben müssen also unabhängig von gerätespezifischen Farbmodellen definiert werden. Mit dem ICC-Profil können die Steuersignale der Geräte mit einem Farbort im farbmetrischen Referenzfarbraum (XYZ oder LAB) verknüpft werden und damit den Gamut eines Geräts beschreiben.

Farbmanagement vorbereiten

Der erste Schritt ist die **Kalibrierung Ihres Monitors**. Verwenden Sie dazu unter Mac OS die Funktion KALIBRIEREN…, die Sie unter SYSTEMEINSTELLUNGEN • MONITORE • FARBEN finden.

Unter Windows verwenden Sie ADOBE GAMMA und das Kontrollfeld ANZEIGE (um die Grafikkarte zu justieren) aus der SYSTEMSTEUERUNG. Noch besser ist der Einsatz externer Messtechnik und Profilierungssoftware, die Sie von verschiedenen Anbietern erhalten.

Farbmanagement über Bridge Center einrichten

Adobe hat in seinen wichtigen Applikationen Photoshop, InDesign und Illustrator eine gemeinsame Farbmanagement-Architektur mit identischen Einstellungen implementiert. Darüber hinaus lassen sich diese Applikationen synchronisieren, so dass Sie applikationsübergreifend mit konsistenten und vorhersagbaren Bildschirmfarben arbeiten können. Dies ist eine wichtige Grundlage für den reibungslosen Ablauf Ihrer Gestaltungs-, Proof- und Druck-Workflows. Setzen Sie neben Illustrator andere Anwendungen der Creative Suite ein, dann richten Sie die Farbmanagement-Einstellungen über Adobe Bridge ein. Mit dem Button GEHE ZU BRIDGE 🖼 rechts in der Steuerungspalette rufen Sie die Bridge aus Illustrator auf. In Bridge wählen Sie BEARBEITEN • CREATIVE SUITE-FARBEINSTELLUNGEN – Shortcut ⌘/Strg+⇧+K.

Abbildung 8.5 ▶
Dialogbox SUITE-FARBEINSTELLUN-
GEN in Adobe Bridge

Hier finden Sie die Auswahl der von Adobe mitgelieferten Farb-
einstellungs-Dateien (CSF). Wenn Sie eine dieser Einstellungen
anklicken und anschließend mit dem Button ANWENDEN bestätigen, wird diese Einstellung in alle Applikationen übernommen,
und sie sind synchronisiert.

Farbeinstellungen in Illustrator

Um die Voreinstellungen für das Farbmanagement in Illustrator
einzurichten, rufen Sie BEARBEITEN • FARBEINSTELLUNGEN auf –
Shortcut ⌘/Strg+⇧+K. Bewegen Sie die Maus über die
Ausklappmenüs, dann wird im Feld BESCHREIBUNG (unten) jeweils
ein kurzer Hilfetext zu den Optionen angezeigt.

Abbildung 8.6 ▶
Dialogbox FARBEINSTELLUNGEN

Synchronisierung | Das Icon signalisiert, ob die Farbeinstellungen der zur Creative Suite gehörenden Programme identisch sind. Definieren Sie Ihre Farbmanagement-Richtlinien über Adobe Bridge, werden die Einstellungen automatisch synchronisiert. Sobald Sie lokal in einer der Applikationen Änderungen am Farbmanagement vornehmen, sind die Einstellungen der Creative-Suite-Anwendungen nicht mehr synchron.

▲ **Abbildung 8.7**
Die Creative-Suite-Anwendungen sind synchronisiert (links) bzw. nicht synchronisiert (rechts).

Einstellungen | Wählen Sie eine der vorkonfigurierten EINSTELLUNGEN aus dem Aufklappmenü. Diese fassen die von Adobe empfohlenen Optionen für den jeweils im Namen kenntlichen Einsatzzweck zusammen. Falls Sie wenig Erfahrungen mit Farbmanagement haben, sollten Sie keine Änderungen an den Optionen der EINSTELLUNGEN vornehmen.

Hinweis

Wählen Sie ADOBE ILLUSTRATOR 6.0 EMULIEREN, um das Farbmanagement auszuschalten.

In dieser Einstellung bettet Illustrator keine Farbprofile in Ihre Dokumente ein.

Arbeitsfarbräume | Wählen Sie hier jeweils für RGB und CMYK Ihren bevorzugten Arbeitsfarbraum aus. Der Arbeitsfarbraum ist ein Übergangsfarbraum (für die Bearbeitung des Dokuments) und wird jedem neuen Dokument automatisch zugewiesen. Darüber hinaus bestimmt er die Anzeige eines Dokuments ohne eingebettetes Profil (Untagged).

Erstellen Sie Dokumente für den Druck, sollten Sie einen möglichst großen RGB-Arbeitsfarbraum wählen, z. B. ADOBE RGB (1998). Bei der Vorbereitung von Grafik für das Web empfiehlt sich der »kleinste gemeinsame Nenner« sRGB IEC61966, der den »Standardmonitor« der Web-User simuliert. Wählen Sie als RGB-Arbeitsfarbraum **nicht** das Farbprofil Ihres Monitors aus.

Als CMYK-Arbeitsfarbraum wählen Sie einen für das anvisierte Druckverfahren geeigneten Farbraum.

Tipp

Als weiterführende Lektüre (nicht nur) für die Behandlung abweichender Farbprofile empfehlen wir den Ratgeber »PDF/X und Colormanagement« (www.cleverprinting.de).

Farbmanagement-Richtlinien | Hier legen Sie fest, wie Illustrator Dokumente behandelt, in die kein Farbprofil oder ein vom aktuellen Arbeitsfarbraum abweichendes Profil eingebettet ist.

▶ AUS: Mit dieser Option werden die eingebetteten Farbprofile gelöscht. Das Profil des aktuellen Arbeitsfarbraums wird **nicht** eingebettet, aber zur Anzeige des Dokuments verwendet.

▶ EINGEBETTETE PROFILE BEIBEHALTEN: Das vom Ersteller der Datei ursprünglich eingebettete Profil bleibt erhalten.

▶ IN ARBEITSFARBRAUM KONVERTIEREN: Statt des ursprünglichen Profils wird das Profil des Arbeitsfarbraums zugewiesen. Farben werden entsprechend konvertiert.

▶ NUMMERN BEIBEHALTEN (VERKNÜPFTE PROFILE IGNORIEREN): Diese Einstellung steht Ihnen für CMYK zur Verfügung. Wählen Sie NUMMERN BEIBEHALTEN, dann werden Farben nicht vom Farbmanagement konvertiert, wenn Sie eine Datei mit

▲ **Abbildung 8.8**
NUMMERN BEIBEHALTEN verhindert eine CMYK-zu-CMYK-Konvertierung beim Platzieren von Grafiken.

abweichendem Farbprofil mit der Option VERKNÜPFEN platzieren (siehe auch »Sicherer CMYK-Workflow«).

Da das Farbprofil Ihnen einen Anhaltspunkt darüber gibt, für welches Zielmedium das Dokument bestimmt war, ist zu empfehlen, ein abweichendes Farbprofil beim Öffnen beizubehalten bzw. ein fehlendes Profil nicht zu ersetzen. Zu einem späteren Zeitpunkt besteht immer noch die Möglichkeit, mit BEARBEITEN • PROFIL ZUWEISEN ein anderes Profil in die Datei einzubetten.

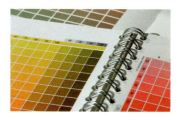

▲ **Abbildung 8.9**
Farbatlas

Sicherer CMYK-Workflow | Möchten Sie sicherstellen, dass Bild- und Grafikdateien im CMYK-Farbmodus nicht durch das Farbmanagement konvertiert werden, bietet Adobe für Illustrator und InDesign den »sicheren CMYK-Workflow« an. Unter Farbmanagement-Richtlinien für CMYK sollte die Einstellung WERTE BEIBEHALTEN (VERKNÜPFTE PROFILE IGNORIEREN) ausgewählt sein.

Bei der Definition von CMYK-Farben nach einem Farbatlas wurde das Ausgabemedium bereits berücksichtigt, so dass in diesem Fall meistens keine Umwandlung der Farben gewünscht ist. Das größte Problem der Konvertierung zwischen zwei verschiedenen CMYK-Farbräumen besteht in der Umwandlung eines reinen Schwarz (CMYK 0/0/0/100) in ein Schwarz, das sich aus allen vier Druckfarben zusammensetzt. Dieses Verhalten ist vor allem bei Vektorgrafik mit vielen feinen Konturen sowie für schwarzen Fließtext unerwünscht, da im Druck auftretende Registerungenauigkeiten im schlimmsten Fall dazu führen, dass Text und Grafik unleserlich werden.

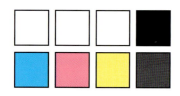

▲ **Abbildung 8.10**
Umwandlung eines reinen Schwarz in ein 4C-Schwarz

Profil-Abweichungen | Die eben besprochenen FARBMANAGEMENT-RICHTLINIEN kommen beim Öffnen oder Platzieren eines Dokuments in Illustrator ohne weitere Nachfrage sofort zur Anwendung, es sei denn, Sie aktivieren die Optionen unter PROFIL-ABWEICHUNGEN. Mit den Optionen erreichen Sie, dass Illustrator vor jedem Öffnen eines Dokuments mit abweichendem Farbprofil nachfragt, was geschehen soll. Ihre FARBMANAGEMENT-RICHTLINIEN sind in dieser Dialogbox vorausgewählt.

Aktivieren Sie die Optionen BEIM ÖFFNEN bzw. BEIM EINFÜGEN WÄHLEN, um die größtmögliche Flexibilität und Kontrolle beim Umgang mit Farbprofilen zu erhalten.

Beachten Sie beim Platzieren von Grafik, dass Dokumente ihre eingebetteten Farbprofile nur behalten, wenn sie mit der Option VERKNÜPFEN platziert werden. Betten Sie eine Grafik beim Platzieren in Ihr Illustrator-Dokument ein, so wird dieser das Farbprofil des Illustrator-Dokuments zugewiesen.

▲ **Abbildung 8.11**
Mit aktivierter Option BEIM ÖFFNEN WÄHLEN zeigt Illustrator diese Warnung, wenn Sie ein Dokument öffnen, das kein eingebettetes Profil besitzt.

Konvertierungsoptionen | Unter **Modul** wählen Sie das CMM – Color Management Modul – also die Farbmanagement-Engine aus. Diese Engine rechnet die Farben anhand der Geräteprofile in den Zielfarbraum um. CMMs unterscheiden sich in Details. Wählen Sie eines der Module aus der Liste aus und wechseln Sie dieses nicht ohne einen triftigen Grund – so lernen Sie mit der Zeit die Ergebnisse der Farbraumkonvertierungen immer besser einzuschätzen.

Wählen Sie aus den in Ihrem System installierten Engines. Die Adobe-Engine ADOBE (ACE) steht Ihnen inzwischen nicht mehr nur in Adobe-Anwendungen zur Verfügung. Das Color Management-Modul kann auch in andere Applikationen eingebunden werden, so dass ein programmübergreifendes einheitliches Farbmanagement möglich ist.

Mit der Wahl der **Methode** geben Sie vor, wie das Farbmanagement diejenigen Farbpositionen behandeln soll, die außerhalb der Reichweite – Color Gamut genannt – des Zielmediums liegen.

▶ PERZEPTIV: Farben werden so im Zielfarbraum abgebildet, dass das Verhältnis der Abstände der Farben zueinander erhalten bleibt. Die absoluten Farben können sich dabei verändern. Diese Wiedergabeabsicht eignet sich gut, wenn viele Farben signifikant außerhalb des Zielfarbraums liegen.

▶ SÄTTIGUNG: Die Sättigung der Farben bleibt erhalten, die Farbtöne können sich ändern. Die Methode wird vor allem für Geschäftsgrafiken empfohlen.

▶ RELATIV FARBMETRISCH: Bezugspunkt für die Verschiebung der Farben vom Quell- in den Zielfarbraum ist der Weißpunkt des jeweiligen Farbraums. Farben, die außerhalb des Zielfarbraums liegen, werden auf den nächstreproduzierbaren Buntton abgebildet.

▶ ABSOLUT FARBMETRISCH: Die Ausgabe verhält sich wie mit der Option RELATIV FARBMETRISCH. Es wird aber der Weißpunkt des Quellfarbraums erhalten. Diese Wiedergabeabsicht eignet sich ausschließlich für das Proofen.

Tiefenkompensierung verwenden | Diese proprietäre Adobe-Einstellung sorgt dafür, dass der Schwarzpunkt des Quellfarbraums auf den Schwarzpunkt des Zielfarbraums gerechnet wird. Ist die Option aktiviert, nutzen Sie also das zur Verfügung stehende dynamische Spektrum optimal aus. Das macht sich z. B. bei der Zeichnung in dunklen Bereichen Ihrer Bilder bemerkbar.

Hinweis

Falls Sie unter MacOS APPLE COLORSYNC als **Modul** einstellen, achten Sie darauf, im ColorSync-Dienstprogramm unter EINSTELLUNGEN • CMMs nicht die Einstellung **Automatisch** auszuwählen. Mit dieser Einstellung könnten Sie nicht feststellen oder gar bestimmen, welche Engine zum Einsatz kommt.

Hinweis

Alternativ zum Begriff »Rendermethode« ist die Bezeichnung »Wiedergabeabsicht« gebräuchlich, die sich vom englischen »Rendering Intent« herleitet.

Farbprofile zuweisen

Beim Speichern können Sie das in den Farbeinstellungen für den Dokumentfarbraum passende Profil in das Dokument einbetten. Wurde dem Dokument ein Farbprofil zugewiesen, so ist in der Dialogbox SPEICHERN die Option ICC-PROFIL SPEICHERN aktiv. Deaktivieren Sie sie, um kein Profil einzubetten.

Möchten Sie einer Datei zu einem späteren Zeitpunkt ein anderes Profil zuweisen oder ein eingebettetes Profil löschen, wählen Sie BEARBEITEN • PROFIL ZUWEISEN...

Abbildung 8.12 ▶
Dialogbox PROFIL ZUWEISEN

Wählen Sie FARBMANAGEMENT NICHT AUF DIESES DOKUMENT ANWENDEN, um ein eingebettetes Profil zu entfernen, oder RGB- bzw. CMYK-ARBEITSFARBRAUM, um den in den Illustrator-Farbeinstellungen derzeit eingerichteten Farbraum zuzuweisen. Alternativ wählen Sie ein Profil aus dem Aufklappmenü.

Möchten Sie wissen, welches Farbprofil in Ihrem Dokument eingebettet ist, verwenden Sie die Dokumentinformationen-Palette oder rufen Sie den Eintrag EINBLENDEN • FARBPROFIL DES DOKUMENTS in der Statusleiste links unten im Dokument-Fenster auf.

▲ Abbildung 8.13
Anzeige des Farbprofils in der Statusleiste

▲ Abbildung 8.14
Dokumentinformationen-Palette

Hinweis

Bei einem Wechsel des Dokumentfarbmodus wird jede im Dokument definierte Prozessfarbe nach den in den Farbeinstellungen definierten Profilen umgerechnet. Dabei können Veränderungen der Farbdefinition entstehen, so dass die Farbe z. B. bei einer Konvertierung von CMYK nach RGB und wieder zurück zu CMYK voraussichtlich nicht mehr Ihrer ursprünglich angelegten Farbe entspricht (siehe Abbildung 8.15).

8.3 Dokumentfarbmodus

Illustrator kann sowohl mit CMYK-Farbräumen als auch mit RGB-Farbräumen arbeiten, jedoch nur in einem Farbmodus pro Dokument. Der Modus ist für jedes Dokument frei wählbar.

Farbmodus für ein neues Dokument | Bereits beim Erstellen eines neuen Dokuments müssen Sie den Farbmodus bestimmen, mit dem Sie arbeiten wollen.

Wählen Sie den Farbmodus entsprechend dem zukünftigen Einsatz Ihrer Grafik aus. CMYK sollten Sie einstellen, wenn Ihre Datei für den Druck erstellt wird, RGB dagegen, um sie in einer Bildschirmpräsentation zu verwenden. In dem so voreingestellten Farbmodus werden Farben im Dokument gespeichert – unabhängig davon, in welchem Farbmodus Sie die Farben beim Mischen definieren.

In den Dokumentprofilen ist der Farbmodus bereits voreingestellt (siehe Kapitel 4 zum Erstellen neuer Dokumente).

Farbmodus einstellen bzw. ändern | Den Dokumentfarbmodus bestimmen Sie in der Dialogbox NEUES DOKUMENT – Shortcut ⌘/Strg+N.

Möchten Sie den Farbmodus eines geöffneten Dokuments ändern, wählen Sie DATEI • DOKUMENTFARBMODUS • CMYK-FARBE bzw. RGB-FARBE.

▲ **Abbildung 8.15**
Aus M 25/Y 100 wird nach Umwandlung in den RGB-Modus und anschließender Rückwandlung C 1,17/M 26,56/Y 92,97.

8.4 Farben anwenden und definieren

Die **Farbfelder-Palette** verwaltet und speichert Farben, Farbtöne, Farbgruppen, Verläufe und Muster. Zusätzlich haben Sie die Farbfelder über die **Steuerungspalette** ständig im Zugriff. Um Farbfelder in verschiedenen Dokumenten zu benutzen, können Sie **Farbfelder-Bibliotheken** anlegen.

Die **Farbpalette** ist ein Werkzeug, um Farben zu »mischen« und Farbtöne zu erzeugen. Weitaus mächtigere Werkzeuge, um mit Farben zu experimentieren und Farbdefinitionen anzulegen, stehen Ihnen in **Farbhilfe** und **Interaktive Farbe** zur Verfügung. Verläufe definieren Sie in der **Verlauf-Palette** (siehe Kapitel 9).

Zusammen mit vielen anderen Eigenschaften werden die Farben, die einem Objekt zugeordnet sind, in der **Aussehen-Palette** zusammengefasst (Aussehen siehe Kapitel 11).

Objektfarben – lokale und globale Farbfelder

In Illustrator ist Farbe eine Objekt-Eigenschaft. Sie können die Farbe für jedes Objekt einzeln einstellen und diesem direkt zuordnen. Bei umfangreichen Grafiken wird dieses Verfahren allerdings schnell sehr aufwändig. Meist ist es vorteilhafter, Farben in der Farbfelder-Palette zu verwalten, denn dann ist es möglich, eine einmal definierte Farbe auf mehrere Objekte anzuwenden und die Farbe für diese Objekte gleichzeitig zu ändern.

Illustrator unterscheidet jedoch zwischen lokalen und globalen Farbfeldern.

Lokale Farbfelder | Nach der Zuweisung eines lokalen Farbfelds auf ein Objekt bricht die Verbindung zwischen Farbfeld und Objekt ab, so dass eine nachträgliche Änderung der Farbe in dem Farbfeld nicht automatisch auf das Objekt angewendet wird.

Globale Farbfelder | Bei globalen Farbfeldern bleibt die Verbindung zwischen Objekt und Farbfeld bestehen. Wenn Sie die Farbe in einem globalen Farbfeld ändern, wird diese Eigenschaft bei allen Objekten aktualisiert, die dieses Farbfeld verwenden.

Hinweis

Prozessfarben bezeichnet das Programm auch dann als CMYK-Farben, wenn Sie im RGB-Modus arbeiten.

▲ **Abbildung 8.16**
Zugriff auf die Farbfelder in der Steuerungspalette

	Englisch	Deutsch
CMYK	Cyan	Cyan
	Magenta	Magenta
	Yellow	Gelb
	Key	Schwarz
HSB	Hue	Farbton
	Saturation	Sättigung
	Brightness	Helligkeit
RGB	Red	Rot
	Green	Grün
	Blue	Blau

▲ **Tabelle 8.1**
Farbmodelle

▲ **Abbildung 8.17**
Kontur ist der mit Eigenschaften versehene Pfad, Fläche der umschlossene Raum. Bei einem offenen Pfad werden die beiden Endpunkte auf kürzestem Weg verbunden, um den Raum für die Füllung zu bestimmen.

▲ **Abbildung 8.18**
Die Fläche- und Kontur-Felder in der Werkzeugpalette

Hinweis

Der Austausch der Farben für Fläche und Kontur funktioniert nicht, wenn als Füllung ein Verlauf eingestellt ist, da Verläufe nicht auf Konturen angewendet werden können.

▲ **Abbildung 8.19**
Konturen sind nicht immer erwünscht.

▲ **Abbildung 8.20**
Füllungen können auch stören.

Kontur und Fläche

Farben können sowohl dem Pfad selbst, d. h. der Kontur, als auch dem vom Pfad umschlossenen Raum, d. h. der Fläche, zugeordnet werden.

Fläche bzw. Füllung | Anstelle des in der Illustrator-Terminologie gebrauchten Begriffs Fläche bevorzugen und verwenden wir in diesem Buch oft den Terminus »Füllung«, da sein Wortsinn teilweise eine klarere Zuordnung erlaubt.

Mit einem offenen Pfad ist es eigentlich nicht möglich, eine Fläche zu definieren, trotzdem kann Illustrator einen offenen Pfad mit einer Füllung versehen. Das Programm füllt dabei die Fläche, die sich ergibt, wenn die beiden Endpunkte des Pfades auf kürzester gerader Strecke verbunden würden. Ein Pfadsegment entlang dieser virtuellen Linie wird allerdings nicht erzeugt. Das erkennen Sie, wenn Sie dem Objekt eine Kontur zuweisen.

Füllung und Kontur in der Werkzeugpalette

Die Farben, die aktuell für Fläche und Kontur ausgewählt sind bzw. die Füllung und Kontur des aktivierten Objekts werden in der Werkzeugpalette in den Feldern FLÄCHE ❶ und KONTUR ❷ angezeigt.

Farbwerkzeuge | Werkzeugpalette

Über die Werkzeugpalette sind verschiedene, oft gebrauchte Funktionen zum Farbhandling im dauernden Zugriff:

▸ Das in der Werkzeugpalette jeweils obenauf liegende Farbfeld können Sie mit Hilfe der Farbpalette ändern.
Um das unten liegende Feld nach oben zu holen, klicken Sie es an – Shortcut zum Hin- und Herwechseln: X.

▸ Mit einem Klick auf den Doppelpfeil ⤡ tauschen Sie die eingestellten Farben für FLÄCHE und KONTUR gegeneinander aus – Shortcut ⇧ + X.

▸ Mit einem Klick auf das Schwarz-Weiß-Symbol ◳ setzen Sie die AUSSEHEN-Eigenschaften von Füllung und Linie auf die Standardwerte weiße Fläche und schwarze Kontur in der Stärke 1 Punkt – Shortcut D.

▸ Kontur und Fläche eines Objekts müssen nicht zwangsläufig mit einer Farbe versehen sein – oft ist eine Kontur und/oder eine Füllung sogar unerwünscht. Für diese Fälle ist die Eigenschaft OHNE vorgesehen. Mit einem Klick auf das Symbol ◿ setzen Sie diese Eigenschaft für FLÄCHE bzw. KONTUR – Shortcut #.
Auch OHNE kann jederzeit wieder gegen eine Farbdefinition ausgetauscht werden.

Kontur und Fläche neuer Objekte | Werkzeugpalette

Für ein Objekt, das Sie neu zeichnen, wendet Illustrator immer die aktuell eingerichteten Farbfelder aus der Werkzeugpalette an. Da Farbe eine Objekteigenschaft ist, kann sie jedoch jederzeit umdefiniert werden.

Arbeiten mit dem Farbwähler

Um die Farbe für Fläche oder Kontur in der Werkzeugpalette zu ändern, gehen Sie wie folgt vor:

1. Doppelklicken Sie auf das Feld FLÄCHE oder das Feld KONTUR in der Werkzeugpalette, um die Dialogbox FARBWÄHLER aufzurufen.
2. Definieren Sie die neue Farbe im Farbwähler, und bestätigen Sie mit OK.

▲ **Abbildung 8.21**
Links: Kontur und Füllung
Mitte: keine Füllung
Rechts: keine Kontur

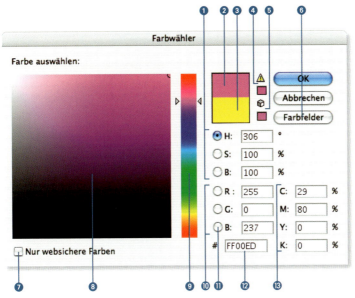

◄ **Abbildung 8.22**
Der Farbwähler: Farbwerte-Eingabefelder ❶ ❿ ⓭, neu gemischte Farbe ❷, aktuelle Farbe ❸, Farbumfangs-Warnung ❹, Websafe-Warnung ❺, Anzeige der Farbfelder ❻, Farbspektrum ❽, Farbregler ❾, Hex-Feld ⓬

Im Farbwähler können Sie Farben nach verschiedenen Farbmodellen definieren: CMYK ⓭, HSB ❶, RGB ❿ und RGB-Websafe (216 websichere Farben) ❼. Für Webdesigner ist die Möglichkeit interessant, RGB als Hexadezimalwerte ⓬ einzugeben.

Farben einstellen | Farbwähler

Der Farbwähler bietet umfangreiche Möglichkeiten, um Farben intuitiv oder numerisch einzustellen:

▶ Intuitiv bestimmen Sie Farben auf Basis des HSB- oder des RGB-Farbmodells mit Hilfe des Farbspektrums ❽ und des Farbreglers ❾, indem Sie in die Felder hineinklicken bzw. klicken und ziehen. Wählen Sie mit einem der Optionsbuttons H, S, B bzw. R, G, B ⓫ die Farbeigenschaft, auf deren Grundlage Sie Ihre Farbe auswählen wollen. Das entsprechende Attribut wird

[HSB- bzw. HLS-Farbmodell]
Dieses Farbmodell wurde auf der menschlichen Farbwahrnehmung aufgebaut. Farben werden durch ihre Eigenschaften Hue (Farbton), Saturation (Sättigung) und Brightness bzw. Luminance (Helligkeit) beschrieben.

[RGB-Websafe]

Die websicheren Farben sind eine Untergruppe aus dem RGB-Farbraum. Die Palette enthält die 216 Farben, die sowohl in der 8-Bit-Systemfarbpalette des Mac- als auch des Windows-Betriebssystems vorhanden sind. Diese Farben werden auf Monitoren im 256-Farben-Modus betriebssystem- und browserübergreifend weitgehend identisch dargestellt. Dank des technischen Fortschritts sind websichere Farben inzwischen nur noch in Ausnahmefällen von Belang.

Hinweis

Egal in welchem Farbmodell Sie die Farbe definieren, sie wird von Illustrator in den Dokumentfarbmodus konvertiert.
Dafür werden die Profile verwendet, die im Farbmanagement unter BEARBEITEN • FARBEINSTELLUNGEN… eingestellt sind.

▲ **Abbildung 8.23**
Die websicheren Farben

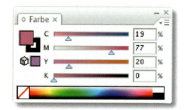

▲ **Abbildung 8.24**
Die Farbpalette

dann in den Farbregler übernommen. Im abgebildeten Screenshot sehen Sie an dem aktivierten Button »Hue« (H), dass im Farbregler der Farbton vorbestimmt wird, Sättigung und Helligkeit suchen Sie durch einen Klick in das Farbspektrum aus.

▶ Um Farben numerisch zu definieren, geben Sie die entsprechenden Werte in die Eingabefelder für H, S und B ❶ oder R, G und B ❿ bzw. C, M, Y und K ⓭ ein. Je nach Farbmodell steht Ihnen ein unterschiedlicher Werteumfang zur Verfügung.
Für Gradeinheiten (°) ist eine Spanne von 0 bis 360 erlaubt, bei prozentualen Anteilen (%) sind Werte zwischen 0 und 100 möglich. RGB-Werte richten sich nach dem dezimalen 8-Bit-Wert zwischen 0 bis 255.

▶ Hexadezimalwerte tragen Sie in das Hex-Feld (#) ⓬ ein. Sie können Hex-Werte auch über die Zwischenablage aus anderen Programmen bzw. HTML-Dokumenten kopieren. Illustrator versteht allerdings nur die sechsstellige Notierung von Farben, keine Kurzformen. Achten Sie beim Kopieren des Werts aus dem HTML-Code darauf, dass das Nummernzeichen (#) nicht mit übertragen wird.

▶ Ihre neu gemischte Farbe zeigt Illustrator in dem Feld ❷ über der Farbe an, die beim Aufruf des Farbwählers eingerichtet war ❸. So ist eine optische Beurteilung der Änderung gegeben.

▶ Wenn Sie eine HSB- oder RGB-Farbe definieren, die im CMYK-Farbraum nicht darstellbar ist (also außerhalb des Gamuts liegt), warnt Illustrator im Farbwähler mit dem Zeichen ⚠ und zeigt in dem Farbfeld darunter den nächstliegenden im Vierfarbmodus druckbaren Farbton an ❹. Sie übernehmen diese Farbe, indem Sie auf das Warndreieck ⚠ klicken.

▶ Ist eine nicht-websichere Farbe ausgewählt, wird das im Farbwähler mit dem Zeichen 🔲 ebenfalls signalisiert und die nächstliegende websichere Farbe ❺ angezeigt. Die Übernahme erfolgt durch einen Klick auf den Würfel.

▶ Mit dem Button FARBFELDER ❶ rufen Sie eine Liste der in der Farbfelder-Palette eingerichteten Farben auf.

Arbeiten mit der Farbpalette

Die Farbpalette ermöglicht Ihnen, Farben für ein Objekt oder einen Verlauf direkt und ohne Umweg über die Farbfelder zu bestimmen. Dies kann Änderungen an den Farbdefinitionen zu einem späteren Zeitpunkt jedoch unnötig verkomplizieren.

Farbpalette anzeigen | Rufen Sie die Palette mit dem Menübefehl FENSTER • FARBE auf – Shortcut [F6] – oder klicken Sie im Dock auf das Symbol 🎨 .

Falls die Farbpalette nicht alle Optionen anzeigt, die in der Abbildung zu sehen sind, wählen Sie im Palettenmenü ⊞ den Befehl OPTIONEN EINBLENDEN.

Farben einstellen | Farbpalette
Links oben in der Farbpalette erkennen Sie die Kontur- und Fläche-Felder als Miniaturen wieder. In der Farbpalette können Sie Farben numerisch oder mit Hilfe von Farbreglern definieren sowie durch einen Klick in die Farbspektrumleiste auswählen. Ist ein Objekt aktiv, werden Farbänderungen direkt angewendet.

▶ Die Einstellungen in der Farbpalette wirken sich auf die aktuelle Kontur bzw. Füllung aus, je nachdem, welches Auswahlfeld oben liegt und damit aktiv ist. Auch in der Farbpalette können Sie die Aktivierung der beiden Anzeigen durch Klick oder Shortcut ⟨X⟩ wechseln.

▶ Wählen Sie im Palettenmenü ⊞ das Farbmodell, in dem Sie Ihre Farbe definieren wollen. Auch Farben, die Sie in der Farbpalette festlegen, werden von Illustrator in den Dokumentfarbmodus umgerechnet und so gespeichert.

▶ Die numerische Eingabe in die einzelnen Textfelder der verschiedenen Farbmodelle erfolgt auf die gleiche Weise, wie es weiter oben beim Farbwähler beschrieben ist.

▶ Um Ihre Farbe mit den Farbreglern zu bestimmen, bewegen Sie eines der kleinen Einstelldreiecke. Der Farbbalken über dem Regler zeigt jeweils an, wie die geänderte Farbe aussieht; entsprechend wird auch der Inhalt des Farbfelds für Kontur bzw. Fläche geändert.

▶ Die dritte Möglichkeit, in der Farbpalette eine Farbe auszuwählen, ist wieder etwas intuitiver angelegt. Wenn Sie Ihren Cursor über der Farbspektrumleiste platzieren, ändert sich die Marke in ein Pipetten-Symbol. Klicken Sie nun in die Leiste und ziehen die Pipette über das Spektrum, bewegen sich die Farbregler synchron dazu, und die Farbe im Farbfeld für Kontur bzw. Fläche wechselt adäquat.

▶ Um Schwarz oder Weiß zu definieren, klicken Sie in das entsprechende Feld rechts neben der Farbspektrumleiste.

▶ OHNE, also »ohne Kontur« bzw. »ohne Fläche«, stellen Sie mit einem Klick in das Feld ⊿ am linken Ende des Spektrums ein.

▶ Die Signale ⚠ und 🎲 haben dieselbe Bedeutung wie oben beim Farbwähler beschrieben, auch das Handling ist gleich. Das Warndreieck erscheint in der Farbpalette allerdings nur im RGB-Dokumentfarbmodus.

Tipp

Die Farbpalette können Sie auch über die Werkzeugpalette aufrufen. Klicken Sie dazu auf das Farb-Symbol, oder tippen Sie ein Komma ⟨,⟩. Haben Sie vorher ein Objekt ausgewählt, das entweder keine Füllung oder eine Verlaufsfüllung enthält, wird diesem die angezeigte Farbe zugewiesen.

Tipp

Wenn Sie in der Farbpalette eine Farbe gemischt haben und diese einem bestehenden Objekt zuordnen möchten, ziehen Sie das Kontur- oder Fläche-Feld (je nachdem, für welches Sie die Farbe gemischt haben) direkt auf das Objekt, *ohne* es zu aktivieren. Wenn Sie das Objekt vorher auswählen, werden seine aktuellen Farben in der Farbpalette abgebildet. Damit würden Sie Ihre gerade erstellte Mischung verlieren.

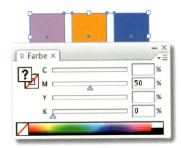

▲ **Abbildung 8.25**
Enthalten die Farben mehrerer aktivierter Objekte identische Anteile einer Prozessfarbe, lassen sich diese gemeinsam ändern.

▲ **Abbildung 8.26**
Mit einem Doppelklick rechts neben dem Eingabefeld wechselt die RGB-Werteangabe zwischen Prozent und numerisch.

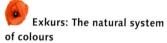 **Exkurs: The natural system of colours**

Nahezu alle Farbharmonie-Werkzeuge basieren auf dem Natürlichen Farbsystem. Dieses wurde 1776 von dem Engländer Moses Harris formuliert. Es versucht darzustellen, wie »materially, or by the painter's art« aus Primärfarben weitere Farben gemischt werden können. Harris unterscheidet zwei Harmonien: die der »prismatic« aus den Grundfarben Zinnoberrot, Ultramarin und Königsgelb und die Harmonie der »compound« aus den Grundfarben gemischten Töne Orange, Grün und Purpur.

▲ **Abbildung 8.27**
Umfärben nach Harmonieregeln

Modifikationsmöglichkeit | Farbpalette

▶ ⇧ oder ⌘/Strg: Drücken Sie ⇧ und bewegen einen Farbregler, dann laufen die anderen Regler mit, so dass sich nur die Intensität der Farbe ändert. Diese Methode funktioniert nicht im HSB-Modell.

▶ ⇧: Drücken Sie ⇧ und klicken auf die Farbspektrumleiste, um den angezeigten Farbmodus zu ändern.

Optionen | Farbpalette

Im Palettenmenü ▤ können Sie zwei Operationen auf die ausgewählte Farbe anwenden – INVERTIEREN und KOMPLEMENTÄR. Beide Befehle führen eine mathematische Berechnung des Farbwerts aus, der dem rechnerischen Inversions- bzw. Komplementärwert des eingestellten Farbtons entspricht.

⌘/Strg + Z widerruft die letzte Änderung, die Sie in der Farbpalette vorgenommen haben.

Mit dem Befehl NEUES FARBFELD ERSTELLEN öffnen Sie die gleichnamige Dialogbox. Richten Sie dort zusätzliche Optionen ein und speichern die definierte Farbe als Farbfeld.

Farben mit der Pipette 🖋 übertragen

Farbe, Transparenz, Kontur-Eigenschaften etc. können Sie mit dem Pipette-Werkzeug von einem auf ein anderes Objekt übertragen. Aber beachten Sie bitte, dass die Pipette voreingestellt *alle* Aussehen-Eigenschaften eines ausgewählten Objekts aufnimmt.

Die Vorgehensweise wird zusammen mit der Aussehen-Palette in Kapitel 11 erläutert.

8.5   Farbharmonien erarbeiten

Zu den schwierigsten Aufgaben in der Gestaltung gehört die Entwicklung von Farbschemata, die harmonische Farben für ein Layout beinhalten. Entsprechend gefragt sind Tools, die das Experimentieren mit Farben auf der Basis der Harmonieregeln unterstützen. Das Experimentieren mit den Harmonieregeln ist nur eine Seite von Illustrators **Interaktiver Farbe**. Zu einem mächtigen Werkzeug wird es durch die Zugriffsmöglichkeit auf sämtliche definierten Farben – lokal oder global.

Farbhilfe-Palette

Mit der Farbhilfe-Palette entwickeln Sie Farbharmonien auf der Basis der klassischen Farbharmonieregeln und einem auswählbaren Variationsschema. Wählen Sie FENSTER • FARBHILFE aus dem Menü, um die Palette anzeigen zu lassen. Im Dock besitzt die Palette das Symbol ▨ .

In der Palette wird zunächst nach der gewählten Harmonieregel ❷ aus einer Basisfarbe ❶ eine Farbgruppe erstellt. Anschließend baut Illustrator aus den Farben dieser Farbgruppe ❹ das Rasterschema der Farbvariationen ❸ auf. Die Abstufungen entstehen zwischen den Extremen FARBTÖNE/SCHATTIERUNGEN, WARM/KALT und STRAHLEND/GEDECKT, die sich über das Palettenmenü ▾≡ aufrufen lassen.

Eine nach den Harmonieregeln erstellte Farbkombination lässt sich als Farbgruppe speichern. Ebenfalls können Sie beliebige Farben aus den Farbvariationen als Farbgruppe speichern oder direkt zur Gestaltung von Objekten verwenden. Es ist auch möglich, auf Basis einer in der Palette angezeigten Farbe neue Farbharmonien zu generieren.

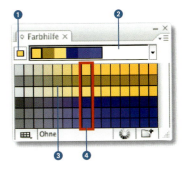

▲ **Abbildung 8.28**
Die Farbhilfe-Palette

Farbharmonien

Analog ❺: Farben, die im Farbkreis sehr dicht nebeneinander liegen.
Monochromatisch ❻: Variationen der Sättigung einer Farbe.
Schattierungen ❼: Die Grundfarbe wird mit Schwarz abgemischt.
Zusammengesetzt (Compound): Kombination aus »erdigen« Tönen, die Anteile aller drei Primärfarben enthalten.

Komplementär ❽: Die Farben liegen auf dem Farbkreis gegenüber.
Teilkomplementär ❾: Eine Farbe wird kombiniert mit den beiden Nachbarfarben ihrer Komplementärfarbe.
Hoher Kontrast: Verschiedene Formen kontrastreicher Zusammenstellungen – abgeleitet aus der Teilkomplementär-Regel.

Triade ❿: Drei Farben, die auf dem Farbkreis gleich weit voneinander entfernt sind.
Tetrade: Vier Farben mit identischem Abstand – eine Sonderform der Doppel-Komplementär-Regel.
Pentagramm: Fünf Farben, deren Abstand identisch ist.

Farbharmonien generieren | Farbhilfe-Palette

▶ ALS BASISFARBE SETZEN ❶: Auf dem Button wird die Farbe des zuletzt ausgewählten Objekts, die in der Farbpalette definierte oder in der Farbfelder-Palette ausgewählte Farbe angezeigt. Klicken Sie darauf, um diese Farbe als Basisfarbe für die Erzeugung der Farbharmonien festzulegen. Möchten Sie die Basisfarbe ändern, wählen Sie zunächst eine andere Farbe aus und klicken den Button erneut an.

▶ HARMONIEREGELN ❷: Wählen Sie aus diesem Menü die Harmonieregeln, nach denen aus der Grundfarbe eine Farbgruppe

▲ **Tabelle 8.2**
Farbharmonieregeln

▲ **Abbildung 8.29**
Einschränkung auf Farbbibliotheken Altertum (Mitte) und Russische Plakatkunst (rechts)

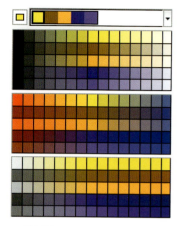

gebildet wird. Um das Menü anzuzeigen, klicken Sie einmal kurz auf das Pfeilsymbol ▾.

▶ AUF FARBBIBLIOTHEK BESCHRÄNKEN ▦ : Aktivieren Sie eine Bibliothek aus diesem Menü, um die Auswahl der Farben in den Farbvariationen auf in dieser Farbbibliothek enthaltene Farbtöne einzugrenzen. Auf die Art ist es möglich, z. B. nur mit Pantone-Farben zu arbeiten. Wählen Sie die Option OHNE aus, um die Eingrenzung aufzuheben.

▶ FARBEN BEARBEITEN ◉ : Mit einem Klick auf den Button oder durch Auswahl des Befehls aus dem Palettenmenü rufen Sie die Funktion INTERAKTIVE FARBE auf (siehe Abschnitt 8.7).

▶ FARBGRUPPE IN FARBFELDBEDIENFELD SPEICHERN ▣⁺ : Mit diesem Befehl speichern Sie die eingestellte Farbharmonie als Farbgruppe in der Farbfelder-Palette. Alternativ wählen Sie mehrere Farben in den Farbvariationen aus – drücken Sie dazu ⌘/Strg – und speichern diese als Farbgruppe.

Variationsschema auswählen | Farbhilfe-Palette

▶ FARBTÖNE/SCHATTIERUNGEN ANZEIGEN: Aus den Grundfarben werden Variationen zwischen den Extremen Abgedunkelt und Aufgehellt berechnet.

▶ WARM/KALT ANZEIGEN: Die Variationen bewegen sich zwischen warmen (rot) und kalten Farbtönen (blau).

▶ STRAHLEND/GEDECKT ANZEIGEN: Mit dieser Option variiert Illustrator die Leuchtkraft der Farben.

Optionen | Farbhilfe-Palette

▶ FARBHILFEOPTIONEN: In den Optionen der Farbhilfe-Palette steuern Sie die Anzahl der Felder in den Farbvariationen und mit dem Regler die Stärke der Variation. Erhöhen Sie die Anzahl der Stufen auf bis zu 20 oder senken Sie die Stärke der Variation, um feinere Abstufungen zu erhalten.

Schritt für Schritt: Farbschema finden und anwenden

1 Auswählen einer Basisfarbe

Öffnen Sie die Datei Farbschema.ai von der DVD. Die Grafik soll ein anderes Farbschema erhalten. Da Sie mindestens die Farbfelder- und die Farbhilfe-Palette parallel benötigen, ziehen Sie beide aus dem Dock heraus.

Deaktivieren Sie alle Elemente der Grafik. Nehmen Sie eine Farbe mit der Pipette auf, stellen Sie sie in der Farbpalette ein, oder klicken Sie auf ein Farbfeld. Die Farbe wird als Basisfarbe in der Farbhilfe-Palette angezeigt.

2 Einstellen einer Harmonieregel

Wählen Sie eine Harmonieregel aus dem Menü – die zugehörigen Farben werden jeweils im Menü dargestellt. Entspricht eine Farbharmonie Ihren Vorstellungen, dann folgt der nächste Schritt. Falls Ihnen keine Farbkombination zusagt, können Sie zu jeder Zeit die Basisfarbe wechseln, indem Sie auf ein Feld aus den Farbvariationen klicken. Diese Farbe wird dann im Button Basisfarbe angezeigt – klicken Sie darauf, um alle Farbharmonien auf die neue Farbe berechnen zu lassen.

▲ **Abbildung 8.33**
Harmonieregel Linke Komplementärfarbe

3 Variationsart bestimmen

Als weitere Möglichkeit des Experimentierens mit Farben probieren Sie die alternativen Variationsarten aus dem Menü FARBTÖNE/SCHATTIERUNGEN, WARM/KALT oder STRAHLEND/GEDECKT.

4 Einschränken auf Farbbibliothek

Sind Sie darauf angewiesen, nur Farben aus einer bestimmten Bibliothek (z. B. HKS, Pantone), Tonalität (z. B. Barock, Erdtöne), für definierte Einsatzbereiche (z. B. Business, Kinder) oder für einen Einsatzbereich mit technischen Ansprüchen (z. B. Webfarben) nutzen zu können, verwenden Sie das Menü unten links, um die Farbvariationen darauf einzuschränken.

▲ **Abbildung 8.34**
Auf Farbtafeln einschränken

5 Farbgruppe speichern

Sind Sie mit der Farbkombination zufrieden, speichern Sie die Farben als Farbgruppe, indem Sie auf den Button FARBGRUPPE SPEICHERN in der Farbhilfe-Palette klicken.

6 Anwenden der Farben

Um die Farben auf die Grafik anzuwenden, ziehen Sie die Symbole aus den Farbvariationen auf die einzelnen Teile der Illustration – Sie müssen die Objekte nicht auswählen. Sie können jede Farbe aus den Farbvariationen verwenden – nicht nur die direkt zur Farbharmonie gehörende Farben, denn alle Farben im Grid harmonieren miteinander. ■

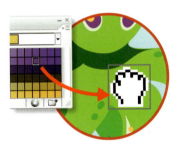

▲ **Abbildung 8.35**
Einfärben

8.6 Farbdefinitionen speichern

Das Pipette-Werkzeug erleichtert zwar den Austausch von Farben zwischen Objekten, doch noch mehr Arbeit können Sie sich sparen, wenn Sie eine einmal eingerichtete Farbe, Verlauf, Muster etc. als **Farbfeld** im aktuellen Illustrator-Dokument speichern. Zusammengehörige Farbfelder können Sie zu **Farbgruppen** kombinieren.

▲ **Abbildung 8.36**
Umgefärbte Grafik

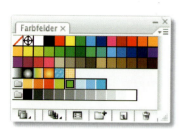

▲ **Abbildung 8.37**
Farbfelder-Palette in der
Miniaturen-Ansicht

▲ **Abbildung 8.38**
Farbfelder-Palette in der
Ansicht als Liste

▲ **Abbildung 8.39**
Farbfächer

Um einheitliche Farbfelder auch für andere Dokumente zur Verfügung zu stellen, besteht die Möglichkeit, **Farbfelder** in **Bibliotheken** zu organisieren, die unabhängig von den Dokumenten gespeichert werden.

Farbfelder-Palette

Die Verwaltung der gespeicherten Farbfelder und Farbgruppen nehmen Sie in der Farbfelder-Palette vor. Wählen Sie den Menüpunkt FENSTER • FARBFELDER, um die Farbfelder-Palette auf dem Bildschirm anzeigen zu lassen. Im Dock klicken Sie das Symbol ▦ an.

Farbfeld-Arten in der Farbfelder-Palette

Farbfelder können folgende Objekteigenschaften aufnehmen: OHNE (Farbe), PROZESSFARBE, VOLLTONFARBE, TONWERT, GRAUSTUFEN, VERLAUF, MUSTER und PASSERMARKEN.

Die verschiedenen Farbfeld-Arten haben ihren Ursprung vor allem in den Anforderungen, die für die Ausgabe auf Belichtern und Druckmaschinen abgedeckt werden müssen.

▶ **Ohne**: Wenn Sie das Farbfeld OHNE ◻ auf einen Pfad bzw. auf eine Fläche anwenden, wird eine eventuell zugeordnete Kontur bzw. Füllung entfernt. Illustrator legt das Farbfeld OHNE automatisch mit jeder neuen Datei an, es kann weder gelöscht noch verändert werden.

▶ **CMYK-Farbe – Prozessfarbe**: Prozessfarben sind Mischwerte aus den vier Grundfarben des Drucks: Cyan, Magenta, Gelb und Schwarz. Aus dem Druckbereich sind sie auch als »Skalenfarben« bekannt. Illustrator bezeichnet Prozessfarben als CMYK-Farben ◻.

CMYK-Farben werden immer dann eingesetzt, wenn so viele Farben in einem Dokument vorhanden sind, dass es unpraktisch und unwirtschaftlich ist, einzelne vorgemischte Druckfarben zu verwenden, wie beispielsweise beim Druck von Farbfotos oder vielfarbigen Illustrationen.

Hinweis: In Dateien, denen der Dokumentfarbmodus RGB zugewiesen ist, werden (etwas verwirrend) auch RGB-Farben als CMYK-Farben verwaltet, allerdings mit dem Symbol ▥.

▶ **Volltonfarbe**: Volltonfarben ◉ sind bereits fertig gemischt, bevor sie in die Druckmaschine gefüllt werden. Mit Volltonfarben statt mit Prozessfarben zu arbeiten ist sinnvoll, wenn im Dokument weniger als vier Farben eingesetzt werden.

Volltonfarben können Prozessfarben auch als zusätzliche Farbe ergänzen, um eine spezielle Farbe für ein Logo oder eine Farbe außerhalb des CMYK-Farbraums zu reproduzieren. Beispiele dafür sind Neonfarben, Metallic, einige Pastelltöne und viele sehr intensive Farben.

Für jede verwendete Volltonfarbe wird eine eigene Druckplatte benötigt. In der Druckterminologie werden solche Farben »Schmuckfarben« genannt. Zu den verbreiteten Druckfarben-Systemen für Volltöne zählen das HKS- und das Pantone-System. Illustrator stellt neben einigen weiteren Systemen auch deren Farbtabellen als Farbbibliotheken bereit (Farbbibliotheken siehe weiter unten).

Die Einrichtung von Volltonfarben eignet sich auch, um Separationsauszüge für eine Drucklackierung oder andere Veredelungsverfahren zu generieren.

▶ **Buchfarbe**: Der überwiegende Teil der Schmuckfarben ist durch die Umsetzung in CMYK nicht darstellbar, dafür sehr viel besser im Lab-Farbraum, dessen Verwendung jedoch auch nicht in jedem Zusammenhang möglich oder sinnvoll ist. Daher wurden Buchfarben eingeführt. Ander als traditionelle Farbfelder enthalten Buchfarben zwei Farbdefinitionen: die CMYK-Übertragung ⊠ und den exakteren Lab-Wert ▦. Basierend auf verschiedenen Einstellungen kommt die eine oder die andere Definition zur Anwendung.

▶ **Tonwert**: Ein Tonwert entsteht, wenn eine Farbe in der Intensität verringert wird, definiert im prozentualen Anteil seiner Grundfarbe. Werte zwischen 0 und 100 % sind möglich.

Tonwert-Farbfelder können nur auf der Grundlage bereits bestehender globaler Farbfelder mit CMYK-Farben oder Volltonfarben erzeugt werden. Tonwert-Farbfelder bleiben mit ihrer Grundfarbe verknüpft, so dass sich auch der Tonwert automatisch ändert, wenn Sie die Grundfarbe bearbeiten.

▶ **Graustufen**: Graustufen sind Abstufungen zwischen »Schwarz« und »Weiß«, definiert im prozentualen Anteil von »Schwarz«. Es lassen sich Werte zwischen 0 und 100 % eingeben. Eine Kontur oder Fläche, deren Farbeigenschaft als Graustufenwert definiert ist, wird bei der Vierfarbseparation nur auf dem Schwarz-Auszug ausgegeben.

▶ **Verlauf**: Ein Verlauf ist ein gerechneter Übergang zwischen zwei oder mehr Farben bzw. zwischen Tonwerten derselben Farbe (siehe Kapitel 9).

▶ **Muster**: Muster sind Rapporte aus Vektor-, Pixel- oder Textobjekten (siehe Kapitel 16, »Muster und Symbole«).

▶ **Passermarken**: Bei der Zuordnung als Kontur- oder Flächen-Eigenschaft erzeugt das Passermarken-Farbfeld ⊕ einen 100%igen Farbauftrag auf *allen* Farbauszügen eines Dokuments. Wie der Wortsinn aussagt, wird dieses Farbfeld zur Erzeugung von Passermarken gebraucht, die eine passgenaue

Hinweis

Mehr zu Buchfarben finden Sie unter Buchfarben-Optionen später in diesem Kapitel.

▲ **Abbildung 8.40**
Unterschiedliche Tonwerte der Farbe Cyan (Ausschnittsvergrößerung)

Hinweis

Da Illustrator teilweise Farbfelder, die als Graustufen definiert werden, eigenmächtig in CMYK-Farbfelder umwandelt, lesen Sie dazu bitte die Ausführungen zu »Graustufen-Farbfeld definieren« in diesem Kapitel weiter unten.

▲ **Abbildung 8.41**
In fotorealistischen Illustrationen werden viele Verlaufsflächen verwendet, um eine plastische Wirkung zu erzielen.

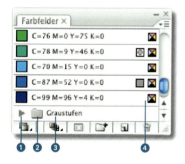

▲ **Abbildung 8.42**
In der ersten Spalte ❶ der Liste ist das Farbfeld mit der zugehörigen Farbe eingeordnet, in der zweiten Spalte ❸ finden Sie den Namen des Farbfelds, auf der rechten Seite der Liste ❹ werden die Kennzeichnungssymbole angezeigt. Gruppen ❷ sind eingerückt und befinden sich immer am unteren Ende der Liste.

Ausrichtung der Druckplatten erlauben. Das Passermarken-Farbfeld wird mit jeder neuen Datei automatisch angelegt, es kann weder gelöscht noch verändert werden. Die Passermarken-Farbe ist auch als »Registration« bekannt.

▸ **Farbgruppe**: Eine Farbgruppe 📁 enthält Prozess- oder Volltonfarbfelder oder eine Kombination aus beiden, jedoch keine Muster- und Verlaufsfelder oder das Passermarken-Farbfeld. Sie können entweder bestehende Farbfelder nachträglich in Farbgruppen einsortieren oder Farbgruppen mit Hilfe von Farbfelder-Palette und INTERAKTIVE FARBE entwickeln.

Funktionen und Kennzeichnungen in der Farbfelder-Palette

Die Farbfelder-Palette bietet mit ihren verschiedenen Ansichten, den Kennzeichnungen und den zur Verfügung gestellten Funktionen eine gute Basis für die Verwaltung der Farben, Verläufe und Muster im gesamten Dokument.

Miniaturen-Ansicht – Listen-Ansicht | Farbfelder-Palette

Die Farbfelder-Palette können Sie sich als KLEINE, MITTLERE und GROSSE MINIATUREN sowie als KLEINE und GROSSE LISTE anzeigen lassen.

Beim ersten Aufruf der Farbfelder-Palette sehen Sie die darin abgelegten Farben als kleine Miniaturen. Um auch die Namen der Farbfelder und die zugehörigen Kennzeichnungen sichtbar zu machen, wählen Sie aus dem Palettenmenü ↴≡ den Darstellungsmodus LISTE aus.

Kennzeichnung der Farbfelder | Farbfelder-Palette

▸ **Globale Farbfelder** werden in der Listen-Ansicht mit dem Symbol ▨ gekennzeichnet, in der Miniaturen-Ansicht durch ein kleines weißes Dreieck in der rechten unteren Ecke des Farbfelds ◩.

▸ **Lokale Farbfelder** sind in der Miniaturen-Ansicht an den voll ausgefüllten Feldern zu erkennen, in der Listen-Darstellung fehlt eine Kennzeichnung.

▸ **CMYK-Farben** bzw. Prozessfarben sind in der Liste mit dem Vierfarbsymbol ▨ markiert bzw. im Dokumentfarbmodus RGB-FARBE mit dem RGB-Symbol ▜.

▸ **Volltonfarben** werden in der Liste durch das Symbol ◉, in der Miniaturen-Ansicht durch einen Punkt ◪ in der rechten unteren Ecke signalisiert. Der zugehörige Farbraum ist an den Zeichen für CMYK ▨, für RGB ▜ bzw. für Lab ▜ zu erkennen.

▸ **»Echte« Graustufen** werden in der Farbfelder-Palette mit dem Symbol ■ angezeigt.

- **Tonwert-Farbfelder** sind nur in der Liste an der Prozentzahl links neben den Bildmarken zu identifizieren.
- **Verläufe** werden nicht durch ein einheitliches Symbol repräsentiert – als Kennzeichnung enthalten die Farbfelder eine Miniatur des eingestellten Verlaufs, z. B. ▮.
- **Muster** haben auch kein einheitliches Symbol, sondern ebenfalls eine Mini-Vorschau des Füllmusters im Farbfeld, z. B. ▦.
- **Passermarken:** Das zugehörige Piktogramm ⊕ erkennen Sie sofort, wenn Sie schon einmal »echte« Passermarken gesehen haben.

Funktionsbuttons | Farbfelder-Palette

Mit den Buttons am unteren Rand der Farbfelder-Palette ist es z. B. möglich, die Liste nach den Farbfeld-Arten zu filtern, Bibliotheken aufzurufen oder Farbfelder aus der Palette zu entfernen. Wenn Sie einen Filtermodus aufrufen, wird die Palette in die Ansicht umgeschaltet, in der diese Filterung zuletzt angezeigt wurde.

- MENÜ FARBFELDBIBLIOTHEKEN ❶ ▦.: In diesem Menü stehen alle im Programmordner vorhandenen Farbbibliotheken zur Auswahl. Außerdem können Sie hier bequem den Inhalt der Farbfelder-Palette als Bibliothek speichern.
- MENÜ »FARBFELDARTEN EINBLENDEN« ❷: Wählen Sie aus dem Menü, welche Farbfeldarten in der Palette angezeigt werden sollen. Der Button zeigt jeweils das Symbol des aktuellen Paletteninhalts an:
  - ALLE FARBFELDER EINBLENDEN ▤: Alle vorhandenen Farbfelder werden in *der* Ansicht angezeigt, in der Sie gerade arbeiten.
  - FARBFELDER EINBLENDEN ▦: Mit diesem Button werden alle Felder angezeigt die Farben enthalten: CMYK-FARBEN, VOLLTONFARBEN, OHNE und PASSERKREUZE.
  - VERLAUFSFELDER ▮: Die Palette präsentiert nur die vorhandenen Verlaufsfelder.
  - MUSTERFELDER ▦: Der Paletteninhalt wird auf Felder mit Füllmustern beschränkt.
  - FARBGRUPPEN EINBLENDEN ▭▭: Sie sehen nur die Farbgruppen in der Palette.
- FARBFELDOPTIONEN ❸ ▦: Mit diesem Befehl rufen Sie die Optionen auf, die für das ausgewählte Farbfeld zur Verfügung stehen.
- NEUE FARBGRUPPE ❹ ▱⁺: Sind Farbfelder aktiviert, können Sie diese mit einem Klick auf den Button in eine Gruppe zusammenfügen. Ist kein Farbfeld aktiv, wird eine leere Gruppe erzeugt.

[Farbwerteatlas]
Die Farbwirkung wird immer auch durch das verwendete Papier beeinflusst. Auf Naturpapieren sehen Farben anders aus als auf Kunstdruckpapieren, wie sie für Fotokalender verwendet werden. Bestimmen Sie Farben daher möglichst nach Referenzmustern, die auf einem ähnlichen Papier gedruckt sind, wie Sie es für die Produktion geplant haben. Farbmusterbücher oder Farbwerteatlanten bekommen Sie im Fachbuchhandel (siehe Abbildung 8.9).

▲ **Abbildung 8.43**
Anzeige der Verlaufsfelder

▲ **Abbildung 8.44**
Muster-Farbfelder

Tipp

Wenn Sie eine Palettenansicht – große, mitlere bzw. kleine Miniaturen oder große bzw. kleine Liste aus dem Palettenmenü wählen und dabei ⌘/Alt drücken, wird die gewählte Ansicht bei allen Farbfeld-Typen für die jeweilige Einzelanzeige verwendet.

Hinweis

Achten Sie darauf, dass kein Objekt auf der Zeichenfläche ausgewählt ist, wenn Sie Farbfelder manuell sortieren, da sonst das jeweils angeklickte Farbfeld als Eigenschaft für die aktiven Objekte übernommen wird.

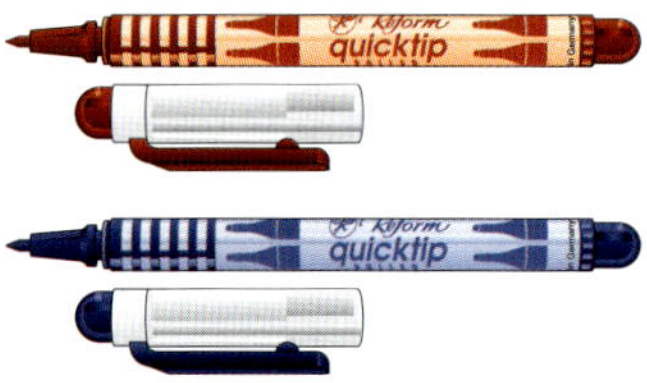

▲ **Abbildung 8.45**
Färben Sie Objekte um, indem Sie globale Farbfelder neu definieren.

▶ NEUES FARBFELD ❺ 🔲: Mit diesem Button kann ein neues Farbfeld angelegt werden. Wie Sie dabei vorgehen, ist weiter unten beschrieben.

▶ FARBFELD LÖSCHEN ❻ 🗑: Der Papierkorb-Button ist nur aktiv, wenn Sie ein Farbfeld ausgewählt haben. Mit einem Klick auf den Button löschen Sie das aktive Farbfeld aus der Palette.

Farbfelder sortieren | Farbfelder-Palette

Sie können die Farbfelder-Palette nach logischen Kriterien sortieren lassen oder die Reihenfolge der Felder manuell ändern.

▶ NACH NAME SORTIEREN: Wählen Sie im Palettenmenü den Befehl NACH NAME SORTIEREN, um die Palette entsprechend sortieren zu lassen.

▶ NACH ART SORTIEREN: Dieser Menüpunkt im Palettenmenü sortiert die Palette nach den Farbfelder-Arten in der folgenden Reihenfolge: OHNE, PASSERKREUZE, LOKALE FARBEN, GLOBALE FARBEN, VERLÄUFE, MUSTER und FARBGRUPPEN. Tonwert-Farbfelder ordnet Illustrator nach den Grundfarben ein, aus denen sie generiert wurden.

▶ Manuell sortieren: Um die Palette manuell zu sortieren, klicken Sie ein Farbfeld an und ziehen es an eine andere Position.

Farbfelder schnell finden | Farbfelder-Palette

Es ist möglich, ein gewünschtes Farbfeld schnell zu finden, indem Sie es anhand der ersten Buchstaben des Feldnamens suchen lassen. Rufen Sie dazu im Palettenmenü den Befehl SUCHFELD EINBLENDEN auf. In das nun angezeigte Textfeld können Sie den Anfang des Namens eingeben, um das entsprechende Farbfeld direkt anzuspringen.

Neue Farbfelder in die Farbfelder-Palette aufnehmen

Wenn Sie ein neues Farbfeld in der Farbfelder-Palette anlegen wollen, stehen Ihnen verschiedene Wege zur Verfügung.

Neues Farbfeld... | Wählen Sie den Befehl entweder aus dem Palettenmenü, oder Sie klicken den Button am unteren Rand der Palette an, dann erscheint die Dialogbox NEUES FARBFELD. Der in der Farbpalette bzw. Werkzeugpalette aktuell definierte Farbwert ist als Vorgabe in der Dialogbox eingestellt. Die Farbe kann so durch OK übernommen oder mit den Optionen der Dialogbox verändert werden.

Diese Möglichkeit, ein Feld in der Palette anzulegen, besteht nur für Prozess- und Volltonfarben sowie Graustufen. Details zu den einzelnen Farbtypen finden Sie auf den folgenden Seiten.

- Modifikationsmöglichkeiten: Wenn Sie gleichzeitig mit der Betätigung des Buttons Neues Farbfeld mit der Tastatur modifizieren, können Sie direkt diverse Optionen in der Dialogbox voreinstellen:
  - ⌘/Strg : Das Farbfeld wird als Volltonfarbe angelegt.
  - ⇧ : Eine CMYK-Farbe wird als lokal definiert.
  - ⌘/Strg + ⇧ : Eine globale Prozessfarbe ist vordefiniert.
  - ⌥/Alt : Ohne eine Dialogbox zu öffnen, wird ein lokales Prozessfarbfeld angelegt.
  - ⌥/Alt + ⇧ : Eine globale Prozessfarbe wird erzeugt, ohne die Dialogbox anzuzeigen.

Farbe etc. in die Farbfelder-Palette ziehen | Fertig konfigurierte Farben, Tonwerte und Verläufe können aus den entsprechenden Paletten bzw. Füllmuster von der Zeichenfläche in die Farbfelder-Palette gezogen werden, um sie dort in einem eigenen Farbfeld zu speichern. Neu angelegte Farben und Farbtöne sind zunächst als *lokale* Eigenschaften definiert, die Sie gegebenenfalls mit Hilfe der Dialogbox Farbfeldoptionen in globale Farben umdefinieren müssen.

Modifikationsmöglichkeiten: Verwenden Sie beim Ziehen der Farbe die Modifizierungstasten, um Optionen direkt einzurichten:

- ⌘/Strg : Das Farbfeld wird als Volltonfarbe angelegt.
- ⌘/Strg + ⇧ : Die CMYK-Farbe wird als Global definiert.
- ⌥/Alt : Ziehen Sie die Farbe über ein bestehendes Farbfeld, um dessen Definition zu ersetzen.

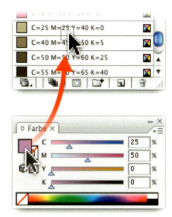

▲ **Abbildung 8.46**
Die Miniatur einer Farbe aus der Farbpalette in die Farbfelder-Palette ziehen

Farbfeldoptionen bzw. Neues Farbfeld

Die beiden Dialogboxen Farbfeldoptionen und Neues Farbfeld unterscheiden sich lediglich durch den Titelbalken.

Die Dialogbox Farbfeldoptionen wird geöffnet, wenn Sie auf ein Feld in der Farbfelder-Palette doppelklicken bzw. aktivieren und die Anweisung Farbfeldoptionen… im Palettenmenü oder mit dem Button 🔲 aufrufen.

Der Dialog Neues Farbfeld wird angezeigt, sobald Sie per Button 🔲 oder im Palettenmenü ein neues Farbfeld erzeugen.

Bei einem Doppelklick auf Verlaufs- und Musterfelder wird ebenfalls die Dialogbox Farbfeldoptionen angezeigt, allerdings ist für diese Farbfeld-Arten lediglich die Änderung des Farbfeldnamens möglich.

- Farbfeldname: Der Name der Farbe wird in der Farbfelder-Palette angezeigt und kann hier auch umbenannt werden. Voreingestellt verwendet Illustrator die Farbdefinition als Namen. Dieser Name wird auch aktualisiert, wenn Sie die

Tipp

Beim Erstellen eines neuen Farbfelds sollte kein Farbtonfeld aktiviert sein, da bei aktiviertem Farbtonfeld dieses dupliziert wird, anstatt die Dialogbox zu öffnen.

Tipp

Möchten Sie, dass Illustrator den Namen Ihres Farbfelds aktualisiert, sobald Sie die Definition ändern, dann ändern Sie auf keinen Fall die Schreibweise.

Definition zu einem späteren Zeitpunkt ändern. Dazu muss das Farbfeld jedoch im Dokumentfarbmodus angelegt sein und die Schreibweise der Farbdefinition intakt bleiben.

Abbildung 8.47 ▶

Dialogbox NEUES FARBFELD

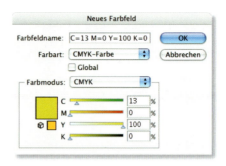

Hinweis

Für Illustrationen benötigen Sie häufig Tonwerte Ihrer Farbfelder. Tonwerte können Sie jedoch nur von Vollton- oder globalen Farbfeldern erstellen.

Tipp

Wenn Sie ein Farbfeld dauerhaft in einem anderen Farbmodus als dem aktuellen Dokumentfarbmodus speichern möchten – also beispielsweise ein RGB-Farbfeld in einem CMYK-Dokument – ist das nur möglich, wenn Sie diese Farbe in der Farbart VOLLTONFARBE definieren!

▲ **Abbildung 8.48**

Volltonfarbe, Global-Option

▶ FARBART: Mit diesem Aufklappmenü bestimmen Sie, auf welche Art die Farbe im Druck reproduziert wird. Sie haben die Wahl zwischen CMYK-FARBE und VOLLTONFARBE.

   ▶ Einstellung im Dokumentfarbmodus CMYK-FARBE: Eine CMYK-Farbe bzw. Prozessfarbe wird in die Grundfarben des Drucks Cyan, Magenta, Gelb und Schwarz zerlegt. Volltonfarben dagegen druckt man als vorgemischte Farbtöne, von jeder Volltonfarbe wird eine separate Druckplatte erzeugt.

   ▶ Einstellung im Dokumentfarbmodus RGB-FARBE: Sollten Sie ausschließlich für Bildschirm, Projektion o. Ä. gestalten – also im Dokumentfarbmodus RGB-FARBE –, können Sie für die Farbart sowohl CMYK-FARBE als auch VOLLTONFARBE wählen, da Ihre Farben nicht vierfarbsepariert werden müssen.

▶ GLOBAL: Mit diesem Kontrollkästchen bestimmen Sie, ob eine Farbe global oder lokal angelegt werden soll. Nur bei Farbfeldern mit globalen Farben bleibt nach der Zuordnung der Farbe als Eigenschaft für ein Objekt die Verknüpfung zwischen dem Farbfeld und dem Objekt aufrechterhalten. Darüber hinaus ist es möglich, von globalen Farbfeldern Farbtöne zu erzeugen.

   ▶ Bei der Farbart VOLLTONFARBE ist diese Option nicht aktiv, weil Volltonfarben von Illustrator grundsätzlich als globale Farben definiert werden.

   ▶ Auf die Farbseparation hat die Option GLOBAL keine Auswirkung.

▶ FARBMODUS: Wählen Sie aus diesem Ausklappmenü, in welchem Farbmodus Sie die Farbe definieren möchten – die Anzeige der Schieberegler wechselt nach Ihrer Auswahl.
   Achtung! Wenn Sie als Farbart CMYK-FARBE ausgewählt haben, rechnet Illustrator die von Ihnen definierte Farbe in den Doku-

mentfarbmodus um. Hier bilden nur »echte« Graustufen eine Ausnahme (Graustufen siehe unten). Haben Sie dagegen Volltonfarbe aktiviert, bestimmt die Farbdefinition lediglich die Bildschirmanzeige Ihrer Farbe. Das Druckergebnis hängt ausschließlich von der Farbmischung in der Druckmaschine ab.

▶ Signalisierung ⚠ und 🗊 : Die Kennzeichnung der Farben, die im Vierfarbdruck nicht darstellbar sind ⚠, und der Hinweis auf Websichere Farben 🗊 entspricht der Signalisierung, wie sie weiter oben beim Farbwähler beschrieben wurde. Auch die Handhabung ist gleich.

▶ Vorschau: Objekte, denen das bearbeitete Farbfeld als Eigenschaft zugeordnet wurde, zeigen die Änderungen, die Sie in der Dialogbox vornehmen, sofort an, wenn Sie das Kontrollkästchen Vorschau aktivieren.

CMYK-Farbe/Prozessfarbe definieren

1. Rufen Sie entweder Neues Farbfeld... aus dem Palettenmenü auf oder die Farbfeldoptionen mit einem Doppelklick auf eine Farbe in der Farbfelder-Palette.
2. Stellen Sie CMYK-Farbe im Ausklappmenü Farbart ein.
3. Wählen Sie den Farbmodus entsprechend der obigen Ausführungen zu diesem Thema bei den Erläuterungen der Dialogbox Farbfeldoptionen.
4. Aktivieren Sie, wenn nötig, die Option Vorschau.
5. Definieren Sie die Farbe mit den Reglern oder durch Eintragen der Werte in die Eingabefelder. Zwischen den Textfeldern können Sie mit ⇥ navigieren.
   Achten Sie gegebenenfalls auf die Vierfarbsignalisierung mit dem Warndreieck ⚠ bzw. den Hinweis auf websichere Farben durch den Farbwürfel 🗊 .
6. Bestimmen Sie mit dem Kontrollkästchen Global, ob die neu definierte Prozessfarbe global oder lokal verwendet werden soll.
7. Tragen Sie den gewünschten Farbfeldnamen ein.
8. Bestätigen Sie Ihre Eingaben mit OK.

Volltonfarbe definieren

1. Rufen Sie entweder die Dialogbox Neues Farbfeld oder Farbfeldoptionen auf.
2. Stellen Sie Volltonfarbe im Ausklappmenü Farbart ein. Volltonfarben sind immer global!
3. Wählen Sie den Farbmodus entsprechend der obigen Ausführungen zu diesem Thema bei den Erläuterungen der Dialogbox Farbfeldoptionen.
4. Aktivieren Sie, wenn nötig, die Option Vorschau.

5. Definieren Sie die Farbe mit den Reglern oder durch Eintragen der Werte in die Eingabefelder. Zwischen den Textfeldern können Sie mit ⇥ navigieren.
6. Tragen Sie den gewünschten Farbfeldnamen ein.
7. Bestätigen Sie Ihre Eingaben mit OK.

Beachten Sie bitte: Auch wenn Sie Volltonfarben in der Datei im CMYK-Modus definieren, steuern Sie normalerweise damit nicht die Farbseparation, sondern nur die Bildschirmdarstellung und die Farbmischung auf Desktop-Druckern!

Die Bildschirmdarstellung der Volltonfarbe sowie der Ausdruck auf solchen Druckern kann deshalb nur eine angenäherte Simulation der letztendlich gedruckten Farbe sein.

Hinweis

Nur wenn Sie Volltonfarben über die Dialogbox DRUCKEN… separieren lassen, werden die Farbfelddefinitionen für die Separation verwendet.

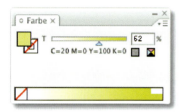

▲ **Abbildung 8.49**
Tonwert einer Volltonfarbe

Hinweis

Ein Tonwert-Farbfeld bleibt immer mit dem Farbfeld der Quellfarbe verbunden. Änderungen an der Definition der Quellfarbe bewirken auch eine Veränderung aller zugehörigen Tonwert-Farbfelder!

▲ **Abbildung 8.50**
Definition eines Graustufen-Farbfelds

Tonwert-Farbfeld definieren

Ein Tonwert-Farbfeld kann nur aus einer Globalen CMYK-Farbe oder aus einer Volltonfarbe erzeugt werden.

Ein Tonwert-Farbfeld erzeugen Sie wie folgt:

1. Wählen Sie aus der Farbfelder-Palette eine Volltonfarbe oder eine globale Prozessfarbe aus. Sie können auch ein Objekt aktivieren, dem Sie eine solche Farbe zugewiesen haben.
2. Die aktive Farbe wird im Tonwert-Farbbalken in der Farbpalette angezeigt. Tragen Sie die Intensität in das Eingabefeld ein, oder bewegen Sie den Regler an die gewünschte Position. Sie können Tonwerte zwischen 0 und 100 % eingeben: 0 % bedeutet kein Farbauftrag, 100 % volle Intensität.
3. Wenn Sie den Tonwert als Farbfeld speichern möchten, ziehen Sie die Miniatur des Tonwerts aus der Farbpalette in die Farbfelder-Palette, oder betätigen Sie den Button NEUES FARBFELD in der Farbfelder-Palette. Das Tonwert-Farbfeld erhält den Namen des Farbfelds der Grundfarbe – die Intensität wird als Prozentwert an den Namen angefügt.

Achtung! Mit einem Doppelklick auf ein Tonwert-Farbfeld wird die Dialogbox FARBFELDOPTIONEN zur *Quellfarbe* aufgerufen! Änderungen, die Sie darin vornehmen, wirken sich auf die Quellfarbe und auf *alle* damit verbundenen Tonwert-Farbfelder aus!

Graustufen-Farbfeld definieren

»Echte« Graustufen, die Sie auf ein Objekt als Eigenschaft anwenden, werden bei der Vierfarbseparation im Belichter nur im Auszug für die schwarze Druckplatte ausgegeben. Solche Graustufen-Farbfelder bleiben auch bei einem Wechsel des Dokumentfarbmodus in der Originaldefinition erhalten und werden nicht konvertiert.

So definieren Sie ein Graustufen-Farbfeld:

1. Rufen Sie über das Palettenmenü  der Farbfelder-Palette oder den Button NEUES FARBFELD ▣ die Dialogbox NEUES FARBFELD auf.
2. Stellen Sie CMYK-FARBE im Ausklappmenü FARBART ein.
3. Deaktivieren Sie das Kontrollkästchen GLOBAL.
   Hinweis: In Illustrator können »echte« Graustufen nur als *lokales* Farbfeld angelegt werden!
4. Wählen Sie den Menüpunkt GRAUSTUFEN in dem Ausklappmenü FARBMODUS. Der Graustufenbalken wird angezeigt.
5. Definieren Sie den gewünschten Grauwert mit dem Farbregler oder durch Eintragen des numerischen Werts in das Eingabefeld.
6. Tragen Sie den gewünschten Farbfeldnamen ein.
7. Bestätigen Sie Ihre Eingaben mit OK.
8. Überprüfen Sie, ob das neue Farbfeld in der Listen-Darstellung der Farbfelder-Palette durch das Symbol ■ markiert ist.

Achtung! Wenn Sie den Farbmodus GRAUSTUFEN wählen, aber das Farbfeld als GLOBAL anlegen, oder die Farbart VOLLTONFARBE einstellen, wandelt Illustrator das Farbfeld eigenmächtig und ohne Warnhinweis in eine vierfarbdefinierte CMYK-Farbe um! Das wird erkennbar, sobald Sie für das neu angelegte Farbfeld noch einmal die Farbfeld-Optionen aufrufen.

Verlauf-Farbfeld anlegen

Um ein neues Verlauf-Farbfeld anzulegen, erstellen Sie zunächst den Verlauf in der Verlauf-Palette. Ziehen Sie die Miniatur des Verlaufs aus der Verlauf-Palette in die Farbfelder-Palette. Da die Definitionen aus der Verlaufspalette auch in der Farbpalette angezeigt werden, können Sie alternativ den Button NEUES FARBFELD ▣ betätigen. Verlauf-Farbfelder sind immer global. Zur Erstellung und der Arbeit mit Verläufen siehe Kapitel 9.

Muster-Farbfeld anlegen

Die Erstellung und die Arbeit mit Mustern ist ausführlich in Kapitel 16, »Muster und Symbole«, beschrieben.

Farbfelder aus verwendeten Farben erstellen

Diese praktische Funktion hat endlich ihren Weg in das Programm gefunden. Wenn Sie Farbfelder von Farben erhalten wollen, die nur an Objekten definiert sind, dann gab es bisher nur den Weg, dies über Skripte von Drittanbietern zu lösen.

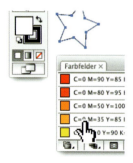

Hinweis

Verläufe können Sie nicht auf Konturen anwenden.

Seit Illustrator CS3 haben Sie die Möglichkeit, entweder alle im Dokument verwendeten Farben oder die Farben ausgewählter Objekte als globale Farbfelder zur Farbfelder-Palette hinzuzufügen. Die Funktion berücksichtigt alle in Verläufen oder Verlaufsgittern definierten Farben sowie Farben von Objekten auf gesperrten Ebenen, jedoch keine Verläufe oder Muster.

Aktivieren Sie das Objekt, dessen Farben Sie als Farbfelder generieren möchten, und rufen Sie den Befehl AUSGEWÄHLTE FARBEN HINZUFÜGEN auf, oder deaktivieren Sie alle Objekte und wählen VERWENDETE FARBEN HINZUFÜGEN aus dem Palettenmenü der Farbfelder-Palette. Die Farbfelder werden erzeugt und den Objekten zugewiesen.

Mit Farbfeldern arbeiten

Die zentrale Speicherung von Farben, Farbtönen, Verläufen und Mustern in den Farbfeldern eines Dokuments ist vor allem dann von Nutzen, wenn Sie Änderungen zeitsparend durchführen möchten. Um die Korrekturmöglichkeiten auch voll ausschöpfen zu können, müssen diese von Beginn der Arbeit an entsprechend eingeplant werden.

Farbfelder zuweisen | Wenn Sie den Inhalt eines Farbfelds der Kontur bzw. der Fläche eines Objekts als Eigenschaft zuweisen wollen, sind folgende Schritte erforderlich:

1. Wählen Sie das gewünschte Objekt aus.
2. Klicken Sie in der Werkzeugpalette auf das Feld FLÄCHE, sofern Sie eine Füllung zuweisen möchten, oder auf das Feld KONTUR, um die Kontur mit einer Eigenschaft zu versehen.
3. Mit einem Klick auf die gewünschte Farbe, einen Verlauf oder ein Muster in der Farbfelder-Palette schließen Sie die Aktion ab.

Farben über die Steuerungspalette zuweisen | Alternativ wählen Sie das Farbfeld in der Steuerungspalette aus. Klicken Sie dazu kurz in das Farbfeld des Ausklappmenüs neben FLÄCHE bzw. KONTUR, aber halten Sie die Maustaste *nicht* gedrückt, um dort die Farbfelder-Auswahl einzublenden. Durch einen Klick auf das gewünschte Farbfeld in der Auswahl weisen Sie die Eigenschaft zu.

Farbfelder duplizieren | Um ein Farbfeld zu duplizieren, aktivieren Sie das entsprechende Farbfeld und wählen den Befehl FARBFELD DUPLIZIEREN im Palettenmenü ▣ aus. Alternativ ziehen Sie das Farbfeld auf das Symbol des Buttons NEUES FARBFELD ▣.

Modifizierungsmöglichkeit:

▸ Drücken Sie ⌘/Strg und klicken weitere Farbfelder an, um diese zur Auswahl hinzuzufügen und anschließend gemeinsam zu duplizieren.

Farbfelder ersetzen | Um ein Farbfeld zu ersetzen, halten Sie ⌥/Alt gedrückt, und ziehen Sie eine Farbe oder einen Verlauf aus der Farbpalette, der Farbhilfe-Palette, der Werkzeugpalette bzw. Verlaufspalette, einer Bibliothek oder von einem Objekt auf das Farbfeld, das Sie ersetzen wolle. Achten Sie darauf, dass dieses durch einen Rahmen hervorgehoben wird, bevor Sie die Maustaste loslassen.

Ersetzen Sie eine globale Farbe, werden die Objekte aktualisiert, die dieses Farbfeld verwenden.

Globale Farbfelder zusammenfügen | Wenn Sie gleiche oder ähnliche Farben dokumentweit vereinheitlichen möchten, z. B. um die Anzahl der Sonderfarben zu reduzieren, können Sie Farbfelder mit globalen Farben bzw. Verläufe oder Muster zusammenfügen. Dazu aktivieren Sie zunächst das Farbfeld, das die anderen ersetzen soll. Anschließend wählen Sie zusätzlich die Farbfelder aus, die Sie ersetzen wollen, und klicken im Palettenmenü auf den Befehl FARBFELDER ZUSAMMENFÜGEN.

Objekte, denen die ersetzten Farbfelder zugeordnet waren, werden aktualisiert.

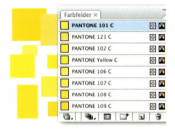

▲ **Abbildung 8.54**
Volltonfarben zusammenfügen

Farbfelder löschen | Aktivieren Sie das oder die Farbfelder, die Sie löschen möchten. Anschließend wählen Sie FARBFELD LÖSCHEN aus dem Palettenmenü oder betätigen den Button FARBFELD LÖSCHEN 🗑.

Löschen Sie ein Farbfeld mit einer globalen Farbe, geht die Farbeigenschaft in Objekten, die dieses Farbfeld verwenden, nicht verloren, sie wird vom Programm in eine lokale Farbe ohne Verbindung zu einem Farbfeld umgewandelt. Da eine Volltonfarbe nur global sein kann, wird diese gegebenenfalls in die Farbart CMYK-Farbe konvertiert.

Hinweis

Farbfelder kosten Speicherplatz, deshalb ist es nützlich, den Inhalt der Palette zu reduzieren, wenn Sie die Datei versenden möchten.

Nicht benutzte Farbfelder löschen | Manchmal ist es nützlich, aus der Farbfelder-Palette alle nicht benötigten Farbfelder zu tilgen, vor allem wenn Sie die Standard-Farbfelder um viele eigene ergänzt haben.

Verwenden Sie aus dem Palettenmenü den Befehl ALLE NICHT VERWENDETEN AUSWÄHLEN, um die in Ihrem Dokument unbenutzten Farben, Verläufe, Muster etc. zu aktivieren. Anschließend löschen Sie die aktiven Farbfelder.

Die »bereinigte« Palette wird *nicht* automatisch als Voreinstellung für neue Dokumente übernommen!

Farbgruppen erstellen

Organisieren Sie beliebige zusammengehörende Farben sowie Farbharmonien mit der Farbfelder-Palette oder der LiveColor-Funktion zu Farbgruppen.

▶ **Farbfelder-Palette**: Aktivieren Sie mehrere Farbfelder und rufen NEUE FARBGRUPPE... aus dem Menü der Farbfelder-Palette auf oder klicken auf den gleichnamigen Button unten in der Palette ▧⁺.
Alternativ aktivieren Sie eines oder mehrere Objekte und klicken ▧⁺ an, um eine Farbgruppe aus den in diesen Elementen verwendeten Farben zu erstellen.

▶ **Farbhilfe-Palette**: Die in der Farbhilfe-Palette eingestellte Farbharmonie speichern Sie mit dem Befehl aus dem Palettenmenü oder einem Klick auf den Button FARBGRUPPE IN FARBFELDBEDIENFELD SPEICHERN ▧⁺.

▶ **Interaktive Farbe**: In der Dialogbox INTERAKTIVE FARBE klicken Sie ebenfalls auf den Button NEUE FARBGRUPPE ▧⁺, um die eingestellte Farbharmonie als Farbgruppe zu speichern.

Mit Farbgruppen arbeiten

Farbgruppen lassen sich zu einem späteren Zeitpunkt ergänzen oder auflösen.

Ein Farbfeld zur Farbgruppe hinzufügen | Ziehen Sie ein bestehendes Farbfeld an die gewünschte Stelle in der Farbgruppe oder ziehen Sie es auf das Ordnersymbol. Um gleichzeitig ein neues Farbfeld zu erstellen und es einer Farbgruppe hinzuzufügen, aktivieren Sie die Farbgruppe mit einem Klick auf das Ordner-Symbol 📁 und klicken auf den Button NEUES FARBFELD 🔳.

Farbgruppen auflösen | Möchten Sie die Gruppierung von Farbfeldern entfernen und den Inhalt einer Farbgruppe wieder in normale Farbfelder zurückwandeln, aktivieren Sie die Gruppe durch einen Klick auf das Ordner-Symbol 📁 und wählen Sie GRUPPIERUNG DER FARBGRUPPE AUFHEBEN aus dem Menü der Farbfelder-Palette.

Farbgruppen löschen | Um die Farbgruppe und alle darin enthaltenen Farbfelder zu löschen, aktivieren Sie die Farbgruppe und klicken auf den Button FARBFELD LÖSCHEN 🗑. Drücken Sie dabei ⌥/Alt, um die Farbgruppe ohne Nachfrage zu löschen.

Mit Farbfeldbibliotheken arbeiten

Die mit Illustrator fertig gelieferten Farbfeldbibliotheken sind Farbensammlungen aus verschiedenen Farbmodellen wie z.B. Pantone, HKS etc.

Farbfeldbibliothek laden | Bei der Installation des Programms werden die vorgefertigten Farbfeldbibliotheken im Illustrator-Ordner unter dem Verzeichnispfad …/Adobe Illustrator CS3/Vorgaben/Farbfelder/ abgespeichert. Um eine dieser Bibliotheken aufzurufen, stehen Ihnen drei Möglichkeiten zur Verfügung: Entweder lassen Sie sich das Bibliotheksverzeichnis im Menü unter FENSTER • FARBFELDBIBLIOTHEKEN anzeigen oder im Palettenmenü ≔ der Farbfelder-Palette unter FARBFELDER-BIBLIOTHEK ÖFFNEN bzw. mit dem gleichnamigen Button ▦ unten links in der Farbfelder-Palette, und wählen eine der aufgeführten Bibliotheken aus.

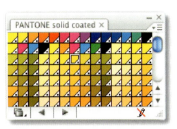

▲ **Abbildung 8.55**
Eine Pantone-Farbbibliothek

Farbfeldbibliotheken werden in einer eigenen Palettengruppe geöffnet. Bibliotheken, die Sie zusätzlich aufrufen, fügt Illustrator ebenfalls dieser Palettengruppe hinzu.

Möchten Sie eine Farbfeldbibliothek nach jedem Start von Illustrator anzeigen lassen, wählen Sie die Funktion GLEICHE POSITION aus dem Palettenmenü ≔, der Menüpunkt wird mit einem Haken versehen. Wenn Sie die Palette nicht mehr benötigen, geben Sie noch einmal den Befehl GLEICHE POSITION. Damit wird der Haken vor dem Menüpunkt wieder entfernt, und beim nächsten Programmstart ruft Illustrator diese Bibliothek nicht mehr auf.

Hinweis

Der Befehl GLEICHE POSITION gilt nicht für die *ganze* Palettengruppe, sondern nur für die jeweils aktive Bibliothek. Die Funktion steht jetzt auch für Verlaufs- und Muster-Bibliotheken zur Verfügung.

Farbfeldbibliotheken durchblättern | Mit den Buttons in der Bibliotheken-Palette »browsen« Sie durch die vorhandenen Bibliotheken.

▶ AUS DEM MENÜ WÄHLEN ▦: Soll eine in der Bibliotheks-Palette angezeigte durch eine andere Bibliothek ersetzt werden, rufen Sie die Farbbibliothek mit dem Menü ▦ in der Bibliotheks-Palette auf.

▶ VORHERIGE/NÄCHSTE BIBLIOTHEK LADEN ◀ ▶: Mit den Pfeil-Buttons laden Sie die Bibliotheken der Reihenfolge nach.

▲ **Abbildung 8.56**
Klicken Sie das erste und zusammen mit der Taste ⬦ das letzte gewünschte Farbfeld an, um auch die dazwischenliegenden mit auszuwählen.

Farbfelder aus Bibliotheken übernehmen | Um ein Farbfeld aus einer der Farbfeld-Bibliotheken in die Farbfelder-Palette des aktuellen Dokuments zu übernehmen, gibt es mehrere Wege:

▶ Ein Klick auf ein Farbfeld in einer Farbfelder-Bibliothek fügt dieses der Farbfelder-Palette hinzu.

▶ Aktivieren Sie die gewünschten Felder in der Bibliothek (siehe Abbildung 8.56). Wählen Sie anschließend aus dem Paletten-

menü der Farbfelder-Bibliothek den Menüpunkt Zu Farbfeldern hinzufügen.

▶ Ziehen Sie das oder die gewünschten Farbfelder aus der Bibliothek in die Farbfelder-Palette.

▶ Weisen Sie einem Objekt ein Farbfeld aus der Bibliothek zu,
damit wird es automatisch in die Farbfelder-Palette übernommen.

Buchfarben-Optionen | Rufen Sie Volltonfarben… aus dem
Menü der Farbfelder-Palette auf, um zu definieren, wie Buchfarben in Prozessfarben umgerechnet werden.

Abbildung 8.57 ▶
Volltonfarbenoptionen

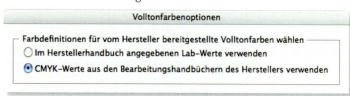

Sprechen Sie auf jeden Fall mit Ihrem Dienstleister darüber, welche Einstellung unter den gegebenen Umständen vorzuziehen
ist.

▶ Lab-Werte verwenden: Diese Option führt dazu, dass Buchfarben auf Basis der vom Hersteller definierten Lab-Werte
anhand der Farbmanagement-Einstellungen in CMYK-Werte
umgewandelt werden. Damit erhalten Sie zwar eventuell eine
genauere Annäherung an die Volltonfarbe, dies kann jedoch zu
Lasten der Konsistenz der Farbe über mehrere Programme und
Anwendungen hinweg geschehen.

▶ CMYK-Werte verwenden: Mit dieser Option wird die Buch-
farbe anhand der CMYK-Definition des Herstellers umgewan-
delt. Diese Option ist häufig vorzuziehen, da mit Hilfe der
Überdruckenvorschau bzw. der Option Überdrucken simu-
lieren beim Drucken von Fall zu Fall auf die Umwandlung mit
Hilfe der Lab-Werte zurückgegriffen werden kann.
Die CMYK-Definition ermitteln die Hersteller auch unter der
Maßgabe, so wenig Prozessfarben wie möglich zu mischen.

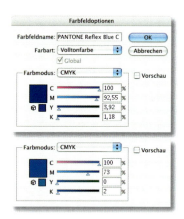

▲ **Abbildung 8.58**
Umwandlung von Pantone Reflex
Blue mit Option Lab (oben)
CMYK (unten)

Tipp

Bibliotheken sind nicht an das
Dokument gebunden, deshalb
ist es sinnvoll, Farben, Verläufe
und Muster, die Sie in mehreren
Illustrationen verwenden wollen,
in eigenen Farbfelder-Bibliotheken zusammenzuführen und
abzuspeichern.

Farben aus anderen Dokumenten laden | Um Farbfelder aus
einer anderen Illustrator-Datei in das aktuelle Dokument zu
laden, sind zwei Vorgehensweisen möglich:

▶ Wählen Sie aus dem Palettenmenü der Farbfelder-Palette den
Befehl Farbfelder-Bibliothek öffnen • Andere Bibliothek…
In dem aufgerufenen Öffnen-Dialog wählen Sie die gewünschte
Illustrator-Datei aus, deren Farbfelder Sie übernehmen möch-
ten. Alle Farbfelder der anderen Datei werden in einer eigenen
Bibliothekspalette angezeigt.

- Wenn Sie nur einige Farben aus einer anderen Illustration benötigen, kopieren Sie dort die Objekte, denen die gewünschten Farbfelder zugeordnet sind, in die Zwischenablage und fügen die Objekte ins aktuelle Dokument ein. Dabei werden globale Farbfelder automatisch in die Farbfelder-Palette eingefügt. Lokale Farbfelder müssen Sie nötigenfalls aus den Farben der Objekte erstellen. Die nicht benötigten eingefügten Objekte können Sie nach der Übernahme der Farben löschen. Haben eingefügte Farbfelder den gleichen Namen, aber eine andere Farbdefinition als Farbfelder im Arbeitsdokument, tritt ein Farbfeld-Konflikt auf. Handelt es sich dabei um Volltonfarben, werden die Farbdefinitionen der aktuellen Datei beibehalten. Bei Prozessfarben erscheint die Dialogbox FARBFELD-KONFLIKT. Sie haben folgende Auswahl:
  - FARBFELDER ZUSAMMENFÜGEN: Die Farben des aktuellen Dokuments werden beibehalten.
  - FARBFELDER HINZUFÜGEN: Die Farbfelder werden der Farbfelder-Palette hinzugefügt, und den Namen wird eine fortlaufende Nummer angehängt.

▲ **Abbildung 8.59**
Dialogbox FARBFELDKONFLIKT

Farbfelder-Bibliotheken selbst erstellen | Beim Speichern als Bibliothek werden alle Farbfelder verwendet, die sich in der Farbfelder-Palette befinden. Löschen Sie also zunächst alle Farbfelder, die Sie nicht in der Bibliothek benötigen – die Farbfelder PASSERMARKEN und OHNE werden ohnehin nicht in eine Bibliothek gespeichert. Anschließend erstellen Sie die Bibliothek mit der Funktion FARBFELDBIBLIOTHEK ALS AI SPEICHERN… aus dem Menü der Farbfelder-Palette.

Illustrator wählt im Speichern-Dialog automatisch den Ordner aus, in dem auch die programmeigenen Bibliotheken abgelegt sind. Speichern Sie Ihre Bibliothek an dieser Stelle, lässt sie sich anschließend über das Bibliotheken-Menü aufrufen.

▲ **Abbildung 8.60**
Aufrufen benutzerdefinierter Bibliotheken

Farben in der Creative Suite 3 austauschen | Um Farbfelder zwischen Illustrator, Photoshop und InDesign auszutauschen, müssen Sie die Farbfelder zunächst aus der jeweiligen Applikation exportieren. Wählen Sie dazu aus dem Palettenmenü der Farbfelder-Palette des entsprechenden Programms den Punkt FARBFELDER FÜR DEN AUSTAUSCH SPEICHERN – in Illustrator wählen Sie FARBFELDBIBLIOTHEK ALS ASE SPEICHERN.
Verlaufs-, Muster- und Farbtonfelder sind nicht mit anderen Applikationen austauschbar und daher nicht in den Austauschbibliotheken enthalten.

In InDesign müssen Sie die einzelnen Farbfelder aktivieren, bevor diese exportiert werden können.

▲ **Abbildung 8.61**
Dialogbox FARBFELDAUSTAUSCH-WARNUNG

8.7 Interaktive Farbe verwenden

Mit der Funktion LIVE COLOR – in der deutschen Version INTERAK-
TIVE FARBE – haben Sie zum einen die Möglichkeit, im Farbkreis
mit Farbharmonien zu experimentieren, andererseits ist die Funktion ein mächtiges Werkzeug zur Veränderung der in der Grafik
verwendeten Farben. INTERAKTIVE FARBE unterstützt Sie nicht nur
bei der kreativen Tätigkeit, sondern erleichtert auch die Produktion, z. B. können Sie mit wenigen Schritten eine in Prozessfarben
aufgebaute Illustration für den Zweifarbendruck modifizieren.

▲ **Abbildung 8.62**
Online-Farbschema-Hilfe:
http://wellstyled.com/tools/color
scheme2

▲ **Abbildung 8.63**
Button FARBGRUPPE BEARBEITEN
ODER ANWENDEN

Farbharmonien in Farbgruppen bearbeiten

Der BEARBEITEN-Part der Funktion INTERAKTIVE FARBE dient vor
allem der Detail-Anpassung von Farbgruppen – selbstverständlich ist es auch möglich, Farbgruppen neu zu erstellen. Durch das
integrierte Farbrad erinnert LIVE COLOR stark an die seit einigen
Jahren im WWW verbreiteten Farbharmonie-Werkzeuge.

Interaktive Farbe im Modus Bearbeiten anzeigen | Um Farb-
gruppen zu bearbeiten, deaktivieren Sie alle Objekte und verwenden eine der folgenden Methoden, LIVE COLOR aufzurufen:

▶ mit einem Doppelklick auf das Ordnersymbol 📁 einer Farbgruppe in der Farbfelder-Palette
▶ durch Anklicken des Buttons FARBGRUPPE BEARBEITEN ODER
ANWENDEN 🎨 in der Farbfelder-Palette (dieser erscheint nur,
wenn eine Farbgruppe aktiviert ist)
▶ durch Anklicken des Buttons FARBEN BEARBEITEN ODER ANWEN-
DEN 🎨 in der Farbhilfe-Palette

Funktionsmodi | INTERAKTIVE FARBE besitzt zwei Bereiche: BEAR-
BEITEN und ZUWEISEN (mehr zu letzterem im nächsten Abschnitt).
Sind keine Objekte auf der Zeichenfläche ausgewählt, bietet die
Dialogbox nur die Möglichkeit BEARBEITEN an.

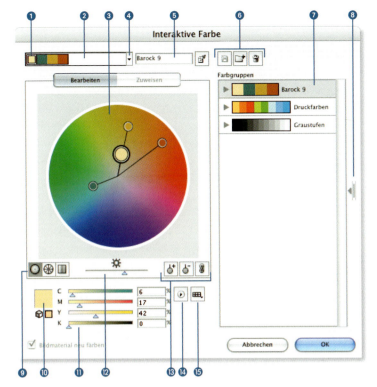

◀ **Abbildung 8.64**

Dialogbox INTERAKTIVE FARBE im Modus »Bearbeiten«: Basisfarbe ❶, aktive Farben ❷, Farbrad ❸, Menü Harmonieregeln ❹, Name der aktiven Farbgruppe ❺, Verwalten von Farbgruppen: Änderungen speichern, Neue Farbgruppe, Farbgruppe löschen ❻, Farbgruppen des Dokuments ❼, Farbgruppenspeicher ein- und ausblenden ❽, Anzeigeart des Farbrads: geglättet, segmentiert, Farbkontrollstreifen ❾, Button Farbwähler ❿, Farbregler für ausgewählte Farbe bzw. globale Einstellungsregler ⓫, Auswahl Modus der Farbanpassungsregler bzw. Umschalten auf globale Farbeinstellung ⓮, Wechsel der Anzeige zwischen Sättigung/Farbton und Helligkeit/Farbton ⓬, Farbe hinzufügen/entfernen, Verknüpfung der Harmonie aufheben (in Balkendarstellung: Zufallsgeneratoren) ⓭, Farbfeldbibliothek zur Beschränkung der Farbgruppe auswählen ⓯

Wenn Sie INTERAKTIVE FARBE per Doppelklick auf eine Gruppe aufgerufen haben, werden die zugehörigen Farbfelder automatisch im Feld AKTIVE FARBEN ❷ und der Gruppenname im Feld ❺ neben dem Harmonieregelmenü ❹ angezeigt. Das Farbrad ❸ zeigt die Farben der ausgewählten Gruppe in den Kreissymbolen. Die Basisfarbe ist mit einem größeren Symbol repräsentiert als die abhängigen Farben.

Gruppe auswählen | Um eine andere Gruppe zu bearbeiten, wählen Sie diese im Farbgruppenspeicher ❼. Verwenden Sie den Button ❽ am rechten Rand der Dialogbox, um die Liste ein- und auszublenden.

Harmonieregel auswählen | Möchten Sie die Gruppe mit einer anderen Harmonieregel anhand der Basisfarbe neu zusammenstellen, wählen Sie die Regel im Harmonieregelmenü ❸. Die Anordnung der Farben auf dem Farbrad stellt die zugrundeliegende Regel, also das Verhältnis der Farben zueinander, anschaulich dar.

> **Hinweis**
>
> Eine Übersicht der Harmonieregeln finden Sie in Tabelle 8.2.

Farbrad-Darstellung | Für die Darstellung des Farbrads können Sie mit den Buttons ❾ zwischen drei Arten wählen:

▶ GEGLÄTTETES FARBRAD ◎: Die Standardeinstellung, in der jedes einzelne Pixel für eine andere Farbe steht.

▶ SEGMENTIERTES FARBRAD : Das Farbrad wird in zwölf Segmente unterteilt, die jeweils sechs Abstufungen besitzen.
Nur in den beiden Farbrad-Darstellungen lassen sich der Gruppe Farben hinzufügen.

▶ FARBKONTROLLSTREIFEN : Die in der aktuellen Zusammenstellung enthaltenen Farben werden als Balken dargestellt.
Nur in dieser Darstellungsform können Sie Zufallsoperationen auf die Farbgruppe anwenden.

▶ SÄTTIGUNG UND FARBTON ☀ /HELLIGKEIT UND FARBTON ☀ AUF FARBRAD ANZEIGEN ⑫: Mit diesem Button wechseln Sie zwischen den beiden Anzeigearten auf dem Farbrad. SÄTTIGUNG UND FARBTON zeigt von der Mitte nach außen jeweils Variationen der Sättigung einer Farbe, die Helligkeit bleibt konstant. HELLIGKEIT UND FARBTON zeigt von innen nach außen Variationen der Helligkeit mit konstanter Sättigung.
Bewegen Sie den Cursor über das Sonnensymbol, dann zeigt die QuickInfo an, welche Darstellungsart aktiv ist. Mit dem Schieberegler steuern Sie die Helligkeit, falls Sättigung/Farbe aktiv ist bzw. die Sättigung, falls Helligkeit/Farbe aktiv ist. Auch hier sehen Sie in der QuickInfo, welchen Wert Sie anpassen können.

Farbgruppen bearbeiten | Klicken und ziehen Sie eine Farbe im **Farbrad**, um diese neu zu definieren. Solange die Farben in der Gruppe miteinander verbunden sind, bewegen sich alle Farben der Gruppe entsprechend der Harmonieregel.

Alternativ aktivieren Sie eine Farbe, indem Sie auf ihr Kreissymbol klicken und stellen sie mit Hilfe der Farbregler ⑪ unter dem Farbrad ein. Wählen Sie aus dem Menü ▶ ⑭ den Farbraum, in welchem Sie die Einstellung vornehmen möchten.

Oder doppelklicken Sie auf eine Farbe, um die Änderung im Farbwähler durchzuführen (siehe Abschnitt 8.4).

Halten Sie den Cursor in der **Balkendarstellung** über einem Balken, erscheint ein kleines Symbol rechts unten im Balken. Klicken Sie darauf, um ein Farbspektrum aufzurufen und in diesem die Farbe neu einzustellen.

Um alle Farben einer Gruppe gleichmäßig zu bearbeiten, wählen Sie aus dem Menü ⑭ die Option GLOBALE ANPASSUNG. Mit den daraufhin sichtbaren Reglern passen Sie die Sättigung, Helligkeit, Farbtemperatur und Luminanz an.

Gruppenbearbeitungsfunktionen | Die Funktionsbuttons haben folgende Auswirkungen:

▶ VERKNÜPFUNG DER HARMONISCHEN FARBEN AUFHEBEN/HARMONISCHE FARBEN VERKNÜPFEN: Sollen einzelne Farben der

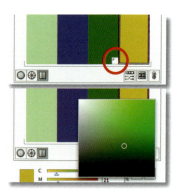

▲ **Abbildung 8.65**
Aufrufen des Farbspektrums

Sättigung:	△	0 %
Helligkeit:	△	0 %
Temperatur:	△	0 %
Luminanz:	△	0 %

▲ **Abbildung 8.66**
Regler zur globalen Anpassung der Farben

Gruppe unabhängig von den anderen bearbeitet werden, heben Sie die Verknüpfung auf, indem Sie auf das Symbol VER-KNÜPFUNG AUFHEBEN 🔓 klicken. Um die Verbindung wieder herzustellen, klicken Sie auf FARBEN VERKNÜPFEN 🔗.

▶ FARBE HINZUFÜGEN 🖉⁺ (nur in Farbrad-Darstellung): Mit diesem Tool fügen Sie der Gruppe eine Farbe hinzu. Wählen Sie zunächst das Werkzeug, und klicken Sie anschließend mit dem Werkzeug auf die gewünschte Farbe im Farbrad.

▶ FARBE ENTFERNEN 🖉⁻ (nur in Farbrad-Darstellung): Wählen Sie dieses Werkzeug, um eine Farbe durch Anklicken im Farbrad zu löschen. Eine Hervorhebung beim Überfahren mit dem Werkzeug zeigt die jeweils betroffene Farbe an.

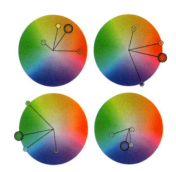

▲ **Abbildung 8.67**
Verknüpfte Farben können nur entsprechend der Harmonieregel verändert werden.

Farben im Websafe-Spektrum/im druckbaren Bereich | Ist eine Farbe außerhalb des Websafe-Spektrums oder im gewählten CMYK-Farbraum nicht darstellbar, zeigt LIVE COLOR dies durch die Symbole 🎲 und ⚠ an und blendet eine passende Farbe ein. Klicken Sie auf deren Symbol, um die Farbdefinition ins Websafe-Spektrum bzw. auf die nächste druckbare Farbe zu ändern.

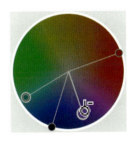

▲ **Abbildung 8.68**
Hervorheben einer Farbe vor dem Entfernen

Optionen | Bei der Zusammenstellung der Farbgruppe haben Sie folgende Option:

▶ BESCHRÄNKT AUF FARBEN IN FARBBIBLIOTHEK ▦: Wählen Sie aus diesem Menü eine Farbbibliothek, auf die die Auswahl der Farben eingeschränkt werden soll, z. B. eine Pantone- oder HKS-Bibliothek. Die Darstellung des Farbrads ändert sich entsprechend, und der Name der ausgewählten Bibliothek wird über dem Menü eingeblendet. Um diese Einstellung wieder aufzuheben, wählen Sie OHNE.

Farbgruppen speichern und verwalten | Aus LIVE COLOR heraus haben Sie Zugriff auf die Farbgruppen in der Farbfelder-Palette:

▶ ÄNDERUNGEN AN FARBGRUPPE SPEICHERN 💾: Ihre Modifikation wird in die bestehende Farbgruppe gesichert.

▶ NEUE FARBGRUPPE 🗔⁺: Erstellen Sie eine neue Farbgruppe aus den im Farbrad angezeigten Farben – bestehende Farbgruppen bleiben intakt.

▶ FARBGRUPPE LÖSCHEN 🗑: Löschen Sie die aktivierte Farbgruppe (auch aus der Farbfelder-Palette).

Farben in Objekten ändern

Mit dem Zuweisen-Modus der Funktion INTERAKTIVE FARBE ändern Sie die Farben von Objekten auf der Zeichenfläche – unabhängig davon, welche Art Farbfelder definiert sind.

▲ **Abbildung 8.69**
Darstellung des Farbrads mit Einschränkung auf die HKS-K-Bibliothek

Tipp

Die Zuweisen-Funktion von INTERAKTIVE FARBE verfügt über eine Vielzahl von Optionen und eine noch größere Menge von Reglern und Menüs, in denen Sie diese Einstellungen ausführen. Nehmen Sie sich ausreichend Zeit, um alles kennenzulernen.

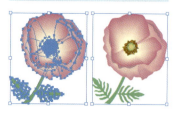

▲ **Abbildung 8.70**
Illustrator blendet die Pfade automatisch aus, wenn LIVE COLOR aufgerufen wird (rechts).

Abbildung 8.71 ▶
Dialogbox INTERAKTIVE FARBE im Modus ZUWEISEN: Farbänderungs-Vorgaben ❶, Umschalten in den Modus BEARBEITEN ❷, Spalte AKTUELLE FARBEN ❸, Farbreduktionsoptionen ❹, Spalte NEU ❺, Begrenzung der Farbanzahl ❻, Sortierung der neuen Farben ändern ❽, Auswahl der Einfärbemethode ❾, Buttons Zusammenfassen der Farben ❿, Option Grafik umfärben ⓫, Zufallsgenerator und Anzeige der ursprünglichen Farben ⓬, Menüauswahl Farbmodus für Farbregler ⓭, Menüauswahl Farbbibliothek ⓮

Mit INTERAKTIVE FARBE können Sie Farben in Verläufen, Verlaufsgittern, Mustern und Symbolen ändern. Die geänderten Verläufe und Musterfelder werden als neue Farbfelder abgelegt. Symbole werden direkt editiert. Möchten Sie die Version mit den Originalfarben erhalten, sollten Sie vor der Anwendung von INTERAKTIVE FARBE eine Kopie des Symbols erstellen.

Interaktive Farbe im Modus Zuweisen anzeigen | Sind die Objekte aktiviert, die Sie umfärben möchten, haben Sie folgende Möglichkeiten, die Funktion INTERAKTIVE FARBE aufzurufen:

▶ Verwenden Sie das Menü BEARBEITEN • FARBE BEARBEITEN • BILDMATERIAL NEU FÄRBEN... Anders als der Name des Befehls suggeriert, kann jedoch keine Pixelgrafik bearbeitet werden.
▶ Klicken Sie auf den Button FARBEN BEARBEITEN ODER ANWENDEN 🔘 in der Fabhilfe-Palette oder in der Steuerungspalette.

Klicken Sie anschließend auf den Button ZUWEISEN, falls der Modus nicht bereits automatisch gewählt wurde. Der Übersichtlichkeit halber blendet Illustrator die Anzeige der Pfade Ihrer Grafik auf der Zeichenfläche aus und behält nur die Anzeige des Begrenzungsrahmens bei.

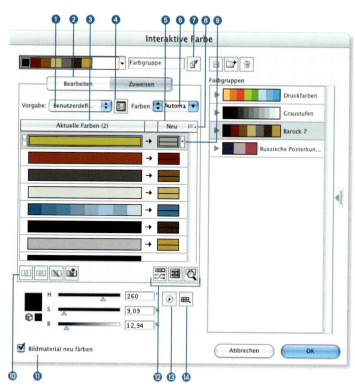

Die in Ihrer Grafik enthaltenen Farben werden in der Spalte AKTUELLE FARBEN ❸ angezeigt. Daneben – in der Spalte NEU ❺ – sehen Sie die Liste der neuen Farben. Eine neue Farbe ersetzt jeweils die aktuellen Farben derselben Reihe, wenn beide mit dem Pfeil ➜ verbunden sind. Ist in der Spalte NEU keine Farbe angelegt, bleibt die aktuelle Farbe unverändert erhalten.

Die Sortier-Reihenfolge der aktuellen Farben erfolgt wahlweise nach Farbton oder Helligkeit, dies bestimmen Sie in den FARBRE-DUKTIONSOPTIONEN ❹. Die Sortierung der neuen Farben können Sie mit dem Sortierungs-Menü ❽ – unabhängig von den aktuellen Farben – ändern.

Haben Sie INTERAKTIVE FARBE dagegen über den Button in der Farbhilfe-Palette aufgerufen, listet die Spalte NEU die Farben aus der in der Farbhilfe aktuell eingestellten Fabgruppe auf. Wählen Sie diesen Weg, wenn Sie ein komplett neues Farbschema einrichten möchten.

Die Option BILDMATERIAL NEU FÄRBEN ⓫ sollten Sie aktivieren, damit Sie die Auswirkungen Ihrer Einstellungen an der Grafik auf der Zeichenfläche beurteilen können.

Umfärben | Um die Zuordnung der aktuellen und neuen Farben zu ändern, haben Sie folgende Möglichkeiten:

- ▶ Wählen Sie eine andere Harmonieregel aus dem Menü.
- ▶ Wechseln Sie in den Modus BEARBEITEN und editieren Sie die Farben im Farbrad (siehe vorhergehenden Abschnitt).
- ▶ Wählen Sie eine Farbgruppe aus dem Farbgruppenspeicher.
- ▶ Wählen Sie eine der Vorgaben aus dem Menü ❶.
- ▶ Reduzieren Sie die Anzahl der Farben ❻.
- ▶ Ändern Sie die Sortierung in der Spalte AKTUELLE FARBEN oder NEU ❽.
- ▶ Stellen Sie die Farbkombinationen in den Balken der Spalte AKTUELLE FARBEN neu zusammen.
- ▶ Verwenden Sie die Zufalls-Buttons ⚏ ⚏ ⓬.
- ▶ Ändern Sie die Definition der neuen Farben.

Farben reduzieren | Um die Anzahl der verwendeten Farben in Ihrer Grafik zu reduzieren, wählen Sie aus dem Menü FARBEN ❻ die gewünschte Menge aus, oder geben Sie eine Zahl direkt in das Feld ein. Eine Reduzierung tritt auch auf, wenn Sie eine Farbgruppe auswählen, die weniger Farben enthält als die Grafik.

INTERAKTIVE FARBE fasst in diesem Fall automatisch Farben zusammen (die Zusammenfassung erfolgt auf der Basis interner Kriterien) die einer neuen Farbe zugewiesen werden. Welche Farben zusammengefasst werden, sehen Sie an den Farbzeilen. Sie können die Zusammenstellungen entweder mit Hilfe der Sor-

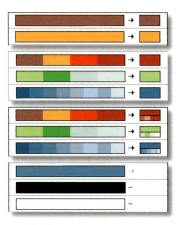

▲ **Abbildung 8.72**
Zuordnung neuer zu aktuellen Farben: (von oben) keine Veränderung, jeweils mehrere aktuelle Farben werden zu einer neuen Farbe, Tonwertabstufungen oder Variationen der neuen Farben bilden verschiedene aktuelle Farben ab, es sind keine neuen Farben zugeordnet

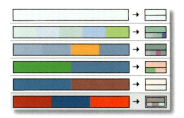

▲ **Abbildung 8.73**
Mehrere Farben im linken Balken werden zusammengefasst. Die Balken der neuen Farben zeigen zweigeteilt oben die exakte Farbe, unten die Abstufungen, die durch die Einfärbe-Methode entstehen.

tierung der aktuellen Farben oder durch Klicken und Ziehen der Farben auf einen anderen Balken ändern.

Mit der Einstellung FÄRBUNGSMETHODE in den Farbreduktionsoptionen oder im Menü 🔲 ❾ müssen Sie anschließend wählen, wie der zwischen den aktuellen Farben vorhandene Farb- oder Tonwertunterschied mit der neuen Farbe umgesetzt werden soll.

Je nach Ihren Einstellungen in den Farbreduktionsoptionen werden Schwarz, Weiß und Grau mit anderen Farben zusammengefasst oder bleiben separat erhalten.

▲ **Abbildung 8.74**
Änderung der Sortierung

Sortierung der neuen Farben | Durch Klick auf den Button in der Spalte NEU ▤ ❽ rufen Sie das Sortierungsmenü auf. Eine Änderung der Sortierung der Farben verursacht eine neue Zuordnung von aktuellen zu neuen Farben.

Beim Zuweisen einer Farbharmonie oder einer Farbgruppe bleibt die Reihenfolge der Farben darin vorerst erhalten. Um eine bessere Übereinstimmung der Abfolge von Farben oder zumindest Helligkeitsstufen und damit ein dem Original ähnlicheres Ergebnis zu erhalten, passen Sie die Reihenfolge von aktuellen und neuen Farben aneinander an.

▲ **Abbildung 8.75**
Farbreihenfolge beliebig ändern (oben), Sättigung und Helligkeit zufällig ändern (unten)

Umfärben nach dem Zufallsprinzip | Um schnell und unkompliziert verschiedene Möglichkeiten zu testen, die Ihnen mit der eingestellten neuen Farbgruppe zur Verfügung stehen, verwenden Sie die Zufallsfunktionen ⓬.

▶ FARBREIHENFOLGE BELIEBIG ÄNDERN ▦ : Vertauscht die Reihenfolge der neuen Farben (ohne eine Gesetzmäßigkeit).
▶ SÄTTIGUNG UND HELLIGKEIT WERDEN ZUFÄLLIG GEÄNDERT ▦ : Sättigung und Helligkeit aller neuen Farben außer der Basisfarbe werden verändert.

▲ **Abbildung 8.76**
Kennzeichnung der Basisfarbe der AKTUELLEN FARBEN

Aktuelle Farben auswählen | Um Optionen für einzelne Farben in den Farbzeilen »manuell« zu setzen, müssen Sie diese auswählen. Klicken Sie auf eine Farbe, um diese zu aktivieren. Die Aktivierung wird mit einem Rahmen dargestellt. Verwenden Sie ⬦ , um nebeneinanderliegende, oder ⌘/ Strg , um einzelne weitere Farben auszuwählen.

Farben verschieben | Illustrator nimmt die Zuordnung aktueller zu neuen Farben nach rein rechnerischen Gesichtspunkten vor. Es ist eher unwahrscheinlich, dass diese Zuordnung Ihnen auf Anhieb zusagt. Sie können die Farben jedoch durch Klicken und Ziehen manuell umsortieren.

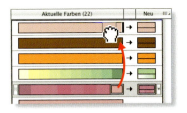
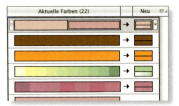

◀ **Abbildung 8.77**
Manuelles Verschieben einer
Farbe auf eine andere Farbzeile

Um eine einzelne aktuelle Farbe in eine bestehende andere Zeile zu integrieren, wählen Sie sie aus und ziehen sie an die gewünschte Stelle.

Farbzeile verschieben | Soll eine komplette Farbzeile in eine andere Zeile integriert werden, bewegen Sie die Maus links neben das Farbfeld und klicken und ziehen die Zeile mit dem Button ▯.

Farbzeile hinzufügen | Benötigen Sie eine neue Zeile, um Farben aus anderen Zeilen herauszulösen, dann verwenden Sie den Button Neue Zeile 🗋, um eine leere Zeile zu generieren. Diese wird immer unterhalb der letzten Zeile angelegt, und es ist zunächst keine neue Farbe zugeordnet.

Farben in neuer Zeile zusammenfassen | Sollen aus mehreren Zeilen einzelne Farben herausgelöst und in einer neuen Zeile kombiniert werden, aktivieren Sie die einzelnen Farben und klicken auf den Button Farben zu einer Zeile zusammenfügen 🔲. Es entsteht eine neue Zeile unterhalb der definierten Farbreihen, d. h. der Zeilen, denen eine neue Farbe zugewiesen ist.

Der erstellten Zeile ist zunächst keine neue Farbe zugewiesen – alle werden in eine der enthaltenen Farben umgewandelt.

Hinweis

Planen Sie sorgfältig, ob Sie Farben separieren, verschieben, in neuer Farbzeile zusammenfassen oder eine leere Zeile erstellen (siehe »Farbe in der Spalte Neu anlegen« auf der folgenden Seite).

▲ **Abbildung 8.78**
Neue Farbzeile (unten) – von der Farbe Weiß ist sie durch die graue Umrandung zu unterscheiden.

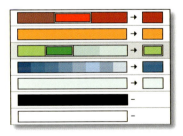
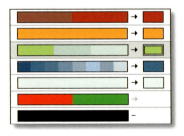

◀ **Abbildung 8.79**
Farben zu einer Zeile zusammenfügen: Die neue Zeile wird unterhalb der definierten Farbzeilen angelegt.

Farben separieren | Um einzelne oder mehrere Farben aus einer Farbzeile herauszulösen und dafür jeweils eine eigene Zeile anzulegen, aktivieren Sie die Farben und verwenden den Befehl Farben auf mehrere Zeilen aufteilen 🔳. Auch diese Zeilen werden unterhalb der definierten Farbzeilen angelegt und erhalten zunächst keine neue Farbe.

Farbe in der Spalte Neu anlegen | Nachdem Sie Farben aus Zeilen herausgelöst oder neu kombiniert haben, kann es sein, dass die Anzahl der »Aktiven Farben« in der ausgewählten Farbgruppe nicht ausreicht, um für alle Zeilen eine neue Farbe zur Verfügung zu stellen. Weitere Farben in der Spalte NEU legen Sie an, indem Sie in eine leere Zeile der Spalte NEU klicken. Bestätigen Sie die daraufhin erscheinende Dialogbox, dann wird eine neue Farbe in der obersten freien Zeile der Spalte NEU angelegt. Sie haben leider keine Einflussmöglichkeit darauf, in welcher Zeile die neue Farbe angelegt wird.

Abbildung 8.80 ▶
Aktueller Harmonie eine Farbe hinzufügen: Auch wenn Sie in eine andere Reihe klicken (links), die Farbe wird immer an der ersten freien Stelle angelegt (rechts).

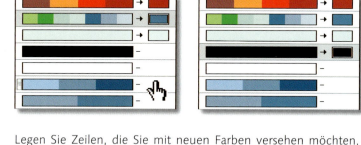

Legen Sie Zeilen, die Sie mit neuen Farben versehen möchten, also vorzugsweise oberhalb von Schwarz und Weiß an, z. B. mit den Funktionen FARBEN ZU EINER ZEILE ZUSAMMENFÜGEN 🔲 oder FARBEN AUF MEHRERE ZEILEN AUFTEILEN 🔳.

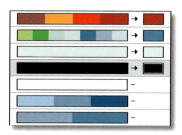

▲ **Abbildung 8.81**
Vertauschen zweier Farben in der Spalte NEU (oben: Grafik – aktuelle Farben, vor und nach Farbtausch)

Neue Farbe einstellen | Möchten Sie die Definition einer Farbe in der Spalte NEU ändern, haben Sie folgende Möglichkeiten:

▶ Aktivieren Sie die Farbe, und verwenden Sie die Regler, um die Farbe einzustellen. Wählen Sie einen Farbmodus aus dem Menü ⊙.

▶ Um zwei neue Farben gegeneinander auszutauschen, klicken und ziehen Sie eine Farbe auf die andere.

▶ Möchten Sie eine der aktuellen Farben als neue Farbe verwenden, klicken und ziehen Sie diese aus der Farbzeile auf die neue Farbe, die Sie ersetzen möchten.

▶ Aktivieren Sie die neue Farbe, und wechseln Sie in den Modus BEARBEITEN. Im Farbrad ist die Farbe hervorgehoben, und Sie können sie verschieben. Wenn Sie nur die eine Farbe verändern möchten und nicht die komplette Harmonie, denken Sie daran, die Verknüpfung der harmonischen Farben zu lösen 🔗.

▶ Doppelklicken Sie auf die Farbe und stellen die gewünschte Änderung im Farbwähler ein, oder wählen Sie eine Farbe aus den Farbfeldern des Dokuments.

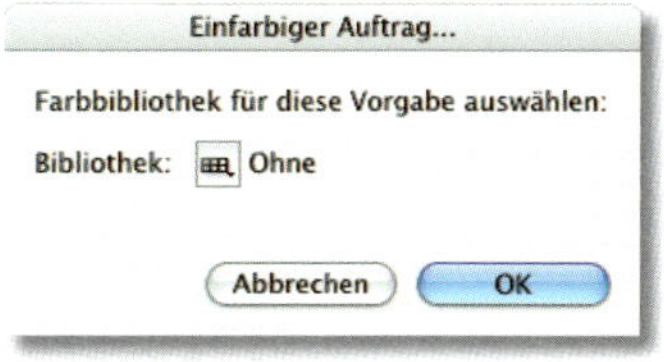

▲ **Abbildung 8.82**
Auswahl einer Farbbibliothek zu einer Vorgabe

Einschränkung der Farbwahl auf Bibliotheken | Eine Einschränkung der neuen Farben auf bestimmte Farbbibliotheken nehmen

Sie entweder bei AUF BIBLIOTHEK BESCHRÄNKEN 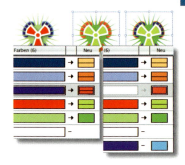, nach der Auswahl einer Vorgabe im Menü oder in der Dialogbox FARBRE-DUKTIONSOPTIONEN ▤ vor.

Die Option AUF BIBLIOTHEK BESCHRÄNKEN lässt sich einsetzen, um zu einer Farbe den nächstliegenden HKS- oder Pantone-Wert zu ermitteln. Beachten Sie, dass das Ergebnis von Ihrer Einstellung in den Volltonfarben-Optionen abhängt (s. Abschnitt 8.6).

Aktuelle Farben einstellen | Möchten Sie zu einem späteren Zeitpunkt wieder die ursprünglichen Farben der Grafik in die Spalte NEU aufnehmen, verwenden Sie den Button FARBEN AUS AUSGEWÄHLTEM BILDMATERIAL ERFASSEN ▦.

Farben oder Farbzeilen vom Umfärben ausschließen | Wenn Sie eine Farbe nicht verändern möchten, aktivieren Sie diese Farbe und klicken auf den Button AUSGEWÄHLTE FARBEN WERDEN AUSGESCHLOSSEN ▧. Es ist möglich, den Befehl gleichzeitig auf mehrere ausgewählte Farben anzuwenden.

Soll eine ganze Farbzeile nicht umgefärbt werden, klicken Sie auf den Pfeil →, der aktuelle und neue Farbe verbindet. Der Pfeil wird zu einem Strich – klicken Sie auf diesen, um das Umfärben wieder zu aktivieren.

Farbreduktionsoptionen/Optionen für neues Färben | Die Umwandlung der Farben können Sie mit Einstellungen steuern, die teilweise global und zum Teil nur auf einzelne Farben oder Farbreihen angewendet werden. Die Einstellungen nehmen Sie einzeln über Buttons und Menüs in der Dialogbox INTERAKTIVE FARBE oder global für alle Farben in den Farbreduktionsoptionen vor. Diese rufen Sie mit dem Button ▤ auf.

Ihre Optionen werden erst beim Schließen der Farbredukti-onsoptionen in die Vorschau der Grafik übernommen. Die Farb-zeilen reflektieren jedoch Ihre Einstellungen sofort.

▸ VORGABE: In dieser Liste finden Sie eine Reihe von typischen Farbreduzierungseinstellungen, z. B. auf ein bis drei Farben, zusammen mit den dazu am besten passenden weiteren Optionen. Diese können Sie unverändert oder als Anhaltspunkt für die Arbeit mit LIVE COLOR übernehmen. Sobald Sie einzelne Einstellungen ändern, wechselt die Bezeichnung im Menü zu BENUTZERDEFINIERT.

Alternativ finden Sie diese Vorgaben im Hauptmenü unter BEARBEITEN • FARBEN BEARBEITEN • MIT VORGABE NEU FÄRBEN.

▸ FARBEN: Hier bestimmen Sie die Anzahl der Farben. Die Einstellung finden Sie auch direkt in der Dialogbox INTERAKTIVE FARBE im gleichnamigen Menü.

▲ **Abbildung 8.83**
Die ausgewählte Farbe (links) wird vom Umfärben ausgeschlossen, sie wurde in eine neue Zeile unten angefügt. In der Spalte NEU wurde in diesem Fall ebenfalls eine neue Farbe angelegt, da die ausgewählte Farbgruppe weitere Farben enthielt (oben: Grafik – aktuelle Farben, vor und nach Ausschließen).

▲ **Abbildung 8.84**
Dialogbox FARBREDUKTIONSOPTI-ONEN/OPTIONEN FÜR NEUES FÄRBEN

▲ **Abbildung 8.85**
Die Reduzierungsvorgaben im Menü

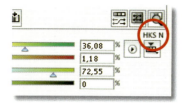

▲ Abbildung 8.86
Anzeige der ausgewählten
Bibliothek

▲ Abbildung 8.87
Auswahl der Färbungsmethode/
Einfärbe-Methode

▲ Abbildung 8.88
Färbungsmethode (von links
oben nach rechts unten): Original,
Exakt, Farbtöne beibehalten,
Farbtöne skalieren, Farbtöne/
Schattierungen, Farbton-
Verschiebung

▶ AUF BIBLIOTHEK BESCHRÄNKEN: Wählen Sie eine Farbbibliothek, auf die die Auswahl der Neuen Farben eingeschränkt werden soll. Wenn Sie hier eine Schmuckfarben-Bibliothek auswählen, verwenden Sie nicht die Färbungsmethode FARBTÖNE/SCHATTIERUNGEN oder FARBTON-VERSCHIEBUNG (Illustrator lässt deren Kombination mit Schnuckfarben-Bibliotheken leider ohne Warnung zu).

Die ausgewählte Bibliothek wird in INTERAKTIVE FARBE angezeigt. Mit dem Button lässt sich diese Auswahl ebenfalls durchführen.

▶ SORTIEREN: Mit der Option SORTIEREN bestimmen Sie die Reihenfolge Farben in der Spalte AKTUELLE FARBEN. Sie können die Reihenfolge nach Farbton oder Helligkeit einrichten. Mit Ihrer Auswahl beeinflussen Sie die Umwandlung der Farben.

▶ FÄRBUNGSMETHODE/EINFÄRBE-METHODE: Legen Sie fest, wie die Farben in einer Reihe durch die jeweils zugeordnete neue Farbe repräsentiert werden. Sie können für jede Reihe eine unterschiedliche Methode wählen.

Soll einer Reihe eine abweichende Methode zugewiesen werden, bewegen Sie die Maus über die Reihe und klicken den Pfeil ⬇, der rechts neben dem Farbfeld in der Spalte NEU erscheint. Deaktivieren Sie die Option AUF ALLE ANWENDEN.

  ▷ EXAKT: Die neue Farbe wird exakt, nicht abgestuft, angewendet. Damit ist in der Regel der Verlust von Helligkeits- oder Farbunterschieden verbunden.

  ▷ FARBTÖNE BEIBEHALTEN: Wurden in der aktuellen Version der Grafik Tonwertabstufungen verwendet – wie es häufig der Fall ist, wenn globale oder Volltonfarben eingesetzt sind –, werden diese bei der Umsetzung in die neuen Farben exakt erhalten. Diese Einstellung kann zu Zeichnungsverlusten führen, wenn die neue Farbe heller ist als die dunkelste aktuelle Farbe einer Reihe (siehe Gitarre in Abbildung 8.88, zweite Reihe).

  ▷ FARBTÖNE SKALIEREN (Standardeinstellung): Die dunkelste aktuelle Farbe einer Reihe wird durch die neue Farbe ersetzt. Alle anderen Farben dieser Reihe erhalten eine neu berechnete Tonwertabstufung der neuen Farbe.

  ▷ FARBTÖNE/SCHATTIERUNGEN (nur wenn Volltonfarben nicht erhalten werden): Mit dieser Option wird in einer Reihe zunächst die Farbe mit der mittleren Helligkeit gesucht. Diese Farbe wird durch die »reine« neue Farbe ersetzt. Hellere Farben in der Reihe erhalten Abstufungen der neuen Farbe, bei dunkleren Farben wird Schwarz hinzugefügt.

  ▷ FARBTON-VERSCHIEBUNG (nur wenn Volltonfarben nicht erhalten werden): Zunächst wird die dominante Farbe der

Zeile AKTUELLE FARBEN als Basisfarbe für die Konvertierung ermittelt. Diese Basisfarbe wird durch die neue Farbe ersetzt. Die anderen Farben werden entsprechend ihrem Verhältnis zur Basisfarbe in Farbton, Sättigung und Helligkeit verändert.

▶ FARBTÖNE KOMBINIEREN: Verwenden Sie diese Option, um alle Tonwerte einer globalen Farbe in einer Reihe zusammenzufassen. Die Zusammenfassung in einer Reihe nimmt Illustrator auch dann vor, wenn keine Reduzierung stattfindet. Die Option eignet sich in Verbindung mit der Färbungsmethode FARBTÖNE BEIBEHALTEN.

▶ BEIBEHALTEN: Hier sind die Farben aufgelistet, die typischerweise nicht umgewandelt werden – Weiß, Schwarz und Grautöne. Denken Sie daran, wenn Sie in Verbindung mit der Vorgabe ZWEIFARBIGER AUFTRAG Grautöne oder Schwarz beibehalten, verwenden Sie drei Druckfarben.

▲ **Abbildung 8.89**
Farbtöne kombinieren: In der mittleren Reihe wurden zusammengehörige Farbtöne gesammelt.

Originalfarbe in der Grafik anzeigen | Besonders bei sehr feinen Farbabstufungen ist es nicht immer möglich, zu erkennen, wo genau in der Grafik eine Farbe vorkommt. Um bestimmte Farben zu finden, verwenden Sie den Button KLICKEN SIE AUF DIE FARBEN, UM SIE IM BILDMATERIAL ZU FINDEN 🔍 . Die bearbeitete Grafik wird insgesamt auf der Zeichenfläche abgedimmt. Wenn Sie jetzt eine Farbe in der Spalte AKTUELLE FARBEN auswählen, werden nur Objekte hervorgehoben, die mit dieser Farbe versehen sind. Die Anzeige der Ursprungsfarben funktioniert auch, wenn bereits Umwandlungseinstellungen vorgenommen wurden.

Klicken Sie erneut auf den Button, um den Anzeigemodus zu beenden.

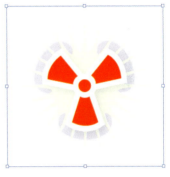

▲ **Abbildung 8.90**
Anzeige »gefundener« Farben vor der insgesamt gedimmten Grafik

Zurücksetzen | Möchten Sie nach umfangreichen Änderungen der Einstellungen wieder zum Ursprungszustand zurückkehren, bleibt Ihnen meist nur, den Dialog INTERAKTIVE FARBE mit dem Button ABBRECHEN zu schließen. Nach geringfügigen Manipulationen kann der Befehl AKTUELLE FARBEN EINSTELLEN 🖉 manchmal die Farbeinstellungen zurücksetzen.

Haben Sie in der Spalte NEU die Reihenfolge der Farben einer Farbgruppe geändert, dann doppelklicken Sie auf deren Namen im Farbgruppenspeicher (aufgrund der Änderung ist er kursiv dargestellt), um die ursprüngliche Reihenfolge wiederherzustellen. Die Neuzuweisungs-Symbole → müssen aktiv sein.

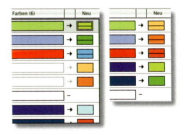

▲ **Abbildung 8.91**
Wiederherstellen der Reihenfolge in einer Gruppe

Zurückwandeln? | Obwohl die Funktion ein »Interaktiv« im Namen führt, ist sie – anders als von gleichnamigen Funktionen gewohnt – nicht »live«. Sie können also nur mit BEARBEITEN •

RÜCKGÄNGIG Ihre Einstellungen »zurückwandeln«. Und dies auch nur, solange es die Rückschritte zulassen.

Schritt für Schritt: Farben reduzieren

1 **Grafik auswählen und Live Color aufrufen**

Öffnen Sie die Datei Livecolor.ai von der DVD. Aktivieren Sie alle Objekte der Grafik mit ⌘/Strg+A. Rufen Sie INTERAKTIVE FARBE auf, indem Sie auf den Button in der Steuerungspalette klicken. Bei dieser Grafik werden Sie zunächst mit der Zuordnung der Farben experimentieren. Anschließend wird die Grafik gezielt auf eine Darstellung mit wenigen Druckfarben reduziert.

2 **Eine neue Harmonieregel zuweisen**

Experimentieren Sie zunächst mit den Objektfarben, indem Sie alternative Harmonieregeln aus dem Menü auswählen.

Weisen Sie auch andere Farbgruppen aus dem Farbgruppen-speicher zu – und testen Sie erneut die Harmonieregeln.

▲ **Abbildung 8.92**
Die Originalgrafik

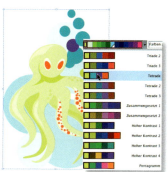  

▲ **Abbildung 8.93**
Von links: Zuweisen einer alternativen Harmonieregel, Zuweisen einer anderen Farbgruppe, Zuweisen einer anderen Farbgruppe und Harmonieregel

3 **Mit dem Farbrad arbeiten**

Anschließend wechseln Sie in den Bereich BEARBEITEN. Verändern Sie die Farbharmonie intuitiv durch Verschieben der Farben auf dem Farbrad. Lösen Sie die Verknüpfung der Harmonie 🔗, um einzelne Farben individuell verändern zu können.

4 **Zufallsgenerator**

Wenn Ihnen die Zusammenstellung der Farbharmonie grundsätz-lich gefällt, die Verteilung der Farben auf den Objekten jedoch noch nicht, wechseln Sie wieder zurück zu ZUWEISEN und wen-den Sie die Zufalls-Funktionen 🔀 und ▦ an. So ist es möglich,

▲ **Abbildung 8.94**
Verändern der nicht verknüpften Farben auf dem Farbrad

die Kombinationen, die Ihnen die aktiven Farben an den Objekten bieten, schnell durchzuspielen.

▲ **Abbildung 8.95**
Zuweisen der neuen Farben mit zufälliger Sortierung

5 **Zurücksetzen**
Bevor Sie jetzt die Grafik gezielt auf wenige Farben aus einer vorgegebenen Bibliothek reduzieren, setzen Sie Ihre bisherigen Änderungen zurück. Rufen Sie FARBEN AUS AUSGEWÄHLTEM BILDMATERIAL ERFASSEN durch einen Klick auf den Button ☞ auf. Falls dieser Schritt nicht zum gewünschten Ergebnis führt (dass also die Farben in den Spalten AKTUELLE FARBEN und NEU identisch sind), schließen Sie die Dialogbox mit ABBRECHEN.

6 **Farben reduzieren**
Die Farben der Grafik sollen auf zwei Farben der Bibliothek HKS K und Schwarz reduziert werden. Wählen Sie aus dem Menü FARBEN die Anzahl »3« und aus dem Menü AUF FARBBIBLIOTHEK BESCHRÄNKEN • FARBTAFELN ⊞ die Bibliothek HKS K. Der Name der ausgewählten Bibliothek wird sowohl im Titel der Dialogbox als auch über dem Menü-Button FARBBIBLIOTHEK angezeigt.

7 **Reduktionsoptionen**
Rufen Sie die FARBREDUKTIONSOPTIONEN ▣ auf. Die Anzahl der Farben sowie die Einschränkung auf die Bibliothek sind hier bereits eingestellt. Stellen Sie darüber hinaus unter SORTIEREN FARBTON VORWÄRTS oder RÜCKWÄRTS ein, damit werden ähnliche Farbtöne in einer Reihe kombiniert. Unter FÄRBUNGSMETHODE wählen Sie FARBTÖNE SKALIEREN.

8 **Neue Farben auswählen**
Die automatisch zugewiesenen HKS-Farbtöne werden Sie in diesem Schritt ändern. Beginnen Sie mit der Reihe der Grüntöne.

▲ **Abbildung 8.96**
Beschränkung auf drei Farben aus der HKS-Palette

▲ **Abbildung 8.97**
Dialogbox FARBREDUKTIONSOPTIONEN/OPTIONEN FÜR NEUES FÄRBEN

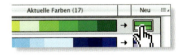

▲ **Abbildung 8.98**
Aufrufen des Farbwählers mit einem Doppelklick auf die Farbe in der Spalte NEU

▲ **Abbildung 8.99**
Der Farbwähler in der Farbfelder-Ansicht

Doppelklicken Sie auf das Farbfeld in der Spalte NEU. Der Farb-wähler wird geöffnet. Falls er nicht automatisch die HKS-Farb-felder auflistet, wechseln Sie mit dem Button FARBFELDER in diese Darstellung. Da in der Reihe der Grüntöne ein großer Umfang an Helligkeitsstufen mit der neuen Farbe abgebildet werden muss, sollten Sie einen dunkleren Ton als neue Farbe bestimmen. Bestä-tigen Sie mit OK.

Weisen Sie anschließend der Reihe mit den violetten Farbtö-nen die Farbe Schwarz – HKS 88 – zu.

Abschließend wählen Sie noch eine neue Farbe für die Blau-töne.

9   **Farbe durch Verschieben zuweisen**
Deaktivieren Sie jetzt mit dem Optionsfeld unten links die Anzeige der neuen Farbe und vergleichen die Darstellung. Dabei fällt auf, dass in den Augen des Kraken Details verloren gegangen sind: Der mittlere Violett-Ton sollte eine andere Farbe erhalten. Akti-vieren Sie diesen Ton und überprüfen Ihre Feststellung noch ein-mal, indem Sie die Funktion FARBE IM BILDMATERIAL FINDEN verwenden.

Schieben Sie anschließend diesen mittleren Ton in einen der anderen beiden Balken.

▲ **Abbildung 8.100**
Die fertiggestellte Grafik

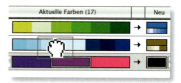

▲ **Abbildung 8.101**
Vergleich der Augen mit der Ori-ginalgrafik (links), Ändern der Farbdefinition (oben), um den Kontrast wiederherzustellen

Die Grafik ist jetzt fertiggestellt. Schließen Sie die Dialogbox, indem Sie mit OK bestätigen. Die Originalgrafik sollten Sie aufhe-ben, da INTERAKTIVE FARBE keine Live-Eigenschaft ist. ◼

8.8   Farbfilter

Hinweis

Bei diesen Funktionen handelt es sich um die Farbfilter, die eine neue Heimat im Menü gefunden haben.

Oft ist es sinnvoll oder notwendig, die Farben mehrerer Objekte gleichzeitig zu beeinflussen oder umzuwandeln, beispielsweise um eine gemeinsame »Farbwelt« zu organisieren. Die darauf spe-zialisierten Funktionen finden Sie unter BEARBEITEN • FARBEN BEARBEITEN.

Farbbalance einstellen (Farben einstellen)

Wie beim Einsatz von Filtern in der Fotografie gibt Ihnen das Programm mit diesem Tool weitgehende Einwirkungsmöglichkeiten an die Hand, um die Farbstimmung Ihrer Grafik zu verändern.

Aktivieren Sie mehrere Objekte in Ihrer Grafik, deren Farben Sie einstellen wollen, und rufen Sie unter BEARBEITEN • FARBEN BEARBEITEN • FARBBALANCE EINSTELLEN... die zugehörige Dialogbox auf.

Wählen Sie mit den Kontrollkästchen im unteren Teil der Dialogbox, ob sich die Einstellungen auf die FLÄCHE (Füllung), die KONTUR oder auf beide beziehen sollen.

Wenn Sie die Option VORSCHAU aktivieren, werden die Einstellungen direkt auf die ausgewählten Objekte angewendet.

Die anderen Einstellmöglichkeiten in der Dialogbox ändern sich je nachdem, welchen FARBMODUS Sie in dem gleichnamigen Ausklappmenü anwählen: GRAUSTUFEN, RGB, CMYK oder GLOBAL.

Globale Farben | Bei Objekten, denen eine globale Prozessfarbe oder eine Volltonfarbe als Eigenschaft zugeordnet ist, wird im Ausklappmenü FARBMODUS die Menüauswahl GLOBAL angezeigt. Zwei Möglichkeiten stehen zur Verfügung:

▶ TONWERT ändern: Mit diesem Regler verändern Sie gleichzeitig die Farbintensität aller ausgewählten Objekte.

▶ GLOBALE in LOKALE FARBEN umwandeln: Dazu wählen Sie in dem Ausklappmenü den Farbmodus aus – je nach Dokumentfarbmodus CMYK bzw. RGB – und kreuzen die Option KONVERTIEREN an. Nun werden die Regler für die entsprechenden Grundfarben eingeblendet. Anschließend passen Sie mit den Schiebereglern die Farbmischungen gleichmäßig für alle ausgewählten Objekte an. Wenn Sie die Eingabe mit OK beenden, werden die entsprechenden Farben der Objekte in lokale Farben konvertiert, die Verbindung zu den Farbfeldern ist gekappt.

Lokale Farben | Bei Objekten, die lokale Farben als Eigenschaft aufweisen, verändern Sie mit den Reglern in der Dialogbox gleichzeitig die Anteile der einzelnen Grundfarben in den Farbmischungen aller ausgewählten Objekte. Die Regelungsmöglichkeiten richten sich nach dem Dokumentfarbmodus, entweder Cyan, Magenta, Gelb und Schwarz bei CMYK bzw. Rot, Grün und Blau bei RGB.

▲ **Abbildung 8.102**
Dialogbox FARBEN EINSTELLEN

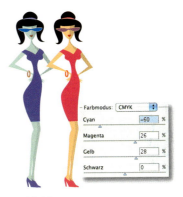

▲ **Abbildung 8.103**
Farbfilter FARBEN EINSTELLEN,
Original (links)

Hinweis

Am einfachsten ist es, entweder nur globale oder nur lokale Farben gemeinsam mit Farbfiltern zu bearbeiten. Sollte es doch einmal notwendig sein, globale und lokale Farben gemischt zu editieren, müssen Sie zunächst die globalen Farben in lokale Farben umwandeln, bevor Sie alle gemeinsam einstellen können. Gehen Sie dazu so vor, wie links unter »Globale Farben« beschrieben.

▲ **Abbildung 8.104**
Sättigung verändert

▲ **Abbildung 8.105**
Original, Graustufen, Invertieren

▲ **Abbildung 8.106**
Mit den Angleichen-Filtern lassen sich z. B. in der Kartografie regelmäßige Farbübergänge erstellen (unten). Hier erweist es sich auch als besonders praktisch, dass Konturen nicht angegriffen werden.

Farbe in Graustufen wandeln | Wenn Sie farbige Objekte in grau abgestufte umwandeln möchten, wählen Sie in dem Ausklappmenü FARBMODUS den Menüpunkt GRAUSTUFEN aus, aktivieren die Option KONVERTIEREN und passen gegebenenfalls mit dem Regler SCHWARZ den Grautonwert an. Die Farben sind danach lokal, Verbindungen zu Farbfeldern wurden aufgelöst.

Sättigung erhöhen (Sättigung verändern)

Diesen Filter setzen Sie ein, wenn Sie nur die Sättigung der Farben ausgewählter Objekte verringern oder erhöhen möchten. Geben Sie einen Wert zwischen –100 % und +100 % an, oder verwenden Sie den Schieberegler. Niedrigere Werte verringern die Sättigung, höhere Werte verstärken sie. Die Veränderung wirkt sich sowohl auf die Füllung als auch auf die Kontur aus (Sättigung und HSB/HLS-Farbmodell siehe Kapitel 8.4).

In Graustufen konvertieren

Dieser Befehl konvertiert die Farben der aktiven Objekte in Graustufen, basierend auf deren Luminanzwert, also ihrer Helligkeit. Der Befehl wird direkt ohne Einstellmöglichkeit angewendet.

In CMYK konvertieren, in RGB konvertieren

Abhängig vom Dokumentfarbmodus ist einer der beiden Befehle aktiv – der Filter konvertiert Graustufen in CMYK- bzw. RGB-Farben. Der Filter wird direkt und ohne Dialogbox ausgeführt!

Horizontal, Vertikal, Vorne->Hinten angleichen

Diese Filter werden auf mindestens drei Objekte angewendet – die Objekte dürfen *nicht mit globalen* Farben gefüllt sein. Sie erzeugen Farbabstufungen zwischen den Objekten an den Extrempositionen auf der Zeichenfläche in horizontaler bzw. vertikaler Richtung oder in der Stapelreihenfolge und weisen diese Abstufungen den dazwischenliegenden Objekten zu. Die Farben der Konturen bleiben unverändert. Die Filter werden direkt ausgeführt!

Farben invertieren

Mit diesem Filter erzeugen Sie ein »Negativ« Ihrer Grafik.

Schwarz überdrucken

Siehe Kapitel 19, »Austausch, Weiterverarbeitung, Druck«.

9 Flächen und Konturen gestalten

Bei der Gestaltung von Flächen und Konturen gibt Illustrator Ihnen zusätzlich zu den Standardoptionen einige mächtige Funktionen an die Hand. Während Pinsel eine sehr freie Gestaltung von Konturen gestatten, sind Verlaufsgitter Spezialobjekte für mehrfarbige Flächen.

▲ **Abbildung 9.1**
Verlaufsgitter wurden für den Körper eingesetzt, Mähne und Schweif sind mit Pinseln gezeichnet.

9.1 Standard-Konturoptionen

Aussehen-Eigenschaften, die dem Pfad zugewiesen sind, werden in Illustrator **Kontur** genannt. Konturen definieren sich nicht nur durch ihre Farbe (bzw. ein Muster) und die Strichstärke. Als weitere Standard-Eigenschaften sind Strichelung, Eckenverhalten sowie Endung festzulegen.

Kontur-Palette
In der Kontur-Palette verwalten Sie die Strichstärke, das Linienmuster und die Formen der Enden und der Ecken eines Pfads.

Um die Kontur-Palette anzeigen zu lassen, wählen Sie im Menü FENSTER • KONTUR – Shortcut ⌘/Strg+F10, im Dock ▤.

Falls nicht alle Optionen der Palette dargestellt sind, ändern Sie die Ansicht mit einem Doppelklick auf den Reiter oder über den entsprechenden Befehl im Palettenmenü ▾≡.

Aktivieren Sie das Objekt, dessen Kontur Sie bearbeiten wollen, und definieren Sie die Eigenschaften, indem Sie in der Kontur-Palette die gewünschten Werte angeben.

▶ STÄRKE: Legen Sie die Strichstärke numerisch im Eingabefeld fest, oder rufen Sie einen Eintrag aus dem Ausklappmenü auf, das Illustrator am rechten Rand des Felds anbietet. Der Doppelpfeil links neben dem Feld erhöht bzw. reduziert den Eingabewert jeweils um einen Zähler.

Das Programm berechnet die Linienstärke in der Maßeinheit, die unter VOREINSTELLUNGEN • EINHEITEN UND ANZEIGELEISTUNG festgelegt ist.

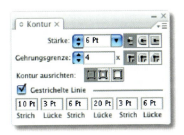

▲ **Abbildung 9.2**
Kontur-Palette mit allen Optionen

Hinweis

Ob die Konturstärke bei der Berechnung der Objektgröße berücksichtigt wird, bestimmen Sie mit der Option VORSCHAUBEGRENZUNGEN VERWENDEN unter VOREINSTELLUNGEN • ALLGEMEIN.

▲ Abbildung 9.3
Konturen werden üblicherweise
gleichmäßig beidseitig des Pfads
angelegt.

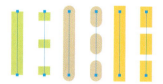

▲ Abbildung 9.4
Linienenden-Einstellungen

▲ Abbildung 9.5
Ecken-Einstellungen

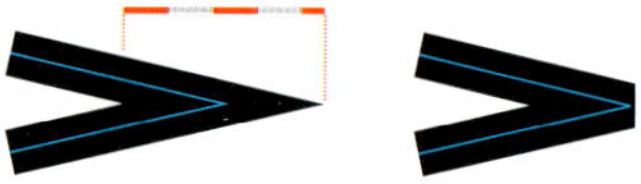

▲ Abbildung 9.6
Die Spitze ist 4,5-mal so lang, wie
die Kontur stark ist. Bei einer
Gehrungsgrenze unter 4,6 wird
die Spitze also abgeflacht.

▲ Abbildung 9.7
Konturausrichtung

Wenn Sie die Stärke in einer anderen als der voreingestellten Maßeinheit eingeben möchten, tippen Sie deren Abkürzung nach der Zahl ein. Illustrator rechnet den Wert sofort in die Standard-Maßeinheit um. Eine Tabelle der Kürzel für die Maßeinheiten finden Sie in Kapitel 1.

Achten Sie beim Eingeben eigener Einheiten darauf, dass Sie vorher den kompletten Feldinhalt aktivieren – das erreichen Sie mit einem dreifachen Mausklick in das Feld.

▶ LINIENENDE: Mit den Optionsbuttons bestimmen Sie, wie die Linienenden offener Pfade bzw. die Enden der Teillinien einer Strichelung aussehen. Drei Varianten stehen zur Auswahl:

  ▶ ABGEFLACHTE LINIENENDEN 🔲: Bei dieser Form wird die Linie direkt am Endpunkt abgeschnitten.

  ▶ ABGERUNDETE LINIENENDEN 🔲: Hier wird die Linie am Endpunkt mit dem Radius einer halben Linienstärke gerundet.

  ▶ HERVORSTEHENDE LINIENENDEN 🔲: Das Linienende ist quadratisch und ragt eine halbe Linienstärke über die Endpunkte des Pfads hinaus.

▶ ECKENFORM: Diese Optionsbuttons legen die Form der Ecken eines Pfads fest.

Auch wenn es die Anordnung der Buttons nahelegt, müssen Sie Eckenformen nicht zwingend zusammen mit den optisch entsprechenden Linienenden verwenden.

Zwischen folgenden Eckenformen können Sie wählen:

  ▶ Gehrungsecken 🔲: Mit dieser Option werden spitze Ecken an den ECKPUNKTEN eines PFADS erzeugt. Legen Sie in dem Eingabefeld links die Gehrungsgrenze fest (siehe unten).

  ▶ ABGERUNDETE LINIENECKEN 🔲: Die Ecken eines Pfads werden gerundet.

  ▶ ABGEFLACHTE LINIENECKEN 🔲: Bei dieser Eckenform wird die Spitze abgeschnitten.

▶ GEHRUNGSGRENZE: Diese Eingabe hat nur Auswirkungen auf Gehrungsecken. Pfadecken, denen diese Form zugewiesen ist, werden bei spitzen Winkeln sehr lang. Mit der Gehrungsgrenze legen Sie die Toleranzschwelle fest, ab welcher Länge Illustrator eine Ecke als Abgeflachte Ecke ausbilden soll. Bis zu zwei Nachkommastellen sind möglich.

  ▶ Die Ecke wird abgeflacht, wenn die Länge der Ecke den Wert übersteigt, der sich aus der Multiplikation der eingegebenen Gehrungsgrenze mit der Linienstärke ergibt. Je höher der Wert ist, desto spitzer können die Ecken werden, bevor das Programm die abgeflachte Form anwendet.

▶ KONTUR AUSRICHTEN: Diese Option ist nur bei geschlossenen Pfaden aktiv. Üblicherweise wird in Vektorgrafik-Software die Konturstärke von der Mitte des Pfades nach beiden Seiten angelegt. In Illustrator können Sie ab Version CS2 bestimmen, ob Sie die Kontur auf die Mitte des Pfads 🔲, auf die Innenseite 🔲 oder auf die Außenseite 🔲 der Form legen möchten.

Achtung: Wenn Sie eine solche Kontur in eine Fläche umwandeln möchten, verwenden Sie nicht den Befehl OBJEKT • PFAD • KONTURLINIE, denn der erkennt nur Konturen, die auf der Mitte des Pfads angeordnet sind. Der Menüpunkt OBJEKT • AUSSEHEN UMWANDELN setzt dagegen auch komplexere Konturen in Flächen um.

▶ GESTRICHELTE LINIE: Um einen Pfad als gestrichelte Linie zu bestimmen, aktivieren Sie dieses Kontrollkästchen. In den Eingabefeldern darunter definieren Sie jeweils die Länge von Strich und Lücke.

- ▶ Geben Sie nur einen Wert in das erste Feld ein, werden alle Teilstriche und Lücken in dieser Länge erzeugt.
- ▶ Unterschiedliche Strich- und Lückenlängen legen Sie durch entsprechende Maße in den ersten beiden Feldern fest.
- ▶ Da mehrere Wertfeld-Paare hintereinander angeordnet sind, können Sie damit auch kompliziertere Strichelungsarten verwirklichen.

Haarlinie | Die in der Kontur-Palette nicht verfügbare Konturstärke Haarlinie verursacht auf jedem Ausgabegerät eine Kontur in der kleinsten darstellbaren Stärke. Diese Konturen sind im Offsetdruck nicht reproduzierbar, werden jedoch von mancher Plot-Software verwendet, um Pfade zu kennzeichnen, entlang denen geschnitten werden soll.

Die einzige Möglichkeit, in Illustrator Haarlinien zu erzeugen, besteht über die Pathfinder-Funktion KONTUR AUFTEILEN.

9.2 Pinselkonturen

Die Optionen der Kontur-Palette decken nur einen Grundbedarf an Gestaltungsmöglichkeiten für Linien ab.

Möchten Sie weitergehende grafische Stile für Pfade festlegen, sind Pinselspitzen als Kontureigenschaften eine gute Wahl. Pinsel können Sie sowohl für üppige Rahmendesigns verwenden als auch dafür, die Nachteile der Standardkonturen zu umgehen.

Pinsel sind aber auch hervorragend für Einsatzzwecke geeignet, die mit der Verzierung einer Kontur nichts zu tun haben. Da das Prinzip von Pinseln darauf beruht, Vektorobjekte entlang eines Pfads anzuordnen und zu verformen, können Sie Pinsel vielfältig verwenden.

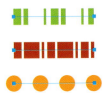

▲ **Abbildung 9.8**
Unterschiedliche Strichelungen:
grün: 10 | 3 | 6 | 20 | 3 | 6 Pt
rot: 10 | 3 | 20 | 3 | 3 | 4 Pt
orange: 0 | 34 Pt

▲ **Abbildung 9.9**
Viele Objekte sind mit einem Pinsel einfach konstruiert.

▲ **Abbildung 9.10**
MUSTERPINSEL (rechts) ersetzen die unsaubere Eckenführung von gestrichelten Konturen (links).

Hinweis

Je nach Dokumentprofil (Druck, Web, Video) ist die Pinsel-Palette mit unterschiedlichen Pinseln »bestückt«. Es sind nicht immer Beispielpinsel für alle vier Pinselarten vorhanden, teilweise müssen diese bei Bedarf aus einer der mit dem Programm gelieferten Pinsel-Bibliotheken übernommen werden. Wie Sie Pinsel-Bibliotheken laden, finden Sie in diesem Kapitel etwas weiter unten.

Pinselspitzen sind nicht an das Pinsel-Werkzeug gebunden, vielmehr kann jeder Vektorpfad eine Pinselspitze als Kontur-Eigenschaft annehmen. Die Pinselspitzen selbst sind normale Vektorobjekte und somit beliebig skalier- und verformbar.

Die Pinselspitzen des aktuellen Dokuments finden Sie in der Pinsel-Palette. Pinsel-Bibliotheken speichern Pinselspitzen extern zur einfachen dokumentübergreifenden Verwendung.

Pinsel-Palette

In der Pinsel-Palette verwalten Sie die Pinsel für das aktuelle Dokument, wählen Pinselspitzen für das Pinsel-Werkzeug aus und weisen Pfaden Pinselspitzen als Kontur-Eigenschaft zu.

Die Pinsel-Palette rufen Sie mit dem Menübefehl FENSTER • PINSEL auf – Shortcut F5, im Dock 🖌.

Miniatur-Ansicht oder Liste | Die Pinsel-Palette verfügt über zwei Anzeigemodi, zwischen denen Sie im Palettenmenü 📄☰ wählen können:

▶ die Miniaturansicht, in der nur die Piktogramme der Pinselspitzen sichtbar sind. Die Pinselformen sind in dieser Ansicht gut zu erkennen. Der Name eines Pinsels wird eingeblendet, sobald Sie den Cursor länger über seinem Symbol halten.

▶ die Listenansicht, die auch den Namen der Pinsel und die Kennzeichnung für die Pinselart aufweist.

Pinselarten | Illustrator kennt vier Pinselarten: BILDPINSEL ▭, SPEZIALPINSEL ▦, MUSTERPINSEL ▭, KALLIGRAPHIEPINSEL ▭.

Funktionsbuttons | Mit den Buttons am unteren Rand der Pinsel-Palette ist es möglich, folgende Aktionen durchzuführen. Auf die einzelnen Funktionen gehen wir weiter unten ein.

▶ Pinsel-Bibliotheken aus dem Menü laden 🗀
▶ Pinselkonturen von Objekten entfernen ✖
▶ Konturoptionen für ein ausgewähltes Objekt aufrufen 🖌☰
▶ Neue Pinsel anlegen 🗋
▶ Pinsel aus der Pinsel-Palette löschen 🗑

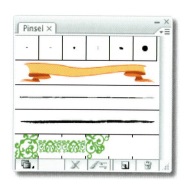

▲ **Abbildung 9.11**
Miniaturansicht der Pinsel-Palette

Anzeigeoptionen | Um in der Palette eine bessere Übersicht zu behalten, besteht die Möglichkeit, die Anzeige zu beschränken.

▶ **Nicht verwendete Pinsel aus der Palette löschen:** Wenn Sie alle Pinsel aus der Pinsel-Palette tilgen wollen, die in Ihrer Illustration nicht in Gebrauch sind, geben Sie im Palettenmenü die Anweisung ALLE NICHT VERWENDETEN AUSWÄHLEN.

Anschließend löschen Sie die aktivierten Positionen, indem Sie in der Palette auf den Papierkorb-Button 🗑 klicken.

▶ **Nur bestimmte Pinselarten anzeigen:** Wählen Sie die Pinselarten aus, die Sie in der Palette anzeigen lassen wollen, indem
Sie im Palettenmenü die Optionen EINBLENDEN: ...PINSEL einzeln ein- oder ausschalten, also mit einem Häkchen versehen
oder das Häkchen entfernen.

▲ **Abbildung 9.12**
Liste-Ansicht der Pinsel-Palette

Pinselkontur als Eigenschaft zuweisen

Aktivieren Sie ein Objekt und klicken auf einen Pinsel in der Pinsel-Palette, um dem Objekt eine Pinselkontur zuzuweisen. Besitzt
ein Objekt nur eine Kontur, wird diese durch die neu zugewiesene ersetzt. Sind dem Objekt bereits mehrere Konturen zugeordnet, so wechselt die neue die in der Aussehen-Palette aktivierte Kontur des Objekts aus. Möchten Sie eine bestimmte
bestehende Kontur in eine Pinselkontur ändern, müssen Sie diese
vorher in der Aussehen-Palette aktivieren und erst dann die neue
Kontur bestimmen (Aussehen-Palette siehe Kapitel 11).

▲ **Abbildung 9.13**
Mehrere Konturen in der
Aussehen-Palette

Pinselkontur von einem Objekt entfernen

Um eine Pinselkontur von einem aktivierten Objekt zu entfernen,
klicken Sie auf den Button PINSELKONTUR ENTFERNEN ✖ in der
Pinsel-Palette. Die Pinselkontur wird in die Standardkontur von
1 Punkt Breite umgewandelt, die Konturfarbe bleibt erhalten.

Haben Sie einem Objekt mehrere Konturen zugeordnet, müssen Sie zuerst die entsprechende Pinselkontur in der Aussehen-
Palette auswählen, da sonst diejenige Kontur entfernt wird, die
zufällig aktiv ist.

Pinselkonturen editieren – Optionen

In den Options-Dialogboxen zu jeder Pinselspitze und zu jeder
Pinselkontur ist es möglich, sehr detailliert auf die Form des Pinsels bzw. der Pinselkontur Einfluss zu nehmen.

Pinseloptionen | Die Dialogboxen zum Einstellen der Pinselspit-
zen rufen Sie entweder durch einen Doppelklick auf den Pinsel in
der Pinsel-Palette auf, oder Sie aktivieren den Pinsel und wählen
den Menüpunkt PINSELOPTIONEN... im Palettenmenü der Pinsel-
Palette aus.

Einstellungen, die Sie in den Pinseloptionen vornehmen, gelten für den Pinsel generell, d.h., die Änderungen werden automatisch dokumentweit auf alle Objekte übernommen, die diese
Pinselspitze als Eigenschaft besitzen.

▲ **Abbildung 9.14**
Konturoptionen ermöglichen es, dieselbe Pinselspitze in einer Datei unterschiedlich einzusetzen.

▲ **Abbildung 9.15**
Illustration von Haaren mit Bildpinseln

Kontur-Optionen | Für Pinselkonturen einzelner Objekte können Sie verschiedene Parameter des Pinsels lokal, also nur für dieses Objekt verändern. Dazu dienen die Kontur-Optionen. Die Dialogbox rufen Sie auf, indem Sie das Objekt aktivieren, dessen Pinselkontur Sie bearbeiten wollen, und dann den Funktionsbutton OPTIONEN FÜR AUSGEWÄHLTES OBJEKT ✐ in der Pinsel-Palette anklicken. Alternativ können Sie diesen Befehl im Palettenmenü auswählen.

Die Kontur-Optionen enthalten für den lokalen Gebrauch einen Teil der Einstellmöglichkeiten, die auch in den Pinsel-Optionen für den Pinsel global vorhanden sind, deshalb werden die Optionen für Pinsel und Kontur nicht getrennt behandelt, sondern in den folgenden Absätzen für jede Pinselart gemeinsam erklärt.

Bildpinsel ▭

In Bildpinseln sind meist Striche realer Zeichen- und Malwerkzeuge vektorisiert. Wie Sie weiter hinten in den Workshops sehen werden, sind Bildpinsel jedoch auch in naturalistischen Illustrationen oder zur Konstruktion geometrischer Objekte nützlich.

Die Vektorform wird gleichmäßig am Verlauf eines Pfads über die gesamte Länge »gestreckt«. Mit den Optionen in den Dialogboxen steuern Sie das Aussehen des Pfads.

▲ **Abbildung 9.16**
BILDPINSEL-OPTIONEN und KONTUR-OPTIONEN

▶ RICHTUNG: Mit diesen Optionsbuttons wählen Sie in 90°-Schritten aus, in welche Richtung die Pinselspitze auf den Pfad angewendet wird – nach links, nach rechts, nach oben bzw. nach unten. Der blaue Pfeil im Schaubild der Pinselspitze zeigt die eingestellte Richtung an.

Beachten Sie, dass auch die Pfadrichtung auf das Ergebnis einwirkt!

- BREITE: Dieser Wert bestimmt den prozentualen Skalierungs-faktor für die Breite der Pinselspitze und damit indirekt auch die Stärke des Pinselstrichs.
- PROPORTIONAL: Normalerweise wird die Pinselspitze nur in einer Dimension entlang des Pfads skaliert. Die Breite der Kontur richtet sich nach dem Wert, den Sie im Breite-Feld ein-gegeben haben. Aktivieren Sie die Proportional-Option, wird die Konturbreite proportional an die Längenskalierung ange-passt.
- VERTIKAL SPIEGELN, HORIZONTAL SPIEGELN: Mit diesen Opti-onen bestimmen Sie, ob die Pinselspitze bei der Anwendung vertikal und/oder horizontal gespiegelt werden soll. Die Wir-kung auf die Pinselkontur kann ähnlich sein wie bei den Optionsbuttons RICHTUNG, allerdings stehen im Gegensatz dazu die Spiegelungsmöglichkeiten auch lokal in den Kontur-Optionen zur Verfügung.
- EINFÄRBEN: Im Gegensatz zu Standard- und Kalligraphiekon-turen nehmen Konturen von Spezial-, Bild- und Musterpinseln nicht die Farbe an, die in der Werkzeugpalette bzw. in der Farbpalette als Konturfarbe definiert ist.

  Spezial-, Bild- und Musterpinsel behalten die Farbeigen-schaften, die in den jeweils zugrunde gelegten Grafiken bzw. Musterelementen festgelegt sind. In den Pinsel-Optionen kön-nen Sie durch die Einstellung der Einfärben-Methode noch Veränderungen in den Tonwerten vornehmen.

  Die Einfärben-Option ist vor allem bei schwarzen Pinselspit-zen nützlich, um die daraus generierten Konturen einzufärben. Wählen Sie dazu in einer der zuständigen Paletten (Werkzeug-palette, Farbpalette) die gewünschte Konturfarbe aus und stellen in den Pinsel-Optionen die Einfärbemethode FARBTÖNE (früher: TONWERTE) ein.

  Die Wirkung der anderen Einfärbe-Optionen kann von Pinsel-spitze zu Pinselspitze stark variieren. Deshalb empfiehlt es sich, hierzu über den gleichnamigen Button die TIPPS aufzurufen, in denen anhand von Beispielen Ergebnisse aufgezeigt werden.

▲ **Abbildung 9.17**
Eine Sternform als Bildpinsel

▲ **Abbildung 9.18**
Eine proportional skalierte Pinsel-kontur (grün) hat eine an die Pfadlänge angepasste Stärke. Eine nicht proportional skalierte Pin-selkontur (blau) ist immer gleich stark.

Hinweis

Achten Sie beim Einfärben mit Hilfe der Pinseloptionen auf die Abhängigkeit vom Dokument-farbmodus. Die Pinselform muss die Farbe 100 % Schwarz bzw. RGB 0/0/0 besitzen.

Haben Sie die Pinselgrund-form aus einem Dokument in einem anderen Farbmodus über-nommen, wird die Farbe konver-tiert und ist folglich nicht exakt schwarz.

Falls Sie Fehldarstellungen Ih-rer eingefärbten Pinselkontur be-merken, überprüfen Sie also die Farbe der Pinselform.

Spezialpinsel

Die Grafik der Pinselspitze wird im Rahmen der frei definierbaren Grenzen nach dem Zufallsprinzip entlang des Pfads verstreut. Spezialpinsel können zudem die Optionen des Grafiktabletts bei der Stifteingabe für die Steuerung der Streuung auswerten (Gra-fiktablett siehe Kapitel 7).

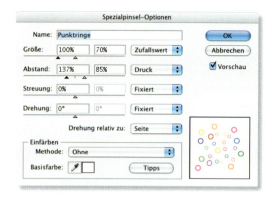

▲ Abbildung 9.19
SPEZIALPINSEL-OPTIONEN und
KONTUR-OPTIONEN

▲ Abbildung 9.20
Rechts: Spezialpinsel mit Variation
in GRÖSSE, ABSTAND, STREUUNG
und DREHUNG

▲ Abbildung 9.21
Drehung relativ zum Pfad (links)
und zur Seite (rechts)

Die Streuung wird durch fünf Variablen definiert, die Sie alle auf einen bestimmten Wert fixieren oder durch einen Bereich beschreiben können, innerhalb dessen das Programm entweder zufällig oder per Stifteingabe variiert.

▸ GRÖSSE: Wenn Sie im zugehörigen Ausklappmenü den Menüpunkt FIXIERT einstellen, legen Sie in dem Eingabefeld prozentual zur Größe der Originalgrafik des Pinsels fest, wie groß die Objekte der Pinselspitze in die Kontur ausgebracht werden sollen. Bei allen anderen Menüpunkten des Ausklappmenüs gilt das linke Eingabefeld als prozentuale Untergrenze der Objektgröße für einen Zufallswert, das rechte Eingabefeld enthält die Obergrenze.

▸ ABSTAND: Mit diesen Eingaben steuern Sie den Abstand zwischen den Objekten. Bei der Werteingabe gehen Sie genauso vor wie im letzten Absatz beschrieben.

▸ STREUUNG: Diese Vorgaben beschreiben die Genauigkeit, mit der die Objekte der Pinselspitze dem Pfadverlauf folgen. Höhere Werte führen zu einer weiteren Streuung. Positive bzw. negative Werte bestimmen, zu welcher Seite des Pfads gestreut wird.

▸ DREHUNG: Hier können Sie entweder einen festen oder zufälligen Drehwinkel der Pinselgrafik um ihren Mittelpunkt einstellen.

▸ DREHUNG RELATIV ZU: In diesem Ausklappmenü bestimmen Sie den Bezug für die Berechnung der Drehung. Erfolgt die Drehung relativ zum Pfad, kann die Grafik des Pinsels dem Pfadverlauf besser folgen. Wenn Sie bei 0°-Drehung die Pinselspitze relativ zum Pfad ausrichten, liegt die Grafik immer genau entlang des Pfads.

▸ EINFÄRBEN: Lesen Sie dazu bitte die Erläuterungen zur gleichen Option für Bildpinsel.

Musterpinsel

Der Pinsel enthält bis zu fünf Musterelemente für Anfang, Ende, Kanten, innere und äußere Ecken, die in der Kontur je nach Form des Pfads angewendet werden. Die Musterelemente folgen dem Pfad exakt, das heißt, die Grafiken werden gegebenenfalls gebogen.

Hinweis

Zur Erstellung von Musterelementen siehe den Workshop auf den folgenden Seiten und Kapitel 16, »Muster und Symbole«.

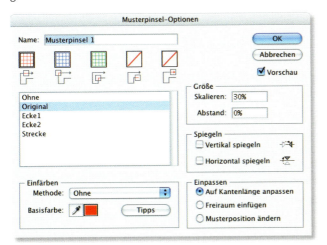

▲ **Abbildung 9.22**
Musterpinsel-Optionen und Kontur-Optionen für den Raster-Pinsel aus Abbildung 9.23

Die Pinsel-Optionen geben Ihnen u. a. die Möglichkeit, die Musterelemente für die Pinselspitze zu bestimmen.

Die verschiedenen Musterelemente werden auf bestimmte Abschnitte eines Pfadverlaufs angewendet. Das erste Musterfeld enthält das Kantenelement für den normalen Pfadverlauf, die »Kante«. Die folgenden Felder können, aber müssen nicht belegt sein. Mit diesen Feldern geben Sie vor, ob Illustrator für »äußere« Ecken, »innere« Ecken, Pfadanfang und Pfadende besondere Musterelemente verwenden soll.

In der Liste darunter erscheinen alle Muster, die in der Farbfelder-Palette enthalten sind. Um einem der Elemente für den Musterpinsel ein Muster-Farbfeld zuzuordnen, aktivieren Sie zunächst das entsprechende Element durch einen Klick und wählen anschließend in der Liste das gewünschte Muster aus.

Nachdem Sie die Musterelemente belegt haben, wird die Verbindung zu den Musterfeldern in der Farbfelder-Palette nicht weiter aufrechterhalten. Sie können diese, wenn gewünscht, in der Farbfelder-Palette ändern oder löschen.

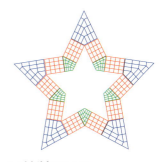

▲ **Abbildung 9.23**
Angewendete Musterpinsel-Optionen aus Abbildung 9.22

▲ **Abbildung 9.24**
Bestandteile eines Musterpinsels

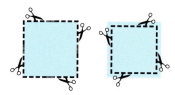

▲ **Abbildung 9.25**
Musterelemente auf Kantenlänge angepasst und Musterposition geändert

▲ **Abbildung 9.26**
Kalligraphiepinsel

Darüber hinaus haben Sie in den Pinsel-Optionen Einfluss auf die folgenden Parameter:

▶ GRÖSSE: Mit der Option SKALIEREN legen Sie fest, ob die Grafiken der Musterelemente bei der Anwendung auf eine Kontur prozentual vergrößert oder verkleinert werden sollen. Werte zwischen 1 % und 10 000 % sind möglich. Zusätzlich können Sie den ABSTAND zwischen den einzelnen Musterelementen dehnen oder verengen. Bei 0 % berühren sich die Elemente. Die Obergrenze ist bei 10 000 %.

▶ SPIEGELN: Die Option VERTIKAL SPIEGELN hat zur Folge, dass die Musterelemente senkrecht zum Pfad gespiegelt werden. Bei HORIZONTAL SPIEGELN kehrt das Programm die Belegung der Musterelemente auf dem Pfad um.

▶ EINPASSEN: Nur in den wenigsten Fällen entspricht die Länge des Pfads einem Vielfachen der Länge der Musterelemente. Deshalb müssen Sie bestimmen, auf welche Weise Illustrator die Elemente einpassen soll:
AUF KANTENLÄNGE ANPASSEN staucht oder streckt nach Bedarf die Elemente zwischen zwei Eckpunkten. Wenn Sie die Form der Musterelemente nicht verändern möchten, können Sie statt dessen Freiräume einfügen lassen, dann entstehen allerdings Lücken in der Kontur. Die dritte Möglichkeit – MUSTERPOSITION ÄNDERN – verändert den Abstand der Musterelemente zum Pfad, dabei bleibt der Pfad in seiner ursprünglichen Lage, aber die Kontur kann als Folge weit neben dem Pfad positioniert sein.

▶ EINFÄRBEN: Lesen Sie dazu bitte die Erläuterungen zur gleichen Option für Bildpinsel.

Kalligraphiepinsel

Mit diesen Pinseln erstellen Sie Linien mit variabler Stärke, die Sie durch ähnliche Parameter steuern wie beim Schreiben mit der Breitfeder. Die Kalligraphiepinsel werden ausführlich mit allen Optionen in Kapitel 7 erklärt.

Pinsel-Bibliotheken laden

Ein Verzeichnis der im Programmordner gespeicherten Pinsel-Bibliotheken mit vielen verschiedenen Pinselspitzen finden Sie im Palettenmenü der Pinsel-Palette unter PINSEL-BIBLIOTHEK ÖFFNEN bzw. mit einem Klick auf das Symbol 📥. Mit dem letzten Menüpunkt im Verzeichnis ANDERE BIBLIOTHEK… laden Sie Bibliotheken von Ihrer Festplatte oder die Pinselspitzen aus anderen Illustrator-Dokumenten. Die Bibliotheken werden in einer eigenen Bibliotheken-Palette geöffnet. Das Handling ist mit dem bei der Farbfelder-Palette besprochenen Vorgehen vergleichbar.

Pinsel umfärben

Dank der Funktion INTERAKTIVE FARBE ist das Umfärben bereits vorhandener Pinsel sehr viel einfacher geworden. Gehen Sie wie folgt vor:

1. Wenden Sie den betreffenden Pinsel an einem Objekt auf der Zeichenfläche an. Möchten Sie die Farben eines Musterpinsels ändern, ist es nicht nötig, dass alle seine Musterelemente an diesem Objekt erscheinen, um sie umzufärben.
2. Aktivieren Sie das Objekt, und rufen Sie BEARBEITEN • FARBEN BEARBEITEN • BILDMATERIAL NEU FÄRBEN… auf.
3. Nehmen Sie die Farbänderungen vor (INTERAKTIVE FARBE siehe Kapitel 8). Illustrator erzeugt automatisch ein Duplikat des Pinsels mit geänderten Farben in der Pinselpalette.

Pinselspitzen selbst erstellen

Für alle Pinselarten gilt, dass Sie nicht nur die Optionen vorhandener Pinsel variieren, sondern selbst neue Pinsel herstellen können. Wählen Sie dazu NEUER PINSEL… aus dem Menü der Pinsel-Palette, oder klicken Sie auf den Funktionsbutton NEUER PINSEL ⬛. Anschließend erscheint eine Dialogbox, welche die Pinselart abfragt, die Sie anlegen wollen.

Bildpinsel bzw. Spezialpinsel | Die Pinselarten Bildpinsel und Spezialpinsel können Sie in der Dialogbox NEUER PINSEL nur anwählen, wenn ein oder mehrere Vektorobjekte auf der Arbeitsfläche aktiviert sind.

Erstellen Sie deshalb zunächst die Grafik für die Pinselspitze ganz normal in Ihrem Dokument und halten sie aktiv. Beachten Sie bitte, dass Sie keine Verläufe in Ihren Pinselgrafiken verwenden können – ersetzen Sie Verläufe, falls nötig, durch Angleichungen (siehe Kapitel 10).

Anschließend klicken Sie in der Pinsel-Palette auf den Funktionsbutton NEUER PINSEL ⬛. Damit wird die Pinselspitzengrafik an die Dialogbox BILDPINSEL-OPTIONEN bzw. SPEZIALPINSEL-OPTIONEN übergeben, in der Sie die oben beschriebenen Einstellungen vornehmen können.

Nach der Übernahme als Pinselspitze bleibt die Verbindung zur Originalgrafik *nicht* bestehen!

Musterpinsel | Musterpinsel basieren auf Muster-Farbfeldern. Um einen derartigen Pinsel zu erstellen, erzeugen Sie zunächst die einzelnen Musterelemente und legen diese jeweils als eigenes Musterfeld in der Farbfelder-Palette ab. Wie weiter oben bei der Dialogbox MUSTERPINSEL-OPTIONEN erläutert, werden diese Muster-Farbfelder zum Einsatz bei der Pinselerstellung in einer Liste

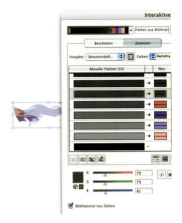

▲ **Abbildung 9.27**
Umfärben eines Pinsels aus den mitgelieferten Bibliotheken mit Hilfe von INTERAKTIVE FARBE

▲ **Abbildung 9.28**
Optionen NEUER PINSEL

▲ **Abbildung 9.29**
Muster-Palette

zur Auswahl gestellt. Wenn es schneller gehen soll, wenden Sie den Tipp auf Seite 216 an.

Kalligraphiepinsel | Kalligraphiepinsel basieren immer auf derselben ovalen Grundform, deren Eigenschaften Sie mit Hilfe der Dialogbox KALLIGRAPHIEPINSEL-OPTIONEN verändern.

Eine Beschreibung der Kalligraphiepinsel mit allen Einstellmöglichkeiten finden Sie in Kapitel 7.

▲ **Abbildung 9.30**
Grundform eines Kalligraphiepinsels

Pinsel duplizieren

Falls Sie einen neuen Pinsel aus einem vorhandenen durch die Veränderung einiger Parameter erzeugen möchten, duplizieren Sie den vorhandenen, indem Sie diesen aktivieren und auf das Symbol des Funktionsbuttons NEUER PINSEL ▣ ziehen.

▲ **Abbildung 9.31**
Entwurf für eine gestrichelte Kontur mit Eckenelementen.

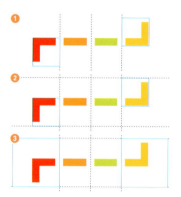

▲ **Abbildung 9.32**
Konstruktion der Begrenzungsrahmen für die Eckelemente:
1. Markieren Sie die Mitte der Lücke (hier: schwarze Senkrechte) ❶
2. Zeichnen Sie an den Eckelementen zwei Quadrate – die Kantenlänge entspricht dem Abstand von der Ecke zur Lückenmarkierung ❷
3. Erstellen Sie Hilfslinien an der oberen und unteren Kante der Quadrate (hier: schwarze Waagerechte) ❷
4. Erweitern Sie die Quadrate bis zu den waagerechten Hilfslinien ❸

Schritt für Schritt: Strichelung mit sauberen Ecken

Versehen Sie eine Kontur über die Kontur-Palette mit einer Strichelung, so erhalten Sie keine verlässliche Eckenführung dieser Kontur, wie sie von Layoutsoftware vorgenommen wird.

In Illustrator müssen Sie gestrichelte Konturen als Musterpinsel anlegen, wenn Sie diese sauber und regelmäßig um Ecken führen möchten. Etliche Strichel-Konturen finden Sie daher schon in den Pinsel-Bibliotheken. Um eine eigene Strichelung zu gestalten, gehen Sie wie folgt vor:

1 **Strichelung der Kanten zeichnen**
Beginnen Sie mit der Konstruktion der Strichelung. Erstellen Sie die Striche als Flächen. Die Formen müssen nicht in der endgültig verwendeten Größe, aber in den benötigten Proportionen gezeichnet werden. Sie können ein- oder mehrfarbige Strichelungen erzeugen.

Die Formen lassen sich am besten weiterverarbeiten, wenn Sie die Strichelung in horizontaler Richtung erstellen.

2 **Ecken erstellen**
Anschließend zeichnen Sie zu den Kantenelementen passende Ecken. Konstruieren Sie diese exakt als Fortsetzung Ihres Kantenelements an der linken Seite senkrecht nach unten und an der rechten Seite senkrecht nach oben. Beide Eckenelemente müssen die gleichen Ausmaße haben.

Falls Sie außerdem Abschlusselemente für offene Pfade benötigen, zeichnen Sie auch diese. Sie werden jedoch für unseren Musterpinsel nicht benötigt.

3 Musterelemente vorbereiten

Ein Musterpinsel wird aus Musterfeldern erstellt, und wie diese basiert die Funktion des Pinsels auf den Begrenzungsrahmen der Musterfelder, also dem untersten (unsichtbaren) Element.

Der Begrenzungsrahmen der Eckenelemente muss exakt quadratisch sein, die Höhe des Begrenzungsrahmens der Kantenelemente richtet sich nach den Maßen des Eckenelements. Die Kontur verläuft in der Mitte des Begrenzungsrahmens. Falls Sie die Kontur nicht bereits auf entsprechenden Hilfslinien gezeichnet haben, lässt sich die Größe des Begrenzungsrahmens einfach konstruieren (siehe Abbildung 9.32).

Anschließend erstellen Sie den Begrenzungsrahmen für das Kantenelement. Der Rahmen schließt an die Rahmen der Eckelemente an. Das nach oben zeigende (rechte) Eckelement drehen Sie zusammen mit seinem Begrenzungsrahmen um 180°, so dass es in dieselbe Richtung gedreht ist wie das linke Eckelement (siehe Abbildung 9.33).

▲ **Abbildung 9.33**
Drehen der Ecke

Stellen Sie abschließend alle Begrenzungsrahmen ganz nach hinten und weisen ihnen keine Füllung und keine Kontur zu.

4 Musterfelder erzeugen

Ziehen Sie die Ecken- und Kantenelemente jeweils zusammen mit den zugehörigen Begrenzungsrahmen auf die Farbfelder-Palette. Geben Sie allen Elementen eindeutige Namen, damit Sie diese im Menü der Pinsel-Optionen schneller identifizieren können.

▲ **Abbildung 9.34**
Musterfelder

5 Neuer Musterpinsel

Erstellen Sie einen neuen Pinsel und wählen die Option MUSTER-PINSEL in der Dialogbox.

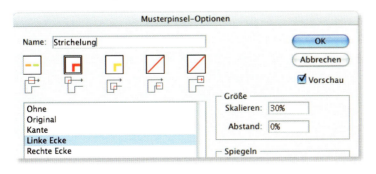

◀ **Abbildung 9.35**
Musterpinsel-Optionen und angewendete Kontur (unten)

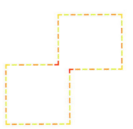

Aktivieren Sie nacheinander die Icons der Musterpinselelemente durch einen Mausklick und wählen aus der Liste der Farbfelder ebenfalls mit einem Mausklick das passende aus.

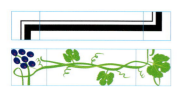

▲ **Abbildung 9.36**
Die für eine Doppelkontur (oben einfach, unten komplexer) benötigten Elemente

6 Double Stroke (Doppel-Kontur)

Eine Kontur aus einer fetten und einer schmalen Linie lässt sich ebenfalls als Musterpinsel nach demselben Schema anlegen.

7 Das Prinzip übertragen

Einen Musterpinsel benötigen Sie entweder, wenn die Grundform entlang der Kontur wiederholt oder wenn eine Kontur sauber um Ecken geführt werden soll. In der Konstruktion erweist sich ein Musterpinsel zum Beispiel als äußerst nützlich, wenn Sie Zahnräder, Ketten oder Zöpfe benötigen. ■

▲ **Abbildung 9.37**
Illustration mit einem »Linsen«-Pinsel – rechts: Pfadansicht

Schritt für Schritt: Fade-In und Fade-Out

Möchten Sie einen Pinselstrich am Anfang und Ende schmaler gestalten, so liegt es nahe, einen Kalligraphiepinsel mit einem Grafiktablett zu steuern. Falls Sie kein Grafiktablett zur Verfügung haben oder es Ihnen zu mühsam ist, mit dem Stift so oft neu anzusetzen, bis sich ein gleichmäßiges Verstärken der Kontur ergibt, probieren Sie doch einmal die folgende Vorgehensweise, in der Sie einen Bildpinsel verwenden, der die benötigte Form hat.

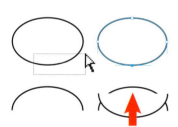

▲ **Abbildung 9.38**
Konstruieren der Linsenform

1 Grundform erstellen und Pinsel definieren

Erstellen Sie zunächst eine Grafik in Linsenform – am schnellsten geht es folgendermaßen:

Beginnen Sie mit einem Oval. Aktivieren Sie anschließend einen der Punkte mit dem Direktauswahl-Werkzeug und schneiden ihn aus. Direkt anschließend fügen Sie den Inhalt der Zwischenablage vorne oder hinten ein – Shortcut ⌘/Strg+F bzw. B. Schieben Sie das eingefügte Teil nach Bedarf über das andere (siehe Abbildung 9.38).

Dann aktivieren Sie beide Teile und richten die Füllung KEINE ein. Rufen Sie die Pathfinder-Palette auf und verwenden den Befehl KONTUR AUFTEILEN. Lösen Sie die Gruppierung, und löschen Sie die nicht benötigten Teile. Ziehen Sie mit dem Direktauswahl-Werkzeug ein Auswahlrechteck über den ersten Eckpunkt und wählen OBJEKT • PFAD • ZUSAMMENFÜGEN... Erstellen Sie einen Eckpunkt. Verfahren Sie ebenso mit dem zweiten Eckpunkt (siehe Abbildung 9.39).

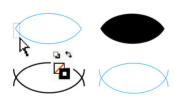

▲ **Abbildung 9.39**
Fertigstellen der Linsenform

Um den Pinsel universell einsetzen und einfach färben zu können, wählen Sie die Farbe Schwarz für die Grundform.

2 Bildpinsel definieren

Aktivieren Sie anschließend die Form, und ziehen Sie sie in die
Pinsel-Palette. In der Dialogbox NEUER PINSEL wählen Sie BILD-
PINSEL. In den Bildpinsel-Optionen aktivieren Sie für das Einfärben die Methode TONWERTE, so können Sie die Farbe der Kontur
über die Felder in der Werkzeugpalette bestimmen.

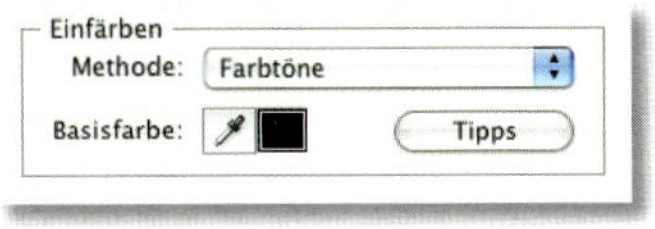

▲ **Abbildung 9.40**
Einfärben-Optionen

3 Pinsel anwenden

Weisen Sie die Pinselkontur einem Pfad zu, oder wählen Sie Ihre
Bildpinsel-Kontur und zeichnen eine Linie mit dem Pinsel-Werk-
zeug. Die Stärke der Linie können Sie entweder über die OPTI-
ONEN FÜR AUSGEWÄHLTES OBJEKT in der Pinsel-Palette oder durch
Auswahl einer geeigneten Konturstärke steuern.

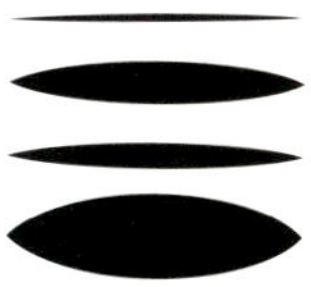

4 Das Prinzip übertragen

Diese Vorgehensweise entspricht derjenigen, die Sie z. B. für eine
sich verjüngende Kontur oder auch für Mehrfach-Konturen verwenden müssten. Nur würden Sie als Grundformen in diesen Fällen ein Dreieck bzw. mehrere Rechtecke anlegen.

Auch in naturalistischen Illustrationen lässt sich das Prinzip
einsetzen, z. B. für das Zeichnen von Gräsern oder Blättern. In
diesem Fall würden Sie die »Linse« detaillierter ausarbeiten.

Ein verbreitetes Einsatzgebiet sind »Verläufe« in Konturen, wie
sie etwa für eine plastische Röhre benötigt würden. Hier ist aber
zu beachten, dass der Farbübergang mit einer Angleichung erstellt
werden muss, da eine Pinselform keine Verläufe enthalten darf.

▲ **Abbildung 9.41**
Veränderung der Konturstärke mit
Hilfe der Optionen für ausgewähl-
tes Objekt

Müssen die Konturen allerdings um Ecken geführt werden, ist der
Bildpinsel nicht geeignet, da in der Regel an diesen Stellen Dar-
stellungsfehler entstehen. Hier müssen Sie entweder auf einen
Musterpinsel ausweichen oder das Objekt umwandeln und die
kritischen Stellen nacharbeiten. ■

Pinselkonturen in Pfade umwandeln

Da Pinselkonturen zu den speziellen Illustrator-Fähigkeiten gehören, sind diese nicht mit jeder anderen Applikation kompatibel. Wenn Sie deshalb Pinselkonturen als eigenständige Vektorformen benötigen, die Sie weiterverarbeiten oder in ein anderes Programm übernehmen wollen, verwenden Sie den Menübefehl Objekt • Aussehen umwandeln. Der dabei generierte Pfad kann aus sehr vielen Punkten bestehen, Sie sollten ihn gegebenenfalls vereinfachen (siehe Abschnitt 7.2).

9.3 Pfeilspitzen

Anders als in Layoutprogrammen (oder in FreeHand) ist eine Pfeilspitze in Illustrator nicht direkt bei den Kontureigenschaften zu finden. Stattdessen stehen Pfeilspitzen als Effekt oder als Filter zur Verfügung. Eine nachträgliche Veränderung des Pfads ist einfacher, wenn Sie Pfeilspitzen als Effekt anlegen, denn dann passen sich die Spitzen dem Pfadverlauf an.

Um eine Pfeilspitze als Effekt generieren zu lassen, gehen Sie wie folgt vor:

1. Aktivieren Sie den Pfad, den Sie mit einer Pfeilspitze versehen möchten.
2. Wählen Sie im Menü den Befehl Effekt • Stilisierungsfilter • Pfeilspitzen.
3. Bestimmen Sie in der aufgerufenen Dialogbox Pfeilspitzen für jedes Pfadende die gewünschte Art und die Skalierung der Spitze.

Pfeilspitzen verändern ihre Größe proportional mit der Linienstärke. Deshalb ist es empfehlenswert, bei starken Linien die Spitzen prozentual herunterzuregeln.

Pfeilspitzen können zwar theoretisch sowohl an offene als auch an geschlossene Pfade angelegt werden; ob Letzteres sinnvoll ist, bleibt Ihrer Fantasie überlassen.

Für bestehende Pfeilspitzen, die Sie nachträglich editieren wollen, rufen Sie die Dialogbox über die Aussehen-Palette auf (Aussehen-Palette siehe Kapitel 11).

9.4 Auswahlen auf Farb- und Objektbasis

Bislang haben Sie die Möglichkeit kennengelernt, Auswahlen manuell mit den Auswahlwerkzeugen vorzunehmen. Es ist aber auch möglich, nach gleichen oder ähnlichen Objekteigenschaften suchen zu lassen und eine Auswahl darauf zu basieren. Illustrator stellt Ihnen für diese Art der Auswahl diverse Menübefehle sowie das Zauberstab-Werkzeug zur Verfügung.

Zauberstab-Werkzeug – Objektauswahl

Wenn Sie mit dem Zauberstab-Werkzeug ▩ – Shortcut [Y] – auf ein Objekt klicken, wählt das Programm automatisch alle Objekte aus, die mit dem angeklickten Objekt die in der Zauberstab-Palette vorgegebenen Eigenschaften teilen.

Folgende Eigenschaften können einzeln oder kombiniert Basis für eine Zauberstab-Auswahl sein: FLÄCHENFARBE, KONTURFARBE, KONTURSTÄRKE, DECKKRAFT und FÜLLMETHODE (Deckkraft, Füllmethode siehe Kapitel 11).

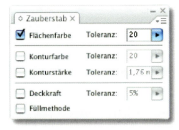

▲ **Abbildung 9.46**
Zauberstab-Palette

Anhand der Eigenschaften auswählen | Rufen Sie mit einem Doppelklick auf den Zauberstab in der Werkzeugpalette die Optionen auf, und kreuzen Sie die Attribute an, die beim Suchen mit dem ausgewählten Objekt übereinstimmen sollen.

Wie das Programm die Toleranzeinstellungen auswertet, ist – mit Ausnahme der Konturstärke – nicht immer ganz nachvollziehbar. Wenn Sie eine exakt eingegrenzte Auswahl wünschen, sollten Sie deshalb die Toleranz jeweils auf 0 einstellen. Die Zauberstab-Palette kann während des Suchens offen bleiben.

Um erneut eine Auswahl zu erstellen, klicken Sie mit dem Zauberstab auf ein Objekt, das die Attribute enthält, nach denen Sie suchen möchten.

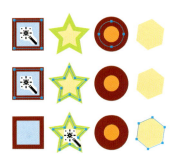

▲ **Abbildung 9.47**
Zauberstab-Auswahl (von oben): gleiche Konturfarbe, gleiche Konturstärke, gleiche Flächenfarbe

Modifikationsmöglichkeiten | Sie können die Zauberstab-Auswahl erweitern oder verkleinern:

▶ ⬆: Um weitere Objekte mit *anderen* Eigenschaften zur Auswahl hinzuzufügen, stellen Sie gegebenenfalls erneut die Optionen ein und drücken ⬆, während Sie auf das Objekt klicken, das die gewünschten Eigenschaften besitzt.

▶ ⌥/[Alt]: Um Objekte von der Auswahl abzuziehen, modifizieren Sie mit ⌥/[Alt] und klicken auf ein Objekt, das die Eigenschaften der Objekte aufweist, die Sie aus der Auswahl entfernen möchten.

▲ **Abbildung 9.48**
Einen einfachen Zugriff auf das Auswahlmenü haben Sie über das Icon in der Steuerungspalette.

Objekte mit gleichen Attributen über das Menü auswählen

Ähnliche Suchmöglichkeiten, wie sie beim Zauberstab bestehen, finden Sie in der Attributliste unter AUSWAHL • GLEICH • FÜLLMETHODE, FLÄCHE und KONTUR, FLÄCHENFARBE, DECKKRAFT, KONTURFARBE, KONTURSTÄRKE, STIL, SYMBOLINSTANZ und VERKNÜPFUNGSBLOCKREIHEN (teilweise werden diese Eigenschaften erst in den folgenden Kapiteln erklärt).

Mit diesen Menübefehlen können Sie nur Objekte mit *exakt* gleichen Attributen auffinden. Eine Möglichkeit, Toleranzen einzustellen, besteht nicht.

Gleiche Eigenschaften suchen | Aktivieren Sie ein Objekt, und wählen Sie im Menü einen der oben aufgeführten Befehle aus, um andere Objekte zu finden, welche die entsprechende Eigenschaft mit dem aktivierten Objekt teilen. Um beispielsweise Objekte mit gleicher Konturstärke wie bei dem Referenzobjekt zu finden, wählen Sie AUSWAHL • GLEICH • KONTURSTÄRKE.

Nach Eigenschaften recherchieren | Sie können mit diesen Menübefehlen aber auch recherchieren, ob Objekte mit bestimmten Eigenschaften im Dokument vorhanden sind. Dabei darf kein Objekt aktiviert sein. Richten Sie die zu suchende Eigenschaft in der zugehörigen Palette ein und wählen aus dem Menü das entsprechende Attribut aus. Beispielsweise sucht Illustrator mit dem Befehl AUSWAHL • GLEICH • KONTURFARBE, ob die in der Werkzeugpalette bzw. Farbpalette für die Kontur bestimmte Farbe in Ihrem Dokument einem Objekt als Kontur-Eigenschaft zugewiesen ist. Gefundene Objekte werden aktiviert.

Die gleiche Auswahl auf andere Attribute anwenden | Möchten Sie auf die gleiche Weise wie vorher nach anderen Attributen suchen, aktivieren Sie ein Objekt, das die gewünschten Eigenschaften besitzt, und (statt erneut über AUSWAHL • GLEICH zu gehen) drücken Sie ⌘/Strg+6, den Shortcut für den Befehl AUSWAHL • ERNEUT AUSWÄHLEN.

9.5 Verläufe

Verläufe sind berechnete Übergänge zwischen zwei und mehr Farben, die linear oder radial, also kreisförmig, angelegt sind. Dabei können Sie nicht nur Anfangs- und Endfarbe vorgeben, sondern auch Zwischenfarben an frei wählbaren Positionen einfügen. Um einen Verlauf genau zu definieren, ist es darüber hinaus möglich, die Stellen im Verlauf zu verändern, an denen der

▲ **Abbildung 9.49**
Linearer und radialer Verlauf

Anteil der beiden beteiligten Verlaufsfarben jeweils 50 % beträgt. In Illustrator wird dieser Punkt MITTELPUNKT ◆ genannt.

Verlaufspalette

In der Verlaufspalette bearbeiten Sie vorhandene oder legen neue Verläufe an. Die Palette rufen Sie mit dem Menübefehl FENSTER • VERLAUF auf – Shortcut ⌘/[Strg]+[F9], im Dock ▢.

Sollten in der Palette nicht alle Einstellmöglichkeiten zu sehen sein, wählen Sie aus dem Palettenmenü ▾≡ den Menüpunkt OPTIONEN EINBLENDEN.

Einstellmöglichkeiten | Wenn Sie Illustrator starten, zeigt die Verlaufspalette einen Schwarz-Weiß-Verlauf. Sobald Sie jedoch ein Objekt aktivieren, dem ein Verlauf als Füllung zugewiesen ist, wird dieser in das Feld VERLAUFSFLÄCHE ❶ und in den VERLAUFS-REGLER ❷ übernommen.

▸ ART: In dem Ausklappmenü wählen Sie aus, ob der Verlauf linear, also gerade entlang einer Strecke, oder kreisförmig vom Mittelpunkt zur Peripherie eines gedachten Kreises berechnet werden soll.

▸ WINKEL: Mit einer Gradangabe in diesem Feld geben Sie die Winkelung des Verlaufs relativ zur Zeichenfläche an.
Bei einem Winkel von 0° wird der Verlauf in dem Objekt waagerecht so generiert, wie er im Verlaufsregler angezeigt ist. Positive Winkelwerte drehen den Verlauf gegen, negative Gradzahlen im Uhrzeigersinn.
Statt der numerischen Bestimmung können Sie auch das Verlauf-Werkzeug ▣ verwenden, um den Winkel des Verlaufs intuitiv zu definieren – das Eingabefeld wird dann automatisch ausgefüllt. Auf das Verlauf-Werkzeug geht dieses Kapitel weiter unten noch genauer ein.

▸ VERLAUFSREGLER ❷: Der Verlaufsregler zeigt in einem Balken eine Ansicht des Verlaufs und bietet mit den darüber und darunter angeordneten verschiebbaren Symbolen Einstellmöglichkeiten an.

▸ ÜBERGANGSPUNKT ▯: Die Übergangspunkte sind als Markierungen unter dem Verlaufsregler zu finden, sie lassen sich entlang des Verlaufsbalkens verschieben. Übergangspunkte, die nicht am Anfang oder Ende des Verlaufsbalkens sitzen, kennzeichnen die Stellen des Verlaufs, an denen ein Verlaufsabschnitt endet und ein anderer beginnt, also die Punkte, an dem die im Übergangspunkt angezeigte Farbe nicht mit einer anderen Farbe des Verlaufs gemischt ist.

▸ MITTELPUNKTE ◆: Die Mittelpunkte definieren jeweils den rechnerischen Mittelpunkt eines Übergangs.

Hinweis

Verläufe lassen sich nur der von einem Pfad umschlossenen Fläche zuweisen, nicht seiner Kontur.

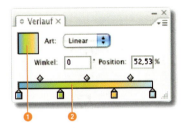

▲ **Abbildung 9.50**
Verlaufspalette mit allen Optionen

Tipp

Sie können einen Verlauf wesentlich genauer editieren, wenn Sie die Verlaufspalette verbreitern. Klicken und ziehen Sie dafür das Vergrößerungsfeld der Palette unten rechts bis zur gewünschten Breite.

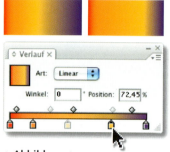

▲ **Abbildung 9.51**
Übergangspunkt verschieben

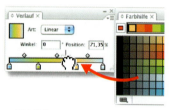

▲ **Abbildung 9.52**
Ziehen Sie ein Farbfeld auf den
Verlaufsregler. Ein senkrechter
Strich kennzeichnet die Position
des Farbfelds im Verlauf.

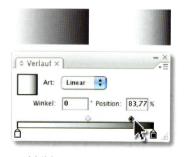

▲ **Abbildung 9.53**
Mittelpunkt verschieben

▶ POSITION: Wenn Sie einen Übergangspunkt oder einen Mittelpunkt anklicken, wird dieser aktiviert und seine Position prozentual zum Gesamtverlauf in dem Eingabefeld angezeigt. Entsprechend können Sie auch die Position durch eine Eingabe in
das Feld numerisch verändern. Das ist manchmal zur Feinein-
stellung eines Verlaufs ganz nützlich.

Arbeiten mit dem Verlaufsregler

Im Verlaufsregler stellen Sie die Farben und deren Position ein.

Eine Verlaufsfarbe ändern | Um die Farbe eines Übergangs-
punkts zu ändern, klicken Sie auf das zugehörige Farbquadrat.
Dadurch wird die derzeit dafür definierte Farbe in der Farbpalette
angezeigt, und das Farbquadrat wird hervorgehoben 🔲.

Sie können nun in der Farbpalette die Farbe durch Verschieben der Regler bzw. durch die Eingabe anderer numerischer
Werte konfigurieren. Die Veränderung der Farbe wird automatisch auch in der Verlaufspalette aktualisiert und damit der
optische Eindruck des Farbverlaufs.

Möchten Sie dem Übergangspunkt die Farbe eines Farbfelds
zuweisen, drücken Sie die Modifizierungstaste ⌥/Alt und klicken auf das gewünschte Farbfeld.

Um die Position eines Übergangspunkts im Verlaufsregler zu
verändern, klicken und ziehen Sie ihn an eine neue Stelle, oder
Sie klicken ihn an und geben einen neuen numerischen Wert in
das Feld POSITION ein (siehe Abbildung 9.51).

Möchten Sie zwei Farben im Verlauf gegeneinander austauschen, drücken Sie die Modifizierungstaste ⌥/Alt und ziehen
einen der beiden Übergangspunkte 🔲 auf den anderen.

Zwischenfarben im Verlauf einrichten | Im Verlaufsregler fügen
Sie Übergangspunkte hinzu, indem Sie eine Farbe aus der Farbpa-
lette, der Farbfelder- oder der Farbhilfe-Palette an die gewünschte
Position im Verlaufsregler ziehen (siehe Abbildung 9.52).

Um einen Übergangspunkt zu duplizieren, drücken Sie
⌥/Alt und ziehen den entsprechenden Übergangspunkt 🔲 an
die gewünschte Position im Verlaufsregler.

Zwischenfarbe im Verlauf entfernen | Um eine Farbe aus dem
Verlauf zu entfernen, ziehen Sie deren Symbol 🔲 nach unten aus
der Verlaufspalette heraus.

Farbübergang im Verlauf verschieben | Die Position eines Mit-
telpunkts ◈ im Verlaufsregler verändern Sie durch Klicken und
Ziehen, oder Sie klicken das Symbol an und geben einen neuen
numerischen Wert in das Feld POSITION ein (s. Abbildung 9.53).

Verlauf neu anlegen und ändern

Die Verlaufspalette dient auch dazu, neue Verläufe zu kreieren und bestehende Verläufe zu editieren.

Neuen Verlauf definieren | Wenn Sie einen Verlauf mit mehreren Farben anlegen wollen, ist es schwierig, im Verlaufsregler die Abstände zwischen den Verlaufsfarben im Verhältnis zu den Dimensionen des Objekts zu beurteilen, auf das er angewendet werden soll. Daher ist es üblich, einen Verlauf »am Objekt« zu definieren.

Gehen Sie wie folgt vor:

1. Wenn der letzte Verlauf durch sehr viele einzelne Farben definiert wurde, sollten Sie die Verlaufspalette zunächst »bereinigen«, indem Sie – wie oben beschrieben – überzählige Übergangspunkte entfernen.
2. Wählen Sie in der Verlaufspalette im Ausklappmenü ART, ob der Verlauf LINEAR oder KREISFÖRMIG verlaufen soll.
3. Aktivieren Sie ein Objekt ohne Verlauf und klicken oben links in der Verlaufspalette in die Verlaufsfläche, um dem Objekt den eingestellten Verlauf zuzuweisen.
4. Gegebenenfalls verwenden Sie das Verlauf-Werkzeug, um den Winkel des Verlaufs anzupassen (Verlauf-Werkzeug s. u.).
5. Nun können Sie nach Belieben Farben verändern, Zwischenfarben einfügen, Übergangspunkte und Mittelpunkte verschieben und den Verlauf in die Farbfelder-Palette übernehmen.

Einen bestehenden Verlauf editieren | Um einen Verlauf zu ändern, aktivieren Sie entweder das Objekt, dem der Verlauf zugewiesen ist, oder rufen Sie mit einem Klick ein Verlaufs-Farbfeld in der Farbfelder-Palette auf.

Der Verlauf wird in der Verlaufspalette angezeigt. Nun können Sie den Verlauf mit allen oben bereits beschriebenen Methoden verändern.

Bitte beachten Sie, dass zwar aktivierte Objekte aktualisiert werden, der Inhalt eines ausgewählten Verlaufs-Farbfelds jedoch nicht automatisch durch den geänderten Verlauf ersetzt wird.

Verlauf-Werkzeug

Das Verlauf-Werkzeug wird eingesetzt, um den Verlauf eines Objekts intuitiv zu verändern. Auch einen Verlauf über mehrere Objekte kann dieses Werkzeug anlegen. Darüber hinaus dient es dazu, die Winkelung, die Richtung sowie den Anfangs- bzw. Endpunkt eines Verlaufs neu zu definieren. Bei einem radialen Verlauf bestimmen Sie mit dem Verlauf-Werkzeug den Mittelpunkt des Verlaufs.

▲ **Abbildung 9.54**
Vorsicht bei Verwendung des Schwarzweiß-Verlaufs im RGB-Farbmodus: Das in dem Verlauf verwendete Schwarz ist ein Graustufen-Schwarz (oben), das je nach Farbmanagement-Einstellungen ggf. nicht in RGB 0/0/0 (unten) umgewandelt wird.

> **Tipp**
>
> Anstatt mühsam alle einzelnen Übergangspunkte zu entfernen, geht es schneller, wenn Sie mit gedrückter ⌘/Strg-Taste in das Verlauf-Symbol in der Werkzeug-Palette klicken.

> **Tipp**
>
> Um gleichzeitig einem Objekt einen neuen Verlauf zuzuweisen und die Verlaufspalette aufzurufen, klicken Sie auf das Verlauf-Symbol in der Werkzeugpalette oder tippen .

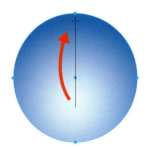

▲ **Abbildung 9.55**
Mittelpunkt und Radius eines kreisförmigen Verlaufs, mit dem Verlauf-Werkzeug bestimmt

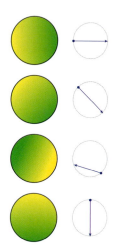

▲ Abbildung 9.56
Unterschiedliche Winkelungen desselben Verlaufs an einem Objekt

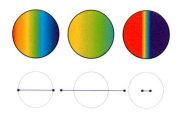

▲ Abbildung 9.57
Start- und Endpunkte an den Rändern des Objekts (links), außerhalb der Fläche des Objekts (Mitte) und innerhalb (rechts)

▲ Abbildung 9.58
Klicken Sie mit dem Verlauf-Werkzeug einen Punkt an, wird dies der neue Mittelpunkt eines radialen Verlaufs.

Verlaufswinkel ändern | Neben der Möglichkeit, die Winkelung eines Verlaufs numerisch in der Verlaufspalette zu bestimmen, können Sie Verlaufswinkel und Verlaufsrichtung auch intuitiv mit dem Verlauf-Werkzeug einstellen:

1. Aktivieren Sie ein Objekt und weisen ihm einen Verlauf zu, oder wählen Sie ein Objekt, dessen Verlauf Sie ändern möchten.
2. Wählen Sie das Verlauf-Werkzeug 🔲 in der Werkzeugpalette aus – Shortcut ⌨️ G .
3. Klicken Sie mit dem Werkzeug an die Stelle des Objekts, an welcher der Verlauf beginnen soll, und ziehen Sie die Maus in die Richtung, in der sich der Verlauf erstrecken soll. Am Startpunkt setzt Illustrator den Verlauf mit der Farbe an, die im Verlaufsregler in der Verlaufspalette am linken Ende angezeigt wird. Dort, wo Sie die Maustaste loslassen, endet der Verlauf mit der Farbe vom rechten Rand des Verlaufsreglers.

Bei einem kreisförmigen Verlauf bestimmen Sie den Verlaufsradius von seinem Mittelpunkt aus.

Verlaufsanfang & Verlaufsende bestimmen | Das Verlauf-Werkzeug bestimmt nicht nur den Winkel, sondern es definiert mit dem Start- und Endpunkt auch die Strecke, über die der Verlauf berechnet wird. Klicken Sie mit dem Verlauf-Werkzeug außerhalb der Fläche des aktivierten Objekts und/oder lassen die Maustaste außerhalb des Objekts los, wird zwar der Verlauf über die gesamte Entfernung berechnet, angezeigt wird jedoch nur der Teil, der von der Fläche des Objekts begrenzt wird. Bestimmen Sie mit dem Verlauf-Werkzeug nur eine Strecke, die kleiner ist als die Ausdehnung der Objektfläche, werden die Flächenteile neben Verlaufsanfang und Verlaufsende mit Start- bzw. Endfarbe aufgefüllt.

Modifikationsmöglichkeit | Verlauf-Werkzeug

▶ ⇧ : Damit beschränken Sie die Bewegung des Verlauf-Werkzeugs auf 45°-Winkelungen.
▶ Ein einzelner Klick mit dem Verlauf-Werkzeug in einem radialen Verlauf verändert nur den Verlaufs-Mittelpunkt.

Verlauf über mehrere Objekte anlegen

Um einen Verlauf über mehrere Objekte zu erzeugen, ist es in den meisten Fällen ratsam, diese Objekte vorher zu einem zusammengesetzten Pfad oder einer zusammengesetzten Form zu verbinden. Die Integrität des Verlaufs bleibt so auch beim Transformieren einzelner Objekte erhalten.

Mit dem Verlauf-Werkzeug können Sie jedoch *einen* Verlauf auch mehreren voneinander unabhängigen Objekten zuweisen. Dabei wird der Gesamtverlauf auf die einzelnen Objekte verteilt. Diese Verlaufsteile sind aber im Gegensatz zu zusammengesetzten Pfaden oder Formen anschließend unabhängig voneinander, so dass bei einer Transformation der einzelnen Objekte der Eindruck des Gesamtverlaufs zerstört wird.

Um einen gemeinsamen Verlauf über mehrere Objekte anzulegen, gehen Sie wie folgt vor:

1. Aktivieren Sie die Objekte und weisen ihnen den gleichen Verlauf zu.
2. Wählen Sie das Verlauf-Werkzeug, klicken Sie auf den Startpunkt in einem der Objekte und ziehen bis zum gewünschten Endpunkt über die Objekte hinweg.

▲ **Abbildung 9.59**
Einen Verlauf über mehrere Objekte anlegen

Verlauf in die Farbfelder-Palette übernehmen

Wenn Sie einen erstellten Verlauf in der Farbfelder-Palette speichern möchten, ziehen Sie das Feld VERLAUFSFLÄCHE aus der Verlaufspalette in die Farbfelder-Palette.

Soll ein vorhandenes Farbfeld ersetzt werden, ziehen Sie die Verlaufsfläche mit gedrückter ⌥/Alt-Taste auf das zu tauschende Farbfeld.

▲ **Abbildung 9.60**
Verlauf über mehrere Objekte (oben) und nach Verschieben der Objekte (unten)

Verläufe und Volltonfarben

Dank der in Illustrator CS3 integrierten DeviceN-Unterstützung ist es möglich, Verläufe zwischen Vollton- und Prozessfarben anzulegen. Mit diesen Verläufen versehene Flächen können Sie sogar als überdruckend definieren. Die Ausgabe über das Speichern eines PDF oder das Drucken erfolgt korrekt.

Beim Drucken eines Verlaufs, der Volltonfarben enthält, muss unter AUSGABE die Option ALLE VOLLTONFARBEN IN PROZESSFARBEN KONVERTIEREN deaktiviert werden.

Hinweis

Bei der Zuweisung von Verlaufs-Farbfeldern beachten Sie bitte, dass diese global sind.

Wenn Sie also am Inhalt des Farbfelds Änderungen vornehmen, werden diese auf alle Objekte angewendet, denen das Farbfeld als Eigenschaft zugeordnet ist.

Verlaufsobjekte verformen

Bei den verschiedenen Möglichkeiten, Objekte zu verformen, verhalten sich zugeordnete Verlaufsfüllungen unterschiedlich:

▸ TRANSFORMATIONEN: Lineare und kreisförmige Verlaufsfüllungen werden mit den Objekten transformiert (Transformationen siehe Kapitel 5).

▸ VERZERRUNGSHÜLLEN: Auf lineare Verläufe können Sie Verzerrungshüllen anwenden, Sie benötigen jedoch in vielen Fällen eine höhere GENAUIGKEIT in den Hüllen-Optionen, um die Verläufe genau in die Hülle einzupassen – Einstellung GENAUIGKEIT etwa 70–80 (Verzerrungshüllen siehe Kapitel 10). Aktivieren Sie die Hüllen-Option LINERARE VERLÄUFE VERZERREN.

▲ **Abbildung 9.61**
Verzerrungshülle und Transformation auf Objekte mit Verläufen angewendet

▲ **Abbildung 9.62**
Berechnete Mitte (oben) im Gegensatz zu selbst definierter (unten)

▲ **Abbildung 9.63**
Verlaufsfläche in Verlaufsgitter und Flächen umgewandelt (grobe Auflösung)

▲ **Abbildung 9.64**
Konischer Verlauf

▶ FILTER UND EFFEKTE: Verzerrungs- und Transformationsfilter und -effekte beeinflussen *nur die Form* des Objekts, nicht zugeordnete Verlaufsfüllungen (Filter/Effekte siehe Kapitel 13).

Probleme mit dem Mittelpunkt

Vor allem bei Verläufen zwischen Farben mit einem hohen Farbkontrast tritt häufig das Problem auf, dass der Mittelpunkt des Verlaufs zu neutral ist. Das ist durch die Berechnung bedingt und lässt sich nur dadurch beheben, dass Sie einen Übergangspunkt setzen und die Farbe selbst definieren.

Verläufe umwandeln

Eine Verlaufsfläche können Sie in Gitterobjekte oder in einzelne Farbobjekte umwandeln. Umgewandelte Objekte sind allerdings nicht mehr mit den oben beschriebenen Möglichkeiten editierbar.

Aktivieren Sie die Verlaufsfläche und rufen über das Menü die Dialogbox OBJEKT • UMWANDELN… auf. Darin stehen zwei Möglichkeiten der Optionen zur Verfügung:

▶ VERLAUFSGITTER: Wenn Sie einen Verlauf in ein Gitterobjekt umwandeln, haben Sie feinere Einflussmöglichkeiten auf die Gestaltung der Verlaufsfläche.
Mehr zu Gitterobjekten lesen Sie in Abschnitt 9.6.

▶ OBJEKTE FESTLEGEN: Mit dieser Option wandeln Sie eine Verlaufsfläche in einzelne einfarbige Flächen um, die zusammen den Eindruck des Verlaufs wiedergeben. Viele Grafikprogramme – auch alte Illustrator-Versionen – generieren oder generierten Verläufe auf diese Weise.

  ▷ In dem Eingabefeld bestimmen Sie die »Auflösung« der Umrechnung. Dabei bedeuten höhere Zahlenwerte einen homogeneren Übergang. Der Wert beschreibt die Anzahl der Einzelobjekte, in die Illustrator einen Verlaufsteil zwischen zwei definierten Übergangspunkten zerlegt. Die Zahl entspricht also nur bei einfachen Verläufen zwischen zwei Farben der Anzahl der erzeugten Flächen.

  ▷ Die Außenform des Objekts wendet Illustrator als Schnittmaske auf die Flächen an (Schnittmasken siehe Kapitel 11).

Konischer Verlauf

Der konische Verlauf ist eine spezielle Art des kreisförmigen Verlaufs. In Illustrator können Sie einen konischen Verlauf nur mit einem Workaround erzeugen. Die Erarbeitung eines solchen Verlaufs finden Sie in einem Schritt-für-Schritt-Tutorial am Ende des Abschnitts 9.6, »Gitterobjekte – Verlaufsgitter«.

Schritt für Schritt: Eine kleine Illustration mit Verläufen

1 **Die Zeichnung aufbauen**

In Gebrauchsanleitungen, im Packungsdesign, in Katalogen und in Anzeigenvorlagen, wie sie die Industrie den Händlern für die Verkaufswerbung zur Verfügung stellt, sind statt Produktfotografien oft realistische Vektorillustrationen zu finden, die einfacher und frei skalierbar sind.

Anders als in 3D-Pogrammen werden die abgebildeten Objekte in Vektorillustrationen nicht komplett neu konstruiert. Die Arbeit ähnelt eher einer Airbrush-Illustration.

Die erzeugten Formen werden mit Farben und Verläufen gefüllt. Häufig dienen Fotos der realen Objekte dazu, den Aufbau der Grafik zu erleichtern. Sollte das nicht möglich sein, besteht auch die Option, einzelne Teile der Zeichnung mit Hilfe der 3D-Effekte in Illustrator zu konstruieren. Die Grundform des Bleistifts in der abgebildeten Illustration ist so erstellt. Sie finden diese Outline-Datei Buntstift-Vorlage.ai auf der DVD zum Buch.

▲ **Abbildung 9.65**
Die fertige Zeichnung

2 **Die Grundflächen erstellen**

Erstellen Sie die Grundform des Objekts aus den größten Flächen, die Sie einheitlich füllen können. Die Kanten müssen nicht genau aneinanderstoßen, es ist sogar besser, wenn sich Flächen an den Grenzen etwas überlagern, da so beim Drucken keine Blitzer entstehen können.

Komplexere Objekte sollten Sie auf verschiedene Ebenen aufteilen, die Sie ausblenden können, um an verdeckten Teilen zu arbeiten.

3 **Die Zeichnung aufbauen**

Füllen Sie die großen Flächen mit Farben oder Verläufen. Bei unserem Bleistift sind Verläufe in allen Flächen.

Fangen Sie mit den blauen Flächen des Schafts an: Aktivieren Sie die mittlere dieser Flächen und weisen ihr einen Verlauf zu, indem Sie das Verlauf-Symbol in der Werkzeugpalette anklicken.

Stellen Sie anschließend die Farben mit Hilfe der Verlauf-Palette und der Farbpalette ein.

Verwenden Sie das Verlauf-Werkzeug – Shortcut ⟦G⟧ –, um die Richtung des Verlaufs anzupassen. Weisen Sie den gleichen Verlauf auch den anderen blauen Flächen zu, und passen Sie anschließend die Richtung und die Blautöne an.

Danach erstellen Sie die Verläufe für die Holzfläche und auf der Spitze.

▲ **Abbildung 9.66**
Die Grundflächen

▲ **Abbildung 9.67**
Verlauf-Symbol

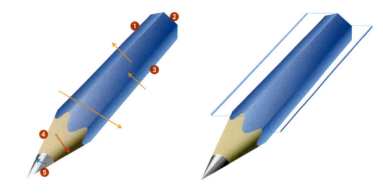

Die hellen Kanten am Schaft, welche die Objektgrenzen überdecken, werden zusätzlich als schmale Flächen generiert und mit Verläufen gefüllt. Hier sollte der Verlaufswinkel etwa senkrecht zur Kante eingestellt sein. Den richtigen Winkel können Sie mit Versuch und Irrtum herausfinden, indem Sie das Verlauf-Werkzeug so lange immer wieder anwenden, bis der Winkel optisch stimmt. Alternativ messen Sie den Winkel der Kante mit dem Mess-Werkzeug , er wird in der Informationen-Palette angezeigt. Danach berechnen Sie den rechten Winkel dazu und tragen ihn in das Eingabefeld WINKEL in der Verlauf-Palette ein.

▲ Abbildung 9.69
Aufbau der Spitze

4 Flächen ausarbeiten

Kegelformen können meist nicht mit einem einzigen Verlauf realisiert werden, deswegen benötigen Sie für den hölzernen Teil zur Grundform der Spitze auf der linken Seite eine zusätzliche Form, die mit einem Verlauf in einem anderen Winkel gefüllt ist.

Die Minenspitze ist aus drei Verläufen zusammengesetzt – eine solche Form ist eigentlich der ideale Einsatzbereich für eine Angleichung (siehe Kapitel 10).

Der Übung wegen verwenden wir hier allerdings Verläufe aus Grautönen. Stellen Sie für die einzelnen Flächen zunächst die Richtungen der Verläufe ein und passen anschließend die Grautöne an. Dabei müssen Sie etwas herumprobieren, um die gewünschte optische Wirkung zu erreichen.

▲ Abbildung 9.70
Details: Holzmaserung und Schrift

5 Details ergänzen

Eine Zeichnung lebt von den kleinen Details. Ergänzen Sie deshalb die Holzmaserung mit einigen Linien und legen einen kleinen Schatten an der Kante der Minenspitze an.

Der Schriftzug erhält »Tiefe«, indem Sie eine leicht versetzte Kopie erzeugen und den unteren Schriftzug weiß sowie den oberen mit einem dunklen Blau füllen. ◼

9.6 Gitterobjekte – Verlaufsgitter

Mit Illustrator können Sie fotorealistische Illustrationen erstellen, die kaum noch von Fotografien zu unterscheiden sind. Ermöglicht wird dies durch die Verlaufsgitter oder Gitterobjekte, eine spezielle Art von Vektorobjekten.

Auf einem Gitterobjekt fließen mehrere Farben ineinander und bilden Verläufe in unterschiedlichen Richtungen. Sie müssen sich das so vorstellen, als ob Sie mit einem farbgetränkten Pinsel auf einem feuchten Aquarellpapier farbige Punkte setzen, die dann etwas auseinanderfließen und sich gegebenenfalls mit anderen Farben mischen. In Illustrator werden diese Farbtupfer mit Hilfe eines Gitters auf einem Objekt positioniert, einem Raster aus Vektorlinien, das Sie auch nachträglich weiter transformieren und verzerren können.

Grundlage für ein solches Gitterobjekt sind offene oder geschlossene Pfade – *nicht* jedoch zusammengesetzte Pfade, zusammengesetzte Formen oder Textobjekte.

Verlaufsgitter können Sie automatisch mit Hilfe der Dialogbox OBJEKT • VERLAUFSGITTER ERSTELLEN oder durch Umwandlung eines Verlaufsobjekts sowie manuell mit dem Gitter-Werkzeug erzeugen.

Die Fläche eines Gitterobjekts ist von einem Raster aus Vektorpfaden, den **Gitterlinien** ❶, durchzogen. An den Kreuzungspunkten der Linien, den **Gitterpunkten** ❷, sind die sich kreuzenden Gitterlinien fest miteinander verbunden. Darüber hinaus dienen ganz normale **Ankerpunkte** ❹ auf den Gitterlinien dazu, das Gitter zu formen und den Farbverlauf zu steuern. Ein von Gitterlinien umschlossener Bereich heißt **Gitterfeld** ❸.

Gitterpunkte und Gitterfelder können mit unterschiedlichen Farben belegt werden. Ein Gitterobjekt ist also ein mehrfarbiges Objekt, zwischen dessen Farben der Gitterpunkte bzw. Gitterlinien Illustrator nahtlose Farbverläufe generiert.

Verlaufsgitter erzeugen

Um Verlaufsgitter zu erzeugen, stehen Ihnen verschiedene Wege offen. Entweder lassen Sie vom Programm einen offenen oder geschlossenen Pfad automatisch in ein Gitterobjekt umwandeln, oder Sie verwenden das Gitter-Werkzeug zur manuellen Erzeugung eines Verlaufsgitters. Darüber hinaus besteht die Möglichkeit, einen normalen Verlauf in ein Gitterobjekt umrechnen zu lassen (siehe oben).

Dem Gitterobjekt kann direkt keine Kontur zugewiesen werden – falls Sie eine Kontur benötigen, erstellen Sie entweder eine Kopie des Objekts vor der Umwandlung in ein Gitter, oder erzeu-

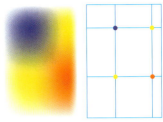

▲ **Abbildung 9.71**
Ein Gitterobjekt und seine Konstruktion – die kleinen Kreise zeigen die an den Gitterpunkten eingestellten Farben.

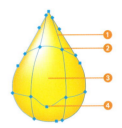

▲ **Abbildung 9.72**
Gitterlinien, Gitterpunkte (Raute), Gitterfelder, Ankerpunkte (Quadrat)

▲ **Abbildung 9.73**
Die Paprika ist aus mehreren Verlaufsgittern konstruiert.

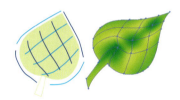

▲ **Abbildung 9.74**
Konstruktion eines Gitters auf
einer Form

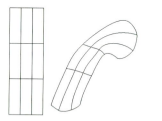

▲ **Abbildung 9.75**
Konstruktion des Stiels aus einem
einfachen Gitterobjekt

▲ **Abbildung 9.76**
Vergleich eines aus einer einfachen Form konstruierten Gitters
(links) mit dem automatisch aus
einem komplexen Objekt erzeugten Gitter (rechts)

▲ **Abbildung 9.77**
Dialogbox Verlaufsgitter
erstellen

gen Sie eine neue Kontur für das Gitterobjekt mit Hilfe der Aussehen-Palette. Außerdem sollte der Form vor der Umwandlung in ein Gitterobjekt die benötigte Grundfarbe zugewiesen werden.

Vom Einfachen zum Komplizierten | Illustrator versucht bei der Umwandlung eines Pfads in ein Gitter, abhängig von der Außenform, zwischen zwei jeweils etwa parallel verlaufenden Linienpaaren Zwischenpfade zu erstellen, die dann das Rastergitter bilden.

Bevor Sie ein Verlaufsgitter durch Umwandlung vom Programm generieren lassen, sollten Sie deshalb Ihr Ausgangsobjekt unter diesen Gesichtspunkten betrachten, ob seine Form für eine automatische Umwandlung in ein Gitterobjekt geeignet ist. Bei dem stark gebogenen Stiel der Paprika in Abbildung 9.91 ist es beispielsweise nicht sinnvoll, ein Verlaufsgitter automatisch zur fertigen Außenform erstellen zu lassen.

Ein gängiger Weg, um eine gute Kontrolle über die Form der Gitterlinien zu haben, ist es, mit einem einfachen Grundobjekt zu beginnen, dieses in ein simples Gitter mit wenigen Zeilen und Spalten umzuwandeln und das Gitter erst anschließend mit den Zeichen-, Transformations- oder Verflüssigen-Werkzeugen zu bearbeiten, bis die Außenform den optischen Anforderungen genügt. Danach erstellen Sie manuell die benötigten zusätzlichen Gitterlinien, die sich so automatisch und homogen in die bestehende Formgebung einfügen.

Gitter automatisch generieren | Um ein regelmäßiges Gitter automatisch zu erzeugen, aktivieren Sie den gewünschten Pfad, den Sie in ein Gitterobjekt umwandeln möchten, und rufen die Dialogbox Verlaufsgitter erstellen über das Menü Objekt • Verlaufsgitter erstellen… auf. Darin finden Sie folgende Einstellmöglichkeiten:

▶ Zeilen/Spalten: Mit diesen Vorgaben bestimmen Sie die gewünschte Anzahl der zu generierenden horizontalen und vertikalen Gitterlinien.

▶ Aussehen: Durch eine Option aus dem Ausklappmenü legen Sie fest, ob und wie in dem neu erzeugten Gitterobjekt ein Grundverlauf zwischen der zugewiesenen Flächenfarbe und »Weiß« generiert werden soll.

  ▶ Flach: Kein Grundverlauf wird erzeugt.

  ▶ Zur Mitte: Die Farbe verläuft vom Rand zur Mitte.

  ▶ Zur Kante: Die Farbe verläuft von der Mitte zum Rand.

▶ Spitzlicht: Mit diesem Prozentwert bestimmen Sie die Intensität von »Weiß« im Grundverlauf. Um die Auswirkung zu beurteilen, nehmen Sie die Option Vorschau zu Hilfe.

Gitter mit dem Gitter-Werkzeug erstellen | Wenn Sie ein unregelmäßiges Gitter benötigen, sollten Sie es manuell mit dem Gitter-Werkzeug 🖼 erstellen – Shortcut ⌨U.

Sie müssen kein Objekt aktivieren, bevor Sie mit dem ersten Gitterpunkt beginnen. Klicken Sie mit dem Werkzeug nacheinander auf die Stellen des Zielobjekts, an denen Sie einen Gitterpunkt erzeugen möchten. Beachten Sie dabei bitte den Cursor, denn der zeigt mit dem Symbol 🖊 an, ob auf dem Objekt unter der Einfügemarke ein Gitterpunkt gesetzt werden kann.

Ein Klick *auf* den Rand oder *auf* eine bestehende Gitterlinie fügt dem Gitterobjekt eine neue Spalte *oder* eine neue Reihe hinzu. Klicken Sie *zwischen* Gitterlinien, dann wird *sowohl* eine Spalte *als auch* eine Reihe generiert.

Illustrator weist jedem neuen Gitterpunkt zunächst die Farbe zu, die in der Farbpalette für Fläche eingestellt ist. Sollen neue Gitterpunkte ohne Farbe erstellt werden, drücken Sie beim Klicken des Punkts die Modifizierungstaste ⌨⇧.

Gitter aus Verzerrungshüllen erzeugen | Auch Gitterobjekte, die Sie als Verzerrungshülle erzeugen, können als Verlaufsgitter verwendet werden. Das ist nützlich, denn Illustrator bietet einige Verkrümmungsarten an, die Sie so als Basis für die Erstellung eines Verlaufsgitters benutzen können. Und so geht's:

Erzeugen Sie aus einer einfachen Form ein Hüllenobjekt mit Verkrümmung, dann geben Sie den Menübefehl OBJEKT • VERZERRUNGSHÜLLE • ZURÜCKWANDELN, um das Gitter aus dem Objekt zu extrahieren.

Der Befehl ZURÜCKWANDELN generiert zu Ihrem Ausgangsobjekt ein Gitterobjekt als Form mit einer grauen Fläche. Sie sehen seine Gitterlinien, sobald Sie das Objekt aktivieren. Dieses Gitter lässt sich wie andere Gitterobjekte auch mit weiteren Gitterlinien versehen, einfärben und umformen.

Mehr zur Herstellung, Anwendung und Zurückwandlung von Verzerrungshüllen finden Sie in Kapitel 10.

Gitter aus einem Verlauf erzeugen | Wenn Sie einen Farbverlauf detaillierter beeinflussen möchten, empfiehlt es sich, einen »normalen« Verlauf in ein Verlaufsgitter umzuwandeln.

Aktivieren Sie dazu das Verlaufsobjekt und rufen die Dialogbox UMWANDELN über das Menü OBJEKT • UMWANDELN… auf. Darin wählen Sie die Optionen FLÄCHE und VERLAUFSGITTER.

Aus einem kreisförmigen Verlauf entsteht bei der Umwandlung ein zu einem Kreis gebogenes Rechteck. Diese Form ist deshalb so interessant, weil sie mit den Transformationswerkzeugen aus einem rechteckigen Gitterobjekt nur schwer generiert wer-

Tipp

Auch wenn Sie mit Verlaufsgittern sehr komplexe Verläufe erzeugen können, sollten Sie Ihre Illustrationen in handhabbare Einzelobjekte aufteilen. Darüber hinaus ist es empfehlenswert, immer im Blick zu behalten, ob in manchen Situationen alternativ zu einem Verlaufsgitter das gewünschte Ergebnis nicht einfacher oder besser mit einem »normalen« Verlauf oder einer Angleichung zu erreichen ist (Angleichung siehe Kapitel 10).

▲ **Abbildung 9.78**
Generiertes Verlaufsgitter mit einem Grundverlauf ZUR KANTE (links) und ZUR MITTE (rechts)

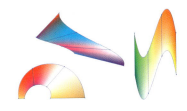

▲ **Abbildung 9.79**
Gitterobjekte aus Verkrümmungsformen

Tipp

Ist die benötigte Außenform sehr komplex, verwenden Sie eine Schnittmaske, um dem Gitterobjekt seine endgültige Form zu geben (Schnittmasken siehe Kapitel 11).

▲ **Abbildung 9.80**
Das kreisförmige Gitter (rechts) ist
im Grunde nur ein zu einem Kreis
gebogenes Rechteck (links).

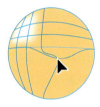

▲ **Abbildung 9.81**
Verschieben eines Gitterpunkts
entlang einer Gitterlinie

Tipp

Wenn Sie einen vorhandenen
Gitterpunkt aktivieren wollen,
benutzen Sie am besten das
Direktauswahl-Werkzeug, denn
damit riskieren Sie nicht, versehentlich eine neue Gitterlinie zu
erzeugen.

den kann. Beachten Sie bitte, dass bei dem aus der Umwandlung
entstandenen kreisförmigen Gitter in der Mitte vier Gitterpunkte
übereinander gestapelt sind, die zum Bearbeiten gegebenenfalls
zusammen mit einem Auswahlrechteck aktiviert werden müssen.

Verlaufsgitter bearbeiten

Mit den Möglichkeiten, die sich beim Bearbeiten eines Verlaufsgitters ergeben, lassen sich sehr komplexe Verlaufsformen verwirklichen. Folgende Möglichkeiten stehen zur Verfügung, um
ein Gitterobjekt zu editieren:

Gitterlinien und Gitterpunkte hinzufügen | Wie weiter oben in
dem Absatz über das manuelle Erstellen von Gitterobjekten
beschrieben, können Sie mit dem Gitter-Werkzeug jedem Verlaufsgitter, egal wie es erzeugt wurde, jederzeit Gitterlinien und
Gitterpunkte hinzufügen.

Gitterpunkte bearbeiten | Einzelne Gitterpunkte eines Gitter-
objekts aktivieren und verschieben Sie mit dem Werkzeug
Gitter 🔲, Direktauswahl ▶ oder Lasso 🔲, indem Sie darauf klicken bzw. klicken und ziehen. Möchten Sie einen Gitterpunkt
exakt entlang einer Gitterlinie verschieben, verwenden Sie das
Gitter-Werkzeug, drücken die Modifizierungstaste ⌂ und verschieben den Punkt.

Wenn ein Gitterpunkt aktiviert ist, werden seine Grifflinien
angezeigt. Mit den Grifflinien bestimmen Sie die Form der Gitterlinien. Klicken und ziehen Sie die Grifflinien in die gewünschte
Position. Mit gedrückter ⌂-Taste und dem Gitter-Werkzeug
können Sie alle Grifflinien eines Gitterpunkts synchron bewegen.
Möchten Sie Grifflinien »abbrechen«, also einen Übergangspunkt
in einen Eckpunkt umwandeln, verwenden Sie das Ankerpunkt-
konvertieren-Werkzeug und ziehen den Griffpunkt.

Beachten Sie bitte, dass Sie mit dem Gitter-Werkzeug genau
auf den Gitterpunkt klicken müssen, um ihn zu aktivieren, da
sonst zusätzliche Gitterlinien erzeugt werden!

Treffen Sie mit dem Direktauswahl-Werkzeug in der Vorschau
einen Punkt nicht exakt, wird ein gesamtes Gitterfeld mit allen
zugehörigen Gitterpunkten ausgewählt und gegebenenfalls verschoben. Wenn Sie also gezielt mehrere Punkte aktivieren wollen, z. B. mit einem Auswahlrechteck oder mit dem Lasso-Werkzeug, ist zu empfehlen, vorher in die Pfadansicht zu wechseln.

Gitterpunkte löschen | Verwenden Sie dazu das Gitter-Werk-
zeug, drücken die Modifizierungstaste ⌥/Alt, und klicken

Sie auf den entsprechenden Gitterpunkt, sobald das Cursor-Symbol zusätzlich ein Minuszeichen ⊟ anzeigt.

Wenn Sie einen Gitterpunkt entfernen, werden auch die sich im Punkt kreuzenden Gitterlinien gelöscht.

Gitterfelder bearbeiten | Gitterfelder aktivieren Sie, indem Sie in das Feld klicken. Auch Felder können Sie verschieben – dabei werden alle begrenzenden Gitterlinien und Gitterpunkte mit verschoben. Darüber hinaus lässt sich ein ganzes Feld auch kopieren und als neues Gitterobjekt wieder in die Datei einfügen.

Ankerpunkte hinzufügen | Verwenden Sie Ankerpunkte, um die Form von Gitterlinien zu beeinflussen, ohne dafür im Gitter zusätzliche Zeilen oder Spalten zu erzeugen.

Neue Ankerpunkte auf Gitterlinien setzen Sie mit dem Ankerpunkt-hinzufügen-Werkzeug ⧉.

Farben zuweisen | Sie können in einem Gitter Prozess- und Volltonfarben gemeinsam verwenden. Um einem aktivierten Gitterpunkt oder einem Gitterfeld eine Farbe zuzuweisen, sind drei Wege möglich:

▶ Farbpalette: Stellen Sie die Farbe in der Farbpalette ein, die dann automatisch auf den aktiven Gitterpunkt oder auf das aktive Gitterfeld übernommen wird.
▶ Farbfeld: Klicken Sie zusammen mit der Modifikationstaste ⌥/Alt auf ein Farbfeld.
▶ Pipette: Wählen Sie das Pipette-Werkzeug, und klicken Sie zusammen mit der Modifikationstaste ⇧ auf der Zeichenfläche eine Stelle mit der gewünschten Farbe an.

Wenn Sie mit magnetischen Hilfslinien arbeiten, können Sie die Farben sehr einfach mit dem Pipette-Werkzeug zuweisen. Gehen Sie dazu wie folgt vor:

Heben Sie alle Auswahlen auf, wählen Sie die gewünschte Füllfarbe aus und benutzen das Pipette-Werkzeug, um zusammen mit der ⌥/Alt-Taste auf den Gitterpunkt oder das Gitterfeld zu klicken, dem Sie die Farbe zuweisen möchten. Bitte beachten Sie, dass auch das Gitterobjekt *nicht* ausgewählt sein darf.

Shortcuts: magnetische Hilfslinien ⌘/Strg+U, alle Auswahlen aufheben ⌘/Strg+⇧+A.

Verlaufsgitter zurückwandeln

Das Zurückwandeln von Gitterobjekten ist nicht so unkompliziert wie bei anderen komplexen Objekten. Deshalb ist es ratsam,

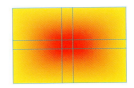

▲ **Abbildung 9.82**
Verschieben eines Gitterfelds

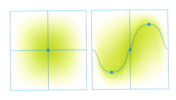

▲ **Abbildung 9.83**
Gitterlinien mit Ankerpunkten formen

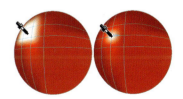

▲ **Abbildung 9.84**
Die Arbeit mit Pipette und magnetischen Hilfslinien erspart Ihnen das vorherige Auswählen von Gitterfeldern oder Gitterpunkten.

sofern Sie vorher bereits wissen, dass Sie die Grundform noch einmal brauchen, diese vor dem Umwandeln zu duplizieren.

Wenn Sie Ihre Grundform aus einem Gitter zurückgewinnen müssen, aktivieren Sie das Gitterobjekt und wählen OBJEKT • PFAD • PFAD VERSCHIEBEN… mit einem VERSATZ von 0. Illustrator erzeugt dann die Grundform als Pfad hinter dem Gitterobjekt.

Schritt für Schritt: Einen konischen Verlauf erstellen

Eine spezielle Art des kreisförmigen Verlaufs – den konischen Verlauf – können Sie in Illustrator nur mit einem Umweg über die Verlaufsumwandlung und eine Verzerrungshülle erzeugen. Folgende Schritte sind notwendig:

1 Kreisförmigen Verlauf erzeugen
Füllen Sie eine Rechteckform mit einem einfachen kreisförmigen Verlauf, und weisen Sie dem Objekt die Kontur OHNE zu ❶.

2 In ein Gitter umwandeln
Wandeln Sie den Verlauf mit der Menüfunktion OBJEKT • UMWANDELN… in ein Verlaufsgitter um ❷.

3 Das Gitter herauslösen
Geben Sie nacheinander die Menüanweisungen OBJEKT • SCHNITTMASKE • ZURÜCKWANDELN und OBJEKT • GRUPPIERUNG AUFHEBEN. Aktivieren Sie anschließend die Schnittmaske, und löschen Sie sie heraus. In der Pfadansicht ist die Rechteckform der Schnittmaske gut zu erkennen ❸.

4 Neuen Verlauf erstellen
Erstellen Sie ein Rechteck mit dem gewünschten Verlauf und positionieren dieses Rechteck in der Stapelreihenfolge unter dem Gitterobjekt. Dazu verwenden Sie den Befehl OBJEKT • ANORDNEN • NACH HINTEN STELLEN ❹. Der neue Verlauf muss auf der Zeichenfläche nicht unbedingt beim Gitterobjekt platziert sein.

5 In die konische Form bringen
Aktivieren Sie den Verlauf und das radiale Gitter und wählen den Menüpunkt OBJEKT • VERZERRUNGSHÜLLE • MIT OBERSTEM OBJEKT ERSTELLEN. Damit die Hülle auch die Verlaufsfüllung verformt, rufen Sie OBJEKT • VERZERRUNGSHÜLLE • HÜLLEN-OPTIONEN auf und aktivieren die Option LINEARE VERLÄUFE VERZERREN (Schnittmasken siehe Kapitel 11, Verzerrungshüllen siehe Kapitel 10).

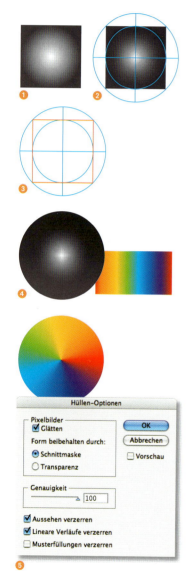

▲ **Abbildung 9.85**
Erstellung eines konischen Verlaufs

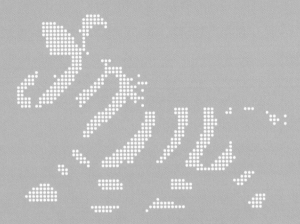

TEIL III
Objekte organisieren
und bearbeiten

10 Vektorobjekte bearbeiten und kombinieren

Bisher haben Sie einzelne Pfade erzeugt, bearbeitet und zu Objekten zusammengefügt sowie geometrische Figuren, Vektorkonstruktionen und Freihandformen erstellt und bearbeitet.

In diesem Kapitel lernen Sie nun die mächtigen Werkzeuge kennen, um alle diese Objekte miteinander zu kombinieren. Bei der Arbeit mit Zeichenstift und Pinsel müssen Sie selbst Punkte, Pfade und Grifflinien erzeugen und verändern – Illustrator bietet darüber hinaus Werkzeuge und Routinen, um Konstruktionsarbeit teilweise zu automatisieren.

10.1 Objekte kombinieren

Es bestehen mehrere Möglichkeiten, um Objekte miteinander zu kombinieren:

- ▶ Objekte gruppieren (das wurde bereits in Kapitel 5 erklärt)
- ▶ einen zusammengesetzten Pfad erzeugen
- ▶ Objekte zu einer zusammengesetzten Form vereinen.

Gruppieren

Zusammengehörende Objekte werden gruppiert, um ihre Handhabung zu vereinfachen. So wirken beispielsweise Transformationen auf alle Objekte einer Gruppe gleichzeitig.

Die Objekte beeinflussen sich jedoch nicht gegenseitig, sie behalten ihre individuellen Aussehen-Eigenschaften wie Konturen, Füllungen, Transparenzen und Effekte (Farbe siehe Kapitel 8, Transparenzen siehe Kapitel 12, Effekte siehe Kapitel 13).

Zusammengesetzter Pfad

Zusammengesetzte Pfade dienen zur Konstruktion komplexer Objekte aus einzelnen Pfaden. Da solche Objekte zu allen Programmen und Geräten voll kompatibel sind, die »PostScript« verarbeiten können, sind sie problemlos über die Entwurfsphase hinaus auch zur Ausgabe auf Druckern und Belichtern oder beim Dateiaustausch mit anderen Programmen verwendbar.

▲ **Abbildung 10.1**
In Gruppen lassen sich unterschiedliche Objekte kombinieren, deren Eigenschaften sich nicht gegenseitig beeinflussen – hier: ein platziertes Bild, ein 3D-Objekt und ein Pfad mit Pinselkontur.

▲ **Abbildung 10.2**
Mehrere Pfade werden zu einem zusammengesetzten Pfad verbunden, um Löcher zu stanzen oder Füllungen über mehrere Formen anzulegen.

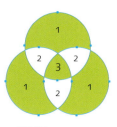

▲ Abbildung 10.3
Mit der GERADE-UNGERADE-Regel
entsteht dann ein Loch, wenn
eine gerade Anzahl Objekt übereinanderliegt.

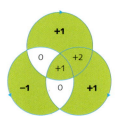

▲ Abbildung 10.4
Bei der Eigenschaft NICHT-NULL
wird gerechnet: Ein Pfad, der im
Uhrzeigersinn verläuft, zählt mit
+1, Pfade gegen den Uhrzeigersinn
mit −1. Für jede Fläche berechnet
Illustrator die Summe aus allen
die Fläche überschneidenden Pfaden. Ist die Summe 0, dann entsteht ein Loch. Bei allen anderen
Ergebnissen entsteht eine Füllung.

Vergleichen Sie dazu auch die Ausführungen zu »Virtuelle Objekte – Chance und Gefahr« im Unterkapitel zur zusammengesetzten Form.

Ein wichtiger Einsatzzweck für zusammengesetzte Pfade ist beispielsweise das »Stanzen« von Löchern in gefüllte Objekte.

Um einen zusammengesetzten Pfad zu erzeugen, aktivieren Sie die entsprechenden Pfadobjekte und wählen im Menü OBJEKT • ZUSAMMENGESETZTER PFAD • ERSTELLEN – Shortcut: ⌘ / Strg + 8 .

Der zusammengesetzte Pfad ist danach nur *ein* Objekt in der Ebenen-Palette. Sie können jetzt zwar noch die Punkte und Pfad-segmente der ursprünglichen Pfade mit dem Direktauswahl-Werkzeug aktivieren und bearbeiten, nicht mehr jedoch die einzelnen Ursprungspfade als separate Objekte (Ebenen-Palette siehe Kapitel 11).

Aussehen-Eigenschaften | Beim Zusammensetzen übernimmt das Programm die Aussehen-Eigenschaften des untersten in einem Stapel aktivierter Objekte. Die Einstellungen für die anderen verbundenen Pfade gehen verloren, denn ein zusammengesetzter Pfad kann nur einen Satz Eigenschaften für das Aussehen haben.

Attribute | Wie sich die einzelnen Pfade in einem zusammengesetzten Pfad gegenseitig beeinflussen, hängt von der Füllregel-Eigenschaft des zusammengesetzten Pfades und der Pfadrichtung

---

Attribute-Palette

Die Palette für ATTRIBUTE rufen Sie unter FENSTER • ATTRIBUTE auf. Mit den Buttons ❶ stellen Sie die Füll-regel-Eigenschaft ein. Eindeutig vorhersagbar sind die Ergebnisse der Füllregel-Eigenschaft GERADE-UNGERADE. An Stellen, an de-nen eine gerade Anzahl von Pfa-den übereinander liegt, werden mit dieser Einstellung in zusam-mengesetzten Pfaden Löcher erzeugt, durch die dahinter liegende Objekte sichtbar werden. An Stel-len, an denen eine ungerade Zahl von Pfaden übereinander angeordnet ist, entsteht kein Loch.

Hat ein Objekt die Eigenschaft NICHT-NULL, wird die Pfad-richtung jedes einzelnen beteilig-ten Pfads analysiert, um zu be-stimmen, ob ein Loch erzeugt wird oder nicht. NICHT-NULL ist die voreingestellte Eigenschaft für neu angelegte zusammenge-setzte Pfade.

Mit den Pfeilsymbolen ❷ schal-ten Sie PFADRICHTUNG UMKEHREN ein oder aus. Um diese Eigenschaft für einzelne Objekte zu setzen, aktivieren Sie den betreffenden Pfad mit dem Direktauswahl-Werkzeug und klicken die ge-wünschte Eigenschaft an.

der Ursprungspfade ab. Die Einstellungen können in der Palette für Attribute vorgenommen werden.

Zusammengesetzte Form

In einer zusammengesetzten Form kombinieren Sie Objekte zu einem virtuellen Objekt (siehe unten).

Bestandteile einer zusammengesetzten Form können geschlossene Pfade, offene Pfade (die in der Ansicht geschlossen werden), zusammengesetzte Pfade, gruppierte Objekte oder andere zusammengesetzte Formen sein. Deshalb besteht die Möglichkeit und auch die Gefahr, zusammengesetzte Formen aus vielen gestapelten Objekten hierarchisch sehr tief zu verschachteln.

Virtuelle Objekte – Chance und Gefahr | Eine zusammengesetzte Form wird nur für die Anzeige auf dem Bildschirm bzw. für den Druck in Echtzeit berechnet und ausgegeben, wir haben es hier also nur mit einem scheinbaren bzw. virtuellen Objekt zu tun! Vorteil dabei ist, dass alle Aktionen sofort sichtbar werden, ohne die Ursprungsobjekte zu zerstören.

Andererseits kosten sehr komplexe virtuelle Objekte Rechenzeit bei der Anzeige auf dem Bildschirm und bei der Ausgabe auf Druckern, sie vergrößern die Datei, und zusammengesetzte Formen sind nicht für alle Arten der Weiterverarbeitung geeignet (siehe dazu auch die Checkliste »Folienplot« in diesem Kapitel).

Weiter unten erfahren Sie, wie Sie gegebenenfalls eine zusammengesetzte Form in ein reduziertes Objekt ohne seine überflüssigen, also redundanten Teile umwandeln.

Eigenschaften | Einzelnen Objekten in einer zusammengesetzten Form können zwar unterschiedliche Live-Effekte zugeordnet werden, die zusammengesetzte Form insgesamt kann aber nur einen Satz Eigenschaften für ihr Aussehen haben (Live-Effekte siehe Kapitel 13, Aussehen-Eigenschaften siehe Kapitel 11).

Die Originalobjekte, aus denen die sichtbare Form kombiniert wird, bleiben jeweils intakt, Sie können jedes einzelne weiterhin transformieren oder anderweitig bearbeiten und – zusammengesetzte Formen können wieder aufgelöst und in ihre Quellobjekte zerlegt werden.

Wie die Ursprungsobjekte einer zusammengesetzten Form aufeinander einwirken, wie sie ihr Aussehen gegenseitig beeinflussen und welches virtuelle Objekt daraus entsteht, bestimmen Sie in der Pathfinder-Palette mit dem Formmodus.

Formen erstellen | Um eine zusammengesetzte Form aus mehreren Objekten zu erstellen, aktivieren Sie die Objekte und kli-

▲ **Abbildung 10.5**
Ein ZUSAMMENGESETZTER PFAD in der Ebenen-Palette

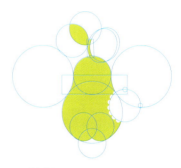

▲ **Abbildung 10.6**
Komplexere Formen sind schwieriger zu handhaben, daher sollte man sie umwandeln.

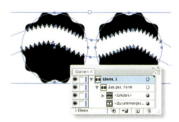

▲ **Abbildung 10.7**
Verschiedene Effekte sind einzelnen Objekten einer zusammengesetzten Form zugeordnet.

▲ Abbildung 10.8
Die Pathfinder-Palette

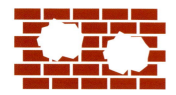

▲ Abbildung 10.9
Damit die beiden Löcher korrekt in die Mauersteine gestanzt werden, müssen die Löcher-Formen und die Steine jeweils zu zusammengesetzten Pfaden verbunden werden.

▲ Abbildung 10.10
Auswirkungen der Formmodi auf die Originalobjekte:
HINZUFÜGEN ❶, SUBTRAHIEREN ❷,
SCHNITTMENGE ❸, ÜBERLAPPENDE
FORMBEREICHE AUSSCHLIESSEN ❹

cken dann auf den gewünschten Funktionsbutton für den entsprechenden Formmodus in der Pathfinder-Palette.

Normalerweise wirken in zusammengesetzten Formen alle Pfade als einzelne Objekte aufeinander. Soll ein Objekt aus mehreren Pfaden bestehen, z. B. zwei Löcher in eine Mauer gestanzt werden, müssen diese Pfade erst jeweils zu zusammengesetzten Pfaden verbunden werden.

Formmodi | Die vier verschiedenen Modi finden Sie in der Pathfinder-Palette im ersten Abschnitt: DEM FORMBEREICH HINZUFÜGEN, VOM FORMBEREICH SUBTRAHIEREN, SCHNITTMENGE VON FORMBEREICHEN und ÜBERLAPPENDE FORMBEREICHE AUSSCHLIESSEN. Ähnliche Funktionen sind aus 3D-Programmen als Boole'sche Operationen bekannt.

▶ DEM FORMBEREICH HINZUFÜGEN (Vereinigen) ▱: Die Flächen aller aktivierten Objekte werden als eine gesamte Fläche mit den Aussehen-Eigenschaften des Objekts ausgegeben, das im Stapel an oberster Stelle liegt.

▶ VOM FORMBEREICH SUBTRAHIEREN (Stanzen) ▱: Im aktivierten Stapel wird von der Fläche des untersten Objekts die gemeinsame Fläche der davor liegenden Objekte abgezogen. Es bleibt nur die Restfläche des untersten Objektes mit dessen Aussehen-Eigenschaften als virtuelles Objekt übrig.

▶ SCHNITTMENGE VON FORMBEREICHEN ▱: Als virtuelles Objekt wird nur die Fläche ausgegeben, die allen aktivierten Objekten gemeinsam ist. Das Aussehen wird vom obersten Objekt übernommen.

▶ ÜBERLAPPENDE FORMBEREICHE AUSSCHLIESSEN ▱: Dieser Modus beeinflusst die aktivierten Objekte wie die Gerade-Ungerade-Füllregel. An den Stellen, an denen eine gerade Anzahl Objekte übereinanderliegt, entsteht ein Loch in der zusammengesetzten Form. Dort, wo im aktivierten Stapel eine ungerade Anzahl Objekte übereinander angeordnet ist, wird eine Fläche ausgegeben.
Das virtuelle Objekt nimmt die Aussehen-Eigenschaft des obersten Objekts an.

Ebenen-Palette – Objekthierarchie | Die Ebenen-Palette zeigt die zusammengesetzten Formen und alle zugehörigen Objekte so an, dass Sie die Hierarchie erkennen können. Der Formmodus ist in dieser Palette jeweils dem obersten Objekt zugeordnet (Ebenen-Palette siehe Kapitel 11).

Formmodus ändern | Beim Erstellen einer zusammengesetzten Form aus mehreren Objekten wird in dem vereinten Objektstapel jedem einzelnen Objekt, mit Ausnahme des untersten, ebenfalls der gleiche Formmodus zugewiesen, den Sie für das gesamte virtuelle Objekt gewählt haben. Das hierarchisch unterste Objekt bleibt ohne Formmodus.

Sie können nun den Modus jedes einzelnen Objektes ändern, indem Sie das gewünschte Objekt mit dem Direktauswahl-Werkzeug anklicken und in der Pathfinder-Palette einen anderen Modus-Button betätigen. Der neue Formmodus ersetzt den zugewiesenen, dies hat Auswirkungen auf die gesamte virtuelle Form, also gegebenenfalls auch auf das Erscheinungsbild der im Stapel darüber- oder darunterliegenden Objekte!

Bei zusammengesetzten Formen, die aus mehr als vier oder fünf Objekten bestehen, ist diese Vorgehensweise nicht zu empfehlen, da sie unter Umständen viel Probieren erfordert, ehe das angedachte Ziel erreicht wird. Erstellen Sie in einem solchen Fall besser die virtuelle Gesamtform aus mehreren weniger komplexen einzelnen zusammengesetzten Formen, um die Formbildung in der hierarchischen Anordnung besser steuern zu können.

Die von Adobe empfohlene Höchstzahl von zehn Objekten je einzelner zusammengesetzter Form erscheint für die Änderung des Formmodus einzelner Hierarchiestufen bereits viel zu hoch!

Form editieren | Außer der Anwendung eines anderen Formmodus können Sie über die Ebenen-Palette auch die Stapelreihenfolge in der zusammengesetzten Form verändern (Stapelreihenfolge siehe Kapitel 5).

Um auf einzelne Objekte Transformationen anzuwenden, aktivieren Sie das Objekt, das Sie bearbeiten möchten, mit dem Direktauswahl- oder Gruppenauswahl-Werkzeug. Danach können Sie dieses Objekt wie gewohnt transformieren (Transformationswerkzeuge siehe Kapitel 5).

Möchten Sie einzelnen Objekten der zusammengesetzten Form nachträglich Effekte zuweisen, müssen Sie diese Objekte in der Ebenen-Palette als Ziel auswählen (Ziel-Auswahl siehe Kapitel 11).

Form auflösen | Wenn Sie eine zusammengesetzte Form wieder auflösen möchten, wählen Sie nach dem Aktivieren aus dem Menü der Pathfinder-Palette den Befehl ZUSAMMENGESETZTE FORM ZURÜCKWANDELN. Sie erhalten wieder die ursprünglichen Objekte.

Form umwandeln | Um eine zusammengesetzte Form auf einen Pfad oder auf einen zusammengesetzten Pfad zu reduzieren, müssen der zugrunde liegende Objektstapel und seine Einzelob-

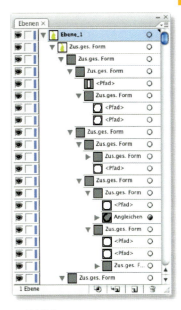

▲ **Abbildung 10.11**
Darstellung einer zusammengesetzten Form in der Ebenen-Palette

Hinweis

Haben Sie in den Voreinstellungen die Option OBJEKTAUSWAHL NUR DURCH PFAD aktiviert, verwenden Sie zum Auswählen eines Objekts innerhalb der zusammengesetzten Form das Gruppenauswahl-Werkzeug.

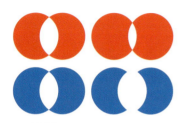

▲ **Abbildung 10.12**
Zusammengesetzte Form vor (rot) und nach (blau) dem Umwandeln, Verschieben eines Teils (jeweils rechts)

jekte zerstört werden. Alle redundanten, nicht sichtbaren Segmente des virtuellen Objekts werden entfernt und ein neues Objekt zusammengesetzt, das in seiner reduzierten Form dem Erscheinungsbild des virtuellen Objekts entspricht, das bisher faktisch nur als rechnerische Ausgabe auf dem Bildschirm angezeigt wurde.

Um eine zusammengesetzte Form so zu bearbeiten, verwenden Sie den Funktionsbutton UMWANDELN aus der Pathfinder-Palette, oder wählen Sie aus dem Menü der Palette den Befehl ZUSAMMENGESETZTE FORM UMWANDELN.

Wenn Sie bereits beim Erstellen einer zusammengesetzten Form gleichzeitig mit den Formmodi-Buttons die Modifikationstaste ⌥/Alt drücken, erfolgt die Formreduktion sofort bei der Erstellung. Es wird also ein entsprechendes reales, kein virtuelles Objekt erzeugt.

10.2 Pathfinder – Objekte zerteilen

Auch wenn schon Karl May in einem seiner Bücher über »Adobe« schrieb, hat PATHFINDER trotzdem nichts mit Old Firehand zu tun. Wie schon bei den Formmodi in Abschnitt 10.1, handelt es sich auch bei den »Pathfindern« eher um angewandte Mengenlehre.

Exkurs
Karl May, Old Surehand II:
»… hierauf der Adobe Creek und der Horse Creek …«

Pathfinder-Funktionen

Die Pathfinder-Funktionen rechnen aktivierte Objekte nach logischen Algorithmen ineinander, so dass ein oder mehrere neue Pfade entstehen. Pathfinder-Funktionen können Sie nur auf Vektorobjekte anwenden. Einige der Funktionen erfordern geschlossene Pfade bzw. offene Pfade werden automatisch geschlossen, und für drei der Funktionen müssen die Pfade auch gefüllt sein. Pathfinder-Funktionen können Sie nicht auf Textobjekte anwenden.

▲ **Abbildung 10.13**
Ausgangsobjekte

Funktionsarten | Um eine Pathfinder-Funktion auf ein aktiviertes Objekt anzuwenden, klicken Sie im unteren Abschnitt der Pathfinder-Palette auf einen der nachfolgend beschriebenen Funktionsbuttons:

▶ FLÄCHE AUFTEILEN 🔲: Diese Funktion teilt die Gesamtfläche aller Objekte entlang der vorhandenen Pfade auf, bis keines der Objekte mehr von einem Pfad durchschnitten wird. Offene Pfade werden, wenn nötig, automatisch geschlossen. Es entstehen neue Objekte aus geschlossenen Pfaden, die miteinander gruppiert sind. Die Aussehen-Eigenschaften der neuen

▲ **Abbildung 10.14**
FLÄCHE AUFTEILEN

Objekte richten sich jeweils nach dem entsprechenden sichtbaren Teil des Ursprungsobjekts.

▶ ÜBERLAPPUNGSBEREICH ENTFERNEN : Die in einem Stapel aktivierter Objekte weiter oben angeordneten Objekte stanzen mit den Teilen, die von ihnen sichtbar sind, aus den darunter liegenden Objekten jene Bereiche aus, die sie verdecken. Offene Pfade werden, wenn nötig, automatisch geschlossen. Es entstehen mehrere geschlossene Pfade, die ihre ursprüngliche Füllung beibehalten, aber keine Kontur mehr aufweisen. Objekte ohne Füllung werden von der Funktion ignoriert und ohne Warnung entfernt. Das gilt auch für Linien, die nur dann von der Funktion einbezogen werden, wenn ihnen eine Füllung zugeordnet ist, selbst wenn diese keine Auswirkung auf die Bildschirmanzeige hat.

▲ **Abbildung 10.15**
ÜBERLAPPUNGSBEREICH ENTFERNEN

Ist auf ein oben liegendes Objekt eine Transparenz oder FARBE ÜBERDRUCKEN angewendet, entsteht aus der Überlappung eine Fläche. Die neu entstandenen Objekte sind gruppiert.

Tipp

Verwenden Sie die Funktion VERDECKTE FLÄCHE ENTFERNEN zur Optimierung umgewandelter Pinselkonturen.

▶ VERDECKTE FLÄCHE ENTFERNEN : Arbeitet wie die Funktion ÜBERLAPPUNGSBEREICH ENTFERNEN. Zusätzlich werden gleichfarbige Flächen, die aneinandergrenzen, zu einem Objekt vereinigt. Konturen werden gelöscht und die neu entstandenen Objekte gruppiert.

▶ SCHNITTMENGENFLÄCHE : Die neuen Objekte, die bei Anwendung dieser Funktion entstehen, werden aus den Schnittmengen gebildet, die das in einem Stapel aktivierter Objekte oberste Objekt mit den Teilen der darunterliegenden Objekte bildet, die sichtbar wären, wenn das oberste Objekt durchsichtig wäre. Objekte und Objektteile, die außerhalb der Form des obersten Objekts liegen, werden gelöscht. Damit wirkt dieser Pathfinder ähnlich wie eine Schnittmaske.

▲ **Abbildung 10.16**
VERDECKTE FLÄCHE ENTFERNEN

Der Restpfad des obersten Objekts bleibt bestehen, hat aber keine Kontur und keine Füllung. Der Befehl kann bei der Anwendung auf offene Pfade zu unerwarteten Ergebnissen führen. Die neu entstandenen Objekte sind gruppiert.

Diese Funktion setzt gefüllte Objekte voraus, bitte lesen Sie dazu die entsprechenden Hinweise im Absatz über die Funktion ÜBERLAPPUNGSBEREICH ENTFERNEN.

▶ KONTUR AUFTEILEN : Die Konturen der aktivierten Objekte werden überall an den Stellen geschnitten, an denen sie sich überschneiden.

▲ **Abbildung 10.17**
SCHNITTMENGENFLÄCHE

Es entstehen einzelne offene Pfade. Als Konturfarbe wird ihnen die Farbe der Füllung des ursprünglichen Objekts zugeordnet. Die Pfade haben die Konturstärke »Haarlinie« – Illustrator zeigt dies in der Kontur-Palette durch den Wert 0 an.

▲ **Abbildung 10.18**
KONTUR AUFTEILEN

Diese Funktion eignet sich gut als Vorbereitung manueller Überfüllungen und ist die einzige Möglichkeit, Haarlinien zu erzeugen, die von mancher Plot-Software als Schneidepfad benötigt werden.

▶ Hinteres Objekt abziehen  : Diese Funktion bewirkt bei den aktivierten Objekten ein umgekehrtes Stanzen. Das bedeutet, dass von der Fläche des im Stapel obersten Objekts die Flächen aller im Stapel darunterliegenden Objekte subtrahiert werden, soweit sie mit dem obersten Objekt eine Schnittmenge bilden. Illustrator schließt offene Pfade, wenn nötig, automatisch.

Objekte und Objektteile, die außerhalb der Fläche des obersten Objekts liegen, werden gelöscht. Das neu entstandene Objekt behält die Aussehen-Eigenschaften des obersten Objekts.

▲ **Abbildung 10.19**
Hinteres Objekt abziehen

Pathfinder-Anwendungen

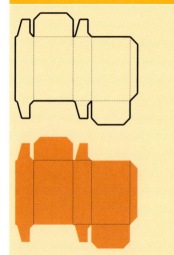

Formen aus CAD-Systemen bestehen häufig aus vielen einzelnen Pfaden. Um diese effizient zu einem Pfad zusammenzufügen, weisen Sie allen Pfaden eine Füllung zu und verwenden die Funktion Fläche aufteilen. Wichtig ist, dass Sie dabei die Option Ungefüllte Objekte entfernen deaktivieren.

Alternativ zur Funktion Interaktiv Malen lässt sich ebenfalls der Pathfinder Fläche aufteilen nutzen, um aus offenen Pfaden Flächen zu erzeugen. Achten Sie darauf, dass Pfade sich an Schnittstellen berühren oder überschneiden. Deaktivieren Sie die Option Ungefüllte Objekte entfernen.

Um eine komplexe Grafik aus der Layoutversion in die endgültige – plottfähige – Version umzuwandeln, ist der Pathfinder Verdeckte Fläche entfernen hilfreich. Mit nur einem Klick erzeugt er die optimierten Objekte.

Palettenmenü | Pathfinder-Palette

▶ Überfüllen: Diese Funktion hilft bei den Druckvorbereitungen beim manuellen Überfüllen. Mehr dazu und zu Problemen beim Drucken finden Sie in Kapitel 19.

▶ WIEDERHOLEN: Um die zuletzt verwendete Pathfinder-Funktion auf andere Objekte anzuwenden, können Sie den Befehl WIEDERHOLEN: … aus dem Palettenmenü verwenden.

▶ ZUSAMMENGESETZTE FORM ERSTELLEN, ZUSAMMENGESETZTE FORM ZURÜCKWANDELN und ZUSAMMENGESETZTE FORM UMWANDELN sind Menübefehle, die bereits im Kapitel über zusammengesetzte Formen erläutert wurden.

Pathfinder-Optionen | Über das Palettenmenü in der Pathfinder-Palette rufen Sie auch die Dialogbox PATHFINDER-OPTIONEN auf.

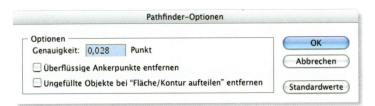

◀ **Abbildung 10.20**
Dialogbox PATHFINDER-OPTIONEN

▶ GENAUIGKEIT: Wenn das Programm zusätzliche Ankerpunkte in Pfade einfügen muss, beispielsweise in Kurvensegmenten, können Sie bestimmen, wie genau die Funktion dabei arbeiten soll. Ein niedriger Wert erzeugt eine höhere Genauigkeit. Das bedeutet, dass bei erzeugten Pfaden mehr Punkte und damit ein präziserer Pfadverlauf generiert wird.
Die Berechnung des Ergebnisses dauert bei höherer Genauigkeit länger. Sie können mit der Funktion experimentieren, denn der Button STANDARDWERTE setzt die Einstellung zurück.

▶ ÜBERFLÜSSIGE ANKERPUNKTE ENTFERNEN: Alle Punkte, die keine Auswirkung auf die Form eines Pfades haben, werden entfernt, z. B. nicht benötigte Zwischenpunkte auf einer Geraden.

▲ **Abbildung 10.21**
Zwischenpunkte auf einer Geraden

▶ UNGEFÜLLTE OBJEKTE ENTFERNEN hat nur Auswirkungen auf die Funktionen FLÄCHE AUFTEILEN und KONTUR AUFTEILEN.
Wenn Sie mit einer der beiden Funktionen bei derselben Aktion sowohl Objekte verwenden, die mit einer Füllung versehen sind, als auch Objekte ohne Füllung, wirken die ungefüllten Objekte zwar am Ergebnis mit, werden aber selbst gelöscht. Es kommt nicht darauf an, ob die Füllung auf dem Bildschirm sichtbar ist (auch eine gerade Linie kann eine Füllung haben), es zählt nur die zugeordnete Eigenschaft.

Pathfinder-Effekte

Pathfinder-Effekte führen zwar die gleichen Operationen durch wie die Buttons in der Pathfinder-Palette, fungieren aber als Objekteigenschaften. Das bedeutet, dass nur eine virtuelle Form für die Anzeige auf dem Bildschirm bzw. zur Ausgabe auf einem

Hinweis

Eine Aufstellung der Wirkungsweisen der einzelnen Effekte finden Sie auf den vorhergehenden Seiten unter »Zusammengesetzte Formen« und »Pathfinder-Funktionen«.

▲ Abbildung 10.22
In der Übung »Konturierter Text« in Kapitel 13 setzen Sie Pathfinder-Effekte ein.

Tipp

Wenn Sie Schwierigkeiten haben, Objekte zu aktivieren, wechseln Sie mit dem Tastaturbefehl ⌘/Strg+Y in die Pfadansicht. Bitte beachten Sie, dass Sie in diesem Modus Objekte nur aktivieren können, indem Sie auf deren Pfad klicken. Danach wechseln Sie mit demselben Shortcut zurück in die Vorschau.

Drucker berechnet wird, die Originalobjekte bleiben jedoch erhalten.

Pathfinder-Effekte finden Sie unter EFFEKT • PATHFINDER im Menü. Pathfinder-Effekte können auf Gruppen, einzelne Textobjekte und ganze Ebenen angewendet werden. Texte, die mit Pathfinder-Effekten versehen sind, bleiben editierbar.

Wirkungsweise | Die visuelle Wirkung der Effekte HINZUFÜGEN, SCHNITTMENGE BILDEN, SCHNITTMENGE ENTFERNEN, SUBTRAHIEREN entspricht den Formmodi zusammengesetzter Formen.

▸ Die Effekte HINTERES OBJEKT ABZIEHEN, FLÄCHE AUFTEILEN, ÜBERLAPPUNGSBEREICH ENTFERNEN, VERDECKTE FLÄCHE ENTFERNEN, SCHNITTMENGENFLÄCHE, KONTUR AUFTEILEN, ÜBERFÜLLEN… wirken wie die gleichnamigen Pathfinder-Funktionen, aber eben nur auf ein virtuelles Objekt zur Ausgabe.

▸ HART MISCHEN und WEICH MISCHEN erzeugen eine Wirkung ähnlich einer Transparenz mit den entsprechenden Füllmethoden (Transparenz siehe Kapitel 12).

Die Darstellung auf dem Bildschirm ist bei Anwendung der Pathfinder-Funktionen und der Pathfinder-Effekte gleich – der Unterschied liegt in der Handhabung und in der Eignung für die Weiterverarbeitung der so entstandenen realen oder virtuellen Formen in künftigen Projektsituationen.

Die Anwendung von Pathfinder-Effekten auf Einzelobjekte wird von Illustrator mit einer Warnung bedacht; es gibt jedoch Problemstellungen, in denen eine derartige Anwendung den Weg zu interessanten Lösungskonzepten ebnet. Lesen Sie mehr zur Wirkung und Anwendung von Effekten in Kapitel 13.

Effekte auf Objekte anwenden | Wenn Sie einen Pathfinder-Effekt anwenden möchten, gehen Sie wie folgt vor:

1. Wählen Sie ein Objekt aus, oder aktivieren Sie mehrere Objekte und gruppieren diese.
2. Falls nötig, selektieren Sie eine einzelne Kontur oder Füllung in der Aussehen-Palette.
3. Wählen Sie den gewünschten Effekt aus dem Menü EFFEKT • PATHFINDER.

Andere Methoden, um Objekte zu zerteilen

Neben den komplexen, logisch orientierten Pathfinder-Funktionen, die in einem Arbeitsgang fertige Formen erstellen können, bietet Illustrator auch einfachere Methoden, die Objekte nur zerschneiden. Für viele Aufgaben kann das Ergebnis einer solchen Operation ausreichend sein.

In Raster teilen | IN RASTER TEILEN erzeugt aus beliebigen Quellobjekten mehrere nicht gruppierte oder verbundene, regelmäßig angeordnete Rechtecke. Mehr zu dieser Funktion finden Sie in Kapitel 4.

Darunter liegende Objekte teilen | Dieser Befehl ist die konstruktive Ergänzung des Messer-Werkzeugs. Sie können einen Pfad bestimmen, um mit diesem wie beim »Keksausstechen« *alle* Objekte zu zerschneiden, die darunter liegen. Es werden wirklich *alle* Objekte unter der »Stanze« zerteilt, auch solche auf anderen Ebenen. Ausgenommen sind lediglich ausgeblendete oder gesperrte Ebenen (Ebenen siehe Kapitel 11).

Der Befehl wirkt sowohl mit offenen als auch mit geschlossenen Pfaden, jedoch nicht mit gruppierten oder zusammengesetzten Pfaden. Aktivieren Sie den Pfad, der als »Stanze« dienen soll, und wählen Sie im Menü OBJEKT • PFAD • DARUNTER LIEGENDE OBJEKTE AUFTEILEN.

▲ **Abbildung 10.23**
DARUNTER LIEGENDE OBJEKTE AUFTEILEN wurde verwendet, um diesen Rapport für einen Musterpinsel zu konstruieren.

Radiergummi | Mit dem Radiergummi-Werkzeug können Sie Schnitte in variabler Linienstärke durch Objekte führen. Lesen Sie dazu Kapitel 7.

10.3 Linien in Flächen umwandeln

Illustrator kann Pfade mit vielen verschiedenen Konturen und Effekten versehen – aber egal, wie flächig solche Linien auf dem Bildschirm aussehen, für die Bearbeitung im Programm bleiben es Pfade, die auch nur als solche behandelt werden.

▲ **Abbildung 10.24**
Das Radiergummi-Werkzeug mit einer kalligrafischen Werkzeugspitze eingesetzt

Funktion Konturlinie

Es gibt oft Entwurfsphasen, in denen es einfacher und spontaner ist, Illustrationen, Piktogramme oder Logos zunächst aus breiten Linien aufzubauen, aber spätestens bei der Reinzeichnung müssen solche Quasiflächen in echte Flächen mit geschlossenen Außenpfaden umgewandelt werden.

Darüber hinaus sind aber auch andere Situationen denkbar, bei denen eine Weiterbearbeitung in Illustrator oder in anderen Programmen nur mit gefüllten, geschlossenen Formen möglich ist, beispielsweise bei der Anwendung der Pathfinder.

Um flächige Pfade in Flächen mit Außenpfad umzuwandeln, verwenden Sie die Funktion KONTURLINIE.

Anwendungsbeispiel | Eine typische Anwendung für die Konturlinie-Funktion ist das Erstellen von Anfahrtsplänen. Sie kön-

▲ **Abbildung 10.25**
Der Befehl KONTURLINIE (oben) beseitigt auch die überlappenden Flächen, die normalerweise beim Umwandeln einer solchen Kontur entstehen würden (unten).

▲ **Abbildung 10.26**
Auch Strichelungen werden in Flächen umgesetzt.

nen die Straßen und Wege als breite Linien anlegen, deren Kurvenführung viel leichter handhabbar ist als die von Flächen mit parallel verlaufenden Außenpfaden. Erst wenn Sie mit der Entwurfsarbeit fertig sind, wandeln Sie die Konturlinien sehr schnell und »in einem Rutsch« in Flächen um. Die erstellten Flächen entsprechen genau den Ausmaßen der Kontur.

Illustrator wandelt seit dieser Version auch Strichelungen der Kontur in Flächen um – sogar unter Berücksichtigung abgerundeter Konturen.

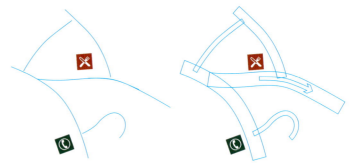

▲ **Abbildung 10.27**
Erstellung von Konturen: Eine kurvige Straße ist mit einer breiten Kontur einfacher zu erstellen als mit einer Fläche. Deshalb wird die Kontur erst nachträglich in eine Fläche umgewandelt.

Hinweis

Der Algorithmus für die Umwandlung gestrichelter Linien in Flächen ist leider verantwortlich für einen Bug: Beim Umwandeln werden an vielen Stellen übereinanderliegende (überflüssige) Punkte erzeugt. Für die Weiterbearbeitung ist dies von Nachteil. Als Ausweg wenden Sie die Pathfinder-Funktion VERDECKTE FLÄCHE ENTFERNEN nach dem Erzeugen der Konturlinie an.

Prüfen Sie das Ergebnis bei sich selbst überschneidenden Pfaden!

Funktion Konturlinie anwenden | Aktivieren Sie die Pfade, die Sie in Flächen umwandeln möchten, und wählen Sie im Menü den Befehl OBJEKT • PFAD • KONTURLINIE aus. Weitere Parameter sind nicht vorgesehen. Illustrator setzt voraus, dass die Eigenschaften wie Stärke, Strichelungen und Eckenformen beibehalten werden sollen. Die Funktion kann daher gleichzeitig auf mehrere Pfade mit unterschiedlichen Konturstärken angewendet werden.

Illustrator trennt einen Pfad, dem eine Füllung zugeordnet ist, in zwei Objekte auf. Die Kontur wird in eine Fläche umgewandelt, die Füllung bleibt als Objekt ohne Kontur bestehen, und beide Objekte werden miteinander gruppiert.

Pfad mit mehreren Konturen | Ist ein Pfad mit mehreren Konturen versehen, wird nur *die* Kontur in eine Fläche umgewandelt, die in der Aussehen-Palette aktiviert ist (Kontur siehe Kapitel 9).

Möchten Sie *alle* Konturen in *einzelne* Flächen umwandeln, gehen Sie wie folgt vor:

1. Aktivieren Sie den Pfad mit mehreren Konturen.
2. Wenden Sie aus dem Menü den Befehl OBJEKT • AUSSEHEN UMWANDELN an (Aussehen siehe Kapitel 11).
3. Anschließend führen Sie die Funktion OBJEKT • PFAD • KONTURLINIE aus.

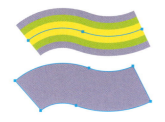

▲ **Abbildung 10.28**
Hat ein Pfad mehrere Konturen, wird nur eine in eine Fläche umgewandelt.

Effekt Konturlinie

Konturlinie können Sie auch als Effekt anwenden. Das bedeutet, dass die Kontur nicht sofort in eine Fläche umgewandelt wird, sondern als Kontur weiterhin normal editierbar bleibt. Das ist von Vorteil, wenn Sie weitere Effekte wie Verformungen o. ä. auf die Kontur anwenden wollen. Sie können dann zum Schluss Ihrer Arbeit alle Konturen mit den gewünschten Effekten auf einmal in Flächen konvertieren, indem Sie aus dem Menü den Befehl Objekt • Aussehen umwandeln geben.

Schritt für Schritt: Reinzeichnung eines Logos

Unsere Schritt-für-Schritt-Anleitung zeigt Ihnen die Umwandlung der Konstruktionsfassung eines Logos in einen für die Weiterverarbeitung geeigneten Aufbau. Eine solche Aufgabe ist mit Hilfe der Pathfinder-Funktionen und mit etwas Routine schnell gelöst.

1 Objekte analysieren

Als ersten Schritt sollten Sie sich die Datei genau ansehen, besonders dann, wenn Sie die Grafik nicht selbst erstellt haben. Überlegen Sie zunächst, in welcher Reihenfolge Sie vorgehen wollen.

Weiterhin sollten Sie abwägen, ob Sie mit hierarchisch gestapelten zusammengesetzten Formen arbeiten wollen, um die Zeichnung maximal editierbar zu halten, oder ob Sie die zusammengesetzten Formen direkt umwandeln, um redundante Objektteile zu entfernen.

2 Datei vorbereiten und gegebenenfalls Kopie anlegen

Bei komplexeren Konstruktionen macht es Sinn, alle Objekte einer Logo-Konstruktion zu kopieren. Sie können dann die Kopie bearbeiten und behalten im Hintergrund das unangetastete Original. So ist jederzeit überprüfbar, ob beide Fassungen noch passgenau sind. Liegen alle Objekte, die zum Logo gehören, auf einer Ebene, sind diese schnell kopiert, indem Sie die gesamte Ebene duplizieren.

Verstehen Sie das an dieser Stelle nur als Hinweis, denn die Arbeit mit Ebenen wird erst im nächsten Kapitel besprochen. (Wer es trotzdem hier schon machen will: Aktivieren Sie die Ebene in der Ebenen-Palette, und wählen Sie aus dem Palettenmenü den Befehl Auswahl duplizieren. Die Ebene mit der Originalzeichnung sollten Sie darüber hinaus gegen Veränderungen schützen, indem Sie in der Ebenen-Palette in dem Kästchen rechts neben dem Augenzeichen das Schlosssymbol zum Fixieren der Ebene aktivieren – siehe Abbildung 10.30).

▲ **Abbildung 10.29**
Die Datei Weinlogo.ai finden Sie auf der Buch-DVD.
Die Ausführung ist für die Entwurfsphase geeignet, führt jedoch beim Plotten und bei der Umwandlung in andere Dateiformate zu Problemen.

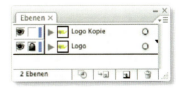

▲ **Abbildung 10.30**
Kopie der Ebene mit dem Logo, die Original-Ebene ist gegen Veränderung gesichert.

▲ **Abbildung 10.31**
Aufbau des Hintergrunds

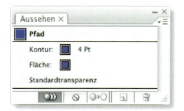

▲ **Abbildung 10.32**
Aussehen-Eigenschaften der
Trauben

▲ **Abbildung 10.33**
Aufbau der Trauben

▲ **Abbildung 10.34**
Die ursprüngliche Fläche (gelb)
und die in eine Fläche umgewandelte Kontur (grün)

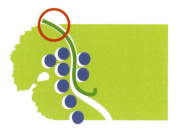

▲ **Abbildung 10.35**
An der rot umrandeten Stelle
muss geprüft werden, ob der
weiße Pfad lang genug ist.

3   Hintergrund: Vereinigen

Das Hintergrundobjekt des Logos besteht aus einem teilweise
abgedeckten Rechteck, dessen linke Kante durch das Weinblatt-
Objekt gebildet wird (siehe Abbildung 10.31).

Zunächst müssen Sie die beiden abdeckenden Objekte vom
Rechteck abziehen, anschließend das Weinblatt hinzufügen.

4   Trauben: Pfade in Flächen umwandeln

Bei den Trauben wurde offensichtlich experimentiert. Die Ovale
sind mit Hilfe stärkerer Konturen vergrößert, statt die Ovale mit
dem Skalieren-Werkzeug umzuformen (siehe Abbildung 10.32
und 10.33).

Die Konturen müssen nun in Flächen umgewandelt werden.
Aktivieren Sie die Trauben, und wählen Sie OBJEKT • PFAD • KON-
TURLINIE.

5   Trauben: eine einzige Fläche erstellen

Nach dem Umwandeln der Konturen in Flächen besteht jede
Traube aus zwei Flächen: der ursprünglichen Füllung und der in
eine Fläche umgewandelten Kontur. Die beiden müssen zu einer
Fläche vereinigt werden (siehe Abbildung 10.34).

Aktivieren Sie alle Flächen, die zu den Trauben gehören. Rufen
Sie die Pathfinder-Palette auf, halten Sie ⌥/Alt gedrückt und
klicken auf den Formmodus-Button ZUM FORMBEREICH HINZUFÜ-
GEN 🔲. Durch das gleichzeitige Drücken der ⌥/Alt-Taste
werden keine virtuellen, sondern sofort real umgewandelte
Objekte erstellt.

Um einfacher weiterarbeiten zu können, blenden Sie die Trauben jetzt aus. Dazu aktivieren Sie die Trauben und wählen OBJEKT
• AUSBLENDEN • AUSWAHL – Shortcut ⌘/Strg+3.

6   Linien: Pfade erweitern

Auch der grüne Zweig und die weiße Linie dahinter sind nur
Pfade mit stärkerer Kontur. Sie müssen ebenfalls in Flächen konvertiert werden.

Die weiße Linie soll später den hellgrünen Hintergrund durch-
trennen (siehe Abbildung 10.35). Prüfen Sie deshalb, ob sie lang
genug ist, um diese Aufgabe erfüllen zu können. Blenden Sie
dazu die dunkelgrüne Linie vorübergehend aus, indem Sie sie
aktivieren und die Tastenkombination ⌘/Strg+3 drücken.

Falls die weiße Linie nicht lang genug ist, sollte sie verlängert
werden, bevor Sie die Kontur in eine Fläche umwandeln. Blenden Sie Trauben und dunkelgrüne Linie ein. Danach aktivieren Sie
die Linien und wählen OBJEKT • PFAD • KONTURLINIE.

Blenden Sie die Trauben und die jetzt dunkelgrüne Fläche wieder aus: Aktivieren und Shortcut ⌘/Strg+3.

7 Weiße Flächen hinter den Trauben vereinigen

Nachdem alle Pfade in Flächen konvertiert wurden, können Sie zunächst das Hinzufügen der Flächen und später das »Stanzen« durchführen.

Weiße Flächen, die sich überschneiden, werden jetzt zu einer Fläche vereinigt (siehe Abbildung 10.36). Wählen Sie die weißen Flächen aus, halten Sie ⌥/Alt gedrückt und klicken in der Pathfinder-Palette auf den Formmodus-Button ZUM FORMBEREICH HINZUFÜGEN 🔲.

▲ **Abbildung 10.36**
Die weißen Flächen sind vereinigt, der blaue Rand dient der Verdeutlichung.

8 Weiße Fläche W stanzen

Die weiße Kontur entlang des W erzeugen Sie am einfachsten, indem Sie zuerst das weiße W zusammen mit den anderen weißen Bereichen aus dem Hintergrund stanzen und danach das grüne W zu dem aus der vorigen Operation entstandenen Hintergrund hinzufügen.

Um diese Aktion durchzuführen, aktivieren Sie die weißen Bereiche, und vereinigen Sie sie mit Hilfe der Pathfinder-Palette (siehe Abbildung 10.37). Anschließend aktivieren Sie *zusätzlich* den grünen Bereich und stanzen die weißen Formen aus dem grünen Untergrund, indem Sie in der Pathfinder-Palette den Formmodus-Button VOM FORMBEREICH SUBTRAHIEREN 🔲 mit gedrückter ⌥/Alt-Taste betätigen.

Der nicht benötigte rechte Teil des W wird beim Umwandeln der zusammengesetzten Form gelöscht (siehe Abbildung 10.38).

▲ **Abbildung 10.37**
Vereinigen der weißen Flächen mit dem W

▲ **Abbildung 10.38**
Nicht benötigte Pfadsegmente wurden beim »Stanzen« gelöscht.

9 Grüne Flächen und W vereinigen

Zuletzt fügen Sie das W der grünen Fläche hinzu. Wählen Sie dazu die grünen Bereiche aus, halten ⌥/Alt und klicken in der Pathfinder-Palette auf den Formmodus-Button ZUM FORMBEREICH HINZUFÜGEN 🔲 (siehe Abbildung 10.39).

Die ausgeblendeten Objekte können Sie jetzt mit dem Befehl OBJEKT • ALLES EINBLENDEN wieder anzeigen lassen.

▲ **Abbildung 10.39**
Der grüne Hintergrund zusammen mit dem W ist eine Fläche.

10 »In einem Rutsch«-Alternative

In vielen ähnlichen Problemstellungen kommen Sie mit VERDECKTE FLÄCHE ENTFERNEN schnell zum Ziel: Dafür ist es zunächst nötig, alle Konturen und Text-Objekte in Flächen umzuwandeln. Anschließend wenden Sie die Pathfinder-Funktion VERDECKTE FLÄCHE ENTFERNEN 🔲 an. Danach überprüfen Sie das Ergebnis und löschen überflüssige Objekte, die z. B. entstehen, wenn wie in diesem Fall mit weißen Objekten abgedeckt wurde. ■

▲ **Abbildung 10.40**
Ergebnis der Umwandlung mit VERDECKTE FLÄCHE ENTFERNEN. Hier grau dargestellte Formen werden als weiße Flächen generiert und müssen manuell gelöscht werden.

▲ Abbildung 10.41
T-Shirt mit Folienbedruckung: Bei
starker Beanspruchung sind feine
Konturen besonders gefährdet.

▲ Abbildung 10.42
Ob die kleinsten Elemente die
Mindestgröße einhalten, prüfen
Sie mit einem Kreis, der einen
Durchmesser in der Mindestgröße
besitzt.

▲ Abbildung 10.43
Beim Fräsen wird meist ein Werkzeug in der gewünschten Stärke
eingesetzt. In diesem Fall müssen
Konturen nicht in Flächen umgewandelt werden.

Checkliste: Datei für Folienplot

Absprachen | Sprechen Sie mit dem Dienstleister die Dateianforde-
rungen ab, z. B. die Linienstärke, die Definition von Farben, den Maßstab oder das Dateiformat. Suchen Sie einen frühzeitigen Kontakt, und
planen Sie ausreichend Zeit für Tests ein, vor allem, wenn Sie in einer
Konstellation zum ersten Mal arbeiten.

Farben | Erfragen Sie, wie Farben definiert werden sollen, und legen
Sie Farbfelder entsprechend an. Arbeiten Sie mit globalen Farbfeldern.

Details | In der Regel ist eine Mindestgröße bzw. Mindestlinienstärke
definiert – entweder bedingt durch das Schneiden der Folie oder aufgrund der Weiterverarbeitung und Haltbarkeit (siehe Abbildung 10.41).
Achten Sie beim Anlegen der kleinsten Elemente auf den Maßstab.

Konturen | Wandeln Sie alle Konturen in Flächen um. Speichern Sie
jedoch immer eine Version Ihrer Datei mit den originalen, nicht umgewandelten Objekten.

Schriften | Erfragen Sie die Mindestgröße für Schriften – berücksichti-
gen Sie besonders Serifenschriften und hier vor allem die Linienstärke
der Serifen. Wandeln Sie alle Schriften in Flächen um.

Kombinationen | Wandeln Sie alle zusammengesetzten Formen um.
Kombinieren Sie übereinanderliegende gleichfarbige Objekte zu einer
Form, z. B. mit der Pathfinder-Funktion VERDECKTE FLÄCHE ENTFERNEN.

Benachbarte Farbflächen | Erfragen Sie, ob Sie benachbarte oder über-
einanderliegende verschiedenfarbige Formen aussparend oder überdruckend anlegen müssen. Falls ausgespart werden soll, sprechen Sie das
Anlegen der Überfüllung ab.

Zahl der Ankerpunkte | Reduzieren Sie die Anzahl der Ankerpunkte,
um die Komplexität Ihrer Grafik zu verringern und damit auch die Verarbeitungszeit zu senken.

Hilfslinien | Löschen Sie alle Hilfslinien, da diese von der Plottersoft-
ware ebenfalls als Schneidelinien interpretiert werden könnten.

Dateiformate | Speichern Sie die Datei im abgesprochenen Dateifor-
mat. Ihre Datei wird in den meisten Fällen nicht mit Illustrator weiterverarbeitet. Falls Ihr Dienstleister Ihnen kein Austauschformat nennen
kann, probieren Sie alte EPS- oder Illustrator-Formate.
Generieren Sie die Austauschformate nur zusätzlich zu Ihrer nativen
Illustrator-Datei.

Fräsen | Für das Fräsen gelten andere Voraussetzungen. Sprechen Sie
diese ebenfalls mit Ihrem Dienstleister ab.

10.4 Formen und Objekte »überblenden«

Da Pfade in Illustrator auf geometrischen Algorithmen basieren, ist es möglich, dass das Programm interpolierte Formen zwischen zwei geometrischen Figuren berechnet. In Illustrator wird diese Funktion ANGLEICHEN genannt. Angleichungen setzt man häufig in Illustrationen ein zur Erzeugung unregelmäßiger Verläufe oder für einfache Guillochen – die von Wertpapieren oder Urkunden bekannten Linienmuster.

▲ **Abbildung 10.44**
Die Angleichung ist eine beliebte Methode, um Spezialverläufe zu erzeugen.

Zwischen Pfaden interpolieren – Angleichung erstellen 🔲
Sie können Angleichungen zwischen zwei und mehreren Objekten auf zwei verschiedenen Wegen erstellen.

Interpolieren mit Tastatur- oder Menübefehl | Aktivieren Sie die Objekte, zwischen denen Sie interpolieren möchten, und wählen OBJEKT • ANGLEICHEN • ERSTELLEN – Shortcut ⌘+⌥+B bzw. Strg+Alt+B. Die Berechnung der Zwischenstufen in einem Stapel mehrerer aktivierter Objekte erfolgt immer von unten nach oben, zwischen zwei übereinander liegenden Objekten. Es entsteht eine »Angleichungsgruppe«, in welche die Quellobjekte mit eingebettet sind.

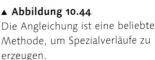
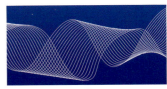

▲ **Abbildung 10.45**
Einfache Guillochen (oben). Um komplexere Formen (unten) zu erstellen, benötigen Sie Spezial-Software.

Möchten Sie bestimmte Punkte als Referenzpunkte verwenden, wählen Sie das Direktauswahl-Werkzeug und aktivieren damit einzelne Punkte auf dem Start- und dem Endobjekt. Achten Sie darauf, auf beiden jeweils eine identische Anzahl Punkte auszuwählen (diese Vorgehensweise ist nicht möglich, wenn Sie gruppierte Objekte angleichen).

Interpolieren mit dem Angleichen-Werkzeug | Wählen Sie das Angleichen-Werkzeug 🔲 aus der Werkzeugpalette – Shortcut W –, und klicken Sie der Reihe nach auf die Objekte, zwischen denen Sie die Interpolationen erstellen möchten, dabei ist die hierarchische Stapelreihenfolge der Objekte ohne Belang. Die Objekte müssen nicht aktiviert sein.

Wenn Sie einzelne Ankerpunkte der Objekte anklicken, werden diese Punkte als Referenzpunkte für die Überblendung verwendet (siehe Abbildung 10.46). Als optische Hilfe wechselt das Zeigersymbol in 🔲, sobald das Programm einen Punkt unter dem Cursor erkennt.

Nachdem Ihre Angleichungsgruppe vollständig ist, klicken Sie erneut auf das Angleichen-Werkzeug in der Werkzeugpalette, um die Aktion zu beenden. Alternativ drücken Sie ⌥/Alt, wenn Sie das letzte Objekt anklicken, um das Angleichen abzuschlie-

▲ **Abbildung 10.46**
Normale Angleichung (oben), Angleichung zwischen den blau markierten Punkten (unten)

▲ **Abbildung 10.47**
Gerade Angleichungsachse direkt nach dem Erstellen der Überblendung (oben), bearbeitete Angleichungsachse (unten)

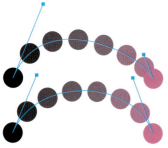

▲ **Abbildung 10.48**
Die Länge der Grifflinien der Angleichungsachse bestimmt die Verteilung der interpolierten Objekte

▲ **Abbildung 10.49**
Überblendung zwischen Instanzen unterschiedlicher Symbole

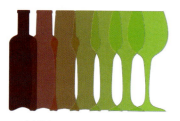

▲ **Abbildung 10.50**
Transparenz innerhalb der Angleichungsgruppe

ßen. Daraufhin wird die Dialogbox ANGLEICHUNG-OPTIONEN geöffnet.

Das Interpolationsergebnis bearbeiten | Beim Angleichen wird aus den interpolierten Objekten eine Angleichungsgruppe gebildet, die Sie mit dem Auswahl-Werkzeug als Ganzes aktivieren und mit Transformations-Werkzeugen bearbeiten können.

Um die Quellobjekte, zwischen denen Sie die Angleichung erstellt haben, zu aktivieren und zu bearbeiten, verwenden Sie das Direktauswahl-Werkzeug (Auswahl-Werkzeuge siehe Kapitel 6) oder bearbeiten Sie die Angleichung im Isolationsmodus.

Die Angleichungsachse bearbeiten | Illustrator erstellt einen Pfad als Achse, auf dem die Zwischenstufen angeordnet werden. Sobald die Angleichungsgruppe aktiviert ist, wird diese Achse in der Vorschau eingeblendet; in der Pfadansicht ist sie immer sichtbar.

Nach der Berechnung der Zwischenstufen ist die Achse eine gerade Linie, die jedoch wie jeder selbst erzeugte Pfad bearbeitet werden kann, um so die Anordnung der interpolierten Objekte zu verändern (Pfade bearbeiten siehe Kapitel 6).

Weitere Hinweise finden Sie unter »Angleichung-Optionen« in diesem Kapitel weiter unten.

Farben, Transparenzen, Effekte und Symbole angleichen
Verschiedene Eigenschaften der überblendeten Pfade werden beim Erzeugen der Zwischenstufen unterschiedlich behandelt.

Farben überblenden | Die Berechnung der Zwischenstufen einer Angleichung farbiger Objekte erfolgen in fast allen Fällen als Prozessfarben in CMYK (Farbe siehe Kapitel 8). So funktionieren die verschiedenen Farbraum-Angleichungen:

▶ Zwischen einer Volltonfarbe (z. B. Pantone, HKS) und einer Prozessfarbe: Die Zwischenstufen werden als Prozessfarbe berechnet. Die Quellobjekte behalten ihren Farbraum bei.
▶ Zwischen einer Volltonfarbe und einer anderen Volltonfarbe: Die Zwischenstufen werden als Prozessfarben berechnet, die Quell-Objekte behalten ihre originäre Volltonfarbe.
▶ Zwischen verschiedenen Tonwerten einer Volltonfarbe: Die Zwischenstufen werden in den dazwischenliegenden Tonwerten berechnet.

Transparenzen überblenden | Grundlage für die Berechnung einer Transparenz sind die Parameter DECKKRAFT und FÜLLMETHODE (Transparenz siehe Kapitel 12).

Angleichungen können zwar zwischen unterschiedlichen Deck-kraft-Einstellungen, nicht aber zwischen differierenden Füllme-thoden zweier Objekte erzeugt werden.

Sind den Quellobjekten unterschiedliche Füllmethoden zuge-ordnet, weisen alle interpolierten Objekte die Füllmethode des in der Stapelreihenfolge oberen Objekts auf. Das untere Objekt behält seine ursprüngliche Füllmethode bei.

Die Wirkung der Transparenz auf die Überblendobjekte inner-halb der Angleichungsgruppe wird nur berechnet, wenn Sie in der Transparenz-Palette die Option AUSSPARUNGSGRUPPE deakti-vieren (Aussparungsgruppen siehe Kapitel 12).

Effekte überblenden | Die Angleichung verschiedener Effekte zwischen zwei Objekten ist nicht immer möglich.

Relativ problemlos erfolgt die Erzeugung von Zwischenschrit-ten bei Objekten mit gleichen Effekten in unterschiedlichen Ein-stellungen, wie z. B. der Stärke.

Symbole überblenden | Illustrator kann auch zwischen Instanzen, also Abrissen, *verschiedener* Symbole überblenden (siehe Abbil-dung 10.49).

Angleichung-Optionen

Die Optionen der Angleichung bestimmen, wie viele Zwischen-schritte erzeugt und wie diese auf der Angleichungsachse ausge-richtet werden.

Rufen Sie die Angleichung-Optionen auf, indem Sie die Anglei-chungsgruppe aktivieren und im Menü OBJEKT • ANGLEICHEN • ANGLEICHUNG-OPTIONEN… auswählen oder doppelklicken Sie das Angleichen-Werkzeug in der Werkzeugpalette.

- ▶ ABSTAND: In diesem Ausklappmenü legen Sie fest, auf welche Weise Illustrator die Angleichung abstuft:
  - ▶ FARBE GLÄTTEN: Mit dieser Option erzeugt Illustrator die *rechnerisch* optimale Anzahl an Zwischenschritten für eine Überblendung ohne wahrnehmbare Zwischenstufen. Die Option ist vor allem für Angleichungen verschiedenfarbiger Objekte sinnvoll. Farbe glätten kann nur auf Pfade und

▲ **Abbildung 10.51**
Illustrator kann keine korrekte Angleichung zwischen gedrehten Objekten erzeugen (oben). Ver-wenden Sie stattdessen den Effekt TRANSFORMIEREN und erstellen die Angleichung (unten).

▲ **Abbildung 10.52**
Effekte und Füllungen werden so-weit möglich überblendet.

◀ **Abbildung 10.53**
Dialogbox ANGLEICHUNG-OPTIONEN

▲ **Abbildung 10.54**
Die Option FARBE GLÄTTEN mit einem zusammengesetzten Pfad (oben) und einer Gruppe (unten)

▲ Abbildung 10.55
Von oben: Quellobjekte,
Angleichung in neun Schritten,
ACHSE UMKEHREN, FARBRICHTUNG
UMKEHREN

▲ Abbildung 10.56
Achse ersetzt

▲ Abbildung 10.57
Erst nach dem Umwandeln haben
Sie Zugriff auf die Zwischenstufen.

zusammengesetzte Pfade oder Formen angewendet werden. Werden Gruppen angeglichen, erfolgt dies immer in Stufen. Ist die Distanz zwischen den Objekten gering, erzeugt die Methode zu viele Objekte, was Probleme in der Weiterverarbeitung verursachen kann. Bei sehr großen Distanzen kann die Anzahl der Objekte zu gering sein.

▶ FESTGELEGTE STUFEN: Damit können Sie selbst festlegen, wie viele Zwischenschritte Sie benötigen. Illustrator berechnet danach deren Abstände.

▶ FESTGELEGTER ABSTAND: Hier geben Sie einen festen räumlichen Abstand zwischen den zu interpolierenden Objekten vor. Illustrator errechnet dazu die Anzahl der Stufen.

▶ AUSRICHTUNG: Mit diesen Funktionsbuttons bestimmen Sie, ob die Objekte der Angleichungsgruppe senkrecht zur Seite ⎢ꟲꟲꟲ⎢ oder senkrecht zur Angleichungsachse ⎢ꟲꟲꟲ⎢ ausgerichtet werden.

Fertige Angleichungsgruppen verändern

Die beim Angleichen entstandenen »Angleichungsgruppen« aus interpolierten Objekten können nachträglich mit verschiedenen Menübefehlen verändert werden.

Aktivieren Sie die Angleichungsgruppe, und wählen Sie den gewünschten Befehl aus dem Menü OBJEKT • ANGLEICHEN:

▶ ACHSE UMKEHREN: Diese Funktion kehrt die Reihenfolge der Objekte entlang der Angleichungsachse um. Der Pfad selbst wird nicht verändert (siehe Abbildung 10.55).

▶ FARBRICHTUNG UMKEHREN: Mit diesem Befehl kehren Sie die Stapelreihenfolge in der ANGLEICHUNGSGRUPPE um (siehe Abbildung 10.55).

▶ ACHSE ERSETZEN: Sie können den ANGLEICHUNGSPFAD durch einen anderen offenen oder geschlossenen Pfad ersetzen (siehe Abbildung 10.56). Aktivieren Sie die Angleichungsgruppe und den gewünschten Pfad, und wählen Sie OBJEKT • ANGLEICHUNG • ACHSE ERSETZEN.

▶ UMWANDELN: In der Angleichungsgruppe haben Sie mit dem Direktauswahl-Werkzeug nur Zugriff auf die Quellobjekte. Wenn Sie die interpolierten Objekte außerhalb der Angleichungsgruppe verwenden oder bearbeiten möchten, müssen Sie die ganze Gruppe in einzelne Objekte umrechnen lassen. Aktivieren Sie die Angleichungsgruppe, und wählen Sie OBJEKT • ANGLEICHEN • UMWANDELN (siehe Abbildung 10.57).

▶ ZURÜCKWANDELN: Um die Angleichung aufzulösen, aktivieren Sie die Angleichungsgruppe und wählen OBJEKT • ANGLEICHEN • ZURÜCKWANDELN. Der Angleichungspfad wird dabei als separates Objekt erzeugt.

Schritt für Schritt: Mit Überblendungen illustrieren

1 Vorlage nachzeichnen

Als Vorlage für wissenschaftliche Illustrationen verwenden Sie normalerweise die Zeichnungen, die Ihnen die Fachleute zur Verfügung stellen. Platzieren Sie die Grafik als Vorlage in Ihre Datei, oder öffnen Sie die Vorlage Rinne.ai für diese Übung von der DVD (Vorlagenebenen siehe Kapitel 11).

Zeichnen Sie zunächst die Grundformen der Grafik mit den Zeichen-Werkzeugen oder dem Buntstift. Für die Überblendung benötigen Sie in den meisten Fällen nicht nur Anfangs- und Endstufe, sondern diverse Zwischenschritte.

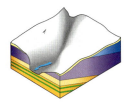

▲ **Abbildung 10.58**
Die fertige Grafik

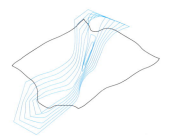 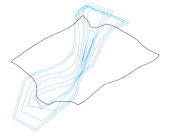

◄ **Abbildung 10.59**
Links: Die Abstufungen sind regelmäßig, wenn keine Zwischenschritte vorgegeben werden. Rechts: Zwischenschritte ermöglichen eine exaktere Darstellung.

Dafür gibt es zwei Gründe: Zum einen haben Sie mit Zwischenschritten die Möglichkeit, einen detailgenauen Verlauf zu erzeugen, zum anderen können Sie die Zwischenfarben besser steuern. In diesem Fall geht es nur um die detailgetreue Darstellung. In der Grafik arbeiten wir mit zwei Angleichungsgruppen: Eine bildet die große Rinne, die andere eine zusätzliche kleine Vertiefung im oberen Bereich der Grafik.

Wir werden die Formen mit Hilfe der schwarz umrandet dargestellten Fläche beschneiden, deshalb dürfen die Formen deren Ränder überlappen (Schnittmasken im Detail siehe Kapitel 11).

2 Farbfelder anlegen und Grundformen einfärben

Die Farbfelder finden Sie in der Farbgruppe Graustufen. Versehen Sie die Flächen, die zur großen Rinne gehören, mit Grautönen von 5 % für die äußere Fläche bis 50 % für die innere.

Die Flächen, welche die kleine Vertiefung bilden, füllen Sie außen mit 50 % und die innen liegende Form mit 60 % Grau. Diese zweite Angleichungsgruppe muss eine Fläche in der unter ihr liegenden Farbe erhalten, um einen nahtlosen Übergang zu erzeugen (Arbeit mit Farbfeldern siehe Kapitel 8).

3 Überblenden

Wählen Sie das Angleichen-Werkzeug – Shortcut W –, und erstellen Sie zunächst die Angleichungsgruppe der Rinne.

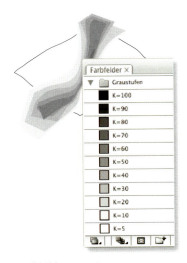

▲ **Abbildung 10.60**
Farbfelder für die Angleichung

Abbildung 10.61 ►
Anwendung des Angleichen-Werkzeugs

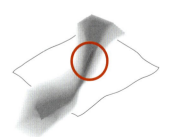

▲ **Abbildung 10.62**
Überblendung der Rinne. Die zusätzliche Vertiefung ist gekennzeichnet.

Dazu bewegen Sie das Werkzeug über das erste Objekt, bis der Cursor das Symbol ⁿ□ₓ zeigt. Es ist unwesentlich, ob Sie mit dem innersten oder dem äußersten Objekt beginnen. Klicken Sie auf das Objekt, und bewegen Sie den Cursor danach über das nächste Objekt – der Cursor ändert sich in ⁿ□₊. Klicken Sie auf das Objekt und verfahren so mit den weiteren Objekten, die zur Gruppe gehören sollen. Beenden Sie den Vorgang, indem Sie auf das Angleichen-Werkzeug in der Werkzeugpalette klicken.

Erstellen Sie anschließend auf die gleiche Weise die Überblendung der Vertiefung in der Rinne.

4   Erstellen der Schnittmaske

Holen Sie die aktivierte Begrenzungsform der Oberseite des Landschaftsquerschnitts mit der Menüfunktion OBJEKT • ANORDNEN • IN DEN VORDERGRUND nach vorne. Selektieren Sie zusätzlich die Angleichungsgruppe der Rinne und geben den Menübefehl OBJEKT • SCHNITTMASKE • ERSTELLEN oder verwenden den Shortcut ⌘/Strg+7. Das Maskenobjekt bildet mit der beschnittenen Angleichungsgruppe den Schnittsatz.

▲ **Abbildung 10.63**
»Angleichungsgruppe« mit Schnittmaske

Die bei dieser Operation verloren gegangenen Aussehen-Eigenschaften des Maskenobjekts ordnen Sie wieder zu, indem Sie es mit dem Direktauswahl-Werkzeug auswählen und erneut eine schwarze Kontur mit abgeflachten Linienecken sowie eine Füllung von 5 % Grau einstellen.

Danach machen Sie die zweite Angleichungsgruppe – die Vertiefung – wieder sichtbar. Dazu wenden Sie auf das eben maskierte Objekt die Menüfunktion OBJEKT • ANORDNEN • IN DEN HINTERGRUND an.

5   Vervollständigen der Grafik

Die übrigen Flächen haben jeweils gerade Außenbegrenzungen. Sie benötigen also nicht zwingend eine Schnittmaske, um eine saubere Kante zu erzeugen. Verwenden Sie besser eine Hilfslinie, um die Punkte am Rand zu setzen (Hilfslinien siehe Kapitel 4).

Sollte die Kante trotz allem nicht ganz gerade wirken, besteht die Möglichkeit, die gesamte Grafik mit einer stärkeren schwarzen Linie zu umranden, die das Objekt zusätzlich auch besser vom Hintergrund abhebt.

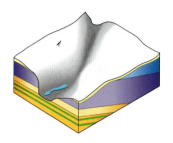

▲ **Abbildung 10.64**
Die fertiggestellte Grafik

Füllen Sie die Flächen jeweils mit Verläufen über mehrere Farben. Sollen die Flächen nicht nur Farben, sondern auch Struktur haben, können Sie das ebenfalls mit Überblendungen realisieren.

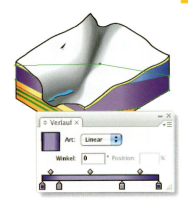

▲ Abbildung 10.65
Verlauf in der Schichtung

10.5 »Malen« mit Vektoren

Malen mit Vektoren klingt zunächst wie etwas, das sich gegenseitig ausschließt, denn mathematische oder geometrische Funktionen sind ja nicht gerade für die intuitive Arbeit angelegt.

Während jedes Kind in einem Malbuch schwarze Linien und Ränder als Grenze für die Farbe erkennt, ist das für Vektor-Software nicht so ganz einfach. Solche Programme können eigentlich nur eine Form beschreiben und wenn nötig mit einer Füllung versehen. Für zwei direkt aneinander grenzende Farbflächen werden daher auch zwei Formen benötigt.

Die Programmierer von Illustrator haben sich mit gutem Erfolg bemüht, dem Programm den artfremden Umgang mit Linien und Farben beizubringen. Diese Funktion heißt in der englischsprachigen Version LIVE PAINT, in der deutschen INTERAKTIV MALEN.

▲ Abbildung 10.66
Die Interaktiv-malen-Werkzeuge haben neue Symbole (rechts) erhalten.

◄ Abbildung 10.67
Anwendungsbeispiel INTERAKTIV MALEN

Interaktiv malen – Live Paint

Mit der Funktion INTERAKTIV MALEN ist Illustrator in der Lage, alle Bereiche einer Zeichnung zu füllen, die von PFADEN begrenzt werden, auch wenn diese Linien zu verschiedenen Objekten gehören oder kleine Lücken aufweisen.

INTERAKTIV MALEN können Sie überall dort einsetzen, wo Sie Objekte mit Freihand-Werkzeugen oder mit LIVE TRACE bzw. INTERAKTIV ABPAUSEN erstellen (LIVE TRACE/INTERAKTIV ABPAUSEN siehe Kapitel 18).

Alle Elemente, die zu dem Teil einer Zeichnung gehören, den Sie kolorieren wollen, fassen Sie zu einem Live-Paint-Objekt, bzw. deutsch zu einer interaktiven Malgruppe zusammen. Inner-

▲ Abbildung 10.68
Wie rechts dargestellt, musste das Zelt in einer Vektor-Software bisher aus Flächen konstruiert sein, damit es koloriert werden konnte. Änderungen am Verlauf der Begrenzungslinien wären bei einer solchen Konstruktion natürlich schwierig.

halb solcher Gruppen ermittelt Illustrator die Bereiche, die es als füllbare Flächen behandeln kann. Dabei erkennt das Programm auch kleine Lücken in den Begrenzungslinien, die es zu diesem Zweck virtuell schließt.

Die füllbaren Flächen in Malgruppen werden **Teilflächen** genannt, die sich überschneidenden Pfade heißen **Kanten**.

Lücken erkennen und bearbeiten | Aktivieren Sie zunächst im Menü die Option ANSICHT • INTERAKTIVE MALLÜCKEN EINBLENDEN, damit Ihnen die erkannten Lücken angezeigt werden – die Option ist aktiv, wenn im Menü ANSICHT • INTERAKTIVE MALLÜCKEN AUSBLENDEN angezeigt wird!

Rufen Sie danach die Dialogbox LÜCKENOPTIONEN auf unter OBJEKT • INTERAKTIV MALEN • LÜCKENOPTIONEN… oder mit Hilfe des Buttons LÜCKENOPTIONEN ▦ in der Steuerungspalette.

Abbildung 10.69 ▶
Dialogbox LÜCKENOPTIONEN

▶ LÜCKENSUCHE: Mit dem Kontrollkästchen LÜCKENSUCHE links oben können Sie die automatische Lückenerkennung starten.
▶ VORSCHAU: Aktivieren Sie die Option VORSCHAU, um die Auswirkung Ihrer Einstellungen in Ihrer Grafik zu sehen.
▶ PINSEL STOPPT BEI/BENUTZERDEFINIERT: Hier stellen Sie ein, ab welcher Breite Illustrator Lücken erkennen soll. Probieren Sie verschiedene Vorgaben aus und sehen sich deren Auswirkung in der VORSCHAU an. Einstellmöglichkeiten sind im Ausklappmenü KLEINE, MITTLERE oder GROSSE LÜCKEN oder alternativ im Eingabefeld BENUTZERDEFINIERT für frei einzugebende numerische Maße.
Die Lücken werden auf der kürzesten geraden Strecke überbrückt.

▲ **Abbildung 10.70**
Die Zeichnung oben enthält keinen einzigen geschlossenen Pfad, trotzdem kann sie in Illustrator mit der Live-Paint-Funktion (INTERAKTIV MALEN) koloriert werden.

▶ FARBE FÜR LÜCKENVORSCHAU: Sie können in dem Ausklappmenü die Farbe der Lückensignalisierung so anpassen, dass sie in Ihrer Grafik gut erkennbar ist.
▶ LÜCKEN MIT PFADEN SCHLIESSEN: Wenn Sie die angezeigten Lücken endgültig schließen wollen, erzeugen Sie entspre-

chende Pfade mit dem Button LÜCKEN MIT PFADEN SCHLIESSEN.
Achtung! Sie verlieren danach allerdings die automatische
Erkennung und müssen alle Lücken manuell bearbeiten.

Malgruppe erstellen

Um eine Zeichnung mit der Interaktiv-malen-Funktion zu kolorieren, gehen Sie wie folgt vor:

1. Aktivieren Sie alle Pfade, die zu dem zu bearbeitenden Teil
   Ihrer Grafik gehören.
2. Erzeugen Sie eine interaktive Malgruppe, indem Sie aus dem
   Menü OBJEKT • INTERAKTIV MALEN • ERSTELLEN auswählen oder
   nehmen Sie das Interaktiv-malen-Werkzeug aus der Werkzeugpalette – Shortcut ⎡K⎤ –, und klicken Sie irgendwo im
   Bereich der aktivierten Objekte.
3. Bestimmen Sie, ab welchem Abstand Lücken geschlossen werden sollen. Rufen Sie dazu unter OBJEKT • INTERAKTIV MALEN •
   LÜCKENOPTIONEN… die Dialogbox auf und setzen die nötigen
   Einstellungen.
4. Falls nötig, ergänzen Sie Pfade, um größere Lücken von Hand
   zu schließen. Dazu haben Sie zwei Möglichkeiten.
   a. Doppelklicken Sie auf die interaktive Malgruppe und fügen
      Pfade im Isolierte-Gruppe-Modus hinzu.
   b. Zeichnen Sie die gewünschten Pfade, wählen Sie die Mal-
      gruppe und die neuen Pfade aus und rufen OBJEKT • INTER-
      AKTIV MALEN • ZUSAMMENFÜGEN auf. Die Eigenschaften der
      Pfade wie Füllung oder Konturstärke bleiben erhalten.

▲ **Abbildung 10.71**
Der eingeblendete Hilfetext zeigt
an, dass Sie mit einem Klick eine
MALGRUPPE erzeugen können.

Malgruppe bearbeiten

Eine interaktive Malgruppe können Sie mit Farbe versehen. Es
lassen sich Pfade hinzufügen oder entfernen, die Malgruppe lässt
sich umwandeln und zurückwandeln.

Kanten und Teilflächen einfärben | Die Kanten und Teilflächen
können Sie mit Farben, Verläufen und Mustern versehen. Es ist
nicht möglich, Pinsel, Transparenz, Effekte oder Verzerrungshüllen direkt auf Kanten oder Teilflächen anzuwenden.

1. Nehmen Sie das Interaktiv-malen-Werkzeug und wählen
   eine Farbe in der Farbe-, der Farbfelder- oder Bibliotheks-
   Palette. Das Werkzeug zeigt die gewählte Farbe und – falls Sie
   ein Farbfeld gewählt haben – auch die beiden benachbarten
   Farben als Symbole an. Mit den Tasten ⎡←⎤ bzw. ⎡→⎤ wählen
   Sie die benachbarten Farbfelder aus.
2. Bewegen Sie den Cursor über die Malgruppe. Das Werk-
   zeugsymbol zeigt einen gefüllten Eimer ♦, wenn Sie eine Flä-

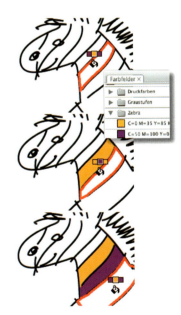

▲ **Abbildung 10.72**
Richten Sie sich eine Farbgruppe
der geplanten Farben ein, dann
können Sie mit Hilfe der Pfeiltasten sehr schnell zwischen den
Farben wechseln, ohne das Werkzeug absetzen zu müssen.

▲ **Abbildung 10.73**
Es ist möglich, alle Kanten einer
Malgruppe mit derselben Pinsel-
kontur zu versehen. Dazu legen
Sie mit Hilfe der Aussehen-Palette
eine neue Kontur für die Mal-
gruppe an und weisen dieser den
Pinsel zu (Aussehen s. Kapitel 11).

▲ **Abbildung 10.74**
Auswahl gleichfarbiger Flächen
oder Konturen mit Doppelklick
und Dreifachklick.

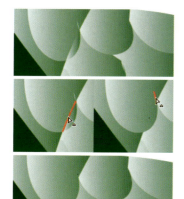

▲ **Abbildung 10.75**
Unsaubere Kanten werden aktiviert und gelöscht. Angrenzende
Teilflächen werden dabei vereinigt
und erhalten die Eigenschaften
der vormals größeren Fläche.

che füllen können, und ein Kreuz 🐾 signalisiert nicht füllbare
Bereiche.

Drücken Sie ⇧, um Konturen zu gestalten. Auch hier signalisiert der Cursor mit einem Kreuz 🖌, wenn Sie das Werkzeug
nicht anwenden können.

3. Klicken Sie mit dem Werkzeug in die gewünschte Fläche oder
   auf eine Kontur, um diese zu färben. Als optische Hilfe hebt
   Illustrator Flächen oder Konturen unter dem Cursor, die gefüllt
   werden können, mit einem dicken roten Rand hervor.

Sie haben folgende Optionen:

▸ Ziehen Sie das Interaktiv-malen-Werkzeug über mehrere Flächen, um diese »in einem Rutsch« zu füllen.

▸ Doppelklicken Sie auf eine Fläche, um alle Flächen bis zur
  nächsten mit einer Kontur versehenen Kante zu füllen.

▸ Klicken Sie dreifach auf eine Teilfläche, um alle Teilflächen der
  Malgruppe zu füllen, die zu dem Zeitpunkt dieselbe Füllung
  aufweisen.

Teilflächen und Kanten auswählen | Möchten Sie einer Teilflä-
che einen Verlauf zuweisen, einen Verlauf editieren oder eine
Kante löschen, müssen Sie diese auswählen.

Dazu verwenden Sie das Interaktiv-malen-Auswahlwerkzeug 🖎. Dieses zeigt mit seinem Cursor an, ob eine Teilfläche ▷▲
oder eine Kante ▷△ selektierbar sind bzw. das Werkzeug nicht
anwendbar ▷ₓ ist.

Die Optionen ähneln denen des Interaktiv-malen-Werkzeugs:

▸ Mit ⇧ wählen Sie weitere Flächen oder Kanten aus.

▸ Mit einem Doppelklick auf eine Fläche oder Kontur wählen Sie
  direkt angrenzende Flächen bzw. Konturen mit derselben
  Farbe aus.

▸ Mit einem Dreifachklick aktivieren Sie alle gleichfarbigen Flächen oder Konturen der interaktiven Malgruppe.

▸ Aktivieren Sie eine Kante oder Teilfläche, und rufen Sie eine
  Eigenschaft auf unter AUSWAHL • GLEICH, um entsprechende
  Kanten oder Teilflächen zu selektieren.

Kanten verschieben und Pfade ändern | Um innerhalb der Mal-
gruppe einzelne Pfade zu ändern, wechseln Sie in den Isolationsmodus oder arbeiten mit dem Direktauswahl-Werkzeug.

Zurückwandeln | Um die in einer interaktiven Malgruppe zusam-
mengefassten Pfade in den Ursprungszustand zurückzuversetzen,
aktivieren Sie das Objekt und wählen OBJEKT • INTERAKTIV MALEN
• ZURÜCKWANDELN. Das Objekt verliert damit alle Live-Paint-
Eigenschaften, Füllungen und Konturen.

Umwandeln | Für einige Anwendungszwecke – zum Beispiel für den Austausch mit anderen Programmen – benötigen Sie statt einer Malgruppe eine »normale« Vektorumsetzung Ihrer Zeichnung mit geschlossenen Pfaden für die Flächen und mit den zusätzlichen Konturen. Das können Sie aus einer Malgruppe automatisch erzeugen lassen, indem Sie das Objekt aktivieren und den Menübefehl OBJEKT • INTERAKTIV MALEN • UMWANDELN ausführen.

Schritt für Schritt: Interaktiv malen anwenden

1 Malgruppe erstellen

Aktivieren Sie alle Pfade, die zur Malgruppe gehören sollen. Wählen Sie das Interaktiv-malen-Werkzeug aus der Werkzeugpalette, oder tippen Sie die Taste ⓀK, dann klicken Sie mit dem Werkzeug in den Bereich der Zeichnung. Sobald Sie das Werkzeug über die aktivierten Objekte bewegen, erscheint ein entsprechender Hilfetext.

Die Malgruppe können Sie auch mit dem Shortcut ⌘ + ⌥ + X bzw. Strg + Alt + X zusammenfügen.

2 Flächen testen

Bewegen Sie das Interaktiv-malen-Werkzeug über die Malgruppe, und beobachten Sie die fetten roten Ränder, welche die füllbaren Flächen kennzeichnen.

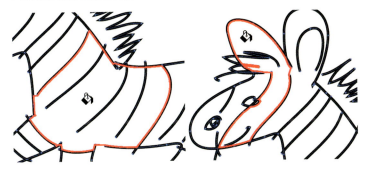

◄ **Abbildung 10.76**
Ohne entsprechende Änderung in den LÜCKENOPTIONEN werden viele Flächen zusammengefasst, die eigentlich einzeln gefüllt werden sollen.

Prüfen Sie alle Flächen, die Sie füllen wollen, ob sie von Illustrator richtig erkannt werden. Sollten noch Lücken bestehen, verwenden Sie die Dialogbox LÜCKENOPTIONEN, um die Erkennung anzupassen.

3 Lückenoptionen

Wählen Sie OBJEKT • INTERAKTIV MALEN • LÜCKENOPTIONEN…, und aktivieren Sie zunächst die VORSCHAU. Falls Sie die LÜCKEN-VORSCHAU nicht von Ihrer Zeichnung unterscheiden können, passen Sie die Signalfarbe an, indem Sie eine andere Farbe aus dem Ausklappmenü wählen.

Aktivieren Sie die Lückensuche und wählen eine Einstellung aus dem Menü. Beobachten Sie dabei die Lücken, die in Ihrer Zeichnung gekennzeichnet werden.

Abbildung 10.77 ▶
Lückensuche mit eigener Einstellung 3 mm. Vergleichen Sie die Stelle im roten Kreis mit der nächsten Abbildung.

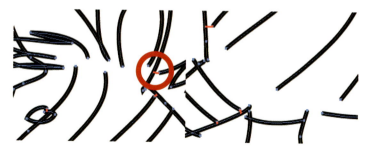

Wenn Ihnen die voreingestellten Optionen nicht ausreichen, geben Sie andere Werte in das Eingabefeld ein. Sehr hohe Werte führen unter Umständen dazu, dass kleinere Lücken nicht mehr automatisch geschlossen werden.

Abbildung 10.78 ▶
Lückensuche mit eigener Einstellung 7 mm. Beachten Sie die gerade Strecke im roten Kreis, die an dieser Stelle nicht gewünscht ist.

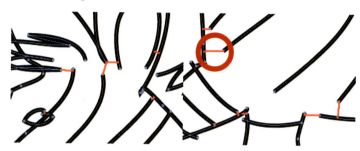

In den meisten Fällen ist es besser, kleine Lücken automatisch schließen zu lassen und die größeren manuell zu bearbeiten, da für die größeren Lücken oft eine Kurve benötigt wird. Wenn Sie passende Einstellungen gefunden haben, schließen Sie den Dialog mit OK.

Die Option LÜCKEN MIT PFADEN SCHLIESSEN ist in unserem Fall nicht sinnvoll, da es möglich ist, manuelles und automatisches Lückenschließen zusammen zu verwenden.

4 **Lücken prüfen**

Prüfen Sie die Grafik erneut, indem Sie das Interaktiv-malen-Werkzeug über die kritischen Flächen bewegen und auf die roten Signalkonturen achten.

▲ **Abbildung 10.79**
Die isolierte Gruppe wird durch den grauen Titelbalken signalisiert.

5 **Malgruppe zur manuellen Nacharbeit isolieren**

Aktivieren Sie ANSICHT • INTERAKTIVE MALLÜCKEN EINBLENDEN, um die geschlossenen Lücken bei der manuellen Nachbearbeitung im Blick zu haben.

Isolieren Sie nun die Malgruppe durch einen Doppelklick, oder indem Sie das Live-Paint-Objekt aktivieren und anschließend auf das Symbol AUSGEWÄHLTE GRUPPE ISOLIEREN ⊞ in der Steuerungspalette klicken.

Pfade, die Sie der isolierten Gruppe hinzufügen, werden in die Malgruppe aufgenommen.

6 **Große Lücken mit Pfaden schließen**

In der Malgruppe können Sie nun die großen Lücken schließen, indem Sie Pfade als Grenzlinien zeichnen. Verwenden Sie dafür den Bleistift ✏ oder den Zeichenstift ✒. Den Pinsel lässt Illustrator innerhalb einer Malgruppe nicht zu.

Die auffallendste Lücke besteht am Hinterteil des Zebras. Diese Lücke muss mit einer Kurve geschlossen werden, damit die gefüllte Fläche die Form unterstützt. Eine größere Ansicht erhalten Sie mit der Lupe 🔍.

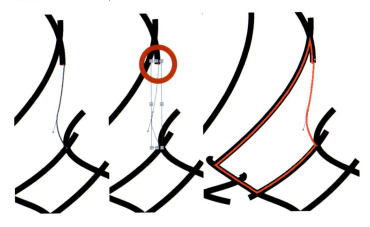

◄ **Abbildung 10.80**
Schließen der größten Lücke mit einem Pfad. Im mittleren Bildausschnitt ist zu sehen, wie der kleine Abstand zum bestehenden Punkt automatisch geschlossen wird.

Legen Sie einen Pfad an – wie abgebildet. Sie müssen beim Erstellen der Endpunkte nicht genau den vorhandenen Pfad treffen, wie es beim Konstruieren eines Objekts notwendig wäre.

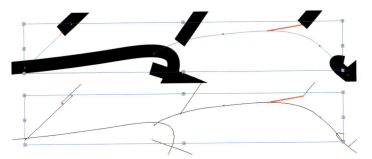

◄ **Abbildung 10.81**
In der Pfadansicht sehen Sie an diesem Beispiel, dass sich die Pfade nicht berühren müssen, um die Lücke zu schließen.

Da die »Lückenschließer«-Pfade selbst nicht sichtbar sein sollen, reicht es vollkommen aus, wenn die neuen Linien so nahe an die

▲ **Abbildung 10.82**
Das Farbfeld für Kontur ist
aktiviert.

▲ **Abbildung 10.83**
Teilflächen werden mit Hilfe des
Interaktiv-malen-Werkzeugs mit
Farbe gefüllt.

Abbildung 10.84 ▶
Wählen Sie Kanten mit dem Interaktiv-malen-Auswahlwerkzeug
aus, und ändern Sie deren Eigenschaften.

bestehenden Pfade heranreichen, dass die eingestellten Lückenoptionen greifen.

Pfade, deren Form Ihnen nicht sofort gefällt, können Sie selbstverständlich mit den Werkzeugen ANKERPUNKTE HINZUFÜGEN und
LÖSCHEN, GLÄTTEN, PUNKTE UMWANDELN etc. nachbearbeiten.

Lassen Sie den Pfad ausgewählt, und aktivieren Sie – soweit
dies nicht bereits vorher erfolgt ist – in der Werkzeugpalette die
Option OHNE KONTUR ☑.

Prüfen Sie noch einmal, ob alle Lücken geschlossen sind, bevor
Sie die Isolierte Gruppe mit einem Klick auf das Symbol ⊞ in der
Steuerungspalette beenden.

7 **Flächen füllen**

Wenn keine Lücken mehr offen sind, können Sie die Teilflächen
und Kanten Ihrer Malgruppe gestalten.

Um Teilflächen mit einer Farbfüllung zu versehen, aktivieren
Sie das Farbfeld für Fläche in der Werkzeugpalette und bestimmen eine Farbe in der Farbfelder-Palette, oder mischen Sie eine
neue Farbe in der Farbpalette.

Danach wählen Sie das Interaktiv-malen-Werkzeug 🖾 und
klicken damit in die Teilfläche, die Sie kolorieren möchten. Achten Sie dabei auf das Cursor-Symbol ♨ und auf die Signalisierung
durch die rote Umrandung der Fläche.

Möchten Sie dagegen Kanten einfärben oder Teilflächen nicht
nur mit einer einfachen Farbfüllung versehen, müssen Sie die
entsprechenden Elemente aktivieren.

Dann holen Sie sich das Interaktiv-malen-Auswahlwerkzeug aus
der Werkzeugpalette und klicken die Kante oder die Teilfläche
an, die Sie gestalten möchten.

Das Interaktiv-malen-Auswahlwerkzeug zeigt durch einen
Wechsel des Cursor-Symbols an, ob Sie eine Kante ▷ oder eine
Teilfläche ▷ aktivieren können.

Halten Sie ⬚ gedrückt, um der Auswahl eine weitere Kante
bzw. Teilfläche hinzuzufügen.

◄ **Abbildung 10.85**
Auch Teilflächen wählen Sie so aus, um sie mit komplexeren Füllungen zu versehen.

Einen Verlauf legen Sie an, indem Sie die Teilfläche selektieren und in der Verlauf-Palette die Art des Verlaufs bestimmen sowie die gewünschten Farben.

8 **Umwandeln**

Um eine Malgruppe umzuwandeln und damit Objekte zu erzeugen, die Sie auch für den Austausch mit anderen Programmen verwenden können, aktivieren Sie die betreffende Malgruppe und wählen im Menü den Befehl OBJEKT • INTERAKTIV MALEN • UMWANDELN aus. Teilflächen und Kanten werden damit in einzelne geschlossene Pfade mit Füllung umgewandelt. Nach der Umwandlung sind die Objekte gruppiert. Lösen Sie die Gruppierung auf, um die Objekte zu analysieren. ■

▲ **Abbildung 10.86**
Eine umgewandelte Malgruppe

10.6 Objekte mit »Hüllen« verzerren

Eine Hülle ist entweder eine fertige Stil-Form, ein generiertes Gitter oder eine eigene Vektorform, in die Sie Vektorobjekte, Textobjekte oder sogar eingebettete Pixelbilder »einspannen«, um sehr komplexe Verzerrungen durchzuführen. Trotz der Verformung bleiben »eingehüllte« Vektorgrafiken bzw. die Inhalte der Textobjekte editierbar (Pixelbilder siehe Kapitel 18).

Verzerrungshülle Verkrümmung
Bei der Verkrümmung haben Sie die Wahl unter verschiedenen vorgegebenen Stil-Formen wie WELLEN, FLAGGEN, BÖGEN und FISCHAUGE-Wölbungen o. ä., um Objekte zu verzerren.

Verkrümmung anwenden | Aktivieren Sie das Objekt, das Sie verformen möchten, und wählen Sie aus dem Menü OBJEKT • VERZERRUNGSHÜLLE • MIT VERKRÜMMUNG ERSTELLEN… oder rufen Sie (bei Textobjekten) die Dialogbox mit dem Button  in der Steuerungspalette auf – Shortcut ⌘+⌥+⇧+W bzw. Strg+Alt+⇧+W. Die Funktion kann auch auf mehrere aktivierte Objekte gleichzeitig angewendet werden.

▲ **Abbildung 10.87**
Verkrümmung mit dem Stil FLAGGE und WIRBEL

▲ **Abbildung 10.88**
Verkrümmung mit dem Stil TORBOGEN

In der aufgerufenen Dialogbox VERKRÜMMEN-OPTIONEN wählen Sie in dem Aufklappmenü den Stil der Hülle aus und stellen die Stärke der Biegung und gegebenenfalls einer zusätzlichen Verzerrung ein. Wenden Sie zunächst verschiedene Stil-Arten an, um die Verkrümmungen kennenzulernen.

Abbildung 10.89 ▶
Dialogbox VERKRÜMMEN-OPTIONEN

▲ **Abbildung 10.90**
Über die Steuerungspalette lassen sich sowohl Verkrümmungen aufrufen als auch deren Optionen direkt einstellen.

▶ STIL: Die Namen der Stil-Arten sind zum größten Teil selbsterklärend, das jeweils zugeordnete Piktogramm zeigt das Schema der Verkrümmung.

▶ HORIZONTAL/VERTIKAL: Diese Einstellung legt die Ausrichtung der Verkrümmung fest.

▶ BIEGUNG: Stellen Sie entweder mit dem Regler oder numerisch die Stärke der Verkrümmung ein.

▶ VERZERRUNG: Mit den Horizontal- und Vertikal-Reglern bestimmen Sie eine zusätzliche senkrechte und/oder waagerechte Verzerrung der Grundverkrümmung. So erreichen Sie gegebenenfalls zusätzlich eine perspektivische Anmutung.

▶ VORSCHAU: Aktivieren Sie die VORSCHAU, damit die Auswirkung Ihrer Einstellungen auf das Objekt angezeigt wird.

Verzerrungshülle Gitter
Alternativ können Sie Ihr Objekt in eine Gitter-Hülle einbetten, um es zu verformen. Ein solches Verzerrungsgitter ist jeweils an seinen Schnittpunkten im Objekt verankert.

▲ **Abbildung 10.91**
Mit Verzerrungshüllen können Sie Texte an Objekte anpassen.

Gitter einstellen | Um ein Objekt in ein Verzerrungsgitter zu hüllen, wählen Sie OBJEKT • VERZERRUNGSHÜLLE • MIT GITTER ERSTELLEN… – Shortcut ⌘ + ⌥ + M bzw. Strg + Alt + M.

In der danach angezeigten Dialogbox HÜLLENGITTER bestimmen Sie, wie engmaschig das Verzerrungsgitter sein soll, indem Sie die Anzahl der Zeilen und Spalten, also mittelbar die Menge der wirksamen Gitterpunkte angeben.

Lassen Sie sich die VORSCHAU anzeigen, damit das Gitter während der Eingabe auf Ihr Objekt projiziert wird.

▲ **Abbildung 10.92**
Dialogbox für die Erstellung des Gitters

Gitter anwenden | Das Gitter selbst verursacht keine Veränderung Ihres Objekts. Die Verzerrung erfolgt, wenn Sie mit dem Direktauswahl-Werkzeug einzelne Punkte an den Gitter-Kreuzungen verschieben oder den Winkel und die Länge der zugehörigen Grifflinien verändern. Die Gitterhülle kann auch auf mehrere aktivierte Objekte gleichzeitig angewendet werden.

Eigene Verzerrungshülle

Die dritte Möglichkeit, eine Hülle zu erzeugen, besteht darin, eine eigene Vektorform als Hülle zu verwenden. Sie können dazu sowohl einen einzelnen offenen oder geschlossenen Pfad als auch ein selbst erzeugtes Gitterobjekt benutzen. Offene Pfade werden von Illustrator zu diesem Zweck geschlossen, daher sind die Resultate der Verzerrung nicht immer voraussagbar.

In einem Stapel aktivierter Objekte wird stets das oberste als Hülle eingesetzt, soweit es sich dafür eignet (siehe oben).

Mit dem obersten Objekt verzerren | Erstellen Sie eine Form oder einen Pfad in der Stapelreihenfolge über dem Objekt, das Sie verzerren möchten. Nach dem Aktivieren dieser Objekte wählen Sie OBJEKT • VERZERRUNGSHÜLLE • MIT OBERSTEM OBJEKT ERSTELLEN – Shortcut ⌘+⌥+C bzw. Strg+Alt+C.

Damit wird das zu bearbeitende Objekt in die selbst erstellte Hülle eingebettet. Wenn Sie nun mit dem Direktauswahl-Werkzeug die Ankerpunkte der Hülle bzw. deren Grifflinien verändern, verzerren Sie entsprechend auch das eingebettete Objekt.

Die eigene Verzerrungshülle kann auch auf mehrere Objekte gleichzeitig angewendet werden.

Gemeinsame Einstellungen für alle Verzerrungshüllen

Mit Einstellungen in der Dialogbox HÜLLEN-OPTIONEN nehmen Sie Einfluss auf die Berechnung der Verformung. Rufen Sie OBJEKT • VERZERRUNGSHÜLLE • HÜLLEN-OPTIONEN auf oder klicken Sie auf den Button HÜLLEN-OPTIONEN 🔲 in der Steuerungspalette.

▶ PIXELBILDER – GLÄTTEN: Mit dieser Option aktivieren Sie das Anti-Aliasing für Pixelbilder. Dies führt zu besseren Resultaten bei der Verformung von Pixelbildern, aber auch zu einer zumindest leichten Weichzeichnung.

▶ PIXELBILDER – FORM BEIBEHALTEN DURCH: Pixelbilder haben eine rechteckige Grundform, die nicht in jedes Hüllen-Objekt optimal einzupassen ist. Um das Ergebnis zu verbessern, gibt es zwei Einstellmöglichkeiten:

  ▶ SCHNITTMASKE – Mit dieser originär voreingestellten Option werden gegebenenfalls Bildteile abgeschnitten.

▲ **Abbildung 10.93**
Verzerrungshülle auf ein Pixelbild angewendet (rechts)

Hinweis

Pixelbilder müssen eingebettet werden, bevor eine Hülle darauf angewendet werden kann.

▲ **Abbildung 10.94**
Freie Verzerrung einer Schrift mit einer Hülle

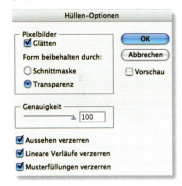

▲ **Abbildung 10.95**
Dialogbox HÜLLEN-OPTIONEN

[Alpha-Kanal]
Alpha-Kanäle werden verwendet, um Masken, also Auswahlen, in den Dateien der Pixelbilder zu speichern, zu denen sie gehören. In einem Alpha-Kanal werden die ausgewählten Bereiche als weiße Pixel und die nicht ausgewählten Bereiche als schwarze Pixel dargestellt. Graustufen bilden weiche Übergänge.

Beim Zeichnen einer Linie auf einem Pixelraster können nur waagerechte und senkrechte Linien sauber dargestellt werden. Schräge Linien und Kurven verursachen Treppenabstufungen. Anti-Aliasing mildert den Treppeneffekt, indem es die Kantenpixel einer Linie in abgeschwächter Intensität färbt, je nachdem, wie groß der Anteil des Pixels ist, der vom Linienverlauf abgedeckt ist.

▲ **Abbildung 10.96**
Konturen können nicht mit Hüllen verzerrt werden (links). Daher weisen Sie der Kontur den Effekt KONTURLINIE zu und aktivieren AUSSEHEN VERZERREN.

▲ **Abbildung 10.97**
Lineare Verläufe und Muster verzerren

▲ **Abbildung 10.98**
MIT ANDERER VERKRÜMMUNG ERSTELLEN

▶ TRANSPARENZ – Mit dieser Option können Sie einen Alpha-Kanal aus Ihrem Pixelbild als Maske aufrufen.

▶ GENAUIGKEIT: Mit dem Schieberegler bzw. mit der numerischen Eingabe steuern Sie, wie genau die Verzerrungsberechnung durchgeführt wird.

Da Sie mit einer Hülle nicht exakt konstruieren können und die Genauigkeit Einfluss auf die Geschwindigkeit der Berechnung hat, sind höhere Werte für Vektorobjekte in den meisten Fällen eher kontraproduktiv. Vor allem beim Verzerren gekrümmter Pfade führt ein hoher Genauigkeitswert zu sehr vielen Ankerpunkten, die für eine Weiterbearbeitung eventuell nicht mehr handhabbar sind.

Bei umhüllten Pixelbildern führt eine größere Genauigkeit jedoch zu sichtbar besseren Resultaten.

▶ AUSSEHEN VERZERREN: Sind auf das umhüllte Objekt Effekte angewendet, aktivieren Sie diese Option, um mit der Verzerrungshülle das bereits gefilterte Objekt zu verändern. Deaktivieren Sie das Kontrollkästchen, wenn die Effekte erst auf das von der Hülle verformte Objekt wirken sollen (Effekte siehe Kapitel 13).

▶ LINEARE VERLÄUFE VERZERREN: Ist dieses Kontrollkästchen aktiviert, werden lineare Verläufe in verzerrten Objekten mit verformt, ohne Aktivierung dieser Option wird nur der Pfad bearbeitet. Radiale Verläufe kann Illustrator nicht verzerren (Verläufe siehe Kapitel 9).

▶ MUSTERFÜLLUNGEN VERZERREN: Aktivieren Sie diese Option, wenn Sie Musterfüllungen zusammen mit dem Objektpfad verzerren wollen (Muster siehe Kapitel 16).

Konturen verzerren | Während Sie das Verzerren von Verlaufsfüllungen und Mustern über die Hüllen-Optionen bestimmen können, ist das Verzerren von Konturen nicht unmittelbar möglich. Mit einem kleinen Umweg geht es aber doch: Weisen Sie der Kontur den EFFEKT • PFAD • KONTURLINIE zu, um die Konturstärke in die Verzerrung einzubeziehen (Effekte siehe Kapitel 13).

Verzerrungshüllen ändern und bearbeiten
Sowohl die Form der HÜLLE als auch die Form der umhüllten Objekte können Sie nachträglich mit Hilfe verschiedener Menübefehle weiter bearbeiten und verändern.

Mit anderer Verkrümmung erstellen | Falls Sie es sich anders überlegt haben und eine andere Verzerrung möchten, müssen Sie die bisherigen Schritte nicht rückgängig machen. Weisen Sie einfach mit dem Menü in der Steuerungspalette oder über OBJEKT •

VERZERRUNGSHÜLLE • MIT ANDERER VERKRÜMMUNG ERSTELLEN…
einen anderen Verkrümmungsstil zu. Die aktuelle Hülle geht verloren. Wählen Sie diesen Befehl auch, wenn Sie die Verkrümmen-Optionen Ihrer Hülle ändern möchten.

Mit anderem Gitter erstellen | Wie im letzten Absatz beschrieben, können Sie über das Menü ebenfalls ein anderes Gitter zuweisen: OBJEKT • VERZERRUNGSHÜLLE • MIT ANDEREM GITTER ERSTELLEN…

Ob die bestehende Hülle durch das neu definierte Gitter ersetzt oder innerhalb der Hüllenform lediglich eine neue Unterteilung eingerichtet wird, entscheiden Sie mit der Option HÜLLENFORM ERHALTEN.

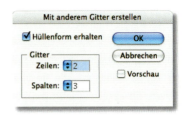

▲ **Abbildung 10.99**
MIT ANDEREM GITTER ERSTELLEN

Zurückwandeln | Mit diesem Befehl befreien Sie das Objekt aus der Hülle und wandeln es in seinen Ursprungszustand zurück. Die Hülle wird in der Form zurückgegeben, die sie zum Zeitpunkt der Rückwandlung hat. Das gilt ebenfalls für eigene Objekte, die Sie als Verzerrungshülle einsetzen, die werden jedoch, wie andere Hüllenarten auch, nicht in ihren Anfangszustand zurückversetzt. Die zurückgegebene Hülle liegt als graues Objekt im jeweiligen Stapel obenauf.

▲ **Abbildung 10.100**
Zurückgewandeltes Hüllen-Objekt

Umwandeln | Verwenden Sie diesen Befehl, um verzerrte, umhüllte Objekte zur Weiterbearbeitung umrechnen zu lassen.

Nach der Umwandlung sind die verzerrten Objekte gruppiert, und die Hülle ist gelöscht.

Die verzerrten Objekte können sehr viele Ankerpunkte aufweisen und dadurch nur noch schwer zu bearbeiten sein. In einem solchen Fall machen Sie die Aktion rückgängig und vermindern in den Hüllen-Optionen den Wert für GENAUIGKEIT.

▲ **Abbildung 10.101**
Sehr viele Ankerpunkte (links)

Die Hülle nachbearbeiten | Die Hüllen selbst sind Vektorobjekte, deshalb können Sie alle Hüllen-Arten nachträglich editieren. Gehen Sie wie folgt vor:
1. Aktivieren Sie die magnetischen Hilfslinien, um die Hülle besser zu erkennen.
2. Selektieren Sie das umhüllte Objekt und klicken auf den Button HÜLLE BEARBEITEN 🖼 in der Steuerungspalette oder wählen OBJEKT • VERZERRUNGSHÜLLE • HÜLLE BEARBEITEN. Links in der Steuerungspalette wird HÜLLENVERKRÜMMUNG angezeigt.
3. Benutzen Sie das Direktauswahl-Werkzeug, um die Hülle zu aktivieren und deren Pfad sichtbar zu machen.
4. Mit dem Direktauswahl-Werkzeug können Sie nun Punkte verschieben bzw. Grifflinien verändern. Aktivierte Ankerpunkte

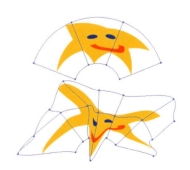

▲ **Abbildung 10.102**
Nachbearbeitete Verzerrungshülle

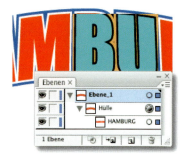

▲ Abbildung 10.103
Um beispielsweise einen Text zu editieren, müssen Sie den Inhalt des Hüllenobjekts bearbeiten.

▲ Abbildung 10.104
Aussehen-Palette

löschen Sie mit ←, und Gitterlinien werden mit dem Gitter-Werkzeug 🔳 hinzugefügt, indem Sie damit an der gewünschten Stelle auf den Hüllen-Pfad klicken (Pfade bearbeiten siehe Kapitel 6).

Den Inhalt einer Hülle bearbeiten | Wenn Sie Veränderungen an einem verzerrten Objekt innerhalb der Hülle vornehmen möchten, aktivieren Sie das Hüllenobjekt und verwenden den Button INHALT BEARBEITEN 🔳 in der Steuerungspalette oder wählen OBJEKT • VERZERRUNGSHÜLLE • INHALT BEARBEITEN – Shortcut ⌘/Strg+⇧+V. Die Steuerungspalette zeigt HÜLLE an.

Während Sie sich im Inhalt-bearbeiten-Modus befinden, werden die umhüllten Objekte in der Ebenen-Palette angezeigt (Ebenen siehe Kapitel 11).

Da Sie die Objekte häufig nicht an der Position auswählen können, an der sie in der Hülle sichtbar sind, sollten Sie entweder in der Pfadansicht arbeiten – Shortcut ⌘/Strg+Y – oder Sie aktivieren die magnetischen Hilfslinien, wenn Sie die Auswirkung auf das verzerrte Objekt weiterhin beobachten möchten – Shortcut ⌘/Strg+U.

Um die Bearbeitung der Hüllen-Inhalte zu beenden, drücken Sie erneut ⌘/Strg+⇧+V. Die Verzerrung wird danach entsprechend angepasst.

Verkrümmungen als Effekt anwenden
Unter EFFEKT • VERKRÜMMUNGSFILTER können Sie die verschiedenen Stil-Arten der Verkrümmung, die Sie in diesem Kapitel kennengelernt haben, als Effekt anwenden.

Aktivieren Sie dazu das Objekt, das Sie mit dem Effekt versehen möchten, und wählen den gewünschten Verkrümmungs-Effekt aus dem Menü. Sie haben auch für die Effekte dieselben Verkrümmungsoptionen zu Verfügung, die weiter oben bereits besprochen wurden.

Um die Verkrümmungsoptionen zu einem späteren Zeitpunkt zu editieren, doppelklicken Sie den Effekt in der Aussehen-Palette.

Die Hüllen-Optionen in dem Menü unter OBJEKT • VERZERRUNGSHÜLLE haben keinen Einfluss auf Verkrümmungen, die Sie als Effekt angelegt haben.

11 Hierarchische Struktur: Ebenen, Aussehen

Ebenen stellen zunächst nur ein Mittel zum Zweck dar, die Elemente eines Dokuments zu organisieren. Betrachtet man die Ebenen-Palette jedoch etwas genauer, so bildet sich in ihr die objektorientierte Arbeitsweise von Illustrator ab.

Auch im Erscheinungsbild der Elemente – in Illustrator »Aussehen« genannt – begegnen Sie der hierarchischen Strukturierung. Um einzuschätzen, welche Auswirkung das Zuweisen von Kontur- und Füllfarbe, Transparenzen und vor allem Effekten auf Objekte, Gruppen und Ebenen hat, ist das Verständnis der Aussehen-Hierarchie sehr wichtig.

11.1 Ebenen

Je mehr Objekte Ihr Illustrator-Dokument enthält, umso schwieriger wird es für Sie, den Überblick über alle Elemente zu behalten. Viele einzelne Formen bilden größere Einheiten, Objekte verdecken sich gegenseitig, und es kann sehr mühsam sein, Vordergrundobjekte jedes Mal verstecken zu müssen, um eine kleine Änderung am Bildhintergrund vornehmen zu können. Ebenen stellen eine effiziente Möglichkeit dar, die Strukturierung und Verwaltung der Objekte zu vereinfachen.

Stellen Sie sich Ebenen wie durchsichtige Folien über der Zeichenfläche vor, auf denen Sie Objekte befestigen. Wie in der Hierarchie des Dateisystems Ihrer Festplatte können Sie auch in Ebenen weitere Unterebenen erstellen. Jedes Illustrator-Dokument hat mindestens eine Ebene.

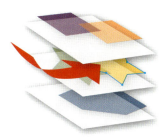

▲ **Abbildung 11.1**
Ebenen als durchsichtige Folien über der Zeichenfläche

Ebenen-Palette

Die Verwaltung der Ebenen, Unterebenen und der in ihnen enthaltenen Objekte geschieht mit Hilfe der Ebenen-Palette. Jedes Objekt, jede Gruppe oder Ebene stellt ein »Element« in der Ebenen-Palette dar. Die Anordnung der Elemente in der Palette entspricht der Stapelreihenfolge der Objekte und ihrer Hierarchie in Gruppen, Unterebenen und Ebenen. Das in der Palette oben liegende Element ist auch in der Stapelreihenfolge auf der Zeichenfläche an oberster Stelle (Stapelreihenfolge siehe Kapitel 5).

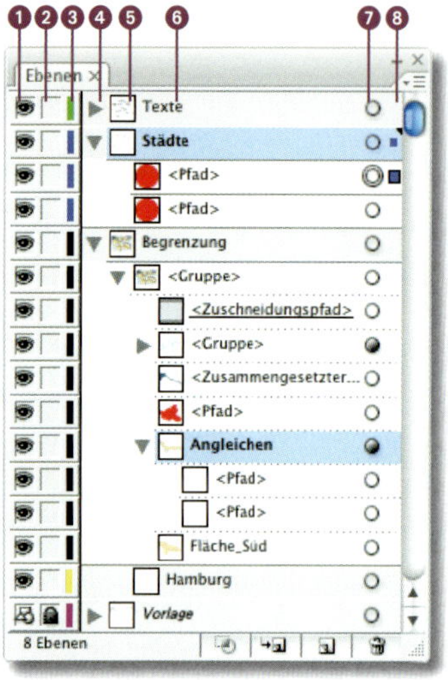

Ebenen-Palette anzeigen | Rufen Sie die Palette auf, indem Sie FENSTER • EBENEN wählen – Shortcut ⌷F7⌷, im Dock 🔖.

Aufbau der Ebenen-Palette

In jeder Zeile der Ebenen-Palette finden Sie mehrere Interaktions-Buttons, mit denen Elemente bedient werden. Durch die Anordnung dieser Buttons ergeben sich die »Spalten« der Ebenen-Palette.

▶ SICHTBARKEIT: In der Sichtbarkeitsspalte ❶ der Palette zeigt das Auge-Symbol 👁 an, dass das Element sichtbar ist. Das Outline-Symbol 👁 signalisiert die Pfaddarstellung des Elements. Eine Vorlagenebene wird durch ein eigenes Symbol 🔏 gekennzeichnet.

Klicken Sie in die Sichtbarkeitsspalte, um ein Element anzuzeigen oder zu verstecken. Ist eine Ebene oder Gruppe nicht sichtbar, sind automatisch auch die jeweils untergeordneten Elemente versteckt.

▶ EBENENFIXIERUNG: Die Bearbeitungsspalte ❷ stellt mit dem Schloss-Symbol 🔒 dar, dass ein Element gesperrt ist. Dann ist die Aktivierung der Objekte oder gar Änderungen daran unmöglich. Klicken Sie in die Spalte, um die Fixierung für ein Element einzurichten oder eine vorhandene Fixierung aufzuheben.

Ist eine Ebene oder Gruppe gesperrt, sind automatisch die untergeordneten Elemente gesperrt.

▶ FARBKENNZEICHNUNG: Der Balken ❸ zeigt die in den Ebenenoptionen ausgewählte Farbe an, die zur Hervorhebung zugehöriger aktivierter Objekte auf der Zeichenfläche verwendet wird.

▶ EBENEN-INHALT: Ein Pfeil ❹ bedeutet, dass ein Element weitere Elemente enthält.

Klicken Sie auf den Pfeil ▶, um die untergeordneten Elemente anzuzeigen. Die Namen weiterer Elemente werden der Hierarchie entsprechend eingerückt.

▶ MINIATUREN: Die Ebeneninhalte sehen Sie als Icon ❺ neben dem Ebenennamen ❻.

▶ ZIEL-SYMBOLE: Die Symbole ○ in der Zielspalte ❼ dienen dazu, Elemente als »Ziel« für die Anwendung von Grafikstilen und Effekten auszuwählen, und sie zeigen an, ob diese auf ein Element angewendet sind ◉.

▶ OBJEKT-AUSWAHL: Ein farbiges Quadrat in der Auswahlspalte ❽ zeigt an, welches Element ausgewählt ist. Die Farbe des Qua-

▲ **Abbildung 11.2**
Ebenen-Palette

Hinweis

Befinden sich Hilfslinien auf einer gesperrten Ebene, verlieren diese durch die Fixierung ihre Eigenschaft als Positionierungshilfe.

Aktivieren Sie magnetische Hilfslinien, oder heben Sie die Ebenenfixierung auf.

Tipp

Das Erstellen der Miniaturen kann das Anzeigen der Unterelemente einer Ebene verlangsamen. In den Ebenenoptionen lässt sich das Anzeigen der Miniaturen abschalten.

drats entspricht der Farbe, in der das Element auf der Zeichenfläche hervorgehoben ist.

Das »Eselsohr« ◄ rechts oben kennzeichnet die Ebene, der neu
erstellte Objekte zugeordnet werden.

Modifikationsmöglichkeiten | Anzeige und Fixierung

▶ Drücken Sie ⌥/ Alt und klicken in die Sichtbarkeitsspalte 👁
   oder die Bearbeitungsspalte 🔒 eines Elements, um alle Elemente außer dem angeklickten zu verstecken bzw. zu fixieren.
   Klicken Sie erneut, um die Aktion zu widerrufen.

▶ Drücken Sie ⌥/ Alt , und klicken Sie auf den Pfeil ▶ einer
   Ebene um alle untergeordneten Ebenen und Gruppen ebenfalls zu öffnen.

▶ Drücken Sie ⌘/ Strg , und klicken Sie auf das Sichtbarkeits-
   Symbol 👁 einer Ebene, um alle enthaltenen Elemente in der
   Pfadansicht darzustellen.

▶ Klicken Sie in die Sichtbarkeitsspalte eines Elements und hal-
   ten dabei ⌘/ Strg + ⌥/ Alt gedrückt, um alle anderen
   Ebenen in der Pfadansicht darzustellen.
   Die Menübefehle ANDERE AUSBLENDEN, ANDERE EBENEN PFAD-
   ANSICHT und ANDERE SPERREN haben eine entsprechende Aus-
   wirkung.

Bedienfeldoptionen (Paletten-Optionen)

Wählen Sie BEDIENFELDOPTIONEN… aus dem Palettenmenü der
Ebenen-Palette, um die Darstellung der Elemente in der Palette
zu ändern:

▶ NUR EBENEN EINBLENDEN: Aktivieren Sie diese Option, um die
   Darstellung in der Ebenen-Palette auf Ebenen und Unterebenen zu beschränken. Einzelne Objekte, Gruppen und Schnittmasken werden in der Palette nicht mehr aufgeführt. Diese
   Option beeinflusst nicht die Anzeige der Objekte auf der Zeichenfläche.

▶ ZEILENGRÖSSE: Mit dieser Option definieren Sie die Darstellungsgröße der Zeilen in der Palette. Wählen Sie entweder
   eine der voreingestellten Größen, oder geben Sie einen ganz-
   zahligen Wert zwischen 12 und 100 Pixel frei ein. Ab einer
   Größe von 20 Pixel oder MITTEL werden Miniaturen der Ebenen angezeigt.

▶ MINIATUREN: In den Miniaturen sehen Sie eine Vorschau des
   Elements. Legen Sie hier fest, für welche Elemente eine Mini-
   atur angezeigt wird. Da die Berechnung der Miniaturen beim
   Navigieren in umfangreichen Ebenen einen Moment in
   Anspruch nehmen kann, ist es möglich, sie für Objekte, Grup-
   pen, Unterebenen und Ebenen gezielt zu deaktivieren.

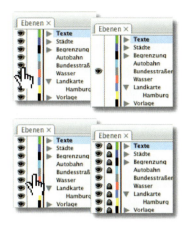

▲ **Abbildung 11.3**
⌥/ Alt -Klick auf Sichtbarkeits-
und Bearbeitungsspalte

▲ **Abbildung 11.4**
Optionen für die Ebenen-Palette

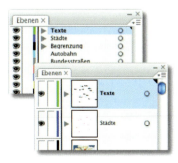

▲ **Abbildung 11.5**
Zeilengröße KLEIN und 50 Pixel

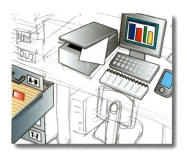

▲ **Abbildung 11.6**
Vorlagenebene und Illustration

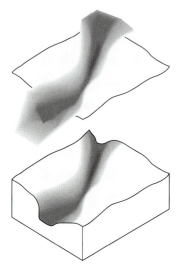

▲ **Abbildung 11.7**
Es ist normalerweise nicht möglich, Angleichungen auch an den
Rändern passend zu erzeugen.
Daher verwendet man Schnittmasken, um die Objekte in die
endgültige Form zu bringen.
(Übung »Mit Überblendungen
illustrieren« siehe Kapitel 10)

▲ **Abbildung 11.8**
Darstellung eines Schnittsatzes in
der Ebenen-Palette

Vorlagenebenen

Vorlagenebenen sind eine spezielle Ebenenart. Dieser Typ wird weder gedruckt noch exportiert. Platzieren Sie Ihre Scribbles oder Muster in Vorlagenebenen, wenn Sie sie mit Illustrators Werkzeugen nachzeichnen wollen. Um Ihnen das Nachzeichnen zu vereinfachen, ist auf Vorlagenebenen eine reduzierte Deckkraft für Pixelbilder sowie die Ebenenfixierung voreingestellt.

Eine Datei kann mehrere Vorlagenebenen enthalten, sie werden durch den kursiv geschriebenen Namen und das Vorlagen-Symbol 🖫 gekennzeichnet.

Vorlagenebenen erstellen | Vorlagenebenen lassen sich direkt beim Platzieren von Bilddateien erzeugen, wenn Sie die Option VORLAGE im Import-Dialog aktivieren. Zu einem späteren Zeitpunkt können Sie eine Ebene in eine Vorlagenebene umwandeln, indem Sie die Option VORLAGE im Ebenenoptionen-Dialog ankreuzen oder den Befehl VORLAGE aus dem Palettenmenü auf die Ebene anwenden.

Schnittmasken

Eine Schnittmaske ist ein Vektorobjekt, das wie der Ausschnitt eines Passepartouts andere Objekte »zuschneidet«, so dass von ihnen nur die Teile sichtbar sind, die innerhalb der Vektorform liegen.

Das Maskenobjekt – in der Ebenen-Palette als »Zuschneidungspfad« gekennzeichnet – und die beschnittenen Objekte bilden den »Schnittsatz«. Er wird in der Ebenen-Palette als »Gruppe« gekennzeichnet, ist von gruppierten Elementen aber durch die gestrichelten Linien zu unterscheiden.

Ein Schnittsatz besteht aus mindestens zwei Objekten, das oben liegende Objekt bildet die Maske. Als Maskenobjekt können Sie alle Textobjekte sowie jeden Vektorpfad – auch zusammengesetzte Pfade und zusammengesetzte Formen – verwenden.

Aussehen-Eigenschaften des Maskenobjekts | Vektorobjekte, die als Masken verwendet werden, verlieren ihre Aussehen-Eigenschaften automatisch. Die Aussehen-Eigenschaften von Textobjekten müssen Sie manuell entfernen, falls Sie sie nicht benötigen (Aussehen-Eigenschaften siehe Abschnitt 11.3)

Dem Zuschneidungspfad eines Schnittsatzes können Sie eine Kontur und eine Fläche sowie Verzerrungs- und Transformationseffekte zuordnen. Weitere Konturen, Flächen und Effekte lassen sich zwar zuweisen, haben jedoch keine sichtbaren Auswirkungen.

Schnittmasken erstellen | Schnittsätze – eine Schnittmaske und die beschnittenen Objekte – lassen sich aus einzelnen ausgewählten Elementen oder durch Umwandlung einer Ebene bzw. Gruppe erstellen.

▶ **Schnittsatz aus einzelnen Objekten:** Möchten Sie den Schnittsatz aus einzelnen Objekten erstellen, ordnen Sie die Objekte so an, dass das Objekt, welches das oder die anderen Objekte beschneiden soll, im Objektstapel oben liegt.

Anschließend aktivieren Sie die Objekte und wählen OBJEKT • SCHNITTMASKE • ERSTELLEN – Shortcut ⌘/Strg+7. Der Schnittsatz entsteht auf der Ebene, die das Maskenobjekt enthält. Die beschnittenen Objekte werden dorthin verschoben.

▶ **Schnittsatz aus einer Ebene oder Gruppe:** Um alle Objekte einer Ebene oder Gruppe in einen Schnittsatz umzuwandeln, aktivieren Sie die Ebene oder die Gruppe in der Ebenen-Palette und klicken auf den Button SCHNITTMASKE ERSTELLEN 🔲 am unteren Rand der Palette.

Das in der Stapelreihenfolge oben liegende Objekt wirkt als Schnittmaske auf alle anderen Elemente der Ebene oder Gruppe.

Schnittsätze editieren | Aktivieren Sie einen Schnittsatz, so erscheinen in der Steuerungspalette die Buttons ZUSCHNEIDUNGS-PFAD und INHALT BEARBEITEN. Klicken Sie Sie auf den Button ZUSCHNEIDUNGSPFAD EDITIEREN 🔲, so wird der Masken-Pfad aktiviert und Sie können ihn mit den entsprechenden Werkzeugen verändern. Um die beschnittenen Objekte gemeinsam zu transformieren, klicken Sie auf den Button INHALT BEARBEITEN 🔲 . Sobald Sie einen der Buttons angeklickt haben, müssen Sie die Bearbeitung beginnen. Ein Klick auf ein anderes Objekt oder die Zeichenfläche deaktiviert den zu bearbeitenden Zuschneidungs-pfad oder den Inhalt.

Möchten Sie auf einzelne enthaltene Objekte zugreifen, versetzen Sie das Objekt in den Isolierte-Gruppe-Modus. Dies geschieht per Doppelklick auf das Objekt oder mit dem BUTTON AUSGEWÄHLTE GRUPPE ISOLIEREN 🔲 in der Steuerungspalette.

Gruppen

Gruppen können Sie mit der Ebenen-Palette zwar nicht erzeugen, die Hierarchie der Gruppe ist aber sichtbar und kann editiert werden. Gruppieren Sie Objekte, wird in der Ebenen-Palette ein Element mit dem Namen »Gruppe« angezeigt. Der Pfeil ▶ deutet an, dass die gruppierten Objekte untergeordnet sind.

Untergeordnete Objekte können Sie durch Verschieben aus der Gruppe entfernen oder mit Hilfe der Paletten-Befehle löschen.

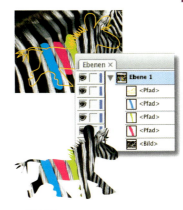

▲ **Abbildung 11.9**
Anordnung der Objekte zum Erstellen eines Schnittsatzes

▲ **Abbildung 11.10**
Buttons MASKE EDITIEREN, INHALT EDITIEREN

▲ **Abbildung 11.11**
Ein Klick auf den Pfeil beendet den Isolationsmodus.

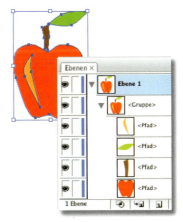

▲ **Abbildung 11.12**
Darstellung einer Gruppe in der Ebenen-Palette

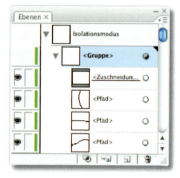

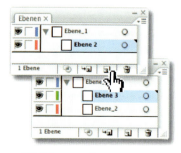

Andererseits ist es auch möglich, der Gruppe weitere Objekte hinzuzufügen.

Gruppieren Sie Objekte von unterschiedlichen Ebenen, wird die Gruppe auf der obersten beteiligten Ebene eingerichtet. Lösen Sie die Gruppe auf, legt Illustrator die Objekte nicht wieder auf die Ursprungsebenen.

Ändern Sie den Namen des Gruppenelements, so ist eine Gruppe alleine durch ihre Darstellung nicht von einer Ebene zu unterscheiden. Sie sollten daher das Element durch einen Zusatz als Gruppe kennzeichnen.

Isolationsmodus | Den Isolationsmodus (siehe auch Kapitel 5) tiefer verschachtelter Gruppen, Unterebenen, zusammengesetzter Formen oder Angleichungsobjekte erreichen Sie, indem Sie sich per Doppelklick in der Gruppenhierarchie immer tiefer arbeiten. Mit Hilfe der Ebenen-Palette haben Sie einen schnelleren Zugriff. Aktivieren Sie eine Gruppe in der Ebenen-Palette mit einem Klick auf deren Namen und wählen ISOLATIONSMODUS AUFRUFEN aus dem Palettenmenü.

Im Isolationsmodus wird die Ebenen-Palette auf die isolierte Gruppe und deren untergeordnete Elemente reduziert. Um übergeordnete Gruppen zu erreichen, steuern Sie diese entweder mit dem Hierarchiepfad im grauen Balken direkt an oder wählen aus dem Palettenmenü der Ebenen-Palette ISOLATIONSMODUS BEENDEN, um wieder auf die oberste Ebene zu gelangen.

Ebenen erstellen

▶ NEUE EBENE: Klicken Sie auf den Button NEUE EBENE ERSTELLEN 🗔 am unteren Rand der Palette. Wählen Sie NEUE EBENE… aus dem Palettenmenü, wenn Sie beim Erstellen der Ebene die Ebenenoptionen (siehe folgende Abschnitte) einstellen wollen. Die neue Ebene wird in der Stapelreihenfolge über der aktiven Ebene angelegt.

▶ NEUE UNTEREBENE: Eine Unterebene unter der aktiven Ebene legen Sie an, indem Sie auf den entsprechenden Button 🗔 klicken. Wählen Sie den Befehl NEUE UNTEREBENE… aus dem Palettenmenü, um die Optionen-Dialogbox aufzurufen.
Aktivieren Sie eine Unterebene und klicken den Button NEUE EBENE 🗔, um eine Unterebene auf derselben Hierarchiestufe wie die aktive Unterebene zu erzeugen.

Modifikationsmöglichkeiten | Ebenen erstellen

▶ Drücken Sie ⌥/Alt und klicken auf einen der Buttons 🗔 oder 🗔, um die Ebenenoptionen beim Erstellen der Ebene oder Unterebene aufzurufen.

▶ Nur für neue Ebenen: Drücken Sie ⌘/Strg+⌥/Alt beim Klicken des Buttons 🔲 , um eine Ebene in der Stapelreihenfolge unter der aktivierten Ebene einzurichten.

Ebenenoptionen

Mit einem Doppelklick auf eine Ebene oder mit dem entsprechenden Befehl im Palettenmenü rufen Sie die Ebenenoptionen auf.

◀ **Abbildung 11.17**
Dialogbox EBENENOPTIONEN

▶ NAME: Voreingestellt werden Ebenen durchgezählt. Zur besseren Übersicht geben Sie einen aussagekräftigen Namen ein. Auch andere Elemente wie Pfade und Gruppen lassen sich umbenennen. Sie können bis zu 255 Zeichen eingeben.

▶ FARBE: Bestimmen Sie eine Farbe, in der die zur Ebene gehörenden Objekte auf der Zeichenfläche hervorgehoben werden, wenn sie aktiviert sind. Wählen Sie eine der Farben aus dem Menü, oder klicken Sie auf das Farbfeld, um mit einem Farbwähler Farben frei zu definieren – freie Farbdefinitionen werden nicht ins Menü aufgenommen. Die Farbe zeigt Illustrator als schmalen Balken neben der Bearbeitungsspalte an.

▲ **Abbildung 11.18**
Darstellung von Auswahlen in unterschiedlichen Farben

▶ VORLAGE: Mit dieser Option wandeln Sie die betreffende Ebene in eine Vorlagen-Ebene um.

▶ FIXIEREN: Die Fixierung einer Ebene lässt sich alternativ zur Bearbeitungsspalte auch mit dieser Option einrichten.

▶ EINBLENDEN: Auch die Sichtbarkeit der Ebene können Sie im Optionen-Dialog bestimmen.

▶ DRUCKEN: Mit dieser Option bestimmen Sie, ob die Ebene gedruckt wird. Beim Ausdrucken während des Entwurfsprozesses kann Ihnen diese Option Zeit sparen. Wenn Sie die Datei exportieren und in anderen Programmen platzieren, bleibt die Eigenschaft »nicht druckend« u. U. nicht erhalten.

▶ VORSCHAU: Diese Option legt fest, ob die Inhalte der Ebene im Vorschaumodus oder in der Pfadansicht gezeigt werden. Das Symbol ✿ kennzeichnet die Pfadansicht.

▶ BILDER ABBLENDEN: Geben Sie hier ein, wie stark die auf dieser Ebene platzierten Pixelbilder abgeblendet werden sollen. Die

Tipp

Wollen Sie sichergehen, dass Ebenen in einer exportierten Datei nicht drucken, erstellen Sie eine Version, in der die betreffenden Ebenen nicht enthalten sind, und exportieren diese.

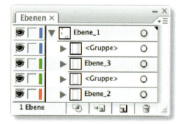

Abblendung betrifft nur die Bildschirmdarstellung, Ausdrucke
bleiben davon unbeeinflusst. Die Abblendung von Bildern ist
nützlich für das manuelle Nachzeichnen von Rastergrafik.

Checkliste: Was ist Was?

Illustrator versieht jeden Eintrag in der Ebenenpalette mit der Bezeichnung des Objekts (z. B. Pfad, Gruppe, Ebene). Diese technischen werden häufig in inhaltsbezogene Bezeichnungen geändert. Wenn Sie jedoch fremde Dateien ändern müssen, ist es für die Herangehensweise
wichtig, um welche Art Objekt es sich handelt. Sie haben verschiedene
Möglichkeiten, Objekte zu identifizieren:

Objekt-Bezeichnung | Wählen Sie fragliche Einträge in der Ebenen-
Palette als Ziel aus (Zielauswahl siehe Abschnitt 11.2). Ganz links in der
Steuerungspalette wird die Objektart eingeblendet.

Pfeil und Hinterlegung | Zwar zeigt die Palette sowohl bei Gruppen als
auch bei Ebenen einen Pfeil an, Sie können Ebenen und Unterebenen
aber an der grauen Hinterlegung ihres Eintrags erkennen.

Strichelung | Auch Schnittsätze werden als Gruppen bezeichnet, Sie
erkennen Schnittsätze an den gestrichelten Unterteilungen in der Ebenen-Palette. Ist dagegen nur der Name des Eintrags in der Ebenen-
Palette unterstrichen, weist dies daraufhin, dass das Objekt mit einer
Deckkraftmaske versehen wurde.

Elemente in der Ebenen-Palette auswählen

Es besteht ein Unterschied zwischen dem Auswählen eines
Objekts auf der Zeichenfläche – das Sie z. B. transformieren wol-
len – und dem Aktivieren des gleichen Elements in der Ebenen-
Palette.

Wenn Sie ein oder mehrere Elemente in der Ebenen-Palette
aktivieren, können Sie darauf die Befehle der Ebenen-Palette
anwenden, um die Hierarchie der Elemente zu verändern. Sie
wählen damit jedoch nicht das Objekt auf der Zeichenfläche
aus.

Klicken Sie auf die Miniatur, den Namen oder den Raum neben
dem Namen, um ein Element in der Ebenen-Palette zu aktivieren. Das aktivierte Element wird durch eine Einfärbung der Zeile
in der Palette hervorgehoben.

Auch fixierte oder ausgeblendete Elemente können Sie aktivieren, Sie können sie jedoch nicht verschieben.

Anstatt Objekte mit Hilfe der Auswahl-Werkzeuge auf der Zeichenfläche zu aktivieren, können Sie zu diesem Zweck auch die
Ebenen-Palette verwenden. Lesen Sie dazu Abschnitt 11.2, »Objekt
und Ziel auswählen«.

Modifikationsmöglichkeiten | Elemente auswählen

▶ Mehrere aufeinander folgende Elemente, die sich in der gleichen Hierarchiestufe unterhalb eines Elternelements befinden, aktivieren Sie, indem Sie ⇧ drücken und den ersten und letzten gewünschten Eintrag anklicken.

▶ Drücken Sie ⌘/Strg, wenn Sie Elemente auswählen möchten, die in der Palette nicht direkt aufeinander folgen.

Elemente duplizieren

Möchten Sie Objekte, Gruppen oder ganze Ebenen duplizieren, aktivieren Sie sie in der Ebenen-Palette und ziehen sie über das Symbol NEUE EBENE ERSTELLEN ▣ oder wählen AUSWAHL DUPLIZIEREN aus dem Palettenmenü.

Ebenen zusammenfügen

Viele Applikationen der Creative Suite sind in der Lage, mit Dateien umzugehen, die verschachtelte Ebenen enthalten. Exportieren Sie Dateien, um sie in anderen Applikationen zu verwenden, kann es dagegen sinnvoll sein, alle Objekte auf einer einzigen Ebene ohne Verschachtelung abzulegen. Nicht alle Grafikprogramme können Illustrator-Ebenen interpretieren.

Ebenen oder Unterebenen, die sich auf einer Hierarchiestufe unter einem gemeinsamen Elternelement befinden, lassen sich zu einer Ebene vereinen. Aktivieren Sie die Ebenen, die Sie zusammenfügen möchten, und wählen AUSGEWÄHLTE ZUSAMMENFÜGEN aus dem Palettenmenü. Nach dem Zusammenfügen bleibt die Ebene bestehen, die Sie zuletzt aktiviert haben. Die Stapelreihenfolge der Objekte wird erhalten.

Auf Hintergrundebene reduzieren (Flattening) | Alle Ebenen des Dokuments führen Sie zusammen, indem Sie die Ebene aktivieren, in der anschließend alle Elemente enthalten sein sollen, und dann AUF HINTERGRUNDEBENE REDUZIEREN aus dem Palettenmenü wählen. Unterebenen und Gruppen bleiben erhalten.

Neue Ebenen für ausgewählte Objekte erstellen

In neuer Ebene sammeln | Mit diesem Befehl verschieben Sie ausgewählte Elemente einer Ebene oder Unterebene in eine neue Ebene. Diese wird auf der Hierarchiestufe erstellt, auf der sich die ausgewählten Elemente befanden.

Ebenen für Objekte erstellen | Speziell für die Vorbereitung von Animationen sind diese beiden Operationen gedacht. Wenn Sie Assets für After Effects in Illustrator vorbereiten, müssen Sie alle Objekte, die in After Effects auf einzelnen Ebenen liegen sollen,

Hinweis

Ist die aktivierte Ebene fixiert oder ausgeblendet, zeigt der Cursor das Schreibschutz-Symbol, wenn Sie ein Zeichen-Werkzeug ausgewählt haben oder versuchen, das Element in der Ebenen-Palette zu verschieben.

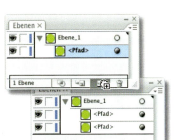

▲ **Abbildung 11.23**
Element duplizieren

Tipp

Ebenen kosten Speicherplatz. Daher sollten Sie die Anzahl Ihrer Ebenen reduzieren, sobald Sie sie nicht mehr benötigen.

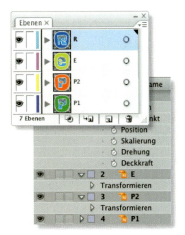

▲ **Abbildung 11.24**
Ebenen aus Illustrator (oben) in After Effects (unten)

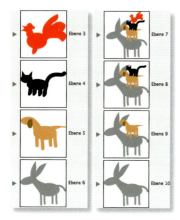

▲ Abbildung 11.25
Ebenen für Objekte erstellen:
Sequenz (links), Aufbau (rechts)

bereits in Illustrator auf Hauptebenen angelegt haben. Die Befehle EBENEN FÜR OBJEKTE ERSTELLEN (SEQUENZ/AUFBAU) verteilen die untergeordneten Elemente einer Ebene, Gruppe oder Überblendung auf eigene Ebenen. Eine Überblendung wird nach Anwendung des Befehls in die einzelnen Stufen aufgelöst (Überblendung/Angleichung siehe Kapitel 10).

Aktivieren Sie eine Ebene, Unterebene oder Gruppe, um alle enthaltenen Elemente auf einzelne Ebenen zu verteilen. Das in der Stapelreihenfolge unterste Objekt legt Illustrator auf die unterste Ebene.

▶ SEQUENZ: Mit dem Befehl EBENEN FÜR OBJEKTE ERSTELLEN (SEQUENZ) wird für jedes Element eine eigene Ebene erstellt. Damit können Sie z. B. eine Figur durch das Bild bewegen.

▶ AUFBAU: Möchten Sie dagegen simulieren, dass sich ein Gesamtbild aus den Einzelobjekten nacheinander zusammenstellt, wählen Sie EBENEN FÜR OBJEKTE ERSTELLEN (AUFBAU). Auch hier entspricht die Anzahl der Ebenen der Anzahl der Objekte. Die Verteilung der Objekte auf die Ebenen geschieht jedoch kumulativ, d. h., das unterste Objekt des Stapels ist auf allen Ebenen vorhanden. Auf den folgenden Ebenen wird jeweils ein weiteres Objekt den bereits vorhandenen hinzugefügt.

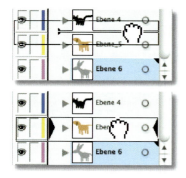

▲ Abbildung 11.26
Verschieben einer Ebene im Stapel (oben) und in der Hierarchie (unten)

Animation exportieren | Beim Export einer Illustrator-Datei in das Flash-Format (SWF) können die Ebenen automatisch in einzelne Frames einer Animation umgewandelt werden.

Ebenen und Elemente verschieben
Die Hierarchie und die Stapelreihenfolge der Objekte lässt sich in der Ebenen-Palette verändern, indem Sie Elemente an andere Positionen verschieben.

Klicken und ziehen Sie den Eintrag an die gewünschte Position. Sie können es zwischen zwei andere Elemente oder in eine Gruppe oder Ebene bewegen. Die Position wird während des Ziehens jeweils hervorgehoben. Auf diese Art lassen sich auch Gruppen und Schnittmasken durch Entfernen oder Hinzufügen von Elementen bearbeiten.

▲ Abbildung 11.27
Reihenfolge umgekehrt (unten)

Umgekehrte Reihenfolge | Dieser Befehl aus dem Palettenmenü kann die Stapelreihenfolge mehrerer aktivierter Elemente einer Hierarchiestufe – Einzelobjekte, Gruppen oder Ebenen – umkehren, so dass die vorher unterste Ebene oben liegt und weitere Ebenen entsprechend gestapelt werden.

Ebenen beim Einfügen merken

Kopieren Sie ein Objekt aus einem Dokument über die Zwischenablage in eine andere Illustrator-Datei, wird es voreingestellt auf
der aktiven Ebene eingesetzt.

Dieses Verhalten von Illustrator können Sie ändern, so dass die
Ebeneninformationen kopierter Elemente beim Einfügen erhal-
ten bleiben. Wählen Sie EBENEN BEIM EINFÜGEN MERKEN aus dem
Menü der Ebenen-Palette, bevor Sie das Element einfügen. Die
Option muss nicht bereits beim Kopieren des Elements aktiv
sein.

Existieren im Zieldokument die benötigten Ebenen, wird das
eingefügte Element entsprechend eingeordnet. Anderenfalls
erzeugt Illustrator die Ebenen beim Einfügen des Objekts.

Tipp

Aussehen-Attribute, die auf Ebenen der obersten Hierarchiestufe
angewendet sind, werden nicht
in das Zieldokument übernommen. Bewegen Sie die Ebenen in
tiefere Hierarchiestufen, bevor
Sie die Objekte kopieren.

Elemente löschen

Möchten Sie ein oder mehrere Elemente löschen, aktivieren Sie
sie und klicken das Symbol AUSWAHL LÖSCHEN 🗑 oder wählen
AUSWAHL LÖSCHEN aus dem Palettenmenü.

Elemente in der Ebenen-Palette finden

Wenn Sie Objekte, die auf der Zeichenfläche ausgewählt sind, in
der Ebenen-Palette lokalisieren möchten, wählen Sie OBJEKT
SUCHEN, und in der Ebenen-Palette werden alle Untergruppen bis
hin zum aktivierten Element »aufgeklappt«. Liegen die ausgewählten Objekte auf verschiedenen Ebenen, werden nur die Elemente der im Objektstapel obersten Ebene angezeigt.

Haben Sie in den Paletten-Optionen die Einstellung NUR EBE-
NEN EINBLENDEN aktiviert, ändert sich OBJEKT SUCHEN in EBENE
SUCHEN.

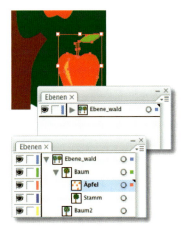

▲ **Abbildung 11.28**
Ausgewähltes Objekt auf Zeichenfläche, Ebenen-Palette vor (Mitte)
und nach EBENE FINDEN (unten)

Einsatz von Ebenen

Ebenen lassen sich sinnvoll einsetzen, um ein Layout zu struktu-
rieren, den Bildschirmaufbau zu beschleunigen und rationeller zu
arbeiten.

Hilfslinien | Sind viele Hilfslinien in einem Dokument eingerich-
tet, können sie – vor allem bei der Arbeit in großen Zoom-Stufen
– irritieren. Über das Menü ANSICHT • HILFSLINIEN lassen sich
aber nur *alle* Hilfslinien ein- oder ausblenden. Legen Sie verschie-
denartige Hilfslinien auf unterschiedliche Ebenen, haben Sie die
Möglichkeit, diese selektiv ein- oder auszublenden.

Pixeldaten | Pixeldaten verlangsamen den Bildschirmaufbau. Ist
ein Bild aber einmal ins Layout integriert, müssen Sie es meist erst
wieder zum Ausdrucken der Datei anzeigen. Wenn Sie jedes ein-

Tipp

Unter Windows gestaltet sich die
Auswahl Ihrer Objekte noch einfacher, sofern Sie diesen einpräg-
same eigene Namen gegeben
haben. Drücken Sie ⌨Strg +
⌨Alt und klicken in die Ebenen-
Palette. Mit einem schwarzen
Rahmen zeigt Illustrator an, dass
diese jetzt auf Tastatureingaben
reagiert. Tippen Sie dann den
Namen des gewünschten Ob-
jekts, wird dieses aktiviert. Dieser Trick funktioniert auch in
anderen Paletten.

▲ **Abbildung 11.29**
Alternative Versionen eines Illustrationsdetails

gebundene Bild auf einer eigenen Ebene ablegen, können Sie für diese einzeln den Vorschaumodus deaktivieren, und der Bildschirmaufbau wird beschleunigt.

Hintergrund-/Vordergrundtrennung | Bei komplexeren Illustrationen eignen sich Ebenen natürlich dazu, Hintergrund- und Vordergrundobjekte voneinander zu trennen. Sie vereinfachen sich die Arbeit durch die Möglichkeit, die Datei hierarchisch zu strukturieren und fertig gestellte Bildelemente zu fixieren und/oder auszublenden.

Alternative Versionen | Möchten Sie mehrere Layoutvorschläge vorbereiten oder benötigen Sie zusätzliche Sprachversionen, sind Ebenen in vielen Fällen der Aufteilung auf mehrere Dateien vorzuziehen. Ergeben sich Änderungen am Grundlayout, müssen Sie nur eine Datei editieren.

Reinzeichnungselemente | Beschnitt- und Falzmarken, Stanzformen, Vorlagen für Speziallackierungen etc. können Sie praktisch auslagern, indem Sie Ebenen dafür anlegen. Wenn Sie Anzeigen gestalten, die ein Motiv in verschiedenen Formaten verwenden, legen Sie die Beschnittmarken der unterschiedlichen Formate auf einzelne Ebenen.

Verstecken und Fixieren

Die Sperren- und Verstecken-Befehle im Menü OBJEKT wirken sich nicht auf Ebenen in der obersten Hierarchiestufe aus. Die Befehle ALLES LÖSEN und ALLE EINBLENDEN können ebenfalls nicht angewendet werden, um fixierte oder versteckte Ebenen der ersten Hierarchiestufe zu lösen oder einzublenden.

11.2 Objekt- und Ziel-Auswahl in der Ebenen-Palette

Die Unterscheidung, die Illustrator zwischen der Auswahl von Objekten und Zielen macht, kann verwirren. Die hierarchische Struktur der Objekte, Ebenen und der anwendbaren Aussehen-Eigenschaften macht die Auswahl eines Ziels nötig.

Objekte in der Ebenen-Palette auswählen

Alternativ zum Anklicken der Objekte auf der Zeichenfläche können Sie ein oder mehrere Objekte auch mit Hilfe der Ebenen-Palette auswählen.

▲ **Abbildung 11.30**
Auswahl durch Klick in die Auswahlspalte

Um ein einzelnes Objekt auszuwählen, klicken Sie in der Zeile seines Eintrags in die Auswahlspalte rechts neben dem kreisförmigen Ziel-Symbol ⭕. Alle Objekte einer Ebene oder Gruppe aktivieren Sie, indem Sie in die Auswahlspalte der Ebene oder Gruppe klicken. Selbstverständlich können Sie nur sichtbare Elemente aktivieren.

Modifikationsmöglichkeiten | Drücken Sie ⌜⇧⌟, um mehrere Objekte nacheinander auszuwählen.

▶ Um Objekte von der Auswahl abzuziehen, drücken Sie ⌜⌥⌟/⌜Alt⌟+⌜⇧⌟ und klicken in die Auswahlspalte des betreffenden Elements.

▶ Drücken Sie ⌜⌥⌟/⌜Alt⌟ und klicken auf ein Element, um alle bis auf das angeklickte Element aus der Auswahl zu entfernen.

Auswahl-Symbol | Die Auswahl wird in der Auswahlspalte durch farbige Quadrate gekennzeichnet. Ein großes schwarz umrandetes Quadrat ■ signalisiert, dass alle Objekte, die zum Element gehören, ausgewählt wurden. Die Auswahl eines Objekts wird immer in allen übergeordneten Ebenen bis in die erste Hierarchiestufe angezeigt.

In den Auswahlspalten der Ebenen bedeutet das kleinere Quadrat ■, dass weitere nicht ausgewählte Objekte vorhanden sind. Wird auf Ebenen auch das große, umrandete Quadrat angezeigt, sind alle Objekte der Ebene aktiviert.

Die erste übergeordnete Ebene des aktivierten Objekts wird in der Ebenen-Palette farbig hervorgehoben.

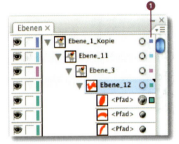

▲ **Abbildung 11.31**
Darstellung einer Objektauswahl in der Auswahlspalte ❶ der Ebenen-Palette

Alle Objekte einer Ebene auswählen

Möchten Sie nur alle Objekte aktivieren, die auf derselben Ebene liegen wie das aktuell selektierte Objekt, wählen Sie AUSWAHL • OBJEKT • ALLES AUF DENSELBEN EBENEN. Wie die Bezeichnung des Befehls nahelegt, funktioniert das auch, wenn mehrere Objekte selektiert sind, die zu verschiedenen Ebenen gehören.

Objekte verschieben und duplizieren

Um ein aktiviertes Objekt auf eine andere Ebene oder in eine Gruppe zu verschieben, klicken und ziehen Sie das Auswahl-Symbol – das kleine Quadrat auf einer übergeordneten Ebene oder das große Quadrat des Elements – auf die gewünschte Ebene. Ist die Ziel-Ebene gesperrt, zeigt Illustrator das Symbol 🚫, wenn Sie versuchen, ein Element auf diese Ebene zu verschieben.

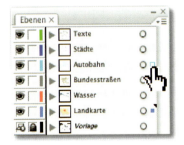

▲ **Abbildung 11.32**
Verschieben eines Objekts von der Ebene »Landkarte« auf »Autobahn«

Modifikationsmöglichkeit | Drücken Sie ⌜⌥⌟/⌜Alt⌟, um das Objekt dabei zu duplizieren.

Ziel

Wenn Sie einen Effekt oder besondere Aussehen-Eigenschaften auf ein Objekt anwenden möchten, klicken Sie üblicherweise das Objekt mit dem Auswahl-Werkzeug an und ordnen die Eigenschaft zu. Sehen Sie sich beim Auswählen einmal das Element in der Ebenen-Palette an, dann können Sie beobachten, dass ein Objekt automatisch als Ziel ausgewählt wird, sobald Sie es aktivieren.

Die hierarchische Dokumentstruktur von Illustrator ermöglicht es jedoch, auch Ebenen Aussehen-Eigenschaften zuzuweisen. Da Sie Ebenen nicht mit Auswahl-Werkzeugen aktivieren können, benötigen Sie die Ziel-Auswahl.

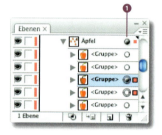

▲ **Abbildung 11.33**
Unterschiedliche Stadien des Ziel-Symbols in der Zielspalte ❶ der Ebenen-Palette

Ziel-Symbol | Jeder Eintrag in der Ebenen-Palette enthält das Ziel-Symbol. Es zeigt zum einen die Zuordnung von Aussehen-Eigenschaften und Effekten an und dient zum anderen als »Button«, um ein Element als Ziel auszuwählen:

Seine Grundform ○ signalisiert, dass ein Element – Objekt, Gruppe oder Ebene – außer *einer* Kontur und *einer* Fläche keine weiteren Aussehen-Eigenschaften besitzt. Das Symbol wird um einen Außenring ◎ ergänzt, sobald das Element als Ziel ausgewählt ist.

Die gefüllte Form ● zeigt an, dass dem Element Aussehen-Eigenschaften zugeordnet wurden. Auch für diese Form bedeutet der zusätzliche Ring ◉, dass das Element als Ziel ausgewählt ist.

▲ **Abbildung 11.34**
Objekt als Ziel auswählen

Ziel auswählen | Um Elemente – Pfade, Gruppen oder Ebenen – mit Hilfe der Ebenen-Palette als Ziel auszuwählen, klicken Sie auf das Ziel-Symbol ○ oder ●. Weisen Sie anschließend die gewünschten Aussehen-Eigenschaften zu (»Aussehen-Eigenschaften« siehe Abschnitt 11.3).

Modifikationsmöglichkeiten

▶ Drücken Sie ⇧, um weitere Elemente als Ziele auszuwählen.
▶ Drücken Sie ⌥/Alt+⇧, um Elemente von der Ziel-Auswahl zu entfernen.
▶ Drücken Sie ⌥/Alt und klicken, um alle bis auf das angeklickte Element von der Ziel-Auswahl zu entfernen.

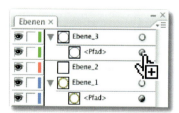

▲ **Abbildung 11.35**
Duplizieren der Aussehen-Eigenschaften von einem Element zum anderen

Aussehen verschieben und duplizieren

Das Ziel-Symbol können Sie wie das Auswahl-Symbol verwenden, um Eigenschaften eines Elements einem anderen Element zuzuweisen.

Klicken und ziehen Sie das Ziel-Symbol auf das Element, dem Sie die Eigenschaften zuordnen möchten. Alle Eigenschaften, die das »empfangende« Element bereits besitzt, werden durch die verschobenen Eigenschaften ersetzt. Das »abgebende« Element, von dem Sie das Ziel-Symbol verschieben, verliert alle Aussehen-Eigenschaften, die über die Grundeigenschaften Kontur und Fläche hinausgehen. Zu den Aussehen-Eigenschaften gleich mehr.

Modifikationsmöglichkeit | Drücken Sie ⌥/Alt, um die Aussehen-Eigenschaften zu duplizieren.

Ebenen und Aussehen-Eigenschaften

Alle Objekte, die auf einer Ebene erstellt, auf sie verschoben oder kopiert werden, erhalten automatisch die Aussehen-Eigenschaften der Ebene zusätzlich zu Eigenschaften, die den Objekten zugeordnet sind.

Aufgrund der Objekthierarchie wirken die Eigenschaften der Ebene oberhalb der Objektmerkmale. Je nach Einstellung können Objekteigenschaften trotzdem sichtbare Auswirkungen haben, z. B. durch Transparenzen oder Verformungseffekte.

Die Zuordnung der Aussehen-Eigenschaften zu einer Ebene statt den einzelnen Objekten macht also dann Sinn, wenn eine Ebene nur gleichartige Objekte enthält.

Sehr nutzbringend können Sie das bei der Gestaltung von Straßen- und Anreiseplänen für sich einsetzen. Ist das Aussehen der Ebene zugewiesen, bilden sich Kreuzungen fast von selbst.

Denken Sie aber daran, dass ein Objekt die der Ebene zugewiesenen Eigenschaften verliert, sobald Sie es auf eine andere Ebene verschieben.

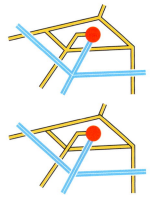

▲ **Abbildung 11.36**
Kontureneigenschaften auf die Ebene (oben) und auf die einzelnen Objekte angewendet (unten)

11.3   Aussehen-Eigenschaften

Als Aussehen-Eigenschaften werden alle die Eigenschaften bezeichnet, die das Erscheinungsbild von Objekten verändern, ohne ihre Struktur zu beeinflussen. Dazu gehören Konturen und Füllungen, Pinselkonturen, Effekte und Transparenzeinstellungen.

Nicht nur Vektor- und Textobjekte, auch Gruppen und Ebenen können Sie mit Aussehen-Eigenschaften versehen. Darüber hinaus lassen sich Effekte und Transparenzeinstellungen den Füllungen und Konturen gesondert zuweisen.

Damit bildet sich eine komplexe Hierarchie von Attributen, die das Aussehen eines Objekts steuern. Am Erscheinungsbild der Grafik können Sie in der Regel nicht erkennen, welcher Stufe der Ebenenhierarchie ein bestimmtes Attribut zugeordnet ist. Daher gibt es in Illustrator die Aussehen-Palette, die dazu dient, die Eigenschaften eines Objekts zu verwalten.

▲ **Abbildung 11.37**
Textobjekt mit Aussehen-Attributen

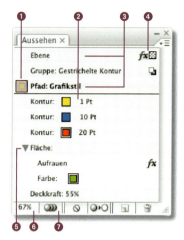

▲ **Abbildung 11.38**
Die Aussehen-Palette

▲ **Abbildung 11.39**
Darstellung des INHALT-Eintrags bei einer Ebene

Aussehen-Palette

Die Aussehen-Palette gibt detailliert Auskunft darüber, wie sich die äußerliche Erscheinung des als Ziel ausgewählten Objekts zusammensetzt. Ist kein Objekt ausgewählt, werden die angezeigten Attribute dem nächsten Objekt zugeordnet, das Sie erstellen. Die Palette rufen Sie auf, indem Sie FENSTER • AUSSEHEN – Shortcut ⇧+F6 – wählen oder im Dock ◉ klicken.

Darstellung der Objekt-Eigenschaften | Aussehen-Palette
Aussehen-Eigenschaften eines Objekts und der Gruppen und Ebenen, die es einschließen, werden in der Reihenfolge angewendet, in der sie in der Palette aufgelistet sind. Die oben liegende Eigenschaft liegt im Vordergrund der Grafik. Die Anzeige von Effekten entspricht der Reihenfolge, in der sie am Objekt angewendet werden – der oben stehende Effekt wird zuerst angewandt.

▶ EBENENHIERARCHIE: Oberhalb des schwarzen Trennstrichs in der Palette sehen Sie die Ebenenhierarchie des ausgewählten Objekts ❸ fett hervorgehoben dargestellt. Seine Attribute zeigt die Aussehen-Palette unterhalb des schwarzen Trennstrichs an. Ein Klick auf ein anderes Objekt in der Ebenenhierarchie wählt dieses als Ziel aus und öffnet dessen Aussehen-Eigenschaften.

▶ AUSSEHEN-ATTRIBUTE: Die Attribute werden in ihrer Stapelreihenfolge dargestellt ❷. Ist das aktuelle Objekt eine Gruppe oder Ebene, listet die Aussehen-Palette einen INHALT-Eintrag auf. Doppelklicken Sie auf diesen, um den Inhalt der Gruppe als Ziel auszuwählen und seine Attribute aufzulisten.
Wirklich sinnvoll ist das jedoch nur, wenn es sich bei dem Inhalt um Objekte mit identischen Eigenschaften handelt.

▶ MINIATUR: Ein Symbol ❶ visualisiert die Aussehen-Eigenschaften an einem Quadrat. Mit Hilfe des Palettenmenüs können Sie die Miniatur aus- oder einblenden.

▶ INDIKATOR-SYMBOLE: Das Transparenz-Symbol ▨ und das Kontur-Fläche-Symbol ▣ kennzeichnen, dass die entsprechenden Eigenschaften den Container-Elementen des aktuellen Objekts zugeordnet sind ❹.
Das Effekt-Symbol 𝑓𝑥 signalisiert die Anwendung eines Effekts nicht nur an übergeordneten Gruppen oder Ebenen – es wird auch bei allen Effekten angezeigt, die dem ausgewählten Objekt zugewiesen sind.

▶ ZUSÄTZLICHE ATTRIBUTE: Ein Pfeil ❺ neben einem Kontur- oder Fläche-Eintrag in der Aussehen-Palette zeigt an, dass diese Elemente eigene Aussehen-Attribute besitzen. Klicken Sie auf den Pfeil ▶, um die zusätzlichen Eigenschaften anzuzeigen.

► SKALIERUNGSFAKTOR: Ist die Voreinstellung KONTUREN UND EFFEKTE SKALIEREN aktiviert, wird hier ❻ der Faktor angezeigt, um den ein mit einem Grafikstil versehenes Objekt skaliert wurde. Doppelklicken Sie das Feld, um die Skalierung des Grafikstils (aber nicht des Objekts) auf die Originaleinstellung zurückzusetzen.

► NEUE OBJEKTE: Mit diesem Button ❼ bestimmen Sie, welche Eigenschaften des aktuellen Objekts das nächste Vektorobjekt erhält, das Sie erstellen. Alternativ wählen Sie die Optionen aus dem Palettenmenü. Sie haben zwei Einstellmöglichkeiten:
1. NEUES BILD BEHÄLT AUSSEHEN BEI 👁: Ein neues Objekt erhält den kompletten Satz Aussehen-Eigenschaften des aktuellen Objekts.
2. NEUES BILD HAT GRUNDFORM 👁 – Button ist gedrückt: Ein neues Objekt erhält nur die Basiseigenschaften des aktuellen Objekts: Fläche und Kontur und die Standardtransparenz.

Tipp

Einen weiteren Tipp zu skalierten Grafikstilen finden Sie in Abschnitt 11.5.

Konturen und Flächen anlegen

Jedes Vektorobjekt hat eine Kontur, eine Füllung und die Standardtransparenz-Einstellung. Ebenen und Gruppen ist voreingestellt nur die Transparenz zugeordnet. Um einem Objekt zusätzliche Konturen, Füllungen und Effekte zuzuweisen – bzw. einer Gruppe oder Ebene die Attribute neu zuzuweisen –, können Sie sie ganz neu anlegen oder bereits vorhandene Attribute duplizieren.

▲ **Abbildung 11.40**
Neue Kontur (oben) und duplizierte Kontur (unten)

Neue Kontur und Fläche | Zusätzliche Konturen und Füllungen legen Sie an, indem Sie NEUE KONTUR bzw. NEUE FLÄCHE HINZUFÜGEN aus dem Palettenmenü wählen. Ist einer der vorhandenen Einträge aktiviert, wird die neue Eigenschaft darüber angelegt.

Um einer Gruppe oder Ebene Konturen und Flächen zuweisen zu können, müssen Sie sie zunächst über das Menü anlegen. Erzeugen Sie die erste Kontur oder Fläche eines Elements, wird immer das jeweils andere Attribut mit angelegt.

Kontur und Fläche duplizieren | Aktivieren Sie einen bestehenden Eintrag und klicken auf den Button AUSGEWÄHLTES OBJEKT DUPLIZIEREN 🔲 oder wählen OBJEKT DUPLIZIEREN aus dem Menü, wird eine Kopie erzeugt. Das ist vor allem dann nützlich, wenn die zu kopierende Eigenschaft nicht nur aus einer Farbe, sondern auch aus Effekten und Transparenzen besteht, die Sie für die neue Eigenschaft übernehmen und editieren möchten.

▲ **Abbildung 11.41**
Beim Hinzufügen der ersten Fläche wird auch eine Kontur angelegt.

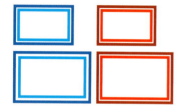

▲ Abbildung 11.42
Doppelkontur vor und nach dem Skalieren: konstruiert aus zwei gruppierten Objekten (blau) und als zusätzliche Kontur eines Objekts (rot)

▲ Abbildung 11.43
Mehrfarbige Kontur vor und nach Änderung des Pfadverlaufs: konstruiert aus drei gruppierten Objekten (blau) und als zusätzliche Konturen eines Objekts (rot)

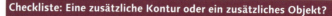

Checkliste: Eine zusätzliche Kontur oder ein zusätzliches Objekt?

Der »Effekt«, den Sie mit einer zusätzlichen Kontur (bzw. einer weiteren Fläche) für ein Objekt erreichen, lässt sich genauso einfach (und auf den ersten Blick vielleicht sogar einfacher) mit einem Duplikat des Objekts erreichen. Warum also sollten Sie lieber die komplizierte Aussehen-Palette benutzen, anstatt einfach das Objekt zu duplizieren?

Übersicht | Erzeugen Sie zusätzliche Konturen als Objekt-Eigenschaft, dann halten Sie die Gesamtanzahl der Objekte in der Datei klein, und damit bleibt das Dokument übersichtlicher.

Da Aussehen-Eigenschaften an fast allen Illustrator-Objekten angelegt werden können, ist es z. B. möglich, eine Umrandung als Eigenschaft des Textobjekts zu definieren.

Vererbung | Eine mit der Aussehen-Palette erzeugte zusätzliche Kontur oder Fläche verhält sich abhängig vom Objekt und damit von dessen weiteren Eigenschaften. Dies zeigt sich etwa beim Transformieren der Objekte oder beim Ändern eines Pfadverlaufs.

Schon einfache rechteckige mehrfarbige und skalierbare Rahmen lassen sich mit Hilfe von Aussehen-Eigenschaften komfortabler und robuster realisieren als mit zusätzlichen Objekten (siehe Abbildung 11.42).

Komplexe Konstruktionen können Sie mit Hilfe der vielfältigen Transformations- und Verformungsfunktionen von Effekten realisieren (Effekte siehe Kapitel 13).

Flexibilität | Änderungen der Attribute wie z. B. Abstände zwischen Konturen lassen sich häufig einfacher an Aussehen-Eigenschaften als an separaten Objekten durchführen.

Übertragbarkeit | Als AUSSEHEN generierte Konturen und Flächen sind Objekteigenschaften und daher auf andere Objekte übertragbar. Sie lassen sich sogar unabhängig von der ursprünglichen Datei in einer Grafikstil-Bibliothek speichern und mit anderen Nutzern austauschen.

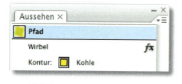

▲ Abbildung 11.44
Attribute für das gesamte Objekt zuweisen

Eigenschaften bearbeiten

Während Sie eine Pinselspitze nur der Kontur und eine Farbe nur einer Kontur oder einer Fläche zuweisen, lassen sich Effekte, Füllmethoden und Deckkrafteinstellungen sowohl dem Element – Pfad, Gruppe oder Ebene – als auch einzelnen Konturen oder Flächen zuordnen.

Möchten Sie Effekte und Transparenz für das gesamte Objekt einrichten, aktivieren Sie den Eintrag oberhalb des schwarzen Trennstrichs in der Aussehen-Palette: Pfad, Gruppe bzw. Ebene. Um einer bestimmten Kontur oder Fläche Aussehen-Eigenschaften zuzuweisen, aktivieren Sie deren Eintrag.

Wenn Sie eine Eigenschaft im Eifer des Gefechts dem falschen Attribut zugeordnet haben, ist es möglich, sie später an die richtige Stelle zu verschieben – siehe nächster Abschnitt.

Pinsel editieren | Haben Sie eine Pinselkontur angewendet, wird deren Name neben dem Farbfeld eines Konturattributs angezeigt. Ein Doppelklick auf den Eintrag öffnet die Kontur-Optionen-Dialogbox des Pinsels.

▲ **Abbildung 11.45**
Der Name einer Pinselkontur wird neben dem Farbfeld angezeigt.

Effekte anwenden | Aktivieren Sie das Objekt, eine Kontur oder Fläche, und wählen Sie anschließend den gewünschten Effekt aus dem Effekt-Menü oder verwenden die Transparenz-Palette – FENSTER • TRANSPARENZ, Shortcut ⌘/Strg+⇧+F10 –, um die Deckkrafteinstellung oder die Füllmethode zu verändern (Transparenz siehe Kapitel 12, Effekte siehe Kapitel 13).

Effekte editieren | Haben Sie einem Objekt einen Effekt zugeordnet, dessen Einstellungen Sie verändern möchten, müssen Sie auf den Eintrag des Effekts in der Aussehen-Palette doppelklicken. Es öffnet sich die Dialogbox mit den Optionen des Effekts.

▲ **Abbildung 11.46**
Wirbel-Effekt auf das ganze Objekt (links) und auf die Fläche angewendet (rechts)

Aussehen-Attribute anordnen

So wie Sie die Einträge in der Ebenen-Palette »verschieben« können, um die Stapelreihenfolge und die Objekthierarchie zu beeinflussen, ist es möglich, fast alle Attribute in der Aussehen-Palette einem anderen Eintrag zuzuordnen.

Klicken und ziehen Sie ein Kontur-, Fläche- oder Effekt-Attribut auf eine Trennungslinie, um es an einen anderen Platz in der Stapelreihenfolge zu verschieben. Effekt-Attribute *fx* lassen sich auf Kontur- oder Flächeneinträge ziehen, um sie speziell diesen Attributen zuzuordnen. Die Ausnahme bildet die Deckkrafteinstellung – diese müssen Sie mit Hilfe der Transparenz-Palette verändern. Möchten Sie die Transparenz des Objekts oder eines Attributs auf den Grundzustand setzen, löschen Sie den Transparenzeintrag.

▲ **Abbildung 11.47**
Fläche-Attribut ganz hinten (links) und ganz vorne (rechts)

Modifizierungsmöglichkeiten

▶ Drücken Sie ⌥/Alt, um einen Eintrag zu duplizieren.
▶ Drücken Sie ⇧, um mehrere Einträge zu aktivieren und sie anschließend gemeinsam zu verschieben oder zu duplizieren.

Aussehen und Gruppen/Ebenen/Symbole

Die Stapelreihenfolge der Aussehen-Eigenschaften entscheidet vor allem bei Gruppen, Ebenen und Symbolen über die Wirkung der Attribute auf das Erscheinungsbild des Objekts.

Rufen Sie die Aussehen-Eigenschaften dieser Objekte auf, erscheint in der Aussehen-Palette der zusätzliche Eintrag »Inhalt« – er steht für die untergeordneten Objekte.

> **Achtung**
>
> Wenn Sie einer Gruppe ein Aussehen zugewiesen haben, gehen diese Attribute verloren, sobald Sie die Gruppierung lösen.
>
> Erstellen Sie einen Grafikstil aus den Eigenschaften, bevor Sie die Gruppierung aufheben.
>
> Beachten Sie das Ziel-Symbol, um Aussehen-Eigenschaften der Gruppe zu erkennen.

Die Position dieses Eintrags innerhalb des Attributstapels entscheidet darüber, ob die individuellen Objekte in einer Gruppe die Attribute überdecken, die dem Gesamtobjekt zugewiesen wurden oder umgekehrt.

Abbildung 11.48 ▶
Eine Gruppe mit unterschiedlichen Aussehen-Attributen. Achten Sie auf den Eintrag INHALT.

Für die Fehlersuche beim Entwurf Ihrer Aussehen-Eigenschaften gilt daher auch: Haben Sie eine Ebene oder Gruppe mit einer Kontur und Füllung versehen, die am Objekt nicht sichtbar ist, überprüfen Sie in der Aussehen-Palette, ob das Attribut sich über dem Eintrag INHALT befindet, und verschieben es ggf. dorthin.

Aussehen umwandeln

Für den Export in andere Programme, eine spezielle Weiterbearbeitung oder wenn Sie beim Ausdrucken auf Probleme stoßen, kann es hilfreich sein, die komplexe Struktur der Aussehen-Eigenschaften eines Objekts auf einzelne Objekte zu verteilen und Effekte in Pfade oder sogar Pixelbilder umzurechnen.

Zu diesem Zweck dient der Befehl OBJEKT • AUSSEHEN UMWANDELN. Ist ein Objekt z. B. mit mehreren Konturen versehen, werden mehrere Objekte mit je einer Kontur erstellt. Je nach Aussehen-Attribut wirkt der Befehl anders:

▲ **Abbildung 11.49**
Aussehen umwandeln: Pfadansicht (unten)

▶ Einfache Konturen und Füllungen verteilt das Programm auf separate Objekte.
▶ Pinselkonturen werden in Flächen umgewandelt.
▶ Die zunächst »virtuellen« Auswirkungen derjenigen Effekte, welche die Objektform verändern, berechnet Illustrator als Formen.
▶ Einige Stilisierungseffekte wie Schatten und Schein werden als Pixelbild berechnet.

Tipp

Bei dieser Operation werden nicht automatisch alle Konturen in Flächen verwandelt. Um Konturen in Flächen umzuwandeln, verwenden Sie zusätzlich den Befehl OBJEKT • UMWANDELN…

Aussehen-Attribute vom Objekt entfernen

Um alle Eigenschaften außer den in der Grundform enthaltenen von einem Objekt zu entfernen, wählen Sie AUF GRUNDFORM REDUZIEREN aus dem Palettenmenü, oder klicken Sie auf den Button AUF GRUNDFORM REDUZIEREN ◑▸◯.

Die Grundform besteht aus einer Kontur, einer Fläche und der Standardtransparenz. Farben für Kontur und Fläche sind nicht vorgegeben. In der Stapelreihenfolge liegt die Kontur oberhalb der Fläche. Die Standardtransparenz ist definiert als Füllmethode NORMAL, Deckkraft 100 %, zusätzliche Optionen für Transparenz – Aussparungsgruppe, Füllmethode isolieren – sind deaktiviert (Transparenz siehe Kapitel 12).

Beim Reduzieren der Aussehen-Attribute eines Objekts, einer Gruppe oder Ebene auf die Grundform werden alle Effekte entfernt, die Transparenz auf den Standardwert gesetzt und alle Konturen und Flächen bis auf die jeweils oben liegenden gelöscht.

▲ **Abbildung 11.50**
Reduzieren auf die Grundform

Aussehen löschen

Löschen Sie einzelne Aussehen-Attribute, indem Sie sie aktivieren und OBJEKT ENTFERNEN aus dem Palettenmenü wählen, den Button AUSGEWÄHLTES OBJEKT LÖSCHEN 🗑 am unteren Rand der Palette klicken oder den Eintrag auf das Symbol ziehen.

Möchten Sie alle Attribute eines Objekts löschen, wählen Sie AUSSEHEN LÖSCHEN aus dem Palettenmenü, oder klicken Sie auf den Button AUSSEHEN LÖSCHEN ◎. Dabei gehen alle Attribute verloren, die Basiseigenschaften Kontur und Fläche werden auf OHNE gesetzt.

> **Tipp**
>
> Haben Sie einer Ebene eine Kontur und eine Füllung zugewiesen und möchten nur eins dieser Attribute entfernen, dürfen Sie den Eintrag nicht löschen, denn der andere würde ebenfalls gelöscht. Setzen Sie stattdessen das nicht benötigte Attribut auf OHNE.

11.4 Aussehen-Eigenschaften übertragen

Möchten Sie ein Objekt genauso wie ein anderes Objekt gestalten, können Sie die Aussehen-Attribute des Musterobjekts aufrufen und in derselben Form bei dem anderen Objekt einrichten.

Illustrator bietet jedoch ein Hilfsmittel, um Eigenschaften einfacher zu übertragen: Mit der Pipette lassen sich Aussehen-Attribute aufnehmen und an ein anderes Objekt weitergeben.

Pipette 🖊

Das Pipette-Werkzeug übernimmt Eigenschaften eines Objekts in die Aussehen-Palette und kann sie auf ein anderes Objekt übertragen. Nicht alle in der Aussehen-Palette aufgelisteten Eigenschaften lassen sich mit der Pipette übertragen – nur Farbe, Transparenz, Überdrucken, Kontureigenschaften, Zeichen- und

▲ **Abbildung 11.51**
Übertragen von Zeichenformatierungen mit dem Pipette-Werkzeug

Absatzformatierungen. Darüber hinaus können Sie mit der Pipette Farben aus platzierten Pixelbildern aufnehmen.

Attribute übernehmen | Um Eigenschaften eines anderen Objekts zu übernehmen, gehen Sie wie folgt vor:

1. Aktivieren Sie das oder die Objekte, deren Eigenschaften Sie verändern wollen.
2. Wählen Sie das Pipette-Werkzeug, oder drücken Sie $\boxed{\text{I}}$.
3. Klicken Sie mit dem Pipetten-Cursor 🖊 auf das Objekt, dessen Eigenschaften Sie übernehmen möchten.

Attribute auf mehrere Objekte übertragen | So übertragen Sie Eigenschaften von einem Objekt auf andere Objekte:

1. Wählen Sie die Pipette.
2. Klicken Sie mit dem Pipetten-Cursor 🖊 auf das Objekt, dessen Eigenschaften Sie aufnehmen möchten.
3. Drücken und halten Sie $\boxed{\text{⌥}}$/$\boxed{\text{Alt}}$ – der Pipetten-Cursor verändert sich in eine spiegelverkehrte Form 🖊 –, und klicken Sie auf das oder nacheinander auf die Objekte, denen Sie die aufgenommenen Eigenschaften übertragen möchten.

▲ **Abbildung 11.52**
Objekteigenschaften übertragen

Farbe aufnehmen | Sie können auch nur eine Farbe aufnehmen – das kann die Farbe einer Kontur, einer Fläche, eine Farbe aus einer bestimmten Stelle eines Verlaufs oder eine Farbe aus einer platzierten Rastergrafik sein – und sie für die Füllung oder Kontur eines aktivierten Objekts übernehmen. Gehen Sie wie folgt vor, um nur die Farbe aufzunehmen und zu übertragen:

1. Aktivieren Sie das Objekt, das die Farbe erhalten soll.
2. Aktivieren Sie in der Werkzeugpalette das Farbauswahlfeld Kontur oder Fläche – je nachdem, auf welche der beiden Sie die Farbe übertragen möchten.
3. Wählen Sie die Pipette.
4. Halten Sie $\boxed{\text{⇧}}$ und klicken Sie mit dem Pipetten-Cursor 🖊 auf die Farbe, die Sie übertragen möchten. Beim Klick »füllt« sich der Cursor mit Farbe – zeigt er außerdem ein kleines Quadrat 🖊, so heißt dies, dass die Farbe nur im RGB-Modus aufgenommen werden konnte und daher in den Farbmodus des Dokuments konvertiert wurde. Die angewendete stimmt also nicht ganz exakt mit der aufgenommenen Farbe überein.

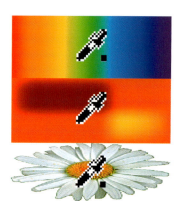

▲ **Abbildung 11.53**
Aus Verläufen können Farben nur im RGB-Modus aufgenommen werden – bei platzierter Rastergrafik hängt es vom Farbmodus ab.

Ist kein Objekt aktiv, dann werden die Eigenschaften des mit der Pipette angeklickten Objekts zur Voreinstellung für das nächste Objekt. Klicken Sie mit der Pipette ein eingesetztes Pixelbild an, wird die Farbe des angeklickten Pixels in das aktivierte Farbauswahlfeld der Werkzeugpalette übernommen.

Optionen | Per Doppelklick auf das Pipette-Werkzeug in der Werkzeugpalette erreichen Sie die Optionen. Hier stellen Sie ein, welche Eigenschaften aufgenommen und welche auf andere Objekte übertragen werden.

Außerdem können Sie die Genauigkeit des Farbaufnahme-Werkzeugs für Pixelbilder einstellen: Es nimmt entweder exakt die Farbe des angeklickten Pixels auf oder bildet einen Durchschnitt aus den Farben der Umgebungspixel.

▲ **Abbildung 11.54**
Pipettengenauigkeit: Rot: 1 Pixel, Blau: 3 x 3 Pixel, Grün: 5 x 5 Pixel

11.5 Aussehen-Eigenschaften speichern

Die Möglichkeit, Aussehen-Attribute zu übertragen, erleichtert die Arbeit ein wenig. Weitaus effektiver gestaltet sich die Vorgehensweise, wenn Sie Aussehen-Eigenschaften mit Hilfe eines Grafikstils zusammenfassen.

Grafikstile

In einem Grafikstil speichern Sie eine Zusammenstellung von Aussehen-Eigenschaften, damit diese für zukünftige Objekte einfach wiederverwendbar sind. Mit Hilfe eines Grafikstils können Sie alle Einstellungen, die Sie vorher mühsam nacheinander in der Aussehen-Palette vorgenommen haben, in einem Schritt auf ein Objekt anwenden. Das spart Ihnen nicht nur Arbeit, sondern wahrt auch ein exakt einheitliches Aussehen, wo dies nötig ist.

▲ **Abbildung 11.55**
Grafikstile in der Steuerungspalette

Wenn Sie Grafikstile auf Objekte anwenden, behalten diese die Verbindung zum Grafikstil, so dass Änderungen an der Definition des Stils an allen Objekten übernommen werden, die diesen Stil verwenden. Grafikstile können Sie wie Farbfelder nicht nur innerhalb einer Datei, sondern mittels Bibliotheken auch über Dokumente hinweg verwenden. Grafikstile werden mit der Grafikstile-Palette verwaltet und angewendet. Rufen Sie die Palette auf mit FENSTER • GRAFIKSTILE – Shortcut ⌂+F5, im Dock 🖫.

▲ **Abbildung 11.56**
Grafikstile-Palette

Anzeige-Optionen der Palette

Die Darstellungsart und Sortierung der Grafikstile-Palette wählen Sie aus dem Menü.

▶ **Miniaturen:** Voreingestellt zeigt die Grafikstile-Palette die Einträge in Reihen nebeneinander als Miniaturen an.
▶ **Kleine/Große Liste:** Wählen Sie KLEINE oder GROSSE LISTE, um die Grafikstile in Listenform untereinander darzustellen.
▶ **Nach Name sortieren:** In der Listen-Ansicht der Palette lassen sich die Einträge nach ihrem Namen sortieren.

▲ **Abbildung 11.57**
Darstellung als KLEINE LISTE

Grafikstil zuweisen

Möchten Sie einem Objekt einen Grafikstil zuweisen, aktivieren Sie das Objekt bzw. wählen Sie eine Ebene als Ziel aus, und einen Stil aus der Grafikstile-Palette, einer Grafikstile-Bibliothek oder aus der Steuerungspalette unter STIL.

▲ **Abbildung 11.58**
Zeichenfarbe überschreiben
(rechts)

Grafikstil und Textobjekte | Beim Anwenden eines Grafikstils auf ein Textobjekt haben Sie die Wahl, ob die Original-Schriftfarbe erhalten bleibt oder der Grafikstil die Schriftfarbe bestimmen soll. Aktivieren Sie die Option ZEICHENFARBE ÜBERSCHREIBEN im Palettenmenü, damit der Grafikstil die Schriftfarbe bestimmt.

Grafikstil vom Objekt entfernen

Einen Grafikstil entfernen Sie vom Objekt, indem Sie dem Objekt den Stil [STANDARD] ❶ zuweisen. Damit werden alle Aussehen-Eigenschaften gelöscht, und das Objekt erhält die Grundattribute.

Verbindung lösen

Möchten Sie die Verbindung zwischen Objekt und Grafikstil lösen, klicken Sie auf den Button VERBINDUNG MIT GRAFIKSTIL AUFHEBEN. Alternativ verändern Sie eines der Aussehen-Attribute des Objekts. Das Objekt behält die Aussehen-Eigenschaften, wird aber nicht mehr aktualisiert, wenn Sie die Grafikstil-Definition editieren.

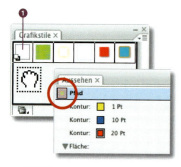

▲ **Abbildung 11.59**
Erstellen eines Grafikstils durch
Ziehen der Miniatur aus der Aussehen-Palette in die Grafikstile-Palette

Grafikstil erstellen

Um einen neuen Grafikstil zu erstellen, richten Sie zunächst die Aussehen-Attribute ein, oder aktivieren Sie ein Objekt, das diese Attribute besitzt. Wählen Sie NEUER GRAFIKSTIL… aus dem Palettenmenü, oder klicken Sie auf den Button NEUER GRAFIKSTIL.

Wenn Sie einen neuen Grafikstil aus den Eigenschaften eines aktivierten Objekts erstellen, wird der neue Stil diesem Objekt automatisch zugeordnet.

Modifikationsmöglichkeit

▶ Drücken Sie [⌥]/[Alt] und klicken auf den Button NEUER GRAFIKSTIL, um die Optionen-Dialogbox aufzurufen.

Grafikstil duplizieren

Erzeugen Sie die Kopie eines vorhandenen Grafikstils, indem Sie diesen aktivieren und GRAFIKSTIL DUPLIZIEREN aus dem Menü wählen oder auf den Button NEUER GRAFIKSTIL klicken.

Tipp

Wurden die Einstellungen eines Grafikstils gemeinsam mit dem Objekt skaliert, und Sie möchten den Grafikstil mitsamt der Skalierung als neuen Stil definieren, dann lösen Sie zunächst die Verbindung zwischen Objekt und Stil auf. Dies führt dazu, dass die veränderten Eigenschaften in die Aussehen-Palette übernommen werden. Damit lässt sich der Grafikstil neu definieren.

Grafikstil-Optionen

In den Grafikstil-Optionen haben Sie die Möglichkeit, dem Grafikstil einen Namen zu geben. Doppelklicken Sie auf den Grafikstil in der Palette, oder wählen Sie GRAFIKSTIL-OPTIONEN… aus dem Palettenmenü.

Attribute eines Grafikstils ändern

Einzelne Attribute eines Grafikstils können Sie nicht ändern. Es ist nur möglich, den gesamten Stil durch einen neuen zu ersetzen, der die geänderten Attribute enthält.

Sie haben verschiedene Möglichkeiten:

▶ **Grafikstil durch Grafikstil ersetzen:** Um einen Grafikstil durch einen anderen Grafikstil zu ersetzen, drücken Sie ⌥/Alt und ziehen in der Grafikstil-Palette den gewünschten Eintrag auf den Stil, den Sie ersetzen möchten. Mit dieser Methode lassen sich unterschiedliche, bereits an Objekten angewendete Aussehen-Attribute vereinheitlichen.

▶ **Mit Aussehen-Miniatur neu definieren:** Ändern Sie die Attribute an einem Objekt, oder aktivieren Sie ein Objekt, das die nötigen Attribute besitzt. Drücken Sie ⌥/Alt, und ziehen Sie die Miniatur aus der Aussehen-Palette auf den zu ersetzenden Grafikstil.

▶ **Palettenmenü Aussehen-Palette:** Aktivieren Sie den Grafikstil, der ersetzt werden soll, sowie ein Objekt, das die neuen Attribute besitzt. Wählen Sie GRAFIKSTIL NEU DEFINIEREN aus dem Palettenmenü der Aussehen-Palette.

Grafikstile kombinieren

Möchten Sie einen neuen Grafikstil erstellen, der die Attribute mehrerer bestehender Stile in sich vereint, können Sie sie mit einem Menübefehl zusammenfügen. Da der neue Stil die Aussehen-Attribute der zusammengefügten Grafikstile in der Reihenfolge enthält, die sie in der Palette hatten, ordnen Sie die Stile gegebenenfalls an.

Aktivieren Sie die betreffenden Grafikstile anschließend in der Palette – drücken Sie ⌘/Strg, um nicht direkt aufeinander folgende Einträge auszuwählen.

Rufen Sie dann GRAFIKSTILE ZUSAMMENFÜGEN aus dem Menü der Grafikstile-Palette auf. Geben Sie dem neuen Stil in der Dialogbox einen Namen.

Grafikstil löschen

Einen Grafikstil löschen Sie, indem Sie ihn aktivieren und GRAFIK-STIL LÖSCHEN aus dem Palettenmenü wählen oder auf den Button GRAFIKSTIL LÖSCHEN 🗑 klicken. Bestätigen Sie die Dialogbox mit

Tipp

Möchten Sie alle Objekte aktivieren, die einen bestimmten Grafikstil besitzen, aktivieren Sie entweder den Grafikstil in der Palette oder ein Objekt, dem er zugeordnet ist, und wählen Sie AUSWAHL • GLEICH • STIL.

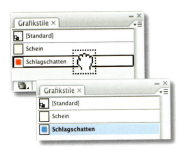

▲ **Abbildung 11.60**
Ersetzen Sie einen Grafikstil, wird nur der betreffende Eintrag hervorgehoben – nicht die gesamte Palette wie beim Erstellen eines neuen Grafikstils.

▲ **Abbildung 11.61**
Kombination der drei Grafikstile (oben) ergibt das Aussehen (unten).

OK. Möchten Sie die Abfrage umgehen, ziehen Sie den Eintrag oder die Miniatur auf den Button.

Falls der Grafikstil auf Objekte angewendet war, behalten diese Objekte die Aussehen-Attribute, es besteht jedoch keine Verknüpfung mehr mit einem Grafikstil.

Grafikstil-Bibliotheken verwenden

Zusätzlich zu den Grafikstilen, die Sie in der Palette vorfinden, wurden bei der Installation des Programms weitere Grafikstile in Bibliotheken abgelegt. Diese rufen Sie im Menü FENSTER • GRAFIKSTIL-BIBLIOTHEKEN auf oder mit GRAFIKSTIL-BIBLIOTHEK ÖFFNEN aus dem Menü der Grafikstile-Palette bzw. mit dem Button GRAFIKSTIL-BIBLIOTHEKEN 🗔, unten in der Palette. Wie alle Bibliotheken werden auch diese in einem eigenen Fenster geöffnet.

Sobald Sie einen Grafikstil aus der Bibliothek an einem Objekt anwenden, wird er in die Grafikstile-Palette übernommen.

Grafikstil in die Palette übernehmen | Möchten Sie einen Stil in die Grafikstile-Palette kopieren, ohne ihn anzuwenden, ziehen Sie seine Miniatur aus der Bibliothek- in die Grafikstile-Palette.

Grafikstile aus Illustrator-Dokument laden | Um Grafikstile aus einer anderen Illustrator-Datei als Bibliothek zu öffnen, wählen Sie GRAFIKSTIL-BIBLIOTHEK ÖFFNEN • ANDERE BIBLIOTHEK... aus dem Palettenmenü und öffnen die gewünschte Datei.

Grafikstil-Bibliotheken erstellen

Wenn Sie die Grafikstile des aktuellen Dokuments in anderen Dokumenten verwenden oder weitergeben möchten, speichern Sie sie als Bibliothek. Stellen Sie zunächst in der Grafikstile-Palette die benötigten Stile zusammen, und löschen Sie die Stile, die Sie nicht brauchen.

Wählen Sie anschließend GRAFIKSTIL-BIBLIOTHEK SPEICHERN... aus dem Palettenmenü. Sichern Sie die Datei im vorgeschlagenen Ordner, erscheint Ihre Bibliothek im Grafikstil-Bibliothek-Menü.

Schritt für Schritt: Kartengrafik

1 **Vorlage importieren und Vorlagenebene einrichten**

Wählen Sie DATEI • PLATZIEREN..., und selektieren Sie die Vorlagendatei Strassenplan-Vorlage.tif von der DVD. Aktivieren Sie die Option VORLAGE in der Dialogbox, damit automatisch eine Vorlagenebene für die Grafik erzeugt wird, d. h., die Vorlagenzeichnung wird abgeblendet und die Ebene fixiert.

2 Ebenen für Grafik definieren

Richten Sie die weiteren benötigten Ebenen ein. Es müssen mindestens je eine Ebene für Landkartenelemente, die Autobahnen und die Bundesstraßen vorhanden sein.

Legen Sie sich außerdem eine Ebene an, auf der Sie alle Texte unterbringen. Das erleichtert das Auswählen der Texte zu Formatierungszwecken.

3 Erste Objekte nachzeichnen

Ob Sie erst die benötigten Farbfelder einrichten oder mit dem Zeichnen der Objekte beginnen, ist davon abhängig, ob ein Designkonzept für Karten besteht oder dieses beim Erstellen der Grafik mitentwickelt wird.

In der Übung beginnen Sie mit dem Nachzeichnen der Landkarten-Elemente: Wasserflächen und Stadtumriss. Den Oberlauf des Flusses sollten Sie zunächst als einen Pfad mit einer starken Kontur anlegen und erst dann in eine Fläche umwandeln, wenn Sie mit dem Flussverlauf zufrieden sind und dessen Stärke an das Design Ihrer Karte angepasst haben.

Wenn Sie sich über die endgültige Größe und das Seitenverhältnis Ihrer Karte nicht sicher sind, ist es sinnvoll, die Grundfläche etwas großzügiger anzulegen und gegebenenfalls später mit Schnittmasken zu beschneiden.

Legen Sie einige Autobahnen und Bundesstraßen auf den jeweiligen Ebenen als Linien an. Wenn Ihnen die bereits erstellten Elemente im Weg sind, verstecken Sie sie, indem Sie in der Sichtbarkeitsspalte der Ebenen-Palette auf das zum Element oder zur Ebene gehörige Auge-Symbol 👁 klicken.

4 Aussehen-Eigenschaften bestimmen

Verwenden Sie die bereits vorhandenen Straßen, um deren Optik zu entwerfen. Den Straßen werden Sie die in Plänen übliche Kennzeichnung geben – damit Sie die Konturstärken zum Design passend anlegen können, benötigen Sie die Beispielstraßen.

▲ **Abbildung 11.62**
Ebenenstruktur der Grafik

▲ **Abbildung 11.63**
Der Flusslauf ist zunächst nur eine Kontur.

▼ **Abbildung 11.64**
Aussehen-Eigenschaften der Straßen: dargestellt in der Grafik (links) und in der Aussehen-Palette (Mitte und rechts)

Aktivieren Sie eine der »Autobahnen« und weisen ihr eine weiße
Kontur in der Stärke von 8 Pt zu. Erzeugen Sie anschließend mit
der Aussehen-Palette eine weitere Kontur darüber, die Sie 100 %
Cyan einfärben, Stärke 6 Pt, und noch eine dritte Kontur – weiß,
0,5 Pt. Wählen Sie eine »Bundesstraße« aus und weisen ihr eine
schwarze Kontur in 5 Pt zu. Erzeugen Sie darüber eine zweite
Kontur und weisen Ihr die Farbe M25/Y100 in der Stärke 3 Pt zu.

▲ **Abbildung 11.65**
Grafikstil erzeugen

5 **Grafikstile einrichten und zuweisen**

Um die Eigenschaften zukünftig einfacher zuweisen zu können,
richten Sie Grafikstile ein. Aktivieren Sie eines der eben mit Konturen versehenen Straßenobjekte, drücken Sie ⌥/Alt und klicken auf den Button NEUER GRAFIKSTIL ◻ in der Grafikstile-Palette.
Geben Sie dem Stil einen aussagekräftigen Namen. Verfahren Sie
genauso mit dem anderen Straßenobjekt.

Erstellen Sie die Pfade für die restlichen Straßen auf den entsprechenden Ebenen. Anschließend aktivieren Sie jeweils alle
Objekte auf einer Ebene, indem Sie in die Auswahlspalte der
Ebene in der Ebenen-Palette klicken. Löschen Sie alle den einzelnen Pfaden zugewiesenen Aussehen-Eigenschaften, indem Sie
auf den Button AUSSEHEN LÖSCHEN ⊘ in der Aussehen-Palette
klicken. Gruppieren Sie die ausgewählten Pfade, wählen Sie die
Gruppe als Ziel aus, und weisen Sie der Gruppe einen der eben
erzeugten Grafikstile zu. So werden Straßenkreuzungen fast »von
selbst« erzeugt (Abbildung 11.67).

▲ **Abbildung 11.66**
Aktivieren aller Objekte auf einer
Ebene mit einem Klick in die Aus-
wahlspalte der Ebene

6 **Zeichnung ausarbeiten**

Jetzt erstellen Sie die Städte als Punkte und die Texte der zugehörigen Städtenamen. Zum Abschluss fehlt noch die Hintergrundgestaltung der Fläche. Sie ist vor allem durch den unregelmäßigen
Verlauf gekennzeichnet, der den Raum der Metropolregion
begrenzt.

Damit Sie ungestört arbeiten können, blenden Sie alle Ebenen
bis auf Vorlage, Fluss und Hintergrund aus. Definieren Sie zwei
Farbfelder für die Hintergrundgestaltung: Beige C5/M10/Y35 und
Blau C12/M8/Y6.

Die Verläufe erstellen Sie als Überblendung zwischen jeweils
zwei Pfaden. Beginnen Sie mit der Erstellung dieser beiden Pfade.
Setzen Sie die Anfangs- und Endpunkte so, dass Sie die durch die
Überblendung entstehende Kante später mit anderen Flächen
überdecken können. Weisen Sie den Konturen dieser Pfade die
eben erstellten Farbfelder zu.

Bevor Sie die Pfade überblenden, zeichnen Sie die Umrisse der
beigen Fläche – diese erstellen Sie in zwei Teilen: ober- und
unterhalb des Flusses.

▲ **Abbildung 11.67**
Kreuzungen

◀ **Abbildung 11.68**
Pfade für die Angleichungen jeweils beige und grau und die
Flächen in orange (links), Angleichungsgruppen erstellt und
gefüllte Flächen (rechts)

Anschließend bilden Sie die Angleichungen – aktivieren Sie jeweils die zusammengehörigen Pfade und wählen OBJEKT • ANGLEICHEN • ERSTELLEN.

Füllen Sie dann die beiden Flächen mit dem Farbfeld Beige, und ordnen Sie sie in der Stapelreihenfolge unter die Anglei-chungen. Die südliche beige Fläche und deren Angleichung liegt über dem nördlichen Paar (siehe Abbildung 11.68).

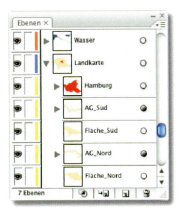

7 Beschneiden

Blenden Sie jetzt alle Ebenen ein, deren Objekte beschnitten werden müssen. Wandeln Sie den »Fluss« mit OBJEKT • PFAD • KONTURLINIE in eine Fläche um, und verwenden Sie die Pathfin-der-Palette (siehe Kapitel 10), um die Fläche den anderen Was-serflächen hinzuzufügen.

▲ **Abbildung 11.69**
Stapelreihenfolge der Objekte

Erstellen Sie ein Rechteck in der passenden Größe über allen Objekten. Aktivieren Sie das Rechteck und die zu beschneidenden Objekte, indem Sie in der Ebenen-Palette jeweils in die Auswahl-spalte klicken. Wählen Sie OBJEKT • SCHNITTMASKE • ERSTELLEN – Shortcut ⌘/Strg + 7 .

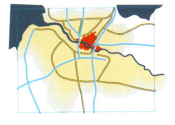 

▲ **Abbildung 11.70**
Von links: Anpassen der Schnittmaske, nach Erstellen des Schnittsatzes, Anordnen der Ebenen und Zuweisen der Fläche

Die Objekte sind in der falschen Reihenfolge, verschieben Sie also die Ebene mit dem Stadtumriss an die richtige Stelle unter-halb der Wasserfläche. Wählen Sie das Maskenobjekt als Ziel aus, und weisen Sie ihm das blaue Farbfeld als Fläche zu.

Blenden Sie alle Beschriftungen ein, und speichern Sie die Gra-fik unter einem neuen Namen. ■

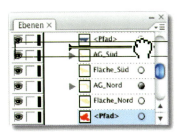

▲ **Abbildung 11.71**
Stadtumriss verschieben

▲ **Abbildung 11.72**
Die Zacken dieses Sterns lassen
sich nicht aktivieren, denn sie sind
das Ergebnis von Effekten.

▲ **Abbildung 11.73**
Hier handelt es sich um mehrere
offene Pfade. Daher nimmt das
»Objekt« keine Füllung an.

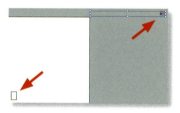

▲ **Abbildung 11.74**
Beim Öffnen von Fremdformaten
kann es schon mal passieren, dass
Objekte (o. rechts) weit außerhalb
der Zeichenfläche (u. links) liegen.

▲ **Abbildung 11.75**
Das im Drucken-Dialog eingerich-
tete Papierformat (gestrichelte
Linie) deckt nur die Hälfte der
Zeichenfläche ab.

Checkliste: Objekte lassen sich nicht bearbeiten

Wenn Objekte »verschwinden«, sich nicht mehr aktivieren und bearbeiten lassen oder auch nur bei der Analyse einer fremden Datei ist es
nötig, den Dingen auf den Grund zu gehen. Die aufgelisteten (fett gedruckten) Symptome sind nur die gebräuchlichsten Beispiele, die Methoden gelten selbstverständlich auch für andere Problemfälle.

Meine Objekte sind nicht mehr da | Sehen Sie in der Ebenen-Palette
nach, ob die Sichtbarkeit aller Ebenen aktiviert und die Fixierung deaktiviert ist. Suchen Sie dort direkt nach dem Eintrag Ihres Objekts.
    Oder wechseln Sie mit ⌘/Strg+Y aus der Vorschau in die Pfad-
ansicht – so sehen Sie auch Objekte, die mit der Farbe WEISS oder OHNE
versehen sind.

Ich kann keine einzelnen Punkte aktivieren | Prüfen Sie mit der Aus-
sehen-Palette, ob die vermeintlichen Punkte nur das Resultat eines auf
das Objekt oder die Ebene angewendeten Effekts sind. Sehen Sie in der
Ebenen-Palette nach, ob das Objekt fixiert ist.

Der Transformationsrahmen ist weg | Falls Sie den Begrenzungsrah-
men vermissen, prüfen Sie im Menü ANSICHT, ob seine Anzeige vielleicht ausgeblendet ist.

Kein Objekt lässt sich aktivieren | Lassen sich Objekte scheinbar
nicht aktivieren, obwohl sie nicht fixiert sind, so ist meist nur die Anzeige der Aktivierung ausgeblendet. Wählen Sie ANSICHT • ECKEN EIN-
BLENDEN. Eine andere Möglichkeit ist, dass Sie die Voreinstellung OB-
JEKTAUSWAHL NUR ÜBER PFAD aktiviert haben. Diese bewirkt, dass ein
Klick auf die Objektfläche nicht ausreicht, um das Element zu selektieren.

Das Objekt lässt sich nicht füllen | Verwenden Sie die Dokumentin-
formationen-Palette (Option OBJEKTE), um zu prüfen, ob es sich wirklich
um einen geschlossenen Pfad und nicht um mehrere offene handelt.
Sehen Sie in der Zielspalte der Ebenen-Palette nach, ob dem Objekt
spezielle Aussehen-Eigenschaften zugewiesen sind.

Es sind keine Objekte auf der Zeichenfläche | Sie wählen ANSICHT •
IN FENSTER EINPASSEN, und es werden keine Objekte angezeigt? Vielleicht haben Sie aus Versehen nicht auf der Zeichenfläche, sondern auf
der Montagefläche gezeichnet. Dies kann vor allem passieren, wenn Sie
die Anzeige der Seitenbegrenzung ausblenden. Zoomen Sie aus dem
Dokument heraus oder sehen Sie in der Ebenen-Palette nach.

Es werden nur Teile der Objekte gedruckt | Blenden Sie die Zeichen-
fläche ein und prüfen Sie, ob die Elemente darauf liegen. Sehen Sie mit
eingeblendeter Seitenaufteilung nach, ob die Zeichenfläche richtig auf
dem Papierformat ausgerichtet ist.

Das Objekt lässt sich nicht bearbeiten | Die Steuerungspalette zeigt
die Objektart an, sobald ein Objekt ausgewählt ist. So lässt sich einfach
überprüfen, ob Objekte aktiviert werden und um welche Objekte es
sich handelt. Sie können nicht alle Operationen an jedem Objekt ausführen.

12 Transparenzen und Masken

Transparenzen begegnen Sie in Illustrator an vielen Stellen – vielleicht sogar, ohne es zu merken. Natürlich arbeiten Sie mit Transparenz, wenn Sie mit der Transparenz-Palette die Deckkraft eines Objekts reduzieren, eine Füllmethode oder eine Deckkraftmaske zuweisen. Aber auch einige Live-Effekte wie Schatten, Schein und Weichzeichner beruhen auf Transparenzen. Und da die Transparenz zu den Aussehen-Eigenschaften eines Objekts gehört, können auch Grafikstile, Pinselspitzen und Symbole Transparenzen enthalten.

Transparenzen sind im Nu eingerichtet, sie können jedoch beim Drucken und Exportieren Probleme bereiten, daher sollten Sie sich auch mit der Ausgabe von Transparenzen befassen.

Dokumente und Transparenz

Anders als in Bildbearbeitungssoftware ist in Vektorgrafikprogrammen die Zeichenfläche insgesamt transparent. Das merken Sie u. a. dann, wenn Sie eine Illustrator-Datei in einem Layout platzieren: Außerhalb der Fläche des Objekts sehen Sie den Hintergrund.

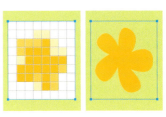

▲ **Abbildung 12.1**
Platzieren im Layout: pixelbasiertes Bild (links), Vektorgrafik (rechts)

Die Transparenz in einem Illustrator-Dokument können Sie sich anzeigen lassen, indem Sie ANSICHT • TRANSPARENZRASTER EINBLENDEN wählen – Shortcut ⌘/Strg+⇧+D.

Voreingestellt besteht dieses Raster aus einem grau-weißen bzw. dunkelgrauen (für Video-Vorlagen) Karomuster; dies können Sie jedoch unter DATEI • DOKUMENT EINRICHTEN... auf der Seite TRANSPARENZ ändern. Das Raster ist nicht-druckend und dient nur zur Bildschirmanzeige.

12.1 Deckkraft und Füllmethode

Die Einstellungen für Deckkraft und Füllmethode, die Zuweisung von Deckkraftmasken und die Einstellungen der Optionen für gruppierte Objekte mit Transparenzeigenschaften nehmen Sie mit Hilfe der Transparenz-Palette vor.

▲ **Abbildung 12.2**
Transparenzraster

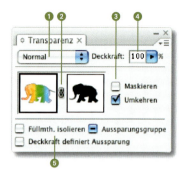

▲ **Abbildung 12.3**
Transparenz-Palette

Transparenz-Palette

Rufen Sie die Palette auf mit dem Befehl FENSTER • TRANSPARENZ
– Shortcut ⌘/Strg+⇧+F10, im Dock . Blenden Sie die
Optionen über das Palettenmenü ein, falls sie versteckt sind.

▶ FÜLLMETHODE: Die Füllmethoden ❶ bestimmen den Algorithmus, nach dem aus übereinanderliegenden Farben der Farbeindruck berechnet wird. NORMAL ist die Grundeinstellung.
Alternative Füllmethoden zeigen nur dann eine Wirkung,
wenn sie Objekten zugewiesen werden, die über anderen
Objekten liegen. Die Auswirkungen der Füllmethoden auf die
Farben werden im nächsten Abschnitt besprochen.

▶ DECKKRAFT: Durch die Deckkraft ❹ haben Sie die Möglichkeit,
die Füllmethode weitergehend zu steuern, indem Sie mit
einem Wert von 0 bis 100 % vorgeben, welchen Anteil die
Farbe eines Objekts an der Ergebnisfarbe hat. Mit der Füllmethode NORMAL und einer Deckkraft von weniger als 100 %
erzeugen Sie ein durchscheinendes Objekt.
Verwenden Sie die Deckkrafteinstellung nicht, um ein einfar-
biges Objekt »aufzuhellen«. Zu diesem Zweck ist eine Farbton-
Einstellung besser geeignet (siehe Kapitel 8).

▶ Miniatur: In dem Miniatur-Feld ❷ wird das ausgewählte Objekt
und die darauf wirkende Deckkraftmaske angezeigt – falls für
das Objekt eine Maske eingerichtet ist.

▶ Masken-Optionen: Die Einstellungen ❸ für die Deckkraftmaske
sind anwählbar, sobald ein maskiertes Objekt aktiviert wurde.

▶ Optionen für Gruppen: Gruppieren Sie Objekte, denen Transparenzeinstellungen zugeordnet sind, können Sie mit den
Optionen ❺ bestimmen, wie sich die Transparenzeinstellungen
dieser Objekte innerhalb der Gruppe und in Bezug auf Objekte
außerhalb der Gruppe auswirken.

Füllmethoden-Menü

Die Optionen im Menü FÜLLMETHODE sind gruppiert. Nach der
Option NORMAL folgen vier Gruppen, die anhand der Auswirkung der Methoden zusammengestellt sind: abdunkelnd, aufhel-
lend, kontrastverändernd und invertierend. Die letzte Gruppe
fasst Berechnungen mit Farbton, Sättigung und Luminanz zusammen, deren Auswirkungen auf die Farben der Objekte jedoch
nicht vergleichbar sind.

Die Wirkung der Füllmethoden unterscheidet sich je nach dem
Farbmodus des Dokuments. In der Regel sind die Auswirkungen
der Füllmethoden im RGB-Modus stärker als im CMYK-Modus.
Einige Füllmethoden zeigen jedoch im CMYK-Modus überhaupt
keine Wirkung.

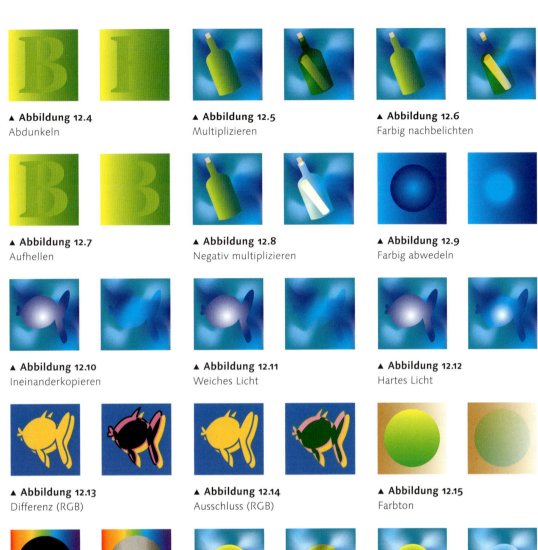

▲ **Abbildung 12.4**
Abdunkeln

▲ **Abbildung 12.5**
Multiplizieren

▲ **Abbildung 12.6**
Farbig nachbelichten

▲ **Abbildung 12.7**
Aufhellen

▲ **Abbildung 12.8**
Negativ multiplizieren

▲ **Abbildung 12.9**
Farbig abwedeln

▲ **Abbildung 12.10**
Ineinanderkopieren

▲ **Abbildung 12.11**
Weiches Licht

▲ **Abbildung 12.12**
Hartes Licht

▲ **Abbildung 12.13**
Differenz (RGB)

▲ **Abbildung 12.14**
Ausschluss (RGB)

▲ **Abbildung 12.15**
Farbton

▲ **Abbildung 12.16**
Sättigung

▲ **Abbildung 12.17**
Farbe

▲ **Abbildung 12.18**
Luminanz

Bezeichnungen | Die unter dem mit einer Füllmethode versehe-
nen Objekt liegende Farbe bezeichnet man als **Grundfarbe**.

Angleichungsfarbe nennt man die Farbe, die das mit der Füllmethode versehene Objekt ursprünglich besitzt. Flächen, auf
denen ein mit einer Füllmethode versehenes Objekt andere
Objekte überlappt, zeigen die **Ergebnisfarbe** (siehe Abbildung
12.19).

▲ **Abbildung 12.19**
Bezeichnungen: Grundfarbe ❶,
Angleichungsfarbe ❸, Ergebnis-
farbe ❷

Deutsch	Englisch
Normal	Normal
Abdunkeln	Darken
Multiplizieren	Multiply
Farbig nach-belichten	Color Burn
Aufhellen	Lighten
Neg. multiplizieren	Screen
Farbig abwedeln	Color Dodge
Ineinander-kopieren	Overlay
Weiches Licht	Soft Light
Hartes Licht	Hard Light
Differenz	Difference
Ausschluss	Exclusion
Farbton	Hue
Sättigung	Saturation
Farbe	Color
Luminanz	Luminosity

▲ **Tabelle 12.1**
Füllmethoden, deutsche und
englische Bezeichnungen

▲ **Abbildung 12.20**
Spitzlicht mit der Füllmethode
HARTES LICHT

Die Füllmethoden

▶ **Normal**: Bei dieser Methode liegen die Flächen opak – deckend – übereinander. Nur die eingestellte Deckkraft kann zu einer Veränderung der Farben führen. Die Option NORMAL ist die Standard-Füllmethode für neu erstellte Objekte und Ebenen.

▶ **Abdunkeln**: Die jeweils dunklere von Grund- und Angleichungsfarbe bildet die Ergebnisfarbe. Die Farben beeinflussen sich aber nicht.

▶ **Multiplizieren**: Die Wirkung dieser Berechnung entspricht dem mehrfachen Übermalen einer Fläche mit Aquarellfarben. Die Ergebnisfarbe ist immer dunkler als die Ursprungsfarben. Das Multiplizieren mit Schwarz ergibt Schwarz, mit Weiß entsteht keine Veränderung.

▶ **Farbig nachbelichten**: Diese Füllmethode können Sie sich als eine verstärkte Multiplikation vorstellen. Je dunkler die Angleichungsfarbe, desto dunkler wird auch die Ergebnisfarbe. Weiß erzeugt keine Änderung. Im RGB-Modus hat diese Füllmethode eine wesentlich stärkere Wirkung als im CMYK-Modus. Verwenden Sie im CMYK-Modus 100 % Cyan, Magenta oder Gelb als Grundfarbe, werden diese nicht verändert.

▶ **Aufhellen**: Analog der Abdunkeln-Methode bildet hier die jeweils hellere Farbe die Ergebnisfarbe.

▶ **Negativ multiplizieren**: Wenn Sie mit zwei Diaprojektoren auf eine Fläche projizieren, entspricht das der Wirkung von NEGATIV MULTIPLIZIEREN.
Die Ergebnisfarbe ist heller als die Grundfarbe – mit der Angleichungsfarbe Schwarz bleibt die Grundfarbe erhalten, mit Weiß entsteht Weiß.

▶ **Farbig abwedeln**: Die Methode ist die Umkehrung von FARBIG NACHBELICHTEN. Die Angleichungsfarbe hellt die Grundfarbe auf, je heller sie ist, desto stärker die Wirkung. Schwarz hat keine Auswirkung auf die Grundfarbe.
Im CMYK-Modus werden 100 % Gelb, Magenta oder Cyan nicht durch die Angleichungsfarbe beeinflusst.

▶ **Ineinanderkopieren**: Ist die Angleichungsfarbe heller als die Grundfarbe, verwendet Illustrator die Methode NEGATIV MULTIPLIZIEREN – ist die Angleichungsfarbe dunkler, die Methode MULTIPLIZIEREN. Die Zeichnung des Ursprungsbilds – Schatten und Spitzlichter – bleibt erhalten.

▶ **Weiches Licht**: Wie der Name sagt, entspricht die Wirkung dem Anstrahlen der Grafik mit diffusem Licht. Es ist ein abgeschwächtes INEINANDERKOPIEREN – die Grundfarben bleiben weitgehend erhalten.

▶ **Hartes Licht**: Hartes Licht simuliert das Anstrahlen des Grundbilds mit einem Scheinwerfer. Mit dieser Methode erhalten Sie die Zeichnung des Angleichungsbilds. Das Grundbild moduliert dessen Kontrast. Verwenden Sie hartes Licht z. B., um Spitzlichter und Schatten zu setzen.

▶ **Differenz**: Die beschriebene Wirkung entsteht nur im RGB-Modus. Ist die Angleichungsfarbe heller, wird die Grundfarbe invertiert, ist die Grundfarbe heller, wird die Angleichungsfarbe invertiert. Sind Grund- und Angleichungsfarbe identisch, entsteht Schwarz.

▶ **Ausschluss**: Ausschluss erzeugt eine kontrastärmere Wirkung von Differenz – wie diese aber auch nur im RGB-Modus.

▶ **Farbton**: Die Ergebnisfarbe erhält den Farbton der Angleichungsfarbe und die Sättigung der Grundfarbe. Die Helligkeit der Ergebnisfarbe entspricht dem Grauwert, der entsteht, wenn die Grundfarbe in Graustufen umgewandelt würde. Die Grundfarbe Grau wird nicht verändert.

▶ **Sättigung**: Bei dieser Methode hat die Ergebnisfarbe die Sättigung der Angleichungsfarbe, dafür Farbton und Helligkeit der Grundfarbe. Sind sowohl Grund- als auch Angleichungsfarbe »reine« Farben, erfolgt im RGB- und CMYK-Modus keine Änderung.

▶ **Farbe**: Farbton und Sättigung der Ergebnisfarbe werden von der Angleichungsfarbe übernommen. Die Helligkeit entspricht dem Grauwert der Grundfarbe.
Im RGB-Modus können Sie diese Methode verwenden, um Graustufenbilder mit überlagerten Farbflächen zu kolorieren. Im CMYK-Modus werden Grautöne als Grundfarben nicht verändert.

▶ **Luminanz**: Dies ist praktisch die Umkehrung der Füllmethode FARBE. Farbton und Sättigung der Ergebnisfarbe entsprechen den Werten der Grundfarbe. Die Helligkeit wird vom Grauwert der Angleichungsfarbe übernommen.

Transparenzen zuweisen

Deckkraft- und Füllmethode lassen sich auf Ebenen, Gruppen, Objekte und unabhängig voneinander auf deren Konturen und Füllungen anwenden. Einstellungen, die Sie für eine Ebene und ein Objekt vorgenommen haben, verhalten sich kumulativ. Das kann bei Füllmethoden zu unerwünschten Resultaten führen.

Möchten Sie einem Objekt oder einer Gruppe eine Transparenzeinstellung zuweisen, wählen Sie das Objekt oder die Gruppe aus und nehmen die Einstellung mit Hilfe der Transparenz-Palette vor. Zielgenauer gehen Sie vor, indem Sie die Ebenen- und die Aussehen-Palette verwenden, um Transparenzeinstellungen zu definieren (Ebenen, Aussehen siehe Kapitel 11).

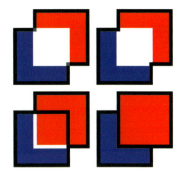

▲ **Abbildung 12.21**
Volltonfarben (Schmuckfarben) können Sie nicht mit allen Füllmethoden wie erwartet verwenden. Hier (v. l. o.): NEGATIV MULTIPLIZIEREN, AUFHELLEN, FARBTON, LUMINANZ

▲ **Abbildung 12.22**
Kolorieren eines Graustufenbilds

Tipp

Wenn Sie Volltonfarben mit Transparenz verwenden möchten, vergleichen Sie die Ergebnisse regelmäßig mit der Überdruckenvorschau und prüfen Sie die Separation der Dateien sorgfältig.

Hinweis

Die Aussehen-Palette zeigt in der Objekthierarchie vorhandene Transparenzen durch das Transparenz-Symbol ▨ an.

Gehen Sie wie folgt vor:

1. Wählen Sie das Objekt, die Gruppe oder Ebene als Ziel aus. Falls Sie die Einstellung nicht am ganzen Objekt, sondern nur an seiner Kontur oder Füllung vornehmen möchten, wählen Sie diese in der Aussehen-Palette aus.
2. Wählen Sie die Füllmethode, und/oder geben Sie eine Deckkraft in der Transparenz-Palette ein.

Objekte mit einer bestimmten Deckkraft oder Füllmethode auswählen

Alle Objekte, die eine vorgegebene oder die gleiche Deckkraft oder Füllmethode wie ein bestimmtes Objekt besitzen, wählen Sie folgendermaßen aus:

1. Aktivieren Sie ein Objekt, das die gewünschte Einstellung besitzt, oder deaktivieren Sie alle Objekte und geben die gesuchte Einstellung – Deckkraft oder Füllmethode – in der Transparenz-Palette ein.
2. Wählen Sie AUSWAHL • GLEICH • DECKKRAFT bzw. FÜLLMETHODE.

Transparenz und Gruppen

Ein Objekt, das mit Transparenz versehen ist, verursacht Wechselwirkungen mit allen unter ihm liegenden Objekten. Ist das Objekt jedoch Teil einer Gruppe oder liegt es auf einer eigenen Ebene, können Sie die Wechselwirkungen einschränken.

Die Transparenz-Palette bietet die Optionen FÜLLMETHODE ISOLIEREN und AUSSPARUNGSGRUPPE. Aktivieren Sie die Gruppe oder wählen die Ebene als Ziel aus und verwenden anschließend die Transparenz-Palette, um die Optionen zu definieren.

Füllmethode isolieren | Aktivieren Sie diese Option, um die Wirkung der Füllmethode auf Objekte innerhalb der Gruppe oder Ebene zu beschränken. Im Beispiel Abbildung 12.24 (rechts) wird eine Multiplikation innerhalb der Gruppe der gelben Blume ausgeführt, aber beeinflusst keine anderen Objekte.

Es wird jedoch nur die Füllmethode isoliert – die Deckkrafteinstellung betrifft auch Objekte, die nicht zur Gruppe gehören.

Objekte, die in der Stapelreihenfolge über den mit einer Füllmethode versehenen Objekten liegen (wie die blaue Blume), sind von den Auswirkungen der Transparenz unbeeinflusst.

Aussparungsgruppe | Mit dieser Option lassen sich die Objekte innerhalb der Gruppe von den Berechnungen der Deckkraft und der Füllmethode ausschließen, d. h., nur Objekte außerhalb der Gruppe sind betroffen – siehe Abbildung 12.25 (rechts).

▲ **Abbildung 12.23**
Mit Aussparungsgruppen (unten angewendet) lassen sich viele Aufgaben einfacher lösen.

▲ **Abbildung 12.24**
Füllmethode isoliert (rechts)

▲ **Abbildung 12.25**
Aussparungsgruppe deaktiviert (links) und aktiviert (rechts)

Die Option kann einen von drei Zuständen annehmen – diese wechseln jeweils nach einem Mausklick:

▶ DEAKTIVIERT ⬜: Füllmethode und Deckkraft werden auf alle Objekte innerhalb wie außerhalb der Gruppe berechnet.

▶ AKTIVIERT ☑: Die zur Gruppe gehörenden Objekte haben keine Wechselwirkungen untereinander und werden behandelt, als wären sie opak. Dies ist die Standardeinstellung für Überblendungen (Angleichungen siehe Kapitel 9).

▶ NEUTRAL ⬛: Verwenden Sie die Einstellung NEUTRAL, um die Aussparungsoption einer übergeordneten Gruppe oder Ebene nicht zu beeinflussen. Die Einstellung ist wichtig für ineinander verschachtelte Gruppen. Bei neuen Gruppen oder Ebenen setzt Illustrator automatisch diese Einstellung.

▲ **Abbildung 12.26**
Überblendung: AUSSPARUNGS-GRUPPE aktiviert (oben)

Optionen | Beide Einstellungen lassen sich für die oberste Ebene der Objekthierarchie – also für die gesamte Seite – anwenden. Das benötigen Sie, wenn Sie Ihre Grafik in Adobe InDesign weiterverarbeiten wollen und z. B. unterbinden möchten, dass die Füllmethoden der Objekte in der Illustrator-Datei auch auf Objekte in der InDesign-Datei wirken.

Um die jeweilige Einstellung für die ganze Seite zu setzen, wählen Sie aus dem Palettenmenü ISOLIERTE FÜLLMETHODE AUF SEITE bzw. AUSSPARUNGSGRUPPE AUF SEITE.

▲ **Abbildung 12.27**
Option ISOLIERTE FÜLLMETHODE AUF SEITE (rechts)

Transparenzeinstellungen zurücksetzen

Die Transparenzeinstellungen eines Objekts sowie der übergeordneten Gruppen und Ebenen können nicht zusammen gelöscht werden. Stattdessen müssen Sie jedes einzelne Element der Objekthierarchie aktivieren bzw. als Ziel auswählen, um die Transparenzeinstellungen auf den Standardwert – Normal mit 100 % Deckkraft – zurückzusetzen. Denken Sie daran, auch die Optionen FÜLLMETHODE ISOLIEREN und AUSSPARUNGSGRUPPE anzupassen. Ist Transparenz die einzige Aussehen-Eigenschaft z. B. einer Gruppe, können Sie sich Arbeit ersparen, indem Sie den Button Aussehen löschen ⊘ in der Aussehen-Palette verwenden.

▲ **Abbildung 12.28**
Aussehen-Palette mit Transparenz-Symbolen

Schritt für Schritt: Aussparungsgruppe

1 **Aufgabenanalyse**

Die Datei T-Shirt-start.ai soll für die Produktion vorbereitet werden. Mit möglichst wenig Aufwand – das heißt, ohne Anwendung der Pathfinder-Funktionen – erhalten Sie im Anschluss die benötigten Farbauszüge. Normalerweise würden alle Flächen aussparen, dies ist hier allerdings nicht überall gewünscht – so soll zum

Beispiel die weiße Fläche im Hintergrund voll gedruckt werden und auch die schwarzen Outlines sollen einfach überdrucken.

▲ **Abbildung 12.29**
So soll es aussehen: Die wichtigsten Farbauszüge: weiß (links), orange (Mitte), schwarz (rechts).

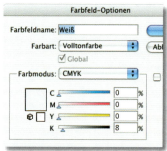

▲ **Abbildung 12.30**
Volltonfarbe Weiß

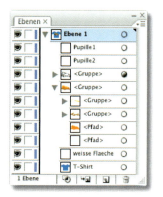

▲ **Abbildung 12.31**
Hierarchische Gruppierung

▲ **Abbildung 12.32**
Das Motiv überdruckt

2   Volltonfarbe Weiß anlegen

Damit Weiß als Farbauszug generiert wird, müssen Sie es zunächst in eine Volltonfarbe umwandeln. Doppelklicken Sie auf den Eintrag in der Farbfelder-Palette, und wählen Sie die Option VOLL-TONFARBE. Wählen Sie anschließend alle weißen Objekte mit dem Zauberstab aus und weisen ihnen die eben generierte Volltonfarbe neu zu. Es kann auch sinnvoll sein, die Farbdefinition von Weiß zu ändern, so dass die Existenz dieser Fläche selbst bei oberflächlicher Betrachtung der Datei gleich erkannt wird.

3   Elemente übersichtlich hierarchisch ordnen

Um die Bearbeitung zu vereinfachen, sollten Sie zunächst einige Gruppen erstellen. Wählen Sie die braunen Elemente mit dem Zauberstab aus und gruppieren Sie sie. Aktivieren Sie anschließend die beigen Elemente sowie die kleine orange Fläche im Ohr und gruppieren diese ebenfalls.

Zum Schluss wählen Sie die eben erzeugten Gruppen sowie den orangen Körper und die hellblaue Fläche aus und gruppieren diese miteinander.

4   Überdruckenvorschau einstellen

Um die Ergebnisse der folgenden Schritte beurteilen zu können, benötigen Sie die Überdruckenvorschau – aktivieren Sie sie unter ANSICHT • ÜBERDRUCKENVORSCHAU.

5   Überdrucken einrichten

Da die weiße Fläche komplett hinter dem Motiv gedruckt werden soll, muss das Motiv sie überdrucken. Selektieren Sie also die in Schritt 3 erstellte Gruppe mit dem Auswahl-Werkzeug, rufen Sie die Attribute-Palette auf – Shortcut ⌘/[Strg]+[F11] – und aktivieren Sie die Option FLÄCHE ÜBERDR. Die Auswirkung zeigt sich unmittelbar in der Bildschirmansicht: Die meisten Objekte sind viel dunkler – einige Objekte sind gar nicht mehr sichtbar.

6 Überdrucken innerhalb des Motivs verhindern

Damit das Motiv insgesamt zwar die weiße Fläche überdruckt, jedoch innerhalb des Motivs kein Überdrucken stattfindet, rufen Sie die Transparenz-Palette auf und aktivieren dort die Option AUSSPARUNGSGRUPPE.

7 Überdrucken der schwarzen Outline

Zu guter Letzt richten Sie noch das Überdrucken der schwarzen Outline ein. Wählen Sie die Outline mit dem Auswahl-Werkzeug aus und aktivieren die Option FLÄCHE ÜBERDR. Das Objekt T-SHIRT löschen Sie jetzt – es wird für die Produktion nicht mehr benötigt.

▲ **Abbildung 12.33**
Option AUSSPARUNGSGRUPPE

8 PDF speichern und testen

Leider können Sie die Separation nicht innerhalb von Illustrator testen. Speichern Sie daher ein PDF – wichtig ist die Option KEINE FARBKONVERTIERUNG unter AUSGABE – und öffnen dieses in Adobe Acrobat. Um sich die Farbauszüge anzusehen, rufen Sie ERWEI-TERT • DRUCKPRODUKTION • AUSGABEVORSCHAU auf. Mit Hilfe dieser Dialogbox lassen sich die Farbkanäle einzeln anzeigen. ■

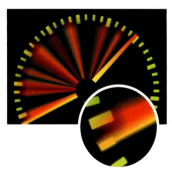

▲ **Abbildung 12.34**
Das für den Druck aufbereitete Motiv

12.2 Deckkraftmasken

Eine Deckkraftmaske ermöglicht es, einem Objekt eine uneinheitliche Opazität zuzuweisen, indem ein Maskenobjekt die Deckkraft vorgibt. Dies ist vergleichbar mit Alpha-Kanälen im Bildbearbeitungs- und Video-Bereich.

Wie beim Alpha-Kanal steuert der Grauwert des Maskenobjekts die »Durchsichtigkeit« der Grafik. An den schwarzen Stellen der Maske ist das Grafikobjekt durchsichtig, an weißen Stellen deckend. Grautöne unterschiedlicher Intensität variieren die Deckkraft.

Eine Deckkraftmaske lässt sich aus allen Illustrator-Objekten herstellen, wie z. B. Textobjekten, Verlaufsgittern, platzierten Bildern sowie mit Mustern und Verläufen versehenen Objekten. Sowohl die Maske als auch die Gruppe der maskierten Objekte lässt sich jederzeit im Nachhinein editieren und ergänzen.

Deckkraftmaske erstellen

Eine Deckkraftmaske für Objekte oder Gruppen können Sie erstellen, indem Sie ein bestehendes Objekt umwandeln oder die Maske im »Maskierungsmodus« konstruieren.

Tipp

Illustrator kann immer noch keinen Verlauf von einer Farbe in die Transparenz erstellen – die Deckkraftmaske ist dafür der gebräuchliche Workaround.

▲ **Abbildung 12.35**
Deckkraftmasken ermöglichen die Illustration von Transparenz auch in schwierigen Fällen.

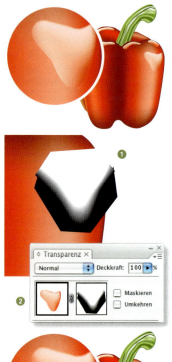

▲ **Abbildung 12.36**
Die Deckkraftmaske erzeugt einen weichen Übergang zwischen zwei Verlaufsgitterobjekten.

▲ **Abbildung 12.37**
Anzeige des Maskierungsmodus im Titelbalken

▲ **Abbildung 12.38**
Ebenen-Palette im Maskierungs-modus

Sie benötigen die Anzeige der Miniaturen in der Transparenz-Palette – wählen Sie Miniaturen einblenden, falls sie nicht bereits angezeigt werden.

Objekt in Maske umwandeln | Dies ist der einfachste Weg, Objekte zu maskieren. Diese Methode müssen Sie außerdem wählen, wenn Sie mehrere Elemente zusammen mit einer Maske versehen möchten. Gehen Sie wie folgt vor:

1. Um eine Kombination mehrerer Objekte als Maske zu verwenden, müssen diese zunächst gruppiert werden. Denn nur einzelne Objekte oder Gruppen lassen sich in ein Maskenobjekt umwandeln.
   Die Maske aus Abbildung 12.36 besteht aus drei Objekten: einer schwarzen und einer weißen Fläche sowie einem Angleichungsobjekt – alle sind miteinander gruppiert.

2. Positionieren Sie das Maskenobjekt an die gewünschte Stelle in der Stapelreihenfolge über das oder die zu maskierenden Objekte ❶. Das Maskenobjekt muss nicht auf derselben Ebene liegen wie das maskierte Objekt.

3. Aktivieren Sie das Maskenobjekt und das oder die zu maskierenden Objekte.

4. Wählen Sie Deckkraftmaske erstellen aus dem Menü der Transparenz-Palette ❷. In der Ebenen-Palette wird das maskierte Objekt durch eine gestrichelte Unterstreichung gekennzeichnet.

Leere Maske für Objekte oder Ebenen erstellen | Wenn Sie eine Ebene mit einer Deckkraftmaske versehen möchten, müssen Sie diese Methode verwenden. Sie können aber auch Einzelobjekte auf diese Art mit einer Maske versehen. Und so geht's:

1. Falls Sie bereits ein Maskenobjekt vorbereitet haben, kopieren Sie es in die Zwischenablage oder schneiden es aus.

2. Aktivieren Sie ein einzelnes Objekt oder eine Gruppe bzw. wählen Sie das zu maskierende Objekt, die Gruppe oder Ebene in der Ebenen-Palette als Ziel aus (Ziel-Auswahl s. Kapitel 11).

3. Wählen Sie Deckkraftmaske erstellen aus dem Menü der Transparenz-Palette, oder doppelklicken Sie auf den Platz rechts neben der Objekt-Miniatur. Illustrator erzeugt eine leere Maske. Mit einem Klick auf die Masken-Miniatur wechseln Sie in den Maskierungsmodus.
   Der Modus wird im Titelbalken durch den hinter dem Dateinamen angehängten Begriff <Deckkraftmaske> und durch die Umrandung der Masken-Miniatur in der Transparenz-Palette angezeigt. In der Ebenen-Palette steht nur eine Ebene zur Verfügung – sie ist als <Deckkraftmaske> gekennzeichnet.

4. Erstellen Sie die Maske mit den Werkzeugen von Illustrator, oder fügen Sie das vorbereitete Maskenobjekt aus der Zwischenablage ein.
5. Beenden Sie den Maskierungsmodus mit einem Klick auf die Miniatur des maskierten Objekts. In der Ebenen-Palette erkennen Sie das maskierte Objekt an der gestrichelten Unterstreichung.

▲ **Abbildung 12.39**
Die Ebene »Blume« ist mit einer Deckkraftmaske versehen, zu erkennen an der gestrichelten Unterstreichung.

Verknüpfung von Objekt und Deckkraftmaske

Die Miniatur eines Maskenobjekts wird neben der Miniatur des maskierten Objekts in der Transparenz-Palette angezeigt. Voreingestellt sind Objekt und Maske miteinander verknüpft – dies erkennen Sie an dem Ketten-Symbol 🔗 zwischen den beiden Miniaturen. Die Verknüpfung bedingt, dass das Maskenobjekt transformiert wird, wenn Sie das maskierte Objekt drehen, skalieren, spiegeln oder verbiegen.

Umgekehrt ist das nicht der Fall – wenn Sie im Maskierungsmodus die Maske transformieren, bleibt das maskierte Objekt davon unbeeinflusst.

Klicken Sie auf das Ketten-Symbol 🔗, oder wählen Sie DECKKRAFTMASKENVERKNÜPFUNG AUFHEBEN aus dem Palettenmenü, um die Verknüpfung zwischen Maske und maskiertem Objekt zu lösen. Die Maske bleibt dann in ihrer Position, wenn Sie das maskierte Objekt bearbeiten. Klicken Sie erneut zwischen die Miniaturen, oder wählen Sie DECKKRAFTMASKE VERKNÜPFEN aus dem Palettenmenü, um die Verknüpfung wieder einzurichten.

▲ **Abbildung 12.40**
Deckkraftmaskenverknüpfung aufheben

Freistellungsoption (Maskieren)

Eine neue Deckkraftmaske richtet Illustrator standardmäßig so ein, dass das Maskenobjekt nicht nur über seinen Grauwert die Opazität des maskierten Objekts bestimmt, sondern dass dieses durch die Außenform des Maskenobjekts gleichzeitig freigestellt wird. Zu erkennen ist dies am schwarzen Hintergrund der Masken-Miniatur.

Möchten Sie die Deckkraftmaske nicht als Freistellungsmaske verwenden, deaktivieren Sie die Option MASKIEREN in der Transparenz-Palette.

Das Verhalten von Illustrator, eine neue Deckkraftmaske als Freistellmaske zu verwenden, können Sie ausschalten. Deaktivieren Sie dafür im Palettenmenü die Option NEUE DECKKRAFTMASKEN SIND SCHNITTMASKEN. Die Option ist programmbezogen, Illustrator verwendet sie also für jedes neue sowie für bestehende Dokumente, die Sie öffnen.

▲ **Abbildung 12.41**
Originalobjekte und Maske (oben), MASKIEREN aktiviert (unten links) bzw. deaktiviert (unten rechts)

▲ **Abbildung 12.42**
In den Deckkraftmasken-Modus wechseln

▲ **Abbildung 12.43**
Anzeige einer maskierten Gruppe in der Ebenen-Palette

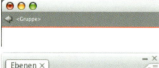

▲ **Abbildung 12.44**
Isolationsmodus: Titelbalken der Datei und Ebenen-Palette

Deckkraftmaske invertieren

Möchten Sie die Maske umkehren, d. h. Bereiche maskieren, die sichtbar sind, und verborgene Bereiche anzeigen, aktivieren Sie die Option INVERTIEREN in der Transparenz-Palette. Die Option kehrt die Helligkeitswerte der Maske um. Die Maske selbst wird nicht verändert, daher können Sie ihr normales Verhalten wieder herstellen, indem Sie die Option deaktivieren.

Möchten Sie die Invertierung für jede neue Maske automatisch aktivieren, wählen Sie die Option NEUE DECKKRAFTMASKEN SIND INVERTIERT aus dem Palettenmenü.

Freistellung und Schrift | Verwenden Sie schwarze Schrift als Deckkraftmaske, ist das maskierte Objekt zunächst unsichtbar. Das erwartete Verhalten der Textmaske erreichen Sie, indem Sie sowohl INVERTIEREN als auch MASKIEREN aktivieren.

Deckkraftmaske bearbeiten

Wenn Sie die Maske eines Objekts bearbeiten möchten, aktivieren Sie das maskierte Objekt bzw. wählen es in der Ebenen-Maske als Ziel aus. In der Transparenz-Palette klicken Sie auf die Masken-Miniatur, um in den Deckkraftmasken-Modus zu wechseln. In diesem Modus lassen sich Maskenobjekte editieren und neue Objekte zur Maske hinzufügen.

Modifikationsmöglichkeiten

▶ Drücken Sie (⌥)/(Alt) und klicken auf die Masken-Miniatur, um nur das Maskenobjekt auf der Zeichenfläche anzuzeigen.
▶ Wählen Sie ANSICHT • PFADANSICHT – Shortcut (⌘)/(Strg)+(Y), um den Vorschaumodus zu verlassen.

Maskengruppe bearbeiten und ergänzen

Mehrere mit einer gemeinsamen Deckkraftmaske versehene Objekte werden beim Erstellen der Maske gruppiert. Einzelne Objekte aus dieser Gruppe müssen Sie mit dem Direktauswahl-, Gruppenauswahl-Werkzeug oder dem Lasso aktivieren, um sie zu bearbeiten.

Möchten Sie die Maskierungsgruppe um weitere Objekte ergänzen, haben Sie zwei Möglichkeiten:
▶ Erstellen Sie zunächst die neuen Objekte an den gewünschten Positionen, und verwenden Sie anschließend die Ebenen-Palette, um diese Objekte in die Gruppe an die passende Position im Objektstapel zu verschieben (Ebenen siehe Kapitel 11).
▶ Doppelklicken Sie auf die maskierte Gruppe auf der Zeichenfläche, um sie zu »isolieren«. Der Isolationsmodus wird im Titelbalken und in der Ebenen-Palette angezeigt. Anschließend

arbeiten Sie mit den Objekten, als wären sie nicht gruppiert. Solange die Gruppe »isoliert« ist, können Sie allerdings nicht mit Objekten außerhalb der Gruppe arbeiten. Um die »Isolierung« aufzuheben, klicken Sie das Symbol Isolierte Gruppe beenden ⊞ in der Steuerungspalette, den Pfeil links oben ◄ im Fenster oder doppelklicken Sie neben die Gruppe.

Deckkraftmaske deaktivieren

Soll die Deckkraftmaske zwar erhalten bleiben, jedoch – vorübergehend – deaktiviert werden, aktivieren Sie das Objekt bzw. wählen es in der Ebenen-Palette als Ziel aus und wählen Deckkraftmaske deaktivieren aus dem Menü der Transparenz-Palette, oder drücken Sie ⬧ und klicken auf die Masken-Miniatur. Die deaktivierte Maske wird durch ein rotes Kreuz in der Miniatur angezeigt.

Wählen Sie Deckkraftmaske aktivieren bzw. ⬧, und klicken Sie erneut auf die Miniatur, um die Maske wieder zu aktivieren.

▲ **Abbildung 12.45**
Deckkraftmaske deaktiviert

Deckkraftmaske vom Objekt entfernen

Möchten Sie die Maske vom Objekt entfernen, wählen Sie das Objekt in der Ebenen-Palette als Ziel aus und dann aus dem Menü der Transparenz-Palette Deckkraftmaske zurückwandeln.

Das oder die zur Maske gehörenden Objekte werden in »normale« Vektorobjekte umgewandelt und in der Stapelreihenfolge über dem maskierten Objekt positioniert. Bildeten mehrere Objekte die Maske, so sind diese gruppiert.

Deckkraft definiert Aussparung

Mit dieser Option können Sie die Funktionsweise von Aussparungsgruppen (»Transparenz und Gruppen« siehe Abschnitt 12.1) und Deckkraftmasken zu komplexen transparenten Überlagerungen kombinieren, z. B. für die Illustration gläserner Objekte.

Die Option Deckkraft definiert Aussparung wird beliebigen untergeordneten Objekten innerhalb einer Aussparungsgruppe zugewiesen.

Während bei einer einfachen Aussparungsgruppe die Form des obersten Objekts der Gruppe die Aussparung bestimmt, sind es mit dieser Option die Form des betreffenden Objekts und seine Deckkraft. So können Sie also sehr komplexe Formen von Transparenz in Objekten erzeugen, durch die der Hintergrund hindurchscheint.

Die Option ist nur in Verbindung mit anderen Füllmethoden als Normal bzw. einer Deckkraftmaske nützlich und die Hierarchie der Gruppe muss sorgfältig geplant werden.

▲ **Abbildung 12.46**
Über dem Haus liegen zwei in ihrer Deckkraft reduzierte graue Formen, auf denen mit einer Deckkraftmaske versehene gelbe Rechtecke platziert sind.
Auf dem unteren Bild ist das Haus mit den Feldern eine Aussparungsgruppe – bei den Feldern unten rechts ist Deckkraft definiert Aussparung aktiv.

Abbildung 12.47 ▶
Das fertiggestellte Design

▲ **Abbildung 12.48**
Der Datei-Aufbau

1 **Deckkraftmaske einrichten**

Öffnen Sie die Datei Busdesign-start.ai von der DVD. Sie enthält alle benötigten Objekte sowie die Deckkraftmasken auf ausgeblendeten Ebenen.

Sie sollen jetzt in der Ebenen- und die Transparenz-Palette die letzten Einstellungen vornehmen. Sehen Sie sich zunächst den Aufbau der Datei an, indem Sie die Elemente nacheinander ausblenden. Blenden Sie anschließend alle Elemente ein.

Da fast alle Elemente direkt übereinander liegen und im weiteren Verlauf des Workshops gruppiert werden, verwenden Sie für das Auswählen der Elemente am besten die Auswahlspalte in der Ebenen-Palette (siehe Kapitel 11).

▲ **Abbildung 12.49**
Schnittmaske für das Busdesign

Beginnen Sie damit, das Flammendesign auf die Form des Busses zuzuschneiden. Wählen Sie die Objekte BUSDESIGN und SCHNITT-MASKE-DESIGN aus und rufen Sie OBJEKT • SCHNITTMASKE • ERSTELLEN auf (siehe Abbildung 12.49).

Anschließend erstellen Sie eine Deckkraftmaske für die Fenster. Blenden Sie FENSTER-MASKE ein und aktivieren Sie dieses Masken-Objekt sowie das Objekt FENSTER. Wählen Sie im Palettenmenü der Transparenz-Palette DECKKRAFTMASKE ERSTELLEN.

▲ **Abbildung 12.50**
Deckkraftmaske für die Fenster

2 Aussparungsgruppe erstellen

In diesem Schritt werden die Fenster durchsichtig. Aktivieren und gruppieren Sie zunächst FENSTER und das mit der Schnittmaske versehene Busdesign – nennen Sie diese Gruppe FENSTER-FLAM-MEN. Diese Gruppe gruppieren Sie anschließend mit der ZEICH-NUNG, TYPO und BUS-LACKIERUNG (siehe Abbildung 12.51).

Wählen Sie die Gruppe aus und aktivieren Sie die Option AUS-SPARUNGSGRUPPE in der Transparenz-Palette. Damit wirkt die Deckkraftmaske, die Sie ursprünglich nur für die Fenster angelegt hatten, auf die gesamte Gruppe – die dahinterliegenden Objekte werden sichtbar.

▲ **Abbildung 12.51**
Gruppierungshierarchie des Busses

▲ **Abbildung 12.52**
Aussparungsgruppe

3 Details

Durch die Fenster sehen Sie jetzt zwar die Passagiere, aber das Flammendesign ist noch hinter den Fenstern versteckt. Selektieren Sie die Gruppe FENSTER-FLAMMEN und deaktivieren Sie die Option AUSSPARUNGSGRUPPE, die bisher NEUTRAL eingestellt war.

Als kleine Ausschmückung sollen die Fenster noch einen Schlagschatten erhalten: Wählen Sie FENSTER als Ziel aus (Zielauswahl siehe Kapitel 11) und weisen den Schlagschatten-Effekt zu: X-/Y-VERSATZ 0,3 mm, WEICHZEICHNEN 0,35 mm.

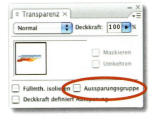

▲ **Abbildung 12.53**
Aussparungsgruppe der »Fenster-Flammen« deaktiviert

4 Ein Problem mit Transparenz-Effekten

Am Schatten hat sich durch die Füllmethode in Verbindung mit der Aussparungsgruppe ein kleiner Schönheitsfehler eingeschlichen. Diesen korrigieren Sie, indem Sie bei dem noch ausgewählten »Fenster« die Option FÜLLMETHODE ISOLIEREN in der Transparenzpalette aktivieren. ■

▲ **Abbildung 12.54**
Den durch den Schatten scheinenden Hintergrund korrigieren Sie mit der Option FÜLLMETHODE ISOLIEREN.

12.3 Transparenz-Effekte

Mit Hilfe von Effekten lässt sich eine transparente Optik zum einen durch die Transparenz-Simulation herstellen. Zum anderen enthält Illustrator auch Effekte, die »Live«-Transparenz nutzen.

Hart mischen und Weich mischen

Um Objekte weich oder hart zu mischen, aktivieren Sie sie, gruppieren sie und wählen EFFEKT • PATHFINDER • WEICH bzw. HART MISCHEN aus dem Menü.

Diese beiden Effekte imitieren nur die Optik einer Transparenz, indem Sie die Überschneidungsfläche mit Farbmischungen versehen, die aus den Farben der beteiligten Objekte generiert wurden.

▲ **Abbildung 12.55**
Bei WEICH MISCHEN scheinen jeweils die hinteren Objekte durch die vorderen.

HART MISCHEN und WEICH MISCHEN sollte nur auf Objekte mit einfachen Farbfüllungen angewendet werden. Sind Objekte mit Verlaufsfüllungen versehen oder bereits Verformungs- oder andere Effekte darauf angewendet, weisen Sie »echte« Transparenzen zu, d. h., arbeiten Sie mit der Reduzierung der Deckkraft und/oder einer geeigneten Füllmethode.

Während WEICH MISCHEN den oberen Objekten eine in der Stärke einstellbare Transparenzoptik verleiht, färbt HART MISCHEN die Schnittmenge der Objekte in einer Farbe, die aus den jeweils dunkelsten Werten der einzelnen Druckfarben gemischt ist, welche die Originalobjekte besitzen.

▲ **Abbildung 12.56**
Aus 30 C/40 M und 10 C/100 Y wird 30 C/40 M/100 Y gemischt. Die Mischfarbe können Sie nicht mit der Pipette aufnehmen.

Optionen | WEICH MISCHEN
Nach dem Aufrufen des Effekts tragen Sie die Stärke in der Dialogbox unter DECKKRAFT ein. Ein höherer Wert verstärkt den Eindruck von Transparenz.

Schlagschatten, Weiche Kante, Schein

Die Effekte SCHLAGSCHATTEN, WEICHE KANTE, SCHEIN NACH AUSSEN und SCHEIN NACH INNEN basieren auf Transparenz. Daher sind Arbeiten, in denen Sie diese Filter verwenden, von Transparenzreduzierung betroffen, obwohl dies vielleicht nicht offensichtlich ist. Die Effekte werden in Kapitel 13 besprochen.

12.4 Transparenzen reduzieren

Innerhalb der Applikationen der Creative Suite 3 wird Transparenz »live« verwendet, d. h. im Moment der Ausgabe berechnet.

Für den Druck oder den Austausch mit Programmen, die keine Live-Transparenz beherrschen, müssen die Transparenz-Effekte jedoch auf eine andere Art dargestellt werden. Den Prozess der Umwandlung der betroffenen Objekte bezeichnet man als Transparenzreduzierung oder englisch als »Flattening«.

Der Begriff »Flattening« bezeichnet den Vorgang sehr plastisch: Ursprünglich einander überlagernde Objekte werden derartig zerschnitten, dass daraus nebeneinander liegende Objekte entstehen. Wo die Objekte mit Mitteln der Vektorgrafik darstellbar sind, werden Vektorobjekte erstellt. Ist der optische Eindruck mit Vektorobjekten nicht reproduzierbar, wird er in Bitmap-Elemente – also pixelbasierte Grafik – umgesetzt.

Die Herausforderung besteht darin, den Eindruck der Überlagerung exakt so zu reproduzieren, wie er mit den Transparenz-Einstellungen entworfen wurde. Eine in Illustrator integrierte Software – der »Flattener« – ist für die Reduzierung zuständig.

Transparenzreduzierung können Sie zum einen für einzelne Objekte manuell über das Menü aufrufen. Zum anderen müssen Vorgaben erstellt werden, die beim Drucken sowie beim Speichern und Exportieren in bestimmte Dateiformate ausgewählt werden.

▲ **Abbildung 12.57**
Transparenzreduzierung

Transparenzquellen

Von Transparenzreduzierung betroffen sind Objekte, deren Aussehen Transparenz enthält, sowie Elemente, die in der Stapelreihenfolge unter Transparenzquellen liegen oder deren Abstand zu transparenten Objekten weniger als 1 Punkt beträgt. Transparente Objekte sind:

▶ Elemente, deren Deckkraft reduziert ist oder die eine andere Füllmethode als NORMAL besitzen

▶ Objekte, die mit einer Deckkraftmaske versehen sind

▶ Mit den Effekten SCHLAGSCHATTEN, WEICHE KANTE und SCHEIN NACH AUSSEN oder INNEN versehene Elemente

▶ Platzierte PSD oder PDF, die Transparenzen enthalten

▶ Angewendete Muster, Stile, Pinsel oder Symbole, welche die aufgeführten Eigenschaften besitzen

▲ **Abbildung 12.58**
Alle in der Standardvorlage vorhandenen Grafikstile enthalten Transparenz.

Arbeitsweise des Flatteners

Jedes transparente Objekt in einer Grafik muss daraufhin beurteilt werden, wie am besten mit ihm zu verfahren ist.

Am vorteilhaftesten ist, wenn die ursprüngliche Form des Elements bewahrt werden kann – z. B. Textobjekte als solche erhalten bleiben. Ist das nicht möglich, dann sollten sie in eine verwandte Form – also Text in Vektorobjekte – umgewandelt werden. Erst als letzten Ausweg bezieht der Flattener die Rasterung als pixelbasierte Grafik in Betracht.

Welche Methode den Vorzug hat und mit welchen Einstellungen, bestimmen Sie durch das Definieren einiger Vorgaben.

So lässt sich die Transparenzreduzierung auf den Weiterverarbeitungsprozess und die Art der von Transparenz betroffenen Objekte individuell zuschneiden.

Problemfälle

▲ **Abbildung 12.59**
Zu niedrige Auflösung

▶ **Auflösung**: Wird in einem Dokument eine Transparenzreduzierung durchgeführt, kann es passieren, dass einzelne Bereiche eines Objekts vor dem Ausdrucken oder Belichten, andere Teile desselben Objekts jedoch erst im Moment des Drucks gerastert werden.

Wählen Sie eine zu niedrige Auflösung für die Transparenzreduzierung, sind die während der Reduzierung gerasterten Bereiche zu erkennen. Eine zu hohe Auflösung erzeugt dagegen sehr große Dateien, ggf. ohne gleichzeitig einen Qualitätsvorteil zu bieten.

▲ **Abbildung 12.60**
Konturen teilweise als Flächen

▶ **In Flächen umgewandelte Linien**: Wird eine Kontur nur teilweise in eine Fläche umgewandelt, kann es an der Trennstelle zwischen beiden Teilen der Kontur zu einem sichtbaren Sprung kommen, da PostScript-Geräte Konturen anders berechnen als Flächen.

Um das Problem zu umgehen, probieren Sie, alle Konturen in Flächen umzuwandeln.

▶ **Farbsprünge**: Wenn nur ein Teil eines Vektorobjekts gerastert wird, ist es möglich, dass an der Grenze zwischen dem gerasterten und dem nicht in Pixeldaten umgesetzten Teil sichtbare Farbsprünge entstehen – englisch »Color Stitching« genannt. Dies entsteht dadurch, dass Farben in Pixelbildern von PostScript-RIPs ggf. anders interpretiert werden als in Vektorobjekten angelegte Farben.

▶ **Text**: Werden nur einzelne Glyphen in einem Textobjekt in Pfade umgewandelt, sollten Sie darauf achten, dass der verwendete Zeichensatz auf den Drucker geladen wird, damit sichergestellt ist, dass für den Druck der nicht umgewandelten Zeichen der korrekte Font verwendet wird.

Noch besser ist es allerdings, statt einzelner Bereiche das gesamte Textobjekt in Pfade umzuwandeln, da auch unter Verwendung des korrekten Zeichensatzes Unterschiede in der Berechnung der Buchstabenformen auftreten können (zu Typografie siehe Kapitel 14).

▶ **Überdrucken**: Bei der Transparenzreduzierung werden überdruckende Bereiche in der Regel in nicht überdruckende Formen umgewandelt. Wurden in den transparenten Bereichen Schmuckfarben verwendet, kann es aber auch passieren, dass

Tipp

Wenn möglich, sollten Sie die Interaktion von Text mit transparenten Objekten vermeiden. Achten Sie darauf, Text im Objektstapel ganz oben anzulegen – am besten auf einer eigenen Ebene.

der Flattener überdruckende Bereiche einrichtet. Achten Sie darauf, dass der PostScript-RIP diese ausgeben kann.

▶ **Schmuckfarben**: Dateien, in denen transparente Bereiche und Schmuckfarben zusammenwirken, müssen Sie in neueren Dateiformaten – AI bzw. EPS ab Version 10, PDF ab 1.4 – speichern, um zu vermeiden, dass Schmuckfarben in CMYK umgewandelt werden (Farben siehe Kapitel 8).

▶ **Farbmanagement**: Die Transparenzreduzierung findet in einem für alle Objekte gemeinsamen Farbraum statt. In Illustrator entspricht der Transparenzreduzierungsfarbraum dem Dokumentfarbraum. Vor der Reduzierung wird der Farbraum der an der Transparenz beteiligten platzierten Grafiken überprüft, und die Bilder werden ggf. in den Dokumentfarbraum umgerechnet.

▶ **Pixelbasierte Effekte**: Die Effekte SCHATTEN, WEICHE KANTE und SCHEIN werden mit den Einstellungen in den Dokument-Rastereffekt-Einstellungen in Pixelbilder umgewandelt, bevor der Flattener die betroffenen Bereiche reduziert. Richten Sie die Einstellungen entsprechend ein (Dokument-Rastereffekt-Einstellungen siehe Kapitel 13).

▶ **OPI**: Arbeiten Sie in einem OPI-Workflow mit niedrig aufgelösten Bildern im Layout, müssen Sie diese vor der Transparenzreduzierung gegen die hochaufgelösten Daten austauschen (»Fatten before you flatten«).

Einstellungen für die Transparenzreduzierung

In den Dialogboxen DOKUMENT EINRICHTEN, SPEICHERN, DRUCKEN, TRANSPARENZ REDUZIEREN, TRANSPARENZREDUZIERUNGSVORGABEN und REDUZIERUNGSVORSCHAU haben Sie folgende Möglichkeiten, die Umwandlung der transparenten Objekte zu beeinflussen:

Tipp

Erstellen Sie ein PDF und verwenden die Separationsvorschau von Acrobat – so lässt sich die korrekte Umsetzung überprüfen. Die Überprüfung ist vor allem wichtig, wenn Sie platzierte Duplex- und Mehrkanal-Bilder mit Transparenz verwenden.

Tipp

Bilder, die zusammen in einer transparenten Region platziert sind, sollten in einer einheitlichen Auflösung vorliegen (der in den Reduzierungsoptionen eingestellten Auflösung), um zu vermeiden, dass automatisches Upsampling (eine Erhöhung der Auflösung) stattfindet. Diese automatische Neuberechnung würde der Bildqualität eventuell schaden.

◀ **Abbildung 12.61**
Optionen für OBJEKT • TRANSPARENZ REDUZIEREN

▲ **Abbildung 12.62**
Links: Verlaufsgitter 72 ppi/
Text 144 ppi,
rechts: Verlaufsgitter 300 ppi/
Text 1800 ppi

▲ **Abbildung 12.63**
Das Zuschneiden komplexer Bereiche (rechts) erzeugt bessere Anschlüsse an nicht reduzierte Bereiche: gelber Kasten oben, Ende der Linie rechts (Rasterung übertrieben).

▶ NAME (nur TRANSPARENZREDUZIERUNGSVORGABEN): Unter diesem Namen wird Ihre Vorgabe in den Menüs der anfangs genannten Dialogboxen aufgeführt.

▶ PIXELBILD-VEKTOR-ABGLEICH: Mit diesem Regler bestimmen Sie eine Art Schwellenwert, der festlegt, ab welchem Grad von Komplexität Objekte in Pixel umgesetzt werden.

Setzen Sie den Wert auf 0, um den kompletten, von Transparenz betroffenen Bereich zu rastern.

Mit dem Wert 100 versucht der Flattener, möglichst alle Bereiche als Vektorobjekte zu generieren. Diese Einstellung liefert die bestmögliche Qualität, kann jedoch sehr zeitintensiv sein. Einige Objekte lassen sich darüber hinaus nicht als Vektorobjekte darstellen.

Einstellungen von 1–99 rastern nur Teilbereiche. Stehen nur wenige einfache Objekte in Wechselwirkung, kann es passieren, dass Sie keine Unterschiede zwischen verschiedenen Reglerpositionen bemerken.

▶ AUFLÖSUNG FÜR STRICHGRAFIKEN UND TEXT: In der hier vorgegebenen Auflösung rastert der Flattener Vektor- und Textelemente. Auf Desktop-Druckern bis 600 dpi sollten Sie für die beste Qualität die Geräteauflösung verwenden.

Die höchste Auflösung würde jedoch bei Belichtern zu sehr großen Dateien und langen Bearbeitungszeiten führen – probieren Sie, exakt die Hälfte der Geräteauflösung einzustellen.

▶ AUFLÖSUNG VON VERLAUF UND GITTER: Diese Einstellung bestimmt die Auflösung für die Rasterung von Verläufen und Verlaufsgitterobjekten.

Für diese Objekte wählen Sie die Einstellung, die Sie für Bildmaterial verwenden – üblicherweise um 300 ppi.

▶ TEXT IN PFADE UMWANDELN: Aktivieren Sie diese Option, um alle Textobjekte in Pfade zu konvertieren. So lassen sich Probleme vermeiden, die bei der Umwandlung einzelner Glyphen entstehen können.

▶ KONTUREN IN PFADE UMWANDELN: Der Flattener wandelt alle Konturen in Pfade um, wenn Sie diese Option wählen.

▶ KOMPLEXE BEREICHE BESCHNEIDEN: Mit dieser Option wird um eine gerasterte Fläche ein Beschneidungspfad angelegt. So besitzen diese Flächen saubere Außenkanten, und der Anschluss an nicht reduzierte Bereiche passt besser.

▶ ALPHA-TRANSPARENZ BEIBEHALTEN (nur OBJEKT • TRANSPARENZ REDUZIEREN): Verwenden Sie diese Option nur zur Vorbereitung von Objekten für den Flash- oder SVG-Export. Objekte, denen andere Füllmethoden als NORMAL zugewiesen sind, werden reduziert, nur Alpha-Transparenz – also Deckkrafteinstellungen – bleibt bestehen.

▶ ÜBERDRUCKEN UND VOLLTONFARBEN BEIBEHALTEN (nur OBJEKT •
TRANSPARENZ REDUZIEREN): Diese Einstellung entspricht der
Option ÜBERDRUCKEN BEIBEHALTEN aus dem Dialog DRUCKEN.

Transparenzreduzierungsvorgaben einrichten

Ihre Einstellungen können Sie als Vorgaben speichern, die zukünftig im Vorgabe-Auswahlmenü in allen betroffenen Dialogboxen
zur Verfügung stehen. Ebenfalls lassen sich Vorgabendateien
laden, die Sie von Dienstleistern erhalten haben.

Rufen Sie BEARBEITEN • TRANSPARENZREDUZIERUNGSVORGA-
BEN… auf, um die Vorgaben zu verwalten.

In der Liste unter VORGABEN sehen Sie alle gespeicherten oder
geladenen Einstellungen. Voreingestellt sind nur die Illustrator-
Standardvorgaben – in den eckigen Klammern – vorhanden.
Diese lassen sich weder editieren noch löschen.

Mit einem einfachen Klick auf eine Vorgabe zeigt die Dialogbox die Einstellungen im Textfeld an. Doppelklicken Sie auf einen
Eintrag, um ihn zu bearbeiten.

Möchten Sie Einstellungen aus einer Datei laden, klicken Sie
IMPORTIEREN… und selektieren die gewünschte Datei.

Einen neuen Eintrag legen Sie an, indem Sie den entsprechenden Button klicken. Anschließend richten Sie die gewünschten Optionen in der Dialogbox ein – siehe vorhergehender
Abschnitt.

▲ **Abbildung 12.64**
Transparenzreduzierungsvorgaben

Transparenzreduzierung für Speichern und Kopieren

Wenn Sie ein Dateiformat speichern bzw. exportieren, das keine
»Live«-Transparenz beherrscht, oder wenn Sie transparente Elemente in die Zwischenablage kopieren, werden die Transparenzeinstellungen aus der Dialogbox DOKUMENT EINRICHTEN für die
Reduzierung verwendet.

Wählen Sie DATEI • DOKUMENT EINRICHTEN…, oder verwenden Sie den Shortcut ⌘+⌥+P bzw. Strg+Alt+P, und
rufen Sie die Seite TRANSPARENZ auf. Bestimmen Sie eine Vorgabe
durch Auswahl aus dem Aufklappmenü, oder klicken Sie auf den
Button EIGENE…, um die Einstellungen anzupassen.

Reduzierungsvorschau

Um Objekte in Ihrer Datei zu identifizieren, die von Transparenzreduzierung mit den gewählten Einstellungen betroffen sind,
rufen Sie die Reduzierungsvorschau-Palette unter FENSTER •
REDUZIERUNGSVORSCHAU auf – im Dock ☑.

Wählen Sie OPTIONEN EINBLENDEN aus dem Palettenmenü, um
die Transparenzreduzierungseinstellungen in der Palette anzuzeigen.

> **Tipp**
>
> Auch aus der Reduzieren-Vor-
> schau-Palette lassen sich Vorga-
> ben speichern. Wählen Sie den
> Eintrag aus dem Palettenmenü,
> wenn Sie mit Ihren in der Palette
> vorgenommenen Einstellungen
> zufrieden sind.

> **Hinweis**
>
> Für den Soft-Proof von Vollton-
> farben, Überdrucken-Eigen-
> schaften und Füllmethoden
> eignet sich die Reduzierungs-
> vorschau nicht.

Abbildung 12.65 ▶
Reduzierungsvorschau

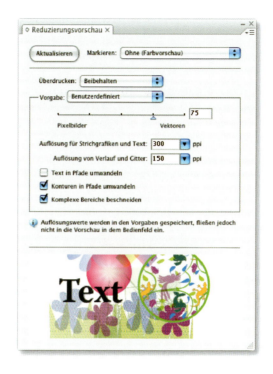

Hinweis

Das hier verwendete Beispiel finden Sie als Datei auf der DVD:
Transparenzinteraktion.ai

▲ **Abbildung 12.66**
Transparenz-Wechselwirkung:
von transparenten Objekten über-
lagerter Text ❶, Objekt mit Deckkraftmaske ❷, Füllmethode Multiplizieren ❸, überlagerte Verläufe
❹, Muster mit transp. Elementen
❺, PSD mit Ebenenmaske ❻, EPS
mit reduz. Deckkraft ❼, TIF ❽,
von transparenten Objekten über-
lagertes EPS ❾, überdruckender
Text ❿

Gehen Sie wie folgt vor, um eine Reduzierungsvorschau Ihrer
Grafik zu generieren:

1. Wählen Sie Ihre Transparenzreduzierungseinstellungen.
2. Klicken Sie auf den Button AKTUALISIEREN.
3. Wählen Sie eine Option aus dem Menü MARKIEREN.
   Aktivieren Sie die Option DETAILLIERTE VORSCHAU aus dem
   Palettenmenü, um alle Einträge im Menü MARKIEREN anzuzeigen. Die Erläuterungen zum Menü lesen Sie weiter unten.
4. Nehmen Sie ggf. Änderungen an den Einstellungen vor. Nach
   jeder Änderung müssen Sie die Vorschau aktualisieren.

Markieren-Auswahl | Reduzierungsvorschau
Wählen Sie eine der Optionen im Menü MARKIEREN, um die
jeweils betroffenen Bereiche in einem rötlichen Farbton anzeigen
zu lassen.

▶ OHNE (FARBVORSCHAU): Diese Vorschau enthält keine Hervor-
hebungen.
▶ GERASTERTE KOMPLEXE BEREICHE (früher: KOMPLEXE PIXELBILD-
BEREICHE): Wählen Sie diese Option, um die Bereiche anzuzei-
gen, die aufgrund der Einstellung unter PIXELBILD-VEKTOR-
ABGLEICH von der Rasterung betroffen sind.
▶ TRANSPARENTE OBJEKTE: Mit dieser Auswahl hebt Illustrator
alle Objekte hervor, die Transparenz-Quellen sind – siehe
Abbildung 12.66 – sowie überdruckende Elemente.

- ALLE BETROFFENEN OBJEKTE: Zeigt alle Objekte, die Wechselwirkungen mit Transparenz aufweisen.
- BETROFFENE VERKNÜPFTE EPS-DATEIEN: Platzierte EPS-Dateien, die von Transparenz betroffen sind, werden hervorgehoben.
- UMGEWANDELTE (früher: ERWEITERTE) MUSTER: Mit dieser Einstellung weist Illustrator auf Muster hin, die aufgrund von Transparenzwirkungen umgewandelt werden müssen (Umwandeln von Mustern siehe Kapitel 16).
- IN PFADE UMGEWANDELTE KONTUREN (früher: IN KONTUREN KONVERTIERTE LINIEN): Die Option zeigt Linien an, die in Flächen konvertiert werden – entweder aufgrund von Wechselwirkungen mit Transparenz oder weil die Option KONTUREN IN PFADE UMWANDELN ausgewählt ist.
- IN PFADE UMGEWANDELTER TEXT (nur DETAILLIERTE VORSCHAU): Die Hervorhebung betrifft Texte, die in Pfade umgewandelt werden – aufgrund einer Transparenz-Interaktion oder weil die Option TEXT IN PFADE UMWANDELN aktiviert ist.
- ALLE PIXELBILDBEREICHE (nur DETAILLIERTE VORSCHAU): Wählen Sie diese Option, um alle Bereiche herzuheben, die in Pixelbilder konvertiert werden.
  Platzierte Pixelbilder, die nicht von Transparenz betroffen sind, zeigt die Vorschau nicht an.

▲ **Abbildung 12.67**
Betroffene verknüpfte EPS-Datei

◄ **Abbildung 12.68**
Alle Pixelbildbereiche (links): Nicht hervorgehoben ist das platzierte TIFF. Text in Pfade konvertieren (rechts)

Optionen | Reduzierungsvorschau
Falls Ihnen die Darstellungsgröße der Grafik im Vorschaubereich der Palette nicht ausreicht, klicken und ziehen Sie das Vergrößerungsfeld unten rechts in der Palette.

Um Details genauer zu betrachten, bewegen Sie den Cursor über den Vorschaubereich – das Cursor-Symbol zeigt eine Lupe 🔍 –, klicken Sie mit der Lupe auf den Bereich, der vergrößert werden soll.

Möchten Sie wieder herauszoomen, drücken Sie ⌥/Alt und klicken mit der Verkleinerungslupe 🔍 auf die Grafik.

Sie können den Vorschaubereich jedoch auch verschieben. Drücken Sie dafür die Leertaste – der Cursor zeigt die Greifhand 🖐 – und klicken und ziehen die Vorschau.

Tipp

Beim Überprüfen einer Datei mit reduzierter Transparenz in Adobe Acrobat sind häufig feine weiße Linien zu sehen. Es handelt sich dabei in den meisten Fällen nur um ein Problem der Bildschirmdarstellung.

Beispiele

An Beispielen zeigen wir Ihnen die Auswirkungen verschiedener Optionen – zum Vergleich öffnen Sie die Datei von der DVD.

Pixelbild-Vektor-Abgleich | Unterschiedliche Schwellenwerte wirken sich aus auf die Umrechnung der Vektorgrafik in Pixelbilder – die Vorschau zeigt GERASTERTE KOMPLEXE BEREICHE:

▲ **Abbildung 12.69**
PIXELBILD-VEKTOR-ABGLEICH (von links): 86, 75, 15

Je niedriger der Wert unter Pixelbild-Vektor-Abgleich, desto mehr Bereiche werden hervorgehoben und folglich in Pixelbilder konvertiert.

Komplexe Bereiche beschneiden | Diese Gegenüberstellung konzentriert sich auf die Option KOMPLEXE BEREICHE BESCHNEIDEN. Die Vorschau zeigt wie im vorherigen Beispiel GERASTERTE KOMPLEXE BEREICHE.

Abbildung 12.70 ▶
Ohne (links) und mit (rechts) der Option KOMPLEXE BEREICHE BESCHNEIDEN

Wenn die Beschneiden-Option aktiviert ist, werden die betroffenen Bereiche nicht einfach als Pixelbilder generiert, sondern der Flattener erzeugt zusätzlich Schnittmasken, die den Außenkanten der ursprünglichen Vektorpfade exakt folgen.

Objekte manuell reduzieren

Da beim Reduzieren die Bearbeitungsmöglichkeit zumindest einiger Objekte verloren geht, sollte das manuelle Reduzieren eine Ausnahme bleiben. Wenn Sie SWF- oder SVG-Dateien exportieren wollen, kann es aber notwendig sein, transparente Elemente auf diese Weise zu präparieren.

Aktivieren Sie alle Objekte, die Sie reduzieren möchten, und wählen OBJEKT • TRANSPARENZ REDUZIEREN… aus dem Menü. Geben Sie Ihre Einstellungen in der Dialogbox ein.

12.5 Transparenz speichern

Ob Transparenz »live« oder reduziert gespeichert wird, hat nicht nur eine Bedeutung für die Editierbarkeit der Transparenz. Live-Transparenz ermöglicht eine Wechselwirkung zwischen den transparenten Objekten der Illustration und Elementen in einer Layout-Datei. Möchten Sie mit Live-Transparenz arbeiten, sollten Sie klären, ob Ihr Layout-Programm dazu in der Lage ist.

Ob Live-Transparenz gespeichert werden kann, ist abhängig vom Dateiformat. Die größte Unterstützung für Live-Transparenz besteht – wie könnte es anders sein – bei den nativen Dateiformaten der Creative Suite.

Sind Dateien für den Austausch mit Programmen anderer Hersteller bestimmt, muss die Transparenz in der Regel reduziert werden.

AI (Illustrator)
Speichern Sie eine Datei im Illustrator-Format ab Version 9, bleiben Transparenzen »live« erhalten und sind beim erneuten Öffnen weiterhin editierbar. Beim Speichern in ältere Formate wird Transparenz nach den ausgewählten Vorgaben reduziert.

EPS
Das EPS-Format unterstützt keine Live-Transparenz. In Illustrator besteht jedoch die Möglichkeit, ein EPS zu speichern, das zusätzliche Dateiinformationen über die Transparenz sowie weitere Illustrator-spezifische Features enthält. Damit sind transparente Objekte in derart gespeicherten Dokumenten beim erneuten Öffnen in Illustrator editierbar.

Eine Wechselwirkung zwischen transparenten Illustrationsobjekten in einem platzierten EPS und anderen Elementen in der Layout-Datei ist jedoch ausgeschlossen.

PDF
Ab PDF 1.4 (Acrobat 5) unterstützt das PDF-Format Live-Transparenz, allerdings nur, wenn Sie die Datei speichern. Beim Erstellen eines PDF über den Befehl DRUCKEN mit dem Acrobat Distiller

▲ **Abbildung 12.71**
In InDesign wurden direkt in die Satzdatei ein TIFF und ein Textrahmen platziert. Darüber liegt eine Illustrator AI9-Datei (oben) und ein EPS (unten).

▲ **Abbildung 12.72**
Gespeichertes PDF (oben) und mit dem Distiller generiertes PDF (unten)

werden alle Transparenzen reduziert, da Live-Transparenz nicht in PostScript beschrieben werden kann.

Speichern Sie ein PDF 1.3, besteht die Möglichkeit, die Editierbarkeit der Transparenz beim erneuten Öffnen in Illustrator zu erhalten. PDF 1.3 kann jedoch keine Live-Transparenz darstellen.

Um ein voll editierbares PDF zu speichern, aktivieren Sie die Option ILLUSTRATOR-BEARBEITUNGSFUNKTIONEN BEIBEHALTEN auf der Seite ALLGEMEIN. Speichern mit dieser Option erzeugt größere Dateien.

▲ **Abbildung 12.73**
Objekte, die nicht von Transparenz betroffen sein sollen, liegen auf der obersten Ebene.

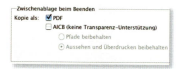

▲ **Abbildung 12.74**
Deaktivierte Option AICB (Adobe Illustrator Clipboard) in den Voreinstellungen

▲ **Abbildung 12.75**
Prüfen eines PDFs mit Acrobat

Checkliste: Transparenz

Rücksprache | Sprechen Sie mit Ihrem Dienstleister ab, in welcher Form Sie Dokumente liefern sollen.

Live-Transparenz separat halten | Setzen Sie Ebenen konsequent ein, um Objekte mit Live-Transparenz von nicht-transparenten Objekten zu trennen. Setzen Sie Fließtext auf die oberste Ebene, damit er nicht von Transparenz betroffen ist.

Vorschau | Testen Sie Ihre Grafik mit der Überdruckenvorschau und die Reduzierungsoptionen mit Hilfe der Reduzierungsvorschau.

Text in Pfade konvertieren | Falls Texte von Live-Transparenz betroffen sind, aktivieren Sie die Option TEXT IN PFADE UMWANDELN, damit der Text einheitlich behandelt wird.

RIP-Software auf den neuesten Stand bringen | Arbeiten Sie möglichst mit den aktuellen Treiber-Versionen für Drucker und RIPs.

Farbkorrekturen im Druckertreiber | Deaktivieren Sie Farbkorrektur-Funktionen (nicht Farbmanagement) der Druckertreiber-Software, wenn Sie Dateien mit Live-Transparenz ausgeben.

Platzieren im Layout | Wenn die Layout-Software es ermöglicht, platzieren Sie native Illustrator-Dateien. InDesign ist z. B. in der Lage, Dateien mit Live-Transparenz zu verarbeiten.

Über die Zwischenablage einfügen | Sollen Objekte mit Live-Transparenz über die Zwischenablage in InDesign eingefügt werden, deaktivieren Sie in VOREINSTELLUNGEN • DATEIEN VERARBEITEN UND ZWISCHENABLAGE die Option AICB.

Sonderfarben und Transparenz | Bei der gemeinsamen Verwendung von Volltonfarben und Transparenz aktivieren Sie die Option ÜBERDRUCKEN UND VOLLTONFARBEN BEIBEHALTEN und prüfen Sie Dateien vor der Weitergabe mit der Separationsvorschau von Acrobat. Dasselbe gilt für platzierte verknüpfte DCS-Dateien, die mit Transparenz interagieren.

OPI-Workflows | Ersetzen Sie die niedrig aufgelösten Bilder vor der Transparenzreduzierung durch Bilder in hoher Auflösung.

13 Filter und Effekte

Filter und Effekte bieten zahlreiche Operationen der Abteilung »Augenpulver« an, aber auch etliche nützliche Vereinfachungen für ganz alltägliche Gestaltungsaufgaben.

▲ **Abbildung 13.1**
Verschiedene Filter und Effekte im Einsatz

13.1 Unterschied Filter/Effekte

Auch wenn die Namen vieler Funktionalitäten gleich sind, so handelt es sich doch bei Filtern und Effekten um grundverschiedene Anwendungen.

Während ein **Filter** einen Satz von Operationen direkt auf ein Objekt anwendet und die Form dieses Objekts dabei verändert, ist ein **Effekt** eine Aussehen-Eigenschaft, die zwar den optischen Eindruck des Elements verändert, seine Konstruktion jedoch intakt lässt. Sie können die Parameter eines auf ein Objekt angewendeten Effekts jederzeit ändern, Effekte sind also »live«.

Wenden Sie einen Filter auf ein Vektorobjekt an, haben Sie dagegen sofort nach der Anwendung Zugriff auf die neu entstandene Form und können einzelne Ankerpunkte individuell verändern.

Tipp

Photoshop-Filter können Sie jetzt auch im Dokumentfarbmodus CMYK verwenden. Dies ist der neu hinzugekommenen Unterstützung von DeviceN-Farbräumen zu verdanken.

Auch die **Photoshop-Effekte** sind »live«, Sie können Ihre Einstellungen also widerrufen. Ein weiterer Unterschied zwischen Photoshop-Filtern und -Effekten besteht darin, dass sich die Filter nur auf Rasterobjekte anwenden lassen – Effekte können Sie darüber hinaus Vektorelementen zuweisen.

Effekte lassen sich – auch zusammen mit anderen Aussehen-Eigenschaften – als Grafikstil speichern und auf diese Art komfortabel anwenden (Grafikstile siehe Kapitel 11).

Filter (F)/Effekt (E)	Vektor	Pixel	Anmerkungen
Erstellungsfilter (F)	teilw.[1]	ja [2]	1 Schnittmarken 2 Mosaik, nur eingebettete Bilder
Stilisierungsfilter (F)	ja		
Verzerrungsfilter (F)	ja		
Photoshopfilter (F)		ja [1]	1 eingebettete Bilder
3D (E)	ja	ja	
In Form umwandeln (E)	ja		
In Pixelbild umwandeln... (E)	ja		
Pathfinder (E)	ja		
Pfad (E)	ja		
Stilisierungsfilter (E)	ja	teilw.[1]	1 Schatten, Weiche Kante, Schein
SVG-Filter (E)	ja	ja	
Verkrümmungsfilter (E)	ja		
Verzerrungs- und Transformationsfilter (E)	ja	teilw.[1]	1 Transformieren
Photoshop-Effekte (E)	ja	ja	

Tabelle 13.1
Anwendbarkeit von Filtern und Effekten auf Vektor- und Pixelobjekte, RGB bzw. CMYK bezeichnet den Dokumentfarbmodus.

13.2 Allgemeines zu Filtern und Effekten

Tipp

Wenn ein Objekt aktiviert ist, können die durch einen Effekt entstehenden Details von den hervorgehobenen Objektkanten verdeckt sein, so dass die Einstellung der Optionen schwierig ist.

Wählen Sie ANSICHT · ECKEN AUSBLENDEN – Shortcut ⌘/ Strg + H , um die Objektkanten aus- und einzublenden.

Objekte mit Filtern bearbeiten

Filter können Sie nur auf das Objekt als Ganzes anwenden. Selektieren Sie das Objekt und wählen den Filter aus dem Menü. Für die meisten Filter müssen Sie anschließend die gewünschten Optionen definieren.

Verwenden Sie – wenn möglich – die Vorschau-Option, um die Auswirkung Ihrer Einstellungen direkt einzuschätzen. Falls Sie nach Anwendung des Filters nicht zufrieden sind, müssen Sie den Befehl widerrufen und mit anderen Einstellungen erneut anwenden.

Effekte zuweisen

Je geübter Sie mit Ebenen- und Aussehen-Palette (s. Kapitel 11) arbeiten, desto mehr Nutzen ziehen Sie aus der Anwendung von Effekten.

Effekte lassen sich einem einzelnen Objekt – bzw. nur dessen Kontur oder Fläche –, einer Gruppe oder einer Ebene zuweisen. Aktivieren Sie das Objekt auf der Zeichenfläche bzw. selektieren es in der Ebenen-Palette als Ziel. Möchten Sie einen Effekt nur der Kontur oder der Füllung zuweisen, wählen Sie den entsprechenden Eintrag in der Aussehen-Palette aus. Anschließend wählen Sie den Effekt aus dem Menü und richten die Parameter ein.

Alternativ wenden Sie den Effekt auf eine ganze Ebene an. Wählen Sie die Ebene durch einen Klick auf das Ziel-Symbol in der Ebenen-Palette aus (siehe Kapitel 11) und wählen dann den gewünschten Effekt.

▲ **Abbildung 13.2**
Klicken Sie auf das Ziel-Symbol, um eine ganze Ebene auszuwählen.

Tipp

Über einen kleinen Umweg können Sie nahezu jedes Illustrator-Objekt mit Effekten versehen: Erzeugen Sie mit Hilfe der Aussehen-Palette eine zusätzliche Fläche oder Kontur für das Objekt und weisen dieser den Effekt zu.

Effekt oder Filter erneut anwenden

Wie Photoshop merkt sich auch Illustrator den letzten verwendeten Filter und die Einstellungen, die Sie vorgenommen haben. Möchten Sie denselben Filter oder Effekt an einem anderen Objekt erneut anwenden, bestehen zwei Möglichkeiten:

▶ Mit denselben Einstellungen anwenden: Wählen Sie FILTER • <NAME DES FILTERS> ANWENDEN – Shortcut ⌘/Strg+E. Für Effekte wählen Sie EFFEKT • <NAME DES EFFEKTS> ANWENDEN – Shortcut ⌘/Strg+⇧+E.

▶ Mit anderen Einstellungen anwenden: Wählen Sie FILTER • <NAME DES FILTERS...> oder betätigen Sie ⌘+⌥+E bzw. Strg+Alt+E. Für Effekte wählen Sie EFFEKT • <NAME DES EFFEKTS...> – oder verwenden Sie den Shortcut ⌘+⌥+⇧+E bzw. Strg+Alt+⇧+E. Geben Sie anschließend Ihre Optionen in die Dialogbox ein.

Anordnung von Effekten in der Aussehen-Palette

Das Endergebnis einer Anwendung mehrerer Aussehen-Eigenschaften eines Objekts ist maßgeblich von der Reihenfolge der Effekte sowie ihrer Zuordnung zu den einzelnen Konturen und Füllungen des Objekts abhängig. Eine andere Reihenfolge kann ein völlig anderes Erscheinungsbild ergeben.

Die einzelnen Einträge eines Objekts in der Aussehen-Palette werden von oben nach unten abgearbeitet. Der folgende Eintrag wirkt auf das Ergebnis der vorherigen Operation. Eigenschaften, die einer Kontur oder Füllung zugewiesen sind, wirken jedoch nur auf diese.

Effekte lassen sich in dieser Hierarchie ganz am Anfang und/oder am Ende der Abfolge sowie gezielt einzelnen Konturen oder

▲ **Abbildung 13.3**
Effekte liegen ober- und/oder unterhalb des gelb markierten Bereichs, oder sie sind gezielt einzelnen Konturen und Flächen zugewiesen.

schen 0,0004 und 5779,9111 mm für Absolut bzw. −5644,4443 und +5644,4443 mm akzeptiert.

Haben Sie die Form ABGERUNDETES RECHTECK gewählt, müssen Sie darüber hinaus den Eckenradius angeben.

Ecken abrunden

▲ **Abbildung 13.10**
Optionen ECKEN ABRUNDEN

Dieser Effekt aus der Gruppe der STILISIERUNGSFILTER erzeugt an allen Eckpunkten eines Pfads Rundungen im definierten Radius. Das ist praktisch, wenn Sie z. B. Rechtecke mit abgerundeten Ecken benötigen, deren Eckenradius auch beim Skalieren der zugrundeliegenden Form seinen exakten Wert behält. Dies allerdings nur unter der Voraussetzung, dass die Option KONTUREN UND EFFEKTE SKALIEREN in den Voreinstellungen deaktiviert ist.

Die mit dem Filter ECKEN ABRUNDEN hergestellten Formen werden natürlich direkt als Pfad berechnet und skalieren daher immer insgesamt.

Die Anwendung des Effekts ECKEN ABRUNDEN auf Pfade mit Kurvensegmenten kann jedoch dazu führen, dass diese Segmente begradigt werden. Hier hilft eine vorherige Anwendung des Effekts AUFRAUEN (siehe folgende Seiten).

▲ **Abbildung 13.11**
Auswirkung des Effekts ECKEN AB-RUNDEN auf die Grundform (links): Die ursprünglich kurvenförmigen Segmente werden begradigt (Mitte). Der Effekt AUFRAUEN verhindert dies (rechts).

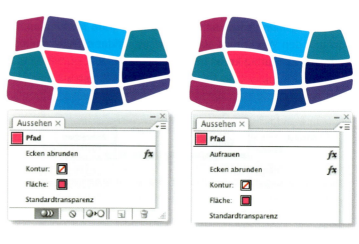

Frei verzerren

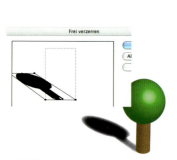

▲ **Abbildung 13.12**
Schatten für ein 3D-Objekt mit FREI VERZERREN

Dieser Effekt aus dem Untermenü EFFEKT • VERZERRUNGS- UND TRANSFORMATIONSFILTER hat die gleichen Auswirkungen wie das Verbiegen-Werkzeug. Statt die Anfasser des Objekt-Begrenzungsrahmens direkt zu bewegen, ziehen Sie am Rahmen in der Dialogbox.

Da Sie mit dem Effekt IN FORM UMWANDELN keine Dreiecke erzeugen können, wäre dies für den Effekt FREI VERZERREN nur ein Beispiel eines Einsatzes. Oder Sie nutzen FREI VERZERREN als Grundlage für dreidimensionale Schatten.

Transformieren

Der Transformieren-Effekt, den Sie unter EFFEKT • VERZERRUNGS-
UND TRANSFORMATIONSFILTER wählen, wird Ihnen bekannt vorkommen, Sie haben ihn als den Befehl EINZELN TRANSFORMIEREN
in Erinnerung – die Erklärung der Dialogbox finden Sie in Kapitel 5.
Lassen Sie sich nicht von den geringen Werten abschrecken, die
mit den Schiebereglern einstellbar sind – Sie können weitaus
höhere Werte direkt in die Felder eintippen. Es lassen sich bis zu
1000 Kopien erzeugen. Sehr wichtig für die Auswirkung des
Effekts ist die Position des Referenzpunkts, die Sie mit dem Referenzpunktsymbol ▦ setzen.

▲ **Abbildung 13.13**
Dieser Grafikstil verwendet den
Transformieren-Effekt.

Der Transformieren-Effekt ist nicht für das exakte Positionieren
gedacht, da Sie alle Optionen in relativen Einheiten angeben.
Nützlich ist dieser Effekt z. B. für die Erstellung einfacher Schatten, die Vervielfältigung des Grundobjekts sowie für die Erstellung komplexer Rahmendesigns, die sich flexibel an Größenver-
änderungen anpassen (siehe Abbildung 13.13 – die Quell-Dateien
finden Sie auf der DVD).

Mit dem Transformieren-Effekt und einer schönen Glyphe
können Sie auch verspielte Muster zaubern.

▲ **Abbildung 13.14**
TRANSFORMIEREN: Schatten (links),
vervielfältigtes Grundobjekt
(rechts)

◀ **Abbildung 13.15**
Um dieses Muster zu gestalten,
setzen Sie einen Buchstaben (z. B.
aus einer Schreibschrift), und
wählen den Transformieren-Effekt
mit einer Horizontalen Skalierung
von 113 %, einer Drehung um 297°
und 30 Kopien.

Erstellen Sie mehrere Objekte
nach dieser Methode und legen
diese transparent übereinander.

Kontur nachzeichnen

Dieser Effekt – rufen Sie ihn auf unter EFFEKT • PFAD • KONTUR
NACHZEICHNEN – wandelt ein Objekt in Pfade um. Für diesen
Effekt gibt es vor allem an Textobjekten viele sinnvolle Einsatz-
möglichkeiten – in diesem Zusammenhang entspricht KONTUR
NACHZEICHNEN dem Befehl SCHRIFT • IN PFADE UMWANDELN. Der
Effekt hat allerdings den Vorteil, dass der Text editierbar bleibt.
Eine Beispielanwendung ist das vertikale Ausrichten von Textob-
jekten an Grafik, beschrieben am Ende von Kapitel 14.

Ein weiteres interessantes Einsatzfeld sind eingebettete transparente Pixelbilder, die Sie mit Hilfe dieses Effekts unter Berücksichtigung der Transparenz konturieren können. Der Effekt KON-
TUR NACHZEICHNEN muss sich in der Aussehen-Palette oberhalb

▲ **Abbildung 13.16**
Konturiertes transparentes
Pixelbild

einer Kontur oder Fläche bzw. oberhalb von deren Farbe befinden. Anderenfalls ist keine Auswirkung sichtbar.

Pfad verschieben

Dieser Effekt hat unterschiedliche Auswirkungen, je nachdem, ob Sie ihn auf einen geschlossenen oder einen offenen Pfad anwenden – wählen Sie EFFEKT • PFAD • PFAD VERSCHIEBEN… Geschlossene Pfade werden nach allen Seiten gleichmäßig erweitert oder geschrumpft – aus offenen Pfaden entsteht bei der Anwendung des Effekts eine Fläche.

Sie können den Effekt PFAD VERSCHIEBEN z. B. einsetzen, um Schriften mit einer Kontur zu versehen. Eine weitere interessante Anwendung besteht darin, offenen Pfaden Füllungen zuzuweisen, die im Normalfall nicht auf eine Kontur anwendbar sind, wie etwa Verläufe.

Konturlinie

Mit Hilfe dieses Effekts – Sie finden ihn unter EFFEKT • PFAD • KONTURLINIE – wandeln Sie eine Kontur in eine Fläche um. Dies benötigen Sie als vorbereitenden Schritt, wenn Sie Effekte anwenden möchten, mit denen Sie nicht den Pfadverlauf verformen, sondern die durch die Kontur gebildete Fläche.

▲ **Abbildung 13.17**
PFAD VERSCHIEBEN: Mit einem Verlauf gefüllter, offener Pfad

▲ **Abbildung 13.18**
Unterschied zwischen PFAD VERSCHIEBEN (links) und TRANSFORMIEREN/SKALIEREN (rechts)

▲ **Abbildung 13.19**
Linke Gruppe: Zusammenziehen und Aufblasen – mit Konturlinie (links), ohne (rechts); rechte Gruppe: Zickzack – mit Konturlinie (links), ohne (rechts)

Zum Effekt KONTURLINIE gibt es keine Optionen, die Breite der Kontur richtet sich nach der eingestellten Linienstärke.

KONTURLINIE muss in der Aussehen-Palette nach einer Kontur angeordnet werden, da der Effekt deren Eigenschaften als Basis für seine Berechnung verwendet.

Schnittmarken

Den Schnittmarken-Filter benötigen Sie hauptsächlich, um auf einer Seite Schnittmarken an mehreren Objekten anzulegen, daher besprechen wir den Filter in Kapitel 19.

Er ist aber auch sinnvoll für andere Operationen, ein Beispiel finden Sie in der Übung zu unregelmäßigen Mustern in Kapitel 16.

▲ **Abbildung 13.20**
Hier erzeugt der Effekt KONTURLINIE die schwarze Outline um Linien und Text. Der Effekt wurde in diesem Fall auf eine Ebene angewendet. Die Datei finden Sie auf der DVD.

Pathfinder

Die Anwendung der Pathfinder-Funktionen werden in Kapitel 10 unter »Zusammengesetzte Formen« besprochen. Die Pathfinder-Effekte sind in vielen komplexen Objektstilen als »Bindeglied« notwendig, um aus den Ergebnissen verschiedener, auf ein Objekt angewendeter Effekte eine Gesamtform zu erstellen (siehe dazu auch den Workshop »Konturierter Text«).

Ein einfaches Beispiel einer Anwendung des Pathfinder-Effekts HINZUFÜGEN ist die Erstellung von Konturen (s. Abbildung 13.21). Der Effekt HINZUFÜGEN bewirkt, dass nur eine Außenkontur generiert wird, anstatt jedes einzelne Bestandteil der Illustration mit einer Outline zu versehen.

Illustrator zeigt eine Warnung, wenn Sie einem einzelnen Objekt einen Pathfinder-Effekt zuweisen – diese Anwendung ist nicht vorgesehen, aber trotzdem möglich –, klicken Sie also einfach auf OK. Besitzt ein Objekt mehrere Pfade bzw. Flächen, ergibt die Anwendung einiger Pathfinder-Effekte nützliche und interessante Lösungen.

▲ **Abbildung 13.21**
Anwendung des Pathfinder-Effekts HINZUFÜGEN

Pfeilspitzen

Die Anwendung des Pfeilspitzen-Effekts und -Filters und den Unterschied zwischen beiden besprechen wir in Kapitel 9 im Abschnitt »Konturen«.

▲ **Abbildung 13.22**
Unterschied zwischen Pfeilspitzen-Filter (blau) und -Effekt (grün), siehe Kapitel 9

Schritt für Schritt: Konturierter Text

In dieser Übung erstellen Sie einen mehrfach konturierten, editierbaren Text – einsetzbar z. B. für Logos oder Überschriften.

1 **Fläche hinter der Glyphenform anlegen**
Erstellen Sie ein Textobjekt und aktivieren Sie es mit dem Auswahl-Werkzeug. Dieses Textobjekt bildet die innere Form des endgültigen Designs.

Rufen Sie die Aussehen-Palette auf und wählen den Befehl NEUE FLÄCHE HINZUFÜGEN aus dem Palettenmenü. Verschieben Sie die neue Fläche hinter den Eintrag ZEICHEN und versehen Sie diese Fläche mit einem Verlauf. Die Fläche ist zunächst komplett vom ursprünglichen Text verdeckt – das ändern Sie im 2. Schritt.

2 **Fläche um den Text herumführen**
Rufen Sie für die eben erstellte Fläche den EFFEKT • PFAD • PFAD VERSCHIEBEN… auf. Geben Sie einen positiven Wert ein. Durch die Erweiterung wirkt die Fläche jetzt wie eine Konturierung der Schrift.

▲ **Abbildung 13.23**
Der Text mit der (noch verdeckten) zusätzlichen Fläche

▲ **Abbildung 13.24**
Erste Konturierung mit Verlaufsfüllung

▲ **Abbildung 13.25**
Verschieben der weißen Kontur
nach außen

▲ **Abbildung 13.26**
Kontur um einzelne Glyphen

▲ **Abbildung 13.27**
Der Text mit allen Effekten

▲ **Abbildung 13.28**
Der Scribble-Effekt schafft einen
gezeichneten Eindruck.

3 **Eine Kontur um das ganze Objekt herumführen**

Damit Sie die folgenden Schritte auf der Zeichenfläche sehen können, ziehen Sie ein Rechteck auf, füllen es mit einer Fläche und legen es in den Hintergrund der Grafik.

Weisen Sie dann der bereits in der Aussehen-Palette vorhandenen Kontur die Farbe Weiß zu. Um die Kontur ganz nach außen zu bekommen, kopieren Sie den in Schritt 2 angelegten Pfad-verschieben-Effekt, indem Sie ⌥/Alt drücken und den Eintrag von der Fläche auf die Kontur verschieben. Allerdings sind jetzt noch alle Glyphen einzeln umrandet.

4 **Die Einzelumrandungen zusammenfügen**

Wählen Sie für die Kontur EFFEKT • PATHFINDER • HINZUFÜGEN aus, um die Umrandungen der einzelnen Glyphen zu einer zusammenhängenden Konturierung des gesamten Textes zusammenzufügen. Die Stärke der Kontur erhöhen Sie ebenfalls.

Und für Ambitionierte noch dieser Tipp: Sollten Sie die kleinen »Löcher« in der Verlaufsfläche und in der weißen Outline stören, verwenden Sie den Pathfinder-Effekt VERDECKTE FLÄCHE entfernen – sowohl an der Fläche als auch an der Kontur.

Wenn Sie einen Pathfinder-Effekt einem Element zuweisen, an dem bereits ein Pathfinder-Effekt angewendet ist, zeigt Illustrator eine Warnmeldung an. Diese Meldung können Sie in diesem Fall getrost »wegklicken«. ■

13.4 Zeichnerische Effekte und Filter

Diese Gruppe von Effekten verändert die Linienführung oder – wie im Fall des Scribble-Filters – erzeugt Linien in einer Fläche. Durch allerlei Zufallsalgorithmen lässt sich mit diesen Filtern etwas »handgemachte« raue Optik in Vektorzeichnungen bringen.

Scribble-Effekt

Der Scribble-Effekt – aufzurufen unter EFFEKT • STILISIERUNGSFILTER • SCRIBBLE… – füllt die vom Objekt, seiner Fläche oder Kontur gebildete Form durch eine Linienschraffur. Eine Vielzahl von Parametern ermöglicht sehr unterschiedliche Visualisierungen vom Kinderbild bis zur technischen Zeichnung.

In den mitgelieferten Grafikstilen finden Sie eine Sammlung von Aussehen-Eigenschaften, die auf dem Scribble-Effekt basieren – rufen Sie die Grafikstil-Bibliothek unter FENSTER • GRAFIK-STIL-BIBLIOTHEKEN • SCRIBBLE-EFFEKTE auf. Interessante Anwendungen ergeben sich z. B., wenn Sie den Scribble-Effekt mit Verlaufsfüllungen kombinieren.

Den Scribble-Effekt können Sie sowohl auf die Fläche als auch auf die Kontur eines Objekts anwenden. Weisen Sie den Scribble-Effekt dem Objekt insgesamt zu, wirkt er sowohl auf die Fläche als auch auf die Kontur, sofern diese vorhanden sind.

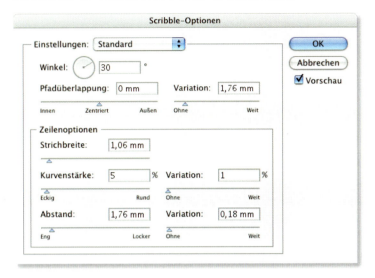

◄ **Abbildung 13.29**
Scribble-Optionen

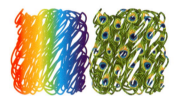

▲ **Abbildung 13.30**
Scribble-Voreinstellungen

▶ EINSTELLUNGEN: Aus diesem Menü rufen Sie komplette Einstellungssets auf. Diese Vorgaben decken eine große Bandbreite von Möglichkeiten ab, so dass Sie das Menü auch nutzen können, um auf der Basis einer Voreinstellung ein Design nach Ihren Vorstellungen zu entwickeln.

▶ WINKEL: Geben Sie die Richtung der Schraffur an. Sie können das Winkel-Symbol klicken und ziehen oder einfach auf den gewünschten Punkt klicken. Der Winkel wird in Werten von –179 bis 180° definiert.

▶ PFADÜBERLAPPUNG: Legen Sie fest, wie genau die Schraffur die Objektgrenzen treffen soll. Mit dem Wert 0 findet die Richtungsänderung exakt an der Begrenzung statt, ein negativer Wert bewirkt einen Abstand nach innen. Mit einem positiven Wert erlauben Sie ein »Übermalen« der Objektform.

▶ STRICHBREITE: Geben Sie die Stärke der Schraffurlinien an.

▶ KURVENSTÄRKE: Dieser Wert definiert den Kurvenradius bei der Richtungsänderung. Mit dem Wert 0 wird eine Ecke erzeugt, höhere Werte generieren Kurven.

▶ ABSTAND: Hier legen Sie die Dichte der Schraffur fest, indem Sie den Abstand zwischen den einzelnen Linien angeben. Dichtere Schraffuren verursachen längere Berechnungszeiten beim Bildschirmaufbau.

▶ VARIATION: Definieren Sie für einzelne Werte im Eingabefeld VARIATION jeweils einen Toleranzbereich, innerhalb dessen der jeweilige Wert über- oder unterschritten werden darf. So wird

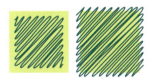

▲ **Abbildung 13.31**
Scribble-Effekt mit Verlaufs- und Muster-Füllung

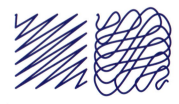

▲ **Abbildung 13.32**
Pfadüberlappung

▲ **Abbildung 13.33**
KURVENSTÄRKE eckig und rund

der oft nur allzu sterile Eindruck von Vektorgrafik etwas gemildert.

Kreuzschraffuren anlegen | Möchten Sie ein Objekt mit Schraffuren in unterschiedlichen Richtungen versehen, dürfen Sie nicht einfach den Scribble-Effekt mehrfach auf das Objekt anwenden. Stattdessen müssen Sie das Objekt mit mehreren Flächen versehen, denen Sie den Effekt zuweisen.

Schritt für Schritt: Kreuzschraffur

▲ **Abbildung 13.34**
Einen Effekt in der Aussehen-Palette der Fläche zuordnen

1   Erste Schraffur
Aktivieren Sie das Objekt und rufen die Aussehen-Palette auf. Wählen Sie die Fläche des Objekts in der Palette aus und weisen dieser den Scribble-Effekt zu, indem Sie EFFEKT • STILISIERUNGS-FILTER • SCRIBBLE… wählen. Richten Sie die Optionen ein.

Falls Sie den Effekt bereits dem Objekt zugewiesen hatten, klicken und ziehen Sie den Eintrag SCRIBBLE in der Aussehen-Palette auf den Eintrag FLÄCHE (siehe Abbildung 13.34).

2   Schraffur duplizieren
Duplizieren Sie die mit dem Scribble-Effekt versehene Fläche in der Aussehen-Palette, indem Sie den Eintrag aktivieren und den Button AUSGEWÄHLTES OBJEKT DUPLIZIEREN 🔲 klicken.

▲ **Abbildung 13.35**
Kreuzschraffur

3   Zweite Schraffur einrichten
Doppelklicken Sie auf den Scribble-Effekt in der Palette und editieren die Optionen – für eine Kreuzschraffur ändern Sie vor allem die Richtung der Schraffur.

Ein handskizzenähnliches Aussehen erzielen Sie, indem Sie der Fläche eine andere Farbe zuweisen und die Dichte der Schraffur ändern, indem Sie den Wert ABSTAND modifizieren. Ein Beispiel für diesen Einsatz des Scribble-Effekts finden Sie in der Datei Colascribble.ai auf der DVD.   ◼

▲ **Abbildung 13.36**
Oben: Scribble »Kinderzeichnung«, umgewandelt
unten: mit Pinselkonturen

Scribble umwandeln | Soll Ihre Scribble-Textur eher gemalt als gezeichnet aussehen, bietet sich die Anwendung einer Pinselkontur an. Der durch den Scribble-Effekt generierten Linie können Sie jedoch keine Pinselkontur zuordnen – zunächst müssen Sie das mit dem Scribble-Effekt versehene Objekt umwandeln:

Aktivieren Sie es und wählen OBJEKT • AUSSEHEN UMWANDELN. Die Aussehen-Eigenschaften des Objekts werden in einzelne Elemente umgewandelt und gruppiert – aus der Scribble-»Füllung«

entsteht dabei ein Pfad. Diesen aktivieren Sie und weisen ihm eine Pinselkontur zu.

Zickzack und Aufrauen

Während der Zickzack-Effekt regelmäßige Zacken oder Wellen in einem Pfad generiert, erzeugt der Aufrauen-Effekt unregelmäßige Zacken. Davon abgesehen gleichen sich die Optionen.

Zickzack und Aufrauen stehen sowohl als Filter als auch als Effekt zur Verfügung. Sie finden beide unter FILTER • VERZERRUNGSFILTER bzw. EFFEKT • VERZERRUNGS- UND TRANSFORMATIONSFILTER.

▲ **Abbildung 13.37**
Mit dem Zickzack-Effekt aus Geraden erzeugte Wellenlinien

▲ **Abbildung 13.38**
Zickzack- und Aufrauen-Optionen

▶ GRÖSSE: Wählen Sie mit dem Schieberegeler oder durch Eingeben eines Werts den Ausschlag (Zickzack) bzw. den Maximalwert des Ausschlags (Aufrauen). In beiden Fällen können Sie diesen Wert absolut oder relativ zur Länge des betroffenen Pfads angeben.

▶ WELLEN PRO SEGMENT/DETAIL: Hier legen Sie die Dichte der Zacken fest. Für den Zickzack-Effekt definieren Sie die Anzahl der WELLEN PRO PFADSEGMENT – hier ist auch ein Unterschied in der Dichte der Zacken erkennbar, wenn sich die Länge der einzelnen Segmente eines Pfads stark unterscheidet. Der Wert DETAIL im Aufrauen-Effekt bezieht sich auf die Unterteilungen pro Zoll (Inch).

▶ PUNKT: Ob Wellen oder Zacken entstehen, legen Sie mit Ihrer Entscheidung für GLATT bzw. ÜBERGANG oder ECKIG fest.

▲ **Abbildung 13.39**
ZICKZACK und AUFRAUEN

Da der Zickzack-Effekt die Unterteilungen pro Pfadsegment vornimmt, kann das Ergebnis unregelmäßig ausfallen (siehe Abbildung 13.40 – rote Linie). Der Aufrauen-Effekt dagegen wird – bezogen auf die Gesamtlänge des Pfads gleichmäßig angewendet.

▲ **Abbildung 13.41**
Einstellungen des Aufrauen-Effekts

Abbildung 13.42 ▶
Wird der Tweak-Filter mit denselben Einstellungen auf die Konturen eines Objekts angewendet, können sich die entstandenen Formen erheblich unterscheiden …

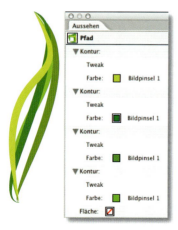

▲ **Abbildung 13.43**
… daher lassen sich mit dem Tweak-Filter Variationen in Mehr-Konturen-Pfaden erzeugen.

Dies können Sie sich zunutze machen, um regelmäßige Wellen zu generieren (grüne Linie).

▲ **Abbildung 13.40**
Anwenden von Zickzack- und Aufrauen-Effekt zur Erzeugung gleichmäßiger Wellen. Links: Aussehen-Eigenschaften für die grüne Wellenlinie

Weisen Sie dem Pfad zunächst den Aufrauen-Effekt mit einer Stärke von 0 zu (siehe Abbildung 13.41). Anschließend wenden Sie den Zickzack-Effekt an, der nun ein gleichmäßiges Ergebnis zeigt.

Tweak

Durch Verschiebung von Ankerpunkten und/oder Grifflinien nach einem Zufallsalgorithmus innerhalb der eingegebenen Toleranzwerte wird die Form eines Pfads verändert.

Rufen Sie Tweak unter FILTER • VERZERRUNGSFILTER • TWEAK… bzw. EFFEKT • VERZERRUNGS- UND TRANSFORMATIONSFILTER • TWEAK… auf:

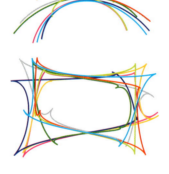

Geben Sie den Toleranzbereich relativ zur Länge des Pfadsegments ein, oder bestimmen Sie einen absoluten Wert getrennt für die horizontale und vertikale Verformung.

Möchten Sie eine senkrechte oder waagerechte Linie verformen (wie in Abbildung 13.42 oben), müssen Sie mit absoluten Werten arbeiten, um eine Wirkung zu erzielen.

Unter ÄNDERN müssen Sie mindestens eine Option aktivieren – eine Erläuterung der Optionen finden Sie in Kapitel 7 unter »Verflüssigen-Werkzeuge«.

Wirbel

Dieser Effekt hat eine ähnliche Wirkung wie das Strudel-Werkzeug aus der Gruppe der Verflüssigen-Tools. Wählen Sie ihn aus unter FILTER • VERZERRUNGSFILTER • WIRBEL… bzw. EFFEKT • VERZERRUNGS- UND TRANSFORMATIONSFILTER • WIRBEL…

Die Dialogbox akzeptiert Werte von −3600° bis +3600°. Ab einer bestimmten Stärke der Verwirbelung – etwa 600° – wird die Form der Objekte durch sichtbare Polygonpfade gebildet.

Zusammenziehen und aufblasen

Dieser Filter wirkt nur auf Pfade, die eine Krümmung aufweisen oder ihre Richtung an einem Eckpunkt ändern. Bei der Anwendung werden die Ankerpunkte des Pfads und die dazwischenliegenden Segmente gegeneinander verschoben. Benötigen Sie zusätzliche Ankerpunkte (wie in Abbildung 13.45), wenden Sie zusätzlich den Effekt AUFRAUEN mit einer Größe von 0% an.

Wählen Sie ZUSAMMENZIEHEN UND AUFBLASEN unter FILTER • VERZERRUNGSFILTER oder EFFEKT • VERZERRUNGS- UND TRANSFORMATIONSFILTER.

▲ **Abbildung 13.46**
Nicht geschlossener, gekrümmter Pfad mit Zusammenziehen- (links) und Aufblasen-Effekt (rechts)

▶ ZUSAMMENZIEHEN: Mit Werten von −200 bis 0 werden Ankerpunkte nach »außen« verschoben und Pfadsegmente nach »innen« gezogen

▶ AUFBLASEN: Schieben Sie den Regler nach rechts oder geben Werte von 0 bis 200 ein, zieht der Filter Ankerpunkte nach »innen« und verschiebt Pfadsegmente nach »außen«.

Verkrümmungsfilter

Die Effekte entsprechen den »Verzerrungshüllen«. Da Sie bei mit Effekten versehenen Objekten nicht erst in einen Bearbeitungsmodus wechseln müssen, ist das Editieren eines solchen Objekts etwas unkomplizierter als die Bearbeitung eines mit einer Verzerrungshülle versehenen Objekts.

Hinzu kommt, dass sich beim Zuweisen von Verkrümmungen als Effekte zum einen unterschiedliche Verkrümmungsarten miteinander kombinieren lassen. Zum anderen können Sie die Verkrümmungsfilter in Grafikstile einbinden (Lesen Sie mehr über Verzerrungshüllen und deren Optionen in Kapitel 10).

▲ **Abbildung 13.44**
Wirbel-Effekt

▲ **Abbildung 13.45**
Die Effekte AUFRAUEN und ZUSAMMENZIEHEN UND AUFBLASEN wurden nacheinander angewendet.

▲ **Abbildung 13.47**
Optionen ZUSAMMENZIEHEN UND AUFBLASEN

▲ **Abbildung 13.48**
Anwendung des Aufblasen-Effekts

Tipp

Auch um mit dem Wirbel-Effekt versehene Objekte etwas zu glätten, lässt sich der Aufrauen-Effekt einsetzen. Wenden Sie ihn vor dem Wirbel mit einer Stärke von 0 und der Option Übergangspunkte an. Details setzen Sie anhand der Vorschau.

▲ **Abbildung 13.49**
Das Objekt hat mehrere Konturen und Füllungen mit eigenen Eigenschaften.

▲ **Abbildung 13.50**
Auswirkung eines anderen Referenzpunkts beim Transformieren-Effekt

▲ **Abbildung 13.51**
Links mit AUFRAUEN (Größe 0%) und ZUSAMMENZIEHEN UND AUF-BLASEN, rechts nur mit ZUSAMMEN-ZIEHEN UND AUFBLASEN

Checkliste: Effekt-Grafiken analysieren

Wenn Sie neugierig sind, wie Effekte angewendet wurden, um ein bestimmtes Aussehen zu erzielen, folgen Sie diesen Tipps:

Objekt-Hierarchie | Analysieren Sie mit Hilfe der Ebenen-Palette, in welcher Stapelreihenfolge und Hierarchie die Objekte angeordnet sind. Finden Sie anhand der Ziel-Symbole heraus, welche Objekte besondere Aussehen-Eigenschaften besitzen. Klicken Sie auf ein Ziel-Symbol, um sich die Aussehen-Eigenschaften anzusehen (Ebenen siehe Kapitel 11).

Beteiligte Eigenschaften | Untersuchen Sie die angewendeten Füllungen, Konturen, Transparenz-Eigenschaften und Effekte. Sehen Sie in den jeweiligen Paletten bzw. Effekt-Optionen die Einstellungen nach. Beachten Sie vor allem die Anwendungsreihenfolge und Hierarchien: Ist der Effekt dem gesamten Objekt oder nur einer Kontur zugeordnet?

Optionen editieren | Sind Sie sich über die Auswirkung einer Eigenschaft nicht sicher, weisen Sie dieser andere Eigenschaften zu: Ändern Sie die Farbe, die Konturstärke oder die Effekt-Optionen. Achten Sie auf Kleinigkeiten, wie die mit dem Referenzpunkt-Symbol des Transformieren-Effekts vorgenommene Ausrichtung.

Eigenschaften ändern | Stellen Sie den Sinn einer Eigenschaft in Frage, dann löschen Sie diese probeweise oder ändern Sie die Reihenfolge bzw. die Hierarchie der Anwendung, indem Sie z.B. den Effekt statt einer Gruppe deren Inhalt zuweisen oder die Eigenschaft einer Gruppe von unterhalb des »Inhalts« darüber verschieben.
Um Ihre Version besser mit dem Original vergleichen zu können, arbeiten Sie an einem Duplikat des Objekts.

Tests | Übertragen Sie die Eigenschaften auf andere Objekte, um die Auswirkungen genauer zu untersuchen, z.B. auf einen offenen statt einen geschlossenen Pfad oder auf eine Gruppe statt ein einzelnes Objekt.

13.5   Bildbearbeitungsfilter und -effekte

Etliche aus Photoshop und anderen Programmen bekannte Bildbearbeitungsroutinen stehen Ihnen sowohl als Filter als auch als Effekte zur Verfügung. Neu seit Illustrator CS3 ist, dass die Funktionen auch im Dokumentfarbmodus CMYK nutzbar sind.

Dank DeviceN ist die Anwendung von Photoshop-Filtern auf Volltonfarben-Objekte und Duplex-Bilder möglich – die Objekte werden korrekt separiert. Je nachdem, in welchem Dokumentfarbmodus und mit mit welchen Farbtypen (Vollton- oder Prozessfarbe) Sie arbeiten, können die Ergebnisse des Filters unterschiedlich ausfallen.

Bildbearbeitungsroutinen wendet Illustrator immer auf eingebettete Bilder an – Filter lassen sich sogar nur aufrufen, wenn das ausgewählte Bild eingebettet ist. Effekte können Sie zwar auch verknüpften Bildern zuweisen, die Anwendung des Effekts bewirkt jedoch, dass eine eingebettete Kopie des Bildes erzeugt wird.

Filter- und Effekte-Galerie

Photoshop-Plugins sind in dieser praktischen »Galerie« zusammengefasst, so dass Sie einfach zwischen verschiedenen Filtern hin und her wechseln und die Wirkungen vergleichen können.

Die Galerie wird beim Auswählen der meisten Filter und Effekte automatisch geöffnet. Rufen Sie die Galerie direkt auf mit FILTER • FILTERGALERIE... bzw. EFFEKT • EFFEKTE-GALERIE...

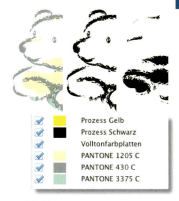

▲ **Abbildung 13.52**
Mit Effekt versehenes Volltonfarben-Objekt, Separation (in Acrobat)

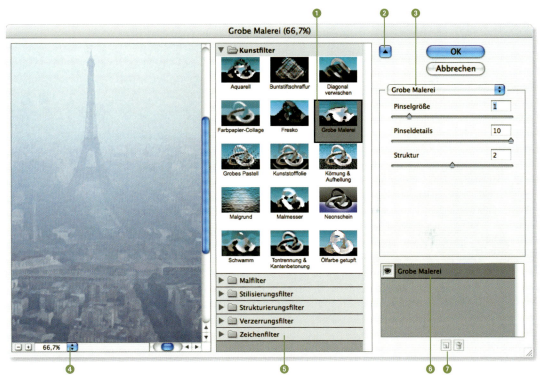

▲ **Abbildung 13.53**
Filter- und Effekt-Galerie

Im Aufklappmenü ❹ stellen Sie die Zoom-Stufe der Vorschau ein. Es ist auch möglich, die Dialogbox auf die volle Bildschirmgröße zu maximieren. Das Vorschaubild lässt sich vergrößern, indem Sie durch einen Klick auf den Pfeil-Button ❷ die Filter-Miniaturen vorübergehend ausblenden.

Den anzuwendenden Filter wählen Sie in der Mitte der Dialogbox, indem Sie auf die Vorschau-Miniaturen ❶ klicken – öff-

Hinweis

Denken Sie daran, dass Sie Illustrator-Dateien im Layoutprogramm nicht vergrößern können, sobald Sie Photoshop-Effekte darin angewendet haben.

▲ Abbildung 13.54
Mehrere Objekte müssen gruppiert werden, bevor Sie einen
Photoshop-Filter anwenden
(rechts).

▲ Abbildung 13.55
Gaußscher Weichzeichner mit
Stärke 20 – Auflösung 72 dpi
(links), 300 dpi (rechts)

▲ Abbildung 13.56
Aquarell

▲ Abbildung 13.57
Weiches Licht

nen und schließen Sie die Filtergruppen durch einen Klick auf
den Eintrag ❺.

Alternativ selektieren Sie einen Filter aus dem Menü ❸, in dem
die Namen aller Filter aufgelistet sind.

Die auf das Bild angewendeten Filter werden in der Dialogbox
als Ebenen ❻ angezeigt. Bei der Anwendung von Filtern – nicht
bei Effekten – lassen sich Filterebenen mit einem Klick auf den
Button Neue Effektebene ❼ hinzufügen und mit einem Klick auf
den Button Effektebene löschen wieder entfernen. Durch Klicken und Ziehen der Einträge ändern Sie die Reihenfolge der
Anwendung. Mit einem Klick auf das Auge legen Sie fest, ob die
Filterung in der Vorschau angezeigt wird.

Werte und Auflösung

Werte, die Sie für die Photoshop-Filter oder -Effekte eingeben,
sind absolute Pixel-Werte. Sie beziehen sich auf die Dokument-
Rastereffekt-Einstellungen. Damit verändert sich das Aussehen
der mit Photoshop-Effekten versehenen Objekte, sobald Sie dieselben Werte mit einer anderen Dokument-Rastereffekt-Einstellungen verwenden.

Bevor Sie Photoshop-Effekte anwenden, sollten Sie also Ihre
Dokument-Rastereffekt-Einstellungen überprüfen und, falls nötig,
anpassen.

Die pixelbasierten Illustrator-Effekte (Weiche Kante, Schein
nach innen/außen und Schlagschatten) arbeiten mit auflösungs-
unabhängigen Werten.

Photoshop-Filter anwenden

Gehen Sie wie folgt vor, um ein Pixelbild mit einem Photoshop-
filter zu bearbeiten oder einen dieser Filter als Effekt zuzuweisen:

1. Geben Sie eine für die Weiterverarbeitung passende Doku-
   ment-Rastereffektauflösung ein.
2. Platzieren Sie ein Bild und betten es ins Dokument ein
   (Grafikdateien importieren siehe Kapitel 18). Sollen mehrere
   Vektorobjekte gemeinsam mit einem Effekt versehen werden,
   gruppieren Sie sie.
3. Je nachdem, ob Sie ein Bild filtern oder einem Objekt einen
   Effekt zuweisen, gehen Sie unterschiedlich vor:
   a. Aktivieren Sie das Bild und wählen den gewünschten Filter
      aus dem Menü Filter • Photoshop-Filter, oder rufen Sie
      Filter • Filtergalerie auf.
   b. Selektieren Sie ein Bild oder ein Vektorobjekt bzw. eine
      Gruppe und wählen den Effekt direkt aus dem Menü Effekt
      • Photoshop-Effekte oder selektieren Effekt • Effekte-
      Galerie.

4. Stellen Sie die Optionen des jeweiligen Filters/Effekts ein.
5. In einem Bearbeitungsschritt lassen sich mehrere Filter auf ein Bild anwenden. Möchten Sie einen weiteren Filter zuweisen, klicken Sie den Button Neue Effektebene  unten rechts in der Filter-Galerie und wählen einen weiteren Filter.
   Mehrere Effekte lassen sich nicht auf diese Art zuweisen.
6. Haben Sie alle gewünschten Filter zugewiesen, klicken Sie auf den Button OK.

13.6 Special Effects

Bis vor kurzer Zeit waren Objekte, wie sie die in diesem Abschnitt vorgestellten Effekte erstellen, mit Vektorgrafik-Werkzeugen nicht ohne immensen Aufwand zu erzeugen – bei Photoshop-Anwendern dagegen Routine. Tatsächlich sind die Effekte Schatten, Weiche Kante und Schein rasterbasiert. Wenn Sie diese Effekte nutzen, müssen Sie sich also auch mit den Rastereffekt-Einstellungen befassen.

Blendenflecke sind ein Phänomen, dessen Vermeidung einem Fotografen viel Arbeit verursachen kann. In Illustrator steht Ihnen ein Werkzeug zur Verfügung, um Blendenflecke zu erstellen.

Beachten Sie, dass bei den eben genannten Effekten Transparenz zum Einsatz kommt, zu deren Verarbeitung Sie für den angestrebten Weiterverarbeitungsprozess geeignete Voreinstellungen definieren müssen (Transparenz und Transparenzreduzierung siehe Kapitel 12).

Blendenflecke

Dieser Spezialeffekt wird mit dem entsprechenden Werkzeug aufgetragen – Sie finden es bei den Konstruktionswerkzeugen in der Werkzeugpalette.

Das Werkzeug generiert ein Objekt »Blendenflecke«, das wiederum aus einer Reihe von Vektorelementen besteht, deren Eigenschaften Sie zum Teil mit Hilfe der Optionen des Blendenflecke-Werkzeugs steuern können. Aus folgenden Teilen ist das Blendenflecke-Objekt aufgebaut:

▲ **Abbildung 13.58**
Sie können Illustrator-Zeichnungen auch als Smart Objekt in Photoshop-Dateien einfügen (siehe Kapitel 18) und dort mit Smart Filtern versehen. Diese sind wie Illustrator-Effekte jederzeit editierbar.

▲ **Abbildung 13.59**
Das Blendenflecke-Werkzeug ganz unten in der Reihe der Konstruktionswerkzeuge

◄ **Abbildung 13.60**
Schema der Blendenflecke: Mitte (gelb), Lichtkranz (orange), Strahlen (blau), Ringe (grün), Pfad (magenta)

▲ **Abbildung 13.61**
Blendenflecke in einer Illustration

Gehen Sie wie folgt vor, um Blendenflecke anzulegen:

1. Wählen Sie das Blendenflecke-Werkzeug 🔳 aus der Werkzeugpalette.
2. Falls Ihr Blendenflecke-Objekt RINGE (siehe Abbildung 13.36) enthalten soll, doppelklicken Sie das Werkzeug, um die Optionen aufzurufen. Aktivieren Sie die Einstellung RINGE, falls sie nicht ausgewählt ist, und klicken Sie auf OK.
3. Klicken Sie auf den gewünschten Mittelpunkt und ziehen die Größe des LICHTKRANZES (siehe Abbildung 13.62) auf.
4. Klicken und ziehen Sie, um den Pfad mit den Ringen zu erstellen. Drücken Sie dabei ⬆ bzw. ⬇, um die Anzahl der Ringe zu erhöhen bzw. zu senken. Sind Sie mit dem Ergebnis nicht zufrieden, widerrufen Sie einen Schritt und ziehen den Pfad erneut.

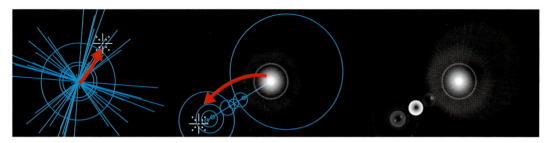

▲ **Abbildung 13.62**
Das Blendenflecke-Werkzeug wird in zwei Schritten angewendet.

Optionen | Blendenflecke
Aktivieren Sie das Blendenflecke-Objekt auf der Zeichenfläche und doppelklicken Sie das Werkzeug, um die Optionen des Objekts einzustellen.

Abbildung 13.63 ▶
Die Optionen-Dialogbox des Blendenflecke-Werkzeugs erreichen Sie mit einem Doppelklick auf das Werkzeug.

Unter MITTE, LICHTKRANZ und STRAHLEN legen Sie die jeweiligen Eigenschaften der Elemente fest. Falls Sie Strahlen nicht benötigen, deaktivieren Sie die Option.

RINGE definieren Sie durch die Länge des Pfads, die Anzahl der Ringe sowie die Richtung, in welcher der Pfad verläuft. Möchten Sie Ringe nachträglich für ein bestehendes Blendenflecke-Objekt erzeugen oder die Eigenschaften ändern, müssen Sie dafür die Dialogbox verwenden.

Umwandeln | Blendenflecke

Ein Blendenflecke-Objekt können Sie mit dem Befehl OBJEKT • UMWANDELN… in seine Einzelteile zerlegen – anschließend ist es möglich, diese zu untersuchen, um festzustellen, mit welchen Füllungen und Transparenz-Eigenschaften der Effekt erzeugt wird. darüber hinaus können Sie einzelne Elemente mit anderen Eigenschaften versehen.

Schlagschatten

Der Schlagschatten-Effekt dient vor allem dem Zweck, den optischen Eindruck eines Schattens der Objektform zu erzeugen – ob tatsächlich eine »Schatten«-Wirkung entsteht, bestimmt die zugewiesene Farbe und Füllmethode. Der Einfachheit halber bezeichnen wir den Effekt weiter als »Schatten«.

Die Farbe des Schattens, seinen Versatz zum Objekt und den Grad der Weichzeichnung definieren Sie in den Optionen, wenn Sie einem Objekt den Effekt zuweisen – Ihre Einstellungen können Sie jedoch zu einem späteren Zeitpunkt editieren.

Selektieren Sie das Objekt oder die Gruppe oder wählen Sie die Ebene als Ziel aus. Falls Sie den Effekt nur der Fläche oder der Kontur eines Objekts zuweisen möchten, wählen Sie diese in der Aussehen-Palette aus. Rufen Sie anschließend EFFEKT • STILISIE-RUNGSFILTER • SCHLAGSCHATTEN… auf.

Den Schlagschatten-Effekt können Sie mit den gleichen Einstellungsmöglichkeiten auch als Filter anwenden – der Schatten wird dann jedoch direkt als Pixelbild erzeugt.

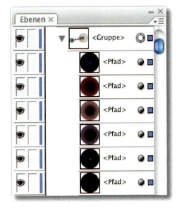

▲ **Abbildung 13.64**
Umgewandeltes Blendenflecke-Objekt

Hinweis

Die Füllmethode wird in den Optionen aller Effekte als »Modus« bezeichnet. Diesen Begriff verwenden auch Photoshop und andere Programme für die Füllmethode.

▲ **Abbildung 13.65**
Füllmethode NEGATIV MULTIPLIZIE-REN und FARBTON für den Schatten

◄ **Abbildung 13.66**
Einstellungen für den Schlagschatten-Effekt

▲ **Abbildung 13.67**
Objekt mit Füllmethode NORMAL
(links) und NEGATIV MULTIPLIZIEREN
(rechts)

▲ **Abbildung 13.68**
Schlagschatten mit Weichzeichnen 0 mm und 1 mm

▲ **Abbildung 13.69**
Dunkelheit 30 % und 100 %

▶ MODUS: Wählen Sie aus diesem Menü die Füllmethode, mit welcher der »Schatten« in die hinter ihm liegenden Objekte gerechnet wird.
Beachten Sie außerdem die Wechselwirkungen mit der Füllmethode, die dem Objekt zugewiesen ist: Anders als in den Ebenen-Effekten von Photoshop wird diese in Illustrator auch auf den Schatten angewendet.

▶ DECKKRAFT: Bestimmen Sie die Stärke der Schattierung.

▶ X-/Y-VERSATZ: Die Position des Schattens relativ zum Objekt bestimmen Sie durch Eingabe eines Abstands zwischen –352,77 und 352,77 mm. Negative Werte bewirken eine Verschiebung nach oben bzw. links.

▶ WEICHZEICHNEN: Die Option erzeugt eine weiche Kante des Schattens. Bestimmen Sie den Grad der Weichzeichnung durch Eingabe eines Werts zwischen 0 und 50,8 mm. Einen Schatten mit einer harten Kante – Wert 0 – sollten Sie jedoch nicht mit dem Schlagschatten-Effekt, sondern mit dem Transformieren-Effekt und einer geeigneten Transparenz erzeugen.

▶ FARBE: Die Farbe des Schattens können Sie mit dem Farbwähler oder durch Auswahl eines Farbfelds bestimmen.

▶ DUNKELHEIT: Diese Option bewirkt, dass Füllung und Kontur des Objekts im Schatten abgebildet wird – etwa wie Glasfenster, deren Muster sich auf Objekten abzeichnen, wenn Licht durch sie fällt. Muster- oder Verlaufsfüllungen werden jedoch nicht in den Schatten übernommen.
Geben Sie einen Wert zwischen 0 und 100 % ein, um die Balance zwischen Schwarzanteil und Ursprungsfarbe zu bestimmen. Bei einem Wert von 0 % wird dem Schatten kein Schwarz zugegeben, bei einem Wert von 100 % enthält der Schatten nur den Schwarzanteil.

▶ SEPARATE SCHATTEN ERSTELLEN (nur für Filter): Diese Option ist wichtig, wenn Sie den Filter auf mehrere Objekte gemeinsam oder auf eine Gruppe von Objekten anwenden. Normalerweise ist die Option aktiv, und es wird je ein Schatten direkt hinter jedem Objekt erstellt. Deaktivieren Sie die Option, um alle Schatten hinter dem untersten Objekt anzuordnen.

Weiche Kante

Der Effekt WEICHE KANTE erzeugt einen allmählichen Übergang eines Objekts oder einer Gruppe zum Hintergrund, indem die Deckkraft des Objekts an seiner Außenkante allmählich sinkt.
Als Außenkante wird die Grenze der Fläche betrachtet, die ein Objekt oder eine Gruppe durch seine Füllung und/oder Kontur bedeckt, d. h., Sie können auch eine Kontur mit einer weichen Kante versehen.

▲ **Abbildung 13.70**
Einstellungen für den Effekt
WEICHE KANTE

Die Breite des Übergangs bestimmen Sie in den Optionen des Effekts.

Schein nach außen

Mit diesem Effekt erzeugen Sie eine schattenähnliche Fläche, die sich allerdings vom Objekt nach allen Seiten gleichmäßig ausdehnt. Ob der Eindruck eines »Scheins« entsteht, ist abhängig von ausgewählter Farbe und Modus – voreingestellt ist der Modus Negativ multiplizieren, der einen Schein erzeugt:

▲ **Abbildung 13.71**
Effekt Weiche Kante

◄ **Abbildung 13.72**
Einstellungen für den Effekt
Schein nach aussen

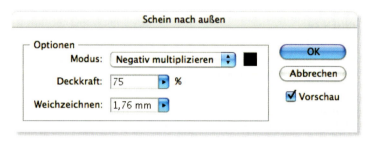

Die Optionen werden im Abschnitt »Schlagschatten« erklärt. Die Farbe des »Scheins« wählen Sie im Farbwähler aus, den Sie mit einem Klick auf das Feld neben dem Modus-Menü aufrufen.

Schein nach innen

Dieser Effekt verursacht ein dem vorherigen entsprechendes Objekt, der Schein ist jedoch ins Innere des Objekts ausgerichtet. Schein nach innen ist nicht nur für Neon-Effekte nützlich – vor allem wird er gerne verwendet, um Objekte plastisch hervortreten zu lassen. In der folgenden Übung setzen Sie den Schein nach innen zu genau diesem Zweck ein.

▲ **Abbildung 13.73**
Schein nach innen

◄ **Abbildung 13.74**
Einstellungen für den Schein-nach-innen-Effekt

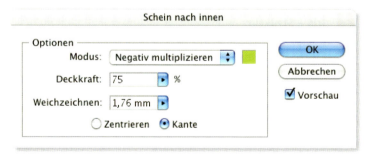

Die Optionen werden im Abschnitt »Schlagschatten« erklärt.

Die Farbe des »Scheins« wählen Sie im Farbwähler aus, den Sie mit einem Klick auf das Feld hinter dem Modus-Menü aufrufen. Wählen Sie Kante, um den Schein von der Außenkante des Objekts nach innen anzulegen – Zentrieren für die umgekehrte Ausrichtung.

Interaktion von Volltonfarben und pixelbasierten Effekten die Konvertierung bereits in Illustrator erfolgt.

Lassen Sie Volltonfarben erhalten, dann bleiben die Farbdefinitionen bestehen und der optische Eindruck wird z. B. im Fall eines Schlagschattens durch Überdrucken dargestellt.

In Pixelbild umwandeln

Illustrator bietet diese Funktion sowohl als Befehl unter Objekt • In Pixelbild umwandeln als auch als Effekt unter Effekt • In Pixelbild umwandeln an. Sie dient dazu, Vektorelemente zu rastern.

Sie benötigen diesen Zwischenschritt zum Beispiel, wenn Ihre Objektkonstruktion so komplex ist, dass sie bei der Ausgabe auf dem Drucker Fehler verursacht oder wenn der Export in bestimmte Formate fehlschlägt, weil Elemente nicht in eine korrespondierende Form übersetzt werden können.

Typische Anwendungen sind Transparenzen – beim Ausdruck auf älteren Geräten oder beim Export in das Flash-Format. Weitere Einsatzbereiche sind die Aufbereitung von Textelementen für das Screendesign, die Umwandlung in Graustufen oder das Downsampling (Senken der Auflösung) eingebetteter Pixelbilder.

Die Optionen entsprechen den Dokument-Rastereffekt-Einstellungen, eine zusätzliche Option besteht beim Glätten, das Sie hier nicht per Kontrollkästchen aktivieren, sondern aus einem Aufklappmenü wählen.

Das Anti-Aliasing lässt sich für Bildmaterial oder für Schrift optimieren (»Von Text zu Grafik« siehe Abschnitt 14.11).

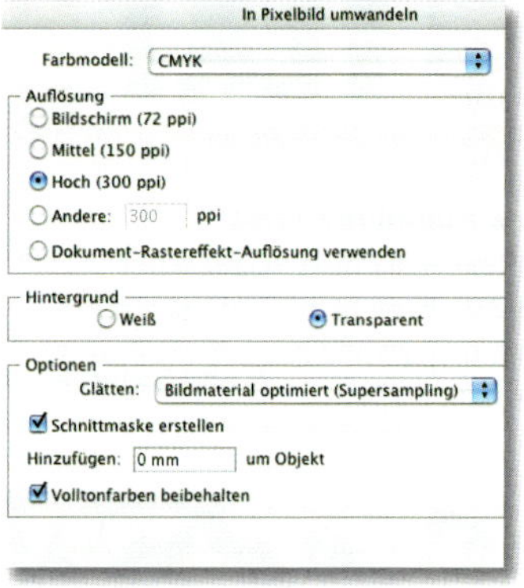

▲ **Abbildung 13.87**
In Pixelbild umwandeln

Tipp

Falls der Effekt In Pixelbild umwandeln bei einer sehr großen querformatigen Grafik nicht angewendet werden kann, probieren Sie folgenden Trick: Drehen Sie die Grafik um 90° und wenden den Effekt an.

Der Effekt besitzt eine Größenbeschränkung, die für die Höhe größere Dimensionen zulässt als für die Breite.

Volltonfarben | Dank der DeviceN-Unterstützung in Illustrator CS3 bleiben Volltonfarben beim Umwandeln von Vektor- in Pixelgrafik mit diesem Befehl erhalten.

Farben bearbeiten (früher: Farbfilter)

Diese Gruppe von Funktionen – jetzt zu finden unter Bearbeiten • Farben bearbeiten – verändert die Farbdefinitionen mehrerer Objekte gleichzeitig; die Anwendung besprechen wir in Kapitel 8. Einige dieser Funktionen lassen sich auch auf Pixelbilder anwenden.

Der Schwarz-überdrucken-Befehl automatisiert das Einrichten der Überdrucken-Eigenschaft, die Sie manchmal benötigen, um Probleme in der Printprodukion zu beheben – daher finden Sie die Details in Kapitel 19.

3D

Die 3D-Effekte finden Sie in Kapitel 17.

Mosaik

Dieser Filter stellt eine ganz andere Art dar, ein Pixelbild zu vektorisieren. Er erzeugt das typische Pixelmuster zu niedrig aufgelöster Rastergrafik – gebildet aus Vektorpfaden. Damit lassen sich interessante Gestaltungselemente – z. B. für Hintergründe oder zur Ausschmückung – erstellen.

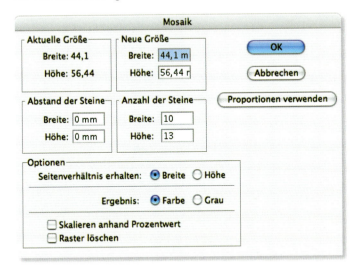

◄ **Abbildung 13.88**
Optionen des Filters Mosaik

▶ AKTUELLE GRÖSSE: Hier wird die Größe des Bilds in der eingestellten Maßeinheit angezeigt.

▶ NEUE GRÖSSE: Möchten Sie das Mosaik in einer anderen Größe erstellen, geben Sie die Maße hier ein. Sie können den Wert auch prozentual zur alten Größe angeben, aktivieren Sie dafür die Option SKALIEREN ANHAND PROZENTWERT.

▶ ABSTAND DER STEINE: Voreingestellt stoßen die Steine direkt aneinander. Geben Sie hier einen Wert ein, der als Zwischenraum zwischen den Elementen dient.

▶ ANZAHL DER STEINE: Mit diesen Werten bestimmen Sie indirekt die Größe der einzelnen »Pixel«.
Wenn Sie quadratische Steine erzeugen möchten, geben Sie z. B. die Anzahl der Steine für die Breite an, aktivieren die Option BREITE unter SEITENVERHÄLTNIS ERHALTEN und klicken den Button PROPORTIONEN VERWENDEN.
Sie müssen übrigens keine quadratischen Steine erzeugen – wenn Sie einen der Werte ganz niedrig wählen, können Sie »Linien« anstelle von »Pixeln« generieren lassen.

▶ ERGEBNIS: Wählen Sie, ob das Ergebnis in Farbe oder Graustufen umgesetzt werden soll.

▶ RASTER LÖSCHEN: Aktivieren Sie diese Option, um das Rasterbild nach der Erstellung des Mosaiks zu löschen.

▲ **Abbildung 13.89**
ANZAHL DER STEINE entspricht den Proportionen des Bilds.

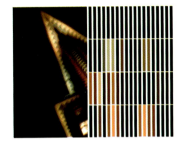

▲ **Abbildung 13.90**
ANZAHL DER STEINE nicht proportional zu den Bildmaßen

▲ **Abbildung 13.91**
Punktraster mit dem Mosaik-Filter und dem In-Form-umwandeln-Effekt.

▲ **Abbildung 13.92**
Dialogbox SVG-Filter anwenden

▲ **Abbildung 13.93**
XML-Code eines SVG-Filters

Punktraster mit dem Mosaik-Filter | Zusammen mit dem Effekt IN FORM UMWANDELN können Sie den Mosaik-Filter einsetzen, um ein farbiges Punktraster zu erstellen. Gehen Sie wie folgt vor:

1. Platzieren Sie eine Vorlage. Es ist wichtig, dass die Vorlage nicht in Gruppen oder Schnittmasken verschachtelt ist. Rufen Sie daher die Ebenen-Palette auf, um Ihr Objekt zu prüfen. Wenden Sie auf das Bild den Mosaik-Filter an. Richten Sie die Optionen zur Erzeugung von quadratischen Mosaik-Teilen ein, indem Sie den Button PROPORTIONEN VERWENDEN klicken.

2. Als Ergebnis erhalten Sie eine Gruppe. Den Effekt müssen Sie im nächsten Schritt jedoch auf die Einzelobjekte anwenden. Um diese auszuwählen, aktivieren Sie zunächst die Gruppe. Rufen Sie dann die Aussehen-Palette auf – ⇧ + F6 – und doppelklicken dort auf den Eintrag INHALT.

3. Wählen Sie jetzt den EFFEKT • IN FORM UMWANDELN • ELLIPSE aus. Richten Sie in den Optionen eine zusätzliche Breite und Höhe mit einem negativen Wert ein – wie groß dieser ausfallen muss, ist abhängig von der Größe Ihrer Mosaiksteinchen.

SVG-Filter

Diese Gruppe von Filtern ist für den Einsatz in Web-Grafiken bestimmt. Ein SVG-Filter beschreibt einen Satz von Eigenschaften der Extended Modelling Language (XML). Diese Eigenschaften werden als mathematische Funktionen bei der Darstellung der Grafik, z. B. im Browser, angewendet. Durch Anpassung der Routinen in der Datei ADOBE SVG-FILTER.SVG oder mit Hilfe der Aussehen-Palette können Sie eine andere Filterwirkung erzeugen (SVG-Export siehe Kapitel 19).

Einige der Effekte können nur mit Hilfe eines SVG-Renderers dargestellt werden – Sie können das Ergebnis also erst nach dem Speichern der SVG-Datei in einer SVG-fähigen Applikation, z. B. einem Web-Browser mit SVG-Plugin betrachten.

SVG-Filter anpassen | Um die Optionen eines SVG-Filters zu editieren oder die Filter zu verwalten, gehen Sie wie folgt vor:

1. Weisen Sie einem Objekt einen SVG-Filter zu.

2. Doppelklicken Sie auf den Filter in der Aussehen-Palette.

3. In der Dialogbox SVG-FILTER ANWENDEN haben Sie folgende Möglichkeiten:

   a. Klicken Sie auf den Button SVG-FILTER BEARBEITEN *ƒx*, um den XML-Code in einem internen Editor aufzurufen.

   b. Klicken Sie auf den Button NEUER SVG-FILTER ▣, um einen eigenen Filter zu programmieren.

   c. Weisen Sie einen neuen Filter zu, indem Sie darauf klicken.

TEIL IV
Spezialobjekte

14 Text und Typografie

Illustrator hat schon in der Version CS einige der fortgeschrittenen Werkzeuge zur Zeichen- und vor allem Absatzformatierung erhalten, die Sie vielleicht von InDesign kennen. Aufgrund der fehlenden Mehr-Seiten-Verarbeitung ist aber speziell die Formatierung längerer Textpassagen eher ein Randthema für die Arbeit mit dem Programm.

Nichtsdestoweniger sind diese Möglichkeiten eine große Arbeitserleichterung für die Erstellung von Layouts, die auch mikrotypografisch überzeugen.

Für die Eingabe und Bearbeitung von Text stellt Illustrator mehrere Werkzeuge, einige Paletten und einen kompletten Hauptmenüpunkt zur Verfügung.

Exkurs: Zitate

Urheber der als Blindtext verwendeten Zitate in diesem Kapitel sind Paul Rand (»To design is …«, »First make it red …«), Erik Spiekermann (»The one thing …«) und Adolph Freiherr von Knigge.

▲ **Abbildung 14.1**
Text-Werkzeuge

14.1 Textobjekte erzeugen

Illustrator unterscheidet drei Arten Textobjekte: Punkttext, Flächentext und Pfadtext.

▶ **Punkttext**: Der Text in diesem Textobjekt startet an dem Punkt, den Sie mit dem Text-Werkzeug anklicken, und fließt von dort in horizontaler oder vertikaler Richtung, bis ein Umbruch eingegeben wird.

Punkttext eignet sich aufgrund der fest eingegebenen Umbrüche nur für kurze Texte, da eine Umformatierung sehr viel Aufwand erfordert.

▶ **Flächentext**: Ein Flächentextobjekt wird durch einen äußeren »Rahmen« begrenzt. Der Rahmen wird entweder mit dem Text-Werkzeug oder durch ein Vektorobjekt definiert. Der Textumbruch erfolgt an den Begrenzungen der Fläche.

Mehrere Flächentextobjekte können miteinander verkettet werden, so dass sich Flächentexte sehr gut für längere Textabschnitte eignen.

▶ **Pfadtext**: Pfadtext läuft in einer Zeile auf einem offenen oder geschlossenen Vektorpfad in dessen Pfadrichtung, d. h. in der Richtung, in der Sie den Pfad gezeichnet haben. Auch Pfadtext-

Wenn
also ein Autor nichts Schädliches und
nichts Unsinniges sagt, so muß man ihm
erlauben, seine Gedanken drucken zu lassen; wenn er
etwas Nützliches sagt, so macht er sich ein Verdienst um das
Publikum. Aber wird deswegen sein Buch auch gewiß gefallen? Das
ist wieder eine ganz andre Frage. Allgemeiner Beifall von Guten und
Bösen, von Weisen und Toren, von Hohen und Niedern? Ei nun, wer
wird so eitel sein, darauf Anspruch zu machen? Aber um auch nur
dem größten Teile der Lesewelt zu gefallen, welche niedrige
Mittel wählt da nicht mancher Schriftsteller? Wer sich
nicht in Ansehung der Form, der Einkleidung,
des Titels seines Buchs nach dem
Geschma-
cke des
Jahres richtet;

▲ **Abbildung 14.2**
Flächentext

▲ **Abbildung 14.3**
Pfadtext

objekte können Sie miteinander verketten. Diese Textobjekte bieten sehr freie Gestaltungsmöglichkeiten.

Textausrichtung

Alle Text-Werkzeuge hält Illustrator in zweifacher Ausfertigung vor: für horizontale und vertikale Textausrichtung. Horizontal ausgerichteter Text verläuft in der gewohnten westeuropäischen Schreibweise, vertikale Textausrichtung dient dem Satz ostasiatischer Sprachen.

Setzen Sie vertikal ausgerichteten Text, werden die Buchstaben übereinander gesetzt. Umbrüche erfolgen von rechts nach links. Bei vertikal ausgerichtetem Pfadtext steht die Grundlinie der Buchstaben senkrecht zum Pfad.

Die Textausrichtung können Sie jederzeit ändern. Aktivieren Sie das Textobjekt, und wählen Sie SCHRIFT • TEXTAUSRICHTUNG • HORIZONTAL bzw. VERTIKAL.

Punkttext erstellen T IT

Um Punkttext zu erstellen, wählen Sie das Text-Werkzeug – Shortcut T – oder das Vertikaler-Text-Werkzeug. Bewegen Sie es auf eine Stelle der Zeichenfläche, an der kein Vektorobjekt liegt. Der Cursor zeigt ein I oder ⊟. Die Position der Schrift-Grundlinie erkennen Sie an dem kurzen Strich im Cursor-Symbol.

Klicken Sie mit dem Text-Werkzeug, und geben Sie den Text ein, einen Umbruch erzeugen Sie mit ↵ .

Wenn Sie anschließend ein weiteres Textobjekt erstellen wollen, drücken Sie ⌘/ Strg und klicken neben den Text, um ihn zu deaktivieren.

Um nach der Texteingabe das Textobjekt zu aktivieren, wählen Sie das Auswahl-Werkzeug – oder drücken Sie ⌘/ Strg für einen temporären Wechsel zum Auswahl-Werkzeug – und klicken auf den Text.

Flächentext erstellen ⊞ ⊞

Einen Flächentext können Sie auf zwei Arten erzeugen:
1. Sie erstellen eine neue Rechteckfläche.
2. Sie wandeln einen geschlossenen oder offenen Pfad in einen Flächentext um.

Textobjekt neu erstellen | Um ein rechteckiges Flächentextobjekt zu erstellen, wählen Sie das Text- T oder das Vertikaler-Text-Werkzeug IT , bewegen Sie es über eine freie Stelle auf der Zeichenfläche – der Cursor zeigt das I- oder ⊟-Symbol. Klicken und ziehen Sie ein Rechteck in der gewünschten Größe auf.

▲ **Abbildung 14.4**
Vertikaler Pfad- und Flächentext

Tipp

Haben Sie ein Text-Werkzeug ausgewählt und möchten vorübergehend zu seinem vertikalen oder horizontalen Gegenstück wechseln, drücken Sie ⇧ . Dieser Shortcut funktioniert nur, wenn kein Objekt aktiviert ist.

Hinweis

Die Textausrichtung (linksbündig, rechtsbündig, zentriert) bezieht sich bei einem Punkttext auf den Punkt, den Sie mit dem Textwerkzeug angeklickt haben.

▲ **Abbildung 14.5**
Flächentextobjekt aufziehen

Nachdem Sie die Maustaste losgelassen haben, blinkt die Einfügemarke links bzw. rechts oben im neuen Flächentextobjekt und Sie können Ihren Text direkt eingeben.

Vektorobjekt in Textobjekt umwandeln | Wählen Sie das Text-Werkzeug oder eines der Flächentext-Werkzeuge 🆃 🆃, um einen geschlossenen Pfad in ein Flächentextobjekt umzuwandeln. Möchten Sie einen offenen Pfad in ein Flächentextobjekt umwandeln, müssen Sie ein Flächentext-Werkzeug verwenden.

Bewegen Sie das Werkzeug über den Pfad des Vektorobjekts – der Cursor zeigt das 𝕀- bzw. das ⊕-Symbol. Klicken Sie mit dem Werkzeug, um die Vektorform in ein Flächentextobjekt umzuwandeln. Dabei werden Füllungs- und Kontureinstellungen des Objekts gelöscht, und die Einfügemarke blinkt oben links bzw. rechts innerhalb der Form. Geben Sie Ihren Text ein.

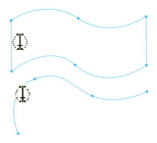

▲ **Abbildung 14.6**
Aus geschlossenen und offenen Vektorpfaden Flächentextobjekte erzeugen

Pfadtext erstellen 〰 〰
Mit den Pfadtext-Werkzeugen können Sie kein neues Objekt erzeugen. Sie müssen daher zunächst den Pfad erstellen, auf dem Ihr Text laufen soll.

Anschließend wandeln Sie ihn in ein Pfadtextobjekt um. Nehmen Sie dazu das Pfadtext- oder das Text-Werkzeug. Handelt es sich um einen geschlossenen Pfad, müssen Sie ⎇/Alt drücken, wenn Sie mit dem Text-Werkzeug arbeiten.

Bewegen Sie das Werkzeug über den Pfad – der Cursor zeigt das 𝕀- bzw. 〜-Symbol. Klicken Sie an der Stelle auf den Pfad, an welcher der Text beginnen soll – der Text lässt sich jedoch auch im Nachhinein noch auf dem Pfad verschieben. Die Einfügemarke blinkt, und Sie können den Text eingeben.

Alle Aussehen-Eigenschaften des Vektorpfads werden beim Umwandeln in ein Pfadtextobjekt gelöscht. Falls der Pfad eine Kontur oder Füllung erhalten soll, weisen Sie diese zu, nachdem Sie das Pfadtextobjekt erzeugt haben.

▲ **Abbildung 14.7**
Wird ein Vektorpfad in ein Textobjekt umgewandelt, verliert es seine Aussehen-Eigenschaften.

> **Tipp**
> Pfadtext-Objekte lassen sich nicht zurückwandeln. Möchten Sie den in einem Pfadtext verwendeten Pfad zurückgewinnen, wählen Sie ihn zunächst mit dem Gruppenauswahl-Werkzeug aus. Anschließend können Sie den Pfad kopieren und wieder einfügen.

14.2 Texte und Textobjekte auswählen

Sie können verschiedene Eigenschaften von Texten, Textobjekten und Textpfaden editieren. Vor der Bearbeitung müssen Sie die Zeichen, Objekte oder Pfade jedoch auswählen.

Auswahloptionen
Zeichen | Ausgewählten Zeichen weisen Sie typografische Eigenschaften über die Zeichen-Palette, Füllungen oder Konturen sowie Transparenzeinstellungen zu.

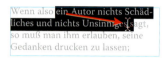

▲ **Abbildung 14.8**
Text aktivieren

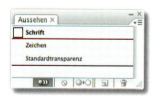

▲ **Abbildung 14.9**
Aussehen-Palette bei der Auswahl von Zeichen

Textobjekt | Möchten Sie Zeichen-, Absatz-, Füllungs- und Kontureinstellungen auf alle Zeichen in einem Textobjekt anwenden, wählen Sie das Textobjekt aus. Effekte – z. B. Pathfinder-Effekte (siehe Kapitel 10) – lassen sich nur auf Textobjekte anwenden.

Textpfad | Auch die Form von Textpfaden ist jederzeit editierbar, und Sie können ihnen eine oder mehrere Konturen und/oder Füllungen zuweisen.

Zeichen auswählen, Text-Cursor verwenden

Jeden bestehenden Text können Sie mit allen Text-Werkzeugen bearbeiten.

Sobald Sie ein Text-Werkzeug über ein Textobjekt bewegen, nimmt es das Text-Symbol ⌶ bzw. das Vertikaler-Text-Symbol ⋈ an, je nach Textausrichtung des Objekts. Diese Cursor zeigen Ihnen an, dass Sie mit einem Klick kein neues Textobjekt erzeugen, sondern ein bestehendes editieren.

▶ **Einfügemarke setzen**: Möchten Sie einem Text weitere Zeichen hinzufügen, klicken Sie mit dem Text-Cursor ⌶ an die gewünschte Stelle und tippen die Zeichen ein.

▶ **Zeichen auswählen**: Um eines oder mehrere Zeichen auszuwählen, klicken und ziehen Sie mit dem Text-Cursor ⌶ über die betreffenden Zeichen. Erweitern Sie die Auswahl, indem Sie ⇧ drücken und ans Ende des auszuwählenden Textes klicken. Sie können nur zusammenhängende Textbereiche auswählen. Sind Zeichen ausgewählt, wird in der Aussehen-Palette das Wort »Zeichen« angezeigt (Aussehen-Palette siehe Kapitel 11).

Optionen | Textauswahl

Mit einem Doppelklick wählen Sie ein Wort aus, mit einem Dreifachklick einen Absatz.

Setzen Sie den Cursor an einer Stelle in den Text und drücken ⌘/Strg + A, werden alle Zeichen des Textobjekts ausgewählt – ist das Objekt mit anderen verkettet, werden alle Zeichen in der Verkettung ausgewählt.

Ist unter VOREINSTELLUNGEN • SCHRIFT die Option TEXTAUSWAHL NUR ÜBER PFAD aktiv, müssen Sie das Text-Werkzeug in Einrastdistanz zur Schrift-Grundlinie bzw. des Flächentextrahmens verwenden, um Texte aktivieren zu können.

Textobjekt auswählen

Wählen Sie das Auswahl-Werkzeug und klicken auf das gewünschte Textobjekt, um es zu aktivieren. Drücken Sie ⇧ und klicken auf zusätzliche Textobjekte, um diese auch auszuwählen.

▲ **Abbildung 14.10**
Aussehen-Palette bei der Auswahl eines Textobjekts

Ziehen Sie einen Auswahlrahmen über mehrere Textobjekte, um sie zu selektieren.

Möchten Sie alle Textobjekte eines Dokuments aktivieren, wählen Sie AUSWAHL • OBJEKT • TEXTOBJEKTE. Lesen Sie in Kapitel 11, wie Sie Textobjekte mit Hilfe der Ebenen-Palette auswählen.

Ist ein Textobjekt aktiviert, wird in der Aussehen-Palette das Wort »Schrift« angezeigt.

Tipp

Haben Sie mit dem Cursor Zeichen ausgewählt, aber es wird keine Auswahl angezeigt, dann rufen Sie ANSICHT • ECKEN EINBLENDEN auf.

Textpfad auswählen

Um den Textpfad eines Pfadtextobjekts oder den Begrenzungspfad eines Flächentextobjekts auszuwählen, verwenden Sie das Direktauswahl- oder das Gruppenauswahl-Werkzeug. Mit dem Direktauswahl-Werkzeug lassen sich einzelne Punkte oder Segmente des Pfads auswählen – das Gruppenauswahl-Werkzeug dient zur Auswahl des gesamten Pfads.

Deaktivieren Sie die Auswahl, falls das Textobjekt aktiviert ist. Bewegen Sie das Direkt- oder Gruppenauswahl-Werkzeug über den Pfad.

Erleichtern Sie sich die Auswahl eines Textpfads, indem Sie in die Pfadansicht wechseln – Shortcut ⌘/Strg+Y – oder die magnetischen Hilfslinien aktivieren – Shortcut ⌘/Strg+U.

Ist ein Textpfad aktiviert, zeigt die Aussehen-Palette das Wort »Pfad« an.

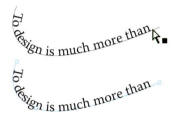

▲ **Abbildung 14.11**
Auswahl des Textpfads in der Pfadansicht

14.3 Textobjekte bearbeiten

Illustrator besitzt einige Features, die auch Layoutprogramme haben. Textobjekte lassen sich nach der Erstellung auf viele Arten verändern und miteinander verbinden. Den Textfluss innerhalb des Objekts können Sie ebenfalls beeinflussen.

▲ **Abbildung 14.12**
Aussehen-Palette bei der Auswahl des Textpfads

Textobjekte transformieren

Sie müssen je nach Art des Textobjekts anders vorgehen, um das ganze Objekt zu transformieren.

Punkttext- und Pfadtextobjekte | Diese beiden Objektarten lassen sich mit Hilfe des Begrenzungsrahmens bearbeiten. Aktivieren Sie dessen Anzeige, wählen das Textobjekt mit dem Auswahl-Werkzeug aus und führen die gewünschte Transformation durch (Begrenzungsrahmen siehe Kapitel 5).

Alternativ verwenden Sie die Transformieren-Werkzeuge – um die Objekte zu aktivieren, benutzen Sie ebenfalls das Auswahl-Werkzeug.

▲ **Abbildung 14.13**
Pfadtext transformieren

▲ Abbildung 14.14
Flächentext transformieren

▲ Abbildung 14.15
Die Begrenzungsfläche transformieren

▲ Abbildung 14.16
Flächenform bearbeiten

Flächentextobjekte | Wenn Sie ein Flächentextobjekt mit dem Begrenzungsrahmen transformieren, verformen Sie nur seine Begrenzungsfläche.

Soll die Transformation die Fläche gemeinsam mit dem Text betreffen, müssen Sie sie mit den Transformieren-Werkzeugen ausführen. Aktivieren Sie das Flächentextobjekt mit dem Auswahl-Werkzeug, wählen Sie das gewünschte Transformieren-Werkzeug und führen die Formänderung durch.

Die Position von Tabulatorstops wird seit Illustrator CS3 beim Skalieren proportional mit dem Text verändert (Tabulatoren siehe Abschnitt 14.10).

Textbereich des Flächentexts skalieren

Um die Größe eines Flächentextobjekts zu verändern, müssen Sie zunächst die Anzeige des Begrenzungsrahmens aktivieren, falls er nicht bereits angezeigt wird. Wählen Sie ANSICHT • BEGRENZUNGSRAHMEN EINBLENDEN – Shortcut ⌘/Strg+⇧+B.

Aktivieren Sie das Flächentextobjekt mit dem Auswahl-Werkzeug und ziehen den Begrenzungsrahmen mit den Anfassern in die gewünschte Größe. Alternativ wählen Sie SCHRIFT • FLÄCHENTEXTOPTIONEN… und geben die Maße in BREITE und HÖHE ein.

Flächentextform transformieren

Meist richtet man die Vektorform ein, bevor sie in ein Flächentextobjekt umgewandelt wird. Müssen Sie trotzdem einmal die Form mit Transformationswerkzeugen bearbeiten, dann ist es nicht nötig, den Text vorher zu entfernen.

Deaktivieren Sie das Textobjekt, wählen das Gruppenauswahl-Werkzeug und klicken auf den Begrenzungspfad, wird der komplette Pfad – und nicht nur einzelne Segmente oder Punkte – ausgewählt. Wechseln Sie anschließend zum gewünschten Transformieren-Werkzeug und führen die Veränderungen durch.

Flächentextform bearbeiten

Flächentext-Begrenzungen lassen sich nachträglich bearbeiten – so können Sie z. B. die Kanten eines rechteckigen Flächentextobjekts in Kurven umwandeln. Die bessere Übersicht haben Sie, wenn Sie unter ANSICHT den Begrenzungsrahmen ausblenden.

Aktivieren Sie das Flächentextobjekt oder dessen Begrenzungspfad, wählen Sie das Zeichenstift- oder Ankerpunkt-hinzufügen-Werkzeug, und setzen Sie die benötigten Punkte auf den Pfad, der die Fläche begrenzt. Mit dem Ankerpunkt-konvertieren-Werkzeug wandeln Sie diese in Kurvenpunkte um und passen die Grifflinien an.

Punkte verschieben | Um einzelne Punkte einer Flächentext-Begrenzung zu verschieben, deaktivieren Sie das Objekt, wählen das Direktauswahl-Werkzeug und aktivieren den Pfad. Klicken und ziehen Sie dann die Punkte, die Sie verschieben wollen.

Kontur und Füllung zuweisen

Wenn Sie die Fläche mit dem Direktauswahl-Werkzeug auswählen, können Sie ihr Kontur und Füllung zuweisen und Transparenzeinstellungen für die Fläche vornehmen, die sich nicht auf die Darstellung des Texts auswirken (siehe »Füllung, Kontur, Effekt« in Abschnitt 14.12).

Randabstände einrichten

Nur bei Flächentextobjekten können Sie einen Abstand zwischen der Flächenbegrenzung und dem Text angeben. Dies ist sinnvoll, damit z. B. Text auf farbigen Flächen nicht an den Rand stößt.

Gleichmäßiger Abstand | Aktivieren Sie das Flächentextobjekt mit dem Auswahl-Werkzeug, und rufen Sie SCHRIFT • FLÄCHENTEXTOPTIONEN… auf. Geben Sie den gewünschten Abstand unter VERSATZABSTAND ein. Der Abstand wird gleichmäßig von allen Rändern des Objekts eingerichtet.

Beim Skalieren eines Textobjekts verändert der Abstand seine Breite nicht – Sie müssen sie ggf. manuell an die neuen Objektdimensionen anpassen.

Abstand der ersten Zeile | Um nur den Abstand der ersten Zeile zur Oberkante des Objekts zu verändern, wählen Sie eine Option aus dem Auswahlmenü unter ERSTE GRUNDLINIE:

▶ OBERLÄNGE: Die Oberlängen der Schrift stoßen an die Oberkante des Textobjekts. Dies ist die Voreinstellung für neue Flächentextobjekte.

Office-Software: *Tabellenkalkulation, Textverarbeitung, Organizer, Präsentation, E-Mail*

▲ **Abbildung 14.17**
Transparente Fläche

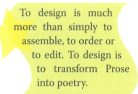

▲ **Abbildung 14.18**
Gleichmäßiger Randabstand

◀ **Abbildung 14.19**
Dialogbox FLÄCHENTEXTOPTIONEN

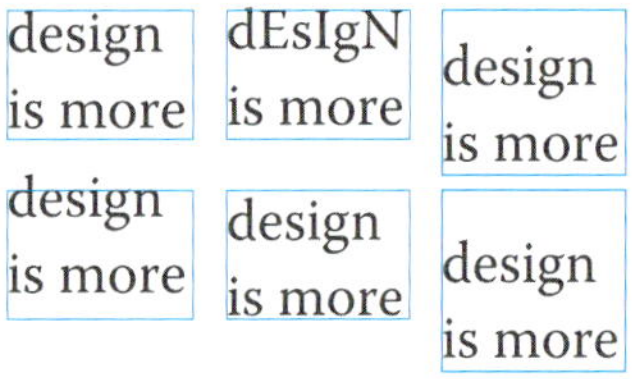

▲ Abbildung 14.20
Erste Grundlinie: (v. l. n. r.) Ober-
länge, Großbuchstabenhöhe,
Zeilenabstand, x-Höhe, Geviert-
Höhe, Fixiert

▶ GROSSBUCHSTABENHÖHE: Die Oberkante des Textobjekts
berührt die Oberkante der Großbuchstaben.

▶ ZEILENABSTAND: Der Abstand der Grundlinie der ersten Zeile
bis zur Oberkante des Textobjekts entspricht dem in der ZEI-
CHEN-Palette eingestellten Zeilenabstand.

▶ X-HÖHE: Die Oberkante der Kleinbuchstaben stößt an die
Oberkante des Textobjekts.

▶ GEVIERT-HÖHE: Diese Option ist vor allem für asiatische
Schriften gedacht. Sie erzeugt einen Abstand in der Höhe eines
Gevierts – also der eingestellten Schriftgröße – zwischen erster
Grundlinie und Objekt-Oberkante.

▶ FIXIERT: Geben Sie einen Wert in das Feld MIN ein, um den
Abstand zwischen der Grundlinie der ersten Zeile und der
Oberkante des Textobjekts zu bestimmen.

▶ ALT: Diese Einstellung emuliert alte Illustrator-Versionen.

▶ MIN: Der im Feld MIN eingesetzte Wert wird dann verwendet,
wenn die durch die Optionen erreichbaren Werte kleiner
wären.

Spalten und Zeilen einrichten

In Flächentextobjekten können Sie Textblöcke in Spalten und/
oder Zeilen unterteilen lassen. Dies ist eine Alternative zu mehreren verketteten Textobjekten.

Die Spaltenbreite und Zeilenhöhe ist immer gleichmäßig und
wird durch die Anzahl der Spalten und Zeilen und durch die
Breite der Zwischenräume bestimmt. Um Textspalten zu definieren, rufen Sie SCHRIFT • FLÄCHENTEXTOPTIONEN… auf.

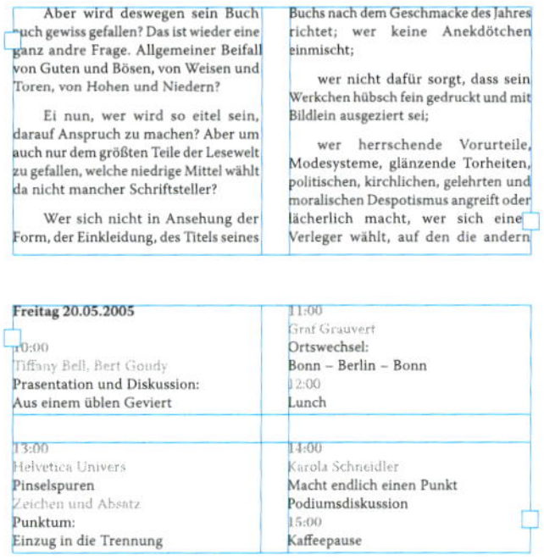

▲ Abbildung 14.21
Aufteilung eines Flächentexts in
Spalten (oben) und in Reihen und
Spalten (unten)

▶ ANZAHL: Hier legen Sie fest, wie viele Zeilen bzw. Spalten Sie
benötigen. Ist die Option FIXIERT nicht aktiv, wirkt sich eine
Änderung der Anzahl auf die SPANNE der Zeilen bzw. Spalten
aus.

▶ SPANNE: In diesen Feldern definieren Sie die Höhe der Zeilen
bzw. die Breite der Spalten. Wenn Sie beim Einrichten von
Spalten und Zeilen einen Wert in ein SPANNE-Feld eingeben,
wird die Größe des Textobjekts wie benötigt angepasst.

▶ ABSTAND: In dieses Feld geben Sie den Abstand zwischen den
Zeilen bzw. Spalten ein.
Möchten Sie ein vorhandenes Textobjekt in eine bestimmte
Anzahl Spalten unterteilen, geben Sie nur die ANZAHL und den
ABSTAND ein. Die SPANNE wird automatisch an die Größe des
Objekts angepasst.

▶ FIXIERT: Ist diese Option aktiviert, dann werden die Werte aller
drei Optionen im Bereich Zeilen bzw. Spalten erzwungen,
indem Illustrator die Größe des Objekts ändert.

- ▶ TEXTFLUSS: Bestimmen Sie hier, in welcher Reihenfolge der Text durch die Reihen und Spalten fließen soll: NACH ZEILEN oder NACH SPALTEN.

Textbreite an Flächenbreite anpassen

Möchten Sie z. B. eine Überschrift exakt an die Breite Ihres Flächentexts anpassen, müssten Sie etwas mühsam die Laufweite der Schrift einstellen, bis es passt.

Mit einem Menübefehl geht es einfacher. Der einzupassende Text kann entweder zwischen zwei Absatzschaltungen oder zwischen zwei Zeilenumbrüchen stehen.

Aktivieren Sie den Textbereich, den Sie einpassen möchten, und wählen Sie SCHRIFT • ÜBERSCHRIFT EINPASSEN. Die Funktion automatisiert lediglich die Laufweitenanpassung. Wenn Sie später Schriftformatierungen vornehmen oder die Größe des Textobjekts verändern, müssen Sie den Befehl erneut anwenden.

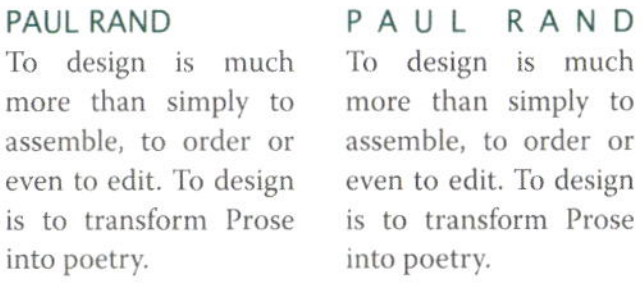

Objekte umfließen

Den Textfluss steuern Sie nicht nur durch die Begrenzung des Flächentextobjekts. Sie können, wie in Layout-Software, den Text um andere Objekte, wie Textobjekte, Vektorobjekte und Pixelbilder, herumfließen lassen.

Pixelbilder | Die Kanten der in Pixelbildern dargestellten Motive erkennt Illustrator, wenn sie auf einer Ebene freigestellt sind – diese Bilder müssen im PSD-Format platziert werden.

Sind die Motivkanten sehr unregelmäßig, sollten Sie Ihre Motive besser mit Hilfe von Schnittmasken (siehe Kapitel 11) in Illustrator freistellen. Der VERSATZ zwischen glatten Kanten und Text ist auf diese Art besser zu steuern. Da Text ohnehin nur zeilenweise um das Motiv fließen kann, benötigen Sie keine allzu exakte Freistellung.

Effekte | Die Auswirkungen von Effekten auf die Außenform eines Objekts werden in die Berechnung des Abstands zum Text einbezogen.

Stapelreihenfolge und Hierarchie | Texte, die andere Objekte umfließen sollen, dürfen nicht gruppiert sein. Richten Sie Umfließen-Objekte und Texte so ein, dass sie sich auf derselben Ebene befinden – die Umfließen-Objekte in der Stapelreihenfolge über den Texten (Ebenen siehe Kapitel 11).

Liegen Texte über den Umfließen-Objekten, sind sie von deren Wirkung ausgenommen. Verlagern Sie Texte, die keine Objekte umfließen sollen, trotzdem auf andere Ebenen, um die Übersicht

▲ **Abbildung 14.22**
Anpassen der Überschrift an die Textbreite

▲ **Abbildung 14.23**
Auf einer Photoshop-Ebene freigestelltes Motiv

▲ **Abbildung 14.24**
Mit einer Illustrator-Schnittmaske freigestelltes Motiv

▲ Abbildung 14.25
Dialogbox UMFLIESSENOPTIONEN

▲ Abbildung 14.26
Texte unter einem Umfließen-
Objekt (markiert) laufen um das
Element herum.

▲ Abbildung 14.27
Pfadtext mit allen Klammern

▲ Abbildung 14.28
Textbereich begrenzen

in Ihren Dokumenten zu vereinfachen. Um ein Umfließen-Objekt zu erzeugen, gehen Sie so vor:

1. Positionieren Sie den Text und die Umfließen-Objekte wie gewünscht auf der Ebene.
2. Ordnen Sie die Hierarchie und die Stapelreihenfolge der Objekte. Überprüfen Sie beides mit Hilfe der Ebenen-Palette.
3. Aktivieren Sie das oder die Umfließen-Objekte, und wählen Sie OBJEKT • UMFLIESSEN • ERSTELLEN.
4. Rufen Sie OBJEKT • UMFLIESSEN • UMFLIESSENOPTIONEN… auf, und bestimmen Sie die Parameter entweder für alle Ihre Umfließen-Objekte identisch oder für jedes individuell – in diesem Fall müssen die Objekte einzeln aktiviert werden:
   ▶ VERSATZ: Legen Sie den Abstand zwischen Text und Umfließen-Objekt fest.
   ▶ UMFLIESSEN UMKEHREN: Aktivieren Sie diese Option, um den Text innerhalb des Umfließen-Objekts fließen zu lassen.
5. Möchten Sie weitere Objekte umfließen lassen, wiederholen Sie die Schritte.

Umfließen aufheben | Um die Umfließen-Eigenschaft eines Objekts aufzuheben, aktivieren Sie das Umfließen-Objekt, und wählen Sie OBJEKT • UMFLIESSEN • ZURÜCKWANDELN.

Text am Pfad verschieben

Wenn Sie einen Pfadtext mit dem Auswahl-Werkzeug aktivieren, sehen Sie drei senkrecht zum Pfad stehende Linien. Diese werden als **Klammern** bezeichnet. Bewegen Sie das Auswahl-Werkzeug über die Klammern.

Die erste Klammer markiert den Textanfang – über ihr zeigt der Cursor das ▶⊢-Symbol. Eine weitere Klammer wird bei der Erstellung des Textpfads ans Ende des Pfades gesetzt – sie markiert das Ende des Textbereichs – der Cursor zeigt ▶⊣. In der Mitte zwischen diesen beiden KLAMMERN markiert die dritte Klammer die Textmitte, der Cursor zeigt ▶⊥.

Textbereich verändern | Bewegen Sie die Anfangs- und Endklammer, indem Sie auf der Linie klicken und ziehen, um den Textbereich auf dem Pfad zu erweitern oder einzugrenzen.

Klicken Sie in das Kästchen auf Anfangs- bzw. Endklammer, um den Pfadtext mit anderen Textobjekten zu verketten (siehe »Verkettete Textobjekte«).

Textausrichtung innerhalb des Bereichs | Die Textausrichtung steuern Sie mit den Ausrichtung-Buttons der Absatz-Palette.

Wählen Sie, ob der Text linksbündig, rechtsbündig oder zentriert ausgerichtet ist.

Text verschieben | Um den Text auf dem Pfad zu verschieben, klicken und ziehen Sie die mittlere Klammer. Schränken Sie die Bewegung ein – um den Text nicht aus Versehen um den Pfad zu spiegeln –, indem Sie dabei ⌘/Strg drücken.

▲ **Abbildung 14.29**
Text auf dem Pfad verschieben

Text um den Pfad spiegeln | Um den Text auf der anderen Seite des Pfades laufen zu lassen – als ob Sie die Pfadrichtung umkehren würden –, ziehen Sie die mittlere Klammer auf die andere Seite des Pfads, oder wählen Sie SCHRIFT • PFADTEXT • PFADTEXTOPTIONEN…, und aktivieren Sie die Option SPIEGELN.

▲ **Abbildung 14.30**
Text um einen Pfad spiegeln

Vertikale Position des Pfadtexts | Um die Position der Textgrundlinie im Verhältnis zum Pfadverlauf zu verändern, geben Sie einen Grundlinienversatz in der Zeichen-Palette ein. Oder Sie wählen SCHRIFT • PFADTEXT • PFADTEXTOPTIONEN… und bestimmen eine andere Option unter AN PFAD AUSRICHTEN:

▶ OBERLÄNGE: Der Pfad verläuft etwas oberhalb der Oberlängen.
▶ UNTERLÄNGE: Der Pfad verläuft unterhalb der Unterlängen.
▶ MITTELPUNKT: Der Pfad verläuft in der Mitte der Schrift – zwischen Ober- und Unterkante.
▶ GRUNDLINIE: Die Grundlinie der Schrift verläuft auf dem Pfad – dies ist die Grundeinstellung.

▲ **Abbildung 14.31**
Negativer Grundlinienversatz

Abstand der Zeichen eines Pfadtexts

Die Laufweite eines Pfadtexts muss fast immer angeglichen werden. Ist der Kurvenverlauf einheitlich, wie z. B. bei einem Kreis, können Sie eine einheitliche Anpassung der Laufweite in der Zeichen-Palette vornehmen.

Wenn Ihr Pfad sehr enge Kurven beschreibt, kommt es vor, dass die Zeichenabstände in der Kurve viel zu groß sind. In manchen Fällen hilft dagegen die Option ABSTAND unter SCHRIFT • PFADTEXT • PFADTEXTOPTIONEN… Geben Sie einen Wert in das Eingabefeld ABSTAND ein, wird der Buchstabenabstand in engen Kurven angeglichen. Ein höherer Wert verringert den Buchstaben-Zwischenraum an engen Kurven.

Falls das nicht zu einem optimalen Schriftbild führt, bleibt Ihnen nur, die Laufweite individuell für die einzelnen Textbereiche über die Zeichen-Palette anzupassen.

▲ **Abbildung 14.32**
Text an einem Kreis können Sie einheitlich behandeln, Text an einer Schlangenlinie nicht.

Tipp

Aktivieren Sie ein Pfadtextobjekt, und doppelklicken Sie das Pfadtext-Werkzeug, um die Pfadtextoptionen aufzurufen.

Ausrichten der Zeichen auf dem Pfad

Wie die Zeichen zum Pfad angeordnet sind, ob und wie sie verzerrt werden, steuern Sie unter SCHRIFT • PFADTEXT sowie in den PFADTEXTOPTIONEN… Die Grundeinstellung ist REGENBOGEN.

Die Optionen gelten immer für den gesamten Pfadtext. Um sie anzuwenden, aktivieren Sie das Pfadtextobjekt oder positionieren den Cursor im Text und wählen die Option aus dem Menü unter SCHRIFT • PFADTEXT.

▲ **Abbildung 14.34**
Weitergehende Gestaltungsmöglichkeiten haben Sie mit Verzerrungshüllen – hier: TORBOGEN

Verkettete Textobjekte

Mehrere Flächentext- oder Pfadtextobjekte können Sie miteinander verketten. Der Text fließt dann je nach Platzbedarf in die verketteten Objekte. Verkettete Textobjekte erlauben Ihnen große Flexibilität bei der Arbeit an Ihren Layouts.

Wenn Sie ein Flächentext- oder ein Pfadtextobjekt mit dem Auswahl-Werkzeug aktivieren, sehen Sie zwei Quadrate – Eingang und Ausgang genannt. Sind diese Quadrate leer □, ist der Platz im Objekt ausreichend. Sehen Sie einen Pfeil ▶ in einem der Quadrate, bedeutet dies, dass das Textobjekt mit einem anderen Textobjekt verknüpft ist. Wird im Ausgang ein rotes Pluszeichen ⊞ angezeigt, ist Text vorhanden, der nicht in die Fläche passte – Übersatz. Illustrator verwendet statt »Übersatz« den Begriff »zusätzlicher Text«.

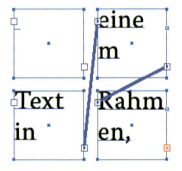

▲ **Abbildung 14.35**
Ein einzelnes und mehrere verkettete Flächentextobjekte

Verkettungen anzeigen

Besonders wenn Sie mit vielen verketteten Textobjekten arbeiten, unterstützt es die Übersichtlichkeit, die Verkettungen anzuzeigen. Wählen Sie dafür ANSICHT • TEXTVERKETTUNGEN EINBLENDEN – Shortcut ⌘/Strg+⇧+Y.

Textobjekte verketten

Sie haben zwei Möglichkeiten, Textverkettungen anzulegen: Sie verketten Textobjekte mit vorhandenen Vektorobjekten, oder Sie erstellen die neuen Objekte beim Verketten.

▲ **Abbildung 14.36**
Ein mit einem Flächentext verketteter Pfadtext

Verketten vorhandener Vektorobjekte | Um Textobjekte mit vorhandenen Vektorobjekten zu verketten, gehen Sie so vor:
1. Wählen Sie das Auswahl-Werkzeug, und aktivieren Sie ein Pfadtext- oder Flächentextobjekt. Klicken Sie auf den Eingang

oder den Ausgang des Textobjekts. Das Cursor-Symbol wandelt sich in 🖉.

2. Bewegen Sie den Cursor über den Pfad des Vektorobjekts, das Sie mit dem Textobjekt verketten möchten.

   ▶ Mit einer Fläche verketten: Wenn das Cursor-Symbol 🖉 zeigt, klicken Sie, um das Textobjekt mit dem Vektorobjekt zu verketten.

   ▶ Mit einem Pfad verketten: Drücken Sie ⌥/Alt – sobald der Cursor 🖉 zeigt, erzeugen Sie mit einem Klick ein verkettetes Textpfadobjekt.

3. Falls das Vektorobjekt mit Kontur und Füllung versehen war, werden diese entfernt.

Verketten per Menü | Aktivieren Sie ein einzelnes – nicht bereits verkettetes – Textobjekt und die Vektorobjekte, mit denen Sie es verknüpfen möchten, und wählen Sie SCHRIFT • VERKETTETER TEXT • ERSTELLEN.

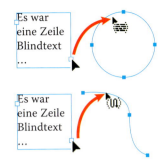

▲ **Abbildung 14.37**
Ein Textobjekt mit einer Fläche (oben) oder mit einem Pfad (unten) verketten

Erzeugen neuer Textobjekte | Etwas anders gehen Sie vor, um beim Verketten ein neues Textobjekt zu erzeugen:

1. Wählen Sie das Auswahl-Werkzeug, aktivieren Sie ein Pfadtext- oder Flächentextobjekt, und klicken Sie auf einen Ein- oder Ausgang.

2. Mit dem neuen Cursor-Symbol 🖉 klicken Sie entweder, um ein Duplikat des vorhandenen Textobjekts – Pfadtext oder Flächentext – zu erzeugen, oder Sie klicken und ziehen ein Rechteck in der gewünschten Größe auf, um einen Textrahmen zu erzeugen.

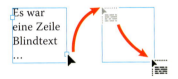

▲ **Abbildung 14.38**
Ein neues Textobjekt an ein vorhandenes anhängen

Textobjekte zwischen verkettete Objekte einfügen

Ein Textobjekt können Sie nicht nur am Anfang oder Ende einer Kette, sondern auch zwischen bereits verkettete Textobjekte einhängen. Aktivieren Sie das Objekt, vor dessen Eingang oder nach dessen Ausgang Sie ein weiteres Objekt einhängen wollen, und gehen Sie vor wie unter »Textobjekte verketten« beschrieben, um entweder vorhandene Vektorobjekte einzuhängen oder beim Verketten ein neues Textobjekt zu erzeugen.

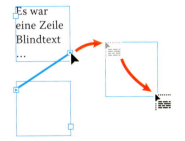

Alle Textobjekte einer Kette auswählen

Müssen Sie alle Textobjekte einer Kette zusammen bewegen oder bearbeiten, nehmen Sie das Auswahl-Werkzeug, aktivieren Sie eines der zur Kette gehörenden Textobjekte, und wählen Sie AUSWAHL • GLEICH • VERKNÜPFUNGSBLOCKREIHEN.

▲ **Abbildung 14.39**
Einen neuen Flächentext zwischen zwei vorhandene Flächentexte einfügen

▲ Abbildung 14.40
Original (l. o.), Verkettung unterbrechen (r. o.), Objekt herauslösen
(l. u.), Verkettung entfernen (r. u.)

Verkettungen lösen

Sie haben drei Möglichkeiten, Verkettungen zu lösen:

1. Wenn Sie die Verkettung unterbrechen möchten, aktivieren Sie eines der Objekte an einer Seite der zu lösenden Verkettung mit dem Auswahl-Werkzeug. Doppelklicken Sie dann auf dessen Ein- oder Ausgang. Die Verkettung wird gelöst, und der Text verbleibt in dem Objekt, das sich vor der jetzt gelösten Verkettung befand.

2. Um ein Objekt aus der Verkettung herauszulösen und den Text in das folgende Objekt weiterfließen zu lassen, aktivieren Sie das herauszulösende Objekt und wählen SCHRIFT • VERKETTETER TEXT • AUSWAHL ZURÜCKWANDELN.

3. Möchten Sie alle Verkettungen lösen und den Text in den Objekten behalten, aktivieren Sie ein Objekt aus der Kette mit dem Auswahl-Werkzeug, und wählen Sie SCHRIFT • VERKETTETER TEXT • VERKETTUNG ENTFERNEN.

14.4 Texte importieren

In den meisten Fällen erfassen Sie Texte nicht direkt in Illustrator, sondern müssen sie aus anderen Anwendungen importieren. Illustrator interpretiert die gängigen Dateiformate – darüberhinaus lassen sich Texte auch über die Zwischenablage einfügen.

Kopieren/Einsetzen

Wenn Sie Texte aus anderen Anwendungen kopieren und in Illustrator einsetzen, wird ein Punkttextobjekt erzeugt. Benötigen Sie ein Flächentextobjekt, erstellen Sie zuerst das Textobjekt und fügen den Text an der Einfügemarke ein.

Textformatierung kopieren | Stellen Sie innerhalb Ihres Dokuments komplette Absätze mit »kopieren« und »einfügen« um, werden Absatz- und Zeichenformatierungen von der Quelle mit übertragen und bleiben erhalten, auch wenn am Einfügeziel eine andere Formatierung eingerichtet ist.

Text laden

Illustrator kann Texte aus Dateien der Formate Microsoft Word Windows 97 bis 2007 sowie Mac 2004, RTF und TXT in verschiedenen Kodierungen importieren – anders als z. B. InDesign importiert Illustrator nicht in Word-Dokumente eingebundene Bilder.

Beim Importieren von DOC- und RTF-Dateien ist es möglich, deren Textformatierungen zu erhalten – achten Sie aber darauf,

Tipp

Kopieren Sie Texte aus Photoshop und fügen diese in Illustrator ein, so bleibt die Text-Formatierung erhalten. Leider gibt es diesen Komfort in der Kooperation mit InDesign nicht.

Hinweis

Werden in geladenen Dokumenten Schriften verwendet, die auf Ihrem System nicht installiert sind, zeigt Illustrator eine Warnung. Lesen Sie in Abschnitt 14.8 über den Umgang mit fehlenden Schriften.

dass die verwendeten Schriften in identischen Font-Formaten auf Ihrem System installiert sind, um Darstellungsprobleme zu vermeiden.

Möchten Sie einen Text importieren, rufen Sie DATEI • PLATZIEREN... auf und wählen die Textdatei in der Dialogbox aus. Klicken Sie auf den Platzieren-Button – anschließend werden die Importoptionen angezeigt.

DOC und RTF | Für DOC- und RTF-Dateien können Sie hier u.a. bestimmen, ob Textformatierungen erhalten bleiben sollen. Behalten Sie Textformatierungen bei, werden auch die Farben übernommen.

Importieren Sie Texte in CMYK-Dokumente, entstehen Probleme durch die importierte Farbe »Schwarz« oder »Black«. Die importierte Farbe ist kein reines Schwarz, sondern aus allen Druckfarben zusammengesetzt. Ändern Sie die Farbfeld-Definition – da das Farbfeld global ist, werden alle Objekte aktualisiert (Farbe siehe Kapitel 8).

▲ **Abbildung 14.41**
Schwarz in einer importierten RTF-Datei

TXT | Beim Import einer TXT-Datei haben Sie diese Optionen:

◄ **Abbildung 14.42**
Optionen für den Import von TXT-Dateien

► KODIERUNG: Geben Sie hier die Plattform und den Zeichensatz an, mit denen der Text erstellt wurde.
► ZUSÄTZLICHE WAGENRÜCKLÄUFE: In TXT-Dateien werden Leerzeilen verwendet, um Absätze deutlicher herauszustellen. In Illustrator können Sie Abstände zwischen Absätzen anders erzeugen, daher ist es beim Import von TXT-Dateien möglich, die zusätzlichen Absätze zu entfernen.
► ZUSÄTZLICHE LEERZEICHEN: Das TXT-Format speichert keine Tabulator-Steuerzeichen. Beim Speichern in diesem Format werden Tabulatoren daher in eine bestimmte Anzahl Leerzeichen umgewandelt. Aktivieren Sie die ZUSÄTZLICHE LEERZEICHEN-Option, um die Leerzeichen in Tabulatoren zurückzuwandeln (Tabulatoren siehe Abschnitt 14.10).

[Zeichensatz]
Der Zeichensatz ist u.a. abhängig von der Sprache des Textes – er definiert den Umfang der Zeichen, die in einem Text verwendet werden können, und deren computergerechte Codierung.

[WYSIWYG]

Akronym: What you see is what you get. Software, die nach dem WYSIWYG-Prinzip arbeitet, zeigt Layouts auf dem Bildschirm so an, wie sie ausgedruckt werden.

▲ **Abbildung 14.44**
Kopie des alten Texts unter dem aktualisierten Objekt

Textdateien öffnen

Die dritte Möglichkeit, Texte in Illustrator zu übernehmen, besteht darin, die Dateien zu öffnen. Die Formate Microsoft Word Windows 97 bis 2007 sowie Mac 2004, RTF und TXT werden geöffnet.

Beachten Sie bitte, dass die Dateien anschließend im RGB-Farbmodus vorliegen, und konvertieren Sie den Modus, falls nötig.

Texte aus alten Illustrator-Dateien – Legacy Text

Illustrator 10 und frühere Versionen haben Text anders behandelt als Illustrator ab Version CS. Illustrator CS3 kann Texte aus alten Dateien problemlos darstellen und ausgeben. Möchten Sie Text aus alten Dateien in Illustrator CS3 jedoch editieren oder umformatieren, müssen Sie ihn in die neue Version konvertieren – Textobjekte konvertierter Illustrator 10-Dateien werden »alter Text« oder in der englischen Version »Legacy Text« genannt.

Wenn Sie eine alte Datei öffnen, die Text enthält, zeigt Illustrator einen Warnhinweis. Sie können alle Textobjekte aktualisieren, indem Sie den Button Aktualisieren drücken. Klicken Sie auf OK, um den alten Text in der Datei zu belassen.

Text aktualisieren | Zu einem späteren Zeitpunkt haben Sie die Möglichkeit, entweder den gesamten oder ausgewählten alten Text zu aktualisieren. Wählen Sie dazu entweder Schrift • Alter Text • Ganzen alten Text aktualisieren, oder aktivieren Sie die zu aktualisierenden Textobjekte, und wählen Sie Schrift • Alter Text • Ausgewählten alten Text aktualisieren.

Kopie des alten Texts | Nach dem Aktualisieren können je nach Textmenge und Komplexität des Satzes Veränderungen im Textfluss auftreten. Um die aktualisierten Objekte an das Originallayout anzupassen, gibt es die Möglichkeit, automatisch beim Aktualisieren eine Kopie des alten Texts zu erstellen. Dafür müssen Sie jedoch beim Aktualisieren anders vorgehen:

Verwenden Sie das Auswahl-Werkzeug, und doppelklicken Sie auf den alten Text. In der Dialogbox klicken Sie den Button Textobjekt kopieren, um eine Kopie zu erstellen.

Kopien anzeigen und verstecken | Die Kopien blenden Sie über das Menü aus und ein. Wählen Sie Schrift • Alter Text • Kopien ausblenden bzw. Kopien einblenden, um die Kopien anzuzeigen oder zu verstecken.

Kopien löschen | Aktivieren Sie die Kopien mit SCHRIFT • ALTER TEXT • KOPIEN AUSWÄHLEN, und löschen Sie sie mit dem Befehl SCHRIFT • ALTER TEXT • KOPIEN LÖSCHEN.

Fremdsprachentexte

Fügen Sie nicht-lateinischen Text in Ihr Dokument ein, verhindert die Option FEHLENDEN GLYPHENSCHUTZ AKTIVIEREN aus VOREINSTELLUNGEN • SCHRIFT, dass in der aktuell eingestellten Schrift nicht vorhandene Zeichen ersetzt werden und der Text durch die Ersetzung unleserlich wird.

Ist eine Schrift ausgewählt, mit der die im Text enthaltenen Zeichen dargestellt werden können, wird der Font verwendet.

▲ **Abbildung 14.45**
Japanischer Text eingefügt in ein mit einer lateinischen Schrift formatiertes Textobjekt ohne (oben) und mit Glyphenschutz (unten)

14.5   Texte editieren

Illustrator ist kein Textverarbeitungsprogramm – daher sind einige Funktionen etwas umständlich. Für den Feinschliff der Typografie bietet es dafür etwas mehr.

Nicht druckbare Zeichen

Nicht druckbare Zeichen sind z. B. Absatzmarken, Zeilenumbrüche, Tabulatoren und Leerzeichen. Auch wenn sie im Ausdruck nicht sichtbar sind, haben sie einen Einfluss auf das Layout – vor allem auf den Textumbruch. Daher ist es für die Anpassung der Typografie sinnvoll, sich diese Zeichen anzeigen zu lassen.

Aktivieren Sie SCHRIFT • VERBORGENE ZEICHEN EINBLENDEN – Shortcut ⌘+⌥+I bzw. Strg+Alt+I –, um die Zeichen anzuzeigen.

Sprachen zuweisen

Illustrator arbeitet mit Wörterbüchern für verschiedene Sprachen, auf denen sowohl die Rechtschreibprüfung als auch die Trennregeln basieren.

Welches Wörterbuch jeweils benutzt wird, bestimmen Sie, indem Sie Ihren Texten neben der Formatierung eine Sprache zuordnen. Da grammatische vor typografischen Trennregeln in den Umbruch eines Textes eingreifen, sollten Sie die Sprache immer zuordnen, bevor Sie die Silbentrennungseinstellungen in der Absatz-Palette vornehmen.

Die Sprache können Sie auf drei Ebenen zuweisen:

1. **Generell für die Arbeit mit Illustrator**: Rufen Sie VOREINSTELLUNGEN • SILBENTRENNUNG… auf, und wählen Sie die Sprache aus, die für alle Ihre Dokumente voreingestellt sein soll.

10   →   Sonntag.23.7.↵
Donaudampfschifffahrt¶
¶

▲ **Abbildung 14.46**
Nicht-druckende Zeichen: Tabulator, Leerzeichen, Zeilenumbruch, bedingte Trennstriche, Absatzmarken

Formatierung eine Sprache zuordnen. Da grammatische vor typografischen Trennregeln in den

Formatierung eine Sprache zuordnen. Da grammatische vor typografischen Trennregeln in den

Formatierung eine Sprache zuordnen. Da grammatische vor typografischen Trennregeln in den

Formatierung eine Sprache zuordnen. Da grammatische vor typografischen Trennregeln in den

▲ **Abbildung 14.47**
Spracheinstellung (v. l. o.): Französisch, Deutsch, Englisch, Griechisch

„Deutsch“ »Deutsch«
“Englisch” «Französisch»
”Schwedisch” »Schwedisch»
„Holländisch” ”Holländisch”

▲ **Abbildung 14.48**
Gebrauch von Anführungszeichen in unterschiedlichen Sprachen

2. **Für ein Dokument**: Möchten Sie für einzelne Dokumente eine andere als die voreingestellte Sprache verwenden, wählen Sie Datei • Dokument einrichten… und stellen auf der Seite Text eine Sprache für das Dokument ein.
3. **Für einzelne Wörter oder Absätze**: Sollen Ausnahmen für einzelne Wörter oder Absätze gelten, aktivieren Sie die betreffenden Zeichen oder das gesamte Textobjekt, und wählen Sie die Sprache aus dem Menü in der Zeichen-Palette.

Eingabe Mac	Zeichen
⌥+⇧+W	„
⌥+2	“
⌥+⇧+Q	»
⌥+Q	«

Eingabe Windows	Zeichen
Alt+Num 0132	„
Alt+Num 0147	“
Alt+Num 0187	»
Alt+Num 0171	«

▲ **Tabelle 14.1**
Typografische Anführungen unter Mac OS und Windows

Anführungszeichen definieren

Typografisch korrekte Anführungszeichen sind eines von vielen Zeichen für die Qualität gestalterischer Arbeit – sie sind aber per Tastatur nicht einfach einzutippen. Großer Beliebtheit erfreut sich die Methode, einfach ⇧+2 zu verwenden. Illustrator kann diese Zeichen automatisch beim Eintippen in die typografischen Anführungen einer Reihe von Sprachen umwandeln.

Wählen Sie Datei • Dokument einrichten…, und rufen Sie die Seite Text aus dem Menü auf. Aktivieren Sie Typografische Anführungszeichen verwenden, und wählen Sie aus den Menüs Doppelte und Einfache Anführungszeichen die korrekten Zeichen aus.

Wenn typografische Anführungszeichen aktiviert sind, können Sie keine Zoll-Zeichen mehr tippen. Verwenden Sie entweder die Glyphen-Palette, um Zoll-Zeichen einzugeben, oder deaktivieren Sie die Option Typografische Anführungszeichen und geben die typografischen Anführungszeichen per Tastatur ein.

Groß- und Kleinschreibung ändern

Um die Groß- und Kleinschreibung von Texten zu ändern, müssen Sie diese nicht neu tippen. Aktivieren Sie die betreffenden Textstellen, und wählen Sie eine der Optionen aus dem Menü Schrift • Gross-/Kleinschreibung ändern. Die Untermenü-Begriffe sind selbsterklärend.

Satz- und Sonderzeichen

Das Eintippen der meisten Sonderzeichen stört den Schreibfluss, und wenn Ihnen Texte angeliefert werden, enthalten diese in den wenigsten Fällen typografische Satzzeichen. Daher können Sie Texte nachträglich über den Befehl Schrift • Satz-/Sonderzeichen… automatisch mit typografischen Sonderzeichen ausstatten lassen, falls diese in der verwendeten Schrift vorhanden sind.

Hinweis
Wenn Sie OpenType-Schriften verwenden, nutzen Sie für die Umwandlung von Ligaturen und Bruchzahlen die OpenType-Palette.

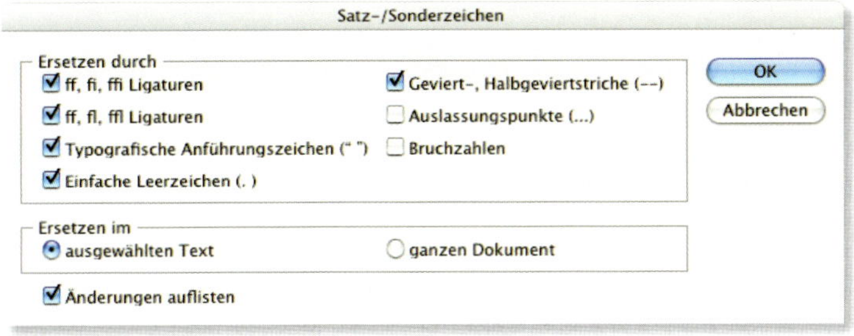

◀ **Abbildung 14.49**
Dialogbox Satz-/Sonderzeichen

Wählen Sie in der Dialogbox, welche Zeichen ersetzt werden sollen:

- ff, fi, ffi bzw. ff, fl, ffl Ligaturen: Kommen diese Buchstabenkombinationen im Text vor, werden sie durch die entsprechenden Ligaturen ersetzt.
  Die Satzregeln des deutschen Sprachraums definieren etliche Ausnahmen, in denen keine Ligaturen verwendet werden dürfen – diese Fälle berücksichtigt Illustrator nicht.
- Typografische Anführungszeichen: Diese Option wandelt Zoll-Zeichen in Anführungszeichen um. Die Einstellungen unter Dokument einrichten werden nicht berücksichtigt, so dass die Option für den deutschen Sprachraum nicht brauchbar ist, da immer angelsächsische Anführungszeichen erzeugt werden.
- Einfache Leerzeichen: Sind nach einem Punkt mehrere Leerzeichen vorhanden, werden sie bis auf eines gelöscht.
- Geviert-, Halbgeviertstriche: Diese Option transformiert zwei Bindestriche -- in einen Halbgeviertstrich – und drei Bindestriche --- in einen Geviertstrich —.
- Auslassungszeichen: Das Auslassungszeichen – auch Dreipunkt oder Ellipse genannt – einer Schrift unterscheidet sich zum Teil erheblich von drei hintereinander gesetzten Punkten, z. B. im Abstand zwischen den Punkten, manchmal sogar in deren Form. Die Option Auslassungszeichen ersetzt drei Punkte durch ein Auslassungszeichen.
- Bruchzahlen: Mehrere Ziffern, die durch einen Schrägstrich getrennt sind, werden durch das entsprechende Bruchzeichen ersetzt, wenn es in der Schrift vorhanden ist.
- Ersetzen im: Sie haben die Wahl, ob Sie den ausgewählten Text oder den Text des gesamten Dokuments korrigieren möchten.
- Änderungen auflisten: Aktivieren Sie diese Option, dann meldet Illustrator nach Durchführung des Befehls die erfolgten Änderungen.

Streiflicht
Schilfinsel

▲ **Abbildung 14.50**
In diesen Fällen dürften keine Ligaturen verwendet werden.

Ende ...
Ende …

▲ **Abbildung 14.51**
Auslassungspunkte (unten)

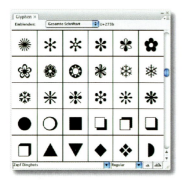

Hinweis

Der Befehl BEDIENFELD ZURÜCK-SETZEN aus dem Palettenmenü setzt die Darstellungsgröße der Glyphen auf die Voreinstellung zurück.

▲ **Abbildung 14.54**
Alternative Glyphen für t und g der WarnockPro

▲ **Abbildung 14.55**
Layout-Features: Standard-ligaturen, bedingte Ligaturen, Mediävalziffern

Aktion
Aktion

▲ **Abbildung 14.56**
Schwungschriften und stilistische Varianten gibt es in kursiven Schnitten (Adobe Caslon Pro).

Glyphen-Palette

Viele Sonderzeichen lassen sich über Tastaturkürzel eintippen. Die meisten Schriften enthalten jedoch Zeichen, die entweder nicht über die Tastatur zugänglich sind oder die Sie so selten verwenden, dass Sie sich die Kürzel nicht merken.

Bei reinen Ornament-Schriften ist es zudem nützlich, einen Überblick über die enthaltenen Formen zu bekommen.

In der Glyphen-Palette sehen Sie alle Zeichen einer Schrift. Rufen Sie die Palette mit FENSTER • SCHRIFT • GLYPHEN, SCHRIFT • GLYPHEN oder im Dock mit dem Symbol **Aa** auf.

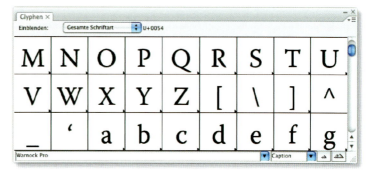

▲ **Abbildung 14.53**
Glyphen-Palette

Im Schriftart-Menü am unteren Rand der Palette wird die eingestellte Schrift angezeigt. Hier können Sie jedoch auch eine neue Schriftart auswählen – diese wird als Voreinstellung für neuen Text übernommen bzw. verändert die Formatierung ausgewählter Zeichen.

Die Darstellung der Glyphen der ausgewählten Schrift beeinflussen Sie durch die Steuerungen der Palette.

▶ Kleiner-Größer-Buttons ▣ ▣: Klicken Sie auf den jeweiligen Button, um die Darstellung der einzelnen Zeichen in der Palette in festgelegten Schritten zu vergrößern oder zu verkleinern.

▶ ANZEIGEN: Der Funktionsumfang des Menüs am oberen Rand der Palette variiert je nach eingestellter Schriftart. Ist eine OpenType-Schrift mit »Layout-Features« ausgestattet, so können Sie die zu einzelnen Features gehörenden Zeichen in der Palette anzeigen lassen, indem Sie die entsprechende Option aus dem Menü wählen (OpenType siehe Abschnitt 14.6).

Zeichen auswählen | Um mit der Glyphen-Palette ein Zeichen zu setzen, platzieren Sie den Text-Cursor an die gewünschte Stelle im Textobjekt und doppelklicken auf das Zeichen in der Glyphen-Palette.

Alternativen | Aktivieren Sie einen Buchstaben in Ihrem Text, so wird dieses Zeichen in der Glyphen-Palette hervorgehoben. Ein kleines Dreieck rechts unten in einem Glyphen-Feld deutet an, dass für dieses Zeichen alternative Formen vorhanden sind – das Feature ist OpenType-Schriften vorbehalten. Klicken Sie lange auf das Glyphen-Feld, um ein Auswahlfeld mit den Alternativen für die Glyphe anzuzeigen.

Wählen Sie das gewünschte alternative Zeichen aus dem Auswahlfeld, um den aktivierten Buchstaben zu ersetzen.

Rechtschreibprüfung

Illustrator kann die Rechtschreibung Ihrer Texte nach seinen Wörterbüchern in mehreren Sprachen prüfen. Um zu bestimmen, welches Wörterbuch zur Prüfung herangezogen wird, wird die Einstellung SPRACHE verwendet, die Sie in der Zeichen-Palette vorgenommen haben.

Rufen Sie die Rechtschreibprüfung auf, indem Sie BEARBEITEN • RECHTSCHREIBPRÜFUNG wählen – Shortcut ⌘/Strg+I. Klicken Sie auf den Pfeil-Button OPTIONEN, um zu bestimmen, welche Kriterien in die Prüfung eingeschlossen werden sollen:

▶ SUCHEN: Geben Sie hier an, ob Illustrator die genannten Optionen als Fehler erkennen soll.

  ▶ WIEDERHOLTE WÖRTER: Nur wenn diese Option aktiviert ist, erkennt Illustrator zwei identische Wörter in Folge, die korrekt geschrieben sind, als Fehler.

▶ IGNORIEREN: Aktivieren Sie die Optionen in diesem Block, wenn Illustrator diese Inhalte nicht als Fehler erkennen soll.

▲ **Abbildung 14.57**
Kontextbedingte Varianten/Formatvarianten (Caflish Script Pro)

▲ **Abbildung 14.58**
Kontextbedingte und stilistische Varianten (Bickham Script Pro)

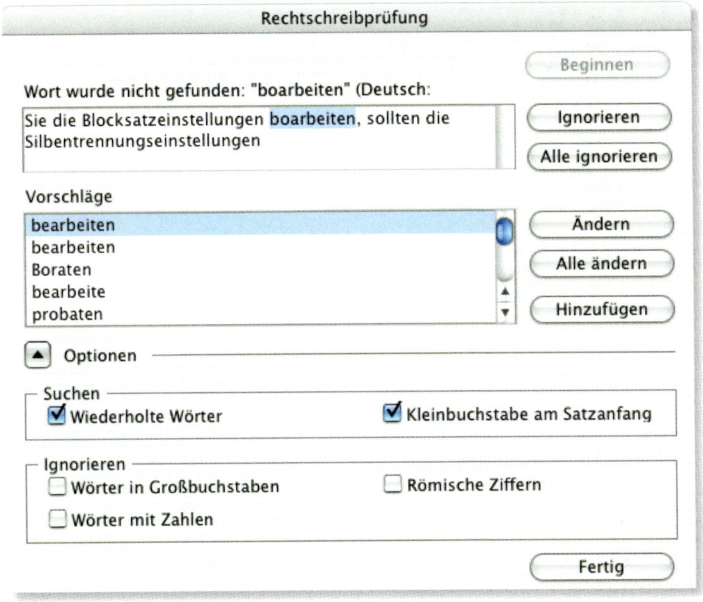

◀ **Abbildung 14.59**
Dialogbox RECHTSCHREIBPRÜFUNG mit allen Optionen

Starten Sie die Überprüfung, indem Sie den Button BEGINNEN klicken. Illustrator hebt fehlerhafte Wörter hervor und zeigt den Satzzusammenhang an. Sie haben folgende Möglichkeiten:

▸ Klicken Sie auf IGNORIEREN, um die Prüfung fortzusetzen, ohne das Wort zu ändern.

▸ Klicken Sie auf ALLE IGNORIEREN, um dieses Wort während dieses Prüfungsdurchgangs nicht mehr als Fehler anzeigen zu lassen. Bei einer erneuten Prüfung wird es wieder bemängelt.

▸ Wählen Sie eine der vorgeschlagenen Schreibweisen unter VORSCHLÄGE, oder korrigieren Sie die Rechtschreibung des hervorgehobenen Wortes im oberen Eingabefeld, und klicken Sie auf ÄNDERN, um dieses eine Vorkommen des Wortes zu berichtigen.

▸ Korrigieren Sie das Wort, und klicken Sie auf ALLE ÄNDERN, um alle Vorkommen des Wortes auf einmal durch Ihre Schreibweise zu ersetzen.

▸ Wenn die Rechtschreibung korrekt ist und Sie das Wort häufiger verwenden, nehmen Sie es in Ihr EIGENES WÖRTERBUCH auf, indem Sie auf HINZUFÜGEN klicken. Damit wird das Wort nicht mehr bemängelt.

▸ Klicken Sie auf FERTIG, um die Prüfung zu beenden.

Wörterbuch bearbeiten

Das EIGENE WÖRTERBUCH können Sie editieren, um z. B. eine größere Anzahl Begriffe im Voraus aufzunehmen oder die während einer Rechtschreibprüfung versehentlich hinzugefügten Wörter wieder zu löschen. Rufen Sie dazu BEARBEITEN • EIGENES WÖRTERBUCH BEARBEITEN... auf:

Abbildung 14.60 ▸
Dialogbox EIGENES WÖRTERBUCH BEARBEITEN

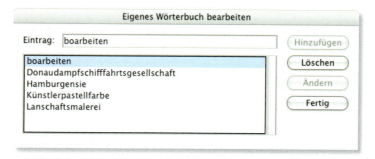

▸ Um ein Wort in das eigene Wörterbuch einzutragen, geben Sie das Wort unter EINTRAG ein, und klicken Sie auf HINZUFÜGEN.

▸ Vorhandene Wörter wählen Sie aus, indem Sie in der alphabetischen Liste im unteren Feld darauf klicken.

▸ Aktivieren Sie ein Wort, und klicken Sie auf LÖSCHEN, um es aus dem Wörterbuch zu entfernen.

- ► Falsche Einträge können Sie korrigieren, indem Sie das Wort aktivieren, im Feld EINTRAG die Fehler berichtigen und anschließend ÄNDERN klicken.
- ► Beenden Sie die Bearbeitung mit dem Button FERTIG.

Suchen und ersetzen

Illustrator lässt Sie nach Texten suchen und bei Bedarf gefundene Texte durch andere ersetzen. Um Text im gesamten Dokument zu suchen, heben Sie alle Auswahlen auf. Möchten Sie ein Textobjekt durchsuchen, aktivieren Sie es. Die Suche lässt sich auch auf eine Zeichenkette beschränken – wählen Sie dazu nur die betreffenden Zeichen aus. Rufen Sie anschließend BEARBEITEN • SUCHEN UND ERSETZEN auf.

◄ **Abbildung 14.61**
Dialogbox SUCHEN UND ERSETZEN

Geben Sie den gesuchten Text sowie den Text, durch den Sie gefundene Stellen ersetzen möchten, in die Eingabefelder ein. Alternativ wählen Sie ein Sonderzeichen aus dem Aufklappmenü, das Sie mit dem Pfeil neben dem Eingabefeld aufrufen.

Klicken Sie auf den Button SUCHEN, um die erste Fundstelle anzuzeigen. Erst dann sind die weiteren Buttons aktiv:

- ► ERSETZEN: Ersetzt den gefundenen Text durch den eingegebenen.
- ► ERSETZEN UND WEITERSUCHEN: Ersetzt den gefundenen Text und sucht die nächste Stelle.
- ► ALLE ERSETZEN: Ersetzt alle Fundstellen auf einmal.
- ► FERTIG: Klicken Sie auf den Button, um die Suche zu beenden.

▲ **Abbildung 14.62**
Darstellung von fixierten und ausgeblendeten Ebenen (Ebenen siehe Kapitel 11)

Optionen | Suchen und ersetzen

- ► GROSS-/KLEINSCHREIBUNG: Die Groß- und Kleinschreibung muss exakt mit dem Suchbegriff übereinstimmen.
- ► GANZES WORT: Sucht die eingegebene Zeichenfolge nur als eigenständiges Wort, nicht als Wortbestandteil.
- ► RÜCKWÄRTS SUCHEN: Illustrator beginnt die Suche unten in der Stapelreihenfolge der Objekte.
- ► AUSGEBLENDETE EBENEN ÜBERPRÜFEN: Aktivieren Sie die Option, um auch in ausgeblendeten Ebenen nach dem Text zu suchen. Die Textobjekte werden während der Suche vorüber-

gehend eingeblendet, jedoch die zugehörigen Ebenen in der Ebenen-Palette nicht hervorgehoben.

- Gesperrte Ebenen überprüfen: Mit dieser Option können Sie auch gesperrte (fixierte) Ebenen durchsuchen und ändern. Die Ebene wird dabei nicht entsperrt.

14.6 OpenType

OpenType ist ein plattformübergreifendes Schriftenformat, das Merkmale der bisher gebräuchlichen Formate PostScript Type1 und TrueType vereinigt. Da OpenType auf dem Unicode-Standard basiert, um die Zeichenkodierungen und ihre grafische Repräsentation – die Glyphen – im Font zu verbinden, können in einer OpenType-Schrift über 65000 Zeichen – statt 256 in einer herkömmlichen Schrift – enthalten sein.

Dies vereinfacht vor allem Fremdsprachensatz, aber auch wenn Sie auf typografische Feinheiten wie Ligaturen, Kapitälchen, Mediävalziffern und Zierbuchstaben Wert legen, profitieren Sie von OpenType. Selbstverständlich stellten »Expert-Schriften« alle diese Merkmale auch bisher schon zur Verfügung, das Besondere an OpenType ist, dass alle Zeichen in einer plattformunabhängigen Datei zusammengefasst sind. Die typografischen Sonderformen bilden die »Layout-Features«, mit denen die Schrift ausgestattet ist.

Wenn eine Applikation OpenType unterstützt, können Sie auf alle alternativen Glyphen einer OpenType-Schrift in einer sehr bequemen Form zugreifen. Illustrator stellt Ihnen zu diesem Zweck die OpenType-Palette zur Verfügung. Wählen Sie Fenster • Schrift • OpenType – Shortcut: ⌘+⌥+⇧+T bzw. Strg+Alt+⇧+T, um die Palette aufzurufen. Im Dock verwenden Sie das Symbol .

Aktivieren Sie das Textobjekt oder die Zeichen, deren OpenType-Optionen Sie anwenden möchten. Wählen Sie anschließend aus der OpenType-Palette die passende Option aus den Gruppen.

- Zahl: Hier finden Sie die Alternativen für die Darstellung von Ziffern und Zahlen – Mediäval- und Tabellenziffern.
- Position: Diese Varianten enthalten hoch- und tiefgestellte Zahlen sowie Bruchziffern.
- Schriftvarianten-Buttons: Mit den Buttons rufen Sie die gleichen Varianten auf, die auch über das Palettenmenü zugänglich sind. Es handelt sich dabei um Standardligaturen , kontextbedingte Varianten , bedingte Ligaturen , Schwungschriften , Formatvarianten (frühere Bezeichnung:

Hinweis

Dass eine OpenType-Schrift Zeichenvarianten enthalten *kann*, bedeutet natürlich nicht, dass diese Merkmale in jeder OpenType-Schrift enthalten *sind*. Adobe z. B. kennzeichnet diejenigen Schriften seiner Bibliothek, die mit erweiterten Zeichensätzen versehen sind, durch den Zusatz »Pro«.

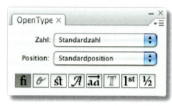

▲ **Abbildung 14.63**
OpenType-Palette

Zähler/Nenner: 1/1000 7/9
Brüche: ¾ ½ ⅔

▲ **Abbildung 14.64**
OpenType-Optionen »Position«

[Schriftschnitte]
Als Schriftschnitte bezeichnet man Varianten einer Schriftart. Schräglaufende Schriftschnitte werden »kursiv« oder »italic« genannt. Bei Serifen-Schriften sind die kursiven Schnitte Handschriften nachempfunden.

Eine andere Schriftschnittvariable ist die Strichstärke, die je nach Schriftart von »extra light« über »normal«, »heavy« oder »halbfett« und »fett/bold« bis »black« reichen kann.

Die dritte Variante wird durch die Buchstabenbreite definiert, für einige Schriften sind »condensed« und »extended« Schnitte erhältlich.

stilistische Varianten) 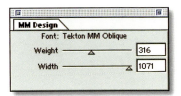, Titelschriftvarianten ⊤, Ordinalzeichen 1ˢᵗ und Brüche ½. Buttons, deren Funktion in der ausgewählten Schrift nicht verfügbar ist, sind grau – inaktiv – dargestellt.

14.7 Mit Schrift arbeiten

Buchstabenwüsten, die sich ohne Überschrift, ohne Leittext, ohne Absätze und ohne die Heraushebung einzelner Wörter oder Sätze präsentieren, sind sehr schwer zu lesen.

Absätze teilen den Text in Sinnabschnitte, die dem Auge des Lesers Halt geben, und sie tragen dazu bei, dass der Leser den Text in sinnvollen Happen konsumieren kann.

Absätze werden durch einen Absatzabstand oder, wie in diesem Buch, durch einen Texteinzug am Beginn einer Zeile gekennzeichnet. In seltenen Fällen dienen auch Trennlinien zur Unterteilung eines Textes.

Die **Auszeichnung von Wörtern** oder Textpassagen dagegen bietet – wie in Überschriften oder Leittexten – Zusammenfassungen an oder signalisieren dem Leser das, was dem Verfasser des Textes als wichtig erschien. Zum »Querlesen« oder »Überfliegen« sind dem Leser Abschnitte und Hervorhebungen wichtige Zwischenstationen, um das gewünschte Ziel schneller zu erreichen.

Fonts: Schriften

Eine Schriftart kennzeichnet sich durch nach einem Grundmuster gestaltete Buchstaben, Ziffern und Satzzeichen. Von einer Schriftart kann es Varianten geben, die in Neigung, Strichstärke und Zeichenbreite variieren. Die unterschiedlichen Schriftschnitte einer Schriftart bilden eine Schriftfamilie.

Schriften werden als »Fonts« in verschiedenen Formaten gespeichert. Illustrator zeigt das Schriftformat in den Schriftauswahlmenüs unter SCHRIFT • SCHRIFTART und in der Zeichen-Palette vor dem Namen der Schrift an: OpenType *O*, PostScript Type 1 *a*, TrueType ⊤T, MultipleMaster MM, Composite 🀄.

Schriften vermessen

Höhe und Breite von Schriften werden in unterschiedlichen Einheiten gemessen.

Höhen messen | Die gebräuchliche Maßeinheit für die Schriftgröße – oder den »Schriftgrad« – ist der Punkt. Diese »Maßein-

191	24	35	567
33	897	348	111
191	24	35	567
33	897	348	111
191	24	35	567
33	897	348	111
191	24	35	567
33	897	348	111

▲ **Abbildung 14.65**
Tabellenziffern (schwarz) haben eine einheitliche Breite.

[Multiple Master]
Adobes Weiterentwicklung des Type1 Font-Formats. In einer Font-Datei sind bis zu vier »Design-Achsen« angelegt, mit deren Hilfe sich Schriftschnitte variieren lassen.

Das Format ging in der Entwicklung von OpenType auf. In Illustrator 9 konnten MM-Variationen noch erzeugt werden – in CS3 müssen Variationen im Font gespeichert sein, damit sie zur Verfügung stehen.

▲ **Abbildung 14.66**
MultipleMaster-Palette aus Illustrator 9

▲ **Abbildung 14.67**
Oberlänge ❶, Mittellänge ❷, Unterlänge ❺, Versalhöhe ❸, Zeilenabstand ❻, Schriftkegel ❹, Durchschuss ❼

heit« verdient die Bezeichnung genau genommen nicht – sie ist alles andere als einheitlich.

Illustrator verwendet den DTP-Punkt. Er ist aus der Einheit Zoll/Inch abgeleitet, und 1 Punkt entspricht 1/72 Zoll, also gerundet 0,353 mm. Falls Sie typografische Maße lieber in einer anderen Maßeinheit bestimmen möchten, rufen Sie Voreinstellungen • Einheiten und Anzeigeleistung auf und wählen aus dem Menü unter Text die gewünschte Einheit.

Unterschiedliche Schriften sehen häufig unterschiedlich groß aus, obwohl Sie den gleichen Schriftgrad eingestellt haben. Das hat jedoch nichts mit Illustrator zu tun – die Zuordnung einer bestimmten dargestellten Zeichengröße zu einem Punktwert wird im Font festgelegt.

Breiten messen | Die Breite des Abstands zwischen Buchstaben misst Illustrator in 1/1000 Geviert. Die Einheit Geviert bezieht sich auf die Schriftgröße – das Geviert hat bei einer 10-Punkt-Schrift eine Breite von 10 Punkt, also 10 x 0,353 mm = 3,53 mm.

Zeilenabstand

Der Zwischenraum zwischen den Textzeilen trägt maßgeblich zur Lesbarkeit eines Textes bei. Im Bleisatz ist bereits dadurch ein Abstand vorgegeben, dass der Schriftkegel höher ist als die druckende Form. Soll der Abstand zwischen den Zeilen erhöht werden, fügt der Setzer Bleistücke ein, den »Durchschuss«. Verringern kann man den Abstand zwischen den Zeilen nur mit hohem Aufwand. Im DTP-Satz erfolgt sowohl das Erhöhen als auch das Verringern des Abstands mit wenigen Mausklicks.

Der Begriff Zeilenabstand – ZAB – bezeichnet den Abstand von einer Grundlinie zur nächsten. Der Zeilenabstand wird üblicherweise wie der Schriftgrad in Punkt gemessen.

Laufweite und Kerning

Horizontale Abstände zwischen Buchstaben und Worten beeinflussen Sie auf zweierlei Weise: Die Laufweite ist einem Zeichen zugeordnet und bestimmt den Abstand dieses Zeichens zu seinen Nachbarn.

Das Kerning ist eine Distanzanpassung, die zwischen Buchstabenpaaren angewendet wird, deren Abstände nicht automatisch definiert werden können. Schrifthersteller, die auf Qualität achten, erstellen für ihre Schriften »Kerning-Tabellen«, die Einstellungen für die problematischen Buchstabenpaare enthalten.

▲ **Abbildung 14.68**
Das Kontextmenü enthält häufig gebrauchte Befehle für Textobjekte.

▲ **Abbildung 14.69**
Schriftkegel: Die Grundfläche des Blocks, auf dem die druckende Buchstabenform liegt.

[Unterschneiden]
Ein manuelles Verringern der Schriftabstände bezeichnet man als Unterschneiden. In Zeiten des Bleisatzes wurden dabei tatsächlich Teile des Schriftkegels abgeschnitten.

14.8 Zeichen formatieren

Zeichenformatierungen sind Einstellungen, die das Aussehen einzelner Buchstaben oder Wörter durch Festlegung von Schriftart und -größe, Zeilen- und Zeichenabständen, Verzerrungen, Drehungen und Grundlinienversatz bestimmen.

Die Zeichen-Palette

Dreh- und Angelpunkt für die Zuweisung von Zeichenformatierungen ist die Zeichen-Palette – einige Zeichenformatierungen können Sie jedoch auch über die Kontrollleiste und über das SCHRIFT-Menü vornehmen.

Rufen Sie die Zeichen-Palette auf, indem Sie FENSTER • SCHRIFT • ZEICHEN – Shortcut ⌘/Strg+T – wählen. Im Dock klicken Sie auf das Symbol **A**.
Falls die Zeichen-Palette nicht alle Optionen anzeigt wie in der Abbildung, wählen Sie OPTIONEN EINBLENDEN aus dem Palettenmenü ▾≡.

Tipp

Wenn Sie für alle neuen Dokumente eine andere Standardschriftart einrichten möchten, finden Sie dazu eine Anleitung in Abschnitt 14.11, »Zeichen- und Absatzformate«.

◀ **Abbildung 14.70**
Die Zeichen-Palette mit allen Optionen

Schriftart ❶ und Schriftschnitt ❷ stellen Sie getrennt ein. Ist eine Schrift technisch als Familie angelegt, dann werden im Schriftschnitt-Menü automatisch die zur Familie gehörigen vorhandenen Schnitte aufgelistet. Rechnerisches Fettsetzen oder Schrägstellen, wie es einige Textverarbeitungs- oder Layoutprogramme anbieten, ist mit der Zeichen-Palette nicht möglich.

Anschließend folgen die Größenbestimmungen Schriftgrad ❸ (Größe der Schrift) und Zeilenabstand ❹, dann die horizontalen Abstände Kerning ❺ (Abstand zwischen zwei Buchstaben) und Laufweite ❻ (Weißraum um Zeichen herum).

Illustrator erlaubt eine getrennte horizontale ❼ und vertikale ❽ Skalierung von Zeichen, Sie können die Grundlinie einzelner Zeichen verschieben ❾ und einzelne Buchstaben innerhalb eines Textobjekts drehen ❿.

Echt Kursiv
Echt Schräg

▲ **Abbildung 14.71**
Kursive und schräg gestellte Schrift

WarnockPro Light
WarnockPro Light Italic
WarnockPro Regular
WarnockPro Italic
WarnockPro Semibold
WarnockPro Semibold Italic
WarnockPro Bold
WarnockPro Bold Italic

▲ **Abbildung 14.73**
Einige Schnitte der WarnockPro

▲ **Abbildung 14.74**
Schriftmenü

Viele Screendesigner hatten bis CS2 sehnlichst auf die Unterstrei-
chungsfunktion gewartet, um in ihren Layouts Links zu visualisieren – zusätzlich können Sie Texte auch durchstreichen ⓫.

Die Sprachwahl ⓬ hat große Auswirkungen auf Trennregeln
und die Rechtschreibprüfung.

Weitere Formatierungsoptionen finden Sie im Menü ⓭ der
Zeichen-Palette. Die wichtigsten Optionen im Menü sind die
Erzeugung von Kapitälchen sowie hoch- und tiefgestelltem Text
und eine Option, um Textumbrüche zu unterbinden.

Steuerungspalette und Schrift-Menü

Einige der Formatierungsmöglichkeiten, die Sie in der Zeichen-
Palette vorfinden, stehen Ihnen in gleicher oder ähnlicher Form
in der Steuerungspalette und im Menü SCHRIFT zur Verfügung.
Wir beschränken uns hier auf die Beschreibung der Zeichen-
Palette – wenn Optionen an anderer Stelle zur Verfügung stehen,
werden sie wie in der Zeichen-Palette bedient.

Schriftfamilie

Mit dieser Einstellung weisen Sie einem Text eine auf Ihrem System installierte Schriftart zu – lesen Sie gegebenenfalls in der
Online-Hilfe Ihres Betriebssystems, wie Sie Schriften installieren.

Aktivieren Sie das Textobjekt oder einzelne Zeichen und wählen eine Schriftart im Schriftfamilienmenü in der Zeichen-Palette.
Falls ein Pfeil ▶ rechts vom Schriftnamen ein Untermenü anzeigt,
müssen Sie aus diesem auch den Schriftschnitt auswählen.

Klicken Sie alternativ in das Feld, das den Namen der Schrift
anzeigt, und geben Sie die ersten Buchstaben des Namens der
gewünschten Schrift ein. Je mehr Schriften mit ähnlich lautenden
Namen installiert sind, desto mehr Buchstaben müssen Sie eingeben, um die richtige Schrift auszuwählen. Während Sie tippen,
werden die vorhandenen passenden Schriftnamen in dem Feld
angezeigt.

Unter SCHRIFT • ZULETZT VERWENDETE SCHRIFTEN listet Illustrator die im Hauptmenü oder der Zeichen-Palette zuletzt gewählten Fonts auf. Wie viele Schriften aufgelistet werden, bestimmen
Sie in den VOREINSTELLUNGEN im Bereich SCHRIFT. In der Option
ANZAHL DER ZULETZT VERWENDETEN SCHRIFTEN lässt sich ein Wert
zwischen 1 und 15 bestimmen.

Font-Vorschau | Im Ausklappmenü der Zeichen-Palette und im
Menü SCHRIFT • SCHRIFTART werden die Schriftnamen in der
jeweiligen Type dargestellt. Bei sehr vielen Schriften kann die
Vorschau die Anzeige des Menüs verlangsamen.

Falls Sie die Darstellung der Zeichenform nicht benötigen, wählen Sie VOREINSTELLUNGEN • SCHRIFT, und deaktivieren Sie die SCHRIFTVORSCHAU. Um die Vorschau in einer anderen Größe anzuzeigen, wählen Sie diese aus dem Menü SCHRIFTGRAD.

Fehlende Schriften | Öffnen Sie ein Dokument, das Schriften verwendet, die auf Ihrem Computer nicht installiert sind, so zeigt Illustrator in einer Dialogbox eine Warnung und listet die Namen der ersetzten Schriften auf. Sie können den Öffnen-Vorgang abbrechen – um die fehlenden Schriften zu installieren – oder fortsetzen, um die Schriften durch andere zu ersetzen.

Wenn Sie sehen möchten, an welcher Stelle im Dokument Schriften ersetzt wurden, wählen Sie DATEI • DOKUMENT EINRICHTEN… – Shortcut ⌘ + ⌥ + P bzw. Strg + Alt + P. Rufen Sie die Seite SCHRIFT auf, und aktivieren Sie die Option ERSETZTE SCHRIFTEN unter der Rubrik MARKIEREN.

Schriftgrad

Den Schriftgrad wählen Sie entweder aus dem Menü mit gebräuchlichen Schriftgrößen aus oder tippen den Wert direkt in das Eingabefeld ein. Schriftgrößen können Sie zwischen 0,1 Punkt und 1296 Punkt in 0,001-Punkt-Schritten eingeben.

Die Schriftgröße sollten Sie bestimmen, bevor Sie detaillierte Einstellungen in der Absatz-Palette vornehmen.

▲ **Abbildung 14.75**
Buchstabe H in 24 Punkt

Zeilenabstand

Der Zeilenabstand ist eine Eigenschaft des Zeichens. Er bestimmt den Abstand der Grundlinie des betreffenden Zeichens zur Grundlinie der darüber liegenden Zeichen. Wirksam für den Abstand zweier Textzeilen ist jeweils der größte in der unteren Zeile eingestellte Zeilenabstand.

Der Abstand der ersten Zeile eines Flächentexts zu dessen oberen Rand wird nicht durch den Zeilenabstand beeinflusst (siehe Abschnitt 14.3, »Randabstände bearbeiten«).

Illustrator verwendet für neu erstellte Textobjekte den automatischen Zeilenabstand – dies erkennen Sie daran, dass der Wert im Eingabefeld in Klammern steht. Voreingestellt beträgt der automatische Wert – wie in den meisten DTP-Programmen – 120% der Schriftgröße. Die Voreinstellung ändern Sie unter dem Eintrag ABSTÄNDE aus dem Menü der Absatz-Palette.

In einem Textblock mit automatischem Zeilenabstand kann der Abstand der Textzeilen variieren, wenn einzelne Zeichen unterschiedliche Schriftgrößen und damit einen unterschiedlichen Zeilenabstand besitzen. Dies kann besonders dann verwirren, wenn ein Leerzeichen eine abweichende Größe besitzt.

The one thing every **student** of typography should know: That you are designing not the **black** marks on the page, but the space in between.

▲ **Abbildung 14.76**
Automatischer (oben) und fest definierter Zeilenabstand (unten)

Um den Zeilenabstand einzustellen, wählen Sie mindestens ein Zeichen, besser jedoch die ganze Zeile, den ganzen Absatz oder das Textobjekt aus und wählen einen Wert aus dem Menü oder geben ihn in das Eingabefeld ein.

Kerning

Einige Standard-Kerning-Einstellungen können Sie sowohl auf das ganze Textobjekt, ausgewählte Zeichen wie auch auf ein einzelnes Buchstabenpaar anwenden. Die Eingabe bestimmter Kerning-Werte ist nur für ausgewählte Buchstabenpaare möglich. Um das Kerning eines Buchstabenpaars einzustellen, positionieren Sie die Einfügemarke zwischen die betroffenen Zeichen.

▶ AUTOMATISCH: Verwenden Sie die Standardeinstellung AUTO-MATISCH, um die im Font gespeicherten Kerning-Tabellen zu verwenden, welche die Abstände festlegen.

▶ OPTISCH: Manche Fonts haben keine oder unzureichende Kerning-Tabellen, und wenn Sie mit extremen Schriftmischungen – verschiedene Schriften innerhalb eines Wortes – arbeiten, nützen Ihnen auch die besten Kerning-Tabellen nichts. Für diesen Fall wählen Sie die Methode OPTISCH. Illustrator passt dann die Buchstabenabstände nach der Form der Buchstaben an.

▶ MANUELL: Als dritte Möglichkeit bleibt Ihnen manuelles Kerning. Platzieren Sie den Text-Cursor zwischen die problematischen Buchstaben, und wählen Sie einen Wert aus dem Kerning-Menü der Zeichen-Palette, oder tippen Sie den gewünschten Wert direkt in das Eingabefeld ein.

Laufweite

Passen Sie die Laufweite an, indem Sie entweder den ganzen Textblock oder einzelne Buchstaben auswählen und anschließend in der Zeichen-Palette unter LAUFWEITE einen Wert aus dem Menü wählen oder direkt in das Eingabefeld eintippen.

Die Laufweiten-Einstellung verhält sich »kumulativ« zu Kerning-Einstellungen. Wenn Sie also zuerst einige Buchstabenpaare mit eigenen Kerning-Einstellungen versehen und danach die Laufweite verändern, wirken sich die Kerning-Einstellungen zusätzlich aus.

Stauchen und Strecken

Diese beiden Einstellungsmöglichkeiten sind mit großer Vorsicht zu verwenden. Genauso wie Sie viel Mühe in die Entwicklung eines Designs investieren, haben das auch die Schriftentwerfer getan. Wenn Sie eine schmalere oder breitere Schrift benötigen, sollten Sie nach einem entsprechenden Schriftschnitt oder einer anderen Schriftfamilie suchen.

▲ **Abbildung 14.77**
Kerning zwischen problematischen Buchstabenpaaren

Tipp

Ohne Umweg über die Zeichen-Palette den Abstand zweier Zeichen anpassen: Platzieren Sie den Cursor zwischen die beiden Buchstaben, und drücken Sie ⌥/Alt +← zur Verringerung oder ⌥/Alt +→ zur Vergrößerung des Abstandes.

Tipp

Schriftverzerrungen können Sie mit dem Tastaturbefehl ⌘+⇧+X bzw. Strg+⇧+X zurücksetzen. Die Schriftgröße bleibt unberührt – die Breite wird auf 100 % gesetzt.

Condensed
Gequetscht

▲ **Abbildung 14.78**
Condensed-Schnitt und gestauchte Schrift

Für Typografik oder die Gestaltung von Logos können Sie natürlich zu diesen extremen Mitteln greifen. Aktivieren Sie die Schriften, die Sie verzerren möchten, und geben Sie die gewünschten Werte ein – eine vertikale Skalierung verändert selbstverständlich die Höhe der Buchstaben. Der Zeilenabstand passt sich nicht an.

Grundlinienversatz A⁼ᵃ⁺

Mit dieser Option verschieben Sie einzelne Zeichen nach oben oder unten, ohne deren Größe zu verändern. Diese Option ist nützlich, um die Positionen von Zeichen aus Symbolschriften an Texte anzupassen.

▲ **Abbildung 14.79**
Grundlinienversatz eines Symbols

Drehung

Auch wenn Sie mehrere Zeichen aktiviert haben, werden Zeichen immer individuell um ihren jeweiligen Mittelpunkt gedreht. Das Kerning müssen Sie anschließend anpassen – je nach Drehwinkel entstehen teilweise große Lücken. Für folgende Situationen ist die Drehung nicht vorgesehen:

▲ **Abbildung 14.80**
Unterschiedliche Drehwinkel

▶ **Ausrichtung**: Möchten Sie die Textausrichtung von horizontal auf vertikal – oder umgekehrt – ändern, aktivieren Sie das Textobjekt und wählen SCHRIFT • TEXTAUSRICHTUNG • HORIZONTAL oder VERTIKAL.

▶ **Ganzen Text drehen**: Um das ganze Textobjekt zu drehen, aktivieren Sie es mit dem Auswahl-Werkzeug und drehen es mit Hilfe der Transformieren-Werkzeuge oder der Transformieren-Palette (Transformieren siehe Kapitel 5).

Sprache

Die Spracheinstellung bestimmt die Funktion der Rechtschreibprüfung und der Silbentrennung. Lesen Sie mehr über Spracheinstellungen im Abschnitt 14.5, »Texte editieren«.

Unterstrichen und Durchgestrichen

Unterstreichungen waren im Schreibmaschinenzeitalter die einzige Möglichkeit, Textstellen hervorzuheben. Beim Unterstreichen wird eine Linie unter dem Text erzeugt – Sie können weder deren Farbe, Stärke noch ihren Abstand zum Text beeinflussen.

Vor allem können Sie die Linie nicht daran hindern, Unterlängen zu schneiden. Die Funktion hat einen Nutzen, um in Layouts für Webseiten Links darzustellen; möchten Sie aber einen Text hervorheben, nutzen Sie lieber den kursiven oder den fetten Schriftschnitt.

Mit der Option DURCHGESTRICHEN erzeugen Sie eine Linie, welche die Texte durchstreicht. Auch deren Stärke können Sie

To design is much more than simply to assemble, to order or ~~even~~ to edit. To design is to transform Prose into poetry.

▲ **Abbildung 14.81**
Unterstreichungen und Durchstreichungen haben die Farbe des Textes.

nicht beeinflussen. Diese Funktion könnte man zur Abstimmung von Text während der Korrekturphase gebrauchen.

Kapitälchen

Echte KAPITÄLCHEN im TEXT gesetzt

Falsche KAPITÄLCHEN im TEXT gesetzt

▲ **Abbildung 14.82**
Echte und gerechnete Kapitälchen

Kapitälchen sind Großbuchstaben, deren Höhe sich nach den Mittellängen richtet und deren Strichstärke der Strichstärke der Schrift angepasst ist. Deswegen lassen sich »echte« Kapitälchen nicht automatisch durch Skalierung aus Großbuchstaben erzeugen. »Falsche«, also berechnete Kapitälchen wirken im Vergleich zu den anderen Buchstaben zu mager.

Um einen Text in Kapitälchen zu setzen, aktivieren Sie ihn und wählen KAPITÄLCHEN aus dem Menü der Zeichen-Palette. Wenn Sie eine Schrift verwenden, in der Kapitälchen angelegt sind, werden diese verwendet. Ansonsten berechnet Illustrator die Kapitälchen aus den Versalien der Schrift.

Grundlage der Berechnung ist die Voreinstellung von 70 % der Versalhöhe für die Größenanpassung der berechneten Kapitälchen. Entspricht das nicht der Mittellänge der verwendeten Schrift, können Sie für das gesamte Dokument eine andere Voreinstellung auf der Seite SCHRIFT unter DATEI • DOKUMENT EINRICHTEN… eingeben.

Hochgestellt/Tiefgestellt – Indexziffern

$NH_2CH_2CH_2OH$

$NH_2CH_2CH_2OH$

▲ **Abbildung 14.83**
Rechnerisch tiefgestellte Indexziffern im Vergleich mit echten Indexziffern

Für mathematische oder chemische Formeln benötigen Sie kleinere Ziffern oder Buchstaben, deren Grundlinie außerdem verschoben ist. Setzen Sie Zahlen im Text, aktivieren sie und wählen HOCHGESTELLT bzw. TIEFGESTELLT aus dem Palettenmenü, um die Zahlen in Indexziffern umzuwandeln.

Auch Indexziffern sind in Qualitätsschriften vorhanden und werden in diesem Fall von Illustrator verwendet. Enthält eine Schrift keine Indexziffern, werden sie rechnerisch erzeugt mit denselben Nachteilen, die für Kapitälchen gelten.

Die Variablen für die rechnerische Erzeugung von Indexziffern geben Sie ebenso auf der Seite SCHRIFT unter DATEI • DOKUMENT EINRICHTEN… ein:

▶ GRÖSSE: Mit diesem Wert bestimmen Sie die Skalierung im Verhältnis zur Versalhöhe.

▶ POSITION: Geben Sie hier ein, um wie viel Prozent der Schriftgröße Sie die Indexziffer von der Schriftgrundlinie nach oben bzw. unten verschieben wollen.

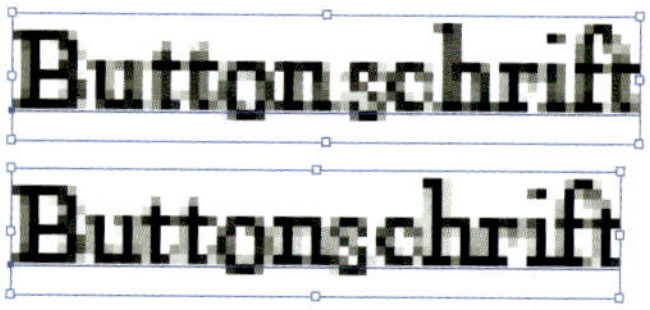

Schriftdarstellung am Bildschirm verbessern – Systemlayout

▲ **Abbildung 14.84**
Gebrochene Breiten (oben) und Systemlayout (unten)

Die Einstellung SYSTEMLAYOUT bewirkt, dass Buchstabenabstände immer in ganzen Pixeln ausfallen. Wenn Sie ein Screendesign entwickeln und Schriftgrößen unter 20 Punkt verwenden, sind die

Texte mit den standardmäßig verwendeten gebrochenen Zeichenbreiten eventuell nicht gut lesbar. Aktivieren Sie in diesem Fall SYSTEMLAYOUT im Menü der Zeichen-Palette. Diese Einstellung gilt im Gegensatz zu anderen für das gesamte Dokument.

Umbrüche verhindern

Möchten Sie verhindern, dass Silben oder Wortgruppen getrennt werden, z. B. ein Wert und die dazugehörige Maßeinheit, dann aktivieren Sie diese Gruppe und wählen KEIN UMBRUCH aus dem Menü der Zeichen-Palette.

Asiatische Optionen

Die Zeichen-Palette verfügt über weitere Optionen speziell für den Satz asiatischer Schriften. Um diese Optionen anzuzeigen, aktivieren Sie die Einstellung ASIATISCHE OPTIONEN EINBLENDEN unter VOREINSTELLUNGEN • SCHRIFT.

Die asiatischen Optionen können Sie auch für spezielle Satzarbeiten in lateinischen Schriftsystemen verwenden – mit der Option WARICHU aus dem Palettenmenü ist es möglich, eine Zeile in weitere Zeilen aufzuteilen.

Zeichenformatierungen auf andere Objekte übertragen

Um eine Formatierung einfach aus einem vorhandenen Objekt zu übernehmen, verwenden Sie das Pipette-Werkzeug.

Aktivieren Sie den Text, den Sie formatieren möchten. Wählen Sie das Pipette-Werkzeug – Shortcut $\boxed{\text{I}}$ –, und bewegen Sie es über den Text, dessen Formatierung Sie übernehmen möchten. Wenn das Cursor-Symbol 🖋 angezeigt wird, klicken Sie.

Schriftart suchen

Wenn Sie vor der endgültigen Wahl der Schrift direkt in Ihrem Dokument verschiedene Alternativschriften ausprobiert haben, passiert es fast zwangsläufig, dass noch Reste der Proben vorhanden sind, z. B. als formatiertes Leerzeichen. Haben Sie Dokumente von Kollegen »geerbt«, kann es vorkommen, dass Schriften verwendet wurden, die auf Ihrem Computer nicht installiert sind.

Um die verwendeten Schriften in Ihrem Dokument vor der Abgabe zu vereinheitlichen oder um nicht installierte Schriften dokumentweit einfach durch Alternativen zu ersetzen, verwenden Sie SCHRIFT • SCHRIFTART SUCHEN…

Tipp

Um einen Zeilenumbruch zu erzwingen, ohne einen Absatz zu erzeugen, tippen Sie $\boxed{⇧}$ + $\boxed{↵}$.

▲ **Abbildung 14.85**
Asiatische Optionen in der Zeichen-Palette

▲ **Abbildung 14.86**
Dem Text wurde die Option WARICHU zugewiesen. In den Warichu-Optionen stellen Sie die Anzahl der Zeilen und den Skalierungsfaktor ein.

Abbildung 14.87 ▸

Dialogbox SCHRIFTART SUCHEN

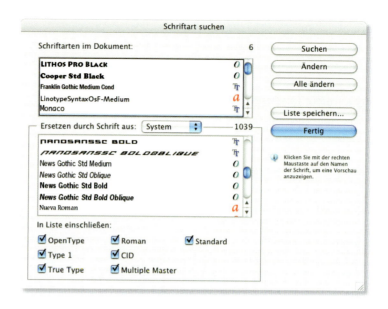

Hinweis

Die Liste der Fonts lässt sich nach Formaten filtern – lesen Sie die Erklärungen zu den Formaten **OpenType** und **Multiple Master** an anderer Stelle in diesem Buch. **Type 1** bezeichnet PostScript-Fonts – sie sind vor allem daran zu erkennen, dass sie aus zwei Dateien bestehen. Der Begriff **Roman** bezieht sich auf lateinische Schriften mit alphanumerischen Zeichen. **CID** (**C**haracter **ID**entifier) dagegen steht für Schriften aus dem fernöstlichen Raum wie Japan, China oder Korea.

Mit der Option **Standard** beschränken Sie die Liste auf Systemfonts.

Im oberen Feld SCHRIFTARTEN IM DOKUMENT werden die im Dokument verwendeten Schriften aufgelistet – jeder Schriftschnitt hat einen eigenen Eintrag in der Liste. Nicht installierte Schriften sind mit einem Stern * gekennzeichnet. Die Reihenfolge ist nicht alphabetisch, sondern ergibt sich durch die Stapelreihenfolge der Textobjekte. Klicken Sie auf einen Schriftnamen, um das jeweils erste Vorkommen dieser Schrift im Dokument hervorzuheben.

Im unteren Feld stellen Sie sich eine Liste der potenziellen Kandidaten für das Ersetzen zusammen.

▸ Im Menü ERSETZEN DURCH SCHRIFT haben Sie die Wahl, ob nur die Schriften im aktuellen Dokument oder alle im System installierten Schriften angezeigt werden sollen.

▸ Kreuzen Sie bei IN LISTE EINSCHLIESSEN an, welche Font-Formate zum Ersetzen in Frage kommen – die Liste wird mit diesen Kriterien gefiltert.

Klicken Sie anschließend im oberen Feld auf den Namen der zu ersetzenden Schrift und im unteren Feld auf den Namen der Ersatzschrift.

Das Ersetzen führen Sie mit einem der Buttons durch:

▸ ÄNDERN: Mit diesem Button ersetzen Sie die Schrift an der hervorgehobenen Stelle durch die ausgewählte Ersatzschrift und suchen anschließend nach dem nächsten Vorkommen.

▸ ALLE ÄNDERN: Ersetzt alle Vorkommen der Schrift im Dokument.

- SUCHEN: Sucht nach anderen Vorkommen im Dokument, ohne die Schrift zu ersetzen.
- LISTE SPEICHERN: Wenn Sie eine Liste der verwendeten Schriften als Textdatei speichern möchten, klicken Sie auf den Button.
- FERTIG: Mit diesem Button schließen Sie die Dialogbox.

Beim Ersetzen wird nur die Schriftart geändert, andere Zeichenformatierungen bleiben erhalten.

14.9 Absätze formatieren

Beim Schreiben wird ein neuer Absatz wie bei der guten alten Schreibmaschine durch die Eingabe eines Wagenrücklaufs oder ⏎ angefangen. Ein Absatz ist damit der Text, der zwischen zwei ⏎ steht. Überschriften werden in Illustrator wie in gängigen Layoutprogrammen als Absätze behandelt.

Absatzformatierungen können immer nur auf komplette Textpassagen zwischen zwei »Wagenrückläufen« angewendet werden, also nur auf komplette Absätze. Der Wagenrücklauf wird gelegentlich auch nach dem englischen Begriff »Carriage Return« bzw. einfach nur »CR« benannt.

Für Texte, die Sie direkt in Illustrator erstellen, wendet das Programm auch nach einem Wagenrücklauf die Formatierung des vorhergehenden Absatzes an, wenn Sie dafür keine andere Formatierung bestimmen.

Um einen Absatz zu formatieren, aktivieren Sie das Textobjekt – die Einstellung wirkt für alle enthaltenen Absätze –, oder setzen Sie den Text-Cursor in den Absatz, den Sie formatieren möchten. Formatieren Sie verkettete Textobjekte, achten Sie darauf, alle Objekte der Kette auszuwählen. Wenn nur ein Textobjekt aus einer Verkettung aktiviert ist, wirkt sich die Formatierung auf alle Absätze aus, die in diesem Textobjekt beginnen, enden oder komplett enthalten sind.

Die Absatz-Palette

Absatzformatierungen können für ein ganzes Dokument, für längere Textpassagen oder auch nur für einzelne Absätze vergeben werden.

Absatzformatierungen nehmen Sie in der Absatz-Palette vor – die Palette rufen Sie auf, indem Sie FENSTER • SCHRIFT • ABSATZ aus dem Menü wählen – oder verwenden Sie den Shortcut ⌘+⌥+T bzw. Strg+Alt+T. Im Dock besitzt die Absatz-Palette das Symbol ¶.

Hinweis

Wenn ein Wagenrücklauf zwischen zwei Absätzen herausgelöscht wird, geht eine eventuell abweichende Formatierung des zweiten Absatzes verloren, denn Illustrator wendet auf die gesamte Textpassage zwischen zwei Wagenrückläufen die Formatierung des ersten Absatzes an.

Abbildung 14.88 ▶
Die Absatz-Palette

Hauptmerkmal einer Absatzformatierung ist die Ausrichtung ❶ des Textes.

Weitere Eigenschaften eines Absatzformats sind der Abstand, der zwischen zwei Absätzen generiert wird – Sie können ihn in Illustrator sowohl vor ❺ als auch nach ❻ einem Absatz einrichten –, die Größe des Texteinzugs am Beginn eines Absatzes ❹ sowie gegebenenfalls ein genereller Einzug am linken ❷ und/oder am rechten ❸ Textrand.

Textausrichtung
Die Benennung richtet sich danach, an welchem Rand eine Zeile bündig ist.

Abbildung 14.89 ▶
Linksbündiger, rechtsbündiger, zentrierter und Blocksatz im Layout dargestellt. Graue Balken repräsentieren jeweils eine Zeile Text.

Bei linksbündigem ▤ bzw. rechtsbündigem ▤ Text schließt der Text am linken bzw. rechten Rand ab, auf der jeweils gegenüberliegenden Seite beginnen oder enden die Zeilen unregelmäßig.

Jede Zeile ist beim zentrierten Satz ▤ einzeln mittig zum Textrahmen ausgerichtet.

Dazu im Gegensatz steht der beliebte, aber nicht immer unproblematisch zu handhabende Blocksatz. Dabei werden die Buchstaben- und Wortzwischenräume so variiert, dass der Text beidseitig am Rand bündig ist.

In Illustrator können Sie vier Arten Blocksatzeinstellungen zuweisen, die sich durch den Umgang mit der letzten Zeile unterscheiden.

Abbildung 14.90 ▶
Blocksatz: letzte Zeile linksbündig, letzte Zeile zentriert, letzte Zeile rechtsbündig, Blocksatz (alle Zeilen)

To design is much more than simply to assemble, to order or even to edit. To design is to transform Prose into poetry.

To design is much more than simply to assemble, to order or even to edit. To design is to transform Prose into poetry.

To design is much more than simply to assemble, to order or even to edit. To design is to transform Prose into poetry.

To design is much more than simply to assemble, to order or even to edit. To design is to transform Prose in p o e t r y .

Am gebräuchlichsten ist die Einstellung LETZTE ZEILE LINKSBÜNDIG ▤, die Einstellungen LETZTE ZEILE ZENTRIERT ▤ und LETZTE ZEILE RECHTSBÜNDIG ▤ werden Sie eher selten verwenden. Die Option BLOCKSATZ (ALLE ZEILEN) ▤ wird auch als »erzwungener Blocksatz« bezeichnet und findet manchmal Verwendung.

Um einen Text auszurichten, wählen Sie den Absatz aus und klicken auf den gewünschten Ausrichtungs-Button in der Absatz-Palette.

Einzüge

Mit Einzügen bestimmen Sie den Abstand des Texts zur Begrenzung des Textobjekts. Sie können Einzüge der ersten Zeile ⁺▤ sowie generelle Einzüge am linken ⁺▤ und rechten ▤⁺ Rand des Absatzes einrichten.

Die Wirkung von Einzügen ähnelt der Wirkung der Einstellung VERSATZABSTAND unter SCHRIFT • FLÄCHENTEXTOPTIONEN… – siehe Abschnitt 14.3, »Flächentext«.

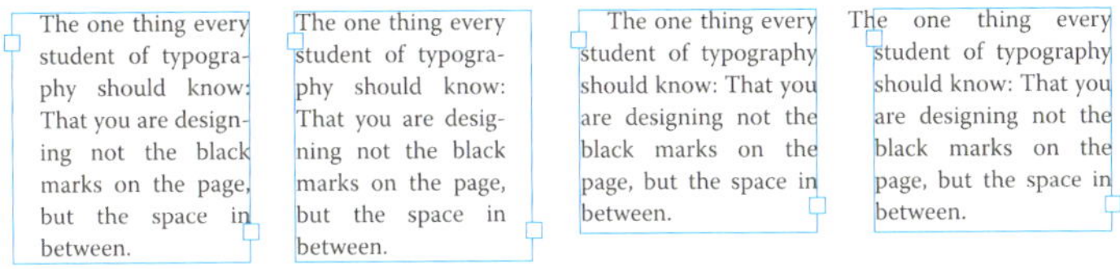

The one thing every student of typography should know: That you are designing not the black marks on the page, but the space in between.

The one thing every student of typography should know: That you are designing not the black marks on the page, but the space in between.

The one thing every student of typography should know: That you are designing not the black marks on the page, but the space in between.

The one thing every student of typography should know: That you are designing not the black marks on the page, but the space in between.

◄ **Abbildung 14.91**
Einzug links, Einzug rechts, Einzug links in erster Zeile, hängender Einzug

Um Einzüge einzurichten, geben Sie den Abstand, um den Sie die Zeile oder den Absatz einziehen wollen, in das entsprechende Eingabefeld ein.

Einen »hängenden Einzug« – also das Herausragen der ersten Zeile nach links – erreichen Sie durch das Eingeben eines negativen Werts unter EINZUG LINKS IN ERSTER ZEILE.

Abstände zwischen Absätzen

Um Absätze besser voneinander zu trennen, legen Sie Abstände fest, die zwischen den Absätzen zum Zeilenabstand addiert werden. Dieser Methode sollten Sie den Vorzug geben vor der Erzeugung der Abstände durch zusätzliche Zeilenschaltungen, da Sie mit ABSTAND VOR und NACH ABSATZ viel einfacher die Höhe des Abstands beeinflussen können.

Ob Sie die Abstände ober- oder unterhalb des Absatzes einfügen, macht optisch keinen Unterschied. Möchten Sie einen Abstand zwischen der Oberkante des Textobjekts und dem ersten Absatz einrichten, verwenden Sie dafür nicht ABSTAND VOR ABSATZ, sondern geben den gewünschten Abstand unter ERSTE GRUNDLINIE in der Dialogbox SCHRIFT • FLÄCHENTEXTOPTIONEN… ein.

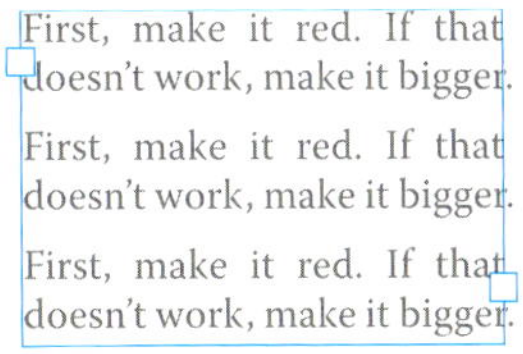

First, make it red. If that doesn't work, make it bigger.

First, make it red. If that doesn't work, make it bigger.

First, make it red. If that doesn't work, make it bigger.

▲ **Abbildung 14.92**
Abstände zwischen Absätzen

▲ Abbildung 14.93
Ohne und mit hängender Interpunktion

Wenn Wen
Autor Auto
Verdie Verd

▲ Abbildung 14.94
Mit und ohne optischen Randausgleich

Hängende Interpunktion und optischer Randausgleich

Bindestriche, Punkte, Anführungszeichen, Sternchen (Asteriske), Tilden und andere Satzzeichen wirken optisch weniger massiv als Buchstaben. Befinden sich diese Zeichen am bündigen Rand eines Absatzes, dann erscheint dieser Rand unruhig. Die »hängende Interpunktion« lässt den Spaltenrand optisch glatter aussehen.

Um HÄNGENDE INTERPUNKTION auf einen Absatz anzuwenden, setzen Sie den Text-Cursor in den Absatz, und wählen Sie HÄNGENDE INTERPUNKTION ROMAN aus dem Menü der Absatz-Palette. Einige Satzzeichen ragen anschließend komplett über den Absatzrand hinaus, andere zum Teil.

Hängende Interpunktion sollten Sie nicht auf nebeneinander stehende Blocksatzspalten anwenden, da die Zwischenräume dann unsauber wirken.

Der OPTISCHE RANDAUSGLEICH (früher: optische Randausrichtung) gleicht die Ränder aller Absätze eines Textobjekts aus, indem die Kanten einiger Zeichen über den Rand des Textobjekts hinausragen. Aktivieren Sie das Objekt mit dem Auswahl-Werkzeug, und wählen Sie SCHRIFT • OPTISCHER RANDAUSGLEICH.

Satz-Engine

Die Kunst des Satzes längerer Textabschnitte besteht darin, ein gleichmäßiges Schriftbild ohne Lücken und mit möglichst wenigen Worttrennungen zu erreichen. Dafür muss in jeder Zeile der optimale Punkt für den Umbruch in die nächste Zeile ermittelt werden. Was »optimal« jeweils bedeutet, wird bestimmt durch die Regeln der Silbentrennung sowie die als anzustrebend definierten Wort- und Zeichenabstände.

Adobe Einzeilen- und Alle-Zeilen-Setzer

In den meisten Fällen gibt es keinen optimalen Punkt, an dem umbrochen werden kann, sondern mehrere zweitbeste Lösungen. Mit den Optionen EINZEILEN- bzw. ALLE-ZEILEN-SETZER bestimmen Sie, wie Illustrator die Umbruchpunkte auswählen soll:

Einzeilen-Setzer | Diese Option arbeitet nach der Methode, die im Fotosatz und in den Anfangszeiten des DTP vorherrschte. Jede Zeile wird für sich betrachtet und nach den in den Dialogen SILBENTRENNUNG und ABSTÄNDE festgelegten Regeln in sich ausgeglichen. Dies kann dazu führen, dass in einem an sich gut ausgeglichenen Abschnitt einzelne Zeilen durch ungünstige Abstände auffallen.

Wenn Sie die Kontrolle über den Satz selbst in der Hand behalten möchten, sollten Sie diese Option wählen.

Der Einzeilen-Setzer geht nach folgenden Regeln vor: Beim Ausgleichen der Zeile hat die Verringerung oder Vergrößerung der Wortabstände Vorrang vor der Silbentrennung. Diese wird der Verringerung oder Erhöhung der Zeichenabstände vorgezogen. Ist eine Abstandsveränderung nötig, so wird der Abstand eher verringert als erhöht.

Alle-Zeilen-Setzer | Bei dieser Methode wird ein Netz von Umbruchpunkten innerhalb eines Absatzes sowie deren Wechselwirkungen aufeinander zusammen betrachtet, und die jeweils optimalen Punkte werden herausgefiltert. Die Filterung geschieht auf der Basis von »Abwertungspunkten« für ungünstige Faktoren.

Die höchste Priorität haben gleichmäßige Wort- und Zeichenabstände. Je größer die Abweichung von den gewünschten Werten, desto größer ist die Abwertung des Umbruchpunkts. Eine zusätzliche Abwertung gibt es für Silbentrennungen.

Der Alle-Zeilen-Setzer nimmt mehr Rechenzeit in Anspruch, führt in den meisten Fällen zu besseren Ergebnissen, Sie haben jedoch weniger Kontrolle über einzelne Zeilen. Nehmen Sie Textänderungen an einer Zeile vor, werden häufig nicht nur die folgenden, sondern auch vorhergehende Zeilen neu umbrochen.

Silbentrennungswörterbücher

Wo die Rechtschreibregeln eine Trennung zulassen, ermittelt Illustrator anhand der Proximity-Wörterbücher. Wählen Sie in der Dialogbox VOREINSTELLUNGEN • SILBENTRENNUNG... unter STANDARDSPRACHE das Wörterbuch aus, das Sie standardmäßig benutzen möchten.

Trennungsausnahmen | Möchten Sie ein Wort von der Trennung ausnehmen, geben Sie es in das Eingabefeld NEUER EINTRAG ein, und klicken Sie HINZUFÜGEN. Um das Wort wieder aus der Trennungsliste zu entfernen, aktivieren Sie es und klicken LÖSCHEN.

Abweichende Sprache | In der Zeichen-Palette können Sie für einzelne Wörter oder sogar Zeichen ein eigenes Wörterbuch bestimmen, indem Sie das Wort aktivieren und eine SPRACHE aus dem Menü wählen.

Silbentrennung

Die Silbentrennungsoptionen im Menü der Absatz-Palette bestimmen die ästhetischen Richtlinien für die Trennung von Wörtern. Die Optionen stellen Sie in Illustrator absatzweise ein. Aktivieren Sie die Vorschau, damit Sie die Auswirkung Ihrer Einstellungen auf den ausgewählten Text beobachten können.

Exkurs: TeX

In den 1980er-Jahren beschrieben Donald E. Knuth und Michael F. Plass als Erste den Schriftsatz als komplexes Informatikproblem und suchten nach Alternativen für den damaligen Ansatz, zeilenweise vorzugehen. Sie entwickelten den Algorithmus für den Zeilenumbruch, der zum Kernstück von Knuths Public-Domain-Software TeX wurde.

Hinweis

Vorrang vor den in den Proximity-Wörterbüchern definierten Trennungen haben die manuell im Text eingegebenen »bedingten Trennstriche« oder »weichen Trennungen«.

Bedingte Trennstriche setzen Sie, indem Sie an der gewünschten Stelle ⌘/Strg+⇧+- eingeben.

Tipp

Stellen Sie sicher, dass Sie die korrekte Spracheinstellung für den Absatz vorgenommen haben, bevor Sie die Silbentrennung (und die Ausrichtung) detailliert einstellen.

Abbildung 14.95 ►

Dialogbox SILBENTRENNUNG

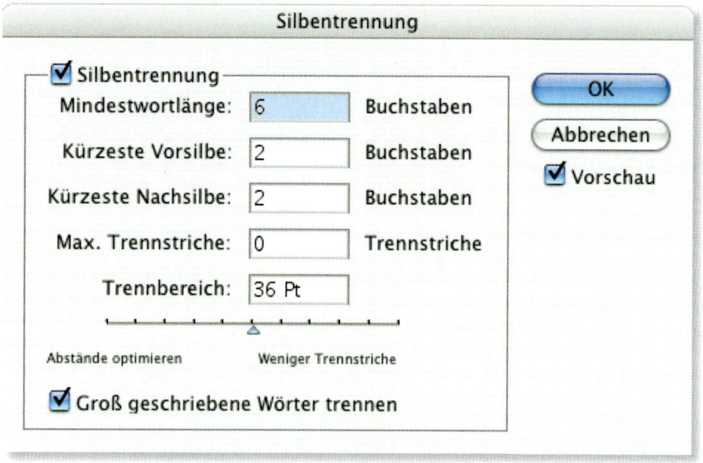

Ansehung der
Form, der **Einklei-
dung**, des Titels
seines Buchs nach

▲ **Abbildung 14.96**

Vorsilbe (blau) und Nachsilbe (rot)

selben einem Manne
Gerechtigkeit widerfah-
ren lässt, dessen Ver-
dienste beneidet, verfolgt

▲ **Abbildung 14.97**

Trennungen in Folge

Tipp

Beim Erstellen von Webseiten-Layouts deaktivieren Sie die Silbentrennung, um das Verhalten von Web-Browsern zu simulieren. Dies hilft Ihnen unter anderem dabei, einzuschätzen, ob die Spaltenbreiten ausreichen.

▶ SILBENTRENNUNG: Dies ist eine Wiederholung des gleichnamigen Optionsfelds in der Absatz-Palette. Damit aktivieren Sie die Silbentrennung. Ist die Option deaktiviert, wird lediglich an im Text gesetzten Bindestrichen getrennt.

▶ MINDESTWORTLÄNGE: Ein Wort muss mindestens die hier angegebene Anzahl Zeichen lang sein, um überhaupt für eine Trennung in Betracht gezogen zu werden.

▶ KÜRZESTE VORSILBE: Geben Sie hier die Anzahl Buchstaben an, die mindestens vor dem Trennstrich stehen bleiben müssen.

▶ KÜRZESTE NACHSILBE: Dagegen bestimmt dieser Wert, wie lang der abgetrennte Teil des Wortes mindestens sein muss. Aus typografischen Gesichtspunkten kann dieser Wert um 1 niedriger sein als der vorherige. Beide KÜRZESTE SILBE-Werte sollten jeweils nicht kleiner als 2 sein.

▶ MAX. TRENNSTRICHE: Hier definieren Sie, in wie vielen aufeinander folgenden Zeilen Trennungen auftreten dürfen. Da die Satz-Engine ohnehin Trennungen vermeidet, ist der voreingestellte Wert 2 nicht zu hoch.

▶ TRENNBEREICH: Diese Option betrifft nur links- und rechtsbündige sowie zentrierte Absätze, die Sie mit der Option EIN-ZEILEN-SETZER versehen. Sie legen einen Bereich am jeweils nicht ausgeglichenen Seitenrand fest – also den rechten Rand bei linksbündigem Satz –, in dem keine Trennung mehr erfolgt. Je breiter Sie diesen Bereich definieren, desto weniger Trennungen erfolgen und desto stärker flattert der Text. Mit dem Wert 0 geben Sie keine Einschränkung vor.

▶ TRENNREGLER/HYPHENATION SLIDER: Mit diesem Regler nehmen Sie Einfluss auf die Prioritäten der Satz-Engine – also die Vergabe der »Abwertungspunkte« –, indem Sie angeben, ob Sie eher eine Veränderung der Abstände (nach rechts schieben) oder mehr Trennungen (nach links schieben) akzeptieren. Die Einstellung betrifft alle Satzarten.

▶ GROSS GESCHRIEBENE WÖRTER TRENNEN: Für den deutschen Sprachraum sollte diese Option aktiviert bleiben, da ansonsten keine Hauptwörter getrennt würden.

Abstände (früher: Ausrichtung)

Hier geben Sie die Regeln vor, nach denen Illustrator beim Ausgleichen der Zeilen mit den horizontalen Abständen umgeht. Dabei entspricht die Reihenfolge der Ausrichtungsmethoden in der Dialogbox: WORTABSTAND, ZEICHENABSTAND, GLYPHENABSTAND – oder besser Glyphe-Skalierung – dem Vorrang, den die Satz-Engine ihnen bei der Ausführung einräumt.

Darüber hinaus ist die Einstellung für den automatischen Zeilenabstand in dieser Dialogbox untergebracht. Aktivieren Sie zunächst die Vorschau, damit Ihre Einstellungen im bearbeiteten Text sofort angewendet werden:

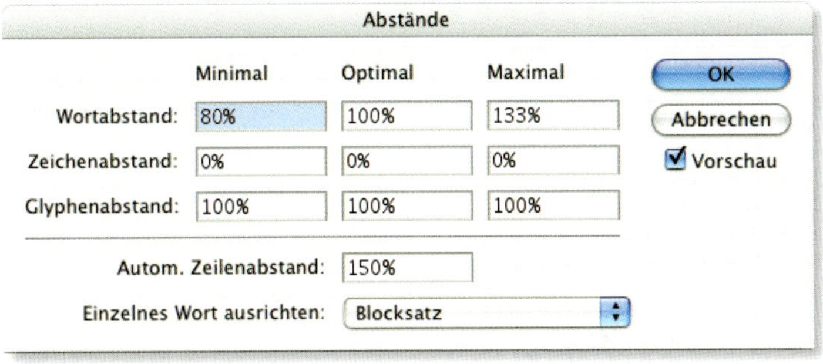

◀ **Abbildung 14.98**
Dialogbox ABSTÄNDE

Wer sich nicht in
Ansehung der
Form, der Einklei-
dung, des Titels

Wer sich nicht in   Wer sich nicht in
Ansehung der   Ansehung der Form,
Form, der Einklei-   der Einkleidung, des
dung, des Titels   Titels seines Buchs

▲ **Abbildung 14.99**
Oben: Voreinstellung – erzeugt große Wortabstände, unten links: Zeichenabstände vergrößert, unten rechts: Zeichenabstände reduziert

Die horizontalen Abstände definieren Sie, indem Sie den optimalen Wert bestimmen und die Toleranz nach unten und oben begrenzen. Die prozentualen Angaben beziehen sich auf die jeweils »normalen Abstände«, die in der Font-Datei bzw. in der Zeichen-Palette vorgegeben sind.

▶ WORTABSTAND: Mit diesen Werten geben Sie die erlaubten Abstände zwischen Wörtern als prozentualen Anteil des »normalen« Abstands an. Erlaubt sind Werte zwischen 0 und 1000 %, ein unveränderter Wert wird mit der Eingabe 100 % definiert.

▶ ZEICHENABSTAND: Bestimmt den Abstand zwischen einzelnen Buchstaben. Im Unterschied zu den anderen Optionen geben Sie hier die Höhe der Abweichung an. Um keine Abweichung vom »Normal«-Abstand zuzulassen, tragen Sie 0 ein. Zulässig sind Eingaben zwischen –100 und 500 %.

▶ GLYPHENABSTAND: Diese Bezeichnung ist irreführend. Eigentlich geht es um eine horizontale Skalierung der Glyphen – also der Buchstabenformen. Obwohl Ihnen alleine bei dem Gedan-

Wer sich nicht in
Ansehung der Form,
der Einkleidung,

▲ **Abbildung 14.100**
Hier wurde Glyphe-Skalierung von 60 % bis 150 % erlaubt.

ken an diese Option wahrscheinlich die Haare zu Berge stehen, kann sie bei hartnäckigen Satzproblemen hilfreich sein. Eine horizontale Skalierung zwischen 97 und 103 % der normalen Buchstabenbreite bemerken nur Experten, Illustrator akzeptiert Werte zwischen 50 und 200 %.

▶ AUTOM. ZEILENABSTAND: Falls Sie in der Zeichen-Palette mit dem automatischen Zeilenabstand arbeiten, können Sie in diesem Feld definieren, wie er berechnet wird. Vorgabe ist der allgemein übliche Wert von 120 %. Ein angenehm lesbarer Zeilenabstand ist jedoch von der Mittellänge der Schrift und der Anzahl der Zeichen in einer Zeile abhängig.

▶ EINZELNES WORT AUSRICHTEN: Wählen Sie aus dem Ausklappmenü, wie Wörter ausgerichtet werden, die mitten im Absatz alleine in einer Zeile stehen – was naturgemäß nur bei sehr schmalen Spalten auftritt. Die Ausrichtung der letzten Zeile eines Absatzes im Blocksatz ist nicht davon beeinflusst.

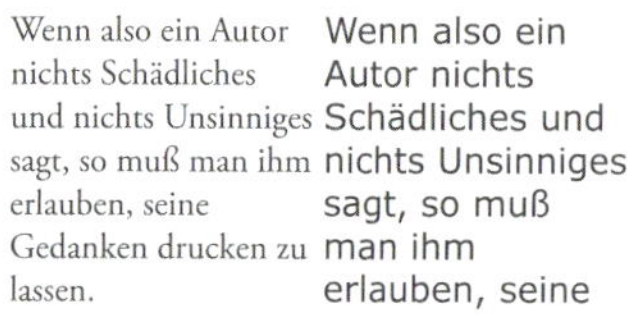

Aufgrund des komplexen Algorithmus zur Ermittlung der optimalen Umbruchpunkte ergibt sich die Situation, dass Sie bessere Ergebnisse erreichen, wenn Sie den Toleranzbereich nicht so stark einengen. Der gewünschte Wert hat für die Satz-Engine ohnehin Priorität.

Wenn also ein Autor nichts Schädliches und nichts Unsinniges sagt, so muß man ihm erlauben, seine Gedanken drucken zu lassen.

Wenn also ein Autor nichts Schädliches und nichts Unsinniges sagt, so muß man ihm erlauben, seine

▲ **Abbildung 14.101**
Der Zeilenabstand wirkt kleiner, wenn die Mittellänge der Schrift größer ist.

14.10 Tabulatoren

Proportionalschriften – also Schriften, deren einzelne Glyphen unterschiedliche Breiten besitzen – können Sie nicht mit Hilfe von Leerzeichen exakt ausrichten. Zu diesem Zweck verwendet man stattdessen Tabulatoren.

Tabulatoren sind Steuerzeichen innerhalb des Texts, die dazu dienen, in einem Absatz senkrechte Kolonnen anzulegen. Diesen Steuerzeichen werden Positionen zugewiesen, an denen sie den folgenden Text nach definierbaren Regeln ausrichten.

Die Verwendung von Tabulatoren geschieht in zwei Schritten, die Steuerzeichen müssen mit der Tabulatortaste ⇥ in den Text gesetzt und die Positionen mit Hilfe der Tabulatoren-Palette ausgerichtet werden. Solange Sie keine Positionen eingerichtet haben, verwendet Illustrator den Standardabstand von einem halben Zoll – ca. 13 mm.

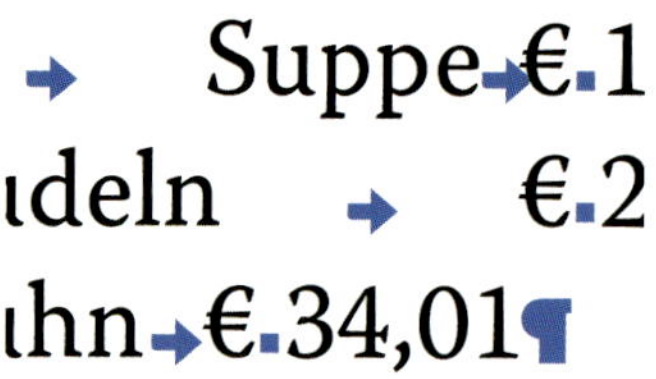

Suppe →€.1
ldeln → €.2
lhn →€.34,01¶

▲ **Abbildung 14.102**
Als Kennzeichnung des Tabulators hat sich bei DTP-Software ein Pfeil eingebürgert.

Tabulatoren setzen

Es empfiehlt sich, für das Setzen von Text mit Tabulatoren im Menü SCHRIFT die Einblendung der verborgenen Zeichen zu aktivieren – Shortcut: ⌘ + ⌥ + I bzw. Strg + Alt + I.

Tabulatoren werden jeweils vor die auszurichtenden Zeichen gesetzt.

Positionen der Tabulatoren definieren

Rufen Sie die Tabulatoren-Palette auf, um die Tabulatoren zu positionieren: Wählen Sie FENSTER • SCHRIFT • TABULATOREN – Shortcut: ⌘/Strg+⇧+T, im Dock 🔳.

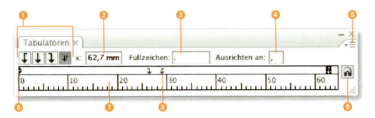

◀ **Abbildung 14.103**
Tabulatoren-Palette

Je nach Textausrichtung hat die Tabulatoren-Palette eine horizontale (wie in der Abbildung) oder eine vertikale Form. Die Palette lässt sich wie jede andere frei auf dem Bildschirm platzieren – um damit exakter am jeweiligen Text arbeiten zu können, ist es jedoch möglich, sie durch einen Klick auf den Magnet-Button ❾ am ausgewählten Textobjekt auszurichten. Dabei wird auch die Palettenbreite automatisch angepasst. Möchten Sie die Breite manuell regulieren, verwenden Sie das Größenänderungsfeld unter dem Magnet-Button.

Mit den beiden Dreiecken im Tabulatorlineal nehmen Sie Einzüge vor ❻. Ziehen Sie das obere Dreieck, um die erste Zeile einzuziehen, das untere, um einen linken Einzug für den gesamten Absatz zu definieren. Die vorgenommenen Einstellungen werden in die Absatz-Palette übertragen.

Die Tabulator-Ausrichtungsbuttons ❶ legen fest, wie der Tabulator den Text anordnet:

▶ ⬇ Richtet Text an der definierten Position linksbündig aus, nach rechts »flattert« der Text. Blocksatzeinstellungen für den Absatz werden ignoriert.

▶ ⬇ An der Tabulatorposition wird der Text zentriert.

▶ ⬇ Verdrängt den Text von der Tabulatorposition nach links.

▶ ⬇ Die Ausrichtung erfolgt an einem Dezimal- oder einem anderen beliebigen definierbaren Zeichen, das Sie in das Eingabefeld AUSRICHTEN AN ❹ eintragen. Voreinstellung ist der Dezimalpunkt.

Die Position der Tabulatoren geben Sie direkt in das Tabulatorposition-Eingabefeld ❷ ein oder klicken auf das Tabulatorlineal ❼. In beiden Fällen können Sie Maße in Schritten von 0,01 mm mit bis zu 99 Positionen je Zeile bestimmen.

Illustrator-Handbuch

Illustrator-Handbuch

▲ **Abbildung 14.104**
Monospace- und Proportionalschrift

```
Nr.  →  123456  →     Suppe→€·12,59↵
Nr.  →  3456 →Nudeln  →    €·2,97↵
Nr.  →  23468→Huhn→€·34,01¶

Nr.→123456→Suppe...→..€·12,59↵
Nr.  →  3456 →Nudeln ...→.€·2,97↵
Nr.→23468→Huhn ...→..€·34,01¶
```

▲ **Abbildung 14.105**
Tabulatoren im Text, Rohfassung (oben) und ausgerichtet (unten)

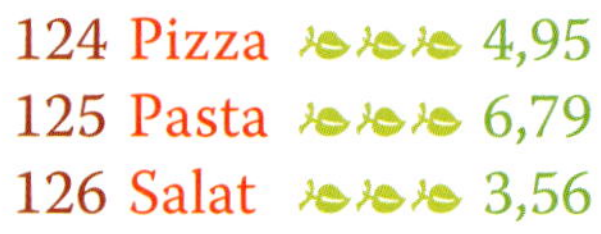

124 Pizza ✿✿✿ 4,95
125 Pasta ✿✿✿ 6,79
126 Salat ✿✿✿ 3,56

▲ **Abbildung 14.106**
Sonderzeichen lassen sich als Füllzeichen verwenden – Sie können
die gewünschten Zeichen auch via
Zwischenablage in das Eingabefeld einfügen.

Der Raum zwischen den mit Tabulatoren ausgerichteten Texten
kann mit bis zu acht Füllzeichen überbrückt werden, die Sie im
Eingabefeld ❸ festlegen.

Optionen | Palettenmenü der Tabulatoren-Palette

▶ AN EINHEIT AUSRICHTEN: Aktivieren Sie diese Option im Palettenmenü, um den Tabulator beim Verschieben im Tabulatorlineal an den in der jeweiligen Zoom-Stufe sichtbaren Linealun-
terteilungen auszurichten.

▶ TABULATOR WIEDERHOLEN: Aktivieren Sie einen Tabulator im
Lineal und wenden diesen Menübefehl an, um das Lineal mit
gleichartigen Tabulatoren aufzufüllen. Als Abstand wird der
Abstand links vom ausgewählten Tabulator bis zum Einzug
oder nächsten Tabulator verwendet.

▶ TABULATOR LÖSCHEN: Möchten Sie einen Tabulator löschen,
ziehen Sie ihn nach links aus dem Lineal heraus oder aktivieren
ihn und verwenden diesen Befehl.

▶ ALLE TABULATOREN LÖSCHEN: Wählen Sie diesen Befehl, um alle
Tabulatoren im Lineal durch die Standardtabulatoren im
Abstand von ca. 13 mm zu ersetzen.

Modifizierungsmöglichkeit | Tabulatoren-Palette

▶ Drücken Sie ⌘/Strg , um alle Tabulatoren im Lineal gemeinsam zu verschieben.

Schritt für Schritt: Tabulatoren einsetzen

1 **Planung**

An dem Beispiel »Theaterprogramm« werden Sie mit Tabulatoren,
Einzügen und Absatzabständen arbeiten. Öffnen Sie zunächst die
Datei Programm.ai von der DVD. Diese enthält den Text ohne
Tabulatoren.

Abbildung 14.107 ▶
Schema für die Anwendung der
Einzüge und Tabulatoren

20. März **20 Uhr Hamlet**
    Regie: *J. Müller* · Darsteller: *Hansmann,*
    Meier, Notbaum, Kamner, Limburg,
    Drehmann
    I   20,50 €   II   27,36 €
    III 46,79 €   IV 212,23 €

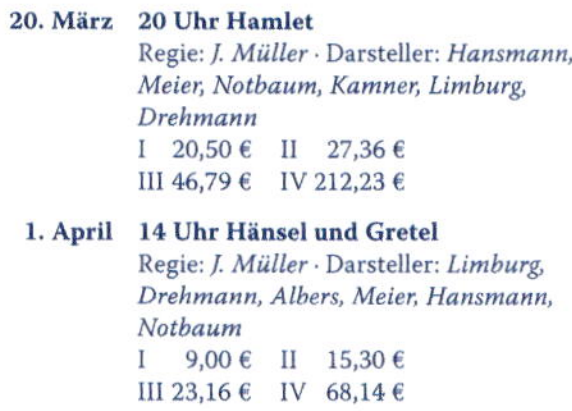

1. April **14 Uhr Hänsel und Gretel**
    Regie: *J. Müller* · Darsteller: *Limburg,*
    Drehmann, Albers, Meier, Hansmann,
    Notbaum
    I   9,00 €   II   15,30 €
    III 23,16 €   IV 68,14 €

▲ **Abbildung 14.108**
Fertiges Layout

Die Ausrichtung des Haupttexts erfolgt mit einem linken Einzug,
das Datum ist durch Definition eines negativen Erstzeileneinzugs
nach links herausgerückt. Tabulatoren positionieren das Datum

und den Veranstaltungstitel – darüberhinaus dienen sie hauptsächlich zur Ausrichtung der Preise.

2 Textsatz

Ergänzen Sie die Tabulatoren und Zeilenumbrüche im Textsatz
der Datei, und richten Sie die Breite des Flächentextobjekts ein:

> → **20.▪März** → **20.Uhr▪Hamlet**↵
> Regie:▪*J.▪Müller▪*▪Darsteller:▪*Hansmann,▪Meier,▪Not-*
> *baum,▪Kamner,▪Limburg,▪Drehmann*↵
> I → 20,50▪€ → II → 27,36▪€↵
> III → 46,79▪€ → IV → 212,23▪€¶

◀ **Abbildung 14.109**
Position der Tabulator-Zeichen,
Zeilen- und Absatzschaltungen

Zeilenumbrüche – ⬆+↵ – sind nach dem Veranstaltungstitel
und jeweils vor einer Preiszeile gesetzt. Die Namen umbrechen
am Rand des Textrahmens automatisch. Eine Absatzschaltung
↵ erfolgt erst am Ende eines Veranstaltungsblocks.

3 Einzüge

Einzüge und Tabulatoren können Sie absatzweise einrichten,
indem Sie den Text-Cursor in einen Absatz setzen. In diesem Fall
definieren Sie die Tabulatoren jedoch für das gesamte Textobjekt.

Aktivieren Sie es und rufen die Tabulatoren-Palette auf, indem
Sie FENSTER • SCHRIFT • TABULATOREN wählen. Klicken Sie den
Magnet-Button in der Palette, um sie am Textobjekt auszurichten.

Zunächst richten Sie den linken Einzug und den negativen
Erstzeileneinzug ein. Mit den Linealen in der Tabulatoren-Palette
ist das einfach. Ziehen Sie das untere Dreieck auf dem Lineal nach
rechts – so weit, dass links des Einzugs aureichend Platz für das
Datum entsteht. Auf diese Weise definieren Sie beide Einzüge »in
einem Rutsch«. Notieren Sie sich die Position – sie wird im Tabulatorposition-Eingabefeld angezeigt.

▲ **Abbildung 14.110**
Einzug definieren

4 Datum und Titel

Anschließend richten Sie die Daten rechtsbündig aus. Klicken Sie
den Button RECHTSBÜNDIGER TABULATOR ⬇ und seine Position auf
dem Lineal: 1–2 mm links von der Einzugsmarke.

Der nächste Tabulator soll den Text nicht rechts-, sondern
linksbündig ausrichten. Solange der eben gesetzte Tabulator im
Lineal aber noch hervorgehoben ist, ändern Sie die Ausrichtung
nicht, damit würden Sie den aktiven Tabulator umdefinieren.

Die Position – direkt auf der Einzugsmarke – können Sie nicht
durch Anklicken festlegen. Klicken Sie stattdessen eine Position
neben der Einzugsmarke. Während die Tabulatormarke noch
aktiviert ist, klicken Sie auf den Button LINKSBÜNDIGER TABULATOR

▲ **Abbildung 14.111**
Das Datum rechtsbündig
ausrichten

Hinweis

Falls Sie das Tabulator-Handling aus InDesign gewohnt sind: Dort würde dieser Tab Stop nicht benötigt – Illustrator erkennt die Einzugsmarken nicht als Tabulator-Positionen.

▲ **Abbildung 14.112**
Verschieben eines Tabulators

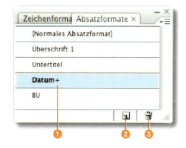

▲ **Abbildung 14.113**
Zeichenformate-Palette: Override (Abweichung) ❶, Neues Format erstellen ❷, Ausgewählte Formate löschen ❸

und geben die in Schritt 3 notierte Position der Einzugsmarke in das Eingabefeld ein. Bestätigen Sie die Eingabe mit ↵.

5 **Preise**

Die Preiskategorien und Preise richten Sie mit linksbündigen und Dezimaltabulatoren aus. Deaktivieren Sie die letzte Tabulatormarke – falls sie noch ausgewählt ist –, indem sie in die graue Fläche oberhalb des Tabulatorlineals klicken.

Wählen Sie den Dezimaltabulator ↧ und klicken Sie auf die gewünschte Position auf dem Lineal. Geben Sie ein Komma in das Feld Ausrichten an ein, und bestätigen Sie die Eingabe mit ↵. Dezimaltabulatoren sind schwierig zu positionieren. Klicken und ziehen Sie die Marke auf dem Lineal – eine senkrechte Linie zeigt die Position des Tabulators im Textblock an.

Anschließend setzen Sie einen linksbündigen Tabulator für die Preiskategorie und einen weiteren Dezimaltabulator für die anderen Preise. ■

14.11 Zeichen- und Absatzformate

Die Einstellungen, die Sie in der Zeichen- und/oder Absatz-Palette vornehmen, können Sie als »Format« abspeichern und anschließend auf Texte anwenden. Dies hat mehrere Vorteile:

▶ Sie ersparen sich das erneute Eingeben der Optionen.
▶ Sie riskieren nicht, eine Einstellung zu vergessen oder zu verwechseln.
▶ Sie können Änderungen an einer Stelle – in der Formatdefinition – vornehmen, und diese wird automatisch in den Textobjekten übernommen.

Formate werden in der Zeichenformate- und der Absatzformate-Palette verwaltet. Rufen Sie die Paletten über Fenster • Schrift • Zeichenformate bzw. Absatzformate auf, im Dock finden Sie die Paletten unter den Symbolen 🄰 bzw. 🄿.

Formate anlegen

Ein Zeichenformat definiert Attribute, die Zeichen zugewiesen werden können, z. B. Schriftart und -größe, Zeilenabstand, Skalierung, OpenType-Features, Zeichenfarbe.

Ein Absatzformat enthält alle Zeichen- und zusätzlich Absatzattribute, z. B. Satzausrichtung, Einzüge und Abstände, Silbentrennung, Tabulatoren.

Um ein Format auf der Basis eines bereits formatierten Texts anzulegen, aktivieren Sie einige Zeichen, welche die gewünschte

Formatierung aufweisen, und wählen NEUES ZEICHENFORMAT bzw. NEUES ABSATZFORMAT aus dem jeweiligen Palettenmenü. Geben Sie dem Format einen aussagekräftigen Namen.

Alternativ erstellen Sie ein neues Format auf der Basis eines bestehenden. Ziehen Sie den Namen des gewünschten Formats über den Button NEUES FORMAT ERSTELLEN 🔳, oder wählen Sie FORMAT DUPLIZIEREN aus dem Palettenmenü.

Formate editieren

Möchten Sie ein Format editieren, heben Sie alle Auswahlen auf und doppelklicken Sie auf den Namen des Formats in der jeweiligen Formate-Palette. Oder aktivieren Sie das Format und wählen ZEICHEN- bzw. ABSATZFORMATOPTIONEN… aus dem Palettenmenü.

Aktivieren Sie VORSCHAU, um Änderungen an den Texten anzuzeigen, denen Sie das Format zugewiesen haben.

Formate laden

Wenn Sie Formate aus anderen Illustrator-Dokumenten benötigen, können Sie diese in Ihr aktuelles Dokument laden. Dazu wählen Sie aus dem Palettenmenü der Zeichenformate- bzw. Absatzformate-Palette den Eintrag ZEICHENFORMATE bzw. ABSATZFORMATE LADEN… Universeller einsetzbar ist der Befehl ALLE FORMATE LADEN…, mit dem Sie Zeichen- und Absatzformate gemeinsam laden.

In der Dialogbox wählen Sie das Illustrator-Dokument, das die gewünschten Formate enthält, und klicken auf ÖFFNEN. Die Formate erscheinen in den entsprechenden Paletten des aktuellen Dokuments.

Hat eines der zu importierenden Formate einen Namen, der im aktuellen Dokument bereits als Formatname verwendet wird, so importiert Illustrator dieses Format nicht.

Formate anwenden

Zeichenformate lassen sich auf einzelne Zeichen, Zeichenketten oder Textobjekte anwenden. Absatzformate können Sie Absätzen oder Textobjekten zuweisen. Voreingestellt sind für jedes Textobjekt [NORMALES ZEICHENFORMAT] und [NORMALES ABSATZFORMAT].

Weisen Sie einer Zeichenfolge ein Zeichenformat zu, indem Sie die Zeichen aktivieren und in der Zeichenformate-Palette den gewünschten Eintrag klicken.

Um einem Absatz ein Absatzformat zuzuweisen, setzen Sie die Textmarke in den Absatz und klicken auf den gewüschten Eintrag in der Absatzformate-Palette.

Tipp

Auch die Standardschriftart, die jedem neuen Text zugewiesen wird, basiert auf einer Format-Definition. Wenn Sie den Standardfont dauerhaft ändern möchten, öffnen Sie die entsprechende Vorlagendatei (für Print, Web, Film etc.) aus dem Ordner BENUTZER • [NAME] • LIBRARY • APPLICATION SUPPORT • ADOBE • ADOBE ILLUSTRATOR CS3 • NEW DOCUMENT PROFILES bzw. DOKUMENTE UND EINSTELLUNGEN • [NAME] • APPLICATION DATA • ADOBE • ADOBE ILLUSTRATOR CS3 SETTINGS • NEW DOCUMENT PROFILES.

In dem Dokument rufen Sie die Zeichenformate-Palette auf und bearbeiten den Eintrag [Normales Zeichenformat]. Wählen Sie die gewünschten Zeichenformatierungen aus, speichern das Format und die Datei. Schließen Sie die Datei – ein Neustart von Illustrator ist nicht erforderlich.

Tipp

Denken Sie daran, das Format auch dem Text zuzuweisen, aus dem Sie es generiert haben. Nur dann übernimmt dieser Text Änderungen, die Sie ggf. später an dem Format vornehmen.

Override – Abweichung

Nehmen Sie nach der Zuweisung eines Formats über die Zeichen-, OpenType- oder Absatz-Palette Änderungen an der Formatierung eines Zeichens oder Absatzes vor, so erzeugen Sie ein »Override« (eine Abweichung) des zugewiesenen Formats. Dies wird durch ein Pluszeichen hinter dem Formatnamen in der Formate-Palette angezeigt.

Möchten Sie das Override in die Formatdefinition übernehmen, aktivieren Sie das Format und wählen ZEICHENFORMAT bzw. ABSATZFORMAT NEU DEFINIEREN aus dem Palettenmenü.

Soll andererseits der Text wieder die im Format definierten Eigenschaften annehmen, wählen Sie ABWEICHUNGEN LÖSCHEN aus dem Palettenmenü oder drücken ⌥/Alt und klicken auf den Formatnamen.

Formate löschen

Bevor Sie Formate löschen, heben Sie alle Auswahlen im Dokument auf. Anschließend aktivieren Sie das oder die Formate, die Sie löschen möchten.

Die im Dokument nicht verwendeten Formate wählen Sie aus, indem Sie ALLE NICHT VERWENDETEN AUSWÄHLEN aus dem Palettenmenü aufrufen. Klicken Sie auf den Button AUSGEWÄHLTE FORMATE LÖSCHEN 🗑, um die Formate zu löschen. Zeichen- und Absatzformate müssen getrennt gelöscht werden.

14.12 Füllung, Kontur, Effekt

In einem neuen Textobjekt versieht Illustrator den eingegebenen Text ganz natürlich mit einer schwarzen Füllung und ohne Kontur, so wie wir es aus jedem Buch, aus jeder Zeitschrift und aus jeder Zeitung von den Buchstaben gewohnt sind.

▲ **Abbildung 14.114**
Zuweisung von Füllung, Konturfarbe und -stärke über die Steuerungspalette

Einfache Aussehen-Optionen

Um Schrift in Ihrer Grafik einzufärben oder ihr eine Kontur zuzuordnen, verfahren Sie genauso einfach wie bei jedem anderen Illustrator-Objekt. Aktivieren Sie das Textobjekt oder mit dem Textwerkzeug einzelne Buchstaben und bestimmen in der Steuerungspalette, in der Werkzeugpalette oder in der Farbfelder-Palette eine Farbe oder ein Muster für die Fläche bzw. für die Kontur.

Sobald Sie eine Farbe oder ein Muster auf die Kontur des Textobjekts oder auf einzelne Buchstaben anwenden, ordnet Illustrator den entsprechenden Konturen eine Stärke von 1 Punkt zu. Da die Kontur aber weder außen um die Zeichen geführt werden noch hinter die Füllung gelegt werden kann, verfahren Sie beim Erstellen konturierter Schrift lieber wie im Abschnitt »Konturschrift« beschrieben.

Komplexe Aussehen-Optionen

Wenn Sie Textobjekte in Illustrator nicht mit besonderen Effekten oder mit mehreren Flächen bzw. Konturen versehen wollen, sondern mit den eben beschriebenen Optionen auskommen, können Sie die folgenden Ausführungen zu den zusätzlichen Aussehen-Optionen für Textobjekte überspringen.

▲ **Abbildung 14.115**
Text und seine Aussehen-Eigenschaften

Hierarchie der Aussehen-Eigenschaften | Die Aussehen-Eigenschaften eines Textobjekts sind in sich hierarchisch gegliedert. Dem Text eines Textobjekts, also allen Zeichen des Textobjekts zusammen – in Illustrator »Schrift« genannt –, sind in den Aussehen-Eigenschaften die einzelnen Zeichen untergeordnet.

Der Vektorpfad eines Textpfads oder eines Flächentexts gehört ebenfalls zum Textobjekt, wird aber bezüglich der Aussehen-Eigenschaften separat behandelt.

Allen diesen Elementen der Schrift, also dem Text als Ganzes, den einzelnen Zeichen und dem Pfad können eigene Aussehen-Eigenschaften zugewiesen werden, wobei Aussehen-Eigenschaften der Schrift die entsprechenden Eigenschaften der einzelnen Zeichen ganz oder teilweise überdecken können.

Die Aussehen-Eigenschaften der einzelnen Hierarchieelemente sind nur erkennbar, wenn Sie dazu die Aussehen-Palette aufrufen – Shortcut: ⌥ + F6 , Symbol im Dock: ⊙ (Aussehen-Palette siehe Kapitel 11).

Hinweis

Haben Sie bereits die »Schrift« mit Konturen und Flächen versehen, sind Kontur und/oder Fläche des Text- oder Begrenzungspfads nicht sichtbar.

Voreingestellte Aussehen-Eigenschaften | Für die Schrift in einem neuen Textobjekt ist voreingestellt keine Fläche und keine Kontur definiert; das zeigt die Aussehen-Palette an, sobald Sie das Textobjekt mit einem Auswahl-Werkzeug aktivieren. Nehmen Sie das Textwerkzeug zu Hilfe und wählen damit entweder alle oder einzelne Zeichen aus, wird in der Aussehen-Palette sichtbar, dass Illustrator die oben beschriebenen Aussehen-Eigenschaften – schwarze Füllung und Kontur OHNE – jedem einzelnen Zeichen zugewiesen hat.

▲ **Abbildung 14.116**
Voreingestelltes Aussehen von Textobjekten

Aussehen-Eigenschaften ändern | Wenn Sie ein Textobjekt mit dem Auswahl-Werkzeug aktivieren und mit einer der möglichen Paletten die Aussehen-Eigenschaften der Fläche oder der Kontur ändern, wird in der Hierarchie innerhalb der Textfelder nicht die Schrift, sondern jedes einzelne Zeichen mit den geänderten Eigenschaften belegt. Die Schrift hat nach wie vor keine Fläche

Hinweis

Den »Zeichen« können Sie keine zusätzlichen Flächen oder Konturen zuweisen.

und keine Kontur. Aussehen-Eigenschaften der einzelnen Zeichen, die den geänderten Eigenschaften entsprechen, werden dabei allerdings durch die neu definierten ersetzt.

Sollten Sie also die Flächen einzelner Buchstaben eingefärbt haben und weisen dem gesamten Textobjekt eine neue Flächenfarbe zu, zeigt die Aussehen-Palette anschließend für alle Zeichen unabhängig von ihrer ehemaligen Farbe die neue Flächenfarbe an.

Zusätzliche Aussehen-Eigenschaften zuweisen | Um der »Schrift« Kontur- und Flächeneigenschaften zuzuordnen, müssen Sie in der Aussehen-Palette Kontur und Fläche für die »Schrift« anlegen. Aktivieren Sie dazu das Textobjekt und geben mit Hilfe des Palettenmenüs den Befehl NEUE FLÄCHE HINZUFÜGEN oder NEUE KONTUR HINZUFÜGEN.

In der Aussehen-Palette wird durch die zwischen Schrift und Zeichen eingefügten Zeilen FLÄCHE und KONTUR erkennbar, dass die Schrift ab sofort eine eigenes Aussehen hat, für das alle Möglichkeiten der Farben, Muster, Verläufe und Effekte bereitstehen.

Da die neuen Eigenschaften der Schrift über dem Eintrag ZEICHEN angeordnet sind, werden die entsprechenden Eigenschaften der einzelnen Zeichen überdeckt, sind aber immer noch vorhanden. Wenn Sie fortan auf das gesamte Textobjekt eine neue Aussehen-Eigenschaft anwenden, wird diese nicht wie vorher an die einzelnen Zeichen weitergereicht, sondern direkt dem Aussehen der Schrift zugeordnet. Die entsprechenden Eigenschaften der einzelnen Zeichen bleiben unangetastet.

Der Schrift können mehrere Flächen und Konturen zugeordnet werden, und anders als Kontur und Fläche der ZEICHEN können Sie die Reihenfolge der Eigenschaften der SCHRIFT verändern. Beachten Sie, dass in der Werkzeugpalette und in der Steuerungspalette nur die Eigenschaften der in der Aussehen-Palette jeweils aktiven Fläche bzw. Kontur angezeigt werden, und zwar bei der Auswahl des gesamten Textobjekts die der Schrift und bei der Auswahl einzelner Buchstaben mit dem Text-Werkzeug die der Zeichen. Um eine hierarchisch nachgeordnete Fläche bzw. Kontur zu ändern, müssen Sie die zugehörige Zeile in der Aussehen-Palette aktivieren.

Textpfad Aussehen-Eigenschaften | Obwohl Illustrator bei der Umwandlung eines Vektorpfads in einen Textpfad eigenmächtig alle vorhandenen Aussehen-Eigenschaften löscht, können Sie ihn nachträglich wieder mit allen möglichen Eigenschaften versehen.

Hinweis

Die Füllung der »Schrift« betrifft immer alle Zeichen eines Textobjekts. Sollen einzelne Zeichen abweichend gefüllt werden, müssen Sie die Eigenschaft den »Zeichen« zuweisen.

Hinweis

Effekte stehen nur für das Aussehen der Schrift bzw. deren Fläche oder Kontur zur Verfügung, nicht für die einzelnen Zeichen.

▲ **Abbildung 14.117**
Einen rauen »Look« erzielen Sie, wenn Sie der Schrift eine Pinselkontur zuweisen.

Aktivieren Sie dazu den Textpfad mit dem Direktauswahl-Werkzeug und ordnen mit den entsprechenden Paletten die gewünschten Aussehen-Eigenschaften zu.

Flächentext Aussehen-Eigenschaften | Auch auf den Begrenzungspfad eines Flächentexts können Sie Kontur- und Flächeneigenschaften sowie Effekte und Transparenzeinstellungen anwenden.

Konturschrift

Konturen werden immer von der Mitte des Pfades – in diesem Fall der Outline der Glyphen – berechnet. Eine Kontur beeinträchtigt also die Form eines Buchstabens. Sichtbar werden die Auswirkungen vor allem an Stellen, an denen die Zeichenform ohnehin schmal ist, z. B. an Serifen.

Anders als bei Vektorobjekten haben Sie leider keine Möglichkeit, die Ausrichtung der Kontur am Pfad zu ändern (vgl. Konturen, siehe Kapitel 9).

Sie müssen also zu einem Trick greifen. Wählen Sie das Schrift-Objekt – nicht die Zeichen – aus und weisen ihm zunächst die gewünschte Füllung zu.

Anschließend rufen Sie die Aussehen-Palette auf – Shortcut ⌥+F6 – und weisen dem Schriftobjekt eine neue Kontur zu. Wählen Sie NEUE KONTUR HINZUFÜGEN aus dem Palettenmenü. Die Kontur müssen Sie in der Palette unter den Eintrag »Zeichen« schieben. Weisen Sie dieser Kontur die gewünschte Farbe und Stärke zu – falls Sie eine bestimmte Konturstärke erreichen wollen, denken Sie daran, diese doppelt so stark einzugeben.

Überdrucken von Schwarz

Setzen Sie schwarze Schrift auf farbigen Untergrund, so ist es zur Vermeidung von »Blitzern« bei Passerungenauigkeiten eine gute Sitte, schwarze Schriften grundsätzlich zu »überdrucken«, d. h. ihre Form im Untergrund nicht auszusparen (Registerungenauigkeit siehe Kapitel 19).

Einige Programme richten das Überdrucken schwarzer Schriften automatisch ein. Illustrator dagegen »spart sie aus«. Wenn Sie schwarze Schriften auf farbigem Untergrund setzen, aktivieren Sie daher die Überdrucken-Eigenschaft manuell.

Falls Sie direkt aus Illustrator ausdrucken, haben Sie die Möglichkeit, im gesamten Dokument Schwarz generell zu überdrucken.

Eine objektbezogene Steuerung des Überdruckens stellt Ihnen die Attribute-Palette – Shortcut ⌘/Strg+F11 – zur Verfügung: Um schwarze Schrift zu überdrucken, wählen Sie das Text-

▲ **Abbildung 14.118**
Dem Textpfad lassen sich nachträglich Konturen (und Flächen) zuweisen

▲ **Abbildung 14.119**
Rechts: Die Kontur (orange) ist mittig auf der Outline der Glyphe (blau) ausgerichtet.

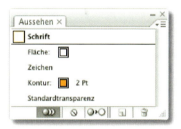

▲ **Abbildung 14.120**
Anordnung der Kontur in der Aussehen-Palette

▲ **Abbildung 14.121**
Ungenauigkeiten beim Übereinanderdrucken der einzelnen Farben sind dafür verantwortlich, dass das weiße Papier durch die bedruckte Fläche »blitzt«.

▲ **Abbildung 14.122**
Von oben: Pathfinder-Effekt mit einem Textobjekt, mit mehreren Textobjekten, zusammengesetzte Form

▲ **Abbildung 14.123**
Ist Text ausgewählt, sind die Verzerrungshüllen über einen Button in der Steuerungspalette aufrufbar.

▲ **Abbildung 14.124**
Ein Button, der sich veränderten Textmengen anpasst

Aussehen ×
■ Schrift
Kontur: ▨
Zeichen
▼ Fläche:
    Abgerundetes Rechteck   *fx*
    Farbe: ■
Standardtransparenz

▲ **Abbildung 14.125**
Reihenfolge der Attribute

objekt aus und aktivieren die Option FLÄCHE ÜBERDR. Haben Sie Ihrem Text eine Kontur zugewiesen und möchten nur diese überdrucken, verwenden Sie die Option KONTUR ÜBERDR.

Spezialeffekte

Auf Textobjekte, deren Füllungen oder Konturen können Sie Effekte anwenden. So wie bei der Anwendung von Effekten Vektorformen nur »virtuell« verändert werden, bleiben auch Texte editierbar. Am interessantesten für Texte dürften die Verkrümmungs-, Verzerrungs- und Pathfinder-Filter sein.

Alternativ zu Verkrümmungs-Effekten können Sie auch Verzerrungshüllen benutzen. Deren Anwendung wurde durch die Integration in die Steuerungspalette zugänglicher gestaltet.

Pathfinder | Einen eng gesetzten Text können Sie mit einer Outline versehen, indem Sie EFFEKT • PATHFINDER • HINZUFÜGEN auf das Textobjekt anwenden.

Wenn Sie mehrere Textobjekte mit einem Pathfinder-Effekt verbinden wollen, müssen Sie sie zunächst gruppieren.

Zusammengesetzte Formen | Anstelle der Pathfinder-Effekte HINZUFÜGEN, SCHNITTMENGE BILDEN, SCHNITTMENGE ENTFERNEN und SUBTRAHIEREN lassen sich zusammengesetzte Formen mit den entsprechenden Formmodi aus den Textobjekten bilden. Um eine zusammengesetzte Form aus mehreren Textobjekten zu erstellen, gruppieren Sie die Textobjekte nicht.

Button erstellen

Einen Button, der sich automatisch an die Textlänge anpasst, erstellen Sie mit Hilfe der Aussehen-Eigenschaften.

1. Erzeugen Sie ein Punkttextobjekt und geben eine Beschriftung für Ihren Button ein.
2. Aktivieren Sie das Textobjekt, rufen Sie die Aussehen-Palette auf – Shortcut ⇧ + F6 – und wählen NEUE FLÄCHE HINZUFÜGEN aus dem Palettenmenü. Schieben Sie die neue Fläche unter den Eintrag ZEICHEN in der Palette.
3. Falls der Eintrag FLÄCHE in der Aussehen-Palette nicht mehr ausgewählt sein sollte, klicken Sie darauf, um ihn zu aktivieren. Weisen Sie eine Füllung zu – diese wird zunächst nicht sichtbar sein.
    Wählen Sie jetzt EFFEKT • IN FORM UMWANDELN • ABGERUNDETES RECHTECK... In der Dialogbox aktivieren Sie die Option RELATIV, damit sich der Button auch an unterschiedliche Textlängen anpasst. Lassen Sie sich die VORSCHAU anzeigen, und geben Sie Ihre Optionen ein.

Die Fläche können Sie selbstverständlich mit weiteren Effekten, z. B. Schatten oder Plastizität, versehen (Aussehen siehe Kapitel 11, Effekte siehe Kapitel 13).

Schrift mit Verläufen gestalten

Zeichen können Sie nicht mit Verläufen versehen, dies ist nur möglich für die Schrift.

Möchten Sie einen Schriftzug mit Verläufen gestalten, so aktivieren Sie das Textobjekt, zeigen die Aussehen-Palette an und erzeugen eine neue Fläche, indem Sie Neue Fläche hinzufügen aus dem Palettenmenü wählen. Die neue Fläche liegt über dem Eintrag Zeichen. Diese Fläche gestalten Sie mit dem gewünschten Verlauf.

Komplexere Verläufe können Sie mit Hilfe einer Angleichung oder einem Gitterobjekt erzeugen. Um einen Schriftzug mit einem solchen Verlauf zu versehen, legen Sie ihn als Schnittmaske an (Schnittmasken siehe Kapitel 11).

▲ **Abbildung 14.126**
Verlauf (oben) und Text als Schnittmaske für ein Angleichungsobjekt (unten)

Text in Masken umwandeln

Textobjekte lassen sich wie Vektorobjekte als Schnittmasken verwenden.

Platzieren Sie den Text wie gewünscht über der Vektorgrafik oder dem Pixelbild, aktivieren Sie das Textobjekt und das Bild, und wählen Sie Objekt • Schnittmaske • Erstellen – Shortcut ⌘/Strg+7. Der Text ist weiterhin editierbar.

Möchten Sie die Schnittmaske auflösen, aktivieren Sie das Objekt und wählen Objekt • Schnittmaske • Zurückwandeln (Schnittmasken siehe Kapitel 11).

▲ **Abbildung 14.127**
Text als Schnittmaske für ein Foto

Grunge-Look

Um eine Schrift im Grunge-Look zu erstellen, benötigen Sie zunächst ein Foto einer geeigneten Struktur – gut geeignet sind Nahaufnahmen von Baumrinde, Rost oder altem Holz. Einige Fotovorlagen für Ihre Experimente finden Sie auf der DVD.

1. Verwenden Sie Illustrators Funktion Interaktiv abpausen (lesen Sie in Kapitel 18 mehr zum Vektorisieren), um aus dem Foto eine Schwarzweiß-Grafik zu generieren.
2. Das Abpausergebnis legen Sie in der Stapelreihenfolge über die Schrift.
3. Aktivieren Sie Schrift und Grafik und rufen Sie die Transparenz-Palette auf – Shortcut ⇧+⌘+F10 bzw. ⇧+Strg+F10. Wählen Sie Deckkraftmaske erstellen aus dem Palettenmenü. Mehr zu Transparenzen und Deckkraftmasken lesen Sie in Kapitel 12.

▲ **Abbildung 14.128**
Grunge-Schrift

▲ **Abbildung 14.129**
Eine Baumrindenstruktur erzeugt den Grunge-Look

Office-Software: *Tabellen-kalkulation, Textverarbeitung, Organizer, Präsentation, E-Mail*

▲ **Abbildung 14.130**
Transparente Fläche

PACIFIC
PACIFIC

▲ **Abbildung 14.131**
Bearbeiteter Schriftzug

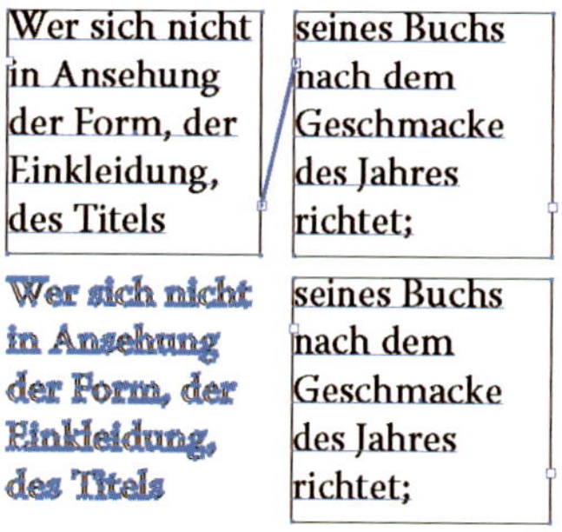

Wer sich nicht in Ansehung der Form, der Einkleidung, des Titels	seines Buchs nach dem Geschmacke des Jahres richtet;
Wer sich nicht in Ansehung der Form, der Einkleidung, des Titels	seines Buchs nach dem Geschmacke des Jahres richtet;

▲ **Abbildung 14.132**
Achten Sie darauf, dass Sie alle Textrahmen einer Kette aktivieren, wenn Sie sie in Pfade umwandeln.

Tipp

Das Umwandeln von Schrift in Pfade sollten Sie wenn möglich vermeiden. Das Umwandeln kann dazu führen, dass Schrift nicht mehr in optimaler Qualität belichtet werden kann.

Transparente Fläche eines Flächentexts

Möchten Sie das Beispiel aus Abschnitt 14.3 nachbauen, gehen Sie wie folgt vor:

1. Erstellen Sie zunächst einen Flächentext. Formatieren Sie den Text. Zur Fläche sollten Sie unter SCHRIFT • FLÄCHENTEXTOPTI-ONEN einen Versatzabstand (zur Flächenbegrenzung) eingeben.

2. Anschließend verwenden Sie das Direktauswahl-Werkzeug und wählen damit die Begrenzung des Flächentexts aus.

3. Rufen Sie die Aussehen-Palette auf und weisen Sie der Fläche eine Farbe zu. Anschließend verwenden Sie die Transparenz-Palette, um die Deckkraft der Fläche einzustellen.

14.13 Von Text zu Grafik

Text in Pfade umwandeln

Da Schriften aus Vektorpfaden erstellt sind, ist es kein Problem, sie wieder in Vektorpfade »zurückzuwandeln« – dabei geht die Bearbeitungsmöglichkeit der Textinhalte natürlich verloren.

Es gibt verschiedene Gründe, Text in Vektorpfade umzuwandeln. Zum einen haben Sie erweiterte Bearbeitungs- und Gestaltungsoptionen. Andererseits können Sie Dateien problemlos weitergeben, ohne sich darum sorgen zu müssen, dass die verwendeten Schriften auf den Empfängerrechnern installiert sind oder dass – beim Austausch mit anderen Programmen – die verwendete Software den sorgfältig eingerichteten Satz korrekt importiert.

Um Text in Pfade umzuwandeln, aktivieren Sie die Textobjekte und wählen SCHRIFT • IN PFADE UMWANDELN, oder verwenden Sie den Shortcut ⌘/Strg+⇧+⓪.

Die einzelnen Zeichen des in Pfade umgewandelten Texts sind gruppiert. Falls ein Buchstabe nicht nur eine Außen-, sondern auch eine Innenform besitzt (z. B. a, d, g), sind beide Formen als zusammengesetzte Form verbunden. Textpfade und Begrenzungspfade werden beim Umwandeln gelöscht, wenn ihnen keine eigenen Aussehen-Attribute zugeordnet sind.

Alternativ verwenden Sie den Befehl OBJEKT • TRANSPARENZ REDUZIEREN und aktivieren die Option TEXT IN PFADE UMWANDELN. Mit dieser Methode werden Aussehen-Eigenschaften ebenfalls in Pfade konvertiert. Mehr zu Transparenz siehe Kapitel 12.

Live-Effekt »Kontur nachzeichnen« | Anstatt den Text endgültig in Pfade zu konvertieren, haben Sie die Möglichkeit, dem Textobjekt die Umwandlung mit Effekt • Pfad • Kontur nachzeichnen »live« zuzuweisen. Der Vorteil besteht darin, dass der Text in der Arbeitsdatei editierbar bleibt, aber beim Exportieren sowie beim Speichern der Datei als EPS, PDF oder als ein altes Illustrator-Format automatisch umgewandelt wird.

Als sehr nützlich kann sich dieser Effekt beim vertikalen Ausrichten von Textzeilen an anderen Objekten erweisen. Normalerweise bildet die Kegelhöhe des Textobjekts seine Ober- und Untergrenze und damit die Referenz für das Ausrichten. Diesen Automatismus müssen Sie aber umgehen, wenn ein Text nur in Versalien gesetzt ist. Und das geht so:

1. Weisen Sie dem Textobjekt den Effekt Kontur nachzeichnen zu.
2. Rufen Sie die Ausrichten-Palette auf und aktivieren Sie die Option Vorschaubegrenzungen verwenden im Palettenmenü.
3. Wählen Sie das Text- und das Grafikobjekt aus und klicken Sie auf den Button Vertikal zentriert ausrichten (siehe Kapitel 13 zu Live-Effekten).

Glättung von Text beim Speichern in Bitmap-Formate
Beim Exportieren Ihrer Grafik in ein pixelbasiertes Format wie JPG, TIF, BMP steht Ihnen die Glättungsoption – also das Anti-Aliasing – nur in einer allgemeinen Einstellung für alle Objekte zur Verfügung. Diese Glättung kann besonders bei Texten in kleinen Größen zu inakzeptablen Ergebnissen führen.

Der Befehl Objekt • In Pixelbild umwandeln… stellt Ihnen dagegen drei Optionen für das Anti-Aliasing zur Verfügung:

▶ Ohne: Diese Option deaktiviert die Glättung für das Objekt. Verwenden Sie diese Option z. B. für die Simulation von Fließtext in Webseiten-Layouts. Diese Einstellung führt jedoch nur dann zum gewünschten Ergebnis, wenn Sie die Datei ohne Glättung exportieren.

▶ Bildmaterial optimiert (Supersampling): Das ist die »normale« Anti-Aliasing-Methode, wie sie beim Export mit aktivierter Glättungsoption erfolgt. Sie ist für Vektorobjekte geeignet.

▶ Schrift optimiert (Hinted): Bei dieser Methode findet ein »Hinting« der Schrift statt, d. h., die Buchstabengröße wird vorberechnet und in einem zweiten Durchgang auf das Pixelraster optimiert. Als Ergebnis werden die »Stämme« eines Zeichens soweit möglich auf ganzen Pixeln dargestellt.
Sowohl die Lesbarkeit als auch der optische Eindruck profitieren von diesem Verfahren.

▲ **Abbildung 14.133**
Der am Symbol vertikal auf Mitte ausgerichtete Versaltext (Mitte) wirkt optisch zu hoch. Ist er mit dem Effekt Kontur nachzeichnen versehen, stimmt der Eindruck (Begrenzungsrahmen der Texte in hellblau).

▲ **Abbildung 14.134**
Supersampling (jeweils oben) und Hinting (jeweils unten)

Die Einstellungen In Pixelbild umwandeln lassen sich auch als Effekt auf Objekte anwenden, d.h., der Text bleibt editierbar. Wählen Sie das Textobjekt aus und rufen die Dialogbox unter Effekt • In Pixelbild umwandeln... auf (Export siehe Kapitel 19, Effekte und Filter siehe Kapitel 13).

Illustrative Typografie

Buchstaben und Schrift können Sie auch für freie Arbeiten einsetzen – experimentieren Sie zum Beispiel mit Effekten, transparenten Überlagerungen und Pfadtexten.

▲ **Abbildung 14.135**
Eine Übung zu Mehrfach-Konturen finden Sie Kapitel 13.

▲ **Abbildung 14.136**
Typo-Blumen

Für diese »Blumen« wurde jeweils ein Buchstabe mit Hilfe von Effekt • Verzerrungs- und Transformationsfilter • Transformieren dupliziert, gedreht und skaliert.

Abbildung 14.137 ▶
Optionen des Transformieren-Effekts für die Typo-Blume

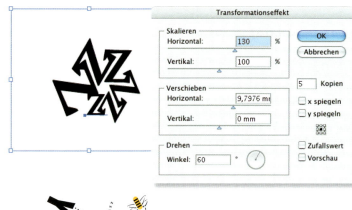

15   Diagramme

Auch wenn die Infografik in den großen Nachrichtenmagazinen mit Vektorgrafikprogrammen erstellt wird, brauchen Sie keine Angst zu haben, dass die Diagramm-Werkzeuge Ihnen die Arbeit wegnehmen. Die Möglichkeiten sind beachtlich, aber es bleibt noch ausreichend zu tun, um daraus eine State-of-the-Art-Infografik zu erstellen.

Das Dateneingabefeld für alle neun Diagrammtypen ist zwar gleich, und zwischen den meisten Diagrammtypen können Sie auch einfach wechseln, um Ihre Daten anders zu präsentieren – einige Diagrammformen haben jedoch ihre Eigenarten.

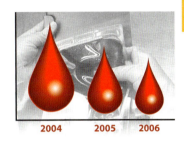

▲ **Abbildung 15.1**
Säulendiagramm mit eigenem Säulen-Design

15.1   Ein Diagramm erstellen

Wenn Sie ein Diagramm erstellen möchten, wählen Sie zunächst das passende Diagramm-Werkzeug aus der Werkzeugpalette.

Ziehen Sie anschließend ein Rechteck in der gewünschten Größe mit diesem Werkzeug auf, indem Sie den Punkt für eine Ecke anklicken und zur schräg gegenüberliegenden ziehen.

Bei Säulen-, Balken-, Linien- und Flächendiagrammen entspricht die Grundfläche derjenigen Fläche, die durch die Koordinatenachsen begrenzt wird. Die Achsenbeschriftung und die Legende werden außerhalb des mit dem Werkzeug definierten Felds angebracht.

Wie Sie die Größe und die Proportionen eines Diagramms zu einem späteren Zeitpunkt noch ändern können, lesen Sie in Abschnitt 15.8.

▲ **Abbildung 15.2**
Die Diagramm-Werkzeuge: Säulendiagramm, Gestapeltes Säulendiagramm, Balkendiagramm, Gestapeltes Balkendiagramm, Liniendiagramm, Flächendiagramm, Streudiagramm, Kreisdiagramm, Netzdiagramm

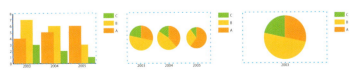

◀ **Abbildung 15.3**
Die in der Abbildung blaugestrichelte Linie umreißt das mit dem Diagramm-Werkzeug aufgezogene Rechteck.

Nachdem Sie das Rechteck definiert haben, öffnet sich das Dateneingabefeld. Wie die Daten eingegeben werden müssen und welche Formatierungsmöglichkeiten für Ihr Diagramm bestehen,

lesen Sie unter den Beschreibungen der einzelnen Diagramm-
arten.

Das »Arbeitsblatt« für die Dateneingabe

Die Daten für alle Diagrammtypen geben Sie in die gleiche Datentabelle ein.

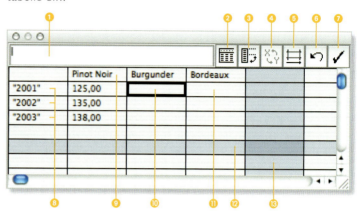

Die Datentabelle wird als eigenes Fenster geöffnet. In der oberen
Leiste sind einige Buttons, dann folgt das »Arbeitsblatt«. Es
besteht aus Zeilen ⑫ und Spalten ⑬ einzelner Datenfelder ⑪.

Die Bezeichnungen an der y-Achse des Diagramms werden
Kategorien ⑧ genannt, die Bezeichnungen an der x-Achse heißen Legenden ⑨.

Um Daten einzugeben, aktivieren Sie das gewünschte Datenfeld, indem Sie darauf klicken ⑩ – die Texteinfügemarke wird in
das Eingabefeld ❶ gesetzt. Anschließend geben Sie den Wert
ein.

Funktions-Buttons | Datentabelle

Daten aus Tabellenkalkulationen importieren Sie mit einem Klick
auf den Import-Button ❷. Der Button Reihe/Spalte vertauschen
❸ – bzw. bei Punktdiagrammen x/y vertauschen ❹ – kehrt eine
achsenverkehrte Dateneingabe um. Mit einem Klick auf den Button Zellen einstellen ❺ öffnen Sie die Optionen-Dialogbox.

Mit dem Button Zurück zur letzten Version ❻ widerrufen
Sie Ihre Dateneingabe bis zu dem Punkt, an dem Sie zuletzt den
Anwenden-Button geklickt haben. Durch Betätigen des Buttons
Anwenden ❼ wird Ihre Dateneingabe in die Diagrammdarstel-
lung übernommen, ohne das Datenblatt zu schließen.

Optionen | Datentabelle

In der Standardeinstellung werden Dezimalzahlen auf zwei Stellen hinter dem Komma gerundet. Geben Sie einen Wert zwischen

0 und 10 in das Feld DEZIMALSTELLEN ein, um die Anzahl der Dezimalstellen zu definieren.

Der Wert im Eingabefeld SPALTENBREITE steuert die Darstellung der Spalte im »Arbeitsblatt«. Möchten Sie nur die Breite *einer* Spalte im Arbeitsblatt verändern, klicken und ziehen Sie die Trennlinie der betreffenden Spalte.

Kategorien und Legenden

Die Bezeichnungen der Kategorien und Legenden werden in der ersten Spalte bzw. Zeile des »Arbeitsblatts« eingetragen.

Möchten Sie nur Zahlen als Bezeichnungen verwenden, schließen Sie diese in Zoll-Inch-Zeichen ⌨ ein – sollen die Zahlen außerdem in Anführungszeichen stehen, umschließen Sie sie zuerst mit typografischen Anführungen (siehe Tabelle 15.1).

Wenn Sie Zahlen und Buchstaben kombinieren, müssen Sie die Bezeichnungen nicht mit Zollzeichen kennzeichnen.

Umbrüche erzwingen Sie in Bezeichnungen, indem Sie einen senkrechten Strich ⌨ an die Stelle setzen, an der Sie mit dem Text in die nächste Zeile wechseln möchten.

Dateneingabe

Wenn die Tabelle geöffnet wird, ist das Datenfeld links oben aktiviert, so dass Sie gleich mit der Eingabe beginnen können.

Mit ⌨ wechseln Sie zum nächsten Datenfeld der Zeile, mit ⌨ wechseln Sie zum nächsten Datenfeld der Spalte. Mit den Pfeiltasten wechseln Sie zum nächsten Datenfeld in der jeweiligen Pfeilrichtung.

Diagrammdaten dürfen außer Deziamalkommata keine nichtnumerischen Zeichen enthalten – z. B. Punkte, um Tausender zu trennen. Insgesamt können Sie in Ihren Tabellen bis etwa 32 000 Zeilen bzw. Spalten eingeben.

Daten ändern | Um Daten zu ändern, klicken Sie auf das Feld, dessen Daten Sie ändern möchten, und ändern Sie den Wert im Eingabefeld.

Daten importieren | Aktivieren Sie die Zelle, die den ersten importierten Wert aufnehmen soll, und klicken Sie den Import-Button, um eine Datentabelle zu importieren, die Sie in einer Tabellenkalkulation oder einer Textverarbeitung erstellt haben.

Copy&Paste | Sie können Daten auch über die Zwischenablage einfügen. Kopieren Sie die Daten aus der Tabellenkalkulation, aktivieren die Zelle, die den ersten Wert aufnehmen soll, und fügen die Daten ein.

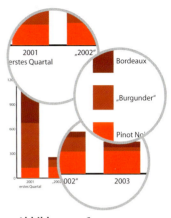

▲ **Abbildung 15.6**
Zahlen, Anführungszeichen und Umbrüche in den Bezeichnungen

Eingabe Mac	Zeichen
⌘ + ⇧ + W	"
⌘ + 2	"
⌘ + ⇧ + Q	»
⌘ + Q	«

Eingabe Windows	Zeichen
Alt +Num 0123	"
Alt +Num 0147	"
Alt +Num 0187	»
Alt +Num 0171	«

▲ **Tabelle 15.1**
Typografische Anführungen unter Mac OS und Windows

Zeilen und Spalten vertauschen | Wenn Sie nach dem Erzeugen des Diagramms merken, dass Sie die falschen Achsen verwendet haben, vertauschen Sie sie, indem Sie auf den Button REIHE/ SPALTE VERTAUSCHEN ❸ bzw. bei Punktdiagrammen X/Y VERTAU-SCHEN ❹ klicken.

Eingabe bestätigen | Um Ihre Dateneingabe auf die Diagramm-darstellung anzuwenden, drücken Sie ⎡Enter⎤ oder den Button ANWENDEN ❼. Das »Arbeitsblatt« wird nicht automatisch geschlossen. Schließen Sie es, indem Sie auf den Schließen-Button des Fensters klicken.

Eingabe widerrufen | Sie können Ihre Schritte bis zu dem Punkt widerrufen, an dem Sie das letzte Mal eine Eingabe bestätigt haben. Klicken Sie dafür den Button ZURÜCK ZUR LETZTEN VER-SION ❻.

Datenimport

Tabellendaten, die Sie importieren möchten, müssen als tabsepa-rierte Textdateien (.TXT) gespeichert sein. Erzeugen Sie die Daten in Tabellenkalkulationen, so werden sie beim Export als .TXT kor-rekt formatiert. Wenn Sie die Dateien in Textprogrammen schrei-ben, müssen Sie die Zellen durch ⎡↹⎤ und die Zeilen durch ⎡↵⎤ trennen.

Diagramm-Elemente

Wenn Sie mit Diagrammen arbeiten, ist es hilfreich zu verstehen, wie die einzelnen Elemente eines Diagramms miteinander ver-bunden sind. Dies benötigen Sie, um gezielt Teile eines Dia-gramms auszuwählen, die formatiert werden sollen.

Ein Diagramm ist ein gruppiertes Objekt – es wird nur in der Ebenen-Palette (siehe Kapitel 11) nicht als solches bezeichnet. Das Diagramm ist mit der Datentabelle verbunden und dadurch jederzeit editierbar, solange Sie die Gruppierung nicht lösen.

Die grafischen Repräsentanten der Datenreihen (also der Daten, die zu einer Kategorie gehören) sind zuerst miteinander und dann mit der zugehörigen Legende gruppiert.

Die Bezeichnungen der x- und der y-Achse bilden jeweils mit-einander und darüber hinaus mit der zugehörigen Achse eine Gruppe. Die Texte in der Legende sind miteinander gruppiert. Alle bilden zusammen die Diagramm-Gruppe.

Einzelne Elemente oder Untergruppen in einem Diagramm selektieren Sie mit dem Gruppenauswahl-Werkzeug ⤵.

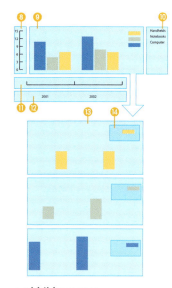

▲ **Abbildung 15.7**
Hierarchie der Diagramm-Be-standteile: Wertachse mit Teil-strichwerten ❽, Diagramm ❾, Legenden-Bezeichnung ❿, Kate-gorieachse ⓫, Achsenwerte ⓬, Datenreihe ⓭, Legende ⓮

15.2 Kreisdiagramme

Dieser Diagrammtyp stellt Mengenverhältnisse sehr anschaulich dar. Bei der Präsentation von Wahlergebnissen hat ihn sicher jeder schon einmal gesehen. Die Anteile einzelner Werte am Gesamtwert werden als »Tortenstücke« im Kreis abgebildet.

Aus einer Datentabelle können Sie nicht nur eines, sondern auch mehrere zusammenhängende Kreisdiagramme erzeugen. Die Unterschiede in den Summen der Gesamtdaten werden durch Größenunterschiede der Kreise dargestellt.

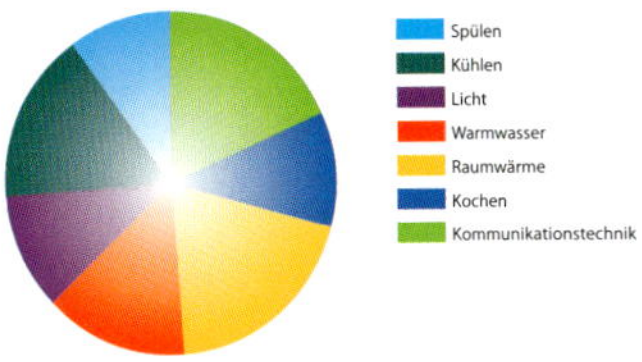

▲ **Abbildung 15.8**
Kreisdiagramm

Dateneingabe | Kreisdiagramm ⊘
Für ein einfaches Kreisdiagramm müssen Sie lediglich zwei Zeilen eingeben: die Legenden und die zugehörigen Daten.

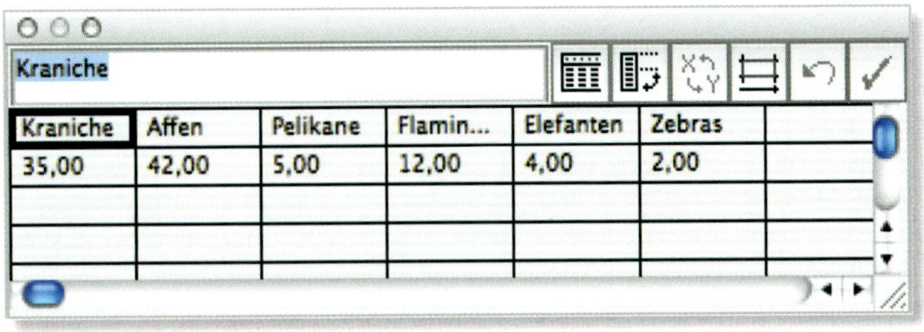

◄ **Abbildung 15.9**
Eingabe der Werte für ein Kreisdiagramm

Beginnen Sie in der linken Spalte mit den Legenden und Werten. In Kreisdiagrammen können Sie positive und negative Werte nicht mischen.

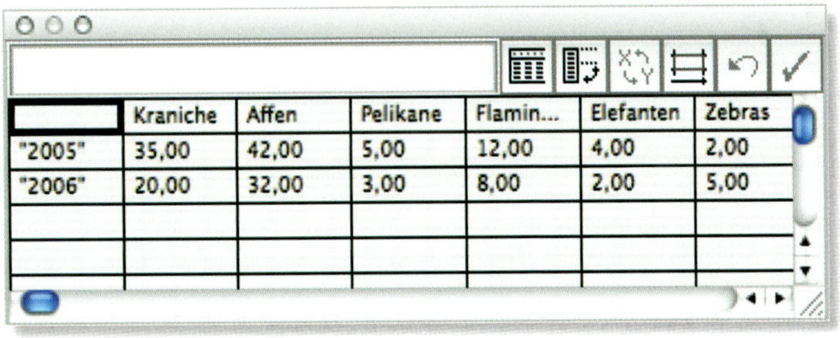

◄ **Abbildung 15.10**
Eingabe der Werte für eine Gruppe von Kreisdiagrammen

Geben Sie Daten in weiteren Zeilen ein, werden zusätzliche Kreisdiagramme erzeugt. Wenn Sie diese weiteren Kreise jeweils mit Kategorien bezeichnen möchten, geben Sie die Namen der Kategorien in die linke Spalte ein.

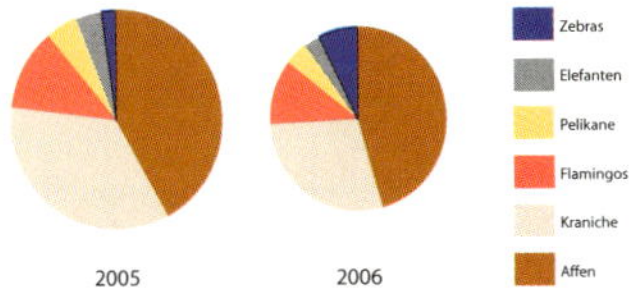

Diagrammattribute | Kreisdiagramm
Die Anordnung der Legende sowie die Reihenfolge der Kreissegmente steuern Sie mit den Diagrammattributen. Um diese Dialogbox aufzurufen, aktivieren Sie das Diagramm und schließen das »Arbeitsblatt«. Anschließend wählen Sie OBJEKT • DIAGRAMM • ART… oder doppelklicken das Diagramm-Werkzeug in der

▲ **Abbildung 15.11**
Darstellung der Werte

Werkzeugpalette – dabei muss nicht das zum Diagrammtyp passende Werkzeug ausgewählt sein.

Falls Sie keine Änderungen an der Diagrammart vornehmen möchten, richten Sie zunächst die Einstellungen im Bereich OPTIONEN ein und erst anschließend im Bereich STIL.

Abbildung 15.12 ▶
Diagrammattribute für Kreis-diagramme

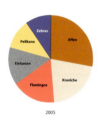

2005

▲ **Abbildung 15.13**
Legende in Segmenten

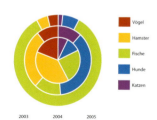

2003   2004   2005

▲ **Abbildung 15.14**
Position GESTAPELT

▶ DIAGRAMMART: Klicken Sie auf einen der Buttons, um die Daten mit einem anderen Diagrammtyp zu formatieren.

▶ LEGENDE: Wählen Sie im Ausklappmenü unter LEGENDE, ob eine NORMALE LEGENDE außerhalb der Fläche des Diagramms positioniert, die LEGENDE IN SEGMENTEN angezeigt oder KEINE LEGENDE dargestellt wird.

▶ POSITION: Das Menü POSITION erlaubt die Anordnung mehrerer Kreisdiagramme.

   ▶ Die normale Option VERHÄLTNIS stellt die Kreise nebeneinander dar. Ihre Größe entspricht proportional der Summe der Daten eines Diagramms.

   ▶ Wählen Sie GLEICHMÄSSIG, um alle Kreise in gleicher Größe nebeneinander zu stellen.

   ▶ Mit der Auswahl GESTAPELT werden die Kreise aufeinander gestapelt. Normalerweise liegt das Diagramm vorne, das die letzte Datenzeile repräsentiert.

▶ SORTIEREN: Wählen Sie eine Option aus dem Ausklappmenü SORTIEREN, um die Reihenfolge der »Tortenstücke« festzulegen.

   ▶ ALLE sortiert die Segmente in jedem Kreisdiagramm jeweils im Uhrzeigersinn vom größten zum kleinsten Wert. Der größte Wert wird im ersten Segment angezeigt – rechts neben der 12-Uhr-Position (siehe Abbildung 15.15 oben).

   ▶ Mit der Option ERSTE werden zunächst die Segmente des ersten Diagramms nach den einzelnen Werten sortiert. Die anderen Diagramme folgen dieser Sortierung.

- ▶ Wählen Sie OHNE, um die Segmente nach der Reihenfolge der Eingabe in der Tabelle zu sortieren.
- ▶ SCHLAGSCHATTEN fügt eine einfache runde schwarze Fläche hinter dem Diagramm ein.
- ▶ LEGENDE OBEN: Wählen Sie diese Option, um die Legende oberhalb des Diagramms – anstatt rechts – zu positionieren. Es muss eine NORMALE LEGENDE ausgewählt sein.
- ▶ 1. DATENZEILE VORNE: Aktivieren Sie diese Option, um bei gestapelten Kreisen die Stapelreihenfolge umzukehren.

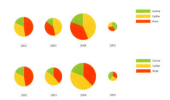

▲ **Abbildung 15.15**
Sortierungsoption ALLE (oben) und OHNE (unten)

Farben und Schriften ändern

Farben | Wenn Sie ein neues Diagramm erstellen, werden die Segmente, Beschriftungen und die Legende automatisch mit Farben und Schriften versehen – diese entsprechen wahrscheinlich in den wenigsten Fällen Ihren Vorstellungen. Sie können jedoch neue Füllfarben, Verläufe, Muster und Konturen zuordnen.

Um einem Segment und der zugehörigen Legende eine neue Füllung und Kontur zu geben, wählen Sie das Gruppenauswahl-Werkzeug und klicken auf das zugehörige Rechteck in der Legende. Dieses Rechteck wird ausgewählt. Klicken Sie mit dem Werkzeug noch einmal auf das gleiche Symbol, und es wird die Gruppe der zugehörigen Segmente ausgewählt. Jetzt weisen Sie allen Objekten die gewünschte Füllung und Kontur zu (Füllungen und Konturen siehe Kapitel 8 und 9).

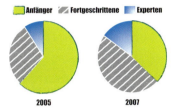

▲ **Abbildung 15.16**
Eigene Füllfarben, Verläufe, Muster und Konturen sowie Schriften

Schriften | Um alle Beschriftungen auf einmal zu ändern, aktivieren Sie das Diagramm mit dem Auswahl-Werkzeug und weisen neue Textformatierungen zu. Um nur die Beschriftungen der Legende oder der einzelnen Diagramme zu ändern, klicken Sie mit dem Gruppenauswahl-Werkzeug so oft auf einen der zugehörigen Texte, bis alle Texte in der Legende oder unterhalb der Diagramme ausgewählt sind.

15.3 Säulen- und Balkendiagramme

Säulen- und Balkendiagramme präsentieren einen Wert durch die Höhe einer Säule bzw. die Breite eines Balkens. So lassen sich sowohl Vergleiche verschiedener Werte als auch die Entwicklung eines Werts einfach visualisieren.

Vertikales Balkendiagramm oder Säulendiagramm 📊

Bei dieser Art Diagramm werden Werte durch Säulen unterschiedlicher Höhe repräsentiert. Alle Säulen stehen dabei nebeneinander.

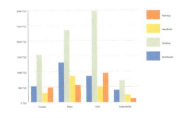

▲ **Abbildung 15.17**
Darstellung der Werte als Säulendiagramm

Die Werte einer Zeile in der Datentabelle bilden eine Werte-gruppe. Die Säulen, die sie abbilden, können durch Abstände von den Nachbargruppen abgegrenzt werden.

Dateneingabe | Vertikales Balkendiagramm
Tragen Sie zunächst die Bezeichnungen in die Tabelle ein. Die Kategorien werden entlang der x-Achse abgebildet. Die Werte bestimmen die Höhe der Säulen.

Abbildung 15.18 ▶
Eingabe der Daten für ein Säulen-diagramm

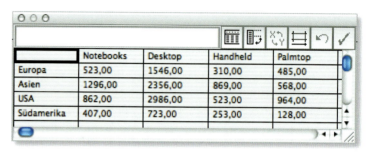

▲ **Abbildung 15.19**
Negative Werte in einem Säulen-diagramm

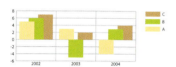

In Säulen- und Balkendiagrammen lassen sich negative und posi-tive Werte kombinieren.

Diagrammattribute | Vertikales Balkendiagramm
Bei dieser Diagrammart können Sie die Breite und Abstände der Säulen sowie die Darstellung der Werte auf den Achsen einstel-len. Aktivieren Sie das Diagramm mit dem Auswahl-Werkzeug, schließen Sie das »Arbeitsblatt«, und wählen Sie OBJEKT • DIA-GRAMM • ART…

Abbildung 15.20 ▶
Diagrammoptionen-Seite der Diagrammattribute eines Säulen-diagramms

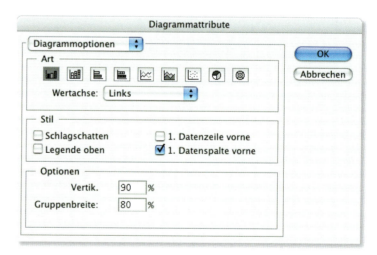

Hinweis

Sollen in den Balken oder Säulen eines Diagramms Werte ange-zeigt werden, setzen Sie zu die-sem Zweck ein eigenes Balken-design ein.

Die Dialogbox besteht aus drei Seiten, die Sie über das Ausklapp-menü oben links wechseln können. Zuerst öffnet die Seite DIA-GRAMMOPTIONEN.

▶ WERTACHSE: Bestimmen Sie mit dem Ausklappmenü, ob Sie die y-Achse nur links, rechts oder an beiden Seiten anzeigen lassen möchten.

Es ist möglich, auf den Skalen beider Seiten unterschiedliche Werte aufzutragen. Zur Vorbereitung dieser Anzeige müssen Sie zunächst für das gesamte Diagramm die Option AUF BEI-DEN SEITEN auswählen.

▶ OPTIONEN: Richten Sie hier die Breite der einzelnen Säulen ❷ in dem Feld VERTIK. sowie die Breite einer Wertegruppe ❶ in GRUPPENBREITE ein, indem Sie Werte zwischen 1 und 1000 % in das Textfeld eintragen.

Bei Werten von 100 % stoßen die Säulen aneinander, bei Werten unter 100 % entstehen Lücken zwischen den Säulen oder Gruppen, Werte über 100 % erzeugen Überlappungen.

▶ 1. DATENSPALTE VORNE: Damit durch die Überlappungen keine Säulen hinter anderen versteckt werden, aktivieren Sie unter STIL die Option 1. DATENSPALTE VORNE, um die Stapelreihenfolge der Säulen umzukehren.

▶ LEGENDE OBEN: Möchten Sie die Legende waagerecht über dem Diagramm anzeigen, wählen Sie diese Einstellung.

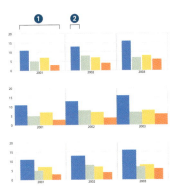

▲ **Abbildung 15.21**
Balkenbreite und Gruppenbreite jeweils unter 100 % (oben), beide 100 % (Mitte), Balkenbreite über 100 % und Gruppenbreite unter 100 % (unten)

Wählen Sie die Seite WERTACHSE aus dem Aufklappmenü, um die Formatierung der y-Achse vorzunehmen:

◀ **Abbildung 15.22**
Wertachse-Seite der Diagrammattribute eines Säulendiagramms

▶ TEILSTRICHWERTE: Normalerweise richtet Illustrator auf der Wertachse (y-Achse) die in die Datentabelle eingegebenen Werte ein. Die Skala endet also mit der nächsten geraden Zahl über dem höchsten Wert. Benötigen Sie eine andere Einteilung, aktivieren Sie zunächst die Option BERECHNETE WERTE ÜBERGEHEN.

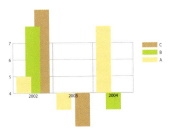

▲ **Abbildung 15.23**
Berechnete Werte übergehen: Der Min-Wert liegt über dem niedrigsten Tabellenwert – der Max-Wert unter dem höchsten.

Tragen Sie anschließend Ihren gewünschten Nullpunkt in das Eingabefeld MIN ein, den höchsten Wert in das Feld MAX Falls Sie unter MIN einen Wert eingeben, der höher ist als der kleinste Wert in Ihrer Datentabelle, werden die unter diesem Wert liegenden Daten unterhalb der x-Achse erzeugt.

Tragen Sie in das MAX-Feld einen Wert ein, der niedriger als der höchste Wert in Ihrer Tabelle ist, überragt die Höhe der Säulen die Wertachse.

In das Feld UNTERTEILUNGEN geben Sie die gewünschte Anzahl Zwischenräume – nicht Teilstriche – ein. An diesen Unterteilungen werden die Werte aufgetragen.

► TEILSTRICHE: Mit dem Ausklappmenü legen Sie die Länge der Unterteilungsstriche fest. Wählen Sie aus, ob Sie KEINE, kurze Striche (HAUPTTEILSTRICHE genannt) oder Linien quer über das Diagramm (GITTERNETZLINIEN) anzeigen lassen.

► TEILSTRICHE PRO UNTERTEILUNG: In das Eingabefeld geben Sie einen Wert ab 2 ein, um weitere Unterteilungen zu erzeugen. An diesen Strichen werden keine Werte angezeigt.

► BESCHRIFTUNG HINZUFÜGEN: Voreingestellt werden an der Wertachse nur die Werte ohne Maßeinheit angezeigt. Die Einheit können Sie hier ergänzen.

Geben Sie in das Feld PRÄFIX Zeichen ein, die vor dem Wert angezeigt werden sollen. In das Feld SUFFIX tragen Sie Ergänzungen ein, die hinter dem Wert stehen.

Auf der Seite KATEGORIEACHSE bestimmen Sie das Aussehen der x-Achse des Diagramms:

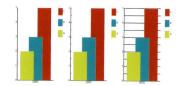

▲ Abbildung 15.24
Teilstriche: Keine, Hauptteilstriche, Gitternetzlinien

Abbildung 15.25 ►
Kategorieachse-Seite der Diagrammattribute eines Säulendiagramms

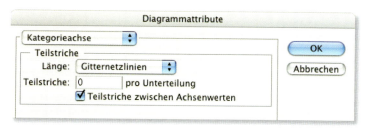

► Mit den Optionen für TEILSTRICHE bestimmen Sie Anzahl und Aussehen von Unterteilungen zwischen den Säulen und Gruppen. Die Option, senkrechte Unterteilungen im Diagramm zu erstellen, hat bei diesem Diagrammtyp nur eine Bedeutung für die Optik – das Verständnis fördert sie nicht unbedingt.

Die Optionen unter LÄNGE und TEILSTRICHE entsprechen denen auf der WERTACHSE-Seite.

► TEILSTRICHE ZWISCHEN ACHSENWERTEN: Sie haben die Wahl, ob Sie die Hauptteilstriche an den Werten anbringen oder jeweils mittig zwischen den Werten.

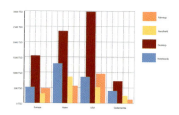

▲ Abbildung 15.26
Senkrechte Teilstriche

Möchten Sie die Wertegruppen bei Säulendiagrammen also zusätzlich durch Gitternetzlinien trennen, wählen Sie die Option TEILSTRICHE ZWISCHEN ACHSENWERTEN.

Gestapeltes vertikales Balkendiagramm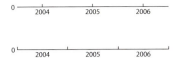

Bei diesem Diagrammtyp werden Säulen einer Wertegruppe gestapelt. So ist es möglich, die Gesamtergebnisse besser zu vergleichen – zusätzlich haben Sie einen besseren Überblick über den Anteil einzelner Werte am Gesamtwert einer Wertegruppe.

Beim nachträglichen Stapeln eines Säulendiagramms wird die Höhe des Diagramms nicht verändert – die Höhe der Säulen wird proportional an die Höhe des Diagramms angepasst.

Dateneingabe | Gestapeltes vertikales Balkendiagramm
Geben Sie Ihre Daten wie für das Säulendiagramm ein. Die Daten einer Zeile bilden einen Säulenstapel.

Positive und negative Werte können Sie nicht beliebig mischen. Zeilenweise müssen die Vorzeichen der Werte identisch sein.

Diagrammattribute | Gestapeltes vertikales Balkendiagramm
Die Optionen für die Darstellung von gestapelten Balkendiagrammen entsprechen denen der Balkendiagramme.

Um Verwirrungen zu vermeiden, sollten Sie auf der Seite DIAGRAMMOPTIONEN die BALKENBREITE entweder durch die Breite des einzelnen Balkens oder die der Gruppe steuern. Setzen Sie den anderen Wert auf 100 %.

Horizontales Balkendiagramm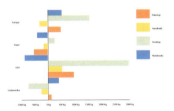

Analog zum vertikalen Balkendiagramm werden hier die Längen der Balken verglichen. Die Wertachse ist bei dieser Diagrammart die x-Achse. Diesen Typ können Sie z. B. verwenden, wenn Sie direkt auf den Balken eine Beschriftung anbringen möchten.

Dateneingabe | Horizontales Balkendiagramm
Geben Sie Ihre Daten wie für das Säulendiagramm ein. Sie können positive und negative Werte mischen.

Diagrammattribute | Horizontales Balkendiagramm
Die Optionen für die Darstellung von horizontalen Balkendiagrammen entsprechen denen der Säulendiagramme. Die Höhe der Balken und die Höhe einer Balkengruppe werden durch die Optionen HORIZ. BALKENBREITE und GRUPPENBREITE auf der Seite Diagrammoptionen unter OBJEKT • DIAGRAMM • ART… gesteuert.

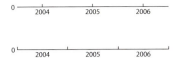

▲ **Abbildung 15.27**
Teilstriche an (oben) und zwischen (unten) Achsenwerten

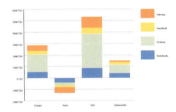

▲ **Abbildung 15.28**
Negative Werte in einer Zeile des gestapelten Säulendiagramms

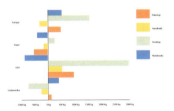

▲ **Abbildung 15.29**
Positive und negative Werte können beim horizontalen Balkendiagramm gemischt werden.

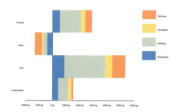

▲ Abbildung 15.30
Negative Werte in einer Zeile des
gestapelten horizontalen Balken-
diagramms

Hinweis

Gehen Sie vor wie beim Kreisdiagramm beschrieben, um Farben
und Füllungen der Säulen und
Balken sowie die in den Beschriftungen verwendeten Schriftarten
zu ändern.

Abbildung 15.31 ▶
Säulendiagramm mit eigenen
Balkendesigns

Gestapeltes horizontales Balkendiagramm

Analog zum gestapelten Säulendiagramm werden hier die Balken
aneinandergereiht.

Dateneingabe | Gestapeltes horizontales Balkendiagramm
Geben Sie Ihre Daten wie für das Säulendiagramm ein. Positive
und negative Werte können Sie nicht beliebig mischen. Zeilenweise müssen die Vorzeichen der Werte identisch sein.

Diagrammattribute | Gestapeltes horiz. Balkendiagramm
Die Optionen für die Darstellung von gestapelten horizontalen
Balkendiagrammen entsprechen denen der Säulendiagramme.
Die Höhe der Balken und die Höhe einer Balkengruppe werden
durch die Optionen HORIZ. BALKENBREITE und GRUPPENBREITE auf
der Seite Diagrammoptionen unter OBJEKT • DIAGRAMM • ART...
gesteuert. Verwenden Sie nur eines der beiden Eingabefelder
und setzen das andere auf 100 %.

Eigene Balkendesigns

Beim Gestalten Ihrer Säulen und Balkendiagramme sind Sie nicht
auf das Zuweisen anderer Farben und Füllungen beschränkt. Sie
können Formen entwerfen und diese einzelnen Datenreihen
zuweisen. Balkendesigns können einfache Logos oder Symbole
bis hin zu komplexeren Illustrationen mit Mustern und Text,
Effekten oder Verzerrungshüllen sein.

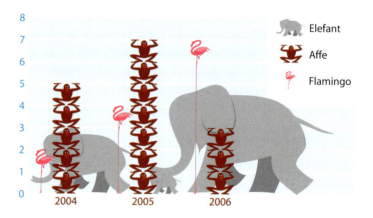

Zunächst müssen Sie das Balkendesign erstellen – in der folgenden Übung zeigen wir Ihnen alle Schritte.

Werte im Balken anzeigen | Mit Hilfe eines eigenen Balkende-
signs ist es möglich, den dargestellten genauen Wert direkt im
oder am Balken anzuzeigen.

Begrenzungsrahmen | Ohne weitere Eingriffe würde Illustrator die Gesamthöhe Ihres Balkendesigns auf den darzustellenden Wert skalieren. Dadurch entstehen zwei große Nachteile. Zum einen werden Schriften – z. B. die angezeigten Werte – verzerrt. Zusätzlich kann aber je nach Design auch ein falscher Eindruck der Werte entstehen, da Balken kleiner wirken als sie sind.

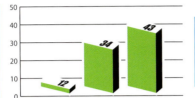

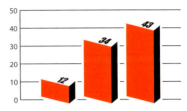

▲ **Abbildung 15.32**
Die Gesamthöhe des Balkendesigns wird skaliert (links), dadurch wirken die Balken zu klein. Im rechten Diagramm wirken die Balkenlängen optisch korrekt (Begrenzungsrahmen in blau).

Mit Hilfe eines Begrenzungsrahmens – eines Rechtecks ohne Kontur und Füllung – steuern Sie Skalierung des eigenen Designs. Der Begrenzungsrahmen liegt hinter Ihrem Design – zusätzlich können Sie durch Gruppieren einzelne Teile des Designs vor Verzerrung schützen, z. B. die Werte.

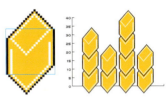

▲ **Abbildung 15.33**
Der Begrenzungsrahmen gibt außerdem vor, wie Ihr Balkendesign bei Auswahl der Option WIEDERHOLEND gestapelt wird.

Balkendesigns zuweisen | Sie können entweder das gesamte Diagramm mit einem einheitlichen Balkendesign versehen oder jeweils den zu einer Kategorie gehörenden Balken das gleiche Design zuweisen. Aktvieren Sie das gesamte Diagramm oder mit dem Gruppenauswahl-Werkzeug die Balken einer Kategorie und rufen Sie OBJEKT • DIAGRAMM • BALKEN… auf:

Wie sich Ihre Designs an die unterschiedlichen Längen der Säulen bzw. Balken anpassen, wählen Sie aus mehreren Möglichkeiten aus.

▶ VERTIKAL SKALIERT: Für die Anpassung an die Länge der Säulen oder Balken wird das Design nur in der Höhe skaliert.

▶ GLEICHMÄSSIG SKALIERT: Die Größenanpassung erfolgt proportional in Höhe und Breite. Wenn der Abstand zwischen den Säulen nicht reicht, überlappen sich die Formen.

▶ WIEDERHOLEND: Die Grundform des Designs wird gestapelt. Dafür müssen Sie bestimmen, wie viele Einheiten durch eine Form repräsentiert werden. Außerdem legen Sie fest, ob ein Design abgeschnitten oder vertikal skaliert wird, wenn Teile einer Einheit dargestellt werden müssen.

▶ FLIESSEND: Das Design wird an einer bestimmten Stelle gestreckt. Diese Stelle bestimmen Sie bei der Konstruktion des Designs.

▲ **Abbildung 15.34**
Von links: vertikal skaliert, gleichmäßig skaliert, wiederholend, fließend

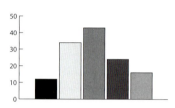

▲ **Abbildung 15.35**
Das fertiggestellte Diagramm

▲ **Abbildung 15.36**
Diagramm mit Standard-Formatierung nach Eingabe der Daten

▲ **Abbildung 15.37**
Die Block-Grafik

▲ **Abbildung 15.38**
Im Balkendesign können gefahrlos Musterfelder verwendet werden.

Schritt für Schritt: Ein Balkendesign erstellen, zuweisen und mit Farbfeldern weiterbearbeiten

1 Ein Diagramm erstellen

Öffnen Sie die Datei Daten.txt von der DVD in einem Text-Editor und kopieren deren Inhalt in die Zwischenablage. Ziehen Sie in Illustrator mit dem Vertikales-Balkendiagramm-Werkzeug ein neues Diagramm auf und fügen die Werte aus der Zwischenablage in die Datentabelle ein. Alternativ tragen Sie Ihre eigenen Daten ein.

2 Das Begrenzungsrechteck

Erstellen Sie ein Rechteck, das als Referenz für die Größenanpassung Ihres Balkendesigns an die Balkengröße dient. Um das Design besser an das Diagramm anzupassen, wählen Sie das Direktauswahl-Werkzeug, aktivieren Sie den kleinsten Balken des Diagramms, kopieren ihn und verwenden ihn als Begrenzungsrechteck. Stellen Sie sicher, dass das Rechteck das hinterste Objekt ist, indem Sie Objekt • Anordnen • In den Hintergrund wählen.

3 Balkendesign erstellen

Die Größe des eben erstellten Begrenzungsrechtecks wird bei der Anwendung im Diagramm an die Größe der Balken angepasst, und das Balkendesign-Objekt folgt der Anpassung nach den Regeln, die Sie später definieren. Das Balkendesign muss nicht zwingend in das Begrenzungsrechteck eingepasst werden – auf der vorhergehenden Seite finden Sie Beispiele für Designs, die das Rechteck überragen. Denken Sie aber daran, dass es nicht sinnvoll ist, das Balkendesign sehr viel größer als das Begrenzungsrechteck anzulegen.

Erstellen Sie Ihr Balkendesign oder verwenden Sie ein vorhandenes Design und passen die Größe an – die Balkengrafik (Abbildung 15.37) finden Sie auf der DVD im Dokument Block-Grafik.ai. Nach Fertigstellung der Grafik setzen Sie Füllung und Kontur des Begrenzungsrechtecks auf Ohne.

In einem Balkendesign könnten Sie auch Musterfelder verwenden – unsere Muster weisen wir jedoch zu einem späteren Zeitpunkt zu, um nicht für jede Musterfarbe ein eigenes Design erzeugen zu müssen.

Wenn Sie in Ihrem Entwurf Live-Effekte, Angleichungen oder Pinsel verwendet haben oder interaktive Malgruppen sowie Abpausobjekte enthalten sind, wandelt Illustrator diese automatisch bei der Definition des Balkendesigns um. Verzerrungshüllen sollten Sie allerdings selbst umwandeln.

In dieser Übung benötigen Sie ein fließendes Design und die Anzeige von Werten – sollten Sie auf beides in einem anderen Fall verzichten wollen, springen Sie direkt zu Schritt 6.

4 Optional: Werte anzeigen lassen

Möchten Sie in Ihrem Diagrammdesign Werte anzeigen lassen, wählen Sie das Text-Werkzeug und platzieren es an die Stelle, an welcher der Text erscheinen soll. Sie können Texte im oder neben dem Begrenzungsrechteck anzeigen lassen.

Geben Sie % und anschließend zwei Ziffern zwischen 0 und 9 ein. Mit der ersten Ziffer bestimmen Sie die Anzahl Stellen vor dem Komma – geben Sie hier 0 ein, dann verwendet Illustrator automatisch die benötigte Anzahl.

Mit der zweiten Ziffer steuern Sie die Anzahl Stellen nach dem Komma. Die Stellen werden immer angezeigt, d.h., dem Wert werden entweder Nullen hinzugefügt oder Nachkommastellen gerundet.

Richten Sie die Zeichenattribute nach Bedarf ein. Falls Sie Texte am Komma ausrichten möchten, richten Sie den Absatz rechtsbündig aus (Textfunktionen siehe Kapitel 14). Text-Objekte in Balkendesigns können Sie mit den Transformationswerkzeugen verzerren, jedoch keine Effekte oder Hüllen anwenden.

5 Optional: Ein fließendes Design erstellen

Der Pseudo-3D-Balken aus dieser Übung würde bei unterschiedlichen Balkenlängen falsch dargestellt, wenn man ihn einfach in die Länge ziehen würde (siehe Abbildung 15.40).

Daher ist ein fließendes Design besser geeignet. Bei diesem geschieht die Größenanpassung durch Strecken oder Stauchen an einer Stelle. Oberhalb oder unterhalb dieser Stelle bleibt der Balken unverändert. Den Dehnungspunkt bestimmen Sie durch eine horizontale Linie. Erstellen Sie diese Linie exakt horizontal mit dem Liniensegment- oder dem Zeichenstift-Werkzeug.

Wählen Sie das Begrenzungsrechteck, das Balkendesign und die Linie, und gruppieren Sie sie. Aktivieren Sie anschließend mit dem Direktauswahl-Werkzeug nur die Linie innerhalb der Gruppe.

Rufen Sie ANSICHT • HILFSLINIEN • HILFSLINIEN ERSTELLEN auf. Die Linie wird in eine Hilfslinie umgewandelt und entsprechend dargestellt. Deaktivieren Sie dann ANSICHT • HILFSLINIEN • HILFSLINIEN SPERREN, falls es nicht bereits deaktiviert ist. Prüfen Sie, ob die Hilfslinie tatsächlich nicht mehr fixiert ist und sich mit dem Design bewegt, wenn Sie die Gruppe mit dem Auswahl-Werkzeug verschieben. Weiter geht es mit Schritt 7.

Hinweis

Sollen die Werte wie im Beispiel perspektivisch verzerrt dargestellt werden, funktioniert dies nur, wenn Sie das Textobjekt mit dem Verbiegen-Werkzeug bearbeiten.

▲ **Abbildung 15.39**
Mit %01 generieren Sie eine Nachkommastelle.

▲ **Abbildung 15.40**
Das Balkendesign vertikal skaliert

Hinweis

Ist der Dehnungspunkt nicht mit einer Hilfslinie markiert, nimmt Illustrator die Mitte des Objekts.

Hinweis

Falls Sie einmal ohne Begrenzungsrechteck arbeiten, bestimmt die Gesamtbreite aller zugehörigen Objekte (inklusive Hilfslinie) die Proportionen des Balken-Designs.

6 Gruppieren

Wählen Sie das Begrenzungsrechteck und alle Bestandteile Ihres Designs – jedoch nicht das Textobjekt für die Anzeige der Werte – aus, und gruppieren Sie sie.

7 Ein neues Diagrammdesign anlegen

Aktivieren Sie die Elemente Ihres Diagrammdesigns: die eben erstellte Gruppe und das Textobjekt für die Darstellung der Werte. Wählen Sie anschließend Objekt • Diagramm • Designs…

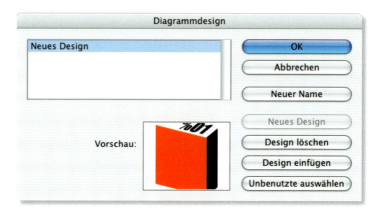

Klicken Sie auf den Button Neues Design – Ihr Design wird im Vorschau-Feld angezeigt. Die Vorschau ist zwar auf das Begrenzungsrechteck beschnitten, im Diagramm erfolgt jedoch die korrekte, komplette Darstellung.

Danach klicken Sie auf den Button Neuer Name. Geben Sie einen Namen für das Design in die Dialogbox ein. Bestätigen Sie erst den Namen, anschließend die Diagrammdesign-Dialogbox mit OK.

8 Das Design anwenden

In dieser Übung soll das Design allen Säulen oder Balken zugewiesen werden. Aktivieren Sie das Diagramm mit dem Auswahl-Werkzeug.

Es ist jedoch auch möglich, jeder Datenreihe ein eigenes Balkendesign zuzuweisen. Falls Sie dies einmal vorhaben, wählen Sie das Gruppenauswahl-Werkzeug. Klicken Sie mit dem Werkzeug auf einen der Balken, denen Sie das Design zuweisen möchten. Klicken Sie erneut auf den Balken, um alle Balken auszuwählen, die zur Datenreihe gehören. Klicken Sie noch einmal, um auch das zugehörige Feld in der Legende auszuwählen (siehe Abbildung 15.42).

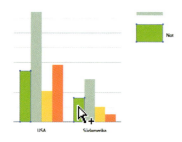

▲ **Abbildung 15.42**
Auswählen der Balken und Legende einer Datenreihe

Wählen Sie OBJEKT • DIAGRAMM • BALKEN…, sowohl wenn Sie das Design dem gesamten Diagramm zuweisen als auch wenn Sie es nur auf eine Datenreihe anwenden möchten.

In der Liste unter DESIGN WÄHLEN können Sie auf alle Balkendesigns zugreifen, die in dieser Datei sowie in allen anderen geöffneten Dokumenten gespeichert sind.

◄ **Abbildung 15.43**
Den Balken Diagrammdesigns zuweisen

Wählen Sie Ihr Design aus der Liste der vorhandenen Designs, indem Sie auf seinen Namen klicken. Bestimmen Sie mit dem Ausklappmenü unter BALKEN, wie sich Ihr Design an die Länge der Balken anpassen soll – in diesem Fall verwenden Sie die Option FLIESSEND.

Sollten Sie einmal die Option WIEDERHOLEND benötigen, tragen Sie in das Feld bei DESIGNTEIL REPRÄSENTIERT ein, wie viele Einheiten Ihr Design darstellt, und wählen Sie aus dem Ausklappmenü BEI BRUCHTEILEN, ob Ihr Design skaliert oder abgeschnitten werden soll, falls nur Teile der definierten Einheit dargestellt werden.

Die Option DESIGN FÜR LEGENDE DREHEN sollte für diese Übung deaktiviert sein. Bestätigen Sie Ihre Eingaben mit OK.

▲ **Abbildung 15.44**
Nach Zuweisen des Block-Designs

▲ **Abbildung 15.45**
Mit wiederholendem Design, Bruchteile skaliert

9 | Die Schraffuren zuweisen

Jetzt werden Sie jeden der Balken noch mit einem Muster versehen. Sie benötigen für jede Farbvariante des Streifenmusters ein eigenes Farbfeld. Die Beispielmuster finden Sie auf der DVD in der Datei Balken-Streifen.ai (Muster siehe Kapitel 16). Übertragen Sie die Muster, in dem Sie die gestreiften Rechtecke in Ihre Diagramm-Datei kopieren.

Aktivieren Sie mit Hilfe des Direktauswahl-Werkzeugs die rote Fläche eines Balkens und weisen dieser eine der Schraffuren zu. Wählen Sie in der Legende das zugehörige Feld aus und weisen diesem dieselbe Schraffur zu.

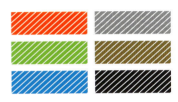

▲ **Abbildung 15.46**
Balken-Streifen

▲ **Abbildung 15.47**
Das fertiggestellte Diagramm

Es ist in diesem Fall leider nicht möglich, die Schraffierung von Balken und Legende in einem Schritt vorzunehmen. Verfahren Sie ebenso mit allen anderen Balken.

10 Den Diagrammhintergrund gestalten

Die Kategorieachse des Diagramms wählen Sie ebenfalls mit dem Direktauswahl-Werkzeug aus und erhöhen die Konturstärke. Die grauen Flächen im Hintergrund des Diagramms legen Sie als Rechtecke an und verschieben sie in der Stapelreihenfolge in den Hintergrund.

Diagrammdesigns aus anderen Dokumenten laden

Möchten Sie ein Balken- oder Punktdesign aus einer anderen Illustrator-Datei in Ihrem aktuellen Dokument verwenden, wählen Sie Fenster • Farbfelder-Bibliotheken • Andere Bibliothek… Navigieren Sie zum gewünschten Dokument, und klicken Sie auf OK. Die Farbfelder-Bibliothek wird in einem neuen Fenster geöffnet, Sie benötigen sie jedoch nicht. Aktivieren Sie das Diagramm, dem Sie das Design zuweisen möchten, wählen Sie Objekt • Diagramm • Balken… bzw. Punkte… und rufen den Eintrag aus dem Menü auf.

Diagrammdesigns ändern

Falls Sie ein bestehendes Balken- oder Punktdesign ändern möchten, können Sie die Änderung einfach an der Originaldatei durchführen und ein neues Diagrammdesign anlegen.

Besteht die Original-Illustration jedoch nicht mehr, müssen Sie das Design aus den Balkenvorlagen zurückwandeln:

1. Deaktivieren Sie alle Auswahlen im Dokument – Shortcut ⌘/Strg+⇧+A.
2. Rufen Sie Objekt • Diagramm • Designs… auf – ohne ein aktiviertes Objekt ist dieser Menüpunkt nur dann aktiv, wenn Diagrammdesigns in der Datei vorhanden sind.
3. Wählen Sie das zu bearbeitende Design aus der Liste aus.
4. Klicken Sie auf den Button Design einfügen. Bestätigen Sie mit OK. Das Design wird als normales Vektorobjekt in Ihr Dokument eingefügt.
5. Wenn Sie die Änderungen durchgeführt haben, erzeugen Sie ein neues Diagrammdesign.

15.4 Linien- und Flächendiagramme

Mit diesem Diagrammtyp werden Entwicklungen von Werten dargestellt. Fieberkurven oder Börsenkurse sind ein typischer Anwendungsbereich.

Liniendiagramm

Die im Koordinatensystem aufgetragenen Werte werden durch Linien miteinander verbunden.

Dateneingabe | Liniendiagramm

Beginnen Sie auch hier mit den Achsenbeschriftungen in der ersten Zeile bzw. Spalte.

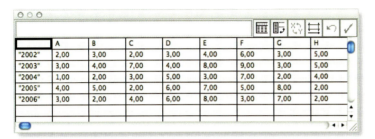

Eine Datenspalte in der Tabelle wird als eine Linie im Diagramm dargestellt. In diesem Diagrammtyp können Sie positive und negative Werte kombinieren.

Diagrammattribute | Liniendiagramm

Aktivieren Sie das Liniendiagramm, schließen Sie das Dateneingabe-Fenster, und wählen Sie OBJEKT • DIAGRAMM • ART…, oder doppelklicken Sie auf das Diagramm-Werkzeug, um die Optionen für das Diagramm und die Achsen aufzurufen.

▶ ART: Hier besteht die Möglichkeit, einen anderen Diagrammtyp auszuwählen und die Position der WERTACHSE – also der y-Achse – zu bestimmen.

▲ **Abbildung 15.48**
Liniendiagramm

◀ **Abbildung 15.49**
Dateneingabe für das oben stehende Liniendiagramm

◀ **Abbildung 15.50**
Diagrammoptionen-Seite der Diagrammattribute eines Liniendiagramms

Wert – wie bei einem gestapelten Balkendiagramm – zum entsprechenden Wert der darunter liegenden Kurve addiert.

Mit Flächendiagrammen lässt sich nicht nur die Entwicklung der Werte, sondern auch die Gesamtmenge, die durch die Flächen repräsentiert wird, vergleichen.

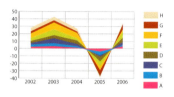

▲ **Abbildung 15.57**
Negative Werte in einer Zeile

Dateneingabe | Flächendiagramm
Geben Sie die Werte wie für ein Liniendiagramm ein – Sie dürfen positive und negative Werte in der Datentabelle mischen, das Vorzeichen muss jedoch je Zeile in der Tabelle einheitlich sein.

Diagrammattribute | Flächendiagramm
Die Auswirkungen der Optionen unter OBJEKT • DIAGRAMM • ART... entsprechen denjenigen der Säulendiagramme.

Die Umkehrung der Stapelreihenfolge durch die Option 1. DATENZEILE VORNE ist wenig zielführend, da alle Flächen hinter der größten versteckt werden.

15.5   Kombinierte Diagramme

Verschiedene Diagrammtypen können Sie in einem Diagramm verbinden, d. h., alle Daten werden in einer Datentabelle verwaltet, aber unterschiedlich dargestellt.

Bis auf Streudiagramme können alle Diagrammtypen miteinander kombiniert werden. Für die Praxis sind wahrscheinlich nur die Kombinationen von Säulen- oder Balkendiagrammen mit Liniendiagrammen sowie von Kreisdiagrammen mit Liniendiagrammen von Bedeutung.

Abbildung 15.58 ▶
Zwei Diagrammtypen in einem
Diagramm mit eigenen Designs

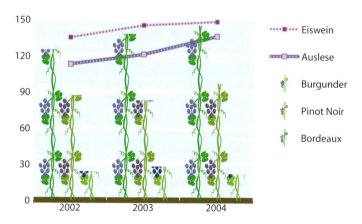

Um eine Kombination aus einem Balken- oder Kreisdiagramm mit einem Liniendiagramm zu erstellen, formatieren Sie Ihr Diagramm zunächst als Balken- bzw. Kreisdiagramm. Achten Sie darauf, dass die Daten, die Sie später als Linie darstellen möchten, an vorderster Stelle abgebildet werden.

Falls Sie für jedes Diagramm eine eigene Wertachse verwenden möchten, formatieren Sie Ihr Diagramm in den jeweiligen Diagrammoptionen mit Wertachsen an beiden Seiten. Anschließend gehen Sie wie folgt vor:

1. Wählen Sie das Gruppenauswahl-Werkzeug, und klicken Sie auf die Legende der Datenreihe, die Sie umformatieren möchten. Die Legende wird aktiviert. Klicken Sie erneut, um die zugehörigen Balken bzw. Segmente zusätzlich zur Legende zu aktivieren.
2. Rufen Sie OBJEKT • DIAGRAMM • ART… auf, und wählen Sie LINIENDIAGRAMM als Diagrammtyp aus.
3. Wählen Sie aus dem Menü WERTACHSE, auf welcher Achse Sie die Werte des Liniendiagramms anzeigen möchten. Definieren Sie die Optionen für die Anzeige der Linie – mit oder ohne DATENPUNKTE bzw. LINIEN FÜLLEN. Bestätigen Sie mit OK.

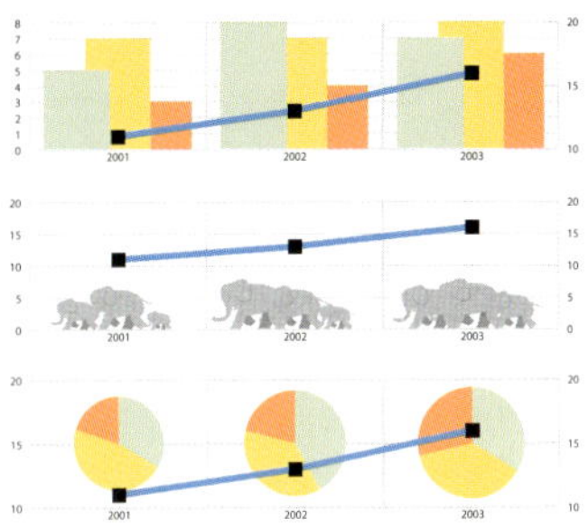

15.6 Streudiagramme

Streudiagramme helfen dabei, Regelmäßigkeiten oder Tendenzen in Daten zu erkennen und Abhängigkeiten zwischen Wertepaaren zu entdecken. Sie werden z. B. zur Auswertung physikalischer Versuche verwendet.

Streudiagramm oder Punktdiagramm

Im Unterschied zu anderen Diagrammtypen werden bei dieser Art an beiden Achsen Werte abgetragen. An Koordinatenpaaren entstehen Datenpunkte.

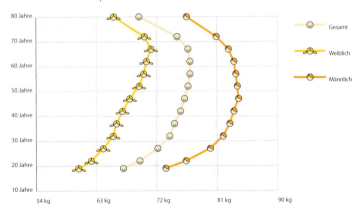

▲ **Abbildung 15.59**
Verschiedene Diagrammkombinationen. Oben: unterschiedliche Werte auf beiden Achsen

◀ **Abbildung 15.60**
Ein Streudiagramm hilft beim Aufspüren von Regelmäßigkeiten und Abhängigkeiten.

Dateneingabe | Streudiagramm

Die Daten für ein Streudiagramm müssen Sie grundsätzlich anders eingeben als für andere Diagrammtypen. Es ist auch nicht möglich, eine falsche Dateneingabe per Achsentausch zu korrigieren.

Abbildung 15.61 ▶
Die Datentabelle für das Diagramm aus Abbildung 15.60

▲ Abbildung 15.62
Auswirkung von x/y-Vertauschen auf die Tabelle aus Abbildung 15.61

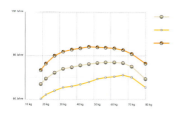

Tragen Sie zunächst in der ersten Zeile über jeder zweiten Spalte die Beschriftungen für Ihre einzelnen Datenreihen ein. Eine Datenreihe besteht jeweils aus Wertepaaren, die in Spalten nebeneinander eingetragen werden – die Werte in der linken der beiden Spalten werden an der y-Achse abgebildet. Zu einem späteren Zeitpunkt können Sie die Belegung wechseln, indem Sie den X/Y VERTAUSCHEN-Button klicken.

In der zweiten Zeile der Tabelle tragen Sie die Überschriften für diese Wertepaare ein – im Diagramm tauchen diese nicht auf. In den folgenden Zeilen geben Sie die Daten ein. Sie können positive und negative Werte mischen.

Diagrammattribute | Streudiagramm

Die Optionen für die Darstellung der Punkte und Linien entsprechen denjenigen der Liniendiagramme. Die Wert- und Kategorienachsen-Attribute entsprechen denen der Säulendiagramme.

Eigene Punkte-Designs

Die Standardpunkte können Sie auch bei Streudiagrammen durch eigene Designs ersetzen – lesen Sie den entsprechenden Absatz unter 15.4, »Liniendiagramme«.

15.7 Netzdiagramme

Dieser Diagrammtyp ist gut geeignet für den Vergleich von Ist-/Soll-Werten. Auch in der Marktforschung oder zur Visualisierung von Profilen, die sich als Fläche in einem Koordinatensystem von Eigenschaften abbilden, verwendet man Netzdiagramme.

Netzdiagramm oder Radardiagramm

Die Achsen aller Werte werden kreisförmig im gleichen Abstand um einen Nullpunkt verteilt. Die Ergebnisse der einzelnen Datenreihen trägt man auf diesen Achsen ein und verbindet jeweils die Werte einer Datenreihe untereinander. Auf diese Weise sind die Unterschiede zwischen den Datenreihen relativ zu einem Nullpunkt gut miteinander zu vergleichen.

Dateneingabe | Netzdiagramm

Geben Sie die Daten wie für Balken- oder Liniendiagramme ein. Die zu vergleichenden Eigenschaften tragen Sie in der linken Spalte ein. Die Beschriftungen der Legende werden in der oberen Zeile eingegeben. Auf der verkehrten Achse eingegebene Daten können Sie mit dem Button REIHE/SPALTE VERTAUSCHEN jederzeit korrigieren.

▲ Abbildung 15.63
Eine typische Anwendung eines Netzdiagramms in der Marktforschung

◄ Abbildung 15.64
Dateneingabe für Netzdiagramme

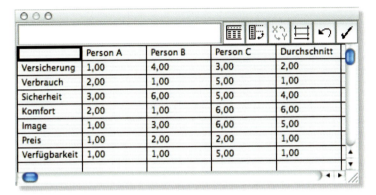

	Person A	Person B	Person C	Durchschnitt
Versicherung	1,00	4,00	3,00	2,00
Verbrauch	2,00	1,00	5,00	1,00
Sicherheit	3,00	6,00	5,00	4,00
Komfort	2,00	1,00	6,00	6,00
Image	1,00	3,00	6,00	5,00
Preis	1,00	2,00	2,00	1,00
Verfügbarkeit	1,00	1,00	5,00	1,00

Sie können positive und negative Werte mischen. Übersichtlicher und besser lesbar sind Netzdiagramme allerdings mit Werten eines Vorzeichens.

Diagrammattribute | Netzdiagramm

Die Einstellungsmöglichkeiten entsprechen denen des Liniendiagramms. Wertachsen sind bei diesem Diagrammtyp radiale Achsen vom Kreismittelpunkt nach außen. Für Kategorieachsen stehen keine Optionen zur Verfügung.

15.8 Diagramme weiter bearbeiten

Wie bereits einleitend beschrieben, fängt die eigentliche Arbeit zu dem Zeitpunkt an, wenn Illustrator aus Ihren Daten ein Diagramm erzeugt hat. Sie können alle Werkzeuge des Programms benutzen, der 3D-Effekt bietet sich aber besonders an.

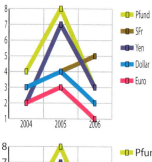

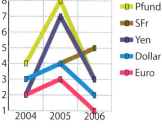

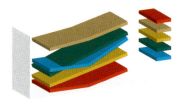

Allgemeine Hinweise zur Diagrammbearbeitung

Die Diagrammfunktion ist eine sehr alte Illustrator-Funktion, die seit ihrer Einführung in Illustrator 5 kein wesentliches Update erfahren hat.

Daher kann eine Änderung an den Diagramm-Daten oder -Attributen zu unerwarteten Ergebnissen führen: Häufig verliert das Diagramm nach Änderungen etliche Eigenschaften wie Farben, Effekte oder eine Skalierung. In ganz extremen Fällen sind die Balken nach der Änderung der Daten wieder grau.

Dies vermeiden Sie durch folgende Maßnahmen:

▶ Farben: Weisen Sie Farben nicht per Drag & Drop, sondern mit der Farbfelder-Palette zu.

▶ Skalieren: Skalieren Sie das Diagramm mit dem Skalieren-Werkzeug anstatt der Transformieren- oder der Steuerungspalette.

▶ Effekte: Erstellen Sie Grafikstile von Ihren Effekten und weisen diese den Balken zu.

Diagramme skalieren

Die Größe eines Diagramms lässt sich im Nachhinein mit Hilfe des Skalieren-Werkzeugs ändern (siehe Anmerkung zum Skalieren unter »Allgemeine Hinweise«). Die Skalierung betrifft auch die Schriften, die Sie daher im Anschluss an die Skalierung neu formatieren müssen.

Die Schriften stellen das größte Problem bei der nicht-proportionalen Skalierung eines Diagramms dar. Verzerrte Schriften korrigieren Sie nach dem Skalieren mit dem Tastaturbefehl ⌘ + ⇧ + X bzw. Strg + ⇧ + X.

Diagramm 3D

Sie können sehr einfach Tortendiagramme oder dreidimensionale Liniendiagramme erzeugen, indem Sie den 3D-Effekt auf das komplette Diagramm anwenden. Der »Clou« daran ist: Die Daten bleiben editierbar.

Da der 3D-Effekt auf das komplette Diagramm angewendet wird, sind alle Beschriftungen nach Anwendung des 3D-Effekts unleserlich – diese sollten Sie also unabhängig, z. B. mit Hilfe von Verzerrungshüllen (siehe Kapitel 10) erstellen. Damit die Originaltexte des Diagramms versteckt sind, wählen Sie sie mit dem Gruppenauswahl-Werkzeug aus und weisen ihnen die Füllung OHNE zu. Auch Teilstriche können stören. Verstecken Sie sie mit Hilfe der Diagrammattribute.

Aktivieren Sie das Diagramm mit dem Auswahl-Werkzeug, und wählen Sie unter EFFEKT • 3D den passenden 3D-Effekt (3D siehe Kapitel 17).

Schritt für Schritt: 3D-Tortendiagramm

1 Diagrammdaten eingeben

Öffnen Sie die Datei Energieverbrauch.txt von der DVD in einem Textbearbeitungsprogramm wie TextEdit oder Notepad, aktivieren alles und kopieren die Daten. In Illustrator ziehen Sie ein neues Kreisdiagramm auf und fügen die Daten aus der Zwischenablage in das Datenfenster ein. Bestätigen Sie die Eingabe, und schließen Sie das Datenfenster.

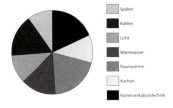

▲ **Abbildung 15.68**
Ausgangsdiagramm

2 Farben definieren

Wählen Sie einen Datensatz (bestehend aus dem Diagrammanteil und der Legende) aus, indem Sie mit dem Gruppenauswahl-Werkzeug zweimal langsam hintereinander auf ein »Tortenstück« klicken. Weisen Sie dem Datensatz eine Farbe zu. Gehen Sie auf diese Art bei allen Datensätzen vor, um diese unterschiedlich einzufärben.

Abschließend aktivieren Sie das komplette Diagramm mit dem Auswahl-Werkzeug und setzen die Kontur auf OHNE.

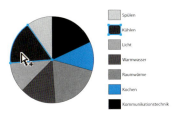

▲ **Abbildung 15.69**
Aktivieren eines Datensatzes mit dem Gruppenauswahl-Werkzeug

3 Legende

Wählen Sie mit dem Direktauswahl-Werkzeug alle Elemente aus, die zur Legende gehören, indem Sie ein Auswahlrechteck aufziehen. Kopieren Sie diese Elemente mit BEARBEITEN • KOPIEREN – Shortcut ⌘/Strg + C – in die Zwischenablage. Rufen Sie anschließend die Diagrammoptionen auf, und deaktivieren Sie die Anzeige der Legende.

Fügen Sie die kopierte Legende aus der Zwischenablage wieder ein. Die Legende ist jetzt nicht mehr Teil des Diagramms, lässt sich unabhängig von diesem bearbeiten und ist ihrerseits von den Formatierungen des Diagramms – vor allem dem 3D-Effekt – nicht betroffen.

Die Höhe der Farbmarken in der Legende reduzieren Sie mit der Funktion EINZELN TRANSFORMIEREN.

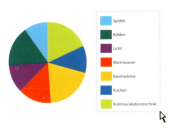

▲ **Abbildung 15.70**
Aktivieren der Legende mit dem Direktauswahl-Werkzeug

4 Teil herausziehen

Mit dem Direktauswahl-Werkzeug aktivieren Sie das »Tortenstück«, das in der Darstellung hervorgehoben werden soll, und ziehen es aus der Mitte nach außen.

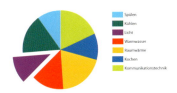

▲ **Abbildung 15.71**
Die Legende wurde kompakter gestaltet. Ein Teilstück ist herausgezogen.

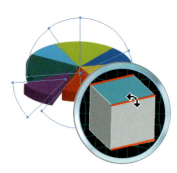

▲ **Abbildung 15.72**
Ausrichten des 3D-Objekts im
Raum

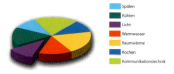

▲ **Abbildung 15.73**
Das Torten-Diagramm mit
Schatten

Hinweis

Nach dem Lösen der Gruppierung sind die Diagrammdaten
nicht mehr editierbar.

Haben Sie die Gruppierung
eines Diagramms unabsichtlich
gelöst, widerrufen Sie den
Arbeitsschritt mit BEARBEITEN •
RÜCKGÄNGIG.

5 **3D-Effekt**

Klicken Sie mit dem Auswahl-Werkzeug auf das Diagramm, um
es insgesamt auszuwählen. Rufen Sie EFFEKT • 3D • EXTRUDIEREN
UND ABGEFLACHTE KANTE auf (mehr zu 3D in Kapitel 17).

In der Dialogbox aktivieren Sie die Vorschau und geben unter
TIEFE DER EXTRUSION einen Wert um 20 Pt ein. Die dreidimensionale Drehung des Objekts richten Sie mit Hilfe des Würfels ein.

6 **Schatten**

Mit einem Schatten verleihen Sie der Darstellung etwas Tiefe.
Wählen Sie EFFEKT • STILISIERUNGSFILTER • SCHLAGSCHATTEN (mehr
zu Effekten in Kapitel 17).

Aktivieren Sie auch in dieser Dialogbox die Vorschau und stellen die Optionen nach Bedarf ein. ■

Diagramme »umwandeln«

Benötigen Sie die Teile des Diagramms als Vektorobjekte, um sie
mit Optionen weiterzubearbeiten, die Ihnen für Diagramme nicht
zur Verfügung stehen, so aktivieren Sie das Diagramm mit dem
Auswahl-Werkzeug, und wählen Sie OBJEKT • GRUPPIERUNG AUF-
HEBEN – Shortcut ⌘/Strg+⇧+G.

Die Beschriftungen, Diagrammgitternetze und Diagrammteile
sind jeweils gruppiert, lösen Sie diese weiteren Gruppierungen
nach Bedarf.

16 Muster und Symbole

Muster und Symbole sind Mittel, um große Mengen sich gleichförmig oder unregelmäßig wiederholender Details zu illustrieren. Obendrein sparen Sie durch die Verwendung dieser Funktionen Speicherplatz beim Sichern Ihrer Dokumente.

Sowohl Mustern als auch Symbolen begegnen Sie außerdem im Zusammenhang mit ganz anderen Funktionen – Muster benötigen Sie zur Herstellung von Musterpinseln, und Symbole werden beim »Mapping« von 3D-Objekten gebraucht.

▲ **Abbildung 16.1**
Anwendungen für Füllmuster sind z. B. Planzeichnungen, Modedesign, technische und freie Illustration.

16.1 Füllmuster

Ein Muster ist ein Rapport, bestehend aus mehreren Vektorobjekten, der, wie Keramik-Fliesen aneinander gelegt, eine Objekttextur ergibt. Füllmuster werden als Musterfelder in der Farbfelder-Palette des Dokuments bzw. in einer Farbfelder-Bibliothek verwaltet (Farbfelder-Palette und -Bibliothek siehe Abschnitt 8.6). Mit Hilfe von Mustern können Sie von der einfachen Schraffur bis zur aufwendigen Oberflächenimitation eine große Bandbreite an Füllungen erzeugen. Ohne Muster undenkbar sind neben dem Mode- und Textildesign zum Beispiel technische Illustrationen sowie Planzeichnungen in der Architektur, Geologie und Kartografie. Gerade für letztere Anwendungsbereiche existiert auch eine Vielzahl vorgefertigter Muster-Bibliotheken.

▲ **Abbildung 16.2**
Musterfelder in der Farbfelder-Palette

Muster anwenden

Musterfelder können Sie sowohl der Fläche als auch der Kontur eines Objekts zuweisen – in der Regel bieten sich zur Gestaltung der Objektkontur aber eher Musterpinsel als Muster-Farbfelder an.

Möchten Sie eine Form mit einem Muster füllen, aktivieren Sie das Objekt, wählen Fläche oder Kontur in der Werkzeugpalette und klicken in der Farbfelder-Palette auf das gewünschte Muster.

Ausrichtung der Muster-Kachelung

▲ **Abbildung 16.3**
Das Muster wird am Linealnull-punkt ausgerichtet.

Die Ausrichtung des Musters bezieht sich immer auf den Lineal-nullpunkt – voreingestellt die linke untere Ecke der Zeichenflä-che. Von dort aus wiederholt Illustrator die Rapporte entlang der x-Achse neben- und entlang der y-Achse übereinander. Die Begrenzung eines Musterelements ergibt sich aus einem Begren-zungsrechteck – ein ungefülltes nichtkonturiertes Rechteck unten in der Stapelreihenfolge des Musterelements.

Die Ausrichtung der Musterfüllung am Objekt ergibt sich daher daraus, an welcher Stelle der Zeichenfläche es sich befindet, wenn Sie die Füllung zuweisen.

Muster mit Objekten transformieren

Beim Transformieren eines Objekts haben Sie die Wahl, ob Sie die Musterfüllung zusammen mit dem Objekt umformen möch-ten. Eine Grundeinstellung für Ihre Arbeit mit Illustrator nehmen Sie in den Voreinstellungen vor. Rufen Sie VOREINSTELLUNGEN • ALLGEMEIN… auf und aktivieren oder deaktivieren Sie die Option MUSTER TRANSFORMIEREN.

▲ **Abbildung 16.4**
Ohne (links) und mit (rechts) akti-vierter Option MUSTER TRANSFOR-MIEREN

▶ Option deaktiviert: Die Ausrichtung des Musters ist weiterhin an die Zeichenfläche gebunden. Wenn das Objekt transfor-miert wird, ist das Muster davon nicht betroffen.

▶ Option aktiviert: Das Muster ist an das Objekt gebunden und wird mit ihm zusammen transformiert – bewegt, gedreht, ska-liert, gespiegelt.

Die Grundeinstellung übernimmt Illustrator in die Optionen der Transformieren-Palette und -Werkzeuge. Sie können sie dort für jede Transformation individuell einstellen (Objekte transformie-ren siehe Kapitel 5).

Nur Muster transformieren

Es gibt verschiedene Möglichkeiten, wenn Sie das Muster trans-formieren möchten, ohne das Objekt zu verändern.

Transformieren-Palette | Aktivieren Sie im Menü der Transformieren-Palette die Option NUR MUSTER TRANSFORMIEREN. Aktivieren Sie das Objekt und geben die gewünschten Werte ein.

Denken Sie daran, die Option im Palettenmenü vor der nächsten Transformation zu überprüfen – Illustrator zeigt ein kleines Warndreieck in der Palette, um Sie darauf hinzuweisen, dass NUR MUSTER TRANSFORMIEREN aktiv ist.

Transformieren-Werkzeuge | Mit den Transformieren-Werkzeugen haben Sie zwei Möglichkeiten:

1. Per Eingabe: Aktivieren Sie das Objekt, und doppelklicken Sie das gewünschte Werkzeug in der Werkzeugpalette, um die Dialogbox aufzurufen. Deaktivieren Sie unter OPTIONEN alle bis auf Muster und geben die gewünschten Werte ein.
2. Intuitiv: Aktivieren Sie das Objekt und wählen ein Transformieren-Werkzeug bzw. (zum Verschieben) das Auswahl-Werkzeug. Drücken Sie die Taste ⌜<⌝ (Mac)/ ⌜^⌝ (Win – bitte beachten Sie den Hinweis), während Sie die Transformation ausführen.

Muster zurücksetzen

Möchten Sie den Originalstatus eines Musters wiederherstellen, aktivieren Sie das Objekt und weisen das Musterfeld erneut zu.

Muster und Verzerrungen

Verformen Sie ein Objekt mittels einer Verzerrungshülle (aber nicht als Verkrümmungs-Effekt), können Sie unter OBJEKT • VERZERRUNGSHÜLLE • HÜLLEN-OPTIONEN… vorgeben, wie Illustrator mit einem dem Objekt zugewiesenen Muster verfahren soll. So ist es möglich, das Muster gemeinsam mit dem Objekt zu verzerren.

Mit den Verkrümmungs-Effekten unter EFFEKT • VERKRÜMMUNGSFILTER ist es nicht möglich, Musterfüllungen zu verzerren (mehr zu Verzerrungshüllen siehe Abschnitt 10.5).

3D-Effekte werden auf Musterfüllungen angewendet, als wären es Vektorformen. Daher sollten Sie Muster als »Mapping« auf das 3D-Objekt aufbringen (3D-Effekte siehe Kapitel 17).

Musterfelder laden

Die Standard-Dokumentprofile enthalten nur wenige Musterfelder. Viele weitere wurden jedoch bei der Installation als Bibliotheken auf Ihre Festplatte gespeichert.

Um die Bibliotheken zu laden, wählen Sie MUSTER mit dem Button MENÜ »FARBFELDBIBLIOTHEKEN« ▦▾ in der Farbfelder-Palette – rufen Sie dann aus den Untermenüs eine Bibliothek auf (mehr zu Farbfelder-Bibliotheken siehe Abschnitt 8.4).

▲ **Abbildung 16.5**
Warnhinweis bei NUR MUSTER
TRANSFORMIEREN

▲ **Abbildung 16.6**
Drehen-Dialogbox

Hinweis (Windows)

Unter Windows funktioniert das intuitive Bearbeiten von Mustern mit den Transformieren-Werkzeugen nur, wenn Sie vorher die Tastaturbelegung in den Betriebssystem-Einstellungen auf US-Englisch umstellen.

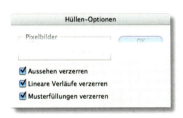

▲ **Abbildung 16.7**
Hüllen-Optionen (Ausschnitt)

▲ **Abbildung 16.8**
Mit einem Füllmuster versehene
extrudierte Form

▲ Abbildung 16.9
Einige der mitgelieferten Muster

<table>
</table>

> **Hinweis**
>
> Weitere Muster-Bibliotheken gibt es bei Adobe Exchange unter www.adobe.com/exchange. Umfangreiche Bibliotheken mit Mustern für geologische Karten hat das U.S. Geological Survey unter http://pubs.usgs.gov/of/1999/of99-430/.

▲ Abbildung 16.10
Musterfeld zum Editieren auf die Zeichenfläche ziehen

▲ Abbildung 16.11
Musterfelder

Für die meisten der Musterfelder werden Sie in alltäglichen Projekten kaum Verwendung finden. Unter EINFACHE GRAFIKEN finden Sie jedoch Rasterpunkte und -linien à la Roy Lichtenstein sowie einige für Landkarten geeignete Muster.

Muster umfärben

Die Funktion INTERAKTIVE FARBE ermöglicht ein unkompliziertes Umfärben von Musterfeldern. Gehen Sie wie folgt vor, um die Farben in Mustern zu ändern:

1. Weisen Sie das Muster einem Objekt zu.
2. Aktivieren Sie das Objekt und rufen BEARBEITEN • FARBEN BEARBEITEN • BILDMATERIAL NEU FÄRBEN… auf.
3. Nehmen Sie die Änderungen vor (INTERAKTIVE FARBE siehe Kapitel 8) – das ausgewählte Objekt zeigt die Wirkung Ihrer Optionen. Sobald Sie die Dialogbox mit OK schließen, wird ein Duplikat des Musterfelds mit den geänderten Farben erzeugt.

Muster bearbeiten

Möchten Sie über Farbänderungen hinausgehende Bearbeitungen an Musterfeldern vornehmen, müssen Sie diese an den Bestandteilen der Mustergrafik durchführen und von der geänderten Grafik ein neues Musterfeld erstellen bzw. das bestehende überschreiben.

Um ein Musterfeld zu bearbeiten, deaktivieren Sie zunächst alle Objekte auf der Zeichenfläche. Anschließend ziehen Sie das Musterfeld aus der Farbfelder-Palette auf die Zeichenfläche. Die zum Musterfeld gehörenden Objekte sind gruppiert. Zur Bearbeitung doppelklicken Sie auf die Gruppe, um in den Isolationsmodus zu gelangen. Alternativ lösen Sie die Gruppierung auf.

Zum Erstellen eines neuen Muster-Farbfelds bzw. Ersetzen eines bestehenden Musterfelds lesen Sie die Schritt-für-Schritt-Anleitungen im Anschluss an diesen Abschnitt.

Muster planen

In einem Musterdesign dürfen Sie mit Farbfläche und Kontur versehene Pfade, zusammengesetzte Pfade oder zusammengesetzte Formen verwenden. Ein Muster kann Transparenzeinstellungen, Pinselkonturen, Effekte, Verläufe, Pixelbilder und Angleichungen enthalten. Ein Objekt, das selbst mit einer Musterfüllung versehen ist, darf jedoch nicht Bestandteil eines Musterfelds sein.

Pinselkonturen, mit Effekten versehene Objekte und Überblendungen wandelt Illustrator automatisch um, sobald Sie davon ein Musterfeld erstellen. Falls Sie überlegen, die Originalformen weiterzubearbeiten, sollten Sie sie gesondert abspeichern.

Ein Muster wird auf der Basis einer Rechteckform wiederholt, daher müssen Sie Ihr Design so entwickeln, dass die Formen an den jeweils gegenüberliegenden Seiten dieses Rechtecks aneinander anschließen.

Muster und Transparenz | Ein Muster deckt nur an den Stellen, an denen es opake Objekte enthält. Andere Bereiche sind transparent. Daher können Sie in Ihren Illustrationen mit überlagerten Mustern und »Löchern« arbeiten.

Möchten Sie, dass die Musterfüllung eines Objekts darunterliegende Bereiche der Grafik abdeckt, können Sie eine deckende Grundfläche in Ihrem Muster anlegen. Nichtsdestoweniger ist das unterste Objekt eines Musterelements immer das Begrenzungsrechteck, das keine Füllung und Kontur besitzt.

Musterfelder-Optimierung | Die programmtechnische Verarbeitung von Musterfüllungen ist von zwei Faktoren abhängig: der Anzahl und Komplexität der zum Musterfeld gehörenden Elemente und der Anzahl der für die Füllung des Objekts benötigten Musterwiederholungen. Weniger Vektorobjekte mit möglichst wenigen Ankerpunkten und eine geringe Anzahl Wiederholungen des Musterfelds auf dem Objekt sind effizienter. In die Musterfelder einfacher Füllungen können Sie daher mehrere Rapporte integrieren, um die optimale Balance zu finden.

Eine weitere Optimierung erreichen Sie, wenn Objekte mit gleichen Aussehen-Attributen an aufeinanderfolgender Position in der Stapelreihenfolge der Objekte liegen – gruppieren Sie sie zu diesem Zweck (Aussehen siehe Kapitel 11).

Muster erstellen

Beim Design eines Rapports kann grob unterschieden werden zwischen eher strengen geometrischen Mustern (aus denen sich relativ leicht ein Musterfeld entwickeln lässt) und komplexen unregelmäßigen Strukturen, bei deren Erstellung der kreative und der konstruktive Prozess enger miteinander verwoben sind.

Schritt für Schritt: Ein geometrisches Muster erstellen

In der folgenden Übung werden Sie ein typografisches Muster erstellen. Falls Ihnen der Ablauf zu kompliziert vorkommt: Das Erstellen der Wiederholungen in Schritt 3 ist natürlich nicht nötig, wenn das Muster so einfach ist, dass Sie von Anfang an nur einen Rapport erstellen müssen. Dies gilt vor allem für Musterelemente, die exakt senkrecht und waagerecht zu unterteilen sind.

Tipp

Flexibler arbeiten Sie, wenn Sie im Musterfeld keine deckende Grundfläche erzeugen und stattdessen mit der Aussehen-Palette eine zweite Fläche unter der Musterfläche anlegen.

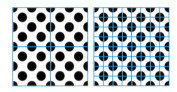

▲ **Abbildung 16.12**
Je kleiner der Rapport, desto mehr Musterfelder sind nötig, um eine Fläche zu füllen.

▲ **Abbildung 16.13**
Muster mit sehr einfachem Rapport

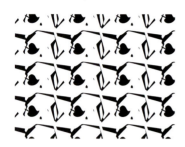

▲ **Abbildung 16.14**
Das typografische Muster

▲ **Abbildung 16.15**
Konstruktion des Grundobjekts
aus der Schrift WarnockPro

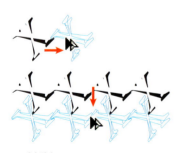

▲ **Abbildung 16.16**
Erzeugen einer Reihe und der
Fläche

1 **Vorbereitung**

Zunächst bereiten Sie Ihre Arbeitsumgebung vor. Damit bei der Anwendung des Musterfelds wirklich alles nahtlos passt, ist es sinnvoll, die Einrastfunktionen von Illustrator zu verwenden, mindestens das Einrasten am Punkt sollte aktiviert sein: Wählen Sie ANSICHT • AN PUNKT AUSRICHTEN – Mac-Shortcut ⌘+⌥+ ⟨<⟩, Windows-Shortcut ⟨Strg⟩+⟨Alt⟩+⟨+⟩.

Die magnetischen Hilfslinien können bei einigen Arbeiten eventuell stören, probieren Sie es einfach aus: Wählen Sie ANSICHT • MAGNETISCHE HILFSLINIEN – Shortcut ⌘/⟨Strg⟩+⟨U⟩.

Je nach der Art Ihres Entwurfs kann auch die Arbeit mit dem Raster hilfreich sein: ANSICHT • RASTER EINBLENDEN – Mac-Shortcut ⌘+⟨<⟩, Windows-Shortcut ⟨Strg⟩+⟨+⟩.

2 **Grundformen**

Erstellen Sie die Grundformen Ihres Musters. Unser Muster besteht aus typografischen Elementen. Erzeugen Sie ein Textobjekt mit einem Buchstaben, und formatieren Sie diesen in einer Schriftart und -farbe, die Ihnen zusagt. Erstellen Sie eine Kopie des Textobjekts und färben diesen zweiten Buchstaben weiß (Typografie siehe Kapitel 14).

Drehen Sie den weißen Buchstaben ein wenig und legen ihn versetzt über den schwarzen. Aktivieren Sie beide Textobjekte und wählen SCHRIFT • IN PFADE UMWANDELN – Shortcut ⌘/⟨Strg⟩+⟨⇧⟩+⟨O⟩. Gruppieren Sie die beiden Vektorpfade.

Im Beispielmuster haben wir die Gruppe anschließend um 45° gedreht.

3 **Musterdesign**

Um das Muster zu entwerfen, halten Sie ⟨⌥⟩/⟨Alt⟩ und ⟨⇧⟩ gedrückt und verschieben das Grundobjekt. Die Tasten bewirken, dass eine Kopie erstellt wird und die Bewegung auf 45°-Winkelungen eingeschränkt ist. Verwenden Sie für Ihre ersten Muster diese Winkelungen – damit geht es am einfachsten.

Beim Verschieben der Kopie müssen Sie im »ersten Anlauf« den gewünschten Abstand erzielen – dies benötigen wir für die weitere Vorgehensweise. Falls Ihnen die Position nicht gefällt, widerrufen Sie den Schritt und probieren es noch einmal.

Erzeugen Sie fünf bis sechs weitere Kopien, indem Sie mehrfach ⌘/⟨Strg⟩+⟨D⟩ drücken. Aktivieren Sie die ganze Reihe Objekte, drücken Sie wieder ⟨⌥⟩/⟨Alt⟩ und ⟨⇧⟩ und verschieben die Reihe senkrecht zu der Richtung, in der Sie das Grundobjekt verschoben haben. Erzeugen Sie auch hier fünf bis sechs weitere Kopien.

4 | Ein Objekt ergänzen

Erstellen Sie ein weiteres typografisches Objekt und platzieren es in Ihrem Muster. Um die Entfernung für die Verschiebung zu ermitteln, wählen Sie das Mess-Werkzeug [⧉] und messen den horizontalen Abstand anhand eines markanten Punkts im Grundmuster. Es ist sehr hilfreich, dass das Mess-Werkzeug an Ankerpunkten einrastet.

Aktivieren Sie anschließend das neue Element, und drücken Sie [⌘]/[Strg]+[D] so oft, bis die benötigte Anzahl Kopien entstanden ist – der gemessene Wert wurde für die Verschiebung übernommen.

Messen Sie anschließend den Wert für die vertikale Verschiebung, aktivieren Sie die eben erzeugten Objekte und duplizieren diese ebenfalls.

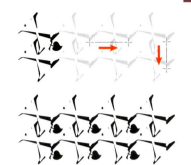

▲ **Abbildung 16.17**
Ausmessen der Distanz, um die ein weiteres Element verschoben werden muss.

5 | Rapport auswählen

Wählen Sie das Rechteck-Werkzeug, und erstellen Sie ein Rechteck über einem Rapport des Musters – ein Rapport ist der kleinste Bestandteil des Musters, aus dem sich durch Aneinanderreihung die komplette Mustertextur herstellen lässt. Hier benötigen Sie die anfangs eingestellten Einrastmechanismen – das Rechteck muss den Rapport punktgenau definieren.

▲ **Abbildung 16.18**
Auswählen des Rapports

6 | Formen optimieren

Löschen Sie alle Formen, die nicht in das Begrenzungsrechteck des Rapports hineinragen. Verwenden Sie die Formmodi-Buttons in der Pathfinder-Palette, um Ihre Vektorobjekte zu optimieren, indem Sie z. B. die weißen Objekte von den schwarzen subtrahieren. Falls Sie verschiedenfarbige Formen verwenden, gruppieren Sie jeweils die Objekte mit gleichen Aussehen-Eigenschaften.

Lassen Sie jedoch das Begrenzungsrechteck für das Musterfeld intakt. Sie müssen auch nicht die über den Rahmen reichenden Objekte beschneiden.

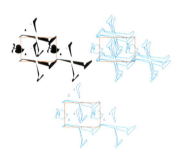

▲ **Abbildung 16.19**
Optimieren der Grafik

7 | Musterfeld erstellen

Weisen Sie dem Begrenzungsrechteck Fläche und Kontur OHNE zu. Stellen Sie das Rechteck anschließend ganz nach hinten im Objektstapel – rufen Sie das Kontextmenü auf und wählen ANORDNEN • IN DEN HINTERGRUND.

Aktivieren Sie alle Objekte des Musters sowie das Rechteck und ziehen alles in die Farbfelder-Palette. Deaktivieren Sie die Objekte auf der Zeichenfläche. Doppelklicken Sie auf den neuen Eintrag in der Farbfelder-Palette, und geben Sie ihm einen aussagekräftigen Namen.

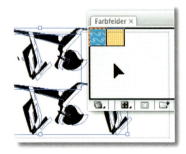

▲ **Abbildung 16.20**
Musterfeld erzeugen

Erstellen Sie eine Vektorform und weisen dieser das neue Musterfeld als Fläche zu.

▲ **Abbildung 16.21**
Eckenelemente, Anfang, Ende und Kantenelement

Pinsel-Muster

Auch Musterpinsel basieren auf Musterfeldern. Anders als eine Musterfüllung besteht ein Musterpinsel aus bis zu fünf verschiedenen Mustern für Kanten, Ecken, Anfang und Ende.

Für die Erstellung von Musterfeldern zur Verwendung in Musterpinseln beachten Sie folgende Richtlinien:

▶ Die obere Kante der Musterelemente zeigt immer nach außen.

▶ Während Kantenelemente rechteckig sein können, müssen Eckenelemente eine quadratische Form besitzen.

▶ Die Kantenlängen der Elemente müssen an den aneinandergrenzenden Seiten identisch sein.

▶ Beim Erstellen einer Kontur, die durch alle Musterelemente durchlaufende Elemente besitzt, achten Sie darauf, dass diese an den Seiten aneinander anschließen.

▶ Kein Element der zu einem Pinsel gehörenden Musterfelder darf über den Begrenzungsrahmen hinausragen.

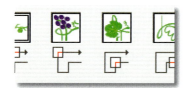

▲ **Abbildung 16.22**
Die Icons unterhalb der Elemente in den Musterpinsel-Optionen zeigen den Unterschied zwischen den Eckenelementen.

In der Illustrator-Hilfe werden die beiden Eckenformen als »äußere« und »innere« Ecke bezeichnet – es geht jedoch um die Richtung, nach welcher der Pfad »abbiegt«. Dies hat auch zur Folge, dass ein anderes Eckenelement verwendet werden kann, wenn Sie die Pfadrichtung umkehren. Belegen Sie in der Konturpinsel-Optionen-Dialogbox immer beide Ecken mit einem Muster – verwenden Sie dasselbe Musterfeld für beide Ecken, falls Sie nur ein Design vorbereitet haben (zur Erstellung von Pinseln siehe die Workshops in Abschnitt 9.2).

Schritt für Schritt: Ein unregelmäßiges Muster erstellen

In der folgenden Übung erstellen Sie ein Muster in einem freieren Design, wie es zum Beispiel für Stoffdrucke oder Geschenkpapiere gebraucht werden könnte. Hier können Sie die Reihenfolge »Erst Design erstellen, dann Rapport definieren« nicht einhalten, sondern müssen zwischen beiden wechseln.

▲ **Abbildung 16.23**
Der Grobentwurf des Musters mit ergänzenden Elementen

1 **Vorbereitung**

Entwerfen Sie die Bestandteile des Musters und eine ungefähre Anordnung einiger Bestandteile in einem Grundelement, also einem Rapport. Legen Sie sich ergänzende Elemente zurecht, die Ihre Grafik ausschmücken können.

Oder öffnen Sie die Datei Unregelmaessiges-Muster.ai von der DVD, wenn Sie das Beispiel-Muster bearbeiten möchten.

2 Begrenzungsrechteck

Erstellen Sie ein Begrenzungsrechteck für das Grundelement Ihres Musters. Wählen Sie die Größe ruhig so, dass einige Elemente über den Rand hinausragen, damit erreichen Sie eine gleichmäßige Dichte der Textur, wenn die Musterfüllung später auf ein Objekt aufgebracht wird. Deaktivieren Sie das Begrenzungsrechteck nicht.

▲ **Abbildung 16.24**
Begrenzungsrechteck

3 Ausrichtungshilfen

Musterelemente, die den Rand an einer Seite überragen, müssen dupliziert und an die andere Seite verschoben werden. Zur passgenauen Ausrichtung lassen sich Schnittmarken sehr gut gebrauchen.

Während das Begrenzungsrechteck noch aktiviert ist, wählen Sie FILTER • ERSTELLUNGSFILTER • SCHNITTMARKEN. Lösen Sie die Gruppierung der Schnittmarken.

Erstellen Sie eine neue Ebene unter Ihrer Arbeitsebene, und verschieben Sie das Begrenzungsrechteck auf diese Ebene. Fixieren Sie die Ebene.

▲ **Abbildung 16.25**
Schnittmarken auf Basis des Begrenzungsrechtecks

4 Duplizieren der Randobjekte

Wählen Sie das Auswahl-Werkzeug, und aktivieren Sie alle Objekte Ihres Grundelements, die über den linken Rand des Rechtecks ragen, sowie eine der Schnittmarken, die den linken Rand markieren.

Klicken Sie die Schnittmarke an, drücken ⌥/Alt und ⇧, und ziehen Sie die Objekte horizontal nach rechts, bis der Cursor auf der Schnittmarke einrastet, die den rechten Rand markiert. Lassen Sie zunächst die Maus, dann die Tasten los.

Verfahren Sie ebenso mit den Objekten, die den unteren, rechten und linken Rand überragen, und schieben Sie sie jeweils an die gegenüberliegende Seite des Rechtecks.

5 Ergänzen des Musters

Positionieren Sie jetzt, wo nötig, die ergänzenden Elemente, und arbeiten Sie die Grafik aus. Es ist nicht einfach, anhand dieses Grundelements die gleichmäßige Verteilung der Bestandteile zu realisieren. In den meisten Fällen werden Sie einige Versuche mit Ihrem Muster durchführen und Details korrigieren müssen, bis die Wirkung »stimmt«.

▲ **Abbildung 16.26**
Duplizieren der Randelemente

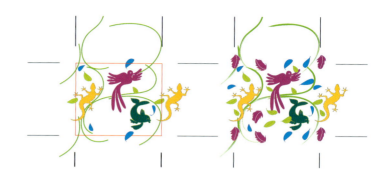

Wir haben die Linien mit Pinselkonturen versehen und einige
kleine schmückende Elemente gleichmäßig verstreut.

Falls weitere Elemente den Rand überragen sollten, müssen
Sie auch von diesen wieder eine Kopie auf die gegenüberliegende
Seite verschieben.

▲ **Abbildung 16.28**
Musterfeld erzeugen

6 | Erstellen des Musterfelds

Wenn Sie mit dem Muster zufrieden sind, lösen Sie die Fixierung
der unteren Ebene – auf der das Begrenzungsrechteck liegt. Weisen Sie dem Rechteck Fläche und Kontur OHNE zu.

Aktivieren Sie alle Bestandteile des Musterelements sowie das
Begrenzungsrechteck – aber nicht die Schnittmarken –, und ziehen Sie die Objekte in die Farbfelder-Palette.

Heben Sie die Auswahl auf der Zeichenfläche auf. Löschen Sie
jedoch nicht das Grundelement, Sie könnten es benötigen, um
Korrekturen daran vorzunehmen. Doppelklicken Sie auf den eben
erzeugten Eintrag in der Farbfelder-Palette und geben ihm einen
Namen.

7 | Testen des Musters

Erstellen Sie ein Objekt, das groß genug ist, um Ihr Muster einige
Male zu wiederholen, und weisen Sie diesem Objekt das Musterfeld als Füllung zu. Sind Sie mit der Wirkung nicht zufrieden,
erstellen Sie die nötigen Änderungen an Ihrem Grundelement.

Um das Musterfeld durch die aktualisierte Fassung zu ersetzen, gehen Sie wie bei der Definition des Musterfelds vor, drücken aber ⌥/Alt, während Sie die Objekte in der Farbfelder-
Palette auf das bestehende Musterfeld ziehen.

Sobald Sie das Musterfeld angelegt haben, benötigen Sie die
Grundelemente, mit denen Sie das Muster entwickelt haben,
eigentlich nicht mehr, da Sie diese jederzeit wieder aus dem
Musterfeld generieren können. Bewahren Sie sie jedoch vor allem
dann auf, wenn Sie Pinselkonturen oder Effekte verwendet haben.
Beim Erstellen des Musterfelds wandelt Illustrator nämlich alle
Pinselkonturen und Effekte in Vektorformen um. ■

▲ **Abbildung 16.29**
Anwendung des Musters

Musterfüllung umwandeln

Möchten Sie die Musterfüllung eines Objekts in Pfade umwandeln, aktivieren Sie das Objekt und wählen OBJEKT • UMWANDELN… Aktivieren Sie in der Dialogbox, ob Sie die Fläche oder die Kontur umwandeln möchten (voreingestellt sind alle auf die Objekteigenschaften zutreffenden Optionen), und klicken OK.

Illustrator erzeugt die für die Füllung benötigten Musterelemente als Vektorformen, auf welche die Form des Objekts als Schnittmaske angewendet ist. Rufen Sie die Ebenen-Palette auf, um die Gruppe zu analysieren (Ebenen-Palette siehe Kapitel 11).

Muster und Speicherplatz

Nicht verwendete Muster-Farbfelder tragen nicht unwesentlich zur Dateigröße eines Dokuments bei. Ganz unbemerkt werden Musterfelder aus Bibliotheken Ihrer Farbfelder-Palette hinzugefügt, sobald Sie sie auf ein Objekt anwenden, z.B. während Sie die Muster ausprobieren. Wenn Sie also Speicherplatz einsparen wollen, löschen Sie alle nicht verwendeten Musterfelder aus der Farbfelder-Palette. Wählen Sie im Palettenmenü den Eintrag ALLE NICHT VERWENDETEN AUSWÄHLEN, und klicken Sie anschließend den Button FARBFELD LÖSCHEN 🗑.

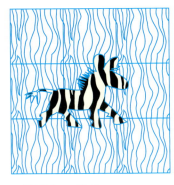

▲ **Abbildung 16.30**
Umgewandelte Musterfüllung – Objekte sind nur zur Demonstration blau umrandet.

16.2 Symbole

Symbole stellen eine konsequente Fortführung der objektorientierten Arbeitsweise von Vektorgrafik-Software dar. Sie erstellen und speichern eine Grafik einmal, dann vereinfachen Spezialwerkzeuge die mehrfache Verwendung der Grafik. Wo diese im Dokument eingesetzt ist, wird nur noch auf das zentral gespeicherte Original verwiesen oder im Programmierer-Jargon »eine Instanz erzeugt«.

▼ **Abbildung 16.31**
Beispiele für den Einsatz von Symbolen in der Infografik, der Illustration, beim Mapping von 3D-Objekten und zur Vorbereitung des Flash-Exports

▲ **Abbildung 16.32**
Diese Konstruktion wäre mit Einzelobjekten nicht handhabbar.

▲ **Abbildung 16.33**
Darstellung von Symbolsatz und einzelner Instanz in der Ebenen-Palette

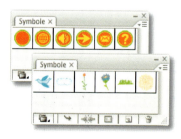

▲ **Abbildung 16.34**
Symbole-Palette in der Miniaturen-Ansicht – in den Dokumentprofilen sind jeweils unterschiedliche Symbole vorhanden: mobile Geräte (oben) und Druck (unten).

Bei dieser Arbeitsweise schlagen Sie mehrere Fliegen mit einer Klappe: Die Illustration großer Mengen gleichartiger Objekte wird wesentlich erleichtert, die Konsistenz der Gestaltung in großen Teams kann besser gesichert werden und darüber hinaus sparen Sie kostbaren Speicherplatz. Letzteres ist vor allem wichtig, wenn Sie Ihre Illustrator-Dateien in Flash weiterverwenden oder als SVG exportieren. Sowohl das .SWF- als auch das .SVG-Format können die Symbole von Illustrator nutzen.

Neben der Weiterverarbeitung in Flash kommen Symbole auch in der Infografik und der Kartografie zum Einsatz, und sie werden gebraucht, wenn 3D-Objekte eine Textur erhalten sollen.

Symbole verwenden

Die Anwendung von Symbolen geschieht mit Hilfe der Symbole-Palette (zur Verwaltung der Grafikobjekte) und der Symbol-Werkzeuge, mit denen Sie Instanzen der Symbole auf die Zeichenfläche übertragen und bearbeiten.

Ein Symbol platzieren Sie als einzelne Instanz oder zusammen mit weiteren Instanzen in einem Symbolsatz. Ein Symbolsatz ist ein Objekt, dessen einzelne Bestandteile Sie nicht – wie bei einer Gruppe – individuell selektieren können. Der Symbolsatz kann Instanzen unterschiedlicher Symbole enthalten. Obwohl Sie die einzelnen Instanzen eines Symbolsatzes nicht auswählen können, sind sie mit Hilfe der Symbol-Werkzeuge sehr einfach zu bearbeiten – einfacher als gruppierte Objekte.

Es gehört zur Natur der Instanzen, dass sie die Verbindung zum Symbol in der Symbole-Palette behalten. Daher erfolgt eine Aktualisierung der Grafik auf der Zeichenfläche, sobald Sie das Symbol verändern.

Einzeln platzierte Symbolinstanzen und ganze Symbolsätze können Sie mit Transformations-Werkzeugen bearbeiten, mit Transparenzeinstellungen, Aussehen-Eigenschaften, Grafikstilen und Effekten versehen.

Symbole-Palette

Die zu einem Dokument gehörenden Symbole verwalten Sie in der Symbole-Palette. Wählen Sie FENSTER • SYMBOLE – Shortcut ⌘/Strg+⇧+F11 – oder klicken Sie auf den Button ♣ im Dock, um die Palette aufzurufen.

▶ **Anzeigeoptionen**: Die Symbole lassen sich als Miniaturen oder in Listenform anzeigen – wählen Sie den entsprechenden Eintrag aus dem Palettenmenü aus.

▶ **Nach Name sortieren**: Mit dieser Option können Sie vor allem bei größeren Mengen von Symbolen die Orientierung behalten. Voraussetzung ist jedoch ein konsequentes Namensschema.

Symbole auswählen
Klicken Sie auf eine Miniatur oder den Namen eines Symbols in der Palette, um es auszuwählen.

Modifikationsmöglichkeiten | Symbole auswählen
▶ ⇧ : Um aufeinanderfolgende Symbole auszuwählen, klicken Sie auf das erste Symbol der auszuwählenden Reihe, drücken ⇧ und klicken auf das letzte.
▶ ⌘/Strg: Möchten Sie mehrere Symbole auswählen, drücken Sie ⌘/Strg und klicken auf zusätzliche Symbole.

Alle nicht verwendeten auswählen | Symbole tragen zwar zur Reduzierung der Datenmenge bei, unbenutzte Symbole jedoch nicht. Daher ist es sinnvoll, unbenutzte Symbole aus der Symbole-Palette zu entfernen. Die unbenutzten Symbole ermitteln Sie mit dem Befehl ALLE NICHT VERWENDETEN AUSWÄHLEN aus dem Palettenmenü.

Symbol duplizieren
Um eine Kopie des Symbols zu erzeugen, wählen Sie ein Symbol aus und klicken auf den Button NEUES SYMBOL 🔲 oder rufen den Befehl SYMBOL DUPLIZIEREN aus dem Palettenmenü auf. Haben Sie eine Symbolinstanz auf der Zeichenfläche ausgewählt, erzeugen Sie eine Kopie des Symbols mit dem Button DUPLIZIEREN in der Steuerungspalette.

Symbol löschen
Aktivieren Sie einen oder mehrere Einträge in der Palette, und wählen Sie den Befehl SYMBOL LÖSCHEN aus dem Palettenmenü, oder klicken Sie auf den Button SYMBOL LÖSCHEN 🗑 am unteren Palettenrand, um die Symbole zu löschen.

Existieren Instanzen der zu löschenden Symbole auf der Zeichenfläche, müssen die Instanzen entweder gelöscht oder umgewandelt werden. Bestehende Symbolinstanzen erkennt Illustrator selbsttätig und warnt Sie mit einer Dialogbox – Sie können den Löschvorgang in diesem Fall abbrechen, die Instanzen löschen oder umwandeln lassen.

Symbol auf der Zeichenfläche platzieren
Um eine der Symbol-Grafiken in Ihrer Illustration zu benutzen, aktivieren Sie das Symbol in der Palette und klicken auf den But-

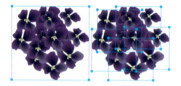

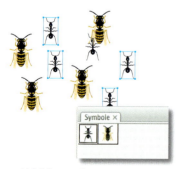

ton SYMBOLINSTANZ PLATZIEREN ⤵ oder wählen den Befehl aus dem Palettenmenü.

Wählen Sie diesen Weg statt des SYMBOL-AUFSPRÜHEN-WERK-ZEUGS, wenn Sie exakt eine Instanz platzieren möchten.

Einer Instanz ein neues Symbol zuordnen

Möchten Sie die Instanz eines Symbols mit einem anderen Symbol verbinden, aktivieren Sie die Instanz auf der Zeichenfläche und wählen das neue Symbol in der Symbole-Palette aus. Anschließend klicken Sie entweder auf den Button SYMBOL ERSETZEN ♺ oder wählen den Befehl aus dem Palettenmenü.

Verknüpfung mit Symbol aufheben

Nicht alle Werkzeuge können Sie auf Symbolinstanzen anwenden, so ist z. B. das »Verflüssigen« oder die Bearbeitung der Pfade nicht möglich. Möchten Sie die kompletten Bearbeitungsmöglichkeiten herstellen, müssen Sie die Instanz vom Symbol lösen und sie damit in ein editierbares Objekt umwandeln.

Wählen Sie die Instanz auf der Zeichenfläche aus und wählen den Befehl VERKNÜPFUNG MIT SYMBOL AUFHEBEN aus dem Palettenmenü bzw. mit dem gleichnamigen Button ⚓. Alternativ verwenden Sie den Button VERKNÜPFUNG LÖSCHEN in der Steuerungspalette.

Symbolsatz | Bitte beachten Sie, dass bei der Anwendung des Befehls VERKNÜPFUNG AUFHEBEN alle in einem Symbolsatz enthaltenen Symbolinstanzen umgewandelt werden.

Möchten Sie nur *eine* Instanz aus dem Symbolsatz editieren und die restlichen als Instanzen erhalten, wenden Sie auf einen Symbolsatz zunächst den Befehl OBJEKT • UMWANDELN... an – aktivieren Sie nur die Option OBJEKT. So erzeugen Sie eine Gruppe von Instanzen. Wählen Sie aus dieser Gruppe die Instanz aus, die Sie umwandeln möchten, und heben erst dann die Verknüpfung mit dem Symbol auf.

Instanzen eines bestimmten Symbols auswählen

Die Instanzen eines Symbols aktivieren Sie, indem Sie das Symbol in der Symbole-Palette auswählen und anschließend den Befehl ALLE INSTANZEN AUSWÄHLEN aus dem Menü der Symbole-Palette anwenden. Illustrator aktiviert jedoch nicht die Symbolsätze, in denen Instanzen des Symbols enthalten sind.

Alternativ aktivieren Sie eine Symbolinstanz – keinen Symbolsatz – auf der Zeichenfläche und wählen aus dem Menü AUSWAHL • GLEICH • SYMBOLINSTANZ.

Neues Symbol erstellen

Symbole lassen sich aus fast allen Illustrator-Objekten erzeugen – ausgenommen sind verknüpfte Pixelbilder und Grafiken sowie Diagramme. Sind die in Symbolen enthaltenen Objekte mit Live-Effekten, Pinselkonturen, oder Angleichungen versehen oder selbst Symbole, bleiben diese aktiven Eigenschaften erhalten.

Erstellen Sie zunächst die Grafik, die Sie als Symbol verwenden möchten. Wählen Sie anschließend alle zur Grafik gehörenden Objekte aus und klicken Sie auf den NEUES SYMBOL-Button ▣ oder wählen den Befehl aus dem Palettenmenü – Shortcut F8. Alternativ ziehen Sie die Grafik in die Palette.

Die Originalgrafik wird durch eine Instanz des erstellten Symbols ersetzt.

Symboloptionen | Beim Erzeugen eines neuen Symbols erscheint die Dialogbox SYMBOLOPTIONEN. Geben Sie hier zumindest einen Namen ein. Die Einstellungen ART und 9-SLICE-SKALIERUNG müssen Sie nur dann vornehmen, wenn eine Weiterbearbeitung in Flash geplant ist (siehe Kapitel 20). Möchten Sie zu einem späteren Zeitpunkt eine der Optionen ändern, rufen Sie die Optionen aus dem Palettenmenü oder mit dem Button SYMBOLOPTIONEN ▣ auf.

Modifikationsmöglichkeit | Symbol erstellen

▸ Drücken Sie ⌥/Alt, und ziehen Sie die Grafik auf die Miniatur eines bestehenden Symbols, um dieses Symbol zu ersetzen. Alle Instanzen dieses Symbols werden aktualisiert.

Symbol ersetzen

Um ein Symbol zu ersetzen, aktivieren Sie die Grafik auf der Zeichenfläche sowie das zu ersetzende Symbol in der Symbole-Palette, und wählen Sie SYMBOL NEU DEFINIEREN aus dem Palettenmenü. Alle Instanzen des Symbols werden aktualisiert.

Bestehendes Symbol bearbeiten

Symbole bearbeiten Sie ganz unkompliziert: Doppelklicken Sie entweder eine Instanz des Symbols auf der Zeichenfläche oder das Icon des Symbols in der Symbole-Palette. Die Grafik wird daraufhin im Isolationsmodus (siehe Kapitel 5 und 11) angezeigt, und Sie können die gewünschten Änderungen durchführen. Wenn Sie fertig sind, beenden Sie den Isolationsmodus – z. B. mit einem Doppelklick neben die Grafik.

Die Änderungen werden für alle Instanzen des Symbols übernommen.

Tipp

Betten Sie platzierte Pixelbilder und Grafiken ein – anschließend lassen sich davon Symbole erzeugen.

Aktivieren Sie das Bild und wählen BILD EINBETTEN aus dem Menü der Verknüpfungen-Palette.

Hinweis

»Nested Symbols« – also in Symbolen enthaltene Symbole – können beim Ausdrucken Probleme bereiten.

▲ Abbildung 16.41
Dialogbox SYMBOLOPTIONEN

▲ Abbildung 16.42
Warnhinweis beim Doppelklicken einer Symbolinstanz auf der Zeichenfläche

▲ Abbildung 16.43
Bearbeiten eines Symbols im Isolationsmodus

▲ **Abbildung 16.44**
Duplizieren Sie das Symbol in der
Symbole-Palette, bevor Sie die
Grafik umfärben.

Abbildung 16.45 ▶
Beispiel für Symbol-Bibliotheken:
als Clip-Art, Symbole für Planzeichnungen (Landkarte, Vernet-
zung, Bauzeichnungen), Symbole
für Web- und Video-Anwen-
dungen

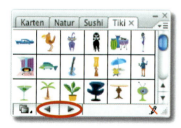

▲ **Abbildung 16.46**
Bibliotheken-Palette: Mit den
Buttons können Sie die Biblio-
theken durchblättern.

Symbole umfärben

Möchten Sie nicht nur die Instanzen des Symbols einfärben (siehe dazu den Abschnitt »Symbol-färben-Werkzeug«), sondern die Grundelemente des Symbols umfärben, verwenden Sie die Funktion INTERAKTIVE FARBE (siehe Kapitel 8). Gehen Sie wie folgt vor, um Symbole mit anderen Farben zu versehen:

1. Platzieren Sie eine Instanz des Symbols auf der Zeichenfläche. Achtung: Anders als bei Pinseln und Mustern führt Illustrator die Änderungen nicht automatisch an einem Duplikat des Symbols durch. Falls Sie also die ursprüngliche Fassung ebenfalls benötigen, duplizieren Sie das Symbol vorher.
2. Aktivieren Sie die Instanz und rufen BEARBEITEN • FARBEN BEARBEITEN • BILDMATERIAL NEU FÄRBEN… auf.
3. Führen Sie die gewünschten Änderungen durch.

Symbol-Bibliotheken laden

In den Standard-Dokumentprofilen finden Sie nur wenige der mit Illustrator ausgelieferten Symbole.

Es werden jedoch bei der Installation einige Symbol-Bibliotheken auf Ihrer Festplatte gespeichert. Rufen Sie diese im Untermenü von FENSTER • SYMBOL-BIBLIOTHEKEN oder mit dem Button MENÜ SYMBOL-BIBLIOTHEKEN… [Icon] in der Symbole-Palette auf. Wählen Sie den Menüpunkt ANDERE BIBLIOTHEK…, wenn Sie Symbole aus anderen Illustrator-Dateien oder Bibliotheken außerhalb des Programmordners öffnen möchten.

Möchten Sie eine der Bibliotheken bei jedem Programmstart anzeigen lassen, wählen Sie GLEICHE POSITION aus dem Palettenmenü der Bibliothek.

Symbol in die Symbole-Palette übernehmen

Sobald Sie ein Symbol in einer Bibliothek anklicken, wird es der Symbole-Palette des aktuellen Dokuments hinzugefügt. Mehrere Symbole aus einer Bilbiothek übernehmen Sie, indem Sie die gewünschten Symbole auswählen und im Menü der Bibliothek-Palette den Befehl DEN SYMBOLEN HINZUFÜGEN aufrufen (siehe Abbildung 16.47).

Symbol-Bibliotheken speichern

Aus der Symbole-Palette Ihres Dokuments können Sie auch eine eigene Symbol-Bibliothek erzeugen. Stellen Sie dafür die gewünschten Symbole in der Palette zusammen, und löschen Sie nicht benötigte Symbole.

Anschließend wählen Sie SYMBOL-BIBLIOTHEK SPEICHERN… aus dem Menü der Symbole-Palette. Speichern Sie die Bibliothek im vorgeschlagenen Standard-Ordner, wird sie in das Symbol-Bibliotheken-Untermenü unter dem Punkt BENUTZERDEFINIERT aufgenommen. Sie können jedoch auch einen anderen Ort wählen.

▲ **Abbildung 16.47**
Symbole aus einer Bibliothek übernehmen

Symbolsätze und Symbol-Werkzeuge

Mit den Mitteln der Symbole-Palette können Sie nur jeweils eine Symbolinstanz auf der Zeichenfläche platzieren.

Mit den Symbol-Werkzeugen – die englische Bezeichnung lautet übrigens »Symbolism Tools« – erzeugen Sie Symbolsätze aus mehreren Symbolinstanzen und bearbeiten die in einem Symbolsatz enthaltenen einzelnen Instanzen. Möchten Sie den kompletten Symbolsatz modifizieren, verwenden Sie dazu die Transformations-Werkzeuge, oder verwenden Sie die Funktionen der Aussehen-, Grafikstile- und Transparenz-Palette.

▲ **Abbildung 16.48**
Symbolsatz transformieren

Gemischter Symbolsatz | Die Instanzen in einem Symbolsatz müssen nicht zum selben Symbol gehören. Gehören sie zu verschiedenen Symbolen, bezeichnet man den Satz als »gemischten Symbolsatz«.

Beachten Sie beim Arbeiten mit gemischten Symbolsätzen, dass die Symbol-Werkzeuge nur jeweils die Instanzen derjenigen Symbole bearbeiten, die in der Symbole-Palette aktiviert sind. Sie können also in der Illustration einer Blumenwiese, die aus Symbolinstanzen eines Grashalms sowie verschiedener Blumenarten besteht, gezielt die Instanzen einer Blumenart verändern.

▲ **Abbildung 16.49**
Gemischter Symbolsatz – aktivieren Sie in der Symbole-Palette das Symbol, dessen Instanzen Sie mit den Symbol-Werkzeugen bearbeiten möchten.

Symbol-Werkzeuge

Die Symbol-Werkzeuge sind in der Werkzeugpalette unter der »Sprühdose« angeordnet. Auch dieses Werkzeugmenü lässt sich »abreißen« und frei auf der Zeichenfläche positionieren.

Verwenden Sie das Werkzeug SYMBOL AUFSPRÜHEN zum Erstellen der Symbolsätze, und beeinflussen Sie mit den Bearbeitungswerkzeugen die Position, die Stapelreihenfolge, die Dichte, die Skalierung, Drehung, Farbe, Transparenz und den Grafikstil einzelner oder mehrerer Symbolinstanzen in einem Symbolsatz.

▲ **Abbildung 16.50**
Symbol-Werkzeuge als Palette

Werkzeug-Auswahl | Alternativ zum Ausklappen des Werkzeug-Untermenüs und zum »Abreißen« der Palette haben die Entwick-

▲ **Abbildung 16.51**
Auswahl der Symbol-Werkzeuge
direkt auf der Zeichenfläche.

Abbildung 16.52 ▶
Optionen des Symbol-aufsprühen-Werkzeugs

▲ **Abbildung 16.53**
»Aufsprühen« der Instanzen und
Anwendung des Färben-Werk-
zeugs – unten: Darstellung der
Werkzeugführung und des Drucks
auf das Grafiktablett

Hinweis (Mac OS)

Mac-User aufgepasst! Hier wurden Tastaturbefehle geändert.
Der alte Befehl [+] wechselt
jetzt zu einem anderen Werkzeug, anstatt den Durchmesser
zu vergrößern.

ler sich noch eine besondere Methode des Werkzeugwechsels
ausgedacht: Ist eines der Symbol-Werkzeuge ausgewählt und der
Cursor über der Zeichenfläche, drücken Sie am Mac ctrl + ⌥
und halten die Maustaste. Unter Windows verwenden Sie Alt
und die rechte Maustaste. Die Werkzeug-Symbole werden kreisförmig um den Cursor angezeigt. Ziehen Sie den Cursor in Richtung eines Werkzeug-Symbols, wird dieses ausgewählt – das Cursor-Symbol wechselt entsprechend.

Optionen | Symbol-Werkzeuge

Die Symbol-Werkzeuge besitzen eine gemeinsame Dialogbox, in
der Sie die Optionen für alle Tools einstellen. Doppelklicken Sie
eines der Werkzeuge, um die Optionen aufzurufen.

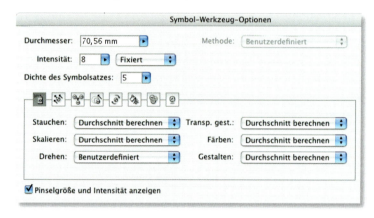

Im oberen Bereich finden Sie einige Optionen, die für alle Symbol-Werkzeuge eingestellt werden.

Die zuletzt an einem Symbolsatz verwendeten Einstellungen
für Durchmesser, Intensität und Dichte des Symbolsatzes sind
in diesem Satz gespeichert und werden bei seiner erneuten Bearbeitung als Werkzeug-Voreinstellung verwendet:

▶ Durchmesser: Mit einer Eingabe in diesem Dialogfeld steuern
Sie den Werkzeugdurchmesser. Klicken Sie auf den Pfeil, und
verwenden Sie den Schieberegler, oder geben Sie Werte zwischen 0,36 und 352,42 mm (1 bis 999 Pt) ein.
Der Durchmesser lässt sich auch regulieren, ohne die Optionen-Dialogbox zu öffnen: Drücken der Taste ⇧ + < vergrößert den Durchmesser – mit < reduzieren Sie die Werkzeug-
größe wieder.

▶ Intensität: Mit diesem Wert legen Sie den Wirkungsgrad des
Werkzeugs fest; für die »Sprühdose« das Tempo, in dem Instanzen erzeugt werden oder für das Symbol-färben-Werkzeug die Intensität einer Farbveränderung. Ein höherer Wert
verursacht eine schnellere und damit stärkere Wirkung.

Sie haben die Wahl, die Intensität FIXIERT mit einer Eingabe zwischen 1 und 10 oder durch die Verwendung des Stifts auf dem Grafiktablett zu steuern. Wählen Sie in diesem Fall aus dem Menü, mit welcher Grafiktablett-Option – Druck, Stylus-Rad, Neigung etc. – Sie die Intensität steuern möchten (mehr zum Einsatz des Grafiktabletts unter »Pinsel-Werkzeug«, siehe Abschnitt 7.1).

▶ DICHTE DES SYMBOLSATZES: Dieser Wert beeinflusst, wie eng die Instanzen im Symbolsatz platziert sind. Geben Sie einen Wert von 1 bis 10 ein – ein höherer Wert rückt die Instanzen näher zusammen.

Symbolsätze, die Sie neu erstellen, erhalten den aktuell eingestellten Dichte-Wert. Um die Dichte zu verändern, aktivieren Sie den Symbolsatz, rufen die Symbol-Werkzeug-Optionen auf und stellen einen anderen Wert ein.

▶ PINSELGRÖSSE UND INTENSITÄT ANZEIGEN: Aktivieren Sie dieses Kontrollkästchen, dann zeigt Illustrator den Durchmesser des Werkzeugs mit einem Kreis um den Cursor an, dessen Farbe die Intensität widerspiegelt – von Hellgrau für wenig bis Schwarz für starke Intensität.

▲ **Abbildung 16.54**
Dichte-Wert 1 und 10

In der Button-Reihe darunter wählen Sie das Werkzeug aus, dessen individuelle Optionen Sie einstellen möchten. Die jeweiligen Optionen werden bei den einzelnen Werkzeugen besprochen.

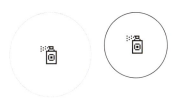

▲ **Abbildung 16.55**
Anzeige von Werkzeug-Dimension und -Stärke durch den Cursor

Symbol-aufsprühen-Werkzeug

Mit der »Sprühdose« erstellen Sie Symbolsätze oder fügen weitere Symbole zu bestehenden Sätzen hinzu.

Wählen Sie das Werkzeug SYMBOL-AUFSPRÜHEN in der Werkzeugpalette – Shortcut ⇧ + S – und ein Symbol in der Symbole-Palette oder einer Bibliothek aus. Klicken oder klicken und ziehen Sie den Cursor 🖫 auf der Zeichenfläche, um die Instanzen des Symbols aufzutragen.

Das Werkzeug ist nur bedingt geeignet, um exakt eine Instanz eines Symbols zu erzeugen. Verwenden Sie zu diesem Zweck lieber den Button SYMBOLINSTANZ PLATZIEREN ➥ in der Symbole-Palette.

Beim »Sprühen« der Instanzen ordnen sich diese selbstständig zueinander, um eine gleichmäßige Flächendeckung im Rahmen des Grenzwerts für die DICHTE zu erreichen.

▲ **Abbildung 16.56**
Bei längerem Klick auf einen Punkt »fließen« die Instanzen auseinander.

Optionen | SYMBOL-AUFSPRÜHEN-WERKZEUG

Neben den allgemeinen Optionen geben Sie für das SYMBOL-AUF-SPRÜHEN-WERKZEUG an, wie die veränderbaren Eigenschaften einer Symbolinstanz jeweils definiert werden sollen. Mit Hilfe der

Symbolbearbeitungswerkzeuge können Sie dieselben Eigenschaften zu einem späteren Zeitpunkt ändern.

Abbildung 16.57 ▶
Optionen des Symbol-aufsprühen-Werkzeugs (Ausschnitt)

Sie haben zwei Möglichkeiten, wie das Stauchen, Skalieren, Drehen, Transparent gestalten (Transp. gest.), Färben und Gestalten von Symbolen definiert werden kann.

▶ DURCHSCHNITT BERECHNEN: Um den Wert der jeweiligen Eigenschaft zu ermitteln, wird ein Durchschnitt aus den Eigenschaften bereits im Symbolsatz vorhandener Symbolinstanzen ermittelt. Den Durchschnitt bildet das Programm aus den im Werkzeug-Durchmesser liegenden Instanzen des in der Symbole-Palette ausgewählten Symbols.

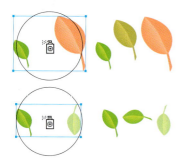

▲ **Abbildung 16.58**
Durchschnitt berechnen – jeweils links: Anwendung des Werkzeugs zwischen bestehenden Instanzen, jeweils rechts: Ergebnis

▶ BENUTZERDEFINIERT: Mit dieser Option werden die Parameter für die Eigenschaften durch verschiedene Einstellungen definiert.

    ▶ STAUCHEN (Dichte) und SKALIEREN: Dichte und Größe der Instanzen basieren auf der Größe der Symbolgrafik.

    ▶ DREHEN: die Ausrichtung der Symbolinstanzen richtet sich nach der Bewegung, die Sie mit dem Cursor ausführen. Bewegen Sie die Maus nicht, entspricht die Ausrichtung der des Symbols.

    ▶ TRANSPARENZ: Die Instanzen sind 100 % deckend.

    ▶ FÄRBEN: Illustrator verwendet die aktuell eingerichtete Füllfarbe zum Einfärben der Grafik.

    ▶ GESTALTEN: Die Instanzen werden mit dem in der Grafikstile-Palette ausgewählten Stil versehen.

▲ **Abbildung 16.59**
So passt sich die Drehung der Instanzen an die Bewegungsrichtung des Cursors an, wenn Sie BENUTZERDEFINIERT einstellen.

Symbol-verschieben-Werkzeug

Mit diesem Werkzeug verschieben Sie Symbolinstanzen und verändern die Stapelreihenfolge innerhalb eines Symbolsatzes.
Gehen Sie wie folgt vor, um Instanzen zu verschieben:

1. Aktivieren Sie einen Symbolsatz, und wählen Sie in der Symbole-Palette das oder die Symbole aus, deren Instanzen Sie bearbeiten möchten.

2. Wählen Sie das Werkzeug SYMBOL-VERSCHIEBEN in der Werkzeugpalette.

3. Bewegen Sie den Cursor über die Symbole, deren Position Sie verändern möchten, und klicken und ziehen Sie den Mauszeiger in die gewünschte Richtung.

Tipp

Möchten Sie die allgemeine Dichte eines Symbolsatzes verändern, aktivieren Sie den Symbolsatz, und rufen Sie die Symbol-Werkzeug-Optionen auf. Verändern Sie den Wert unter »Dichte des Symbolsatzes«.

Beachten Sie, dass in gemischten Symbolsätzen zwar primär die Instanzen ausgewählter Symbole, aber zum Ausgleichen der Dichte auch andere Instanzen verschoben werden, die sich innerhalb des Werkzeug-Durchmessers befinden.

Stapelreihenfolge ändern | Um Symbolinstanzen in der Stapelreihenfolge nach vorne zu holen, drücken Sie ⌂ und klicken mit dem Cursor 🔧 auf die gewünschte Instanz. Drücken Sie ⌥/ Alt + ⌂ , und klicken Sie auf eine Instanz, um sie nach hinten zu schieben.

Symbol-stauchen-Werkzeug 🔧

Das SYMBOL-STAUCHEN-WERKZEUG verwenden Sie, um die Dichte der Instanzen innerhalb eines Symbolsatzes zu bearbeiten, also die Grafikelemente voneinander weg- oder aufeinander zu zu bewegen. Die Dichte der Instanzen bearbeiten Sie wie folgt:

1. Aktivieren Sie einen Symbolsatz, und wählen Sie in der Symbole-Palette das oder die Symbole aus, deren Instanzen Sie bearbeiten möchten.
2. Wählen Sie das SYMBOL-STAUCHEN-WERKZEUG 🔧 in der Werkzeugpalette. Doppelklicken Sie das Werkzeug, um seine Wirkungsweise in den Optionen einzustellen.
3. Um die Instanzen zueinander zu ziehen, bewegen Sie den Cursor 🔧 über die Symbole, deren Position Sie verändern möchten, und klicken, und ziehen Sie in die gewünschte Richtung. Möchten Sie die Instanzen voneinander wegbewegen, halten Sie ⌥/ Alt gedrückt, klicken und ziehen Sie.

Optionen | SYMBOL-STAUCHEN-WERKZEUG

Neben den allgemeinen Werkzeug-Optionen stellen Sie ein, auf welche Art die Dichteänderung ermittelt wird.

Die ausgewählte Option wird automatisch ebenso für die Werkzeuge SYMBOL-SKALIEREN, -DREHEN, TRANSPARENT-GESTALTEN und -GESTALTEN übernommen.

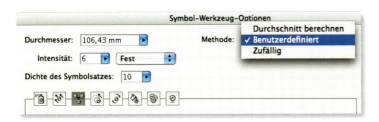

Wählen Sie im Menü METHODE eine Option:

▶ DURCHSCHNITT BERECHNEN: Mit dieser Option erzielen Sie ein an die Umgebung angepasstes Ergebnis. Wählen Sie DURCH-

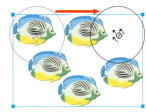

▲ **Abbildung 16.60**
Instanzen bewegen mit dem
SYMBOL-VERSCHIEBEN-WERKZEUG

▲ **Abbildung 16.61**
Instanzen zusammen- und auseinander geschoben durch mehrfache Anwendung des SYMBOL-STAUCHEN-WERKZEUGS

◀ **Abbildung 16.62**
Auswahl der Methode in den Werkzeug-Optionen

▲ Abbildung 16.63
Skalieren mit der Option DURCH-
SCHNITT BERECHNEN – rechts: Er-
gebnis

▲ Abbildung 16.64
Skalieren mit der Option ZUFÄLLIG
– rechts: Ergebnis

▲ Abbildung 16.65
Originalsymbole (links oben), An-
wenden des SYMBOL-SKALIEREN-
WERKZEUGS

▲ Abbildung 16.66
Verkleinern von Instanzen unter
Beibehaltung der Dichte

SCHNITT, z. B. zum nachträglichen Glätten von Übergängen zwischen bearbeiteten und nicht bearbeiteten Bereichen.

Mit dem SYMBOL-STAUCHEN-WERKZEUG und dieser Methode erzielen Sie jedoch kaum sichtbare Ergebnisse.

▶ BENUTZERDEFINIERT: Die Wirkung der Bearbeitung ist mit dieser Option am besten zu steuern und in der Regel stärker als mit der Option DURCHSCHNITT BERECHNEN, da nur die Werkzeugbewegung berücksichtigt wird.

Wählen Sie BENUTZERDEFINIERT vor allem dann, wenn Sie die Eigenschaften Färben, Transparent gestalten und Gestalten wieder komplett von Symbolinstanzen entfernen möchten.

▶ ZUFÄLLIG: Mit dieser Option steuert ein Zufallswert die Veränderung der Instanzen innerhalb des Werkzeug-Durchmessers.

Symbol-skalieren-Werkzeug 🔍

Dieses Werkzeug setzen Sie ein, um die Größe von Symbolinstanzen nachträglich anzupassen. Gehen Sie dabei wie folgt vor:

1. Aktivieren Sie einen Symbolsatz, und wählen Sie in der Symbole-Palette das oder die Symbole aus, deren Instanzen Sie bearbeiten möchten.

2. Wählen Sie das SYMBOL-SKALIEREN-WERKZEUG 🔍 aus. Doppelklicken Sie das Werkzeug, um seine Wirkungsweise in den Optionen einzustellen.

3. Klicken und ziehen Sie den Werkzeug-Cursor 🔍 über die Symbole, die Sie vergrößern möchten.

Modifikationsmöglichkeiten | SYMBOL-SKALIEREN-WERKZEUG

▶ ⌥/Alt: Drücken Sie ⌥/Alt und klicken und ziehen Sie, um die Instanzen zu verkleinern.

▶ ⇧: Möchten Sie die Dichte der Instanzen beim Skalieren erhalten, drücken Sie ⇧, während Sie die Bearbeitung vornehmen. Beim Verkleinern werden zusätzliche Instanzen erzeugt, um die Dichte aufrechtzuerhalten. Beim Vergrößern werden Instanzen gelöscht – dies kann bei Symbolsätzen mit nur wenigen Instanzen sehr schnell vor sich gehen.

Optionen | SYMBOL-SKALIEREN-WERKZEUG

Für das SYMBOL-SKALIEREN-WERKZEUG können Sie neben den allgemeinen Optionen und der Methode – lesen Sie dazu die Beschreibung unter SYMBOL-STAUCHEN-WERKZEUG – zwei weitere Optionen definieren:

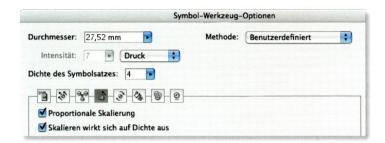

▶ PROPORTIONALE SKALIERUNG: Wählen Sie diese Option, wenn
Sie die Proportionen der Formen erhalten möchten. Deaktivieren Sie die Option, wenn Sie die Richtung der Skalierung
durch die Mausbewegung bestimmen möchten. Bei diagona-
len Bewegungen werden die Instanzen darüber hinaus verbogen.

▶ SKALIEREN WIRKT SICH AUF DICHTE AUS: Aktivieren Sie diese
Option, verändert sich beim Skalieren auch die Position der
Instanzen. Ist die Option deaktiviert, werden die Instanzen
jeweils bezogen auf ihren Mittelpunkt skaliert.

▲ Abbildung 16.68
Nichtproportionale Skalierung

Symbol-drehen-Werkzeug

Mit diesem Werkzeug drehen Sie die Ausrichtung von Symbolinstanzen in Richtung der Cursor-Bewegung. Kleine Pfeile über
den Grafikelementen zeigen wie Kompassnadeln die Richtung an,
während Sie den Cursor darüber bewegen. Um Symbolinstanzen
zu drehen, gehen Sie folgendermaßen vor:

1. Aktivieren Sie einen Symbolsatz, und wählen Sie in der Symbole-Palette das oder die Symbole aus, deren Instanzen Sie
bearbeiten möchten.
2. Wählen Sie das SYMBOL-DREHEN-WERKZEUG, und stellen Sie
die gewünschten Optionen unter Methode sowie die allgemeinen Optionen ein.
3. Klicken und ziehen Sie den Cursor in der Richtung über die
Instanzen, in der Sie diese ausrichten möchten.

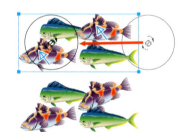

▲ Abbildung 16.69
Anwendung des SYMBOL-DREHEN-
WERKZEUGS

Symbol-färben-Werkzeug

Mit dem Symbol-färben-Werkzeug kolorieren Sie Symbolinstanzen in der aktuell eingestellten Flächen-Farbe. Die Farban-
passung geschieht schrittweise in der Form, dass die Luminanz-
Werte der Grafik erhalten bleiben, während der Farbton (Hue)
der Flächenfarbe angepasst wird (siehe zum HSB-Farbmodell
auch Kapitel 8).

Schwarze und weiße Flächen der Symbolinstanzen werden
nicht verändert, die Färbung sehr heller bzw. sehr dunkler Flächen ist naturgemäß nicht sehr auffällig.

Hinweis

Das Färben von Symbolen erzeugt deutlich größere Dateien –
ist die Dateigröße wichtig (z. B.
bei Webprojekten), verwenden
Sie die Funktion nicht.

▲ **Abbildung 16.70**
Von links oben: graduelle Anwendung der Farbe Magenta auf eine Symbolinstanz

▲ **Abbildung 16.71**
Bereits gelb gefärbte Instanzen werden grün umgefärbt – einzelnes Anklicken ersparen Sie sich mit Hilfe der ⬆-Taste.

▲ **Abbildung 16.72**
Anwendung des TRANSPARENT-GESTALTEN-WERKZEUGS

Sie erhalten als Ergebnis CMYK-Farben, auch wenn Sie eine Volltonfarbe ausgewählt haben. Um Instanzen einzufärben, gehen Sie wie folgt vor:

1. Stellen Sie die Flächenfarbe in einer der entsprechenden Paletten ein.
2. Aktivieren Sie eine Instanz oder einen Symbolsatz und wählen in der Symbole-Palette das oder die Symbole aus, deren Instanzen Sie bearbeiten möchten.
3. Wählen Sie das SYMBOL-FÄRBEN-WERKZEUG 🖌, und richten Sie die allgemeinen Werkzeug-Optionen sowie die Methode ein – lesen Sie unter SYMBOL-STAUCHEN-WERKZEUG mehr zur Methode. Eine bessere Kontrolle über die Färbung haben Sie, wenn Sie mit kleinen Intensitätswerten arbeiten und das Werkzeug dafür öfter anwenden.
4. Klicken oder klicken und ziehen Sie mit dem Cursor 🖌 über die Bereiche, die Sie färben möchten.

Modifikationsmöglichkeiten | SYMBOL-FÄRBEN-WERKZEUG

▶ ⌥/Alt: Drücken Sie ⌥/Alt und klicken oder klicken und ziehen Sie, um die Färbung wieder zu reduzieren.

▶ ⬆: Haben Sie in einem Symbolsatz bereits einzelne Instanzen gefärbt und möchten nur auf diese Instanzen eine andere Farbe in derselben Intensität anwenden, drücken Sie ⬆ und bewegen den Cursor über den Symbolsatz. Nur die bereits eingefärbten Instanzen erhalten die neue Farbe.

Symbol-transparent-gestalten-Werkzeug 🖌

Mit Version CS2 wurde das SYMBOL-RASTERN-WERKZEUG in SYMBOL-TRANSPARENT-GESTALTEN-WERKZEUG umbenannt. Der Name ist zwar umständlicher, trifft die Funktion des Werkzeugs dafür umso genauer. Mit dem SYMBOL-TRANSPARENT-GESTALTEN-WERKZEUG stellen Sie die Deckkraft der Instanzen ein und gestalten sie damit durchscheinend. Und so wenden Sie das Werkzeug an:

1. Aktivieren Sie einen Symbolsatz, und wählen Sie in der Symbole-Palette das oder die Symbole aus, deren Instanzen Sie bearbeiten möchten.
2. Wählen Sie das SYMBOL-TRANSPARENT-GESTALTEN-WERKZEUG 🖌 aus, und stellen Sie die Methode sowie die allgemeinen Werkzeug-Optionen ein.
3. Klicken oder klicken und ziehen Sie mit dem Cursor 🖌 über die Bereiche, deren Deckkraft Sie reduzieren möchten.

Modifikationsmöglichkeit | SYMBOL-TRANSP.-GESTALTEN-WERKZ.

▶ ⌥/Alt: Drücken Sie ⌥/Alt und klicken oder klicken und ziehen Sie, um die Deckkraft wieder zu erhöhen.

Symbol-gestalten-Werkzeug

Das SYMBOL-GESTALTEN-WERKZEUG ermöglicht es, einer Instanz Grafikstile in definierbarer Intensität zuzuweisen. Wie alle Eigenschaften kann auch die Intensität innerhalb eines Symbolsatzes variieren. Gehen Sie wie folgt vor, um Instanzen mit Grafikstilen zu versehen:

1. Aktivieren Sie eine Instanz oder einen Symbolsatz, und wählen Sie in der Symbole-Palette das oder die Symbole aus, deren Instanzen Sie bearbeiten möchten.
2. Wählen Sie das SYMBOL-GESTALTEN-WERKZEUG ⊙, und richten Sie die allgemeinen Werkzeug-Optionen sowie die Methode ein – lesen Sie unter SYMBOL-STAUCHEN-WERKZEUG mehr zur Methode. Wählen Sie eine niedrige Intensität des Werkzeugs, wenn Sie die graduelle Anpassung exakter steuern möchten.
3. Wählen Sie einen Grafikstil in der Grafikstile-Palette.
   Achtung: Haben Sie eines der Symbol-Werkzeuge ausgewählt, wenn Sie einen Grafikstil anklicken, wechselt Illustrator automatisch zum SYMBOL-GESTALTEN-WERKZEUG. Ist jedoch irgendein anderes Werkzeug aktiv, wenn Sie einen Grafikstil anklicken, wird der Stil sofort auf den kompletten ausgewählten Symbolsatz angewendet.
4. Klicken oder klicken und ziehen Sie den Cursor ⊙ über die Instanzen, denen Sie den Grafikstil zuweisen möchten.

Modifikationsmöglichkeiten | SYMBOL-GESTALTEN-WERKZEUG

▶ ⌥/Alt: Drücken Sie ⌥/Alt während der Anwendung, um die Grafikstile wieder von den Instanzen zu entfernen.

▶ ⇧: Haben Sie in einem Symbolsatz bereits einzelne Instanzen mit einem Grafikstil versehen und möchten nur auf diese Instanzen einen weiteren Grafikstil in derselben Intensität anwenden, drücken Sie ⇧ und bewegen den Cursor über den Symbolsatz – nur die bereits mit einem Stil versehenen Instanzen erhalten den neuen Grafikstil.

Aufbau eines für Symbole geeigneten Grafikstils

Weisen Sie einer Instanz oder einem Symbolsatz den Grafikstil auf dem Weg über die Grafikstile-Palette zu – also indem Sie das Objekt aktivieren und den Grafikstil anklicken –, erfolgt die Anwendung des Stils wie auf eine Gruppe (Aussehen siehe Kapitel 11).

Je nach Position des INHALT-Eintrags im Attribut-Stapel während der Definition des Grafikstils werden die Eigenschaften auf das Symbol angewendet.

▲ **Abbildung 16.73**
Die Instanzen schwarz gefüllter Symbole lassen sich einfärben, indem Sie einen Grafikstil zuweisen.

▲ **Abbildung 16.74**
Anwenden eines Grafikstils (Schlagschatten) auf Symbole

▲ **Abbildung 16.75**
Mit Grafikstilen versehene Symbole

Abbildung 16.76 ▶
Vergleich: Grafikstile über die
Grafikstile-Palette zugewiesen (jeweils links) und Grafikstile mit
dem SYMBOL-GESTALTEN-WERKZEUG
aufgetragen (jeweils rechts). Die
Konturen und Flächen liegen über
dem Inhalt, wenn der Stil mit
dem Werkzeug angewendet
wurde.

Wenden Sie einen Grafikstil dagegen mit dem Symbol-gestalten-
Werkzeug an, legt Illustrator die für Kontur und Fläche definierten
Attribute immer über und Effekte unter den Eintrag INHALT.

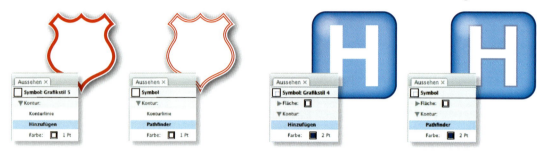

▲ **Abbildung 16.77**
Vergleich: Grafikstile über die Grafikstile-Palette zugewiesen (jeweils
links) und Grafikstile mit dem SYMBOL-GESTALTEN-WERKZEUG aufgetragen
(jeweils rechts). Der Pathfinder-Effekt HINZUFÜGEN ist wirkungslos nach
der Anwendung des Werkzeugs.

Beim »Aufsprühen« von Grafikstilen haben Sie also nur einen
geringen Einfluss auf die Stapel- und Anwendungs-Reihenfolge
der Aussehen-Attribute.

Skalierbare Konturen für Symbole

Wird die Instanz eines Symbols in der Illustration skaliert, dann
ist davon immer die Konturstärke betroffen. Dies ist meist störend. Um zu erreichen, dass auch bei unterschiedlicher Skalierung der Symbolinstanzen die Konturstärke einheitlich bleibt,
erzeugen Sie die Kontur mit Hilfe eines Grafikstils (Aussehen und
Grafikstile siehe Kapitel 11). Bevor Sie die Symbolinstanzen skalieren, deaktivieren Sie in den Voreinstellungen die Option KON-
TUREN UND EFFEKTE SKALIEREN.

Sollen die Symbole wie im Beispiel nur eine Außenkontur
erhalten, verwenden Sie den EFFEKT • PATHFINDER • HINZUFÜGEN
(Effekte siehe Kapitel 13). Es ist jedoch nicht möglich, einen Grafikstil, der Pathfinder-Effekte enthält, mit dem SYMBOL-GESTAL-
TEN-WERKZEUG aufzutragen.

▲ **Abbildung 16.78**
Kontur im Symbol (oben) im
Vergleich zu Kontur im Grafikstil
(unten)

Schritt für Schritt: Symbole erstellen und anwenden

1 **Vorbereitung**

In der Übung werden Sie die Illustration eines Baums durch Hinzufügen einiger Blätter etwas lebendiger gestalten. Zeichnen Sie einen Baum oder öffnen die Datei Baum.ai von der DVD.

▲ **Abbildung 16.79**
Anfangssituation

2 **Grafik für Symbol erstellen**

Als nächsten Schritt erstellen Sie ein einzelnes Blatt aus wenigen einfachen Formen: dem Umriss und einem Verlauf. Falls Sie wie abgebildet das Blatt aus den beiden Formen Blattfläche und Stiel erstellen, fügen Sie diese Formen anschließend zu einer zusammen. Den Verlauf bilden Sie als Überblendung zwischen zwei Pfaden.

▲ **Abbildung 16.80**
Aufbau des Blatts aus Umriss und Überblendung

3 **Symbol in Symbole-Palette einrichten**

Rufen Sie die Symbole-Palette auf und bereinigen sie um die nicht benötigten Standardsymbole, indem Sie alle auswählen und den Button LÖSCHEN 🗑 klicken.

Aktivieren Sie alle Elemente, die zu Ihrem Blatt gehören, und ziehen alles auf die Symbole-Palette – Shortcut (F8). In der Dialogbox SYMBOLOPTIONEN geben Sie dem Symbol einen aussagekräftigen Namen.

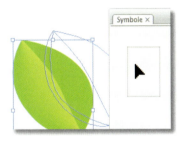

▲ **Abbildung 16.81**
Symbol erstellen

4 **Symbol-aufsprühen-Werkzeug einstellen**

Wählen Sie das SYMBOL-AUFSPRÜHEN-WERKZEUG 🖼 aus der Werkzeugpalette – Shortcut (⇧)+(S). Doppelklicken Sie das Werkzeug, um die Optionen einzurichten. Wenn Sie die Baum-Illustration von der DVD verwenden, geben Sie folgende Werte ein: DURCHMESSER 70–80 mm, INTENSITÄT 6 (Fest), DICHTE 7, DREHEN: Benutzerdefiniert, alle anderen Eigenschaften: Durchschnitt berechnen.

5 **Blätter auftragen**

Wählen Sie das Blatt-Symbol in der Symbole-Palette aus. Bewegen Sie das Sprüh-Werkzeug auf die Mitte des Baums, und klicken und ziehen Sie von innen nach außen entlang der Äste, um die Blätter aufzutragen. Die Ausrichtung des Symbols richtet sich nach der Bewegungsrichtung des Werkzeugs. Falls zu wenig oder zu viele Blätter erstellt werden, bewegen Sie das Werkzeug entweder in einer anderen Geschwindigkeit, oder ändern Sie die Option INTENSITÄT.

Deaktivieren Sie den Symbolsatz, indem Sie (⌘)/(Strg) drücken und mit dem Cursor auf die Zeichenfläche klicken. Tragen

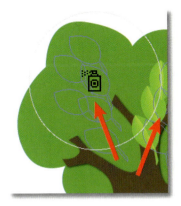

▲ **Abbildung 16.82**
Symbol aufsprühen

Sie anschließend noch am Fuß des Baums einige heruntergefallene Blätter auf.

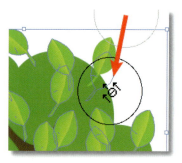

▲ **Abbildung 16.83**
Verschieben der Symbolinstanzen

▲ **Abbildung 16.84**
Nach dem Skalieren

▲ **Abbildung 16.85**
Herbstliche Färbung

6   Blätter editieren

Aktivieren Sie den Symbolsatz der Blätter in der Baumkrone. Wählen Sie das Symbol-verschieben-Werkzeug 🔧 mit einem Durchmesser von etwa 30–40. Bewegen Sie damit die zu weit hinausragenden Blätter auf die grüne Fläche: Klicken Sie etwas außerhalb des Blatts und ziehen in die gewünschte Richtung.

Wählen Sie anschließend das Symbol-drehen-Werkzeug 🔧 und korrigieren die Ausrichtung der Blätter.

Wählen Sie jetzt den Symbolsatz der Blätter am Boden aus. Bewegen Sie das Symbol-drehen-Werkzeug einige Male hin und her, um die Ausrichtung unordentlicher zu gestalten.

Wählen Sie anschließend noch das Symbol-skalieren-Werkzeug 🔧, und stellen Sie die Intensität auf »3«. Aktivieren Sie einen Symbolsatz, und klicken Sie an einigen Stellen, um die Symbole zu vergrößern. Beobachten Sie die Vorschau – lassen Sie die Maustaste los, wenn Ihnen die Größe zusagt. Die Blätter am Rand verkleinern Sie etwas – halten Sie ⌥/Alt beim Arbeiten mit dem SYMBOL-SKALIEREN-WERKZEUG gedrückt.

7   Blätter färben

Richten Sie die Farbe M50/Y100 mit Hilfe der Farbpalette als Flächenfarbe ein. Wählen Sie das SYMBOL-FÄRBEN-WERKZEUG 🔧 mit einer Intensität von 5–6 und einem Durchmesser von etwa 35 mm. Aktivieren Sie den Symbolsatz am Fuß des Baums.

Klicken Sie mit dem Werkzeug kurz auf verschiedene Stellen innerhalb des Symbolsatzes. Mit jedem Klick nehmen die Blättern mehr Farbe an.

Wechseln Sie die Flächenfarbe auf M25/Y100 und färben damit ebenfalls einige Stellen. Achten Sie darauf, den Symbolsatz nicht zu einheitlich zu färben. Setzen Sie zum Abschluss einige Farbtupfer mit der Farbe C25/M100/Y100.   ■

Symbole und Flash

Mit Illustrator CS3 wurden neue Symbol-Optionen im Zusammenhang mit Flash CS3 eingeführt, wie z. B. die 9-Slice-Skalierung. Beschreibungen dieser Funktionen finden Sie in Kapitel 20.

17   3D-Live-Effekte

Die 3D-Live-Effekte gibt es seit der Version CS. Sie sind leider nur ein schwacher Trost dafür, dass Adobe die Entwicklung des 3D-Vektorprogramms »Dimensions« eingestellt hat.

Die 3D-Effekte von Illustrator ermöglichen es, einfache 3D-Operationen auf Grundformen anzuwenden, diese mit Oberflächentexturen zu versehen und mit Lichtquellen zu beleuchten. Da die 3D-Operationen als »Live«-Effekte angewendet werden, sind sowohl die Grundobjekte als auch die Parameter der Effekte selbst jederzeit editierbar.

Es lassen sich sogar einfache Animationen herstellen, wenn Sie Angleichungen zwischen Objekten bilden, auf die 3D-Effekte in unterschiedlichen Einstellungen angewendet sind (zum Shockwave-Flash-Export siehe Kapitel 20).

Anders als in »echten« 3D-Programmen sind in Illustrator einzelne Objekte, auf die 3D-Effekte angewendet wurden, unabhängig voneinander – die dreidimensionalen Formen haben jeweils eigene Lichtquellen, und Sie können sie nicht im Raum kombinieren, sondern nur auf der Fläche anordnen.

Exkurs: Dimensions

Das PostScript-basierte 3D-Programm Adobe Dimensions kam Ende 1992 auf den Markt und wurde bis zur Version 3.01 weiterentwickelt. Adobe hat den Support 2005 endgültig eingestellt.

◄ **Abbildung 17.1**
3D-Effekte im Einsatz in Illustration, Infografik und Typografie

Als Grundformen können Sie einfache Pfade oder bereits mit anderen Illustrator-Funktionen erstellte oder verformte Objekte – wie Verzerrungshüllen oder Diagramme – verwenden.

▲ **Abbildung 17.2**
Geschlossenes und offenes Objekt
(oben), Grundform Kontur bzw.
Fläche (unten)

▲ **Abbildung 17.3**
Extrudierte Konturen eines Diagramms

▲ **Abbildung 17.4**
Einzeln (links) und als Gruppe
(rechts) extrudiert

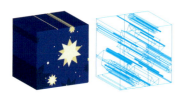

▲ **Abbildung 17.5**
Eine Musterfüllung wird mit dem
Objekt extrudiert.

Hinweis

Die englische Originalbezeich-
nung dieses Effekts – »Bevel« –
hätte man vielleicht zutreffender
mit »Profilkante« übersetzt.

17.1 3D-Objekte erzeugen

Für die Konstruktion dreidimensionaler Objekte bietet Illustrator
im Menü EFFEKT • 3D drei Operationen: Extrudieren, Kreiseln
und Drehen. Die Effekte Extrudieren und Kreiseln generieren
dreidimensionale Körper, deren Lage im Raum frei bestimmt werden kann. Der Drehen-Effekt rotiert zweidimensionale Objekte
im Raum und erzeugt eine perspektivische Ansicht.

Grundformen
Die der Grundform zugewiesenen Füllungen und Konturen übernimmt das dreidimensionale Objekt. Besitzt eine Grundform nur
eine Füllung, bildet diese die Oberflächenfarbe des Körpers.

Ist darüber hinaus eine Kontur definiert, entsteht ein zusätzliches Objekt, denn Illustrator wandelt Konturen vor der Anwendung eines 3D-Effekts intern in Flächen um. Daher dauert die
Berechnung eines konturierten Objekts länger und kann zu unerwünschten Ergebnissen führen. Verwenden Sie deswegen Grundformen ohne Kontur.

Gruppen | Auf gruppierte Objekte wirkt sich ein zugewiesener
3D-Effekt aus, als wären sie ein Gesamtobjekt. Sie können also
eine korrekte räumliche Anordnung mehrerer Körper erzielen,
wenn Sie die Grundformen vor der Anwendung des 3D-Effekts
gruppieren. Allerdings lassen sich nur gemeinsame Einstellungen
für alle in der Gruppe zusammengefassten Objekte vornehmen.

Dasselbe Ergebnis erhalten Sie, wenn Sie den Effekt auf die
Ebene anwenden, der die Objekte zugeordnet sind.

Transparenz | Um ein transparentes Material zu simulieren, legen
Sie die Deckkrafteinstellung und ggf. eine abweichende Füllmethode für das Grundobjekt an.

Beachten Sie die Anmerkung zu transparenten Objekten im
Abschnitt 17.3, »Schattierung und Beleuchtung«.

Muster | Ist ein Objekt mit Musterfüllungen versehen, kann die
Berechnung des 3D-Körpers einige Zeit in Anspruch nehmen, vor
allem, wenn Sie gleichzeitig Profilkanten zugewiesen haben.

Weisen Sie das Muster stattdessen als Grafik-Mapping der
Oberfläche zu.

Extrudieren und abgeflachte Kante
Dieser Effekt verwendet die Grundform als Profil, das entlang der
z-Achse in die Tiefe gezogen wird. Die z-Achse verläuft immer
senkrecht zur Objektoberfläche, d. h. senkrecht zur Zeichenfläche.

Die Form der beim Tiefziehen entstehenden Kante können Sie bestimmen. Der Effekt heißt zwar »abgeflachte Kante«, diese Bezeichnung trifft jedoch auf die allerwenigsten der zur Verfügung stehenden Formen zu. Die Palette der Kantenformen lässt sich außerdem durch eigene Formen ergänzen.

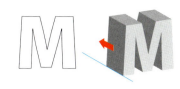

▲ **Abbildung 17.6**
Grundform und extrudiertes Objekt

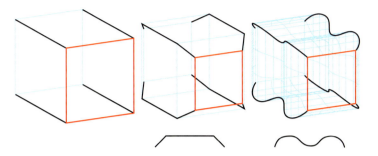

▲ **Abbildung 17.7**
Extrusion einer Grundform (jeweils rot) ohne Profilkante (links) entlang einer Geraden, mit unterschiedlichen Profilkanten (Mitte und rechts)

Den Effekt können Sie auf offene und geschlossene Pfade, gruppierte Objekte, zusammengesetzte Pfade, zusammengesetzte Formen oder Ebenen anwenden.

Um ein Objekt zu extrudieren, aktivieren Sie es bzw. wählen es als Ziel aus und wählen EFFEKT • 3D • EXTRUDIEREN UND ABGEFLACHTE KANTE… aus dem Menü. Die Optionen, mit denen Sie das Extrusionsobjekt erstellen, finden Sie in der Dialogbox unter dem Drehpositionsregler:

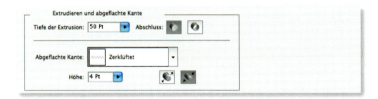

◀ **Abbildung 17.8**
Extrudieren und abgeflachte Kante – Optionen (Ausschnitt)

▶ TIEFE DER EXTRUSION: Geben Sie die Tiefe des Objekts mit einem Wert zwischen 0 und 2000 Pt bzw. 705,5 mm ein. Um die Tiefe in Millimeter festzulegen, tippen Sie die Einheit mm nach dem Wert.

▶ ABSCHLUSS: Mit den Abschluss-Buttons definieren Sie, ob das Objekt geschlossen ⬤ oder offen ⬤ ist.
Offene Körper sollten Sie aus Grundobjekten erzeugen, die keine Kontur besitzen. Besitzt die Grundform eine Kontur, wird je ein Extrusionsobjekt auf beiden Seiten der Kontur angelegt.

▶ ABGEFLACHTE KANTE: In dem Menü bestimmen Sie das Profil des Objekts entlang der z-Achse.

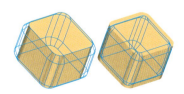

▲ **Abbildung 17.9**
Objekt ohne Profilkante (orange), Profilkante (blau) nach außen (links) und nach innen (rechts)

▲ **Abbildung 17.10**
Unterschiedliche Profilhöhe bei
ABGEFLACHTE KANTE NACH INNEN

▶ HÖHE: Geben Sie hier ein, auf welche Höhe das ausgewählte Profil skaliert werden soll. Geben Sie einen Wert zwischen 0 und 100 Pt – oder 35,2 mm – ein.
  Beachten Sie, dass bei Berechnung NACH INNEN (siehe nächster Punkt) Darstellungs- und Berechnungsfehler auftreten können, wenn die Höhe des Profils den Durchmesser der Grundfläche des Objekts übersteigt.

▶ NACH AUSSEN/NACH INNEN: Die Höhe des Kantenprofils können Sie zur Objektgrundfläche hinzufügen oder innerhalb der Objektgrundfläche berechnen lassen. Wählen Sie mit den Buttons ABGEFLACHTE KANTE NACH AUSSEN und ABGEFLACHTE KANTE NACH INNEN.

Eigene Kantenprofile hinzufügen und verwenden
Das Menü ABGEFLACHTE KANTE in der Dialogbox 3D-EXTRUDIEREN-OPTIONEN enthält nur eine begrenzte Anzahl Kanten, Sie können es jedoch um eigene Kreationen ergänzen. Bei jedem Start liest Illustrator die Kantenprofile aus einer Datei im Programmordner – in dieser Datei müssen Sie Ihre eigenen Profile anlegen, damit diese beim nächsten Start des Programms im Menü zur Verfügung stehen. Gehen Sie wie folgt vor:

1. Zeichnen Sie das Profil als einzelnen offenen Pfad. Auch wenn der Hilfetext nahe legt, dass Sie den Pfad in der Kanten-Datei erstellen sollen, ist das nicht notwendig.
   Legen Sie Ihre Kante horizontal an. Die Außenseite weist nach oben. Der Teil, der am Objekt nach vorne zeigen soll, ist an der rechten Seite.

2. Öffnen Sie die Datei Abgeflachte Kanten.ai aus dem Ordner ADOBE ILLUSTRATOR CS 3\ZUSATZMODULE.

3. Fügen Sie Ihr Kantenprofil über die Zwischenablage in die Kanten-Datei ein.

4. Rufen Sie die Symbole-Palette auf unter FENSTER • SYMBOLE – Shortcut ⌘/Strg+⇧+F11.
   Legen Sie Ihr Kantenprofil als neues Symbol an, indem Sie das Profil aktivieren und den Button NEUES SYMBOL klicken – Shortcut F8. Geben Sie dem Symbol einen aussagekräftigen Namen.

5. Speichern Sie die abgeflachte-Kante-Datei, schließen Sie sie und beenden Illustrator. Starten Sie Illustrator erneut und öffnen die Datei, in der Sie die Kante verwenden möchten.

6. Aktivieren Sie das Objekt, dem die Kante zugewiesen werden soll. Falls Sie es bereits mit dem Extrudieren-Effekt versehen haben, rufen Sie die Optionen des Effekts über die Aussehen-Palette auf. Wählen Sie das vorher eingerichtete Profil im Menü ABGEFLACHTE KANTE aus.

▲ **Abbildung 17.11**
Grundobjekt und Profilkante
(oben), extrudiert (Mitte), gedreht
und mit Bildmaterial versehen

7. Passen Sie – falls nötig – die Höhe des Profils an, und wählen Sie mit den Buttons, ob die Kante nach außen oder innen berechnet werden soll.

Kreiseln

Diese Operation wird in vielen 3D-Programmen auch als »Rotation« bezeichnet. Der Körper entsteht, indem die Grundform um die y-Achse rotiert wird. Die Position des Grundobjekts kann rechts oder links der Achse gewählt werden. Auch den Abstand des Grundobjekts zur Achse können Sie definieren – dies benötigen Sie z. B. zum Erstellen von Ring-Objekten.

Wie die Extrusion lässt sich auch dieser Effekt auf Einzelobjekte, zusammengesetzte Pfade und Formen, Gruppen und Ebenen anwenden.

Wenden Sie den Effekt gleichzeitig auf mehrere Objekte an, rotiert jedes um eine eigene Achse. Wenn Sie mehrere Objekte um eine gemeinsame Achse rotieren möchten, gruppieren Sie sie vor Anwenden des Effekts. Alternativ wenden Sie den Effekt auf die Ebene an, der die Objekte zugeordnet sind.

Um ein Objekt, eine Gruppe oder eine Ebene mit dem Kreiseln-Effekt zu versehen, aktivieren Sie es bzw. wählen es als Ziel aus und rufen EFFEKT • 3D • KREISELN… aus dem Menü auf. Die Optionen, mit denen Sie das Rotationsobjekt erstellen, finden Sie in der Dialogbox unter dem Drehpositionsregler:

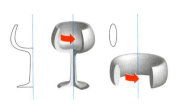

▲ **Abbildung 17.12**
Grundformen und gekreiselte Objekte

▲ **Abbildung 17.13**
Einzeln (links) und als Gruppe (rechts) rotiert

◄ **Abbildung 17.14**
KREISELN: Optionen (Ausschnitt)

▶ WINKEL: Sie können bestimmen, ob die Grundform ganz um die Achse herum kreiselt – also 360° – oder nur teilweise. Verwenden Sie den Winkelschieber, oder geben Sie einen Wert zwischen 0 und 360° in das Eingabefeld ein.

▶ ABSCHLUSS: Mit den Abschluss-Buttons definieren Sie, ob das Objekt geschlossen 🔘 oder offen 🔘 ist. Diese Option bewirkt nur dann eine Veränderung, wenn der Kreiselwinkel kleiner als 360° ist.

▶ VERSATZ … VON: Im Dialogfeld VERSATZ bestimmen Sie die Entfernung zwischen der Drehachse und der Grundform. Geben Sie einen Wert zwischen 0 und 1000 Pt – oder 352,7 mm – ein. Mit dem Aufklappmenü legen Sie fest, auf welcher Seite der Drehachse die Grundform angeordnet wird.

▲ **Abbildung 17.15**
Kreiselobjekt mit offenem Abschluss

17.2 Objekte im Raum ausrichten

Die Ansicht der Objekte bestimmen Sie zum einen durch ihre Ausrichtung im Raum – in Illustrator als »Position« bezeichnet, obwohl Sie eine räumliche Position nicht definieren können. Darüber hinaus legen Sie mit der Perspektive die Brennweite Ihrer virtuellen Kamera fest.

Das Verschieben eines Objekts auf der Zeichenfläche wirkt sich anders als bei »echtem 3D« nicht auf die perspektivische Darstellung aus.

Lokale und globale Achsen

Um die Position eines Objekts relativ zum Betrachter auszurichten, können Sie sowohl lokale – an das Objekt gebundene – als auch globale Achsensysteme verwenden. Prinzipiell funktioniert das Ausrichten wie das Positionieren eines Objekts auf einem Tisch: Sie können entweder das Objekt oder den Tisch bewegen, um das Objekt zu einer Kamera auszurichten.

Das lokale Achsensystem bewegt sich bei der Drehung mit dem Objekt, das globale Achsensystem ist selbst fixiert, bewirkt aber – wenn Sie es verwenden – eine Drehung des Objekts sowie aller seiner Achsen.

Die zwei Achsensysteme erlauben eine flexible Handhabung der Objektdrehungen: Das Bewegen mit den lokalen Achsen ist intuitiver, da es der Handhabung von Dingen in der realen Welt entspricht. Das Bewegen anhand der globalen Achsen erlaubt Ihnen die genauere Einstellung der Ansicht.

Drehen

Drehen beinhaltet die Ausrichtung der Objekte im Raum und die Einstellung der Perspektive einer virtuellen Betrachtungskamera. Eine Drehung lässt sich sowohl für Extrusions- und Kreiselobjekte als auch für zweidimensionale Formen einrichten.

Beim Drehen zweidimensionaler Formen wirkt sich die Drehung auf Musterfüllungen, Konturstärken und Pinselkonturen aus, die perspektivisch angepasst werden. Die perspektivische Darstellung von Verläufen gelingt in den wenigsten Fällen.

Um dreidimensionale Extrusions- und Rotationsobjekte zu drehen, verwenden Sie die Eingabemöglichkeiten in der Dialogbox des jeweiligen Effekts.

Ein zweidimensionales Objekt drehen Sie, indem Sie es aktivieren und EFFEKT • 3D • DREHEN... aufrufen.

▲ **Abbildung 17.16**
Lokale (Objekt-)Achsen und globale (Welt-)Achsen

▲ **Abbildung 17.17**
Konturen und Muster werden perspektivisch angepasst.

▲ **Abbildung 17.18**
Ein mit einem 3D-Effekt versehenes Objekt können Sie nicht direkt auf der Zeichenfläche drehen (Mitte), sondern nur in den Optionen des Effekts.

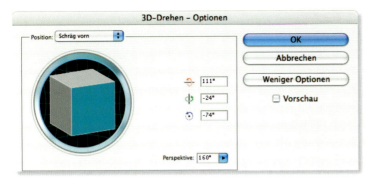

◀ **Abbildung 17.19**
Drehen-Optionen

▶ VORSCHAU: Aktivieren Sie die Vorschau, um die Positionsänderungen auf der Zeichenfläche darzustellen.

▶ POSITION: Einige Standard-Objektpositionen sind über das Menü abrufbar. Sie enthalten sowohl die Objektausrichtung als auch die zugehörige Perspektive.

▶ WINKELEINSTELLUNGEN: Um die Position frei einzustellen, verwenden Sie den Würfel oder geben die gewünschte Position in die Eingabefelder für die Drehung um die x-Achse ⟲, die y-Achse ⟲ und die z-Achse ⟲ ein.

▶ WÜRFEL: Der Würfel repräsentiert Ihr Objekt – die Vorderseite ist blau dargestellt, die Ober- und Unterseite hellgrau, die Seitenflächen in einem mittleren Grau, die Rückseite in Dunkelgrau.

> ▶ Freie Drehung: Klicken und ziehen Sie eine der Würfelflächen, um das Objekt frei zu drehen.
>
> ▶ Eingeschränkte Drehung auf lokale Achsen: Bewegen Sie die Maus über eine Würfelkante – der Cursor zeigt den Doppelpfeil ⤡, und die Kanten werden farbig hervorgehoben; klicken und ziehen Sie, um das Objekt zu drehen. Die Hervorhebung der Kante zeigt Ihnen an, um welche Achse Sie das Objekt drehen – x-Achse: rot, y-Achse: grün, z-Achse: blau.
>
> ▶ Eingeschränkte Drehung auf globale Achsen: Drücken Sie [⊙], und bewegen Sie die Maus in das Würfelfeld – der Cursor zeigt das Koordinatenkreuz +. Klicken und ziehen Sie die Maus horizontal, um die Drehung auf die globale x-Achse ⟲, und vertikal, um die Drehung auf die globale y-Achse ⟲ zu beschränken. Ziehen Sie im blauen Band, welches das Feld umgibt, um das Objekt, um die globale z-Achse ⟲ zu drehen.

▶ PERSPEKTIVE: Geben Sie einen Wert zwischen 0 und 160° ein, um die Darstellungsperspektive zu definieren. Ein Wert von 0° bewirkt eine unverzerrte Darstellung, große Werte entsprechen in der Wirkung einem starken Weitwinkelobjektiv.

> **Tipp**
>
> Wenn Sie mehrere Objekte zu einem Fluchtpunkt ausrichten wollen, konstruieren Sie sich die Perspektive einer Szene mit Hilfslinien.

▲ **Abbildung 17.20**
Drehung um die lokale x-Achse (Mitte), Drehung um die globale y-Achse (rechts)

▲ **Abbildung 17.21**
Perspektive 0° und 160°

17.3   Schattierung und Beleuchtung

Illustrator berechnet nicht nur eine dreidimensionale Geometrie,
sondern passt auch die Füllung der Objekte an die Beleuchtung
und die gewählte »Schattierung« an. Mit der Schattierung bestimmen Sie die Oberflächenqualität in vier Stufen von Drahtmodelldarstellung bis Kunststoffschattierung.

Je nach gewählter Schattierung stehen unterschiedliche und
unterschiedlich viele Beleuchtungsoptionen zur Verfügung.

Abbildung 17.22 ▶
Lichtquellen-Dialogbox

▲ **Abbildung 17.23**
Schattierungsoptionen: DRAHTMO-
DELL, KEINE, DIFFUSE, KUNSTSTOFF-
SCHATTIERUNG

▶ OBERFLÄCHE: Wählen Sie die Oberflächenqualität aus dem
Menü. Die Auswahl beeinflusst auch die Darstellungsform des
zugewiesenen Bildmaterials (siehe nächster Abschnitt):

  ▶ Drahtmodelldarstellung: Es werden die Konturen der Polygone dargestellt, aus denen der Körper sich zusammensetzt.
  Flächen sind transparent.

  ▶ Keine Schattierung: Das Objekt behält seine Farbe bei. Sie
  wird nicht durch die dreidimensionale Form oder die
  Beleuchtung moduliert.

  ▶ Diffuse Schattierung: Diese Schattierung simuliert diffuse
  Lichtquellen, die Objektfarbe wird entsprechend der Kör-
  perform moduliert.

  ▶ Kunststoffschattierung: Mit dieser Option nimmt das Objekt
  eine reflektierende Oberfläche an – die Beleuchtungsoptionen beinhalten Spitzlichter.

▶ LICHTINTENSITÄT: Mit einem Wert von 0 bis 100 % steuern Sie
die Intensität – also die Helligkeit – der ausgewählten Lichtquelle.

▶ UMGEBUNGSLICHT: Mit der Eingabe in diesem Feld bestimmen
Sie die globale Helligkeit der Szene um das Objekt, d. h., alle
Seiten des Objekts sind gleichmäßig betroffen. Diese Einstellung lässt sich wie die folgenden nur allgemein für das Objekt
vornehmen. Reduzieren Sie die Helligkeit des Umgebungs-
lichts, und verstärken Sie das Spotlicht, um die Form Ihres
Objekts herauszuarbeiten.

▲ **Abbildung 17.24**
Reduziertes Umgebungslicht
(rechts)

- ▶ SPITZLICHTINTENSITÄT: Mit diesem Wert steuern Sie die Stärke der von den Lichtquellen erzeugten Reflexionen am Objekt. Geben Sie einen Wert zwischen 0 und 100 % ein – ein größerer Wert verursacht ein glänzenderes Aussehen des Objekts.
- ▶ SPITZLICHTGRÖSSE: Mit einem Wert von 0 bis 100 % bestimmen Sie die Größe des Spitzlichts.
- ▶ ANGLEICHUNGSSTUFEN: Die Anzahl der Angleichungsstufen bestimmt die Glätte der Oberflächenschattierung. Geben Sie einen Wert von 1 bis 256 ein. Ein hoher Wert erzeugt glattere Übergänge, aber auch komplexere Objekte, da jede Übergangsstufe als eine Form erstellt wird.
- ▶ VERDECKTE FLÄCHEN ZEICHNEN: Aktivieren Sie diese Option, wenn Sie alle Flächen des Objekts darstellen lassen möchten. Die Flächen sind sichtbar, wenn für das Grundobjekt eine reduzierte Deckkraft oder eine andere Füllmethode als »Normal« eingestellt ist. Darüber hinaus werden die verdeckten Flächen berechnet, wenn Sie das Aussehen des Objekts umwandeln lassen.

▲ **Abbildung 17.25**
Spitzlichtintensität/-größe
(v. l. n. r.): 60/100, 100/100, 100/80

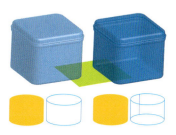

▲ **Abbildung 17.26**
Rechte Hälfte: VERDECKTE FLÄCHEN ZEICHNEN aktiviert
Oben: transparentes Objekt
Unten: nach Umwandlung

Beleuchtung positionieren

Mit der Beleuchtung erzielen Sie häufig erst die dreidimensionale Wirkung des Objekts, Lichtspots betonen Profilkanten und geben einem Objekt Atmosphäre.

Falls die Beleuchtungsoptionen beim Aufrufen der Effekt-Dialogbox nicht sichtbar sind, zeigen Sie sie an, indem Sie auf den Button WEITERE OPTIONEN klicken.

Neben dem Umgebungslicht, das Ihr Objekt von allen Seiten gleich beleuchtet, können Sie mehrere Lichtspots einrichten, die auf bestimmte Bereiche Ihres Objekts zielen. Diese Lichtspots verursachen die Spitzlichter auf der KUNSTSTOFFSCHATTIERUNG.

Die Lichtspots erzeugen und positionieren Sie mit Hilfe der Lichtkugel – die Kugel repräsentiert das 3D-Objekt. Wenn Sie das Objekt drehen, verändern sich die Positionen der Spotlichter nicht.

Jedes 3D-Objekt hat voreingestellt eine Spot-Lichtquelle. Sie können Lichtquellen hinzufügen und wieder löschen, die letzte Lichtquelle lässt sich jedoch nicht löschen. Spots werden durch Kreise auf der Kugel dargestellt. Weiße Kreise ○ zeigen Lichtquellen auf der Objektvorderseite, schwarze ● stehen für Spots auf der Rückseite des Objekts. Die Farbe der Kugel entspricht der eingestellten SCHATTIERUNGSFARBE.

▲ **Abbildung 17.27**
Lichtkugel

Spotlicht hinzufügen | Klicken Sie auf den Button NEUES LICHT ▣, um eine neue Lichtquelle zu erzeugen. Die neue Lichtquelle ist aktiviert – angezeigt durch eine Umrandung ▢.

Spotlicht einrichten | Aktivieren Sie eine Lichtquelle, indem Sie darauf klicken. Geben Sie einen Wert für die Lichtintensität ein – dies ist der einzige Wert, den Sie individuell für jeden Spot einstellen können. Klicken und ziehen Sie das Licht-Symbol, um den Spot zu bewegen.

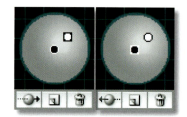

Licht zur Objektrück- oder Vorderseite verschieben | Aktivieren Sie ein vorne liegendes Spotlicht ○ und klicken den Button AUSGEWÄHLTES LICHT ZUR OBJEKTRÜCKSEITE VERSCHIEBEN ⊕⁺ – das Symbol wechselt zu ● und zeigt damit an, dass die Lichtquelle hinter dem Objekt liegt. Aktivieren Sie ein hinten liegendes Licht und klicken auf den Button AUSGEWÄHLTES LICHT ZUR OBJEKTVORDERSEITE VERSCHIEBEN ⁺⊕, um das Licht nach vorne zu holen.

▲ **Abbildung 17.28**
DIe vordere (links) und hintere (rechts) Lichtquelle ist ausgewählt.

Spotlicht löschen | Möchten Sie ein Spotlicht löschen, aktivieren Sie es und klicken den Button LICHT LÖSCHEN 🗑, um die Lichtquelle zu entfernen.

▶ SCHATTIERUNGSFARBE: Wählen Sie aus dem Menü, mit welcher Farbe Schatten auf dem Objekt erzeugt werden.

   ▶ OHNE: Illustrator verwendet nur unterschiedliche Luminanzwerte der Farbe des Grundobjekts, um den Körper darzustellen.

   ▶ SCHWARZ: Der Objektfarbe werden Schwarzanteile zugegeben, um das Objekt zu schattieren. Diese Option ist voreingestellt.

   ▶ EIGENE: Wählen Sie EIGENE, und rufen Sie durch einen Klick auf das Farbfeld den Farbwähler auf, um eine Farbe zu definieren, die Illustrator für die Schattierung verwenden soll. Diese Option bewirkt, dass Volltonfarben in CMYK-Farben umgewandelt werden.

▲ **Abbildung 17.29**
Schattierungsfarben: OHNE (rechts oben), SCHWARZ (links unten), EIGENE: Gelb (rechts unten)

▶ VOLLTONFARBEN BEIBEHALTEN: Aktivieren Sie diese Option, falls Ihr Objekt eine Volltonfarbe besitzt, die Sie im Druck ausgeben möchten.

Ist eine EIGENE Schattierungsfarbe eingerichtet, können Volltonfarben nicht erhalten werden.

Haben Sie die Schattierungsfarbe Schwarz für ein Objekt mit Volltonfarbe ausgewählt und die Option VOLLTONFARBEN BEIBEHALTEN aktiviert, müssen Sie im Menü ANSICHT die ÜBERDRUCKENVORSCHAU aktivieren, um die Auswirkung Ihrer Einstellungen am Bildschirm zu sehen.

▲ **Abbildung 17.30**
Ob Volltonfarben erhalten bleiben, sehen Sie an diesem Hinweis in den Effekt-Einstellungen.

17.4 Oberflächen-Mapping

Die Oberflächen von Extrusions- und Kreiselkörpern können Sie mit Vektorobjekten oder Pixelbildern gestalten. Haben Sie schon mit anderer 3D-Software gearbeitet, kommt Ihnen die Handhabung des Mappings wahrscheinlich gewöhnungsbedürftig vor. Illustrator »mappt« ein Objekt nämlich nicht als Ganzes, sondern teilt es in ggf. sehr kleine Flächen auf, die einzeln mit Grafiken belegt werden müssen.

▲ **Abbildung 17.31**
Diese Flächen stehen bei der Dose für das Mapping zur Verfügung.

Flächenaufteilung

Die von Illustrator vorgenommene Aufteilung der Flächen ist manchmal ungünstig für das Mapping. Das wirkt sich so aus, dass Sie z. B. bei extrudierten gerundeten Formen – etwa einem Flaggenobjekt – das Grafikmotiv nicht in einem Stück applizieren können.

Eine leichte Drehung des Grundobjekts auf der Zeichenfläche kann insofern Abhilfe schaffen, als dass der Körper anders konstruiert wird und die Oberfläche aus einem Stück besteht. Die Ausrichtung des Körpers im Raum nehmen Sie ohnehin in der Dialogbox des 3D-Effekts vor.

▲ **Abbildung 17.32**
Dasselbe Grundobjekt verursacht keine Probleme mehr beim Mapping, nachdem es gedreht wurde (unten).

Grafikmaterial anlegen

Grafiken, die Sie auf eine Fläche applizieren möchten, können beliebige Illustrator-Objekte sein – wie Pfade, zusammengesetzte Pfade und Formen, gruppierte Objekte sowie Gitterobjekte und Pixelbilder.

Achten Sie bei der Applikation von Pixelbildern darauf, diese mit einer ausreichenden Bildauflösung vorzubereiten – vor allem wenn Sie Ihre Illustration drucken wollen. Illustrator verwendet die in der Bilddatei definierten Breiten- und Höhenangaben. Arbeiten Sie mit exakten Maßen beim Erstellen der Grundobjekte und Anwenden der 3D-Effekte, dann lassen sich Bilddateien passend dazu berechnen.

Wie bei so vielen Illustrator-Funktionen kommen auch bei der Oberflächengestaltung wieder die Symbole zum Einsatz: Grafiken, die Sie auf eine Objektoberfläche »mappen« möchten, müssen als Symbol angelegt werden (Symbole siehe Kapitel 16).

Die Verbindung zum Symbol bleibt bestehen, daher werden Aktualisierungen, die Sie an der Symbolgrafik vornehmen, auf den Objektflächen übernommen. Sobald Sie den Inhalt des Symbols aktualisieren – egal, ob Vektor- oder Pixelgrafik –, wird diese Änderung am Objekt auf der Zeichenfläche übernommen, ohne dass Sie noch einmal die Optionen des 3D-Effekts aufrufen müssen.

Tipp

Wenn Sie Pixelbilder auf 3D-Objekte applizieren, achten Sie darauf, unter EFFEKT • DOKUMENT-RASTEREFFEKT-EINSTELLUNGEN eine ausreichende AUFLÖSUNG einzurichten.

▲ **Abbildung 17.33**
Packungssimulation

Modifikationsmöglichkeit | Bildmaterial zuweisen

▶ Drücken Sie ⬆, um die Größe der Grafik proportional zu verändern oder Drehungen auf 45°-Schritte zu beschränken.

3D-Effekte auf andere Objekte übertragen

Wie alle Effekte lassen sich auch 3D-Effekte mit Hilfe der Ebenen-
Palette auf andere Objekte übertragen. Wenden Sie den 3D-
Effekt mit den Einstellungen für das Bildmaterial auf ein anderes
Objekt an, so kann es vorkommen, dass sich Art und Anzahl der
Flächen unterscheiden.

Die Zuordnung der Grafiken zu den Flächen erfolgt anhand
der Nummerierung. Fehlen Flächen mit bestimmten Nummern,
entfallen die zugeordneten Grafiken.

Die Position der Grafiken ist relativ zum Mittelpunkt der Fläche definiert. Hat die neue Fläche eine andere Größe, erfolgt die
Positionierung relativ zum neuen Mittelpunkt.

Schritt für Schritt: Eine 3D-Grafik erstellen

1 Grundobjekte

Öffnen Sie die Datei Karte.ai von der DVD. Sie enthält die Landkarte und den Spezialpinsel für den gepunkteten Weg.

Erstellen Sie zusätzlich die Grundformen für die Häuser und
Bäume. Den Halbkreis, der die Baumkrone darstellt, erzeugen Sie
aus einem Kreis: Aktivieren Sie einen Ankerpunkt mit dem Direktauswahl-Werkzeug und drücken ⬅.

Das Häuserdach erzeugen Sie, indem Sie einen Pfad mit einer
dicken Kontur in eine Fläche umwandeln.

Anschließend beötigen Sie noch die punktierte Linie für die
angedeutete Wegbeschreibung. Zeichnen Sie einen Pfad und
weisen Sie diesem die Punkt-Pinselkontur zu.

2 Extrusionsobjekt Landkarte

Versehen Sie die zur Karte gehörenden Objekte (Bundesländer
und Städte) mit den gewünschten Farben, und gruppieren Sie
diese Objekte.

Wählen Sie EFFEKT • 3D • EXTRUDIEREN UND ABGEFLACHTE
KANTE… Richten Sie Position und Perspektive nach Wunsch ein,
und notieren Sie sich die Werte.

Unsere Beispielkarte ist auf die Position 55°/0°/3° und Perspektive 0° eingestellt.

▲ **Abbildung 17.42**
Grundobjekte

▲ **Abbildung 17.43**
Position der Landkarte

3 | Drehen-Objekt Weg

Aktivieren Sie den »Wegbeschreibungspfad« und wählen EFFEKT
• 3D • DREHEN… Wenn es Ihnen auf eine genaue Umsetzung
eines bestimmten Verlaufs ankommt, geben Sie für Position und
Perspektive dieselben Werte ein wie für die extrudierte Landkarte. Anderenfalls aktivieren Sie die Vorschau und passen beides
intuitiv an.

Duplizieren Sie den Weg, verschieben ihn dabei einige Milli-
meter nach unten, und stellen Sie diese Kopie hinter den anderen
Pfad. Wählen Sie Schwarz für die Kontur, reduzieren Sie die
Deckkraft und wählen die Füllmethode MULTIPLIZIEREN.

▲ **Abbildung 17.44**
Schatten für den Weg

4 | Extrusionsobjekte Häuser

Stellen Sie sicher, dass die Grundobjekte für das Haus gruppiert
sind, positionieren die Gruppe auf der Karte und wählen EFFEKT
• 3D • EXTRUDIEREN UND ABGEFLACHTE KANTE… Aktivieren Sie die
Vorschau und passen die Position und Perspektive intuitiv an.

Richten Sie die Position des Lichtspots aus, und erzeugen Sie
einen zweiten Lichtspot als Aufheller. Regeln Sie dessen Helligkeit niedriger als die des Hauptlichts.

▲ **Abbildung 17.45**
Aufhell-Lichtspot

Anschließend erstellen Sie ein Duplikat des Hauses und positionieren es auf der Karte. Aktivieren Sie den Begrenzungsrahmen
unter ANSICHT • BEGRENZUNGSRAHMEN EINBLENDEN oder mit dem
Shortcut ⌘ + ⇧ + B bzw. Strg + ⇧ + B und passen die Größe
des Grundobjekts an die perspektivische Darstellung an – der
extrudierte Körper folgt der Anpassung.

Rufen Sie den 3D-Effekt in der Aussehen-Palette auf und verändern Sie die Position des Objekts, indem Sie es um seine lokale
y-Achse drehen. Erstellen Sie weitere Kopien nach Bedarf.

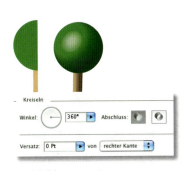

▲ **Abbildung 17.46**
Kreiseln-Optionen für Baum

5 | Rotationsobjekte Bäume

Gruppieren Sie die Grundobjekte des Baums und wählen EFFEKT
• 3D • KREISELN… Aktivieren Sie die Vorschau, wählen Sie die
Position der Achse aus dem Aufklappmenü unter den Optionen
LINKE KANTE oder RECHTE KANTE.

Positionieren Sie das Spotlicht und stellen die Parameter ein.
Duplizieren Sie den ersten Baum, verschieben das Objekt auf der
Karte und passen die Größe des Grundobjekts an. Erstellen Sie
weitere Kopien nach Bedarf.

6 | Anordnen

Falls nötig, passen Sie die Stapelreihenfolge der Objekte mit Hilfe
der Ebenen-Palette an. ■

▲ **Abbildung 17.47**
Die fertige Karte

17.5 3D-Effekte in Vektorpfade umrechnen

Möchten Sie 3D-Objekte weiterbearbeiten, wandeln Sie sie in Vektorpfade um. Aktivieren Sie das Objekt und wählen OBJEKT • AUSSEHEN UMWANDELN.

▲ **Abbildung 17.48**
Objekt nach Umwandlung

Die Verbindung der auf der Objektoberfläche applizierten Grafiken zu den Symbolen geht dabei verloren.

Auch wenn Sie die Option UNSICHTBARE GEOMETRIE in den Optionen eingestellt haben, werden trotzdem einige eigentlich ausgeblendete Teile des Objekts als Vektorform erstellt.

Schattierungen erzeugt Illustrator nicht als Verläufe, sondern stellt Übergänge mit Hilfe aneinandergereihter einfarbiger Flächen dar. Die Objekte sind also kaum mit vertretbarem Aufwand umzufärben. Dem begegnen Sie auf zwei verschiedene Arten:

1. Speichern Sie eine nicht umgewandelte Version der Grafik, an der Sie Veränderungen einfacher durchführen können.
2. Falls Sie die 3D-Effekte nur benutzen, um sich das Konstruieren dreidimensionaler Objekte zu vereinfachen, verwenden Sie die Option KEINE SCHATTIERUNG und färben das Objekt nach der Umwandlung mit Verläufen.

▲ **Abbildung 17.49**
Mit dem 3D-Effekt wurde das Buch konstruiert – koloriert ist es mit Verläufen.

18 Dateien platzieren und mit Pixeldaten arbeiten

In Illustrator lassen sich Daten aus unterschiedlichen Programmen weiterverarbeiten. Sie können verschiedene Vektor-Austauschformate – EPS, PDF, DXF oder das FreeHand-Format –, aber natürlich auch pixelbasierte Daten importieren.

Während Sie Vektordateien in fast allen Fällen zur Weiterbearbeitung mit den Werkzeugen von Illustrator öffnen, ist diese Möglichkeit für pixelbasierte Daten natürlich eingeschränkt.

Illustrator bietet zwar etliche aus Photoshop bekannte Filter zur Bearbeitung pixelbasierter Daten – Bildbearbeitung wie in den einschlägigen Programmen ist aber nicht möglich.

Die beiden typischen Anwendungsbereiche für Bilddaten sind:

▶ Ein Foto oder eine Skizze dient als Vorlage für eine Vektorzeichnung – das Pixelbild wird anschließend gelöscht.
▶ Das Bild wird – kaum verändert – als Teil eines Layouts oder einer Illustration verwendet.

▲ **Abbildung 18.1**
Bilddaten in Vektorgrafikprogrammen: Vorlage zum Nachzeichnen, Layout-Skizze, Teil einer Illustration oder eines Layouts (von links)

Bildauflösung

Anders als objektorientierte Vektorgrafikdateien sind pixelbasierte Grafikformate auf einem Raster aus Bildpunkten aufgebaut. Jeder dieser Punkte kann eine andere Farbe annehmen. Pixelbilder werden durch Scanner und Digitalkameras erzeugt oder in Bildbearbeitungssoftware erstellt.

Das Punktraster, das die Pixel eines Bildes aufnimmt, kann gröber oder feiner sein. Je höher aufgelöst dieses Raster – also je mehr Rasterpunkte auf einer Fläche liegen –, desto mehr Details sind darstellbar. Für bestimmte Anwendungszwecke müssen Ihre

▲ **Abbildung 18.2**
Auflösung 304 ppi (links) und
72 ppi (rechts)

Bilddaten eine Mindestauflösung besitzen. Daher ist es notwendig, Bilder, die Sie in Ihre Illustrator-Datei platzieren, dem Anwendungszweck entsprechend vorzubereiten.

Wenn Bilder eine zu geringe Auflösung haben, sehen Sie den »Pixeleffekt« – eine deutliche Mosaikbildung im Ausdruck. Zu hoch aufgelöste Bilder können jedoch auch Probleme bereiten, vor allem in der Verarbeitungszeit auf dem Drucker oder Belichtungsgerät. Sprechen Sie die benötigte Bildauflösung mit den Weiterverarbeitungsbetrieben ab, bevor Sie beginnen.

Illustrator zeigt Ihnen die effektive Auflösung eines ausgewählten Bilds in der Steuerungspalette an. Diese Auflösung berechnet sich aus der Anzahl der Bildpixel und der auf der Zeichenfläche eingerichteten Abbildungsgröße. Diese Information hilft Ihnen zu beurteilen, ob Sie die Bilddatei in den gewünschten Maßen verwenden können.

Abbildung 18.3 ▶
Anzeige der Bildauflösung in der
Steuerungspalette

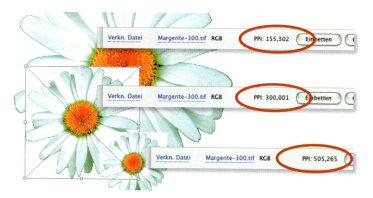

Achtung: Auch platzierte EPS- oder PDF-Dateien können Pixeldaten enthalten. Denken Sie daran, dass Sie die Auflösung dieser Bilder beim Skalieren der platzierten Dateien beeinflussen.

Farbe

Solange Sie in Illustrator nur mit Vektorobjekten im korrekten Dokument-Farbmodus arbeiten und Farbdefinitionen nach Tabellen anlegen (Farbe definieren siehe Kapitel 8), ist es möglich, diese Farbdefinitionen im Layoutprogramm exakt zu erhalten.

Wenn Sie Grafiken aus anderen Programmen – vor allem pixelbasierte Dateien – in Illustrator importieren, müssen Sie jedoch auf die Farbeinstellungen – sowohl in Illustrator als auch im Ursprungsprogramm der eingebundenen Dateien – achten.

Beim Platzieren von Dateien, deren eingebettetes Farbprofil sich vom Farbprofil Ihres Illustrator-Dokuments unterscheidet, ist die Behandlung der Abweichung davon abhängig, ob Sie die Datei einbetten oder verknüpfen. Eingebettete Dateien unterliegen immer dem Farbprofil, das die Illustrator-Datei verwendet.

Hinweis

Die Voreinstellung GEGLÄTTETES BILDMATERIAL hat keinen Einfluss auf platzierte Bilder – damit beeinflussen Sie die Bildschirmdarstellung von Vektorelementen.

Aufgrund der geglätteten Darstellung erscheinen zwischen direkt aneinandergrenzenden Objekten häufig »Lücken«.

Deaktivieren Sie in diesen Fällen die Glättung, um zu prüfen, ob die Lücken tatsächlich vorhanden sind.

Tipp

Richten Sie in allen beteiligten Programmen – Bildbearbeitung, Layout und Illustrator – dieselben Farbeinstellungen ein, um Konflikte und Umrechnungsfehler zu vermeiden.

Verknüpfen Sie Dateien, haben Sie die Wahl, das eingebettete Profil zu erhalten oder das Farbprofil Ihres Illustrator-Dokuments zu verwenden (Farbmanagement siehe Kapitel 8).

18.1 Externe Dateien integrieren

Wie Sie beim Importieren von Daten aus anderen Programmen vorgehen, ist nicht nur abhängig vom Verwendungszweck des Illustrator-Dokuments oder den Bearbeitungsmöglichkeiten. Auch die Optionen, die Illustrator für den Umgang mit den Quellformaten bietet, unterscheiden sich.

Verknüpfen oder einbetten?
Externe Dateien können Sie in Illustrator entweder verknüpfen oder einbetten. Beide Vorgehensweisen haben ihre Anwendungsbereiche.

> ▶ **Verknüpfte Dateien** bieten Ihnen zwei Vorteile: Da sie unabhängig von der Illustrator-Datei sind, addieren sie sich nicht zur Dateigröße, und Illustrator überwacht für Sie, ob die verknüpfte Datei aktualisiert wurde. Die platzierte Grafik kann so immer aktuell gehalten werden. Die Bearbeitungsmöglichkeiten sind allerdings begrenzt – verknüpfte Dateien können Sie lediglich mit den Transformieren-Werkzeugen skalieren, drehen, verschieben etc.

> ▶ **Eingebettete Dateien** ermöglichen Ihnen dagegen den Zugriff auf die enthaltenen Elemente, z. B. Ebenen und Vektordaten – so ist es auch möglich, Beschneidungspfade aus Photoshop-Dateien mit den Illustrator-Werkzeugen zu bearbeiten.
> Wenn Dateien durch viele Hände gehen, ist das Einbetten darüber hinaus ein Weg, um das Projekt zusammenzuhalten.

<aside>
Hinweis

Farbmanagementprofile von platzierten Dateien bleiben nur erhalten, wenn Sie die Dokumente verknüpfen.

Eingebettete Dateien unterliegen den Farbprofilen der Illustrator-Datei.
</aside>

Öffnen, Einfügen, Platzieren, Drag & Drop
Sie haben vier Möglichkeiten, externe Grafikdateien in Illustrator zu importieren: Öffnen der Dateien, Einfügen über die Zwischenablage, Platzieren in eine bereits geöffnete Illustrator-Datei und per Drag & Drop aus dem Quelldokument »ziehen« – vor allem bei den Programmen der Creative Suite.

<aside>
Tipp

Aus Adobe Bridge können Sie Dateien per Drag & Drop platzieren. Alternativ aktivieren Sie das gewünschte Dokument und wählen das Zielprogramm im Menü DATEI • ÖFFNEN MIT bzw. PLATZIEREN.
</aside>

Dateien öffnen | Illustrator kann nicht nur seine nativen Formate – AI, EPS, PDF, SVG – sondern zusätzlich die Speicherformate von Programmen anderer Hersteller zur Bearbeitung öffnen. Eine Übersicht der zahlreichen Speicherformate, die Illustrator öffnet, erhalten Sie, indem Sie im Öffnen-Dialog – Shortcut ⌘/Strg+O – das Menü AKTIVIEREN aufklappen. Beachten Sie

▲ **Abbildung 18.4**
Menüpunkt AKTIVIEREN

vor allem die Versionsnummern – meistens können Sie nicht die aktuellsten Ausgaben verwenden.

Copy & Paste | Kopieren Sie die Grafikelemente – Pixelbilder oder Vektorformen – zunächst im Erstellungsprogramm in die Zwischenablage. In der Regel finden Sie den Befehl unter BEARBEITEN • KOPIEREN – Shortcut ⌘/Strg + C. Anschließend wechseln Sie in Ihre Illustrator-Datei und fügen die Elemente mit BEARBEITEN • EINFÜGEN – Shortcut ⌘/Strg + V – bzw. DAVOR oder DAHINTER EINFÜGEN ein.

Die auf diese Art importieren Elemente werden in Ihre Illustrator-Datei eingebettet.

Drag & Drop | Per Klicken und Ziehen lassen sich Elemente vor allem innerhalb der Creative Suite austauschen. Aktivieren Sie das Element im Quellprogramm – in Bilddateien außerdem die betreffende Ebene – und ziehen es in das geöffnete Illustrator-Dokument. Aus Bilddateien können Sie auf diese Art nur jeweils eine Ebene importieren.

Die Grafikelemente werden beim Drag & Drop eingebettet – es sei denn, Sie klicken und ziehen eine Datei aus Adobe Bridge in Ihr Illustrator-Dokument.

Platzieren | Die Platzieren-Funktion unterstützt alle Fremdformate, die auch geöffnet werden können. Nur wenn Sie Grafiken über den Platzieren-Befehl importieren, ist es bei vielen Dateiformaten möglich, diese alternativ zu verknüpfen oder einzubetten.

Wählen Sie DATEI • PLATZIEREN..., um eine Verknüpfung zu einer Grafikdatei zu erstellen oder diese einzubetten:

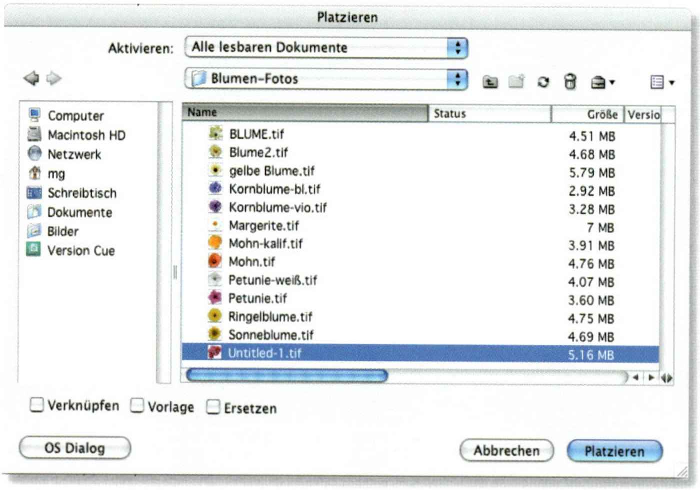

Tipp

Verwenden Sie in FreeHand den Befehl BEARBEITEN • SPEZIELL • KOPIEREN SPEZIAL mit der Option EPS, um ein Objekt zu kopieren, das Sie in Illustrator einfügen wollen.

Tipp

Vor allem vektorbasierte Formate wie FH, CDR, SVG, EMF/WMF, AI, DXF/DWG sowie die Rasterformate PCT und WBMP lassen sich nur einbetten, nicht verknüpfen.

Abbildung 18.5 ▶
Platzieren-Dialogbox: Unten links befindet sich ein Button, mit dem Sie zwischen den Dialog-Boxen von Adobe und dem Betriebssystem wechseln können.
Aus der Adobe-Dialogbox haben Sie Zugriff auf Version Cue.

- ▶ VERKNÜPFEN: Ist diese Option nicht aktiviert, wird die Datei eingebettet. Wählen Sie die Option, um Ihre Grafik als Verknüpfung zu platzieren.
- ▶ VORLAGE: Möchten Sie den Inhalt der importierten Datei als Vorlage für eine Vektorgrafik verwenden, können Sie mit dieser Option direkt beim Importieren eine Vorlagenebene dafür einrichten und die Grafik darauf platzieren (Ebenen siehe Kapitel 11)
- ▶ ERSETZEN: Soll eine platzierte Grafik durch eine andere Datei ersetzt werden, selektieren Sie die zu ersetzende Datei, rufen Sie den Platzieren-Befehl auf und aktivieren die Ersetzen-Option.

Schmuckfarben in platzierten Dateien

Illustrators Fähigkeiten, mit Sonderfarben in platzierten Bildern umzugehen, wurden erheblich verbessert. Neu hinzugekommen ist die Fähigkeit, mit DeviceN-Farbräumen zu arbeiten. Sonderfarben wie Pantone oder HKS können z. B. in Duplex- oder Mehrkanal-Bildern enthalten sein.

Es ist auch möglich, dass zu platzierende PDFs Duplex-Bilder enthalten. Illustrator kann diese eingebetteten Schmuckfarbenbilder als GRAFIK AUS DRITTPROGRAMMEN ohne Bearbeitungsmöglichkeit erhalten und korrekt ausgeben.

Möchten Sie mit Duplex- oder Mehrkanal-Bildern arbeiten, sollten Sie diese im Bildbearbeitungsprogramm als PSD-Dateien speichern. Im PSD können Sie Duplex-Bilder mit Alpha-Transparenz versehen – z. B. in Form einer Ebenenmaske – die in Illustrator mit Objekten interagieren kann.

PSD-Dateien lassen sich im Illustrator-Dokument entweder einbetten oder verknüpfen.

Die in den Bildern definierten Sonderfarben (bis zu 31 Volltonkanäle) legt Illustrator als Farbfelder an, so dass Sie diese Farben in Ihrer Illustration für Vektorobjekte verwenden können.

Für die Druckvorbereitung können Sie eine Illustrator-Datei, die Duplex- oder Mehrkanal-Bilder enthält, als PDF speichern oder das PDF mit dem Distiller erzeugen.

Photoshop-Dateien importieren

Photoshop-Dateien müssen Sie nicht in einem der verbreiteten Austauschformate speichern – Illustrator kann PSD-Dateien direkt platzieren.

Das Photoshop-Format findet dann Anwendung, wenn Sie die Bildebenen erhalten möchten oder ein transparent freigestelltes Motiv in Illustrator benötigen.

▲ **Abbildung 18.6**
Anzeige eines Duplex-Bilds, das in einer PDF-Datei enthalten war und Aufnahme der Sonderfarben in die Farbfelder-Palette

▲ **Abbildung 18.7**
Ein Duplex-PSD mit Transparenz ist in eine Illustrator-Datei eingebettet.

Tipp

DCS 2.0-Dateien können verknüpft platziert werden – eine Transparenzinteraktion wird in diesem Fall korrekt verarbeitet. Vermeiden Sie jedoch, DCS-Dateien in Ihr Illustrator-Dokument einzubetten.

▲ **Abbildung 18.8**
Ebenentransparenzen, die Sie in Photoshop angelegt haben – z. B. in Bildebenen oder als Ebenenmasken (Mitte) – bleiben in Illustrator erhalten und
wirken im Zusammenhang mit Vektorobjekten (rechts und links).

Wählen Sie eine Photoshop-Datei im Platzieren-Dialog, geben
die Importoptionen ein, und klicken Sie auf den Button PLATZIE-
REN. Wenn Sie die Datei einbetten, wählen Sie anschließend die
Optionen für das PSD-Format.

▲ **Abbildung 18.9**
PHOTOSHOP-IMPORTOPTIONEN für eingebettete (links) und verknüpfte
Dateien (rechts)

▲ **Abbildung 18.10**
Ebenenkompositionen-Palette in
Photoshop

Importoptionen | PSD-Dateien

▶ EBENENKOMPOSITION: Sind in der Photoshop-Datei Ebenenkompositionen zusammengestellt, können Sie auf diese im
Aufklappmenü zugreifen. Wenn Sie die Vorschau aktivieren,
sehen Sie eine Anzeige der ausgewählten Komposition.

▶ BEI AKTUALISIERUNG DES LINKS (nur beim Verknüpfen): Wenn
Sie beim Bearbeiten einer verknüpften Datei die Ebensichtbarkeit verändern, wendet Illustrator die hier definierte Regel
bei der Aktualisierung der Verknüpfung an:

- ▶ Benutzerdefinierte Ebensichtbarkeit beibehalten: Die bei der erstmaligen Platzierung des Bildes vorliegende Ebensichtbarkeit wird erhalten.
- ▶ Ebensichtbarkeit von Photoshop verwenden: So wie die Ebenen nach der Bearbeitung in Photoshop angezeigt werden, sind sie nach dem Aktualisieren der Verknüpfung in Illustrator sichtbar.
- ▶ Photoshop-Ebenen in Objekte konvertieren (nur beim Einbetten): Soweit möglich, importiert Illustrator jede Ebene als einzelne Grafik und Textebenen als Textobjekte.
  Einige Füllmethoden sowie Einstellungsebenen, Aussparungen und Ebeneneffekte werden beim Einbetten mit den jeweils darunterliegenden Ebenen reduziert.
- ▶ Photoshop-Ebenen zu einzelnem Bild reduzieren: Alle Ebenen werden beim Import auf eine einzige reduziert.
- ▶ Ausgeblendete Ebenen importieren (nur beim Einbetten): Wählen Sie diese Option, um auch Ebenen zu platzieren, die in der Originaldatei ausgeblendet sind – dieser Status bleibt in Illustrator erhalten.
- ▶ Slices importieren (nur beim Einbetten): Mit dieser Option können Sie Slices importieren – diese werden jedoch als »normale« Pfade importiert und müssen in einem weiteren Arbeitsschritt als Slices definiert werden (Slices siehe Kapitel 20).

Einige Bilddateien konvertiert Illustrator vor dem Einfügen – so z. B. Dateien mit 16 Bit Farbtiefe in den Kanälen oder Dateien, deren Pixel-Seitenverhältnis nicht quadratisch ist. Dies kann neben Photoshop-Dateien auch Bilder aus Video-Schnittprogrammen betreffen.

PDF importieren

Illustrator kann fast jedes nicht passwortgesicherte PDF-Dokument so öffnen, dass sich die enthaltenen Elemente bearbeiten lassen. Nach der Auswahl der PDF-Datei bestimmen Sie in einer zweiten Dialogbox die Platzierungsoptionen. Handelt es sich um ein mehrseitiges PDF, navigieren Sie zunächst mit den Pfeiltasten zur gewünschten Seite.

Anschließend wählen Sie aus dem Aufklappmenü, welcher Bereich des PDF in Illustrator eingefügt werden soll. Die Einträge beziehen sich auf die »Boxen« in einer PDF-Datei, die z. B. das Endformat, die Grafikelemente und den gesamten druckenden Bereich definieren.

▲ **Abbildung 18.11**
Ebenen in Objekte konvertiert:
Die Textebene ist in Illustrator editierbar.

▲ **Abbildung 18.12**
Warnhinweise beim Konvertieren von Dateien

▲ **Abbildung 18.13**
Optionen PDF platzieren

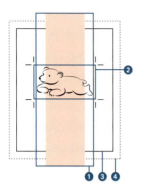

▲ **Abbildung 18.14**
PDF-Boxen

Die ausgewählte »Box« zeigt das Vorschaubild durch einen gestrichelten Rahmen an.

Bezeichnung in der Dialogbox	»Box«
Begrenzungsrahmen ❶	Bounding Box
Bildmaterial ❶	Art Box
Zuschneiden ❷	Crop Box
Überlappungsbereich entfernen ❸	Trim Box
Anschnitt ❹	Bleed Box
Medien	Media Box

▲ **Tabelle 18.1**
Optionen PDF PLATZIEREN

Hinweis

Illustrator-Dateien, die verknüpfte EPS-Dateien im Binär-Format enthalten, werden manchmal nicht richtig gedruckt. Speichern Sie EPS-Dateien in diesem Fall im ASCII-Format.

Hinweis

Um die Bildschirmansicht vor allem von EPS mit 1-Bit-Vorschau zu verbessern, deaktivieren Sie in den Voreinstellungen unter DATEIEN VERARBEITEN UND ZWISCHENABLAGE die Option FÜR VERKNÜPFTE EPS-DATEIEN VERSION MIT NIEDRIGER AUFLÖSUNG VERWENDEN.

EPS-Dateien importieren

EPS-Dateien können Sie in eine Illustrator-Datei sowohl einbetten als auch verknüpfen.

Beim Einbetten werden die enthaltenen Objekte in native Illustrator-Objekte umgewandelt, soweit das möglich ist. Sie sollten EPS-Dateien nur dann einbetten, wenn Sie Objekte bearbeiten wollen – Objekte, die Illustrator nicht erkennt, gehen ansonsten bei der Konvertierung verloren. Um EPS-Dateien einzubetten, öffnen Sie sie oder verwenden den Platzieren-Befehl und deaktivieren die Option VERKNÜPFEN.

In verknüpften EPS-Dateien bleiben alle Objekte und Sonderfarben erhalten. Der größte Vorteil verknüpfter EPS-Dateien ist, dass Ihr Illustrator-Dokument bei Änderungen an der verknüpften Datei aktualisiert wird. Verwenden Sie DATEI • PLATZIEREN… mit der Option VERKNÜPFEN, um eine EPS-Datei verknüpft zu platzieren.

FreeHand-Dateien importieren

Lesen Sie die Details zum Öffnen von FreeHand-Dateien sowie ergänzende Hinweise zur Vorbereitung Ihrer Dokumente für eine reibungslose Übernahme in Kapitel 22.

CorelDraw-Dateien importieren

Illustrator liest CDR-Dateien der Versionen 5 bis 10. Wie beim Öffnen von FreeHand-Dateien können auch hier viele Eigenschaften erhalten werden, z.B. zusammengesetzte Pfade, Überblendungen, Pfadtexte, Konturen und Verläufe.

Verzerrungshüllen müssen Sie bereits in CorelDraw umwandeln lassen, da die verzerrten Formen ansonsten nicht erhalten bleiben. An Objekten verwendete Farben legt Illustrator in der Farbfelder-Palette an.

▲ **Abbildung 18.15**
Icon einer CorelDraw-Datei

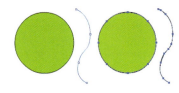

Objekte aus Flash-Dateien importieren

Illustrator kann keine Flash-Dateien öffnen. Falls Sie aber Vektor-elemente aus Flash-Dateien benötigen, exportieren Sie entweder die Grafik aus Flash oder wählen Sie den Weg über die Zwischen-ablage.

Flash exportiert Einzelbilder aus Animationen in älteren Illus-trator-Formaten – Flash CS3 z. B. bis Illustrator Version 6. Bei der Formatumwandlung bleiben Verlaufsfüllungen erhalten, sofern sie keine Transparenz enthalten. Pfade, die Sie in Flash mit dem Pinsel-Werkzeug erstellt haben, werden in Flächen umgewan-delt, und leider haben alle Pfade nach dem Export mehr Anker-punkte als nötig.

▲ **Abbildung 18.16**
Die Grafik in Flash (links) hat weniger Punkte als in der expor-tierten .AI-Datei.

18.2 Grafikdaten verwalten

Damit Sie bei vielen verknüpften Grafikdateien sowie eingebette-ten Bildern nicht den Überblick verlieren, stellt Illustrator als Ver-waltungszentrum die Verknüpfungen-Palette zur Verfügung.

Der Status der importierten Dateien ist dort auf einen Blick anhand von Symbolen zu erkennen, und weitere Informationen lassen sich einfach aufrufen. Die Palette bildet aber auch die Ver-bindung zu Adobe Bridge und zu den Ursprungsprogrammen der verknüpften Bilder.

Wichtige Funktionen und Informationen haben Sie darüber hinaus als Buttons in der Steuerungspalette immer dann zur Hand, wenn Bilder ausgewählt sind.

Tipp

Voreingestellt werden Bilder in der Pfadansicht nur durch einen Rahmen dargestellt. Möchten Sie stattdessen das Motiv anzeigen lassen, rufen Sie Datei • Doku-mentformat auf und aktivieren auf der Seite Zeichenfläche die Option Bilder in Pfadansicht anzeigen.

Steuerungspalette

Ist eine platzierte Datei ausgewählt, dann stehen Ihnen in der Steuerungspalette die gebräuchlichsten Funktionen im Zusam-menhang mit dem jeweiligen Objekt zur Verfügung.

Aktivieren Sie zum Beispiel ein verknüpftes Bild, können Sie es mit einem Mausklick einbetten, die Originaldatei bearbeiten, interaktiv abpausen oder mit einer Maske beschneiden.

▲ **Abbildung 18.17**
Die kontextsensitive Steuerungs-palette mit aktiviertem Bild

Verknüpfungen-Palette

Die Verknüpfungen-Palette listet alle verknüpften Dateien sowie eingebettete Pixelbilder auf und ermöglicht deren komfortable Verwaltung. Rufen Sie die Palette auf, indem Sie Fenster • Ver-knüpfungen aus dem Menü wählen – im Dock klicken Sie 🔗.

▲ Abbildung 18.18
Verknüpfungen-Palette

Das DCS-Format – Abkürzung für Desktop Color Separation – ist eine Variante des EPS-Formats. Da separierte Daten gespeichert werden, kann dieses Format in (heute üblichen) Composite-Workflows zu Problemen führen.

▲ Abbildung 18.19
Wichtige Befehle für Verknüpfungen finden Sie auch in der Steuerungspalette: Klicken Sie auf den Dateinamen, um das Menü aufzuklappen.

Symbole | Verknüpfungen-Palette
Jeder Eintrag in der Palette entspricht einem verknüpften bzw. eingebetteten Bild. Symbole zeigen den Status der Verknüpfung an, falls besondere Maßnahmen erforderlich sind.

▶ EINGEBETTETE PIXELBILDER : Während Vektordateien nach dem Einbetten aus der Verknüpfungen-Palette entfernt werden, listet Illustrator eingebettete Pixelbilder weiterhin auf.

▶ FEHLENDE GRAFIK : Findet Illustrator die platzierte Datei nicht mehr an ihrem Speicherort vor, signalisiert es das mit dem Stoppschild – ist ein Bild bereits beim Öffnen einer Datei nicht mehr auffindbar, erhalten Sie eine Warnmeldung.
Verwenden Sie den Befehl ERNEUT VERBINDEN... aus dem Menü der Verknüpfungen-Palette oder den gleichnamigen Button, und verweisen Sie auf den neuen Speicherort oder eine andere Datei.

▶ GEÄNDERTE GRAFIK : Haben Sie eine Grafik außerhalb von Illustrator bearbeitet und gespeichert, muss die Verknüpfung aktualisiert werden, da es anderenfalls beim Druck zu unerwarteten Ergebnissen kommen kann.
Verwenden Sie dazu die Funktion VERKNÜPFUNG AKTUALISIEREN aus dem Palettenmenü oder den entsprechenden Button, und passen Sie anschließend ggf. die Position des Bildes auf der Zeichenfläche an.

▶ TRANSPARENZINTERAKTION EINER DCS-DATEI : DCS-Dateien, die mit transparenten Objekten interagieren, drucken möglicherweise nicht korrekt, daher zeigt das Symbol eine Wechselwirkung an. Die Warnanzeige müssen Sie jedoch in den Paletten-Optionen aktivieren.

▶ VERSION CUE STATUS: Falls Sie verknüpfte Dateien mit Version Cue verwalten, zeigen zusätzliche Symbole deren Status an: z. B. Stock Photo-Komposition , Synchronisiert , Geöffnet . Eine Übersicht dieser Symbole finden Sie in der Illustrator-Hilfe.

Funktions-Buttons | Verknüpfungen-Palette

▶ ERNEUT VERBINDEN...: Findet Illustrator eine Grafik nicht oder möchten Sie einer Verknüpfung eine andere Datei zuordnen, rufen Sie den Befehl ERNEUT VERBINDEN... am unteren Rand oder aus dem Menü der Palette auf.

▶ GEHE ZU LINK: Um eine Grafik innerhalb Ihres Dokuments zu finden, wählen Sie diesen Befehl aus dem Palettenmenü, oder verwenden Sie den Button . Illustrator setzt den Fokus des Dokumentfensters auf die Grafik.

▶ ORIGINAL BEARBEITEN: Aktivieren Sie eine Grafik, und wählen Sie ORIGINAL BEARBEITEN aus dem Palettenmenü oder durch

einen Klick auf den Button , um die Grafik im Erstellungsprogramm zu bearbeiten. Falls es nicht geöffnet ist, löst Illustrator den Programmstart aus. Nachdem Sie die Datei gespeichert und Illustrator wieder aufgerufen haben, erhalten Sie
eine Warnung, dass eine Datei geändert wurde. Bestätigen Sie
die Meldung, um die Datei in Illustrator zu aktualisieren.

▶ VERKNÜPFUNG AKTUALISIEREN: Diese Funktion dient dazu,
Dateien, die als geändert in der Verknüpfungen-Palette markiert sind, auf den neuesten Stand zu bringen. Sie rufen die
Aktualisierung für aktivierte Grafiken mit dem Button 🖫➔ oder
über das Palettenmenü auf.

Palettenmenü | Verknüpfungen-Palette

▶ PLATZIERUNGS-OPTIONEN…: Mit den Platzierungs-Optionen
bestimmen Sie, wie sich die Grafik im Verhältnis zum Begrenzungsrahmen verhalten soll. Die Optionen wirken dann, wenn
Sie den Begrenzungsrahmen nicht proportional skalieren oder
mit dem Befehl ERNEUT VERBINDEN… eine Grafik mit anderen
Proportionen zuweisen.

Wählen Sie eine Option aus dem Aufklappmenü. Bei vielen
Optionen können Sie mit dem AUSRICHTUNGSSYMBOL 🖪 einen
Referenzpunkt für die Ausrichtung definieren. Klicken Sie dazu
auf eines der Kästchen des Symbols.
Soll die Grafik nicht über den Begrenzungsrahmen hinausra-
gen, aktivieren Sie die Option AUF BEGRENZUNGSRAHMEN
ZUSCHNEIDEN.

▶ VERSIONEN: Sind von einer mit Version Cue verwalteten Datei
mehrere Versionen gespeichert, wählen Sie diesen Befehl, um
eine Übersicht der Versionen mit den Dateiinformationen und
Kommentaren aufzurufen. In dieser Versionen-Dialogbox

Hinweis

Das Erstellungsprogramm richten
Sie auf dem Mac OS in den Do-
kument-Informationen ein, unter
Windows in den Datei-Eigen-
schaften.

▲ **Abbildung 18.20**
Warnhinweis bei geänderten
verknüpften Dateien

◀ **Abbildung 18.21**
Platzierungs-Optionen-Dialogbox

Hinweis

Um Bilder zu maskieren, ist eine
Schnittmaske besser geeignet als
die Platzierungs-Optionen. Die
Erstellung einer Schnittmaske
speziell für Bilder nehmen Sie
mit dem Button MASKIEREN in
der Steuerungspalette vor. Lesen
Sie dazu den Abschnitt 18.3,
»Bilddaten bearbeiten«.

▲ **Abbildung 18.22**
Adobe Version Cue ist kein eigenständiges Programm mehr, sondern über die Bridge erreichbar.

▲ **Abbildung 18.23**
Versionen-Dialogbox

▲ **Abbildung 18.24**
Der Kaufen-Befehl legt das gewünschte Bild in den Warenkorb.

▲ **Abbildung 18.25**
XMP-Logo

▲ **Abbildung 18.26**
Optionen der Verknüpfungen-
Palette

haben Sie die Möglichkeit, ältere Versionen einer Datei ohne Umweg über Version Cue hochzustufen.

Wurde eine neue Version einer platzierten Datei gespeichert, markiert Illustrator diese Datei als geändert ⚠.

▶ VERKNÜPFUNG EINCHECKEN: Wenn Sie eine versionierte Datei – diese erkennen Sie am Icon ⏱ – mit der Funktion ORIGINAL BEARBEITEN ... 🖊 aus Illustrator heraus im Erstellungsprogramm editiert, die Bearbeitung dort jedoch nicht als neue Version gespeichert haben, können Sie dies in Illustrator nachholen, indem Sie diesen Befehl aufrufen. In einer Dialogbox werden Sie aufgefordert, die Version zu kommentieren.

▶ BILD EINBETTEN: Aktivieren Sie ein Grafikobjekt und wählen diesen Befehl, um die Grafikdaten in die Illustrator-Datei zu integrieren – die Dateigröße kann beträchtlich zunehmen. Einige Operationen können Sie jedoch nur mit eingebetteten Daten vornehmen – darüber hinaus kann es manchmal nützlich sein, alles in einer Datei zu verwalten.

▶ DIESES BILD KAUFEN...: Aktivieren Sie eine Stock-Photo-Komposition 🗏 in der Palette und wählen diese Funktion, um den Stock-Photo-Dienst in Adobe Bridge aufzurufen und das zugehörige Bild in den Warenkorb zu legen.

▶ IN BRIDGE ANZEIGEN...: Der Befehl öffnet die verknüpfte Datei in Adobe Bridge. Ist die Datei versioniert, wird das Version-Cue-Projekt angezeigt.

▶ DATEIINFO VERKNÜPFEN...: Die XMP-Metadaten (eXtensible Metadata Platform) einer verknüpften Grafikdatei können Sie hier nicht editieren, nur einsehen.

▶ VERKNÜPFUNGSINFORMATIONEN...: Mit diesem Befehl oder einem Doppelklick auf den Eintrag in der Palette rufen Sie Angaben zur verknüpften Datei auf wie den Speicherort, Größe, Dateiformat – ein Teil der Informationen wird auch für eingebettete Dateien angezeigt. Besonders interessant sind die Informationen über angewandte Transformationen – so lässt sich z. B. erkennen, ob die Grafik proportional skaliert ist.

Paletten-Anzeige | Mit den folgenden Optionen steuern Sie die Darstellung der Palette.

▶ EINBLENDEN: Vor allem, wenn Sie mit vielen platzierten Bildern und Grafiken arbeiten, kann es sinnvoll sein, sich nur eine bestimmte Gruppe dieser Objekte in der Verknüpfungen-Palette anzeigen zu lassen, z. B. die problematischen.

Sie haben die Wahl, ALLES, FEHLENDE, GEÄNDERTE oder EINGEBETTETE Objekte einblenden zu lassen.

- SORTIEREN: Die Einträge in der Palette können Sie zwar nicht wie in anderen Paletten verschieben, sie lassen sich jedoch nach Name, Art oder Status sortieren.
- BEDIENFELDOPTIONEN…: In den Paletten-Optionen bestimmen Sie die Größe des Miniaturbilds und aktivieren die Anzeige der Transparenz-Interaktion mit DCS-Bildern.

Verknüpfungen automatisch aktualisieren

Voreingestellt weist Illustrator beim Öffnen einer Datei oder beim Wechseln aus einem anderen Programm zu einer geöffneten Illustrator-Datei auf geänderte Verknüpfungen hin.

Dieses Verhalten können Sie jedoch ändern. Rufen Sie VOREIN-STELLUNGEN • DATEIEN VERARBEITEN UND ZWISCHENABLAGE… auf, und wählen Sie eine Option unter VERKNÜPFUNGEN AKTUALISIE-REN:

- AUTOMATISCH: Die Warnung wird unterdrückt, Illustrator aktualisiert die Verknüpfungen in geöffneten Dateien selbsttätig.

▲ **Abbildung 18.27**
Verknüpfungen-aktualisieren-Voreinstellung

- MANUELL: Auch hier erhalten Sie keine Warnung – dafür müssen Sie die Verknüpfungen-Palette beachten, um geänderte Dateien zu bemerken, und diese dann »von Hand« zu aktualisieren.
- BEI ÄNDERUNG WÄHLEN: Die Voreinstellung – Illustrator zeigt die Dialogbox.

18.3 Bilddaten bearbeiten

Neben dem umfangreichen Werkzeugkasten zur Vektorisierung von Pixelgrafiken bietet Illustrator auch einige Funktionen zur Bildbearbeitung, die es – in Kombination mit den typografischen Werkzeugen – ermöglichen, das Programm auch für kleinere Layoutaufgaben zu verwenden.

Hinweis

Möchten Sie, dass Bilder beim Verschieben mit den Auswahl-Werkzeugen nicht nur als Kästchen, sondern als Vorschau dargestellt werden, dann aktivieren Sie die Option BILDER IN PFADANSICHT ANZEIGEN unter DATEI • DOKUMENTFORMAT.

Pixelgrafik mit Vektorwerkzeugen bearbeiten

Platzierte Bilder können Sie mit den Transformieren-Werkzeugen drehen, skalieren, verbiegen und spiegeln.

Möchten Sie Pixelgrafik mit einer Verzerrungshülle oder den **Verflüssigen**-Werkzeugen bearbeiten, müssen Sie die Bilder zunächst einbetten. Extreme Verzerrungen erzeugen jedoch sehr schnell ein »pixeliges« Aussehen.

Eingebettete Bilder lassen sich auch als **Symbol** ablegen, so dass Sie das Bildmaterial u. a. auf die Oberfläche eines 3D-Körpers »mappen« können.

▲ **Abbildung 18.28**
Pixelbild als Map eines 3D-Objekts

▲ **Abbildung 18.29**
Einem Graustufen-Bild wurde
eine Volltonfarbe zugewiesen.

Graustufen und Bitmaps kolorieren

Falls Sie nur Graustufen- oder 1-Bit-Bilder zur Verfügung haben
oder Ihre Grafik mit zwei oder drei Farben gedruckt wird, gibt es
die Möglichkeit, den Bildern in Illustrator eine Farbe zuzuweisen.
Seit Illustrator CS2 können Sie zu diesem Zweck auch eine
Schmuck- oder Volltonfarbe verwenden.

Aktivieren Sie dazu das Bild auf der Zeichenfläche, und weisen
Sie die gewünschte Farbe als Fläche zu. Mit dieser Methode
erzeugen Sie keine Duplex-Bilder – dies müssen Sie nach wie vor
im Bildbearbeitungsprogramm vornehmen, Sie können Duplex-
Bilder aber in Illustrator importieren (siehe dazu in Abschnitt 18.1,
»Schmuckfarben in platzierten Dateien«).

Schritt für Schritt: Bilder mehrfarbig kolorieren

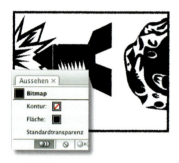

▲ **Abbildung 18.30**
Bitmap- und Graustufenbilder besitzen eine »Vordergrundfarbe«.

1 Bilddatei platzieren

Mit diesem kleinen Trick ist es möglich, Bitmap-Bilder mit zwei
Farben zu kolorieren, wie Sie es z. B. aus Layoutprogrammen
durch Verwenden von Vorder- und Hintergrundfarbe gewohnt
sind. Zunächst platzieren Sie ein Bitmap-Bild in einer neuen Illustrator-Datei. Die Datei Bitmap.tif finden Sie auf der DVD. Das
Bild kann beim Platzieren entweder verknüpft oder eingebettet
werden.

2 »Hintergrundfarbe« hinzufügen

Zunächst gestalten Sie den Hintergrund des Bildes. Wählen Sie
dazu im Palettenmenü der Aussehen-Palette NEUE FLÄCHE HIN-
ZUFÜGEN.

▲ **Abbildung 18.31**
Einstellung der Optionen für den
Effekt TRANSFORMIEREN

▲ **Abbildung 18.32**
Anordnung der Flächen in der
Aussehen-Palette

Damit diese Fläche am Objekt sichtbar wird, müssen Sie eine Form erzeugen. Weisen Sie also der Fläche den EFFEKT • IN FORM UMWANDELN • RECHTECK zu (Effekte siehe Kapitel 13). Als Optionen für den Effekt wählen Sie RELATIV mit einer ZUSÄTZLICHEN BREITE wie HÖHE von 0 (siehe Abbildung 18.31). Wählen Sie außerdem eine Farbe für die Fläche (siehe Abbildung 18.32).

Die Form liegt über dem Bild und verdeckt es. Verschieben Sie die eben erstellte Fläche mit dem Effekt unter die ursprünglich vorhandene Fläche (siehe Abbildung 18.32, Aussehen-Palette siehe Kapitel 11).

▲ **Abbildung 18.33**
Die ursprünglich schwarze »Vordergrundfarbe« wurde geändert.

3 **»Vordergrundfarbe« ändern**
Die schwarze Standardfarbe, die das Bitmap-Bild erhalten hat, ändern Sie als Nächstes. Wählen Sie den Eintrag in der Aussehen-Palette aus und geben dem Bild eine andere Farbe (siehe Abbildung 18.33).

4 **Weitere Hintergrundfarben anlegen**
Optional können Sie auch weitere Farbflächen im Hintergrund anlegen. Ein Beispiel für diese Anwendung finden Sie unter Bitmap-Mehrfarbig.ai auf der DVD. Sehen Sie sich in der Aussehen-Palette die Hierarchie der Eigenschaften und vor allem die Einstellungen in den angewendeten Transformieren-Effekten an.

Erstellen Sie aus den Aussehen-Eigenschaften einen Grafikstil, um diesen an weiteren Bildern anzuwenden. ■

▲ **Abbildung 18.34**
Das Ergebnis

Bilder maskieren
Das Beschneiden von Bildern auf das endgültige Format sollten Sie soweit möglich im Bildbearbeitungsprogramm vornehmen. Das reduziert zum einen die Dateigröße und spart zum anderen Rechenzeit auf dem RIP, da die Berechnung einer Maske entfällt.

Seit Illustrator CS3 ist das Maskieren von Bildern dank des Buttons MASKIEREN in der Steuerungspalette aber auch nicht mehr ganz so umständlich.

Klicken Sie auf diesen Button, um automatisch eine rechteckige Schnittmaske zu erzeugen. Unmittelbar nach dem Klicken des Buttons ist die Maske ausgewählt. Eine Anpassung ist nur möglich, indem Sie die Anfasser an den Ecken und Seiten des Ausschnitts verschieben. Das Objekt wird deaktiviert, sobald Sie an eine andere Stelle auf der Zeichenfläche klicken.

Wenn Sie die Maske zu einem späteren Zeitpunkt verändern möchten, müssen Sie das maskierte Objekt aktivieren und den Button MASKE BEARBEITEN anklicken (Schnittmasken siehe Kapitel 11).

▲ **Abbildung 18.35**
Mit Hilfe der Anfasser (Kreise) lässt sich der Ausschnitt skalieren und drehen.

Freiform-Masken auf Bilder anwenden

Möchten Sie jedoch frei geformte Masken anwenden, steht es Ihnen frei, diese bereits in Photoshop als Beschneidungspfad oder in Illustrator als Schnitt- bzw. Deckkraftmaske anzulegen.

▲ **Abbildung 18.36**
Schnittmaske und Deckkraftmaske für platzierte Pixelbilder

In Photoshop angelegte Beschneidungspfade werden beim Einbetten von Bildern in Schnittmasken konvertiert (Schnittmasken siehe Kapitel 11, Deckkraftmasken siehe Kapitel 12).

Filter

Etliche Bildbearbeitungsfilter, deren Namen Ihnen aus Photoshop bekannt vorkommen, finden Sie in Illustrator sowohl im Filter- als auch im Effekt-Menü wieder. Die Filter stehen sowohl im Dokumentfarbmodus RGB als auch CMYK zur Verfügung.

Als Filter lassen sich die Operationen nur auf eingebettete Bilder anwenden. Effekte können Sie zwar auch verknüpften Bildern zuweisen, Illustrator erzeugt aber automatisch eine eingebettete Kopie des Bilds (Filter und Effekte siehe Kapitel 13).

Tipp

Illustrator nutzt die Schnittstelle für Photoshop-Filter, so dass Sie die vorhandenen Filter mit zusätzlichen ergänzen können, soweit diese zu der Schnittstelle kompatibel sind.

Schritt für Schritt: Platzierte Bilder einrahmen

Leider können Sie platzierte Bilder nicht einfach mit Hilfe der Konturenpalette einrahmen. Stattdessen ist ein kleiner Umweg mit einem Effekt nötig. Einmal eingerichtet lässt sich dieser jedoch als Grafikstil speichern und dann wiederholt anwenden.

1 Bilddatei importieren

Erstellen Sie ein neues Dokument, und platzieren Sie eine Bilddatei – ob Sie die Datei einbetten oder verknüpfen, ist für das Ein-

▲ **Abbildung 18.37**
Das Workshop-Ergebnis

rahmen nicht relevant. Das Hundebild Portrait.psd finden Sie auf der DVD.

2 Eine Kontur erzeugen

Aktivieren Sie das soeben platzierte Bild. Rufen Sie die Aussehen-Palette auf und wählen im Palettenmenü den Eintrag NEUE KONTUR HINZUFÜGEN (Aussehen-Palette siehe Kapitel 11). Die Kontur wird über dem Bild erstellt, ist aber auf der Zeichenfläche nicht sichtbar.

Damit die Kontur sichtbar wird, benötigen Sie für diese Kontur eine eigene Form. Diese Form erzeugen Sie, indem Sie dem Eintrag KONTUR den EFFEKT • IN FORM UMWANDELN • RECHTECK zuweisen (Effekte siehe Kapitel 13). Als Optionen für den Effekt wählen Sie RELATIV mit einer ZUSÄTZLICHEN BREITE wie HÖHE von 0. Die Kontur verläuft jetzt außen um das Bild.

▲ **Abbildung 18.38**
Eine neue Kontur hinzufügen

Tipp

Alternativ zu IN FORM UMWANDELN verwenden Sie EFFEKT • PFAD • KONTUR NACHZEICHNEN.

3 Die Kontur verzieren

Die Kontur lässt sich nun wie jede andere Kontur mit weiteren Eigenschaften, z. B. Pinseln und Farben versehen. Falls die Kontur das Bild nicht überdecken soll, verschieben Sie in der Aussehen-Palette den Eintrag BILDPIXEL über den Eintrag KONTUR.

Falls Sie weitere Bilder mit diesem Rahmen versehen möchten, erstellen Sie einen Grafikstil (Grafikstile siehe Kapitel 11). ■

▲ **Abbildung 18.39**
Der fertiggestellte Rahmen

18.4 Pixeldaten vektorisieren

Beim Vektorisieren von Pixeldaten erstellen Sie Bézierpfade aus Flächen oder Linien, die mit Bildpixeln aufgebaut sind. Sie wandeln das pixelbasierte Bild in eine objektorientierte Grafik um.

Illustrator bietet Ihnen zwei Möglichkeiten, das zu tun: Sie können, wie in Kapitel 5, 6 und 7 gelernt, die Objekt-, Zeichen- und Malwerkzeuge verwenden, um die benötigten Formen manuell zu konstruieren.

▲ Abbildung 18.40
Prinzip Autotrace

▲ Abbildung 18.41
Prinzip manuelles Vektorisieren

Oder Sie nutzen die Autotrace-Funktion, die in Illustrator Live Trace – oder deutsch Interaktiv abpausen – heißt. Das automatische Nachzeichnen hat einen unschlagbaren Vorteil: Es geht sehr schnell. Allerdings arbeitet die Funktion nur auf der Basis einer nicht sehr intelligenten Flächenerkennung anhand der Farb- und Helligkeitsunterschiede einzelner Pixel. Sie ist nicht in der Lage, diese Flächen Bildobjekten zuzuordnen.

Daher gleicht das Ergebnis im prinzipiellen Aufbau einer Pixelgrafik, denn es liegen einzelne Farbflächen nebeneinander – nur dass deren Form eben durch Pfade begrenzt ist. Weil die Software nicht »weiß«, welche Flächen zusammengehören, kann sie auch keine Verläufe erstellen.

Das automatische Nachzeichnen hat also den meisten Nutzen, wenn die Vorlage wenige, klar abgegrenzte Farbtöne enthält.

Beim manuellen Vektorisieren dagegen beschreiben die Farbflächen nicht nur Bereiche, deren Pixel eine bestimmte Farbe haben, sondern abgebildete Objekte. Die Flächen müssen nicht stur nebeneinander gelegt werden, und Sie können an vielen Stellen einen realistischeren dreidimensionalen Eindruck durch Verläufe erstellen.

Ein weiterer Vorteil des manuellen Nachzeichnens besteht in der Erkennung geometrischer Formen – z. B. eines Kreises oder einer Geraden. Diese kann ein Mensch in einer Vorlage klar identifizieren und in der Vektorgrafik entsprechend konstruieren, selbst wenn die Vorlage durch Verzerrungen oder Ungenauigkeiten die Geometrie nicht mehr korrekt darstellt.

Welche Vektorisierung ist für mein Motiv geeignet?

Die Art des Bildmotivs, die Qualität der Vorlage und der Verwendungszweck der Vektorgrafik bestimmen darüber, mit welcher Methode Sie am besten vektorisieren – per Autotrace oder von Hand.

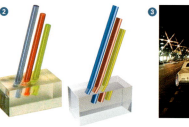

▲ Abbildung 18.42
Vorlagenarten: Plan ❶, Layout-Foto (mit Vektorillustration) ❷, Fotografie ❸, Comic ❹

Pläne ❶ sind ein typisches Anwendungsgebiet für Vektorgrafik – häufig existiert bereits eine Vorlage, jedoch nicht in digitaler Form. Liegt ein sauberer Scan vor, lassen sie sich erstaunlich gut automatisch vektorisieren – die Schriftelemente sollten Sie trotz-

dem setzen. Einfache Pläne sind aber – etwas Übung vorausgesetzt – genauso schnell von Hand nachgezeichnet.

Die fotorealistische Illustration ❷ ist kein geeignetes Feld für
das automatische Nachzeichnen – mit Ausnahme kleinerer
Details –, vor allem da Autotrace-Funktionen keine Verlaufsflächen anlegen können. Aus Fotos ❸ oder anderen künstlerischen
Vorlagen lassen sich mit Hilfe der Abpaus-Funktion zum Teil
eigenständige Kreationen erstellen.

Comic- und andere handgezeichnete Elemente ❹ sind ebenfalls ein ideales Anwendungsgebiet für automatische Abpaus-
Funktionen.

Liegen Logos oder Symbole ❺ als Vorlage vor, ist die Wahl der
Mittel abhängig von deren Art. Geometrische Formen wie Kreise,
regelmäßige Polygone oder regelmäßige Linien sollten Sie konstruieren. Schriftelemente bilden Sie in der besten Qualität nach,
wenn Sie die Schriftart identifizieren und die Elemente neu setzen. Unregelmäßige oder handgezeichnete Elemente lassen sich
automatisch vektorisieren.

▲ **Abbildung 18.43**
Logo mit konstruierten und freien
Elementen

18.5 Live Trace – Interaktiv abpausen

Mit der Live-Trace- oder auf Deutsch Interaktiv-abpausen-Funktion wurden Funktionen der im Oktober 2005 eingestellten Vek-
torisierungs-Software »Streamline« in Illustrator integriert. Darüber hinaus ersetzt Live Trace das aus alten Illustrator-Versionen
bekannte, nicht sehr leistungsfähige Pausstift-Werkzeug.

Eine Vielzahl von Optionen und Parametern hilft dabei, eine
große Bandbreite von Vorlagenarten in Vektorgrafik umzuwandeln. Und – das Stichwort »live« deutet es schon an: Solange das
Objekt nicht in Pfade umgewandelt wird, bleibt die Verbindung
zwischen der Vorlage und dem Abpausergebnis bestehen, so dass
zum einen Änderungen am Originalbild in der Abpausung ausgeführt werden und zum anderen jederzeit Änderungen der Abpausoptionen eingerichtet werden können.

▲ **Abbildung 18.44**
Ein wenig Nachkonstruktion ist
bei der automatischen Nachzeich-
nung nötig.

▲ **Abbildung 18.45**
Das Pausstift-Werkzeug aus Illustrator CS und früheren Versionen

Abpaus-Objekte erstellen

Platzieren Sie zunächst eine Bilddatei – sowohl verknüpft als auch
eingebettet ist möglich. Aktivieren Sie das Bild auf der Zeichenfläche, und wählen Sie zwischen drei Möglichkeiten, ein Bild abzu-
pausen:

▶ Mit einer gespeicherten Vorgabe: Haben Sie bereits Abpaus-
Vorgaben gespeichert oder wollen Sie eine der installierten
Abpaus-Vorgaben nutzen, wählen Sie die gewünschte Einstel-
lung aus dem Aufklappmenü in der Steuerungspalette.

▲ **Abbildung 18.46**
Adobe Streamline

▲ **Abbildung 18.47**
Die Standardvorgabe lässt sich gut auf kontrastreiche Farbfotos anwenden.

▶ Mit vorherigem Aufrufen der Optionen: Rufen Sie OBJEKT • INTERAKTIV ABPAUSEN • ABPAUSOPTIONEN... auf, oder wählen Sie ABPAUSOPTIONEN... aus dem Aufklappmenü ▼ in der Steuerungspalette. Richten Sie Ihre Optionen in der Dialogbox ein, und klicken Sie auf den Button ABPAUSEN.

▶ Mit der Standardvorgabe: Klicken Sie auf den Button INTERAKTIV ABPAUSEN in der Steuerungspalette. Als Ergebnis erhalten Sie eine Schwarzweiß-Umsetzung, die gut geeignet ist zur Abpausung von Plänen und Zeichnungen mit hohem Kontrast.

Steuerungspalette | Die Steuerungspalette bietet die Interaktiv-abpausen-Funktionen des Objekt-Menüs als praktische Buttons an. Je nach Objektart zeigt die Steuerungspalette eine andere Zusammensetzung.

▲ **Abbildung 18.48**
Steuerungspalette bei aktiviertem Bild

Haben Sie ein Bild aktiviert, drücken Sie entweder den Button INTERAKTIV ABPAUSEN ❶, um mit der Standardeinstellung ein Abpaus-Objekt zu erzeugen, oder wählen Sie eine der Abpaus-Vorgaben aus dem Aufklappmenü ❷.

▲ **Abbildung 18.49**
Steuerungspalette bei aktiviertem Abpaus-Objekt

Ist ein Abpaus-Objekt aktiviert, können Sie es durch Auswahl aus dem Aufklappmenü ❸ mit einer anderen Vorgabe berechnen lassen oder mit einem Klick auf den Button ❹ die Dialogbox OPTIONEN aufrufen. Je nach Farbtiefe werden unterschiedliche wichtige Abpausoptionen ❺ ❻ direkt zur Verfügung gestellt. Die Anzeige-Optionen für RASTER ❼ und VEKTOR ❽ lassen sich aus den beiden Menüs auswählen. Auch die Befehle UMWANDELN ❾ und FÜR INTERAKTIVES MALEN KONVERTIEREN ❿ finden Sie als Buttons vor.

Optionen

Die Abpausoptionen für bestehende Abpaus-Objekte rufen Sie auf, indem Sie das Abpaus-Objekt aktivieren und OBJEKT • INTERAKTIV ABPAUSEN • ABPAUSOPTIONEN... wählen oder auf den Abpausoptionen-Button 🖼 in der Steuerungspalette klicken.

Das Abpausen erfolgt in zwei Schritten: Zunächst optimiert Illustrator das Bildmaterial nach den vorgenommenen Einstellungen, im zweiten Schritt wird das optimierte Bild unter Berücksichtigung der eingegebenen Parameter vektorisiert.

▲ **Abbildung 18.50**
Zeichnungen und Grafik sind das Einsatzgebiet für die Standardvorgabe.

Die Aufteilung des Optionen-Dialogs bildet die zwei Schritte durch die beiden Optionen-Gruppen ANPASSUNGEN (links) und ABPAUSEINSTELLUNGEN (rechts) ab.

◄ **Abbildung 18.51**
Abpausoptionen für den Modus FARBE

Tipp

Setzen Sie bei großen Bildern die Auflösung der Vorlage mit dem Wert NEU BERECHNEN vorübergehend herunter, um die Anzeige der Vorschau zu beschleunigen.

▶ VORGABE: Wählen Sie hier eine der Vorgaben des Programms oder eine Ihrer eigenen abgespeicherten Vorgaben.

▶ VORSCHAU: Aktivieren Sie diese Option, damit jede Änderung eines Parameters am Objekt auf der Zeichenfläche dargestellt wird. Je nach Komplexität Ihrer Bilddatei, den verwendeten Einstellungen und der Rechenleistung Ihres Computers kann die Vorschau Ihre Geduld mehr oder weniger strapazieren.
Legen Sie in der Optionen-Gruppe ANSICHT (unten in der Dialogbox) fest, was als Vorschau generiert werden soll.

▶ INFORMATIONEN: Rechts in der Dialogbox führt Illustrator in einer Statistik auf, wie viele Pfade, Ankerpunkte und Farben mit den vorgenommenen Einstellungen entstehen würden. Der Wert BEREICHE bezeichnet die Anzahl der Vektorobjekte – er unterscheidet sich von der Anzahl der Pfade, da zusammengesetzte Pfade als ein »Bereich« gezählt werden.

Tipp

Wenn Illustrator geöffnet ist, lässt sich das Abpausen mit Hilfe von Adobe Bridge automatisieren. Aktivieren Sie bis zu zehn Bilder in der Bridge, und wählen Sie WERKZEUGE • ILLUSTRATOR • INTERAKTIV ABPAUSEN…
Die Limitierung auf zehn Bilder können Sie umgehen, indem Sie die Variable MAX_BATCH_SIZE in der Datei LiveTrace_AI.jsx ändern. Die Datei finden Sie in LIBRARY/APPLICATION SUPPORT/ADOBE/STARTUP SCRIPTS bzw. C:\PROGRAM FILES\COMMON FILES\ADOBE\STARTUP SCRIPTS.

Anpassungen | In dieser Gruppe von Reglern geben Sie Parameter zur Optimierung des Bildmaterials vor dem Vektorisieren an.

▶ MODUS: Der Farbmodus bestimmt die Farben des Ergebnisses sowie die zur Verfügung stehenden Einstellungsparameter. Der gewählte Modus muss nicht dem Farbmodus der Vorlage entsprechen – Sie können ihn frei wählen.

▶ Schwarzweiß: Verwenden Sie diesen Modus für technische Zeichnungen und Comics. Sie erhalten eine Umsetzung in schwarzen und weißen Flächen bzw. schwarzen Konturen oder einer Kombination aus Konturen und Flächen
Nur im Schwarzweiß-Modus besteht die Möglichkeit, Ihre Vorlage in Konturen umzusetzen.

▲ **Abbildung 18.52**
Modi Schwarzweiß, Graustufen, Farbe

▶ Graustufen: Im Graustufenmodus setzt sich das Ergebnis aus Tonwerten von Schwarz zusammen.

▲ **Abbildung 18.53**
Mit vorgegebener Palette

▲ **Abbildung 18.54**
Auch mit 256 Farben sind Verläufe stufig.

▲ **Abbildung 18.55**
Ausgabe in Farbfeldern

▲ **Abbildung 18.56**
Verschiedene Grade der Weichzeichnung

▶ Farbe: Bis zu 256 Farben werden bei der Umsetzung Ihres Bildes verwendet.

▶ SCHWELLENWERT (nur Modus Schwarzweiß): Der Schwellenwert ist die Helligkeitsstufe im Originalbild, an der unterschieden wird, ob schwarze und weiße Flächen entstehen. Flächen, die heller sind als der Schwellenwert, werden weiß gefüllt, dunklere Flächen schwarz.

▶ PALETTE (nur Modus Graustufen/Farbe): Sie können die Farben von Illustrator anhand der Farbtöne des Originalbilds AUTOMATISCH generieren lassen. Alternativ können Sie auch die in einer Farbfelder-Bibliothek vorliegenden Farben verwenden.
Speichern Sie dafür zunächst eine Farbfelder-Bibliothek (siehe Kapitel 8) und rufen diese aus dem Menü FENSTER • FARBFELDER-BIBLIOTHEKEN auf. Geöffnete Farbfelder-Bibliotheken listet Illustrator automatisch im Menü PAIFTTE auf. Dort wählen Sie Ihre Bibliothek anstatt des Eintrags AUTOMATISCH.

▶ MAXIMALE FARBEN (nur Modus Graustufen/Farbe): Wählen Sie aus einem Bereich von 2–256, in wie vielen Farbabstufungen die Abpausung umgesetzt werden soll.
Die Umrechnung der im Bild vorhandenen in die maximalen Farben erfolgt mit einer Tontrennung im Pixelbild.

▶ AUSGABE IN FARBFELDERN (nur Modus Graustufen/Farbe): Lassen Sie die in der Abpausung verwendeten Farben als GLOBALE FARBFELDER generieren und in der Farbfelder-Palette ablegen.
Achtung: Bei einer erneuten Berechnung des Abpaus-Objekts mit geänderten Einstellungen werden nicht mehr benötigte Farbfelder nicht automatisch gelöscht, d.h., mit jeder Änderung erhalten Sie zusätzliche Farbfelder.

▶ WEICHZEICHNEN: Die Weichzeichnung gleicht im Bild vorhandene Störungen aus und bewirkt so eine Umsetzung mit glatteren Formen. Stellen Sie mit einem Wert von 0–20 den Grad von Weichzeichnung ein, der vor der Abpausung auf das Bild angewendet wird.
Die Auswirkung der Weichzeichnung ist abhängig von der unter NEU BERECHNEN eingestellten Auflösung.

▶ NEU BERECHNEN: Lassen Sie die Auflösung des Bilds neu berechnen, indem Sie einen Wert von 1–600 eingeben. Es ist möglich, die Auflösung eines Bilds sowohl zu erhöhen als auch zu senken. Beim ersten Aufrufen der Abpausoptionen für ein Abpaus-Objekt oder Pixelbild zeigt Illustrator in dem Eingabefeld die effektive Bildauflösung an, d.h. die Bildauflösung unter Berücksichtigung des aktuellen Skalierungsfaktors.
Eine niedrigere Auflösung beschleunigt die Berechnung des Ergebnisses, eine höhere ermöglicht eine detailliertere Umsetzung. Der Wert wird nicht in Vorgaben gespeichert.

Abpauseinstellungen | Diese Einstellungen setzen die Richtlinien für das Nachzeichnen der Formen.

◄ **Abbildung 18.57**
ABPAUSOPTIONEN: Konturen

▶ FLÄCHEN/KONTUREN (nur Modus Schwarzweiß): Bei manchen Vorlagen – z.B. Konstruktionszeichnungen – ist es nicht erwünscht, Linien als Flächen erstellen zu lassen.

◄ **Abbildung 18.58**
Umsetzung als Flächen und als Konturen – blau: Pfadansicht

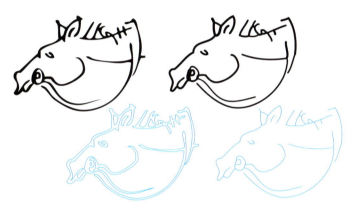

Daher können Sie bei einer Schwarzweiß-Umsetzung auswählen, ob Sie diese in Konturen und/oder Flächen umsetzen möchten. Die unterschiedlichen Linienstärken der Zeichnung übersetzt Illustrator in Konturstärken.

Passen Sie die maximale Konturstärke und die minimale Konturlänge an, wenn Sie Konturen erstellen lassen.

▶ MAXIMALE KONTURSTÄRKE (nur Konturen): Mit diesem Grenzwert legen Sie fest, bis zu welcher Linienstärke Illustrator eine Kontur erzeugen soll. Stärkere Linien werden als Flächen erzeugt – jedoch nicht gefüllt, wenn Sie FLÄCHEN nicht aktiviert haben.

▶ MINIMALE KONTURLÄNGE (nur Konturen): Diese Option dient der Reduzierung von Bildstörungen. Legen Sie fest, wie lang eine Linie mindestens sein muss, damit eine Kontur entsteht. Kürzere Linien werden ignoriert.

▶ PFADEINPASSUNG: Mit diesem Wert bestimmen Sie die Genauigkeit der Abpausung, die sich durch den Abstand des berechneten Pfads von der Begrenzung der Fläche im Bild definiert. Das Eingabefeld akzeptiert Werte von 0–10, höhere Werte bedeuten eine geringere Genauigkeit.

▲ **Abbildung 18.59**
Von oben: Original, maximale Konturstärke zu niedrig, minimale Konturlänge zu hoch

▶ MINIMALER BEREICH: Geben Sie einen Wert von 0–3000 ein, um das kleinste zu erzeugende Bildelement zu definieren. Der Wert gibt die Anzahl Pixel an, die eine Fläche im Bild haben muss, damit Illustrator daraus eine Form generiert.
Geben Sie z.B. »4« ein, dann werden nur Flächen abgepaust, die mindestens 2 x 2 Pixel groß sind.

▶ ECKWINKEL: Geben Sie hier mit einem Wert von 0–180 den Winkel ein, den eine Ecke haben muss, damit an der Stelle ein Eckpunkt gesetzt wird (Eck- und Kurvenpunkte s. Kapitel 6). Mit einem höheren Wert erreichen Sie weniger Eckpunkte und damit weniger Detailzeichnung, also glattere Kurven.

▶ WEISS IGNORIEREN: Diese unscheinbare Option beseitigt ein Ärgernis beim Abpausen freigestellter Objekte. Die eigentlich »durchsichtigen« weißen Flächen wurden als Vektorobjekte generiert. Dies können Sie durch Aktivieren der Option WEISS IGNORIEREN unterbinden und ersparen sich so das nachträgliche Löschen.

Ansicht | Richten Sie sich in diesem Bereich der Abpausoptionen die Bildschirmanzeige ein. Dies hilft Ihnen, Ihre Einstellungen für die Aufbereitung des Pixelbilds getrennt von den Einstellungen für die Abpausung zu kontrollieren.

Die gleichen Auswahlmöglichkeiten haben Sie mit den beiden Aufklappmenüs ANSICHTEN DES RASTERBILDS 🔺 und ANSICHTEN DES VEKTORERGEBNISSES 🔺 in der Steuerungspalette.

▶ RASTER: In dieser Gruppe wählen Sie aus, ob und wie die Bildvorlage angezeigt wird.

   ▶ KEIN BILD: Die Abpausvorlage wird nicht dargestellt.

   ▶ ORIGINALBILD: Darstellung des Rasterbilds ohne Anwendung der Einstellungen, die Sie in den Abpausoptionen vorgenommen haben.

▶ ANGEPASSTES BILD: Wählen Sie diese Darstellung, um die Auswirkungen der Optimierungsoptionen zu beobachten. Dazu müssen Sie gleichzeitig in der Vektor-Ansicht die Option KEIN ABPAUSERGEBNIS aktivieren.

▶ TRANSPARENTES BILD: Das Bild wird gedimmt dargestellt – mit dieser Anzeige lassen sich Vorlage und Abpausergebnis gut voneinander unterscheiden, wenn Sie Ihr Bild in Konturen umrechnen lassen.

▶ VEKTOR: Dieses Menü stellt verschiedene Optionen zur Anzeige der Abpausung zur Verfügung.

  ▶ KEIN ABPAUSERGEBNIS: Die Vektorumsetzung wird nicht dargestellt.

  ▶ ABPAUSERGEBNIS: Mit dieser Option zeigt Illustrator die Vektorumsetzung an.

  ▶ KONTUREN: Wählen Sie Konturen, um die Zeichenwege der Formen darzustellen, die nach der Umwandlung des Abpaus-Objekts entstehen.

  ▶ KONTUREN MIT ABPAUSUNG: In dieser Darstellungsform wird das Abpaus-Objekt gedimmt, und darüber werden die entstehenden Vektorpfade angezeigt.

▲ **Abbildung 18.64**
Transparentes Bild, Konturen

▲ **Abbildung 18.65**
Transparentes Bild, Konturen mit Abpausung

Einstellungen als Abpausvorgabe speichern

Ihre Einstellungen können Sie als Vorgabe speichern, um sie anschließend aus dem Aufklappmenü einfacher aufzurufen.

Klicken Sie auf den Button VORGABE SPEICHERN… in der Abpausoptionen-Dialogbox. Anschließend tragen Sie einen Namen für die Vorgabe ein. Ihre Vorgabe steht programmweit zur Verfügung.

Unter BEARBEITEN • ABPAUSVORGABEN… können Sie Ihre Abpausvorgaben verwalten. Überflüssige Einträge lassen sich hier löschen. Es besteht aber auch die Möglichkeit, Einstellungen zu editieren oder neu anzulegen.

Die Vorgaben lassen sich als Textdatei für den Austausch speichern. Aktivieren Sie eine oder mehrere Vorgaben in der Liste, und klicken Sie auf den Button EXPORTIEREN… Möchten Sie selbst eine solche Vorgabendatei hinzufügen, klicken Sie auf IMPORTIEREN… und wählen die Datei aus.

▲ **Abbildung 18.66**
Abpausoptionen verwalten

Original bearbeiten

In der Bildoptimierung der Interaktiv-abpausen-Funktion lassen sich einige nützliche Bearbeitungsfunktionen durchführen – es ist jedoch nicht möglich, Kontrastveränderungen vorzunehmen oder nur einen bestimmten Bereich der Vorlage zu editieren. Für diese Operationen müssen Sie das Bild in einem Bildbearbeitungsprogramm öffnen.

Ist das Abpaus-Objekt aus einem verknüpften Bild erstellt worden, verwenden Sie den Button Original bearbeiten in der Verknüpfungen-Palette, um die Quelldatei in Photoshop oder einem anderen Programm zu öffnen. Führen Sie Ihre Änderungen durch, speichern und schließen Sie die Datei.

Beim Wechseln zu Illustrator wird die Warnung angezeigt, dass eine verknüpfte Datei geändert wurde. Aktualisieren Sie die Verknüpfung, dann erfolgt auch ein Update des Abpaus-Objekts.

Auch wenn Sie einem Abpaus-Objekt über die Verknüpfungen-Palette eine andere Vorlage zuweisen, wird die Vektorumsetzung neu berechnet.

Aktualisieren Sie ein geändertes Bild nicht in Illustrator, wird der alte Dateistatus für das Abpaus-Objekt verwendet, und es ist trotzdem möglich, das Abpaus-Objekt »umzuwandeln«.

Empfehlungen zur Aufbereitung der Bilder

Achten Sie schon bei der Erstellung des Quellmaterials darauf, dass es sich ohne Bildstörungen und -rauschen digitalisieren lässt. Verwenden Sie möglichst glattes, helles Papier, und arbeiten Sie mit dunklen Farben bzw. harten Bleistiften.

Falls sich raues Papier nicht vermeiden lässt, machen Sie eine Fotokopie auf weißes Papier und scannen diese – dabei entsteht ein höherer Kontrast, und Fotokopierer können die Papierstruktur meist nicht erfassen.

Umwandeln – Live-Verknüpfung lösen

Ein Abpaus-Objekt ermöglicht Ihnen zwar, jederzeit durch Änderungen an den Optionen das Ergebnis zu beeinflussen, es lassen sich jedoch die entstandenen Pfade nicht gezielt verändern oder Flächen mit Verläufen versehen. Wenn Sie detailliert einzelne Pfade oder Flächen bearbeiten möchten, müssen Sie das Abpaus-Objekt in Vektorobjekte umwandeln. Um ein Abpaus-Objekt umzuwandeln, haben Sie zwei Möglichkeiten:

Umwandeln | Dabei geht die »live«-Eigenschaft verloren – das Pixelbild wird aus Ihrer Illustrator-Datei gelöscht, und nur die Vektorobjekte bleiben erhalten. Falls Sie das Pixelbild eingebettet haben, prüfen Sie vor dem Umwandeln, ob die Originaldatei noch besteht.

Um ein Abpaus-Objekt umzuwandeln, aktivieren Sie es und klicken auf den Button Umwandeln in der Steuerungspalette. Alle Flächen werden als geschlossene bzw. offene Pfade oder zusammengesetzte Pfade erstellt. Die Objekte sind mehrfach gruppiert.

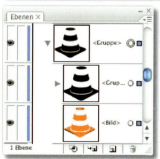

▲ **Abbildung 18.67**
Angezeigt wird das Originalbild und das Abpausergebnis. Nach der Umwandlung erhalten Sie das Ausgangsbild und die Umsetzung.

Wie angezeigt umwandeln | Dieser Befehl berücksichtigt die Einstellungen, die Sie im Bereich Ansicht für die Darstellung von Raster und Vektor vorgenommen haben, bei der Umwandlung des Abpausobjekts.

Das ist z.B. nützlich, wenn Sie das Pixelbild nach der Umwandlung noch benötigen. In diesem Fall stellen Sie unter Ansicht in Raster die Option Originalbild und in Vektor die gewünschte Form der Vektorisierung ein und wählen dann Objekt • Interaktiv abpausen • Wie angezeigt umwandeln.

Möchten Sie nur das Abpausobjekt ohne Kontur- und Flächeneigenschaften umwandeln, stellen Sie in Vektor die Option Konturen ein. Rufen Sie anschließend die Funktion Wie angezeigt umwandeln auf. Konturen werden als Hilfslinien generiert. Diese müssen Sie anschließend mit dem Befehl Ansicht • Hilfslinien • Hilfslinien Zurückwandeln in Vektorpfade umwandeln.

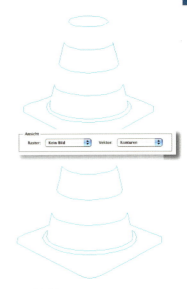

▲ Abbildung 18.68
Wird kein Bild zusammen mit den Konturen angezeigt, erhalten Sie mit Wie angezeigt umandeln gruppierte Hilfslinien als Ergebnis.

Weiterbearbeitung der umgewandelten Objekte

Objekt-Aufbau | Ist die Option Weiss ignorieren nicht aktiviert, kann es passieren, dass mehrere identische Formen übereinanderliegen. Dies führt häufig zu Irritationen, wenn Sie zusammengesetzte Formen erstellen. Verwenden Sie unbedingt die Ebenen-Palette, um Ihre Objekte zu analysieren.

Sofort umwandeln | Möchten Sie »in einem Rutsch« ein Bild mit der Standardeinstellung abpausen und umwandeln, wählen Sie den Befehl Objekt • Interaktiv abpausen • Erstellen und umwandeln, oder drücken Sie die Taste ⌥/Alt, während Sie auf den Button Interaktiv Abpausen klicken bzw. eine der Abpausvoreinstellungen aus dem Menü auswählen.

Verbindung mit Interaktiv malen

Eine vektorisierte Grafik lässt sich anschließend mit der Live-Paint-Funktion – Interaktiv malen – einfärben, jedoch nur, nachdem sie umgewandelt wurde. Aktivieren Sie das Live-Trace-Objekt, und klicken Sie auf den Button Interaktiv Malen in der Steuerungspalette oder wählen Sie Objekt • Interaktiv abpausen • Für interaktives Malen konvertieren, um das Abpaus-Objekt in einem Schritt umzuwandeln und ein Interaktiv-malen-Objekt daraus zu erzeugen (Interaktiv malen siehe Kapitel 10).

▲ Abbildung 18.69
Warum an einigen Stellen keine Löcher im zusammengesetzten Pfad sind, sehen Sie nach der Analyse des Objekts: Die Formen existieren doppelt.

Schritt für Schritt: Logo vektorisieren

1 Bilddatei vorbereiten

Dieses Logo müssen Sie in exakt zwei Farben umsetzen. Um später unnötige Arbeit zu vermeiden, wäre das Abpausen im Schwarz-weiß-Modus wünschenswert.

Die im Logo verwendeten Farben trennen Sie bereits in Photoshop auf zwei Ebenen auf. Die beiden Ösen sind identisch, also setzen Sie die beiden »halben« Teile so zusammen, dass eine komplette Form entsteht. Diese wird dupliziert.

Die Vorlage im PSD-Format sollte drei Ebenen haben: das Original, eine Ebene mit den roten und eine mit den blauen Formen – beide für einen maximalen Kontrast in Schwarzweiß umgewandelt. Die auf diese Art vorbereitete Datei befindet sich auf der DVD: Logo-Abpausen.psd.

▲ Abbildung 18.70
Aufbau der Photoshop-Datei

2 Photoshop-Datei in Illustrator platzieren

Erstellen Sie ein neues Illustrator-Dokument, und wählen Sie DATEI • PLATZIEREN… Selektieren Sie die PSD-Datei, deaktivieren die Verknüpfen-Option, und bestätigen Sie den Dialog.

In den PSD-Optionen wählen Sie PHOTOSHOP-EBENEN IN OBJEKTE UMWANDELN und AUSGEBLENDETE EBENEN IMPORTIEREN.

Die Ebenen der Photoshop-Datei werden als gruppierte Objekte in Ihrem Dokument platziert. Lösen Sie die Gruppe auf. Achten Sie im Folgenden jedoch darauf, die Objekte nicht einzeln zu verschieben.

▲ Abbildung 18.71
PSD-Datei in Illustrator

3 Interaktiv abpausen

Beginnen Sie mit dem Bild, das die Schrift enthält. Aktivieren Sie es, und klicken Sie auf den Button INTERAKTIV ABPAUSEN in der Steuerungspalette.

Das erste Ergebnis ist akzeptabel, lässt sich aber noch verbessern. Rufen Sie die Abpausoptionen auf. Insgesamt rundere Formen erreichen Sie, wenn Sie den Eckwinkel etwa auf 180 erhöhen. Wählen Sie einen etwas niedrigeren Wert für den minimalen Bereich (ca. 5) sowie für die Pfadeinpassung (ca. 1,5). Die Schriftelemente leiden zwar darunter, Sie setzen diese Elemente später aber ohnehin ganz neu. Aktivieren Sie die Option WEISS IGNORIEREN. Wenn Sie mit dem Ergebnis zufrieden sind, blenden Sie das Abpaus-Objekt aus.

Anschließend aktivieren Sie das Objekt, das Schnürsenkel und Nähte enthält, und pausen es ab. Diese Vektorisierung muss detailreicher ausgeführt werden. Rufen Sie ebenfalls die Abpausoptionen auf. Tragen Sie niedrigere Werte für die Pfadeinpassung (ca. 1) und den minimalen Bereich (ca. 2) ein.

▲ Abbildung 18.72
Abpausung der Schriftelemente

▲ Abbildung 18.73
Vergleich der Genauigkeit: Standardvorgabe und eigene Werte

Blenden Sie das zuerst erstellte Objekt wieder ein. Sie können Ihre Objekte besser verwalten, wenn Sie für jedes Objekt eine eigene Ebene erstellen. Wandeln Sie anschließend beide Objekte um, und löschen Sie alle Schriftformen.

4 Kreis nachkonstruieren

Die Außenbegrenzung der Ösen soll einen Kreis darstellen. Daher müssen Sie die Form nachkonstruieren. Ziehen Sie einen Kreis mit dem Ellipse-Werkzeug auf.

Trennen Sie den Kreis und die Außenbegrenzung der nachgezeichneten Öse mit dem Schere-Werkzeug an den Stellen, an denen sie sich berühren, und löschen Sie die nicht benötigten Pfadsegmente. Bewegen Sie die Endpunkte des Ösen-Objekts auf die Endpunkte des kreisförmigen Segments.

Fügen Sie die Pfade zusammen: Aktivieren Sie die jeweiligen Endpunkte, und wählen Sie OBJEKT • PFAD • PFAD ZUSAMMENFÜGEN.

5 Text setzen

Blenden Sie das Bild mit der Originalgrafik ein. Eines der Probleme beim Nachkonstruieren von Logos ist die Identifizierung der Schrift. Es existieren wenige Bücher sowie webbasierte Services zu dem Thema. In unserem Fall handelt es sich um AG Old-Face in der Adobe-Version.

Ziehen Sie zwei Hilfslinien auf die Schrift-Grundlinien, und setzen Sie die Texte auf die Hilfslinien. Passen Sie die Schriftgröße an, und wandeln Sie den Text in Outlines um. In dieser Form ist es einfacher, die Abstände der Buchstaben nachzurichten. Anschließend setzen Sie den kleinen Text unten rechts.

6 Aussparungen in O

Unter dem Schnürsenkel müssen Sie Aussparungen in den Ösen anlegen. Blenden Sie zunächst die Ebenen aller Vektorobjekte aus. Zeichnen Sie anhand der Vorlage zwei Flächen, welche die linke Seite des Schnürsenkels begrenzen.

Blenden Sie die Ösen wieder ein und stanzen diese Aussparungen mit dem Button VOM FORMBEREICH SUBTRAHIEREN der Pathfinder-Palette – drücken Sie dabei / Alt .

Um die andere Seite zu stanzen, verwenden Sie das Schnürsenkel-Objekt. Blenden Sie seine Ebene ein und kopieren es in die Zwischenablage. Blenden Sie die Ebene danach wieder aus.

Wählen Sie OBJEKT • DAVOR EINFÜGEN. Aktivieren Sie eine Öse und das eben eingefügte Objekt, und stanzen Sie die Aussparung aus. Fügen Sie das Objekt erneut DAVOR ein und stanzen die zweite Öse.

▲ Abbildung 18.74
Aktivieren Sie die Option WEISS IGNORIEREN.

▲ Abbildung 18.75
Konstruktion einer kreisförmigen Außenbegrenzung

Tipp

Die beiden kostenlosen Services http://www.identifont.com/identify.html und http://www.myfonts.com/WhatTheFont/ helfen bei der Identifizierung von Schriftarten.

▲ Abbildung 18.76
Textsatz

▲ Abbildung 18.77
Stanzen der Öse

▲ **Abbildung 18.78**
Viele Objekte lassen sich besser konstruieren, wenn Sie sie zu diesem Zweck drehen.

▲ **Abbildung 18.79**
Das Logo (links) ist aus wenigen Grundformen konstruiert.

▲ **Abbildung 18.80**
Besonders Wellen- oder Zickzacklinien entlang eines gekrümmten Pfads sind mit Hilfe von Effekten einfach erstellt.

▲ **Abbildung 18.81**
Fügen Sie die Einzelteile mit dem Pathfinder zusammen.

Checkliste: (Logo-)Vektorisierung

Vorbereitung | Wenden Sie auf Fotovorlagen in Photoshop den Tontrennung-Befehl an, um die Farbflächen besser identifizieren zu können.

Grundformen | Identifizieren Sie regelmäßige geometrische Objekte (Kreise, Polygone, Sterne etc.) und konstruieren diese mit den Formwerkzeugen (Formwerkzeuge siehe Kapitel 5).

Schriftelemente | Identifizieren Sie die verwendeten Schriften, und setzen Sie typografische Elemente nach (Schrift siehe Kapitel 14).

Spiegelachsen | Finden Sie Spiegelachsen der Vorlage heraus und markieren diese mit Hilfslinien. Konstruieren Sie anschließend nur die Hälfte der Grafik, und erzeugen Sie die andere Hälfte durch Spiegeln.

Transformationsachsen | Verfahren Sie entsprechend mit Objekten, die durch Verschieben, Drehen oder eine andere Art der Transformation erstellt wurden.

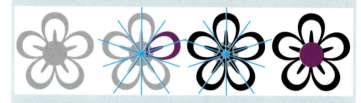

Linien | Konstruieren Sie Linien mit Pfaden in einer entsprechenden Konturstärke. Wandeln Sie diese erst abschließend in Flächen um.

Weisen Sie beim Konstruieren den Konturen die Füllmethode MULTIPLI-ZIEREN zu, dann können Sie besser vergleichen (Füllmethoden siehe Kapitel 12).

Effekte | Vereinfachen Sie sich die Arbeit durch die Nutzung von Filtern und Effekten. Eine Zickzack- oder Wellenlinie lässt sich z. B. sehr komfortabel mit Hilfe des Zickzack-Effekts erzeugen (Filter und Effekte siehe Kapitel 13). Eine andere Möglichkeit ist die Nutzung von Musterpinseln (Pinsel siehe Kapitel 9).

Natürliche Formen | Vektorisieren Sie unregelmäßige – z. B. handgezeichnete – Formen mit der Funktion INTERAKTIV ABPAUSEN. Falls nötig, bereinigen Sie die entstandenen Pfade manuell oder mit der Funktion VEREINFACHEN (siehe Kapitel 7).

Kombinieren | Fügen Sie die Einzelteile mit Hilfe von zusammengesetzten Formen und Pathfinder-Funktionen zusammen (Objekte kombinieren siehe Kapitel 10).

TEIL V
Ausgabe
und Optimierung

19 Austausch, Weiterverarbeitung, Druck

Kein Programm ist eine Insel, die meisten mit Grafiksoftware erstellten Arbeiten werden in anderen Programmen weiterverarbeitet. Vor allem in Layout-Software, aufgrund der guten Komprimierungseigenschaften flächiger Grafik und der Beliebtheit des Shockwave-Flash-Formats, jedoch auch auf Webseiten.

Und auch wenn Illustrator sich nur begrenzt zum Seitenlayout einsetzen lässt, verfügt es doch über umfangreiche Optionen für den Druck und PDF-Export.

19.1 Export für Layout und Bildbearbeitung

Die Im- und Exportmöglichkeiten potenzieller Austauschprogramme unterscheiden sich aufgrund ihrer Art – Vektorgrafik, Bildbearbeitung, Layout –, aber selbst gleiche Funktionen werden auf andere Art programmiert und entstehende Formen ggf. anders gespeichert.

Wenn Sie auf den Austausch zwischen Programmen angewiesen sind, ist es sinnvoll, die Möglichkeiten der Programme genau zu kennen, so lassen sich Probleme z. B. dadurch vermeiden, dass Sie bestimmte Objekte vor dem Exportieren umwandeln.

Layoutprogramme | Die klassische Weiterverarbeitung von Illustrator-Grafik geschieht in Layout-Software, z.B. in der Zeitschriftenproduktion. Illustrationen werden üblicherweise nicht mehr nachbearbeitet, sondern im Layout platziert. Das gängige Austauschformat ist EPS bzw. das Illustrator-Format innerhalb der Creative Suite.

Bildbearbeitung/Photoshop | Aufgrund der objektorientierten Arbeitsweise eignet sich Illustrator gut für die Vorbereitung umfangreicher Illustrationen, selbst wenn deren Ausarbeitung pixelbasiert in der Bildbearbeitung erfolgt.

▲ **Abbildung 19.1**
Photoshop-Illustration und Vektorgrafik-Vorarbeit

Die Möglichkeiten von Photoshop bei der direkten Bearbeitung von Vektorpfaden wurden mit jeder Version optimiert, noch wichtiger ist aber die eine Verbesserung des Imports von Vektorgrafik.

In Photoshop CS2 wurden Smart Objects eingeführt, die es ermöglichen, Vektorgrafik nativ in Photoshop-Dateien zu speichern.

EPS

Ein immer noch weit verbreitetes Publishing-Austauschformat ist EPS – Encapsulated PostScript. Dieses Format wird von allen wichtigen Layout- und Vektorgrafikprogrammen sowie von Photoshop unterstützt.

Hinweis

Da PostScript unter anderem keine Transparenz unterstützt, ist EPS faktisch veraltet. Wenn Sie Ihre Datei als EPS speichern, dann immer nur zusätzlich zum AI-Format.

▲ **Abbildung 19.2**
EPS-Export-Optionen

Hinweis

Gängige Vektorgrafikprogramme, z. B. CorelDraw und FreeHand, können EPS-Dateien, die »native« Daten enthalten, nicht zur Bearbeitung öffnen.

▲ **Abbildung 19.3**
Transparente und deckende EPS-Vorschau

Speichern | Um eine EPS-Datei zu erstellen, rufen Sie Datei • Speichern unter… auf – Shortcut ⌘/Strg i ⇧+S –, und wählen Sie im Menü Format bzw. unter Windows Dateityp • Illustrator EPS. Nach der Bestätigung mit OK bzw. Speichern geben Sie die Optionen in eine zweite Dialogbox ein:

▶ Version: Wählen Sie aus, mit welcher Illustrator-Version das EPS kompatibel sein soll. Die Versionen unterstützen unterschiedliche Features und Werkzeuge, daher entscheiden Sie mit Ihrer Wahl darüber, ob Objekte im EPS editierbar sind. Speichern Sie, wenn möglich, EPS als Illustrator CS3 EPS.
Wählen Sie eine Version größer oder gleich 10, werden eigentlich zwei Dateien in einer gespeichert: ein »nativer«, mit der ausgewählten Illustrator-Version editierbarer Part, und ein Standard-EPS, in dem alle Objekte umgewandelt sind. Bearbeiten Sie diesen Standard-EPS-Part mit einer geeigneten Software, kann es inhaltlich zu Versionskonflikten kommen, da der »native« Teil nicht entsprechend aktualisiert wird.
Ab dem Illustrator 10-Format bleiben fast alle Illustrator-Objekte editierbar – wie Angleichungen, Pinselkonturen, Transparenz, Symbole, Verzerrungshüllen. Textobjekte werden jedoch in Legacy-Text umgewandelt, und Sie müssen platzierte Photoshop-Dateien auf eine Ebene reduzieren.
Das Warn-Icon ⚠ neben dem Versionsmenü zeigt Probleme, die im unteren Bereich der Dialogbox beschrieben sind.

▶ Vorschau: Damit Sie das Layout auch in Programmen beurteilen können, die EPS nicht darstellen, lässt sich ein Vorschaubild in die Datei speichern. Wählen Sie hier das Format aus.
Falls Sie 8-Bit-TIFF auswählen, müssen Sie außerdem angeben, ob das Vorschaubild deckend sein soll. Wählen Sie Deckend, wenn Sie das EPS in Microsoft Office verwenden.

▶ TRANSPARENZ: Mit den Optionen in diesem Bereich definieren Sie, wie transparente und überdruckende Objekte beim Export behandelt werden sollen. Je nach gewählter EPS-Version stehen Ihnen unterschiedliche Einstelloptionen zur Verfügung:

  ▶ Version 3 oder 8: Sie haben die Wahl, das Aussehen von Transparenzen und überdruckenden Objekten oder die Pfade ohne Transparenz beizubehalten. Erhalten Sie die Transparenzen, müssen Sie die Reduzierungsoptionen einstellen.

  ▶ Version 10 und höher: Wählen Sie die Transparenzreduzierungsoptionen (Transparenzen siehe Kapitel 12).

▶ SCHRIFTEN EINBETTEN: Ab Version 8 lassen sich Schriften in EPS-Dateien einbetten. Das bedeutet, dass die richtige Schrift beim Platzieren der Datei in anderen Anwendungen verwendet wird. Öffnen Sie die Datei in Illustrator, muss die Schrift trotz Einbettung auf Ihrem Computer installiert sein.

▶ VERKNÜPFTE DATEIEN EINSCHLIESSEN: Mit dieser Option werden alle platzierten Dateien in das EPS eingebettet.

▶ DOKUMENTMINIATUREN: Wenn Sie in Öffnen- und Platzieren-Dialogen und im Windows-Explorer eine Vorschau der Datei anzeigen lassen wollen, aktivieren Sie die Miniaturen.

▶ CMYK-POSTSCRIPT IN RGB-DATEIEN: Platzieren Sie eine RGB-Datei in einer Anwendung, die nur im CMYK-Modus arbeitet, kann das Layout trotzdem ausgedruckt werden, wenn Sie diese Option aktivieren. Die RGB-Daten bleiben für das erneute Bearbeiten in Illustrator erhalten.

▶ VERLÄUFE UND VERLAUFSGITTER KOMPATIBEL DRUCKEN: Ältere Drucker können Verläufe und Verlaufsgitter nicht immer problemlos ausgeben. Aktivieren Sie diese Option, um eine JPEG-Version der Verläufe in der Datei zu speichern.

▶ PostScript: Wählen Sie die PostScript-Version für das EPS. Level 3 bietet mehr Optionen, z. B. können Sie damit Verlaufsgitterobjekte ohne vorherige Umwandlung in Bitmaps auf PostScript-3-fähigen Druckern ausgeben.

FreeHand

Möchten Sie Ihre Illustrator-Dateien in FreeHand weiterbearbeiten, bleibt Ihnen nur der Weg über eine Illustrator 8- oder EPS-Version-8-Datei. Hier werden bereits beim Exportieren der Datei einige Objekte umgewandelt – z. B. Text auf einem Pfad und in einer Form –, die restlichen beim Öffnen in FreeHand – z. B. Verläufe und Überblendungen.

CorelDraw

Illustrator kann keine CDR-Dateien exportieren. Sie können jedoch Illustrator-Dateien bis zur Version 7 in CorelDraw öffnen.

Hinweis

EPS-Dateien mit gerasterter Transparenz sind im Layout nicht beliebig skalierbar.

Hinweis

Schrifthersteller können das Einbetten der Schriften unterbinden, indem sie im Font eine entsprechende Option aktivieren.

▲ **Abbildung 19.4**
Icons kennzeichnen die EPS-Version der Datei (v. l.: 10, CS, CS3).

Hinweis

Die JPEG-Verläufe verlangsamen die Ausgabe der Datei auf neueren Druckern. Verwenden Sie diese Option also nur, wenn Sie sie brauchen.

Tipp

Lassen sich Spezialobjekte wie Verzerrungshüllen oder Überblendungen nicht von einem in ein anderes Programm übertragen, haben Sie zwei Möglichkeiten: in normale Vektorobjekte umwandeln oder in die Ursprungsformen zurückwandeln und im Zielprogramm aus den Originalobjekten ein vergleichbares Objekt erstellen.

▲ **Abbildung 19.5**
Original, WMF, EMF (wieder in
Illustrator geöffnet)

▲ **Abbildung 19.6**
Einfügen-Optionen in Photoshop

WMF/EMF

Beim Windows-Metafile- und Enhanced-Metafile-Format handelt es sich um Vektorgrafikformate. Allerdings werden beim
Speichern als WMF alle Kurven als Näherungen in Polygone
umgerechnet. Das EMF-Format speichert zwar Kurven, diese
entsprechen jedoch nicht dem Original.

AutoCAD DWG/DXF

Die beiden Formate DWG und DXF werden üblicherweise beim
Austausch von Vektorgrafiken und Zeichnungen in CAD- und 3D-
Programmen sowie für die Weitergabe von Daten in der Maschi-
nensteuerung – z. B. Laserschneider – verwendet. Der Datenaus-
tausch über diese Formate erfordert gegebenenfalls umfangreiche
Tests und Absprachen.

InDesign – Copy & Paste

Pfade und zusammengesetzte Pfade mit Farbfüllungen und -kon-
turen können Sie aus Illustrator in die Zwischenablage kopieren
und in InDesign einfügen. Musterfüllungen werden dabei allerdings in Vektorpfade umgewandelt.

Damit Sie einzelne Vektorpfade aus Illustrator als Rahmen in
InDesign verwenden können, muss in VOREINSTELLUNGEN •
DATEIEN VERARBEITEN UND ZWISCHENABLAGE… unter ZWISCHEN-
ABLAGE BEIM BEENDEN die Option AICB (Adobe Illustrator Clip-
Board) aktiviert sein.

Übernehmen Sie Objekte aus InDesign in Ihr Illustrator-Dokument über die Zwischenablage, dann beachten Sie, dass diese mit
der Eigenschaft ÜBERDRUCKEN versehen sein können.

Photoshop – Copy & Paste

Die einfachste Form der Übergabe von Illustrator-Elementen an
Photoshop-Dateien besteht im Transport über die Zwischenablage.

Kopieren Sie die Illustrator-Objekte, wechseln Sie zu Photoshop und fügen die Elemente in Ihre Datei ein – BEARBEITEN •
EINFÜGEN oder per Shortcut ⌘/Strg+V. Eine Dialogbox fragt
anschließend, in welcher Form Sie den Inhalt der Zwischenablage
einfügen möchten.

Mit der Option SMART OBJEKT bleiben die Vektoreigenschaft
sowie alle Illustrator-Bearbeitungsmöglichkeiten erhalten, in Photoshop können Sie Smart-Objekte nur insgesamt transformieren
oder mit Smart-Filtern bearbeiten. Weitere Informationen zu
Smart-Objekten finden Sie in der Photoshop-Hilfe.

Die Einstellung PIXEL rastert die Illustrator-Objekte, dafür können Sie alle Photoshop-Funktionen anwenden.

PFAD bzw. FORMEBENE übernimmt nur die Vektorform, diese können Sie jedoch ebenfalls mit allen entsprechenden Photoshop-Optionen bearbeiten.

Photoshop – PSD

Speichern Sie Ihre Dateien als PDF oder EPS, ist es nur möglich, sie beim Öffnen in Photoshop rastern zu lassen, also als Pixelgrafik zu öffnen. Über die Zwischenablage haben Sie die Wahl, ob Sie Pixel oder Pfade in Photoshop einfügen. Möchten Sie in einer Datei jedoch einen Teil der Objekte rastern und einen anderen Teil als Pfade für Photoshop speichern, verwenden Sie den PSD-Export von Illustrator.

Optional bleibt die Ebenenstruktur erhalten – möchten Sie Formen in der Photoshop-Datei auf unterschiedlichen Ebenen speichern, müssen Sie sie aber bereits in Illustrator auf diese Ebenen verteilen.

Objekte, die als Vektorformen übertragen werden sollen, müssen in einer genau definierten Weise erstellt werden.

Nur zusammengesetzte Formen, die Sie mit Hilfe der oberen Button-Reihe der Pathfinder-Palette erstellen, werden in der PSD-Datei als Formebenen gespeichert, wenn sie sich in der obersten Hierarchiestufe des Dokuments befinden – also in Ebenen, nicht in Unterebenen.

Falls Sie die zusammengesetzten Formen mit einer Kontur versehen, muss diese in einem geraden Wert in der Einheit Punkt definiert sein und die runde Eckenform verwenden. Verwenden Sie keine Muster- oder Verlaufsfüllungen.

PSD-Exportoptionen | Wählen Sie in der Exportieren-Dialogbox PSD als Exportformat, geben der Datei einen Namen und bestimmen den Speicherort. Nachdem Sie mit OK bestätigt haben, legen Sie die Optionen fest:

▶ FARBMODELL: Sie haben die Wahl, Ihre Dateien im RGB, CMYK oder Graustufen-Farbraum zu speichern. Voreingestellt ist der Dokumentfarbraum.

▶ AUFLÖSUNG: Da einige Objekte gerastert werden, müssen Sie hier die Auflösung der Datei bestimmen – wählen Sie nach dem Bestimmungszweck der Grafik. Drei gebräuchliche Werte können Sie anklicken oder einen abweichenden Wert unter ANDERE eingeben. Die Bildgröße richtet sich nach den Maßen der Zeichenfläche.

▶ REDUZIERTES BILD: Mit dieser Option werden alle Objekte auf eine Bildebene reduziert.

▶ EBENEN MIT EXPORTIEREN: Aktivieren Sie diese Option, um in Illustrator eingerichtete Ebenen zu erhalten. Setzen Sie zusätz-

▲ **Abbildung 19.7**
Zusammengesetzte Formen erstellen Sie mit den Formmodi-Buttons der Pathfinder-Palette.

▲ **Abbildung 19.8**
Nötige Einstellungen für Konturen

▲ **Abbildung 19.9**
Optionen beim Export von Photoshop-Dateien

▲ **Abbildung 19.10**
Ohne (links) und mit (rechts)
Glätten – Darstellung vergrößert

▲ **Abbildung 19.11**
TIFF-Export-Optionen

lich die Option TEXTBEARBEITBARKEIT, um Textobjekte in Textebenen zu konvertieren. Die Option MAXIMALE BEARBEITBAR-
KEIT erhält nach Möglichkeit auch die ersten Unterebenen und
dient dazu, zusammengesetzte Formen in Formebenen umzuwandeln.

Sind die PSD-Dateien für eine alte Photoshop-Version bestimmt
(unter CS), rastern Sie die Textebenen.

▶ GLÄTTEN: Mit dieser Option wird beim Rastern der Objekte mit
Anti-Aliasing gearbeitet. Im Normalfall sollten Sie die Option
verwenden.

▶ ICC-PROFIL EINBETTEN: Arbeiten Sie in einem Farbmanage-
ment-Workflow, aktivieren Sie diese Option, um das eingestellte Farbprofil in die Datei einzubetten.

TIFF (Tagged Image File Format)

Das TIFF-Pixelformat wird von allen in der Druckvorstufe verbreiteten Programmen unterstützt. Die von Illustrator erstellten TIFF-
Dateien sind auf die Hintergrundebene reduziert.

Neben der Auflösung, der Glätten- und Farbprofil-Einstellung
lassen sich als spezifische Optionen die LZW-Komprimierung –
eine verlustfreie Datenreduzierung – sowie die Byte-Reihenfolge
angeben. Die meisten Programme können sowohl die IBM- als
auch die Macintosh-Reihenfolge lesen. Falls Sie sich jedoch nicht
sicher sind, wählen Sie die Ziel-Plattform aus, auf der die Datei
eingesetzt werden soll.

BMP

Das Bitmap-Format ist ein Windows-Standard-Pixelformat. Beim
Export dieses Formats werden alle Ebenen und Objekte auf die
Hintergrundebene reduziert – bei der Rasterung der Füllmetho-
den können Fehler entstehen.

Macintosh PICT

Dieses Format ist nicht mehr allzu gebräuchlich. Da die Qualität
des exportierten Bilds noch dazu ziemlich schlecht ist, sollten Sie
die Verwendung von Macintosh PICT vermeiden oder es zumindest nicht direkt aus Illustrator exportieren, sondern z. B. in Photoshop speichern.

TARGA

Von der Firma Truevision für ihre Grafikkarten entwickeltes Pixel-
format, das nur die Farbmodelle RGB und Graustufen unterstützt.
Alle Ebenen und Objekte werden beim Export auf die Hintergrundebene reduziert.

Microsoft Office

Die Funktion FÜR MICROSOFT OFFICE SPEICHERN… ist ein um die Formatoptionen reduzierter PNG-Export. PNG ist nicht das einzige zum Import in Office geeignete Format, das Illustrator unterstützt.

TXT

In Illustrator gesetzte Texte lassen sich als ASCII-Text exportieren. Dabei haben Sie die Wahl, den Text für die Windows- oder Mac-Plattform in Unicode oder der für den Arbeitsrechner eingestellten Kodierung zu speichern.

Aktivieren Sie Texte mit dem Textcursor oder Textrahmen mit dem Auswahlwerkzeug, um nur diese Inhalte in der Textdatei zu speichern. Ist kein Text oder Rahmen ausgewählt, werden alle Textrahmen in der Stapelreihenfolge exportiert. Der im Stapel unten liegende Rahmen steht am Beginn der Textdatei.

▲ **Abbildung 19.12**
Pixelbasierte Dateiformate erkennen Sie am Icon.

▲ **Abbildung 19.13**
Export-Optionen für das TXT-Format

19.2 Ausgabe als PDF

Das Portable Document Format ist ein offenes Austauschformat. In PDF-Dateien bleiben die Präsentationselemente des Ursprungsdokuments – Layout, Schrift, Bilder – erhalten und können mit dem Acrobat Reader betrachtet werden, unabhängig davon, welche Anwendung auf welcher Plattform zur Erstellung der Datei eingesetzt wurde.

Auch aus der Druckvorstufe ist das PDF-Format inzwischen nicht mehr wegzudenken. Es wird sowohl in kostengünstigen Online-Druckereien als auch für die Ausgabe hochwertiger Qualitätsdrucke verwendet. Für Illustrator-Anwender bietet es darüber hinaus die Unterstützung der Spezialobjekte und -funktionen wie z. B. Verlaufsgitter und Transparenzen, allerdings abhängig von der gewählten PDF-Version.

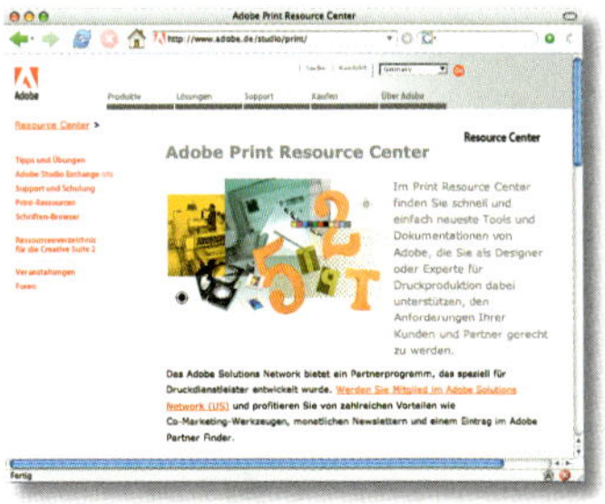

PDF erstellen

PDF-Dateien können Sie aus Illustrator auf zwei Arten erstellen: Zum einen lässt sich ein PDF über den **Drucken-Dialog** erzeugen mit Adobe PDF als Druckertreiber.

Der andere Weg führt über das **Speichern**. Wählen Sie DATEI • SPEICHERN UNTER… und geben Speicherort und Namen der Datei sowie das Speicherformat ADOBE PDF (PDF) ein. Anschließend stellen Sie die Optionen für die Erzeugung der PDF-Datei ein. Sie haben die Möglichkeit, einen der Einstellungssätze aus der Liste auszuwählen oder die Optionsbereiche aus der Liste aufzurufen und Ihre eigenen Einstellungen vorzunehmen.

▲ **Abbildung 19.14**
Im Adobe Print Resource Center finden Sie viele Anleitungen – auch zu PDF: http://www.adobe.de/studio/print/.

Hinweis

Unter BEARBEITEN • ADOBE PDF-VORGABEN verwalten Sie die PDF-Voreinstellungen. Dort können Sie neue Voreinstellungen anlegen oder Joboptions-Dateien als Voreinstellungen importieren.

▶ ADOBE PDF-VORGABE: In diesem Menü finden Sie die mitgelieferten Einstellungen sowie Options-Sets, die Sie selbst speichern. Wählen Sie ILLUSTRATOR-STANDARD, um alle Bearbeitungsmöglichkeiten im erstellten PDF zu erhalten. Die beiden PDF/X-Einstellungen erzeugen jeweils standardkonforme PDFs, bei denen aber die Bearbeitungsmöglichkeit zum großen Teil verloren geht. Mit der Option KLEINSTE DATEIGRÖSSE speichern Sie weboptimierte Dateien.

▶ STANDARD: Wählen Sie die angestrebte PDF/X-Version oder OHNE aus, um Ihre Einstellungen auf Standardkonformität überprüfen zu lassen.

▶ KOMPATIBILITÄT: In diesem Menü stellen Sie ein, mit welcher Acrobat-Version Ihre Datei kompatibel sein soll. Mit dieser Option wird außerdem die PDF-Version festgelegt. Um Probleme bei der Belichtung oder dem Druck zu vermeiden, sollten Sie Acrobat 4 (PDF 1.3) einstellen – Transparenz wird dann allerdings reduziert.

Allgemein

Die Optionen dieser Gruppe betreffen Illustrator-Features.

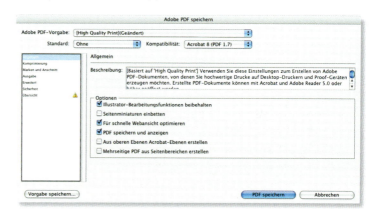

▶ ILLUSTRATOR-BEARBEITUNGSFUNKTIONEN BEIBEHALTEN: Möchten Sie das PDF später erneut in Illustrator editieren, wählen Sie diese Option. Sie ist nicht konform zu PDF/X.

▶ SEITENMINIATUREN EINBETTEN: Seitenminiaturen dienen zur Vorschau einzelner Seiten in Öffnen-Dialogen.

▶ FÜR SCHNELLE WEBANSICHT OPTIMIEREN: Das PDF wird so strukturiert, dass es seitenweise vom Server geladen werden kann. Außerdem wird die Datei nicht mehr binär, sondern ASCII-kodiert. Je nach Inhalt kann das zu einer Vergrößerung der Datei führen. Da aber die Anzeige der ersten Seiten bereits erfolgt, während die restlichen vom Server geladen werden, ist das nicht störend.

- AUS OBEREN EBENEN ACROBAT-EBENEN ERSTELLEN: Die Option steht nur ab Acrobat 6 (PDF 1.5 bis 1.7) zur Verfügung. Ebenen der obersten Hierarchiestufe bleiben im PDF als Ebenen erhalten.
- MEHRSEITIGE PDF AUS SEITENBEREICHEN ERSTELLEN: Mehr zu dieser Option siehe unten.

Komprimierung

Bilder in PDF-Dateien können komprimiert werden. Beim Speichern haben Sie außerdem noch die Möglichkeit, dokumentweit die Auflösung der Bilder zu verringern – per Downsampling. Dabei werden Bilder nach den Farbmodi Farbbilder, Graustufenbilder und monochrome Bilder (1-Bit-Bilder) unterschieden. Für jede dieser drei Gruppen können Sie individuelle Methoden des Downsamplings sowie Komprimierungsoptionen definieren.

◄ **Abbildung 19.16**
PDF-Optionen KOMPRIMIERUNG

- NEUBERECHNUNG (DOWNSAMPLING): Wählen Sie aus dem Aufklappmenü, mit welcher Methode die Bildauflösung angepasst werden soll. Mit der Option BIKUBISCHE NEUBERECHNUNG erreichen Sie die weichsten Übergänge, die Berechnung dauert aber auch am längsten.
- KOMPRIMIERUNG: Die Komprimierungsmethode und deren Stärke sind für die Darstellungsqualität der platzierten Bilder verantwortlich.
  - OHNE: Es findet keine Komprimierung statt. Wählen Sie diese Option für die Druckausgabequalität.
  - ZIP: ZIP eignet sich am besten für flächige, grafische Bilder. Mit der Bildqualität-Einstellung 8 Bit arbeitet ZIP verlustfrei. Wählen Sie jedoch die 4-Bit-Kompression, wird bei jedem Bild zunächst die Anzahl der Farben pro Kanal auf 16 reduziert und erst dann verlustfrei komprimiert.
  - JPEG: Wählen Sie JPEG für fotografische Motive, die Stärke der Komprimierung stellen Sie mit dem Auswahlmenü BILDQUALITÄT ein.
  - JPEG2000: JPEG2000 ist ein internationaler Standard, der viele Verbesserungen gegenüber JPEG bietet. Zusätzlich zur BILDQUALITÄT bestimmen Sie hier mit dem Regler TEILGRÖSSE

Tipp

Da Downsampling immer eine Weichzeichnung verursacht, sollten Sie Ihre Bilder im Bildbearbeitungsprogramm auf die richtige Größe skalieren und anschließend schärfen.

Verwenden Sie Downsampling ausschließlich, um Dateien für das Web zu erstellen.

▲ **Abbildung 19.17**
Anwendungsbeispiele für LZW, JPEG, CCITT, Run-Length

Optionen für die progressive Anzeige der Bilder, d.h., die Bildanzeige baut sich in mehreren Durchgängen auf. Dieses Verfahren können Sie nur bei einer KOMPATIBILITÄT-Einstellung ab ACROBAT 6 (PDF 1.5) auswählen.

▶ CCITT: Dieses Verfahren stammt aus der Faxübertragung. Sie können die Option nur für monochrome Bilder auswählen.

▶ RUN-LENGTH: Auch RUN-LENGTH steht nur bei monochromen Bildern zur Verfügung. Es eignet sich eher für Motive mit großen einheitlichen Flächen.

Marken und Anschnitt

Die Optionen in diesem Bereich entsprechen den gleichlautenden Optionen im Drucken-Dialog (Ausdrucken siehe Abschnitt 19.4).

Ausgabe

In diesem Bereich nehmen Sie die Einstellungen für das Farbmanagement vor.

Abbildung 19.18 ▶
PDF-Optionen AUSGABE

Ein Zielprofil können Sie auswählen, sobald Sie eine Farbkonvertierung selektiert haben. Die Gruppe der PDF/X-Optionen ist erst verfügbar, wenn Sie eines der PDF/X-Formate als Ausgabeformat einstellen.

Wählen Sie einen Menüpunkt aus und bewegen anschließend die Maus darüber, um Informationen zu erhalten, was mit den im Dokument verwendeten Farben und den Farben in platzierten Bildern geschieht.

Erweitert

Hier entscheiden Sie, ob der gesamte Zeichensatz einer Schrift oder nur Untergruppen in Ihr Dokument eingebettet werden. Untergruppen bildet Illustrator dann, wenn der Anteil verwendeter Zeichen kleiner ist als der im Feld eingegebene Wert.

Wenn Sie möchten, dass eine Schrift komplett eingebettet wird, geben Sie »0« ein.

Die Optionen Überdrucken und Transparenzreduzierung entsprechen denen im Drucken-Dialog bzw. der Menü-Option Transparenzreduzierung (Transparenz siehe Kapitel 12).

Checkliste: Auswahl des Dateiformats

Welches Dateiformat Sie auswählen, hängt davon ab, was mit dieser Datei geschehen und in welchem Workflow das Dokument weiterverarbeitet werden soll. Welche Merkmale bieten die einzelnen Dateiformate?

AI | Als natives Speicherformat von Illustrator erhält AI die Editierbarkeit Ihrer Elemente. Nur Illustrator kann eine AI-Datei wieder zur Bearbeitung öffnen. Zusätzlich müssen Sie die Version beachten: Damit die volle Editierbarkeit erhalten bleibt, müssen Sie eine passende Version wählen und können das Dokument auch nur mit dieser oder einer höheren Version öffnen. **Egal, wie Ihre Datei weiterverwendet wird, speichern Sie zum Zweck der Archivierung Ihre Dokumente immer im nativen Format.**

AI ist das empfohlene Format zum Platzieren der Datei in **InDesign** – für den Austausch mit InDesign (und Photoshop) ist in AI-Dateien eine zusätzliche Version des Dateiinhalts als PDF 1.5 gespeichert. Zur Minimierung der Dateigrößße können Sie das Speichern des PDF deaktivieren (Option PDF-kompatible Datei erstellen), der Datei-Austausch innerhalb der Creative Suite basiert jedoch auf der PDF-Kompatibilität. Auch in **Flash CS3** können Sie AI-Dateien unter Erhaltung aller Ebenen, Symbole, Texte und vieler Objekte weiterverarbeiten.

EPS | Das Arbeitspferd der Druckvorstufe EPS kann von den meisten Applikationen zumindest platziert und korrekt ausgegeben werden – **gilt jedoch inzwischen als veraltet**. Ein EPS kann keine Live-Transparenz oder Aussehen-Eigenschaften wie Pinsel und Effekte enthalten, daher werden diese reduziert. Vor dem Speichern eines EPS müssen Sie also auf korrekte Dokument-Rastereffekt- und Transparenzreduzierungs-Einstellungen achten. In einem EPS ist zusätzlich eine native Version der Datei enthalten, die sich in Illustrator öffnen lässt – allerdings ist die volle Editierbarkeit von der gewählten EPS-Version abhängig.

PDF | Für den Austausch Ihrer Dateien mit Kunden und Dienstleistern hat sich das PDF-Format etabliert. Einige Illustrator-Features werden von PDF nicht unterstützt, so dass beim Speichern in diesem Format bei bestimmten Objektarten immer eine Reduzierung stattfindet – um diese Tatsache zu kompensieren, kann ein PDF eine native Version der Datei enthalten (Option Illustrator-Bearbeitungsfunktionen beibehalten). Ab PDF-Version 1.4 wird Live-Transparenz erhalten.

PDF/X | PDF/X-Formate sind durch Standards definiert und können validiert – also auf die Einhaltung der Vorgaben geprüft – werden. PDF/X-1a und PDF/X-3 enthalten reduzierte Transparenz.

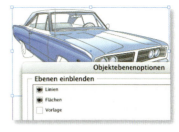

▲ **Abbildung 19.19**
Die Sichtbarkeit der Ebenen von Illustrator-CS3-Dateien können Sie in InDesign mit den Objektebenenoptionen steuern.

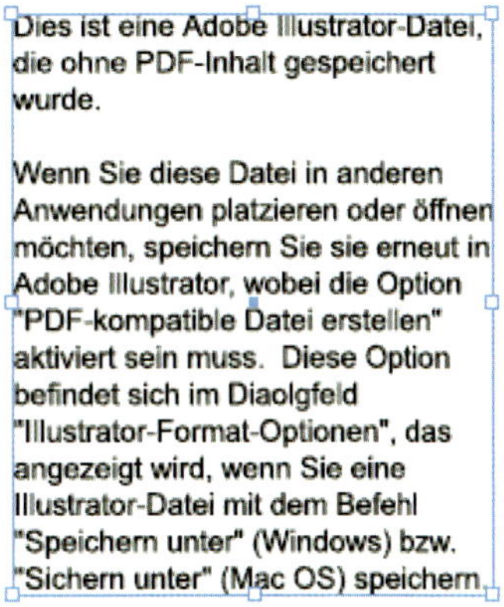

▲ **Abbildung 19.20**
Warnung bei Platzierung einer Illustrator-Datei ohne PDF-Kompatibilität in InDesign

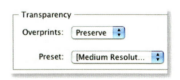

▲ **Abbildung 19.21**
Enthält Ihre Datei Transparenz, muss diese beim Speichern ins EPS-Format reduziert werden (Transparenz siehe Kapitel 12).

▲ **Abbildung 19.22**
Seitenaufteilung eingeblendet

▲ **Abbildung 19.23**
Mehrseitiges PDF

Mehrseitiges PDF

In Illustrator können Sie zwar keine mehrseitigen Dokumente anlegen, mit einer List lässt sich das Programm aber dazu bringen, mehrseitige PDFs zu exportieren. Dabei machen Sie sich die Tatsache zunutze, dass Dokumente, die nicht auf die eingestellte Papiergröße passen, auf mehrere Seiten aufgeteilt werden. Gehen Sie wie folgt vor, um ein mehrseitiges PDF auszugeben:

1. Erstellen Sie Ihr Dokument so, dass alle benötigten Seiten auf die Zeichenfläche passen.
2. Rufen Sie DATEI • DRUCKEN… auf.
   Richten Sie das Format, das eine einzelne Seite Ihres PDF erhalten soll, unter ALLGEMEIN • MEDIEN als Größe ein. Wählen Sie eine der Vorgaben aus dem Menü oder den Eintrag EIGENE, um ein abweichendes Format zu definieren.
   Wählen Sie aus dem Aufklappmenü unter EINRICHTEN • BILD ZUSCHNEIDEN AUF die Option ZEICHENFLÄCHE.
   Im Aufklappmenü unter EINRICHTEN • AUFTEILUNG wählen Sie FLÄCHE BESTEHT AUS GANZEN SEITEN.
   Schließen Sie die Dialogbox, indem Sie auf den Button FERTIG klicken.
3. Lassen Sie sich die Seitenaufteilung auf dem Dokument anzeigen, indem Sie ANSICHT • SEITENAUFTEILUNG EINBLENDEN aufrufen.
4. Erstellen Sie das Layout der einzelnen Seiten.
5. Speichern Sie die Datei im PDF-Format.
6. Aktivieren Sie in der Dialogbox ADOBE PDF SPEICHERN unter ALLGEMEIN die Option MEHRSEITIGE PDF AUS SEITENBEREICHEN ERSTELLEN.

19.3 Grafiken für den Druck vorbereiten

Bei der Erstellung von Grafiken für den Druck sind einige spezielle Gegebenheiten des Verarbeitungsprozesses zu beachten. Die Übersetzung digitaler Daten in die analoge Darstellung und die verwendeten Bedruckstoffe stellt Anforderungen an die Vorbereitung einer Datei.

Bildauflösung

Die Auflösung eines Bildes gibt die Anzahl der Pixel bezogen auf eine Längeneinheit an. Solange Sie in Illustrator nur mit Vektorformen arbeiten und keine Effekte oder Objekte einsetzen, die auf Rastergrafik basieren, müssen Sie sich um die Auflösung nur wenige Gedanken machen.

Achten müssen Sie aber auf Linienstärken. Eine Linie unter 0,25 Pt Stärke wird u. U. nicht sauber gedruckt. Bedenken Sie, dass Konturen beim Verkleinern einer Grafik im Layoutprogramm ebenfalls dünner werden.

Integrieren Sie Halbtonbilder in Ihre Illustrator-Dateien oder arbeiten mit pixelbasierten Effekten, müssen Sie die Auflösung natürlich beachten. Für Ihre Arbeit mit Illustrator bedeutet das vor allem, dass Sie Ihre Datei in den endgültigen Maßen anlegen und in den entsprechenden Dialogboxen – für TRANSPARENZREDUZIERUNG und IN PIXELBILD UMWANDELN... – die korrekte Auflösung für die jeweils beabsichtigte Ausgabeform einstellen (Transparenzen siehe Kapitel 12, Pixelbilder siehe Kapitel 18).

Komplexität

Eine hohe Komplexität Ihrer Grafik führt möglicherweise zu Problemen beim Ausdrucken. Das kann vom erhöhten Zeitaufwand – und damit höheren Kosten beim Dienstleister – bis zu Fehlern reichen. Typisch ist die »Limitcheck«-Fehlermeldung von PostScript-Geräten, z. B. bei komplexen Pfaden, die aufgrund ihrer Länge oder Form zu viele Punkte aufweisen.

Halten Sie die Anzahl der Punkte auf einem Pfad gering. **Vereinfachen** Sie Pfade, wenn möglich (Vereinfachen siehe Kapitel 7). Eine Alternative ist das Aufteilen von Formen auf mehrere Pfade, wenn es zu Problemen kommt. Speichern Sie aber eine Kopie der ursprünglichen Form.

Löschen Sie Elemente, die in der Vorschau von anderen Objekten **verdeckt** sind. Beim Ausdrucken oder Belichten werden alle Elemente verarbeitet, auch wenn sie letztendlich nicht sichtbar sind.

Der Raster-Image-Prozessor (RIP) wandelt Vektorpfade in einer **Kurvennäherung** für die Ausgabe auf einem PostScript-Gerät in Polygone mit vielen kurzen geraden Segmenten um. Die Anzahl der Geraden, aus denen eine Kurve besteht, bestimmt über die »Rundheit« der Kurve (engl. Flatness). Je mehr Geraden aber für die Umsetzung eines Kurvenverlaufs eingesetzt werden müssen, umso länger dauert der Druckprozess und desto mehr Speicher benötigt das Ausgabegerät für die Verarbeitung der Datei (Einstellung der Drucken-Optionen siehe weiter unten).

Beschränken Sie die Anzahl der verwendeten **Schriftarten** und -schnitte. Davon profitiert Ihr Layout insgesamt.

Registerungenauigkeit/Passerungenauigkeit

Beim mechanischen Vorgang des Druckens können, während das Papier die Druckmaschine durchläuft, kleinste Ungenauigkeiten auftreten, die dafür verantwortlich sind, dass die Druckfarben

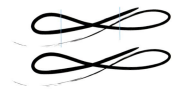

▲ **Abbildung 19.24**
Aufteilen von Formen mit OBJEKT • PFAD • DARUNTER AUFTEILEN

▲ **Abbildung 19.25**
Verdeckte Elemente löschen

▲ **Abbildung 19.26**
Detailansicht einer Bilddatei

▲ **Abbildung 19.27**
Passerungenauigkeit (übertriebene
Darstellung)

▲ **Abbildung 19.28**
Gemeinsame Druckfarben (links
nicht ausreichend, rechts ausreichend)

Hinweis

Die Optionen des Befehls sowie
des Effekts In Pixelbild umwandeln… besprechen wir in Kapitel
13 und 14.

nicht exakt übereinander drucken (siehe Abbildung 19.27). Ungenauigkeiten sind zum einen durch den mechanischen Vorgang,
zum anderen durch das Material bedingt, das sich z. B. ausdehnt,
wenn es durch den Farbauftrag feucht wird.

Pixelgrafik | Die Farbe der einzelnen Bildpunkte wird aus der
Mischung der Primärfarben erzielt. Daher bestehen im gesamten
Bild gemeinsame Farben. Haben Sie sich ein Halbtonbild – also
ein pixelbasiertes Bild – einmal in hoher Vergrößerung angese-
hen, ist Ihnen darüber hinaus sicher aufgefallen, dass keine scharf
abgegrenzten Flächen darin vorkommen. Durch die in Halbton-
bildern vorhandene Unschärfe entstehen an den Begrenzungen
von Farbflächen Mischtöne. Sowohl die gemeinsamen Farben
des Bilds als auch die Mischtöne an Rändern bedingen, dass
kleine Passerungenauigkeiten nicht auffallen.

Vektorgrafik | In Vektorgrafik-Dateien sind Objektkanten scharf
abgegrenzt. Kommt dann erschwerend hinzu, dass benachbarte
Flächen keine gemeinsamen Druckfarben enthalten, sind schon
bei kleinen Registerungenauigkeiten »Blitzer« zu sehen: unbe-
druckte Stellen.

Lösungsansätze | Mit unterschiedlichen Maßnahmen können
Sie erreichen, dass keine »Blitzer« entstehen:

▶ **Gemeinsame Druckfarben**: Der einfachste Weg, das Problem
   zu lösen, ist, dafür zu sorgen, dass aneinander grenzende Flächen ausreichend gemeinsame Druckfarben besitzen – in
   einem Anteil von mindestens 5 %. So erreichen Sie, dass die
   bei Ungenauigkeiten entstehenden Mischfarben sich nicht
   auffällig von den Objektfarben unterscheiden.

▶ **Überdrucken**: Besonders kritisch ist die Passerungenauigkeit
   für in kleinen Punktgrößen gesetzte Texte und feine Umrandungen. Gäbe es an derartigen Formen Blitzer beim Drucken,
   wären die meisten Texte nur noch mit Mühe lesbar.
   Um Probleme mit diesen Objekten zu vermeiden, verwendet
   man die Option Überdrucken, d. h., in der darunter liegenden
   Fläche wird die betroffene Form nicht ausgespart. Mehr zum
   Überdrucken lesen Sie weiter unten in diesem Kapitel.

▶ **Umrisslinien**: Überdruckende schwarze Konturen an den
   Objektgrenzen – wie z. B. in Comics – lassen sich auch verwenden, um Ungenauigkeiten zu überdecken.

▶ **In Pixelbild umwandeln**: Es gibt natürlich auch die Möglichkeit, die Vektorgrafik vor dem Drucken zu rastern, also in ein
   Halbtonbild zu konvertieren. Dafür können Sie die Werkzeuge
   von Illustrator oder Exportfunktionen benutzen – bessere

Ergebnisse erhalten Sie jedoch, wenn Sie ein EPS oder Ihre Illustrator-Datei in Photoshop öffnen und die Rasterung dort vornehmen.

Achtung: Sie müssen die exakte Größe und die benötigte Auflösung einstellen und natürlich die Anti-Aliasing-Option aktivieren.

◄ **Abbildung 19.29**
Vektorgrafik-Original (links), in Photoshop gerastert (rechts): Die Vergrößerung zeigt die Mischtöne, die beim Rastern mit aktiviertem Anti-Aliasing entstehen. Vektorformen weisen dagegen immer hart abgegrenzte Kanten auf.

▶ **Über- und Unterfüllen/Trapping:** Beim Über- und Unterfüllen erzeugt man an den Objektgrenzen Überlappungen, so dass keine Blitzer mehr auftreten können. Da der sichtbare Rand zwischen zwei Objekten meist durch die dunklere der beiden Flächen bestimmt ist, geht man so vor, dass die hellere Fläche erweitert wird, während die dunklere ihre Form behält. Die Bezeichnungen Über- und Unterfüllen trennen danach, ob ein helles Objekt seinen dunklen Hintergrund überlappt oder ein heller Hintergrund unter ein dunkles Objekt ragt.

Überdrucken

Um die Füllung und/oder Kontur eines aktivierten Objekts zu überdrucken, rufen Sie zunächst FENSTER • ATTRIBUTE auf – Shortcut ⌘/Strg+F11, im Dock 🔲. Aktivieren Sie anschließend die gewünschte Option FLÄCHE ÜBERDRUCKEN bzw. KONTUR ÜBERDRUCKEN. Für eine Bild-, Spezial- oder Musterpinselkontur können Sie die Option KONTUR ÜBERDRUCKEN zwar aktivieren, sie hat jedoch nicht die gewünschten Auswirkungen beim Druck.

Farben überdrucken | Überdrucken Sie zwei verschiedene Druckfarben, setzt sich die Farbe der Schnittfläche aus den addierten Farbwerten der übereinander liegenden Objekte zusammen. Beim Überdrucken zweier gleicher Druckfarben bestimmt die überdruckende Farbe das Ergebnis. Dies sollten Sie beachten, wenn Sie ein helleres Objekt eine dunklere Fläche überdrucken lassen (siehe Abbildung 19.32).

▲ **Abbildung 19.30**
Überfüllung (links) und Unterfüllung (rechts)

▲ **Abbildung 19.31**
Grafikattribute-Palette

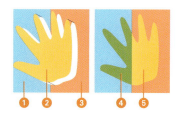

▲ Abbildung 19.32
Ausgespart (links), Überdrucken (rechts): ❶ C70, ❷ M20/Y70, ❸ M50/Y50, ❹ C40/M20/Y70, ❺ M20/Y70

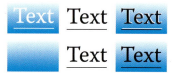

▲ Abbildung 19.33
Schwarz ausgespart (oben), Schwarz überdruckt (unten)

▲ Abbildung 19.34
Schwarz-überdrucken-Filter

Im Vorschaumodus ist die Auswirkung Ihrer Einstellung nicht sichtbar. Wählen Sie ANSICHT • ÜBERDRUCKENVORSCHAU – Shortcut ⌘+⌥+⇧+Y bzw. Strg+Alt+⇧+Y –, um die Farbwirkung dieser Einstellung am Bildschirm zu sehen.

Drucken-Option Schwarz überdrucken | Da sowohl Texte als auch feine Linien häufig in der Farbe schwarz erstellt werden, haben Sie in den Drucken-Optionen eine Einstellmöglichkeit, Elemente in der Farbe 100 % Schwarz generell zu überdrucken. Möchten Sie nur einzelne Objekte mit einem Schwarzanteil in Füllung oder Kontur überdrucken, verwenden Sie den Befehl BEARBEITEN • FARBEN BEARBEITEN • SCHWARZ ÜBERDRUCKEN, um die Eigenschaft für mehrere Objekte gleichzeitig zu definieren.

Schwarz-überdrucken-Funktion | Wenn Sie nur einzelne schwarze Objekte bzw. deren Konturen oder Füllungen überdrucken möchten, hilft Ihnen diese Funktion, die Überdrucken-Eigenschaft für Objekte abhängig von deren Schwarzanteil zu setzen. Gehen Sie wie folgt vor, um mit dem Befehl bestimmte Objekte zu überdrucken:

1. Aktivieren Sie die Objekte, aus denen die überdruckenden Elemente ausgewählt werden sollen – ggf. sind das alle in Ihrem Dokument enthaltenen Objekte.
2. Wählen Sie BEARBEITEN • FARBEN BEARBEITEN • SCHWARZ ÜBERDRUCKEN…
3. Im Aufklappmenü selektieren Sie SCHWARZ HINZUFÜGEN. Geben Sie den Prozentanteil Schwarz ein, den zu überfüllende Objekte enthalten sollen. Der Filter sucht leider nicht nach dem Kriterium »Mindestens«, sondern exakt den eingegebenen Prozentwert.
   ▶ Wählen Sie unter ANWENDEN AUF, ob Konturen und/oder Füllungen überdrucken sollen.
   ▶ Möchten Sie auch Objekte überdrucken, die – neben anderen Farben – einen Schwarzanteil enthalten, aktivieren Sie SCHWARZ BEI CMY EINSCHLIESSEN.
   ▶ Sollen Volltonfarben überdrucken, deren CMYK-Definition einen bestimmten Schwarzanteil enthält, wählen Sie VOLLTON-SCHWARZ EINSCHLIESSEN.
4. Klicken Sie auf OK.

Dieselbe Funktion verwenden Sie, wenn Sie die Überdrucken-Eigenschaft von Objekten wieder aufheben möchten. Wählen Sie dazu aus dem Aufklappmenü SCHWARZ ENTFERNEN.

Überfüllungen anlegen

Verschiedene Druckverfahren verlangen nach unterschiedlichen Stärken, Formen und Lage der Überfüllungen. Daher sollte das Überfüllen unmittelbar vor der Ausgabe – der Belichtung des Films oder der Druckplatte – erfolgen. **Bevor Sie also manuell überfüllen, sprechen Sie mit Ihren Dienstleistern!**

Überfüllungen lassen sich auf mehrere Arten erzeugen. Sehr bewährt hat sich die Methode, Überfüllungen mit Hilfe von Konturen anzulegen. Eine andere Möglichkeit ist die Verwendung der Überfüllen-Funktion. Eine Spezialbehandlung erfordert die Überfüllung von Verlaufsflächen und Konturen.

Überfüllen mit einer Kontur | Legen Sie eine Kontur um die zu überfüllende Fläche in der Stärke der Überfüllung an und richten diese Kontur nach außen ⬜ aus. Verwenden Sie die Farbe des Objekts für die Kontur.

Rufen Sie die Grafikattribute-Palette auf und aktivieren die Option KONTUR ÜBERDRUCKEN – achten Sie darauf, dass FLÄCHE ÜBERDRUCKEN nicht aktiviert ist.

Unterfüllen mit einer Kontur | Beim Unterfüllen verwenden Sie für die Kontur statt der Objekt- die Hintergrundfarbe und richten die Kontur nach innen ⬛ aus. Aktivieren Sie für diese Kontur ebenfalls die Überdrucken-Option in der Grafikattribute-Palette.

Verläufe überfüllen | Da Sie Konturen nicht mit Verläufen füllen können, müssen Sie einen weiteren Schritt einfügen, wenn Sie eine Verlaufsfläche überfüllen möchten.

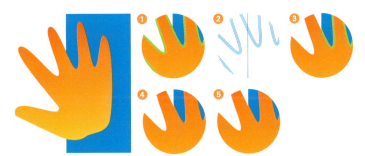

1. Erstellen Sie zunächst eine Kontur in der Stärke der Überfüllung für das Verlaufsobjekt ❶.
2. Wandeln Sie anschließend die Kontur in eine Fläche um – OBJEKT • AUSSEHEN UMWANDELN… Wandeln Sie nur die Kontur, nicht die Fläche um – Pfadansicht: ❷. Die bei der Umwandlung entstandenen Objekte sind gruppiert – lösen Sie die Gruppierung.

Hinweis

Beim Überfüllen von Text ist Vorsicht geboten, da dieser durch die Veränderung der Form schwer lesbar werden kann.

▲ **Abbildung 19.35**
Über- und Unterfüllen mit einer Kontur

◄ **Abbildung 19.36**
Verlauf überfüllen: Schritt ❸ ist nur nötig, wenn die Überfüllung auf die Größe der angrenzenden Farbfläche zugeschnitten werden muss.

3. Die Kontur ist in eine Fläche umgewandelt worden. Verwenden Sie die Pathfinder-Funktionen, um die Teile der Fläche zu entfernen, die nicht zum Überfüllen benötigt werden ❸. Füllen Sie Diese Fläche mit einem identischen Verlauf wie die zu überfüllende Form ❹.

4. Rufen Sie die Grafikattribute-Palette auf, und aktivieren Sie die Option FLÄCHE ÜBERDRUCKEN ❺ für die Kontur.

Überfüllen-Effekt | Einfach gefüllte Flächen lassen sich in Illustrator mit einem Befehl in der Pathfinder-Palette oder dem Überfüllen-Effekt versehen. Letzterer hat wie alle Effekte den Vorteil, dass er erst bei der Ausgabe angewendet wird und Sie die Einstellungen daher jederzeit editieren können. Die Optionen für beide Anwendungen sind identisch.

Der Effekt lässt sich nur auf Gruppen anwenden. Gruppieren Sie daher zunächst die zu überfüllenden Objekte. Wählen Sie anschließend EFFEKT • PATHFINDER • ÜBERFÜLLEN...

Hinweis

Ihr Dokument muss bei der Anwendung der Funktion oder des Effekts im CMYK-Modus vorliegen.

Sie erhalten nur dann das gewünschte Ergebnis, wenn die beteiligten Objekte keine gemeinsame Druckfarbe enthalten.

Abbildung 19.37 ▶
Optionen des Überfüllen-Effekts

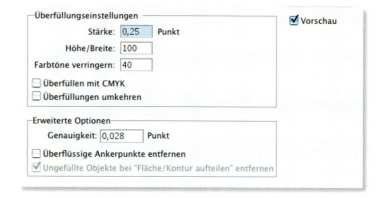

Hinweis

Eine mit Überfüllungen aller in diesem Abschnitt vorgestellten Arten versehene Grafik darf nicht mehr im Layoutprogramm skaliert werden, da die Größenveränderung auch die Überfüllung betrifft.

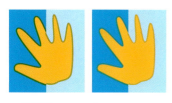

▲ **Abbildung 19.38**
Farbtöne verringern, 100 und 40

▶ STÄRKE: Geben Sie in diesem Feld die Breite der Überfüllung an. Sie ist abhängig vom Druckprozess und der Genauigkeit der Druckmaschine.

▶ HÖHE/BREITE: Normalerweise (mit der Einstellung 100) erstellt Illustrator für horizontale und vertikale Linien eine identische Überfüllung. Sie können mit der Eingabe eines Werts in diesem Feld die Balance steuern und damit unregelmäßige Abweichungen ausgleichen. Erfragen Sie diesen Wert von Ihrer Druckerei.

Für vertikale Linien wird eine Überfüllung in der von Ihnen angegebenen Stärke erstellt. Die Überfüllung horizontaler Linien wird schmaler, wenn Sie einen Wert unter 100, und breiter, wenn Sie einen Wert über 100 verwenden.

▶ FARBTÖNE VERRINGERN: Mit dieser Einstellung nehmen Sie Einfluss auf die Farbwerte der Überfüllungsfläche, indem Sie den

Tonwert der helleren Farbe abschwächen. Beim Überfüllen können ohne das Abschwächen unerwünschte dunkle Kanten entstehen. Der Mindestwert für Ihre Eingabe ist abhängig von den betroffenen Farben – Höchstwert ist 100.

▶ ÜBERFÜLLEN MIT CMYK: Ist mindestens eine der betroffenen Farben eine Volltonfarbe, können Sie mit dieser Option die Überfüllung in CMYK-Farben anlegen. Ist die Option nicht aktiviert, erstellt Illustrator eine überdruckende Volltonfläche in der helleren der beiden Farben.

▶ ÜBERFÜLLUNGEN UMKEHREN: Illustrator ermittelt anhand der Farbwerte, welches die hellere Farbe ist. Falls Ihnen das Ergebnis nicht zusagt, verwenden Sie diese Option, um die Überfüllung umgekehrt anzuwenden.

▶ GENAUIGKEIT: Mit diesem Wert steuern Sie die Exaktheit der Berechnung der Überfüllungsfläche. Ein höherer Wert verursacht nicht nur eine exaktere Ausführung, sondern auch mehr Zeitaufwand bei der Erstellung und Verarbeitung der Form.

▶ ÜBERFLÜSSIGE ANKERPUNKTE ENTFERNEN: Punkte, die den Pfadverlauf der Überfüllungsform nicht beeinflussen, werden gelöscht.

Beschnittzugabe/Druckerweiterung

Falls Ihre Grafik bis an den Rand der Papierfläche gedruckt werden soll, müssen Sie eine Beschnittzugabe anlegen. Dieser zusätzlich bedruckte Bereich wird beim Beschneiden der Druckbogen benötigt, um ein »Hervorblitzen« des Bedruckstoffs an der Schnittkante zu vermeiden. Den benötigten Toleranzbereich erfragen Sie bei Ihrem Dienstleister – üblicherweise sind es Werte um 2–3 mm.

Natürlich kann die Ungenauigkeit in beide Richtungen auftreten – halten Sie daher in Ihrem Layout auch einen Abstand zum Rand ein, so dass nicht etwa ein wichtiger Bestandteil nach dem Schneiden fehlt. Und achten Sie darauf, dass Elemente so positioniert sind, dass es »gewollt« aussieht, wenn sie beschnitten sind.

▲ **Abbildung 19.39**
Rechte Seite: Beschnitt und Abstände passend eingerichtet

Tiefschwarz

Größere schwarze Flächen sollten Sie als »Tiefschwarz« – auch »fettes Schwarz« genannt – anlegen, da schwarze Druckfarbe alleine nicht ausreichend deckt und daher nur dunkelgrau wirkt. »Tiefschwarz« ist 100 % Schwarz mit CMY-Beimischungen. Je nachdem, welche Farben Sie zugeben, wirkt Tiefschwarz eher kalt, warm oder neutral. Unterschiedliche Dienstleister geben dazu verschiedene Empfehlungen, gebräuchlich für ein kaltes gesättigtes Schwarz ist eine Zugabe von ca. 60 % Cyan.

▲ **Abbildung 19.40**
Schwarz und Tiefschwarz – um Registerproblemen zu begegnen, sollten Sie die CMY-Anteile nicht bis zum Rand der Fläche anlegen.

| weißer Text auf Tiefschwarz ohne Outline weißer Text auf Tiefschwarz ohne Outline | weißer Text auf Tiefschwarz mit Outline weißer Text auf Tiefschwarz mit Outline |

▲ **Abbildung 19.41**
Weißer Text auf Tiefschwarz sollte
mit einer rein schwarzen Outline
konturiert werden.

Aussehen von Schwarz | Bei der Bildschirmdarstellung von Schwarztönen unter VOREINSTELLUNGEN • AUSSEHEN VON SCHWARZ… haben Sie die Möglichkeit, normales Schwarz und Tiefschwarz am Monitor entweder identisch oder unterschiedlich darzustellen – damit Sie die Verwendung unterschiedlicher Schwarztöne in Ihrem Dokument besser kontrollieren können.

Wählen Sie im Ausklappmenü unter AM BILDSCHIRM die gewünschte Einstellung:

▶ ALLE SCHWARZTÖNE GENAU ANZEIGEN: Der Unterschied zwischen Schwarz und Tiefschwarz wird deutlich – mit dieser Option berechnet Illustrator die RGB-Werte der Farben aus den CMYK-Werten, stellt also 100 % Schwarz als dunkles Grau und Tiefschwarz je nach Mischungsanteilen dunkler dar.

▶ ALLE SCHWARZTÖNE ALS TIEFSCHWARZ ANZEIGEN: Hier entspricht die Anzeige von 100% Schwarz sowie aller Farbmischungen, die einen 100 %-Schwarz-Anteil enthalten, der dunkelsten möglichen Schwarzanzeige – also RGB 0/0/0.

Tiefschwarz ausgeben | Ebenfalls in den Voreinstellungen steuern Sie, wie Schwarz ausgegeben werden soll. Dies ist vor allem für den Export von RGB-Bilddaten aus CMYK-Dokumenten interessant.

▶ ALLE SCHWARZTÖNE GENAU AUSGEBEN: Mit dieser Option bleiben beim Export eines CMYK-Dokuments in RGB-Bilddaten die Farbwerte erhalten und werden nur entsprechend der Farbprofile in RGB-Werte konvertiert.

▶ ALLE SCHWARZTÖNE ALS TIEFSCHWARZ AUSGEBEN: Wählen Sie diese Option, um beim Export von RGB-Daten 100 % Schwarz bzw. alle Farbmischungen, die einen Anteil von 100 % Schwarz enthalten, in RGB 0/0/0 umzuwandeln.

Gesamt-Farbauftrag

Den Gesamt-Farbauftrag an einer bestimmten Stelle Ihres Dokuments erhalten Sie, wenn Sie die einzelnen Farbwerte zusammenzählen – für den Wert CMYK 40/30/100/10 erhalten Sie also einen Gesamt-Farbauftrag von 180 %. Je nach Druckprozess und verwendetem Papier sollten Sie einen bestimmten Höchstwert nicht überschreiten – meist zwischen 250 % und 350 % –, da ansonsten die Gefahr besteht, dass das Papier sich zu stark dehnt, aufwirft oder reißt. Darüber hinaus kann es beim Drucken leichter zu Farbverschiebungen und Registerungenauigkeiten kommen, die Farbe schmiert, schlägt sich an der Rückseite des folgenden Bogens ab, und der Trocknungsprozess dauert länger.

Soft-Proof

Gerade bei hochwertigen Produktionen ist ein Proofdruck unumgänglich, um das Ergebnis Ihrer Arbeit beurteilen zu können. In alltäglichen Arbeiten oder den frühen Phasen wichtiger Projekte ist ein Soft-Proof, also eine mit Hilfe des Farbmanagements simulierte Vorschau des Druckergebnisses am Monitor, eine schnelle und kostengünstige Möglichkeit, Veränderungen der Farbe beurteilen zu können.

In Illustrator wählen Sie zunächst Ansicht • Proof einrichten und die gewünschte Menüoption oder den Eintrag Anpassen..., um eine Einstellung zu konfigurieren.

Arbeiten Sie in Ihrer Datei mit gemischten Inhalten – z.B. RGB-Bilder in einem CMYK-Dokument –, ist der Soft-Proof mit großer Vorsicht zu betrachten.

Möchten Sie den Soft-Proof mit der normalen Ansicht vergleichen, rufen Sie Ihre Datei mit dem Befehl Fenster • Neues Fenster in einem zweiten Fenster auf. Aktivieren Sie anschließend für eines der beiden Fenster Ansicht • Farbproof.

Überdruckenvorschau

Verwenden Sie in Ihrem Dokument Schmuckfarben oder haben Sie die Überdrucken-Eigenschaft für einzelne Objekte aktiviert, wählen Sie zusätzlich Ansicht • Überdruckenvorschau, oder verwenden Sie den Shortcut ⌘+⌥+⇧+Y bzw. Strg+Alt+⇧+Y.

Zur Darstellung von Buchfarben (mehr zu Buchfarben finden Sie in Kapitel 8) verwendet die Überdruckenvorschau die hinterlegten Lab-Werte, unabhängig davon, welche Volltonfarbenoptionen Sie in der Farbfelder-Palette eingestellt haben.

Die Überdruckenvorschau kostet Zeit, wenn die Ansicht neu generiert werden muss, z.B. beim Scrollen im Dokument. Deaktivieren Sie sie also, wenn Sie sie nicht benötigen.

Transparenzen

Live-Transparenz (also reduzierte Deckkrafteinstellungen, Füllmethoden und die Effekte Schatten, Weiche Kante und Schein) muss »reduziert« werden, wenn Sie Dateien, die Transparenz enthalten, drucken möchten. Soll die Datei in einem anderen Programm platziert werden, kann Live-Transparenz erhalten werden, sofern das Programm mindestens PDF 1.4 unterstützt.

Verwenden Sie die Reduzierungsvorschau, um zu überprüfen, ob Ihr Dokument Transparenz enthält (siehe Kapitel 12).

▲ **Abbildung 19.42**
Links ohne, rechts mit Farbproof und Überdrucken-Vorschau

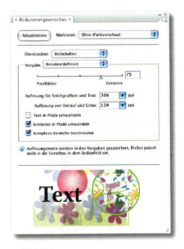

▲ **Abbildung 19.43**
Reduzierungsvorschau

Hinweis

PostScript-Level-3-RIPs verfügen über Algorithmen, die Banding vermeiden können – »Smooth Shades«. Sprechen Sie mit Ihrem Dienstleister den Umgang mit Verläufen ab.

▲ **Abbildung 19.45**
Schnittbereich

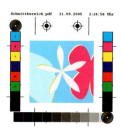

▲ **Abbildung 19.46**
Druckermarken am Schnittbereich generiert

Effekte, Filter

Beachten Sie bei der Ausgabe von Effekten, dass die Dokument-Rastereffekt-Einstellungen für die im Druck verwendete Rasterweite geeignet ist (Effekte und Filter siehe Kapitel 13).

Verläufe

Beim Drucken von Verläufen kann es passieren, dass »Banding« – sichtbare Streifenbildung – auftritt. Dies kann mehrere Ursachen haben: Einerseits sind Verläufe mit einer größeren Übergangslänge und Verläufe zwischen dunklen Farben und Weiß anfällig für das Banding.

Andererseits tritt das Problem auch auf, wenn die Druckerauflösung in Verbindung mit der gewählten Rasterweite nicht ausreicht, um die im Verlauf vorhandenen Abstufungen darzustellen.

In der Illustrator-Hilfe finden Sie eine Datei mit einer Übersicht sicherer Kombinationen von Rasterweite und Belichterauflösung. Eine weitere Datei hilft bei der Berechnung der Übergangslänge.

Schnittbereich

Illustrator druckt standardmäßig die gesamte Zeichenfläche aus. Sie können den druckbaren Bereich jedoch durch die Definition eines Schnittbereichs eingrenzen – dies hat übrigens nicht nur Auswirkungen auf den Ausdruck (siehe weiter unten in diesem Kapitel), sondern auch auf den Export in verschiedene Formate. In einem Dokument können Sie (mit dem Schnittbereich-Werkzeug) mehrere Schnittbereiche erstellen und verwalten.

Schnittbereich erstellen | Um einen Schnittbereich zu erstellen, haben Sie zwei Möglichkeiten:

▶ **aus einem Objekt**: Wählen Sie das Rechteck-Werkzeug, und erstellen Sie ein Rechteck in der gewünschten Größe. Aktivieren Sie dieses und rufen den Befehl OBJEKT • SCHNITTBEREICH • ERSTELLEN auf. Der Schnittbereich wird durch Schnittmarken auf der Zeichenfläche angezeigt – er ist an seiner Position fixiert und bewegt sich nicht zusammen mit Objekten.

▶ **mit dem Schnittbereich-Werkzeug**: Wählen Sie das Schnittbereich-Werkzeug, und klicken und ziehen Sie einen Schnittbereich auf. Sobald Sie einen neuen Schnittbereich aufziehen, wird der bestehende gelöscht. Drücken Sie beim Aufziehen ⌥/ Alt , um einen zusätzlichen Schnittbereich zu erstellen.

Schnittbereich auswählen | Sind in einem Dokument mehrere Schnittbereiche angelegt, müssen Sie den Schnittbereich, den Sie drucken oder exportieren möchten, auswählen. Drücken Sie dazu

⌥/Alt , um alle Schnittbereiche anzuzeigen und klicken anschließend auf den gewünschten Bereich.

Schnittbereich löschen | Ist das Schnittbereich-Werkzeug ausgewählt, aktivieren Sie damit einen Bereich und drücken ← . Darüber hinaus lässt sich der aktive Schnittbereich mit OBJEKT • SCHNITTBEREICH • ZURÜCKWANDELN in ein Rechteck umwandeln – unabhängig davon, wie Sie ihn erstellt haben.

Schnittmarken

Auch wenn sie am Bildschirm ziemlich ähnlich aussehen, sind Schnittmarken etwas ganz anderes als der Schnittbereich. Während Sie über den Drucken-Dialog an den Begrenzungen des Schnittbereichs alle benötigten Druckermarken, Farbkontrollstreifen etc. generieren lassen können, ist dies bei Schnittmarken nicht möglich.

▲ **Abbildung 19.47**
Schnittmarken für Visitenkarten

Schnittmarken erstellen | Ziehen Sie ein Rechteck auf und wählen FILTER • ERSTELLUNGSFILTER • SCHNITTMARKEN. Sie erhalten Linien in 6 mm Abstand zur ursprünglichen Rechteckform, die mit einer Kontur der Stärke 0,3 Pt in der Passermarkenfarbe versehen sind. Die Schnittmarken sind gruppiert, jedoch nicht mit dem Rechteck verbunden, das nach Anwendung des Filters erhalten bleibt.

▲ **Abbildung 19.48**
In Metallblech gefräste Vektorgrafik. Fräsen erfordert eine andere Vorgehensweise als Plotten, da die Linienstärke durch die Größe des Werkzeugs bedingt ist. Sprechen Sie die Vorgehensweise mit dem Dienstleister ab.

Schneid-Plotten und Gravieren – Pfade in Flächen umwandeln

Das Ausschneiden einer Form aus Klebefolie wie das Gravieren in Metall und anderen Materialien ist eine gebräuchliche Weiterbearbeitung für Vektorgrafik, z. B. zum Zweck der Beschriftung von Schaufenstern, LKW-Planen oder Schildern.

Die dafür eingesetzten Geräte – Schneid-Plotter, Fräsen und Laser-Schneider – können jedoch nur den reinen Vektorpfad interpretieren. Damit nicht genug: Plotter schneiden entlang eines jeden in der Datei angelegten Pfads.

Wenn Sie also vorhaben, Ihre Grafiken aus Folie zu schneiden, müssen Sie nicht nur alle Pfade und Schriften in Flächen wandeln, sondern auch sicherstellen, dass jede Fläche nur durch einen einzigen Pfad definiert ist, damit sie nicht zerschnitten wird.

Während das Umwandeln von Texten in Pfade für den Verwendungszweck »Druck« optional angewendet werden kann, ist es für das Schneiden notwendig.

Illustrator-Funktionen für die Vorbereitung von Grafik für das Plotten werden in Kapitel 10 besprochen.

▲ **Abbildung 19.49**
Vektorgrafik ist nicht automatisch auch zum Schneiden geeignet (oben: ungeeignet).

19.4 Ausdrucken

Wählen Sie DATEI • DRUCKEN... – Shortcut ⌘/Strg+P –, um das aktuelle Dokument auszudrucken, als PDF auszugeben oder eine PostScript-Datei zu schreiben.

Der Drucken-Dialog ist in mehrere Seiten unterteilt, die Sie im Menü links per Klick auf einen der Einträge aufrufen. Die allgemeinen Einstellungen des Druckers und zu verwendenden Treibers stehen Ihnen auf jeder Seite zur Verfügung. Da Auswahlen, die Sie dort treffen, aber andere Einstellungen beeinflussen können, sollten Sie Drucker und Druckertreiber zu Beginn bestimmen.

▶ DRUCKVORGABE: In diesem Menü listet Illustrator Drucken-Einstellungen auf, die Sie gespeichert haben.

▶ DRUCKER/PPD: Wählen Sie im Menü DRUCKER einen der in Ihrem System angemeldeten Drucker bzw. Acrobat Distiller und unter PPD den Druckertreiber aus.

▶ VORSCHAUBILD: Im Vorschaubild stellt Illustrator alle Seiten dar, die sich aus Ihren Einstellungen ergeben, sowie die Position des im Dokument definierten Druckbereichs auf dem Ausdruck. So haben Sie vor allem die Kontrolle, ob die Verteilung eines Dokuments auf mehrere gedruckte Seiten korrekt eingerichtet ist.

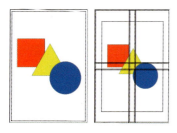

▲ **Abbildung 19.50**
Vorschau einer Seite und mehrerer überlappender Seiten

Allgemein

Auf dieser Seite geben Sie an, welche Bereiche des Dokuments Sie drucken möchten.

Abbildung 19.51 ▶
Allgemeine Optionen im Drucken-Dialog

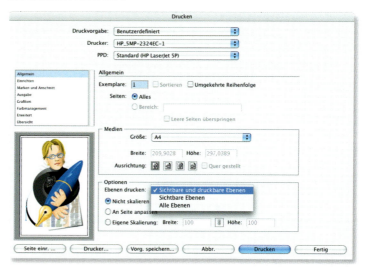

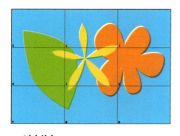

▲ **Abbildung 19.52**
Seiten werden von links nach rechts und oben nach unten nummeriert.

▶ ALLGEMEIN: Geben Sie die Anzahl der Ausdrucke und die Reihenfolge der Seiten an. Falls Ihr Dokument auf mehreren Seiten gedruckt wird, können Sie durch Angabe von Zahlen im Eingabefeld BEREICH gezielt bestimmte Seiten ausdrucken. Trennen Sie einzelne Seiten mit einem Komma und verbinden die erste und letzte Seite eines Bereichs mit einem Bindestrich.

▶ MEDIEN: Wählen Sie die im Drucker verwendete Papiergröße aus dem Aufklappmenü, oder geben Sie sie direkt ein.

▶ AUSRICHTUNG: Klicken Sie auf einen der Buttons 🗐, 🗐, 🗐, 🗐, um den Ausdruck auf dem gewählten Papierformat zu drehen. Wenn Sie ein neues Dokument als Querformat anlegen, passt Illustrator die Formatlage automatisch an, verändern Sie das Dokumentformat nachträglich, müssen Sie diese Einstellungen im Drucken-Dialog vornehmen.

▶ OPTIONEN: Mit der Illustrator-spezifischen Einstellung EBENEN DRUCKEN haben Sie die Möglichkeit, je nach Sichtbarkeit der Ebenen diese zu drucken. Wählen Sie mit den Options-Buttons, ob Sie das Motiv für den Ausdruck skalieren möchten – entweder angepasst an die bedruckbare Papierfläche oder durch Eingabe prozentualer Werte zwischen 1 und 1000 %.

▶ SKALIERUNG: Mit diesen Optionen können Sie das Dokumentformat an das Papierformat anpassen. Wählen Sie NICHT ANPASSEN, um Ihre Grafik 1:1 auszudrucken. Je nach gewählter Einstellung werden in diesem Fall Teile, die über das Papierformat reichen, abgeschnitten oder auf mehrere Seiten gedruckt. Einen an das Papierformat angepassten Ausdruck erhalten Sie mit der Einstellung AN SEITE ANPASSEN. Beachten Sie, dass dabei nicht nur große Formate verkleinert, sondern ebenso kleine Formate vergrößert werden.

Wählen Sie EIGENE SKALIERUNG, um Werte frei einzugeben. Eine asymmetrische Skalierung erreichen Sie, indem Sie auf das Kettensymbol klicken – der Button wird mit hellem Hintergrund 🗐 dargestellt.

Einrichten

Definieren Sie den Druckbereich und seine Platzierung auf dem Ausdruck.

▶ BILD ZUSCHNEIDEN AUF: Standardmäßig druckt Illustrator die gesamte ZEICHENFLÄCHE aus. Sie können den Druckbereich aber einschränken:

◀ **Abbildung 19.53**
Einrichten-Optionen im Drucken-Dialog

Hinweis

Die Auswahl im Menü MEDIEN richtet sich nach dem gewählten Druckertreiber. Wenn Ihr Drucker mehrere Einzugsschächte besitzt, lesen Sie bitte im Handbuch, wie Sie diese auswählen.

Hinweis

Beim Skalieren verändern sich Linienstärken. Überprüfen Sie Linienstärken vor allem, bevor Sie die Grafik im Ausdruck verkleinern.

jeweils auf einer Seite ausgegeben werden sollen (SEPARATI-ONEN). Separationen können Sie entweder von Illustrator oder von einem PostScript-RIP vornehmen lassen (markieren Sie dafür IN-RIP-SEPARATIONEN). Die Option ist allerdings nur verfügbar, wenn Sie einen PostScript Level-3-Drucker verwenden, dessen Druckertreiber In-RIP-Separationen unterstützt.

▶ SCHICHTSEITE: Abhängig vom Druckverfahren benötigen Sie unterschiedliche Kombinationen dieser Einstellungsarten. Die Bezeichnung der Schichtseite-Optionen bezieht sich auf die Belichtung von Film: VORNE ist die Trägerschicht – HINTEN bezeichnet die lichtempfindliche Schicht, also die Seite, auf der »gedruckt« wird. Während Sie mit HINTEN (SEITENRICHTIG) einen auf Papier seitenrichtigen Ausdruck erzeugen, bewirkt VORNE (SEITENRICHTIG) von der Trägerschicht aus betrachtet eine seitenrichtige Ausgabe, ist also auf Papier seitenverkehrt gedruckt.

▶ BILDART: Das Aufklappmenü ist nur aktiv, wenn Sie Separationen ausgeben. Composite-Druck erfolgt immer positiv.

▶ AUFLÖSUNG: Die in diesem Menü enthaltenen Werte gibt der Druckertreiber vor. Der dpi-Wert bestimmt die Druckerauflösung, mit dem lpi-Wert geben Sie an, welche Rasterweite gedruckt werden soll.

▶ VOLLTONFARBEN IN PROZESSFARBEN: Sie können mit dieser Option alle Volltonfarben in Prozessfarben umwandeln oder dies für jede Volltonfarbe einzeln festlegen (siehe unter DOKUMENTDRUCKFARBE-OPTIONEN).

▶ SCHWARZ ÜBERDRUCKEN: Möchten Sie generell Schwarz überdrucken, aktivieren Sie diese Option. Es werden jedoch nicht generell alle Schwarzanteile, sondern nur Objekte mit 100 % Schwarzdeckung überdruckt. Die Einstellung betrifft auch nicht die Objekte, die aufgrund einer Füllmethode oder eines Grafikstils schwarz sind oder erscheinen.

Wenn Sie das Überdrucken von Schwarz mit dieser Option anstatt der Überdrucken-Eigenschaft durchführen und Ihr Dokument zur Belichtung an einen Dienstleister geben, denken Sie daran, in Ihrer Bestellung entsprechende Vorgaben zu definieren.

▶ DOKUMENTDRUCKFARBE-OPTIONEN (nur bei hostbasierter oder In-RIP-Separation aktiv): In der Liste sehen Sie alle im Dokument verwendeten Druckfarben und können für jede dieser Farben individuelle Einstellungen vornehmen.

Das DRUCKERSYMBOL 🖶 kennzeichnet die Farben, für die ein Auszug gedruckt wird. Klicken Sie auf das Symbol (das Feld wird leer dargestellt), wenn Sie für die Farbe keinen Auszug erstellen möchten.

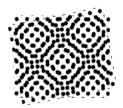

▲ **Abbildung 19.59**
Die Rasterwinkelungen der einzelnen Druckfarben sind sehr genau aufeinander abgestimmt. Kleinste Abweichungen vom Idealwert können zur Bildung von Moiré führen (monochrome Darstellung zur Verdeutlichung des Effekts).

▲ **Abbildung 19.60**
Die Winkeleinstellung sollten Sie nicht ohne Grund und Rücksprache mit Ihrer Druckerei ändern.

Das Farbsymbol zeigt den Modus an, in dem eine im Dokument angelegte Volltonfarbe verarbeitet wird. Das VOLLTON-FARBEN-SYMBOL ⬢ ist voreingestellt – Illustrator druckt einen Auszug für diese Farbe. Klicken Sie darauf, um die Farbe zu separieren – dies zeigt das VIERFARB-SYMBOL ✖ an. Klicken Sie erneut, um den Ursprungszustand wieder herzustellen.

Klicken Sie auf einen der Einträge unter RASTERWEITE oder WINKEL, um andere Werte einzugeben (siehe Abbildung 19.60). Klicken Sie auf einen Eintrag unter PUNKTFORM, um ein Aufklappmenü anzuzeigen, aus dem Sie eine alternative Punktform wählen (siehe Abbildung 19.61). Sprechen Sie die notwendigen Einstellungen auf jeden Fall mit Ihrer Druckerei ab. Verwenden Sie den AUF STANDARDWERTE ZURÜCKSETZEN-Button, um Ihre Änderungen zu widerrufen.

▲ **Abbildung 19.61**
Auswahl der Punktformen – Punktform und Winkeleinstellung sind voneinander abhängig.

Grafiken

In dieser Gruppe von Einstellungen steuern Sie viele Faktoren, welche die Geschwindigkeit des Ausdrucks beeinflussen.

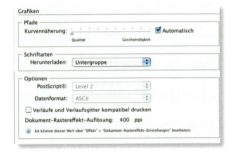

◄ **Abbildung 19.62**
Grafiken-Optionen im Drucken-Dialog

▶ PFADE: Mit dem Kurvennäherungsregler steuern Sie die Umsetzung von Kurven in gerade Segmente. Falls es Probleme bei der Ausgabe gibt – und der Drucker etwa den PostScript-Fehler »Limitcheck« meldet –, deaktivieren Sie die Option AUTOMATISCH und stellen mit dem Regler einen Wert ein. Bewegen Sie den Regler nach rechts für eine sicherere Verarbeitung – aber eine ggf. deutliche Eckenbildung – oder nach links für eine höhere Genauigkeit in der Kurvennäherung.

▶ SCHRIFTARTEN: Einige druckereigene – oder druckerresidente – Schriften sind auf PostScript-Druckern installiert. Meist verwenden Sie wahrscheinlich andere in Ihrem Dokument. Darüber hinaus können sich auch Schriften mit gleichem Namen in wichtigen Details voneinander unterscheiden – z. B. in der Laufweite. Daher ist es nötig, Schriften an den Drucker zu senden (oder in eine »gedruckte« PostScript- bzw. PDF-Datei einzubetten). Mit diesem Menü bestimmen Sie, wie Schriften an den Drucker gesendet werden.

▲ **Abbildung 19.63**
Kurvennäherung: automatisch (links), maximale Geschwindigkeit (rechts) – letzteres ist für viele Zwecke ausreichend.

Hinweis

Eine Liste der druckerresidenten Fonts können Sie von Ihrem Drucker ausgeben lassen. Lesen Sie im Handbuch, wie das bei Ihrem Gerät funktioniert.

▶ Ohne: Wählen Sie die Option, wenn die verwendete Schrift auf dem Drucker gespeichert ist. Meiden Sie die Option, falls Sie mit TrueType-Schriften gearbeitet haben – diese können nicht auf Druckern installiert sein.

▶ Untergruppe: Für Dokumente mit wenig Text, die im Internet veröffentlicht werden sollen, empfiehlt sich diese Option. Es werden für jede Seite des Dokuments nur die jeweils vorkommenden Zeichen der eingesetzten Schriften im PDF gespeichert bzw. an den Drucker gesendet.

▶ Vollständig: Wählen Sie diese Option, werden alle Schriftzeichen der verwendeten Schriftdateien in die PostScript- oder PDF-Datei eingebettet. Beim Ausdrucken erhält der Drucker am Beginn des Dokuments alle Schriften.

▶ Optionen: Normalerweise bestimmt der Druckertreiber hier die richtigen Einstellungen. Falls Sie die Einstellungen ändern, achten Sie darauf, dass der PostScript-Level von Ihrem Gerät unterstützt wird.

Für die Erstellung einer PostScript-Datei ist die Option Dateiformat wichtig. Sie bestimmt das PostScript-Format. Die Option Binär erzeugt sehr kompakte Dateien, die aber nicht immer mit älteren Geräten und Netzwerken kompatibel sind – wählen Sie in diesen Situationen ASCII.

Farbmanagement

Das Dokumentprofil beschreibt, für welche Ausgabesituation die Farben im Dokument optimiert wurden. Mit Einstellungen dieser Gruppe lässt sich diese Ausgabesituation auf einem Proof simulieren oder für eine alternative Umgebung umsetzen.

Abbildung 19.64 ▶
Farbmanagement-Optionen im Drucken-Dialog

▶ Farbhandhabung: Wählen Sie, ob Illustrator oder der Raster-Image-Prozessor des PostScript-Geräts das Farbmanagement vornehmen soll.

▶ Illustrator bestimmt Farben: Illustrator konvertiert die im Dokument eingesetzten Farben unter Berücksichtigung der Farbprofile und nach der ausgewählten Rendermethode in die Farben des angegebenen Druckerprofils.

▶ PostScript-Drucker bestimmt Farben: Die Daten werden mit den zur Konvertierung notwendigen Informationen an das Ausgabegerät gesendet. Nutzen Sie diese Option nicht, wenn Sie Transparenzen verwenden.

▶ DRUCKERPROFIL: Wenn Sie das Farbmanagement in Illustrator durchführen, wählen Sie hier das Farbprofil des Druckers.

▶ RENDERPRIORITÄT: Die Rendermethode bestimmt, auf welche Art die Farbpositionen in unterschiedlichen Farbräumen ineinander umgerechnet werden.

    ▶ PERZEPTIV: Farben werden so im Zielfarbraum abgebildet, dass das Verhältnis der Abstände der Farben zueinander erhalten bleibt. Die absoluten Farben können sich dabei verändern. Diese Wiedergabeabsicht eignet sich gut, wenn viele Farben signifikant außerhalb des Zielfarbraums liegen.

    ▶ SÄTTIGUNG: Die Sättigung der Farben bleibt erhalten, die Farbtöne können sich ändern. Die Methode wird vor allem für Geschäftsgrafiken (PowerPoint) empfohlen.

    ▶ RELATIV FARBMETRISCH: Bezugspunkt für die Verschiebung der Farben von den Quell- in den Zielfarbraum ist der Weißpunkt des jeweiligen Farbraums. Farben, die außerhalb des Zielfarbraums liegen, werden auf den nächstreproduzierbaren Buntton abgebildet.

    ▶ ABSOLUT FARBMETRISCH: Die Ausgabe verhält sich wie mit der Option RELATIV FARBMETRISCH. Es wird aber der Weißpunkt des Quellfarbraums erhalten. Diese Wiedergabeabsicht eignet sich ausschließlich für das Proofen.

▶ CMYK-/RGB-NUMMERN BEIBEHALTEN: Unterscheiden sich Dokument- und Druckerprofil, entscheiden Sie mit dieser Option, ob die Definition von Farben, denen kein Profil zugewiesen ist, erhalten bleibt oder konvertiert wird. In den meisten Fällen sollten Sie CMYK-Nummern beibehalten – eine Transformation zwischen zwei CMYK-Farbprofilen ist besonders kritisch für die Farbe Schwarz.

Erweitert

Live-Transparenzen können Sie nicht an Drucker weitergeben, sondern müssen sie vor dem Ausdruck »reduzieren«.

Des Weiteren stellen Sie hier ein, wie Überdrucken-Einstellungen behandelt werden sollen.

▶ ÜBERDRUCKEN: Wählen Sie aus dem Aufklappmenü, wie die Überdrucken-Eigenschaft beim Ausdruck behandelt werden soll.

Hinweis

Beachten Sie, dass Sie bei Verwendung der Option ILLUSTRATOR BESTIMMT FARBEN das Farbmanagement in Ihrem Druckertreiber ausschalten müssen. Umgekehrt müssen Sie es aktivieren und einrichten, wenn Sie das Farbmanagement im Drucker vornehmen lassen.

Hinweis

Alternativ zum Begriff »Renderpriorität« ist die Bezeichnung »Wiedergabeabsicht« gebräuchlich, die sich vom englischen »Rendering Intent« herleitet.

◀ **Abbildung 19.65**
Erweitert-Optionen im Drucken-Dialog

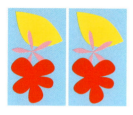

▲ **Abbildung 19.66**
ÜBERDRUCKEN: LÖSCHEN (links) und BEIBEHALTEN (rechts)

▶ BEIBEHALTEN: Die Farben werden wie eingestellt überdruckt. Die Überdrucken-Eigenschaft kann jedoch nur von PostScript-fähigen Geräten ausgegeben werden.

▶ LÖSCHEN: Die Grafik wird ausgegeben, ohne Objekte zu überdrucken.

▶ SIMULIEREN: Die Überdrucken-Eigenschaft wird in CMYK umgerechnet und mit den Möglichkeiten des angeschlossenen Druckers dargestellt. Für Proofausdrucke ist diese Option zuweilen unumgänglich, für die Produktion dagegen nicht zu empfehlen, da Schmuckfarben in CMYK umgerechnet werden. Für die Umwandlung von Buchfarben in CMYK wird die Lab-Definition verwendet.

Wählen Sie eine Transparenzreduzierungsvorgabe aus dem Menü VORGABE, oder klicken Sie auf den Button EIGENE… und stellen die Optionen direkt ein (mehr zu Transparenzen siehe Kapitel 12).

Übersicht

Auf der Seite ÜBERSICHT stellt Illustrator noch einmal alle Ihre gewählten Optionen zusammen. Hier erscheinen auch Warnungen, falls das Programm Fehlerquellen entdeckt hat.

Druckvorgaben speichern

Falls Sie wiederholt identische Einstellungen benötigen, können Sie diese speichern. Klicken Sie den Button VORGABEN SPEICHERN in der Drucken-Dialogbox an und geben einen Namen für die Einstellung ein. Die Einstellung wird in der Illustrator-Voreinstellungendatei gespeichert.

▶ **Vorgaben aufrufen**: Ihre Vorgaben werden im Menü DRUCK-VORGABE ganz oben im Drucken-Dialog aufgelistet.

▶ **Vorgaben editieren**: Möchten Sie Ihre Vorgaben bearbeiten, wählen Sie BEARBEITEN • DRUCKVORGABEN… Aktivieren Sie eine der Vorgaben in der Liste, und klicken Sie auf den Button BEARBEITEN…

▲ **Abbildung 19.67**
Druckvorgaben bearbeiten

▶ **Vorgaben exportieren**: Eine aktivierte Vorgabe lässt sich als Textdatei außerhalb der allgemeinen Voreinstellungendatei speichern. So haben Sie eine Sicherungskopie, falls Sie die Illustrator-Voreinstellungen einmal löschen müssen. Außerdem lässt sich die Textdatei an Kollegen weitergeben.

▶ **Einstellungen im aktuellen Dokument speichern**: Die Einstellungen im Drucken-Dialog speichert Illustrator, wenn Sie das Dokument drucken. Möchten Sie die Einstellungen im Dokument speichern, ohne gleich zu drucken, klicken Sie auf den Button FERTIG.

Rücksprachen | Klären Sie die Punkte dieser Liste mit Dienstleistern bzw. den Kollegen, die Ihre Grafik weiterverarbeiten.

Dokumentfarbmodus | Ihr Dokument sollte von Anfang an im Dokumentfarbmodus CMYK angelegt sein.

Farbprofil | Weisen Sie ein passendes Farbprofil zu.

Konturstärken | Beachten Sie die minimale Linienstärke, die im gewünschten Druckverfahren dargestellt werden kann. Im Offsetdruck ist dies etwa 0,25 Punkt für positive Linien und 0,5 Punkt für negative Linien. Denken Sie daran, dass Ihre Grafik im Layout eventuell verkleinert wird.

Schatten, Schein und Weiche Kante | Definieren Sie eine ausreichende Auflösung für die Berechnung pixelbasierter Effekte in den Dokument-Rastereffekt-Einstellungen.

Transparenzreduzierung | Stellen Sie je nach den Inhalten Ihrer Datei geeignete Optionen für die Verflachung der Live-Transparenz ein.

Bildauflösungen | Achten Sie darauf, dass platzierte Bilder in ausreichender Auflösung vorliegen, und skalieren Sie diese möglichst nicht innerhalb von Illustrator.

Angleichungsstufen | Achten Sie darauf, die Anzahl der Stufen bei Angleichungen nicht zu gering zu wählen, um weiche Übergänge zu erreichen. Definieren Sie andererseits auch nicht zuviele Schritte, um die Bearbeitungszeit im RIP zu optimieren.

Nicht sichtbare/Nicht druckende Ebenen oder Objekte | Um Unklarheiten gar nicht erst entstehen zu lassen, löschen Sie alle Ebenen und Elemente, die nicht gedruckt werden sollen – zumindest in der Version des Dokuments, die Sie weitergeben.

Schriften einbetten | In PDFs werden Schriften üblicherweise eingebettet. Diese Möglichkeit besteht jedoch auch in EPS- und AI-Dokumenten für den Zweck der Platzierung im Layout. Eine Umwandlung der Schriften in Pfade sollten Sie möglichst ebenso vermeiden wie das Weitergeben der Fonts.

Schmuckfarben | Prüfen Sie, ob Schmuckfarben als Volltonfarben definiert wurden, und umgekehrt, ob alle Skalenfarben auch in CMYK vorliegen. Für eine schnelle Prüfung reicht die Seite AUSGABE im Dialog DRUCKEN. Eine genauere Analyse erlaubt die Separationsvorschau in Acrobat.

Seitengröße | Falls Sie mit deaktivierter Anzeige der Zeichenfläche arbeiten, überprüfen Sie, ob alle zu druckenden Elemente auf der Seite liegen.

Schnittbereich einrichten | Falls nur ein Ausschnitt benötigt wird, verwenden Sie einen Schnittbereich.

Nicht benötigte Elemente | Löschen Sie nicht verwendete Pinsel, Symbole, Farbfelder und Grafikstile.

Dateiformat | Sprechen Sie das zu liefernde Dateiformat und ggf. vorzunehmende Optionen ab. Fragen Sie nach Druckertreibern und Joboptions für die Produktion von PDFs.

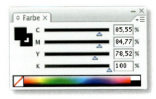

▲ **Abbildung 19.68**
Ist Ihr Dokument im RGB-Modus angelegt, wird Schwarz beim Druck zu »buntem Schwarz«.

▲ **Abbildung 19.69**
Dokument-Rastereffekt-Auflösung zu gering (links), ausreichend (rechts)

▲ **Abbildung 19.70**
Geben Sie nur die Elemente weiter, die gedruckt werden sollen.

▲ **Abbildung 19.71**
Eine Übersicht der Druckfarben von Illustrator-CS3-Dateien in Adobe Bridge

▲ **Abbildung 19.72**
Details zu einem Objekt in der
Dokumentinformationen-Palette

Problemanalyse

Stoßen Sie beim Drucken auf Probleme, gilt es, diese zu analysieren. Dafür können Sie die Paletten von Illustrator einsetzen. Viele Schwierigkeiten rühren von fehlenden oder nicht auf dem letzten Stand befindlichen Bilddateien – zur Analyse dient Ihnen die Verknüpfungen-Palette (Arbeit mit Pixeldaten siehe Kapitel 18).

Überprüfen Sie Anzahl und Verschachtelungstiefe der Ebenen mit Hilfe der Ebenen-Palette.

Eine Universal-Palette listet Ihnen viele Dokument- und Objekteigenschaften gemeinsam auf – die Palette DOKUMENTINFORMATIONEN. Rufen Sie sie aus dem Menü FENSTER auf. In der Standardansicht der Info-Palette finden Sie die Statistik zum Dokument. Im Palettenmenü selektieren Sie, welche Informationen Sie in der Palette anzeigen möchten. Möchten Sie z. B. die Anzahl der Punkte eines Pfads wissen, wählen Sie OBJEKTE aus dem Palettenmenü und aktivieren das betreffende Objekt.

20 Web- und Bildschirmgrafik

Auch wenn Illustrator ursprünglich einmal entwickelt wurde, um das Erstellen von PostScript-Grafik zu vereinfachen, ist es heute aus dem Web- und Videobereich nicht mehr wegzudenken. Version CS3 wurde weiter in Web- und Video-Workflows integriert, so dass Sie Dateien besser vorbereiten können und mehr Objekte bei der Dateiübergabe editierbar erhalten bleiben.

20.1 Screendesign mit Illustrator

Illustrator wird sowohl für Design und Konzeption klassischer HTML-basierter Websites als auch im Produktionsprozess von Flash-Animationen und -Applikationen eingesetzt.

Datei einrichten

Um neue Dateien für diese Einsatzgebiete zu erstellen, nutzen Sie entweder eine der vielen Standardvorlagen oder – für mobile Medien – setzen Device Central ein.

Standardvorlagen | Sowohl für das Web-Design als auch für mobile Geräte bringt Illustrator Standardvorlagen in typischen Größen mit, in denen wichtige Einstellungen wie der Dokumentfarbmodus RGB und die Rastereffektauflösung von 72 dpi bereits vorgenommen sind. Lediglich den Vorschau-Modus PIXEL sollten Sie noch einrichten (neue Dateien siehe Kapitel 4).

Device Central | Device Central enthält eine Datenbank vieler Handy-Modelle und deren Eigenschaften und Funktionen, wie Bildschirmgröße, Speicher, unterstützte Dateiformate und installierte Flash-Version. Gehen Sie wie folgt vor:

1. Wählen Sie DATEI • ADOBE DEVICE CENTRAL…, um Device Central zu starten.
2. Klicken Sie auf den Reiter NEUES DOKUMENT. Sollte dieser Reiter nicht angelegt sein, wählen Sie DATEI • NEUES DOKUMENT

▲ **Abbildung 20.1**
Device-Central-Icon

▲ **Abbildung 20.2**
Dokumentprofil MOBILE GERÄTE im Dialog NEUES DOKUMENT

▲ **Abbildung 20.3**
Device Central

IN • ILLUSTRATOR. Richten Sie die für das Projekt passenden Optionen ein und klicken auf den Button ERSTELLEN.

Pixelvorschau und Ausrichten

Die Pixelvorschau dient dazu, Ihre Grafik so anzuzeigen, wie sie beim Exportieren in rasterbasierte Formate und bei der Darstellung auf einem Monitor umgerechnet würde. Die Pixelvorschau aktivieren Sie entweder in der Dialogbox NEUES DOKUMENT oder mit ANSICHT • PIXELVORSCHAU – Shortcut ⌘+⌥+Y bzw. Strg+Alt+Y. Den Linealnullpunkt sollten Sie nur einmal vor Beginn Ihrer Arbeit verschieben, denn dessen Position bestimmt das generierte Pixelraster.

Voreingestellt mit der Pixelvorschau verbunden ist die Einstellung AN PIXEL AUSRICHTEN, Sie finden diese Option im Menü ANSICHT.

Diese Ausrichtung bewirkt, dass Sie beim intuitiven Transformieren von Objekten diese nur exakt im Pixelraster positionieren können. So werden horizontale und vertikale Objektkanten immer in optimaler Schärfe generiert.

Linien im Web- und Screendesign

Erstellen Sie Screendesigns, sollten Sie selbstverständlich keine Linienstärken unter der kleinsten darstellbaren Einheit, also 1 Pixel, anlegen.

Damit 1-Pixel-Linien sauber dargestellt werden, müssen Sie auf einem ganzen Pixel liegen – problematisch ist hier jedoch die Eigenart von PostScript, die Linienstärke jeweils von der Mitte des Pfads aus zu berechnen.

Wenn Sie beim Webdesign mit aktivierter Pixelvorschau und der Einstellung AN PIXEL AUSRICHTEN arbeiten – was ratsam ist –, liegt der Pfad immer auf der Grenze zwischen zwei Pixeln. Die 1-Pixel-Kontur erstellt Illustrator also einen halben Pixel zur einen und einen halben zur anderen Seite. Für geschlossene Pfade richten Sie die Kontur mit der Konturen-Palette einfach außerhalb oder innerhalb des Pfads aus, bei offenen Formen hilft nur ein Trick.

▲ Abbildung 20.4
Vor allem beim Icon-Design – ein beliebtes Einsatzgebiet für Illustrator – ist der passgenaue Sitz der einzelnen Pixel wichtig.

Abbildung 20.5 ▶
Mit (links) und ohne (rechts) AN PIXEL AUSRICHTEN positionierter Button

▲ Abbildung 20.6
Konturstärke 1 Pixel (oben) – so wäre es gewünscht (unten).

▲ Abbildung 20.7
Der Transformieren-Effekt verschiebt die Kontur um einen halben Pixel.

Erstellen Sie je einen Grafikstil für horizontale und vertikale Linien, in welchem Sie die Konturen mit dem Effekt TRANSFORMIEREN verschieben (Effekte siehe Kapitel 13).

Slices

Slices definieren in einer Grafik einzelne Bereiche, denen Sie beim Export als Webgrafik individuelle Exportoptionen und Links zuweisen können. Auf der HTML-Seite werden die einzelnen Bilder anschließend positioniert – früher verwendete man dafür die einzelnen Zellen einer Tabelle, inzwischen Cascading Style Sheets (CSS). Slices sind selbstverständlich nur virtuelle Schnitte, die Ihre Vektorobjekte völlig intakt lassen. Slices lassen sich auf zwei Arten erstellen – mit dem Slice-Werkzeug und über das Menü OBJEKT.

In einzelnen Slices der Grafik können Sie zusätzlich Imagemaps anlegen und die gesamte Grafik »in einem Rutsch« für das Web speichern. Mehr zu Imagemaps finden Sie weiter unten.

Anzeige | Die Optionen für die Anzeige der Slices definieren Sie unter VOREINSTELLUNGEN • MAGNETISCHE HILFSLINIEN UND SLICES... Stellen Sie eine Linienfarbe ein, und aktivieren Sie die Anzeige der Slice-Nummerierung. Um Slices ein- oder auszublenden, wählen Sie die entsprechende Option im Menü ANSICHT.

Dort können Sie auch mit dem Menüpunkt SLICES FIXIEREN die von Ihnen definierten Slices gegen unbeabsichtigtes Verändern schützen.

Mit dem Slice-Werkzeug erstellen | Um ein Slice mit dem Werkzeug anzulegen, wählen Sie es aus der Werkzeugpalette – Shortcut ⌂+K – und klicken und ziehen ein Rechteck, das Ihren Slice definiert.

Auf diese Art erzeugte Slices sind an ihrer Position auf der Zeichenfläche festgelegt. Wenn Sie darunterliegende Objekte verschieben, verändert sich das Slice nicht.

Über das Menü erstellen | Aktivieren Sie ein Objekt, über dem Sie ein Slice anlegen möchten, und wählen Sie OBJEKT • SLICE • ERSTELLEN.

Ein über das Menü definiertes Slice ist an das Objekt gebunden, bewegt sich mit ihm und wird entfernt, sobald Sie das Objekt löschen.

Auto-Slices | Illustrator ergänzt immer automatische Slices ❺ (siehe Abbildung 20.10 auf der folgenden Seite), so dass sich insgesamt eine Rechteckfläche ergibt, die alle Objekte in der Datei

Tipp

Die Maßeinheit des Dokuments lässt sich auch umstellen, ohne DOKUMENT EINRICHTEN... aufzurufen. Auf dem Mac halten Sie dafür Ctrl gedrückt und klicken auf eines der Lineale. Unter Windows klicken Sie mit der rechten Maustaste auf das Lineal. Wählen Sie dann die gewünschte Maßeinheit aus dem aufklappenden Menü.

Hinweis

Optimieren Sie Schriften ggf. mit Hilfe des Effekts IN PIXELBILD UMWANDELN und der Einstellung SCHRIFT OPTIMIERT (Hinted) (SCHRIFT IN PIXELBILD UMWANDELN siehe Kapitel 14).

▲ **Abbildung 20.8**
Slice-Werkzeuge in einer Gruppe mit dem Schnittbereich-Werkzeug

▲ **Abbildung 20.9**
Voreinstellungen für Slices

umfasst. Bewegen oder verändern Sie Slices, aktualisiert Illustrator die Auto-Slices. Auto-Slices sind durch eine hellere Farbe gekennzeichnet.

Unter-Slices | Falls Sie ein Slice definieren, das ein anderes überlappt, muss das untere Slice aufgeteilt werden, da Slices nur nebeneinander liegend generiert werden. Die dabei entstehenden Unter-Slices ④ sind nicht eigenständig zu aktivieren oder zu bearbeiten.

Auf Zeichenfläche beschränken | Normalerweise ergänzt Illustrator Auto-Slices so, dass alle Objekte in der Datei eingeschlossen sind. Möchten Sie die Definition von Slices auf die Zeichenfläche beschränken, wählen Sie OBJEKT • SLICE • GANZE ZEICHENFLÄCHE EXPORTIEREN.

Slices bearbeiten

Auswählen | Slices, die Sie anpassen möchten, wählen Sie mit dem Slice-Auswahlwerkzeug aus, indem Sie in das gewünschte Slice klicken. Drücken Sie ⇧ und klicken weitere Slices an, um diese zur Auswahl hinzuzufügen. Mit dem Objekt-Menü erzeugte Slices wählen Sie aus, indem Sie das Objekt auswählen, zu dem die Slices gehören. Alternativ verwenden Sie die Ebenen-Palette, um Slices auszuwählen. Auto-Slices können Sie nicht auswählen.

Optionen | Aktivieren Sie ein Slice und wählen OBJEKT • SLICE • SLICE-OPTIONEN..., um den Slice-Typ festzulegen und weitere Einstellungen vorzunehmen. Drei Slice-Typen stehen zur Auswahl, BILD 🔳, KEIN BILD 🔳 und HTML-TEXT 🔳. Die Art zeigt Illustrator auf der Zeichenfläche mit dem abgebildeten Symbol an:

▶ BILD ❶: Mit diesem Typ wird eine Bilddatei erzeugt. In der Slice-Optionen-Dialogbox geben Sie unter URL die Adresse für den Link ein, wenn das Bild klickbar sein soll. Im Feld NAME können Sie einen Namen für die beim Speichern erzeugte Datei definieren.
Die Komprimierungsoptionen legen Sie in der Dialogbox FÜR WEB SPEICHERN fest.

▶ KEIN BILD ❷: Diesen Typ wählen Sie, um einfarbige Flächen durch eine Hintergrundfarbe in der Tabellenzelle oder dem CSS-Container darzustellen. In das Eingabefeld können Sie HTML-formatierten Text eingeben, der in dem Bereich angezeigt werden soll.

▶ HTML-TEXT ❸: Diesen Typ können Sie nur auswählen, wenn das Slice an einem Textobjekt definiert wurde. Der Inhalt des Textobjekts und seine Formatierung wird als HTML-Text gene-

▲ **Abbildung 20.10**
Slice-Typen: BILD ❶, KEIN BILD ❷, HTML-TEXT ❸, Slice mit Unter-Slice ❹, Auto-Slice ❺

▲ **Abbildung 20.11**
Optionen für Bild-Slice

▲ **Abbildung 20.12**
Optionen für Kein-Bild-Slice

riert. Möchten Sie die Ausgabe der Formatierung unterdrücken, empfiehlt Adobe, am Beginn des Texts im Textobjekt
`<unformatiert>` einzugeben. Diese Vorgehensweise kann zu
Abstürzen führen.

Möchten Sie den Text (oder den generierten HTML-Code) editieren, wählen Sie den Slice-Typ KEIN BILD aus (dies bewirkt,
dass die Verbindung zum Textobjekt getrennt wird), und führen Sie die gewünschten Änderungen aus.

Begrenzungen anpassen | Klicken und ziehen Sie Slices mit dem
Slice-Auswahlwerkzeug an die gewünschte Position.

Sie haben folgende Modifizierungsmöglichkeit: Halten Sie ⇧,
um die Bewegung auf 45°-Schritte einzuschränken.

Aktivieren Sie ein Slice, und klicken und ziehen Sie eine Seite
oder Ecke seines Begrenzungsrahmens, um die Größe zu verändern. Um Slices aneinander auszurichten oder zu verteilen, aktivieren Sie die betreffenden Slices und verwenden die Funktionen
der Ausrichten-Palette (Ausrichten-Palette siehe Kapitel 5).

Die Stapelreihenfolge von Slices verändern Sie mit Hilfe der
Ebenen-Palette – diese Option ist wichtig für die Erstellung von
Unter-Slices (Ebenen-Palette siehe Kapitel 11).

Möchten Sie ein mit dem Slice-Werkzeug angelegtes Slice aufteilen, aktivieren Sie es und wählen OBJEKT • SLICE • SLICES AUF-
TEILEN…

Umgekehrt lassen sich auch mehrere Slices zu einem zusammenfügen. Aktivieren Sie die betreffenden Slices und wählen
OBJEKT • SLICE • SLICES KOMBINIEREN.

Löschen | Mit dem Werkzeug erstellte Slices aktivieren Sie und
drücken die Löschtaste. Haben Sie ein Slice über das Objekt-
Menü generiert, aktivieren Sie es und wählen OBJEKT • SLICE •
ZURÜCKWANDELN. Beim Entfernen mit der Löschtaste würde in
diesem Fall auch das Vektorobjekt gelöscht. Um alle Slices zu
löschen, wählen Sie OBJEKT • SLICE • ALLE LÖSCHEN.

Für Web und Geräte speichern

Die Funktion FÜR WEB UND GERÄTE SPEICHERN… beherrscht
neben der Grafikoptimierung auch die Erzeugung des HTML-
Codes. Der generierte Code entspricht jedoch nicht den aktuellen
Anforderungen, daher ist eine Verwendung über das schnelle
Präsentationsmuster hinaus nicht zu empfehlen.

Für die Generierung optimierter Webgrafikdateien ist die
Funktion jedoch gut geeignet. Wählen Sie DATEI • FÜR WEB UND
GERÄTE SPEICHERN… – falls Sie Photoshop verwenden, wird Ihnen
die Dialogbox bekannt vorkommen.

▲ **Abbildung 20.13**
Optionen für Text-Slice

▲ **Abbildung 20.14**
Slices mit der Ausrichten-Palette
exakt positionieren

Abbildung 20.15 ▶
FÜR WEB UND GERÄTE SPEICHERN
mit den Optionen für das GIF-
Format

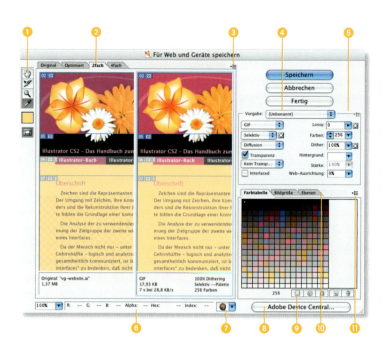

▲ Abbildung 20.16
Hier lässt sich eine Liste von
Browsern als Menü einrichten.

▲ Abbildung 20.17
4fach-Vorschau zum Vergleichen
unterschiedlicher Komprimierungseinstellungen

Die Werkzeug-Buttons ❶ dienen zur Navigation in den Vorschaubildern: Mit dem Hand-Werkzeug 🖑 verschieben Sie die
Ansicht im Fenster. Verwenden Sie das Slice-Auswahl-Werkzeug
📐, um Slices zu aktivieren, für die Sie Einstellungen vornehmen
möchten. Das Zoom-Werkzeug 🔍 vergrößert die Ansicht der
Grafik, und mit dem Pipetten-Werkzeug 📝 nehmen Sie Farben
aus den Vorschaubildern auf. Klicken Sie auf den Slices-einblen-
den/ausblenden-Button 🖼, um die Anzeige der Slices zu steuern.

Mit den Reitern ❷ stellen Sie die Anzahl der Vorschaubilder
ein. Sie können sich nur die Originalgrafik, nur die optimierte
Version, eine Gegenüberstellung von Original und optimierter
Version oder einen Vergleich des Originals mit drei verschiedenen
Vorschauen anzeigen lassen. Einstellungen, die Sie vornehmen,
werden jeweils auf das durch einen Rahmen hervorgehobene
Vorschaufenster angewendet.

Verwenden Sie das Aufklappmenü ❸, um die Modemge-
schwindigkeit auszuwählen, auf deren Basis Illustrator die Down-
load-Zeit berechnen soll.

Einige mitgelieferte sowie eigene Komprimierungseinstellungen, die Sie speichern, wählen Sie im Voreinstellungsmenü ❹
aus.

Im Optimierungsmenü ❺ finden Sie verschiedene Befehle, die
Grundeinstellungen oder den Umgang mit Slices betreffen. Mit
einem dieser Befehle lassen sich z.B. Ihre Einstellungen speichern, so dass sie im Voreinstellungsmenü angezeigt werden.

Darüber hinaus finden Sie in diesem Menü die Optionen für die Generierung der HTML-Datei.

Die Statusleiste ❻ zeigt die RGB- und HEX-Werte des unter dem Cursor befindlichen Pixels sowie seine Position in der Farbpalette (für GIF und PNG-8).

Im Browser-Menü ❼ können Sie Links zu verschiedenen auf Ihrem Computer installierten Browsern einrichten. Um eine Vorschau in einem der Browser aufzurufen, wählen Sie den Browser später einfach aus dieser Liste aus. Möchten Sie die Anzeige einer Grafik in mobilen Geräten von Device Central emulieren lassen, klicken Sie den Button ❽. Dies funktioniert nur mit »ungesliceten« Grafiken.

Zur Optimierung der Farbpalette von GIF und PNG-8 finden Sie unter der Paletten-Anzeige eine Buttonleiste ❾. Weitere Funktionen und Sortierungsoptionen finden Sie im Menü ⓫.

Möchten Sie eine Größenanpassung der Grafik für die Ausgabe vornehmen oder Ihre Illustration nicht als Slices, sondern mit Hilfe von durch CSS positionierten Ebenen generieren, wählen Sie den entsprechenden Reiter ❿ aus.

In der folgenden Übung werden Sie die Webexport-Funktionen ein wenig näher kennenlernen.

▲ **Abbildung 20.18**
Via FÜR WEB UND GERÄTE SPEICHERN lassen sich SWF-Animationen aus Ebenen generieren und in Device Central testen.

Schritt für Schritt: Slices für Web speichern

1 Objekte auf Ebenen verteilen
Öffnen Sie die Datei Slices.ai von der DVD. Diese Datei soll für das Web gespeichert werden – die Grafiken werden wir jedoch nicht mit Hilfe einer Tabelle, sondern mit CSS-Ebenen positionieren. Auf dieser Seite befinden sich Grafikelemente, die auf unterschiedliche Arten komprimiert werden müssen.

Ihre erste Aufgabe besteht darin, die Elemente auf mehrere Ebenen zu verteilen. Eine einzelne Ebene richten Sie für Elemente ein, die sich überlappen – dies betrifft hier den Hintergrund und den Bereich hinter dem Logo. Richten Sie also folgende Ebenen ein: Hintergrundfläche, Titelbereich, Grafikelemente, Text.

2 Slices erstellen
Ohne Slices würde Illustrator mehrere Ebenen ausgeben, die jeweils die gesamte Zeichenfläche enthalten. Außerdem benötigen Sie Slices für die unterschiedlichen Komprimierungseinstellungen.

Die Slices müssen über das Objekt-Menü definiert werden. Beginnen Sie mit dem Anlegen der Außenbegrenzung – wählen Sie OBJEKT • SLICE • GANZE ZEICHENFLÄCHE EXPORTIEREN.

▲ **Abbildung 20.19**
Übungsdatei

▲ **Abbildung 20.20**
Ebenen für den Webexport dieses Dokuments

Anschließend erstellen Sie die einzelnen Slices. Aktivieren Sie ein Objekt und rufen OBJEKT • SLICE • ERSTELLEN auf. Verfahren Sie so für alle Objekte außer der Hintergrundfläche.

3   Slice-Optionen

Den Hintergrund wollen wir nicht als Grafik, sondern per HTML mit einer Farbe füllen, außerdem soll der Text »echter« Text sein und keine Grafik.

Aktivieren Sie das Hintergrundobjekt und öffnen den Farbwähler mit einem Doppelklick auf das Feld FLÄCHE in der Werkzeugpalette. Kopieren Sie den Hex-Farbcode der Fläche in die Zwischenablage.

Selektieren Sie jetzt das Textobjekt und rufen OBJEKT • SLICE • SLICE-OPTIONEN… auf. Wählen Sie KEIN BILD als SLICE-TYP und rufen im Menü HINTERGRUND den Eintrag ANDERE… auf. Fügen Sie den Wert aus der Zwischenablage ein (siehe Abbildung 20.21). Löschen Sie die Font-Tags aus dem Text-Feld, und ändern Sie den Text nach Ihren Wünschen (siehe Abbildung 20.22).

Für das Slice des Titelbereichs bestimmen Sie ebenfalls den Typ KEIN BILD. Verfahren Sie wie eben, um die Hintergrundfarbe dafür zu definieren.

Aktivieren Sie einen Menü-Button, und rufen Sie die Slice-Optionen auf. Geben Sie dem Slice einen Namen und ein passendes Alt-Attribut, und tragen Sie unter URL die Adresse der Seite ein, die mit einem Klick auf den Button aufgerufen werden soll. Verfahren Sie ebenso mit den anderen Buttons.

4   Ebenenexport einrichten

Rufen Sie DATEI • FÜR WEB UND GERÄTE SPEICHERN… auf – Shortcut ⌘+⌥+⇧+S bzw. Strg+Alt+⇧+S. Richten Sie zunächst die Ansicht ein, indem Sie den Reiter 2FACH anklicken.

Klicken Sie auf den Reiter EBENEN. Aktivieren Sie die Option ALS CSS-EBENEN EXPORTIEREN. Um in den folgenden Schritten die Komprimierungsoptionen einzurichten, wählen Sie zunächst aus dem Aufklappmenü die Ebene mit den Grafikelementen aus. Wechseln Sie dann wieder zum Reiter FARBTABELLE.

5   Komprimierungsoptionen einstellen

Aus den Werkzeug-Buttons links oben im Dialogfenster verwenden Sie die Hand, um zum gewünschten Slice zu scrollen, falls es nicht bereits sichtbar ist. Wir beginnen mit dem Logo.

Nehmen Sie mit dem Pipetten-Werkzeug die Farbe des Titelbalkens auf. Klicken Sie anschließend das Logo-Slice mit dem Slice-Auswahl-Werkzeug an. Wählen Sie das GIF-Format, 16 oder 32 Farben bei etwa 50 % Dither und aktivieren die Transparenz-

▲ **Abbildung 20.21**
Einstellung der Farbe für Hintergrundobjekt und Titelbereich.

▲ **Abbildung 20.22**
Die Font-Tags können Sie aus dem Text herauslöschen.

▲ **Abbildung 20.23**
Links auf den Menü-Buttons

▲ **Abbildung 20.24**
CSS-Ebenen exportieren

▲ **Abbildung 20.25**
Farbe mit der Pipette aufnehmen

Option. Als Hintergrund bestimmen Sie die eben aufgenommene Pipettenfarbe.

Jetzt nehmen Sie mit der Pipette die Hintergrundfarbe auf. Aktivieren Sie mit dem Slice-Auswahl-Werkzeug einen der Buttons. Diesen komprimieren Sie ebenfalls als GIF mit 8 oder 16 Farben, 50 % Dither und der neuen Pipettenfarbe als Hintergrund – ebenso die anderen Buttons.

Klicken Sie auf das Foto-Slice. Wählen Sie für dieses eine JPEG-Komprimierung in Qualitätsstufe 50–60.

Das Grafikelement komprimieren Sie mit ähnlichen Einstellungen wie das Logo.

Klicken Sie wieder auf den Reiter EBENEN und wählen die Ebene mit dem Textelement aus. Aktivieren Sie das Textelement mit dem Slice-Werkzeug und wählen für dieses aus dem Einstellungen-Menü den Eintrag ORIGINAL. Verfahren Sie ebenso mit der Titelbalken-Ebene.

Tipp

Wenn Sie verschiedene Einstellungen vergleichen möchten, wählen Sie den Reiter 4FACH, um die Ansicht umzustellen.

6 Speicher-Optionen einrichten

Klicken Sie auf den Button SPEICHERN. Bestimmen Sie einen Speicherort. Aus dem Format-Menü wählen Sie HTML UND BILDER, und unter EINSTELLUNGEN rufen Sie ANDERE… auf.

Hinweis

Die Option XHTML können Sie links liegen lassen. Sie bewirkt kaum Veränderungen – diese wenigen Auswirkungen bringen jedoch mehr Durcheinander als Nutzen.

▲ **Abbildung 20.26**
Einstellungen unter HTML (links), Slices (rechts oben),
Dateien speichern (rechts unten)

Wichtig ist die Einstellung EINGEBUNDEN unter CSS ERSTELLEN – anderenfalls kann die Darstellung in Browsern variieren. Richten Sie die weiteren Optionen nach Ihren Bedürfnissen ein.

7 Webseite validieren

Das sollten Sie mit jeder Seite machen, ganz egal ob Sie diese mit Hilfe von Illustrator oder einem anderen Programm erstellen. Starten Sie einen Browser und rufen http://validator.w3.org auf. Unter VALIDATE BY FILE UPLOAD laden Sie Ihre HTML-Datei auf den Server und lassen sie validieren. Die Fehler im Code werden auf einer Folgeseite aufgelistet, und Sie können sie korrigieren.

▲ **Abbildung 20.27**
Online-Validator des W3C

20.2 Bildformate: WBMP, GIF, JPEG und PNG

WBMP – Wireless Bitmap

Unter dem WAP (Wireless Application Protocol) sind einige Spezifikationen zusammengefasst, wie Inhalte für Mobiltelefone zu erstellen sind. Bestandteil dessen sind die Sprache WML (Wireless Markup Language) zur Seitenbeschreibung und das Dateiformat WBMP (Wireless Bitmap), mit dem Bilder in WAP-Seiten integriert werden können.

Illustrator unterstützt die Ausgabe von Grafik in diesem 1-Bit-Format, das Bilder mit schwarzen und weißen Pixeln darstellt.

Optionen | WBMP

Wählen Sie die Rasterungsmethode im Ausklappmenü aus den Optionen KEINE, DIFFUSION, MUSTER, RAUSCHUNTERDRÜCKUNGSFILTER (früher: STÖRUNGSFILTER). Sie bestimmt, wie Mitteltöne der Grafik in ein Pixelmuster umgesetzt werden. Für die Rasterung DIFFUSION lässt sich darüber hinaus die Stärke definieren.

GIF – Graphics Interchange Format

Bei flächiger Grafik mit wenigen Farben entfaltet das GIF-Format seine volle Wirksamkeit. Die Kompression geschieht mit Hilfe des verlustfreien LZW-Algorithmus und aufgrund einer reduzierten Farbpalette. Im GIF-Format lassen sich Transparenzen definieren.

Optionen | GIF

▶ FARBREDUKTIONSALGORITHMUS: Die Auswahl der Farben für die Farbpalette der GIF-Datei erfolgt nach unterschiedlichen Methoden, die Sie aus dem Menü wählen.

▶ ANZAHL FARBEN: Bestimmen Sie, wie viele Farben die Palette des Bildes maximal enthalten darf.
Die Eingabe anderer als der aufgelisteten Werte bewirkt keine Änderung der Dateigröße im Vergleich zum nächsthöheren Menü-Eintrag.

▶ DITHER: Wählen Sie eine Rasterungsmethode für die Darstellung von Zwischentönen aus dem Menü. Stellen Sie die Stärke des Diffusions-Ditherings durch die Eingabe eines Werts zwischen 0 und 100 % ein. Ein höherer Wert vermeidet sichtbare Stufen in Verläufen und erzeugt bessere Zwischentöne, aber führt auch zu größeren Dateien.

▶ WEB-AUSRICHTUNG: Stellen Sie einen Schwellenwert für die Veränderung der Farbdefinition in Richtung der Websafe-

▲ **Abbildung 20.28**
Rasterungsmethoden: KEINE, DIFFUSION, MUSTER, RAUSCHUNTERDRÜCKUNGSFILTER

[LZW]
Nach den Entwicklern Lempel, Ziv und Welch benannter Algorithmus, der eine effektive Speicherung sich wiederholender Zeichen oder Zeichenketten gestattet. Der Algorithmus ist an die Art der Daten anpassbar, so dass er nicht nur für Grafikdateien Verwendung findet.

▲ **Abbildung 20.29**
Vergleich RAUSCHUNTERDRÜCKUNGSFILTER-, MUSTER-, DIFFUSION-DITHER

Palette ein. Ein höherer Wert verändert mehr Farben (Web-safe-Palette siehe Kapitel 8).

▶ LOSSY: Die Lossy-Funktion optimiert das Pixelmuster der Grafik, um die Datei besser komprimieren zu können. Höhere Werte erzeugen eine stärkere Komprimierung, aber auch deutliche Störungen in der Grafik. Lossy können Sie nur in Verbindung mit Diffusions-Dithering verwenden.

▶ TRANSPARENZ: Im GIF-Format wird Transparenz dadurch hergestellt, dass die Anzeige bestimmter Farben durch einen entsprechenden Eintrag in der Farbpalette des Bildes unterdrückt ist.
Wählen Sie im Menü HINTERGRUND die Farbe der Webseite aus, auf der Sie das Bild einsetzen wollen. Illustrator erzeugt an den Rändern des Motivs die passenden Übergänge.

▶ TRANSPARENZ-DITHER: Aufgrund der Arbeitsweise des Formats ist es nicht möglich, reduzierte Deckkraft herzustellen. Daher bedient man sich eines Tricks, indem ein Raster aus transparenten und nicht transparenten Pixeln angelegt wird. Analog zum Farbdithering bestimmen Sie hier eine Methode, nach der das Transparenzraster erstellt wird. Wählen Sie die Stärke des Diffusions-Ditherings durch eine Eingabe unter STÄRKE.

▲ **Abbildung 20.30**
Transparenz-Dither: Der transparente Verlauf ist mit Deckkraftmaske erzeugt. Rechts: Ergebnis

▶ INTERLACED: Aktivieren Sie diese Option, um das Bild in mehreren Schritten immer detaillierter auf der Webseite anzuzeigen – diese Option erhöht die Dateigröße.

▲ **Abbildung 20.31**
Rechts und links: GIF mit an die Seite angepasster Hintergrundfarbe, Mitte: falsche Hintergrundfarbe des GIF

JPG – Joint Photographic Expert Group
Dieses Bildformat wurde im Hinblick auf die Speicherung von Fotos entwickelt. Die Datenreduktion beruht auf einer verlustbehafteten Kompression. Für flächig angelegte Grafik ohne Verläufe oder Muster ist das JPG-Format nicht geeignet.

Optionen | JPEG
▶ QUALITÄT: Wählen Sie eine voreingestellte Stufe im Aufklappmenü, oder definieren Sie einen Wert von 1 bis 100 im Eingabefeld. Der Wert bestimmt die Stärke der Kompression – ein höherer Wert erzeugt eine größere Datei in besserer Darstellungsqualität.

▶ PROGRESSIV (früher: MEHRERE DURCHGÄNGE): Aktivieren Sie diese Option, um das Bild in mehreren Schritten immer detaillierter auf der Webseite anzuzeigen – das zeigen nicht alle Browser an.

▶ WEICHZEICHNEN: Geben Sie einen Wert zwischen 0 und 2 ein, um die Grafik weichzuzeichnen – dies ermöglicht eine bessere Wirksamkeit der Komprimierung.

▲ **Abbildung 20.32**
Mit der Option HINTERGRUND versehen Sie eine transparente Grafik (links) nur für den Export mit einem farbigen Hintergrund (rechts).

- ▶ ICC-PROFIL: Mit dieser Option betten Sie das in den Farbeinstellungen definierte RGB-Farbprofil in die JPEG-Datei ein.
- ▶ HINTERGRUND: Definieren Sie eine Farbe, die Illustrator in nicht deckende Bereiche der Grafik rechnen soll.
- ▶ OPTIMIERT: Mit dieser Option erzeugen Sie eine »Baseline optimierte« JPEG-Datei. Alte Browser unterstützen dieses Format nicht.

PNG – Portable Network Graphics

PNG ist ein verlustfreies Grafikformat, das als Nachfolger des GIF-Formats entwickelt wurde. Es unterliegt keinen Patentbeschränkungen. In diesem Format können Sie Bilder mit bis zu 16 Bit Farbtiefe pro Farbkanal speichern. Transparenzen lassen sich entweder für einzelne Farben einer Farbpalette (wie beim GIF-Format) oder als Alpha-Kanal im Bild anlegen.

Die Browser-Unterstützung des PNG-Formats ist jedoch nicht einheitlich gegeben.

Optionen | PNG

Die Optionen des 8-Bit-PNG entsprechen denen des GIF-Formats. Beim Speichern eines 24-Bit-PNG haben Sie die Wahl, in transparente Bereiche der Grafik eine Hintergrundfarbe hineinrechnen zu lassen oder einen Alpha-Kanal in der Datei speichern zu lassen.

- ▶ TRANSPARENZ: Aktivieren Sie die Option, dann speichert Illustrator einen Alpha-Kanal in der Datei. Alle Bereiche der Grafik, die nicht von Objekten bedeckt sind oder an denen die Deckkraft reduziert ist, sind damit ganz oder teilweise durchscheinend.
- ▶ HINTERGRUND: Wenn die Transparenz-Option deaktiviert ist, wählen Sie mit Hilfe des Aufklappmenüs eine Farbe aus. Illustrator rechnet diese in den Hintergrund der Grafik – Sie müssen daher nicht erst ein Objekt in der gewünschten Farbe im Hintergrund erzeugen.

Imagemaps

Mit Hilfe einer Imagemap ist es möglich, in einer Bilddatei auf einer Webseite Hotspots zu definieren, an denen durch Benutzereingabe eine Aktion ausgelöst wird – meist der Aufruf einer anderen Webseite. Die Bilddatei muss nicht zerschnitten werden, damit einzelne Bereiche anklickbar sind.

Als Hotspots lassen sich einzelne Vektorpfade oder zusammengesetzte Pfade verwenden, keine Gruppen.

▲ **Abbildung 20.33**
Das PNG-Format erlaubt die Definition von Transparenz mit Alpha-Kanälen auch in der Webgrafik.

▲ **Abbildung 20.34**
PNG mit Alpha-Kanal

Hinweis

Imagemaps können serverseitig oder clientseitig gespeichert werden – eine bessere Performance und Zugänglichkeit erreichen Sie mit clientseitigen Imagemaps. Beim Speichern für Web erstellt Illustrator Imagemaps immer clientseitig.

Um eine Imagemap zu erstellen, gehen Sie wie folgt vor:

1. Rufen Sie die Attribute-Palette auf – Shortcut ⌘/`Strg` + `F11`, im Dock hat die Palette das Symbol .
2. Aktivieren Sie den Pfad, dem Sie einen Link zuweisen möchten.
3. Wählen Sie in der Attribute-Palette im Auswahlmenü IMAGE-MAP die Form des Hotspots.
   - ▶ Rechteck: Der Hotspot hat die Form des Begrenzungsrahmens. Für zusammengesetzte Pfade wird immer diese Form des Hotspots generiert.
   - ▶ Polygon: Die Fläche des Hotspots wird so genau wie möglich an den Objektkanten entlanggeführt – diese Form kann sehr komplex werden, die Genauigkeit können Sie nicht heruntersetzen.
4. Geben Sie unter URL einen Link oder einen Skriptaufruf ein. Falls Sie bereits Einträge an anderer Stelle vorgenommen haben, wählen Sie diese zur erneuten Anwendung aus dem Menü. Wiederholen Sie die Schritte 1 bis 4 für alle Objekte, denen Sie Links zuweisen möchten.
5. Wenn Sie Ihre Eingaben beendet haben, rufen Sie DATEI • FÜR WEB UND GERÄTE SPEICHERN… auf, wählen die Optionen für die Grafik und speichern als HTML UND BILDER.

▲ **Abbildung 20.35**
Hotspot-Attribute einrichten

20.3 SVG

Die auf XML basierende Sprache SVG (Scalable Vector Graphics) beinhaltet weitere Standards wie Cascading Style Sheets, das DOM (Document Object Model) und SMIL, die Synchronous Multimedia Integration Language. In SVG lassen sich drei Arten grafischer Objekte integrieren: Vektorformen, Pixelgrafik und Schriften. In SVG-Dateien können dynamische und interaktive Elemente integriert und Verbindungen zu anderen XML-Elementen hergestellt werden, z.B. zur Bereitstellung von Geografischen Informationssystemen (GIS).

Die Mobiltelefon-Industrie hat zwei Unterstandards entwickelt – SVG Tiny (SVG-t) und SVG Basic (SVG-b) –, die weitere Anwendungsfelder öffnen.

Die Unterstützung durch Webbrowser ist immer noch uneinheitlich – in der Regel wird das SVG-Viewer-Plug-in benötigt, dessen Entwicklung Adobe Anfang 2007 eingestellt hat. Noch steht es zum Download zur Verfügung.

Illustrator gehörte zu den ersten Programmen, die das SVG-Format unterstützten – es ist möglich, nicht bewegte Grafik mit einfachen Interaktionen und Variablen für die Anbindung an

Hinweis

Eine bekannte SVG-Anwendung ist der ONLINE-ATLAS ZUR BUNDESTAGSWAHL des Bundeswahlleiters unter http://www.bundeswahlleiter.de/wahlen/bundestagswahl2005/onlineatlas/btwClient.htm.

Viele weitere Beispiele sowie Tutorien finden Sie unter http://www.adobe.com/svg/examples.html.

Datenbanken zu erstellen. SVG-Dateien sind wie auch HTML les- und editierbare Textdateien.

Datei einrichten

Beim Anlegen Ihrer Illustrator-Datei achten Sie darauf, diese in der endgültigen Größe und im RGB-Farbmodus anzulegen – zu empfehlen ist die Auswahl des Arbeitsfarbraums sRGB in den Farbeinstellungen. Arbeiten Sie mit der Maßeinheit Pixel.

Wenn der Code Ihrer Datei zu einem späteren Zeitpunkt nach-bearbeitet werden muss, z. B. um Interaktivität oder dynamische Elemente zu programmieren, ist es wichtig, dass die Elemente gut **strukturiert** und mit aussagekräftigen Namen versehen sind.

Objekte, die Sie wiederholt in Ihrer Datei verwenden, spei-chern Sie als **Symbole**, um Bandbreite zu sparen (Symbole siehe Kapitel 16).

Objekt-ID | Jedes Objekt in Ihrer Grafik – Pfade, Gruppen, Ebe-nen – muss eindeutig durch einen Namen identifizierbar sein.

Aktivieren Sie unter VOREINSTELLUNGEN • EINHEITEN UND ANZEIGELEISTUNG die Option OBJEKTE ERKENNEN ANHAND VON XML-ID. Nach Einrichtung dieser Option ist es nicht mehr mög-lich, gleiche oder ungültige Namen für Objekte zu vergeben.

Um einem Objekt einen Namen zu geben, doppelklicken Sie auf seinen Eintrag in der Ebenen-Palette.

▲ **Abbildung 20.36**
Warnung bei doppelt vergebenen Objektnamen

Transparenz, Filter, Effekte

Legen Sie Deckkrafteinstellungen immer für Objekte, nicht für Ebenen an.

Viele Illustrator-Effekte und einige Objekte, wie z.B. Verlaufs-gitter, werden beim Speichern als SVG-Grafik in Pixelbilder umge-wandelt. Diese sind nicht mehr skalierbar und benötigen mehr Speicherplatz. Vermeiden Sie daher die Verwendung dieser Funk-tionen. Setzen Sie stattdessen die SVG-Filter ein. Diese Filter sind XML-Anweisungen, die auflösungsunabhängig arbeiten.

▲ **Abbildung 20.37**
SVG-Filter anwenden

SVG-Filter anwenden | Aktivieren Sie ein Objekt, und wählen Sie einen SVG-Filter direkt aus dem Untermenü aus oder, falls Sie die Wirkung erst in einer Vorschau sehen möchten, wählen Sie EFFEKT • SVG-FILTER • SVG-FILTER ANWENDEN. In der Liste finden Sie alle Filter aus dem Menü.

Interaktivität

Die Elemente in SVG-Grafiken können auf Benutzereingaben rea-gieren. Diese Interaktionen legen Sie als Hyperlinks oder in Form von JavaScript an.

Hyperlinks | Die Vorgehensweise entspricht derjenigen beim Anlegen von Imagemaps (siehe vorheriger Abschnitt).

JavaScript | Um Skripte zu erstellen, benötigen Sie die Palette SVG-INTERAKTIVITÄT. Mit Skripten können Sie komplexe Interaktionen mit Objekten innerhalb eines Dokuments und dokumentübergreifend erstellen. Rufen Sie die Palette mit dem Befehl FENSTER • SVG-INTERAKTIVITÄT – im Dock ![svg] – auf.

Umfangreiche JavaScript-Funktionen sollten Sie in externe Dateien auslagern und an die SVG-Datei anbinden. Wählen Sie JAVASCRIPT-DATEIEN... aus dem Menü der Grafikattribute-Palette, und klicken Sie auf HINZUFÜGEN... Befinden sich die Skript-Dateien nicht im selben Ordner wie die SVG-Datei, müssen Sie einen relativen Pfad angeben.

Um einen JavaScript-Befehl oder einen Funktionsaufruf anzulegen, aktivieren Sie das Objekt, das auf die Benutzeraktion reagieren soll, und wählen einen »Event« aus dem Menü EREIGNIS. Geben Sie anschließend den Befehl in das Eingabefeld JAVASCRIPT ein und bestätigen mit ⏎ .

▲ **Abbildung 20.38**
Das JavaScript ruft eine Funktion in einer externen Datei auf.

Speicheroptionen

SVG-Dateien lassen sich mit dem Befehl FÜR WEB UND GERÄTE SPEICHERN... erstellen, mehr Optionen haben Sie aber mit SPEICHERN UNTER...

20.4 Flash

Flash ist ein im Web verbreitetes vektorbasiertes Grafik- und Animationsformat. Eine Skriptsprache ermöglicht darüber hinaus das Erstellen interaktiver Elemente sowie die Kommunikation mit Datenbanken.

Flash-Filme werden mit der gleichnamigen Software hergestellt und bearbeitet. Obwohl Flash über eigene Vektor-Werkzeuge verfügt, verwenden Umfragen zufolge 70 % der amerikanischen Flash-Entwickler zusätzlich Illustrator für die Grafik.

Illustrator bietet viele Funktionen zur Aufbereitung der erstellten Vektorelemente für die Weiterverarbeitung in Flash.

▲ **Abbildung 20.39**
Bei installiertem Flash hat eine SWF-Datei ein Flash-Icon (rechts).

Datei einrichten

Um den geringen Speicherbedarf des vektorbasierten Flash-Formats voll auszunutzen, sollten Sie bereits bei der Erstellung Ihrer Illustrator-Objekte darauf achten, Formen zu verwenden, die Flash auch beherrscht und die daher beim Exportieren nicht in Pixel-Elemente konvertiert werden müssen.

Tipp

Sie können Illustrator-Formen auch über die Zwischenablage in Flash einfügen. In den Voreinstellungen müssen Sie als Format für die Zwischenablage jedoch PDF einrichten, nicht AICB.

Flash interpretiert viele **Kontur**-Strichelungen halbwegs korrekt, unterstützt für Strichelungen jedoch nur abgerundete Linienenden und Ecken. Darüber hinaus werden gestrichelte Konturen beim Übertragen mittels Copy & Paste in Bitmaps umgewandelt. Möchten Sie die Pfade erhalten, müssen Sie den Weg über eine AI- oder SWF-Datei gehen. Wenn Sie bestimmte »eckige« Strichelungen benötigen, wenden Sie diese lieber als Musterpinsel an. Pinselkonturen wandelt Illustrator beim SWF-Export in Flächen um (Konturen siehe Kapitel 9).

Flash kann sowohl lineare als auch kreisförmige **Verläufe** interpretieren. Auch komplexe Verläufe bleiben editierbar. Das gilt übrigens nicht beim Übertragen von Flash-Verläufen in eine Illustrator-Datei – falls Sie gerne Flashs transparente Übergangspunkte in Illustrator benutzen wollten. Flash-Verläufe werden beim Einfügen in Illustrator umgewandelt.

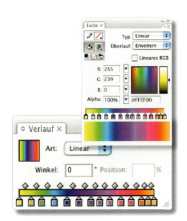

▲ **Abbildung 20.40**
Verlauf in Flash (oben) und Illustrator

Sowohl beim Export ins Shockwave-Flash-Format als auch beim Import von Ai-Dateien werden Muster in Pixelbilder umgewandelt.

Flash kann die meisten der **Füllmethoden** von Illustrator ebenfalls. Diese bleiben beim Importieren einer Illustrator-Datei oder beim Einfügen erhalten, jedoch nicht beim SWF-Export. **Deckkrafteinstellungen** übernimmt Flash als »Alpha«-Einstellung für Symbolinstanzen.

Die Umwandlung von Hüllen- und Interaktiv-malen-Objekten in Vektorformen nimmt Illustrator beim SWF-Export automatisch vor. Beim Import einer AI-Datei haben Sie die Möglichkeit, Hüllen- und Interaktiv-malen-Objekte in Bitmaps umzuwandeln.

Exportieren Sie AI-EBENEN IN SWF-FRAMES, dann lassen sich die einzelnen Stufen einer **Angleichung** automatisch in einzelne Frames einer Animation exportieren (Angleichungen siehe Kapitel 10).

▲ **Abbildung 20.41**
Angleichung von Objekten, die mit 3D-Effekt versehen sind – mehrere »Keyframes«

Bilden Sie zum Beispiel eine Angleichung zwischen Objekten, die mit unterschiedlichen Einstellungen eines 3D-Effekts versehen sind, so können Sie einfache 3D-Animation mit Illustrator herstellen (siehe Schritt-für-Schritt-Anleitung in diesem Kapitel).

Auch **Schnittmasken** lassen sich in Flash importieren. Dafür müssen Sie jedoch beim Export die Option AI-DATEI IN SWF-DATEI verwenden.

Beim Exportieren eines SWF haben Sie die Option, **Ebenen** der obersten Hierarchiestufe in einzelne Frames einer Animation umzuwandeln. Verwenden Sie Ebenen daher wie »Cels« in der traditionellen Animationstechnik.

▲ **Abbildung 20.42**
In der traditionellen Animationstechnik erstellen Zeichner jeden Frame auf einer Folie, dem »Cel«.

Im Menü der Ebenen-Palette finden Sie zwei Befehle, um auch nachträglich automatisch mehrere Objekte auf einzelne Ebenen verteilen zu lassen (Ebenen siehe Kapitel 11). Möchten Sie Illustrator-Ebenen als Flash-Ebenen erhalten, speichern Sie Ihre Datei im Illustrator-Format und importieren dieses in Flash.

Symbole

Flash kann die Illustrator-Symbole übernehmen. Vor allem für die Bandbreiten-Optimierung Ihrer Dateien sind Symbole sehr wichtig. Erstellen Sie daher Symbole von allen Elementen, die Sie in Ihrer Animation einzeln bewegen oder mit ActionScript referenzieren möchten.

Im Hinblick auf die bessere Kooperation mit Flash wurden die Symboloptionen erweitert. Die zusätzlichen Optionen helfen, den Import in die Flash-Datei vorzubereiten. Die Einstellungen lassen sich auch in Flash vornehmen und ändern.

Wandeln Sie ein Objekt in ein Symbol um, indem Sie es aktivieren und [F8] drücken – die Dialogbox SYMBOLOPTIONEN erscheint. Bei einem bereits erstellten Symbol rufen Sie die Optionen auf, indem Sie es in der Symbole-Palette aktivieren und auf den Button SYMBOLOPTIONEN [img] klicken.

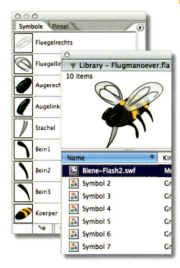

▲ **Abbildung 20.43**
Illustrator-Symbole werden in Flash übernommen.

◄ **Abbildung 20.44**
Dialogbox SYMBOLOPTIONEN

▶ TYP: Als Symbol-Typ stehen GRAFIK und FILMCLIP zur Verfügung. Die getroffene Auswahl hat große Auswirkung auf die Scripting-Möglichkeiten in Flash. Sprechen Sie den TYP daher mit dem Flash-Programmierer ab.

▶ FLASH REGISTRIERUNG [img]: Hier setzen Sie den Registrierungspunkt des Objekts in Flash. Falls Sie mit 9-Slice-Skalierungs-Hilfslinien arbeiten, kann es jedoch vorkommen, dass sich die Hilfslinien außerhalb des Objekts verschieben, wenn Sie einen anderen Registrierungspunkt als die Standardoption links oben verwenden.

▶ HILFSLINIEN FÜR DIE 9-SLICE-SKALIERUNG: Die 9-Slice-Skalierung steht nur für den Typ FILMCLIP zur Verfügung. Aktivieren Sie die Nutzung der 9-Slice-Skalierung in dieser Dialogbox, bevor Sie die Hilfslinien in einem weiteren Schritt einrichten.

Die Verwendung der Symbol-Werkzeuge ist bis auf das SYMBOL-FÄRBEN- und das SYMBOL-GESTALTEN-WERKZEUG unproblematisch.

▲ **Abbildung 20.45**
Instanzen von Movieclips können Sie in der steuerungspalette einen Instanznamen geben

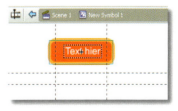

▲ **Abbildung 20.46**
Aufgrund des versetzten Referenzpunkts setzt Flash die Position der Hilfslinien verkehrt.

Die Anwendung dieser beiden Werkzeuge erhöht die Datenmenge jedoch beträchtlich (Symbole siehe Kapitel 16).

9-Slice-Skalierung

Diese intelligente Art, Objekte zu skalieren, wurde neu in Illustrator integriert. Leider können Sie die 9-Slice-Skalierung nicht direkt in Illustrator nutzen, sondern nur für die Verwendung in Flash konfigurieren.

Die intelligente Skalierung basiert auf einer Unterteilung des Symbols in neun Bereiche, die bei der Größenänderung jeweils unterschiedlich behandelt werden. Dadurch ist es möglich, selbst bei nichtproportionaler Skalierung Eckenformen und Linienstärken von Umrandungen intakt zu erhalten.

Die Unterteilung der Bereiche geschieht mit Hilfslinien.

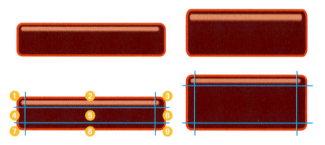

Gehen Sie wie folgt vor, um eine Grafik als Symbol mit 9-Slice-Skalierungs-Hilfslinien zu erstellen.

1. Aktivieren Sie die Grafik, und drücken Sie [F8]. In den Symboloptionen richten Sie die Einstellung FILMCLIP und HILFSLINIEN FÜR DIE 9-SLICE-SKALIERUNG ein. Bestätigen Sie mit OK.
2. Doppelklicken Sie auf das Symbol in der Symbole-Palette oder eine Instanz des Symbols auf der Zeichenfläche.
3. Ziehen Sie die gestrichelt dargestellten Hilfslinien an die gewünschte Position. Arbeiten Sie dabei ggf. in der Zoom-Einstellung, um die Hilfslinien genau einzurichten.

Flash-Text-Optionen

Punkt- und Flächentexte können Sie jetzt problemlos über den Weg des AI-Imports oder über die Zwischenablage von Illustrator in Ihre Flash-Datei übertragen. Viele typografische Einstellungen bleiben erhalten. Darüber hinaus können Sie mit der neuen Flash-Text-Palette Flash-spezifische Einstellungen bereits in Illustrator vornehmen.

Flash-Text-Optionen lassen sich auf alle Textarten anwenden – Punkttext, Flächentext und Pfadtext. Um die Flash-Text-Palette aufzurufen, wählen Sie FENSTER • TEXT • FLASH-TEXT – im Dock besitzt die Palette das Symbol 🖌.

Abbildung 20.47 ▶
Obere Reihe: normale Skalierung
Untere Reihe: 9-Slice-Skalierungs-Bereiche. ❶ ❸ ❼ ❾ nicht skalierend, ❷ ❽ nur horizontal skalierend, ❹ ❻ nur vertikal skalierend, ❺ horizontal und vertikal skalierend

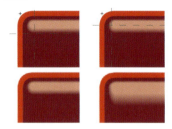

▲ **Abbildung 20.48**
Button in Flash vor (oben) und nach dem Skalieren (unten). 9-Slice-Skalierungs-Hilfslinien richtig (links) und falsch (rechts)

▲ **Abbildung 20.49**
Die Flash-Text-Palette

- ART: Hier bestimmen Sie die Textart und damit vor allem, welche Interaktionen mit diesem Text in der Flash-Anwendung möglich sein werden.
  - STATISCHER TEXT: Dieser Text verändert sich zur Laufzeit der Flash-Applikation nicht.
  - DYNAMISCHER TEXT: Auf dynamische Textobjekte können Sie mit Hilfe von ActionScript zugreifen und Inhalte zur Laufzeit verändern, z. B. aus Datenbanken einlesen (Börsendaten, Wettervorhersagen, Nachrichtenticker etc.).
  - EINGABETEXT: Diese Texte lassen sich durch den Benutzer der Flash-Anwendung bearbeiten, z. B. in Formularen, e-Learning und Online-Spielen.

▲ **Abbildung 20.50**
Dynamische Flash-Applikationen: Wettervorhersage von foreca.com, Nachrichtenbanner der »heute«-Redaktion

- INSTANZNAME (optional): Haben Sie einen dynamischen Text angelegt, setzen Sie hier einen Namen für das Objekt ein, damit Sie es mit ActionScript ansprechen können. Beachten Sie die Namenskonventionen in ActionScript, z. B. dürfen Namen keine Leerstellen enthalten.
  Wenn Sie keinen Namen eingeben, wird der über die Ebenen-Palette automatisch vergebene Name verwendet.
- RENDERING ART: Sie haben die Möglichkeit, Fonts in die Shockwave-Datei einzubetten – dies erhöht die Dateigröße, aber garantiert eine einheitliche Darstellung auf unterschiedlichen Systemen. Alternativ nutzen Sie die auf dem Computer des Nutzers jeweils vorhandenen Schriften für die Darstellung Ihrer Texte. Wählen Sie eine der folgenden Möglichkeiten, Fonts einzubetten und mit Anti-Aliasing zu versehen:
  - ANIMATION: Wenn Sie Texte animieren möchten, sorgt diese Option für eine glattere Animation, indem Kerning-Informationen ignoriert werden. Verwenden Sie diese Option möglichst nicht für Texte unter 10 Punkt Größe.
  - LESBARKEIT (ab Flash Player 8): Diese Option verbessert die Lesbarkeit vor allem bei kleineren Punktgrößen.
  - BENUTZERDEFINIERT (ab Flash Player 8): Geben Sie eigene Optionen ein für SCHÄRFE und STÄRKE (siehe Abbildung 20.52). Die Auswirkungen sehen Sie erst beim Testen des Flash-Projekts.

▲ **Abbildung 20.51**
Flash-Text-Art EINGABETEXT

Die Option BITMAP TEXT, die Sie vielleicht aus Flash kennen, steht in Illustrator nicht zur Verfügung.

Wählen Sie eine der folgenden Optionen, wenn Sie auf die installierten Fonts zugreifen möchten (Anti-Aliasing steht Ihnen für derart formatierte Texte nicht zur Verfügung):
- GERÄTESCHRIFTEN VERWENDEN: Wählen Sie diesen Punkt, damit die Präsentation mit den jeweils installierten Zeichensätzen arbeitet. Wenn Sie mit dieser Option arbeiten, soll-

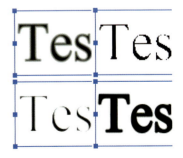

▲ **Abbildung 20.52**
Benutzerdefiniert: Schärfe –400, +400 (o.), Stärke –200, +200 (u.)

ten Sie für Ihren Text eine auf allen Abspielplattformen vorhandene Standardschriftart auswählen.

- ▶ _SANS, _SERIF, _TYPEWRITER: Mit diesen Optionen bestimmen Sie eine generische Schriftfamilie anstatt einer speziellen Schriftart zur Darstellung des Texts.
  - ▶ GOTHIC, TOHABA (GOTHIC MONO), MINCHO: Hier bestimmen Sie eine generische Schriftart für die Wiedergabe auf japanischen Systemen.
- ▶ AUSWÄHLBAR ⓐ: Im publizierten Flash-Film kann der Nutzer den Text auswählen.
- ▶ BEGRENZUNGEN UM TEXT EINBLENDEN ▤: Aktivieren Sie den Begrenzungsrahmen des Textobjekts. Diese Option bietet sich an, um Nutzern anzuzeigen, dass ein Text editierbar ist.
- ▶ ZEICHENOPTIONEN BEARBEITEN **A**: Falls Sie mit eingebetteten Fonts arbeiten, ist es möglich, die Dateigröße klein zu halten, indem Sie nur die benötigten Zeichen einschließen – dies ist vor allem bei umfangreichen OpenType-Fonts anzuraten. In die Dialogbox können Sie die gewünschten Zeichen entweder direkt eingeben oder aus voreingestellten Sets auswählen.
- ▶ URL (nur für DYNAMISCHEN TEXT): Diese URL wird geladen, wenn ein Benutzer den Text anklickt.
- ▶ ZIEL: Wählen Sie aus, ob für die URL ein neues Browserfenster geöffnet oder in welches vorhandene sie geladen wird.
- ▶ MAXIMALE ZEICHEN (nur für EINGABETEXT): Geben Sie an, wieviele Zeichen der Benutzer eingeben darf.

▲ **Abbildung 20.53**
Dialogbox ZEICHENEINBETTUNG

Schritt für Schritt: Eine 3D-Animation erstellen

Kombinieren Sie 3D-Effekte, die Angleichen-Operation und den SWF-Export, dann lassen sich in Illustrator einfache 3D-Animationen als Shockwave-Flash-Datei erzeugen, z.B. der drehende Würfel aus dieser Übung.

1 Datei mit Web-Optionen erstellen

Erstellen Sie eine neue Datei. Da Sie SWF-Dateien für die Bildschirmpräsentation erzeugen, wählen Sie das Dokumentprofil WEB oder MOBILE GERÄTE. Geben Sie eine Dokumentgröße von 150 x 150 Pixel an.

2 Farbflächen erstellen

Erstellen Sie sechs Quadrate in unterschiedlichen Flächenfarben ohne Kontur. Aus diesen Objekten generieren Sie Symbole, indem Sie jeweils ein Quadrat aktivieren und F8 drücken. Für die Symbole müssen keine Optionen eingestellt werden.

▲ **Abbildung 20.54**
Die Farbflächen in der Symbole-Palette

3 Würfel bauen

Zeichnen Sie ein Quadrat mit einer Kantenlänge von 60 Pixel, Fläche weiß und ohne Kontur.

Wenden Sie auf das Quadrat den 3D-Effekt EXTRUDIEREN UND ABGEFLACHTE KANTE mit einer Extrusions-Tiefe von 60 Pt an. Gehen Sie auf BILDMATERIAL ZUWEISEN und wählen für jede Würfelfläche eine der eben angelegten Farbflächen als Mapping. Klicken Sie jeweils auf den Button AUF SEITENGRÖSSE SKALIEREN.

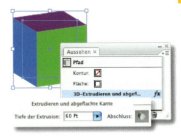

▲ Abbildung 20.55
Aufbau des Grundobjekts

4 Animation vorbereiten

Duplizieren Sie das Objekt mit Hilfe der Ebenen-Palette. Am kopierten Objekt doppelklicken Sie auf den 3D-Effekt in der Aussehen-Palette, um die Einstellungen zu bearbeiten. Drehen Sie den Würfel um 90° in einer Dimension, um eine andere Fläche nach vorne zu bewegen.

Erstellen Sie eine Kopie des duplizierten Objekts, und drehen Sie wieder eine andere Fläche nach vorne. Verfahren Sie so, bis Sie sechs Modelle haben. Erstellen Sie eine weitere Kopie und drehen den Würfel so, dass Sie wieder die Ausgangsposition erreichen. Achten Sie darauf, dass die Objekte in der Ebenen-Palette in der richtigen Stapelreihenfolge vorliegen – sie muss der Reihenfolge in der Animation entsprechen.

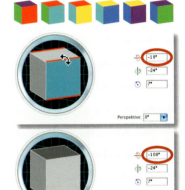

▲ Abbildung 20.56
Oben: Ablauf der Drehungen. Mitte und unten: Erstellen einer Drehung. Drehen Sie den Würfel zunächst intuitiv und korrigieren Sie anschließend falls nötig den Wert für eine exakte 90°-Drehung.

5 Mit einer Angleichung animieren

Aktivieren Sie alle Objekte und wählen Sie OBJEKT • ANGLEICHEN • ERSTELLEN.

Rufen Sie die Angleichung-Optionen auf und richten FESTGELEGTE STUFEN mit einem Wert von »3« ein.

6 SWF exportieren

Wählen Sie DATEI • EXPORTIEREN und die Option FLASH (SWF). Geben Sie einen Namen für das SWF ein. Exportieren Sie AI-EBENEN IN SWF-FRAMES.

Wählen Sie eine Frame-Rate von etwa 10, aktivieren Sie WIEDERHOLSCHLEIFE und ANGLEICHUNGEN ANIMIEREN • IN FOLGE. Setzen Sie die übrigen Optionen nach Bedarf. ▪

SWF speichern

Um eine SWF-Datei aus einem Illustrator-Dokument zu erstellen, verwenden Sie entweder den Befehl FÜR WEB UND GERÄTE SPEICHERN... oder EXPORTIEREN...

Die Dialogbox EXPORTIEREN bietet Ihnen zusätzliche Optionen – vor allem betreffend die Animation von Angleichungen. FÜR WEB UND GERÄTE SPEICHERN ermöglicht es dagegen, die

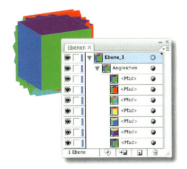

▲ Abbildung 20.57
Grundobjekte und Angleichung in der Ebenen-Palette

SWF-Datei zusammen mit anderen Grafikelementen als ganze Webseite zu erzeugen.

Als Einstellungen für den Export von Bildern und die Reihenfolge verwendet FÜR WEB UND GERÄTE SPEICHERN Ihre Einstellungen in der Exportieren-Dialogbox.

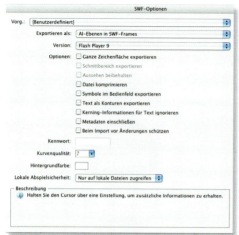 

▲ **Abbildung 20.58**
SWF-Format-Optionen: ALLGEMEIN (links) und ERWEITERT (rechts)

Hinweis

Elne Methode, Flash-Dateien entsprechend dem HTML-Standard in Webseiten einzubinden, finden Sie unter http://www.alistapart.com/articles/flashsatay/ oder auf Deutsch http://www.dodabo.de/html+css/flashsatay/.

▲ **Abbildung 20.59**
Die Datei Biene.ai finden Sie als Beispiel auf der DVD.

▶ EXPORTIEREN ALS: Die Bezeichnungen sind selbsterklärend. Die Option AI-DATEI IN SWF-DATEI müssen Sie verwenden, um Schnittmasken zu erhalten. Möchten Sie eine Animation erstellen, müssen Sie AI-EBENEN IN SWF-FRAMES exportieren.

▶ VERSION: Wählen Sie hier die niedrigste Flash-Version, mit der Ihre Datei kompatibel sein soll. Mit früheren Versionen erreichen Sie mehr Nutzer – vor allem mobile Geräte unterstützen nicht alle Versionen.

▶ GANZE ZEICHENFLÄCHE EXPORTIEREN: Das SWF hat die Maße der Zeichenfläche. Objekte, die teilweise über den Rand hinausragen, sind jedoch komplett in der Datei enthalten, und Sie können in der Autorenumgebung Flash darauf zugreifen.

▶ SCHNITTBEREICH EXPORTIEREN: Die Rahmengröße der SWF-Datei entspricht dem ausgewählten Schnittbereich. Die Objekte sind ebenfalls komplett im SWF enthalten.

▶ AUSSEHEN BEIBEHALTEN: Vor dem Export werden alle Objekte – auch Text – umgewandelt und auf eine Ebene reduziert. Transparenz, wie z.B. Füllmethoden, wird reduziert, soweit Flash sie nicht nativ unterstützt.

▶ DATEI KOMPRIMIEREN: Diese Option bewirkt eine Verringerung der Dateigröße. Die Dateien können nur mit einem Flash Player ab Version 6 abgespielt werden.

▶ SYMBOLE IM BEDIENFELD EXPORTIEREN: Es werden alle in der Symbole-Palette als Filmclip definierten Symbole in die SWF-

Datei exportiert, nicht nur die in Symbolinstanzen verwendeten.

▶ TEXT ALS KONTUREN EXPORTIEREN: Texte werden beim Export in Zeichenwege umgewandelt.

▶ KERNING-INFORMATIONEN FÜR TEXT IGNORIEREN: Ist ein Text mit manuellem Kerning versehen, wird er beim Standard-Export in einzelne Textfragmente aufgeteilt, um den optischen Eindruck zu erhalten. Damit ist er jedoch nicht mehr editierbar. Wählen Sie diese Option, um die Kerning-Informationen zu entfernen und Textobjekte jeweils komplett zu erhalten.

▶ METADATEN EINSCHLIESSEN: In den Dateiinformationen eingegebene textuelle Metadaten werden in das SWF eingebettet.

▶ BEIM IMPORT VOR ÄNDERUNGEN SCHÜTZEN: Mit dieser Option generierte SWF sind vor einer Weiterbearbeitung gesichert.

▶ KENNWORT: Bestimmen Sie ein Passwort, mit dem eine geschützte SWF-Datei in Flash importiert und bearbeitet werden kann.

▶ KURVENQUALITÄT: Bestimmen Sie mit dem Regler die Genauigkeit der Kurven in Schritten von 0–10.

   Sie erreichen eine effektive Optimierung der Dateigröße bei relativ geringen Qualitätseinbußen, die sich aber vor allem bei besonders regelmäßigen Objekten auswirken, z. B. Kreisen.

▶ HINTERGRUNDFARBE: Hier bestimmen Sie eine Hintergrundfarbe. Sie wird jedoch nur im Flash Player angezeigt. Beim Import in Flash kommt die Hintergrundfarbe des Flash-Dokuments zum Tragen. Möchten Sie einen Hintergrund aus Illustrator ins Flash-Dokument übernehmen, benutzen Sie dazu die Option ALS HINTERGRUND VERWENDEN (siehe unten).

▶ LOKALE ABSPIELSICHERHEIT: SWF-Dateien, die lokal auf einem Computer abgespielt werden, können entweder auf lokale oder auf netzwerkbasierte Dateien zugreifen. Wählen Sie hier Ihre Option. Falls Sie in einem dynamischen Flash-Text eine webbasierte URL eingegeben haben, müssen Sie die Option NUR AUF NETZWERK ZUGREIFEN verwenden.

Erweiterte Optionen | Mit dem Button ERWEITERT erreichen Sie die folgenden Optionen:

▶ BILDFORMAT: Bestimmen Sie die Qualitätsstufe der JPEG-Kompression platzierter Pixelbilder (siehe »JPEG« im Abschnitt 20.2). Falls Sie Ihr SWF in Flash weiterbearbeiten, wählen Sie LOSSLESS, da Flash ebenfalls Bilder komprimieren kann.

▶ JPEG-QUALITÄT: Bestimmen Sie die Stärke der JPEG-Komprimierung.

▶ METHODE: Die Einstellung GRUNDLINIE (OPTIMIERT) entspricht der Option OPTIMIERT beim Speichern von JPEGs.

▲ **Abbildung 20.60**
Behandlung von Textobjekten mit Kerning (von oben): Text in Illustrator, ohne besondere Optionen, Aussehen beibehalten bzw. Text als Konturen, Kerninginformationen ignorieren

▲ **Abbildung 20.61**
Regelmäßige Objekte sind besonders von niedrigen Qualitätsstufen (hier: 1) betroffen.

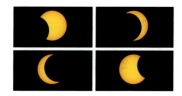

▶ AUFLÖSUNG: Geben Sie hier an, in welcher Auflösung Pixelbilder exportiert werden sollen – die Einstellung gilt für *alle* Bilder im Dokument. Es ist *nicht* zu empfehlen, die Auflösung der Bilder durch diese Funktion umrechnen und schon gar nicht erhöhen zu lassen.

Verwenden Sie am besten von vornherein Bilder in einer Auflösung von 72 ppi und optimieren diese in einem Bildbearbeitungsprogramm, bevor Sie sie in Illustrator platzieren.

Eine höhere Bildauflösung benötigen Sie nur dann, wenn Sie vorhaben, in Flash in Bilder »hineinzuzoomen«.

▶ FRAME-RATE (nur bei AI-EBENEN IN SWF-FRAMES): Hier geben Sie die Abspielgeschwindigkeit Ihres SWF-Dokuments in Bildern pro Sekunde vor.

▶ WIEDERHOLSCHLEIFE (nur bei AI-EBENEN IN SWF-FRAMES): Aktivieren Sie diese Option, um einen Loop in der SWF-Datei zu erzeugen. Sie benötigen diese Option nicht, wenn Sie Ihr SWF in einen Flash-Film integrieren.

▶ ANGLEICHUNGEN ANIMIEREN (nur bei AI-EBENEN IN SWF-FRAMES): Aktivieren Sie diese Option, um die Stufen aller Überblendungen als Frames einer Animation auszugeben.

Sie haben die Möglichkeit, in einem Frame ein einzelnes Objekt unterzubringen (Option IN FOLGE) oder in jedem Frame ein Objekt hinzuzufügen (Option BEIM AUFBAU).

▶ EBENENREIHENFOLGE (nur bei AI-EBENEN IN SWF-FRAMES): Hier legen Sie fest, mit welcher Ebene Illustrator die Animation beginnen soll.

▶ STATISCHE EBENEN EXPORTIEREN (nur bei AI-EBENEN IN SWF-FRAMES): Wählen Sie eine oder mehrere Ebenen im Dialogfeld aus, die als statischer Hintergrund hinter jedem Frame liegen.

Illustrator- und SWF-Dateien in Flash importieren

Erstellen Sie ein neues Dokument in Flash und importieren entweder das Illustrator-Dokument direkt oder die aus Illustrator exportierte SWF-Datei.

SWF | Enthaltene Symbole finden Sie in der Bibliothek des Flash-Dokuments. Andere Objekte werden als Gruppen im ersten Frame platziert. Falls Sie beim Export Frames erzeugt haben, befinden sich die Objekte darin.

Wenn Sie Ihr SWF-Dokument in die Bibliothek Ihrer Flash-Datei importieren lassen, liegt es automatisch als Symbol vor.

AI | Wählen Sie eine Illustrator-Datei für den Import aus. Anschließend setzen Sie die Optionen für die Behandlung der enthaltenen Objekte in der Dialogbox IMPORT-OPTIONEN.

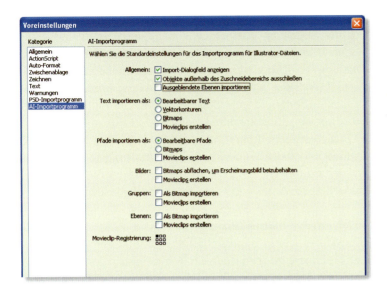

◀ **Abbildung 20.63**
Voreinstellungen für den Import
von Ai-Dateien in Flash.
Die hier gezeigten Einstellungen
stehen Ihnen auch direkt beim
Import einer Datei individuell für
jedes einzelne enthaltene Objekt
zur Verfügung.

Copy & Paste

Sie müssen nicht erst ein Dokument speichern und in Flash
importieren – Sie können stattdessen auch Copy & Paste verwenden, um Ihre Illustrator-Objekte in den Flash-Film zu bringen.
Wählen Sie in Flash in den Einfügen-Optionen, ob das Objekt als
Pixelgrafik eingesetzt oder die aktuellen Import-Einstellungen
benutzt werden sollen.

Beim Kopieren und Einfügen bleiben die Optionen erhalten,
die Sie für Symbole oder Texte vorgenommen haben.

▲ **Abbildung 20.64**
Einfügen-Optionen in Flash

20.5 Video und Film

Auch im Video- und Filmbereich gibt es viele Einsatzgebiete für
Illustrator, bei der Gestaltung von Eröffnungen, der Integration
von Logos und Typografie oder in der Infografik. Die Zusammenarbeit zwischen Illustrator und After Effects sowie Premiere war
auch in bisherigen Versionen aller Programme komfortabel, in
der Creative Suite 3 hat Adobe vor allem bei den Fähigkeiten von
Illustrator aber noch einmal nachgelegt.

▲ **Abbildung 20.65**
Icons After Effects und Premiere

Video-Vorlagen

Beim Erstellen einer neuen Datei können Sie auf Vorlagen zurück-
greifen, in denen die immer wiederkehrenden Einstellungen für
den Video-Bereich bereits vorgenommen sind, wie Farbraum,
Auflösung und Bildschirmvorschau. Darüber hinaus müssen Sie
noch nicht einmal die Standard-Dokumentmaße selbst eingeben,
sondern können diese bequem aus einer Liste auswählen.

▲ **Abbildung 20.66**
Auswahl der Video-Vorlagen in
Illustrator

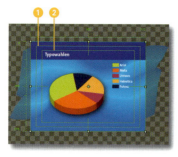

▲ Abbildung 20.67
❶ Aktions- und ❷ titelsicherer
Bereich in Illustrator

▲ Abbildung 20.68
Einstellung des Pixelseitenverhält-
nisses in den Optionen des
Schnittbereich-Werkzeugs

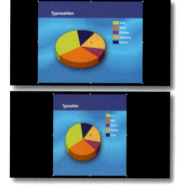

▲ Abbildung 20.69
Einstellung eines falschen Seitenverhältnisses in After Effects
(unten)

▲ Abbildung 20.70
Transparenzraster

Video-Safe Areas

Für die Aufteilung Ihres Designs nicht unerheblich sind tech-
nische Rahmenbedingungen – vor allem die sicheren Bereiche.
Diese sorgen dafür, dass beim Abspielen Ihrer Inhalte auf Röhren-
Fernsehern keine wichtigen Elemente (Aktion bzw. Titel/Textin-
formation) aufgrund von Ungenauigkeiten in der technischen
Funktionsweise abgeschnitten werden.

Das neue Schnittbereich-Werkzeug bietet die Option, die
aktions- und titelsicheren (anzeigekompatiblen) Bereiche am Bildschirm anzuzeigen. In den Dokumentvorlagen für den Video-
Bereich ist die Anzeige der Safe Areas standardmäßig aktiviert.

Pixelseitenverhältnis (Pixel Aspect Ratio, PAR)

Illustrator arbeitet mit quadratischen Pixeln, Sie können jedoch in
den Optionen des Schnittbereich-Werkzeugs ein Seitenverhältnis
eingeben. Das eingegebene Seitenverhältnis ändert weder etwas
an der Darstellung noch an der Speicherung der Datei, die Angabe
dient lediglich der Berechnung der Linealeinheiten.

Damit keine Verzerrungen auftreten, müssen Sie in After
Effects das importierte Material korrekt interpretieren.

Dateien für Video vorbereiten

Einige Bedingungen der Weiterverarbeitung sollten Sie bereits
beim Erstellen Ihrer Dateien beachten.

Farbraum | Wenn Sie Ihre Dateien auf den Video-und-Film-Vor-
lagen aufbauen, wird der Farbraum automatisch korrekt gewählt.
Falls Sie eigene Vorgaben einrichten, achten Sie darauf, Ihre Datei
im Farbmodus RGB anzulegen.

Horizontale Linien | Vermeiden Sie auf jeden Fall horizontale
Linien unter 2 Pixel Stärke – besser, Sie verwenden noch stärkere
Linien. Dünne horizontale Linien flackern aufgrund des zeilen-
weisen Aufbaus eines Videobilds (Interlacing). Vermeiden Sie
ebenfalls zu feine Linien in Schriften, z. B. Serifen.

Transparenz | Bereiche, die keine Objekte enthalten, sind in
After Effects und Premiere transparent. Setzen Sie Schnittmasken
zum Freistellen in Ihren Dateien ein, wird eine solche Konstruktion korrekt importiert. Bei der Verwendung einer Video-Doku-
mentvorgabe wird standardmäßig das Transparenzraster eingeblendet, so dass Sie einschätzen können, welche Bereiche Ihrer
Grafik transparent sind.

Eine reduzierte Deckkrafteinstellung der Objekte bewirkt auch
in den beiden Video-Programmen, dass darunterliegende Ebenen

durch die Objekte hindurchscheinen. Füllmethoden haben jedoch nur Auswirkungen innerhalb der Objekte der Illustrator-Datei.

Stellen Sie Objekte mit Deckkraftmasken frei, wird die Alpha-Transparenz in After Effects und Premiere korrekt importiert, die Deckkraftmaske können Sie jedoch nicht mehr bearbeiten.

Effekte | Live-Effekte werden korrekt interpretiert, sind jedoch nach dem Import nicht editierbar. Schlagschatten besitzen Alpha-Transparenz. Beachten Sie beim Einsatz pixelbasierter Effekte, dass diese in der Video-Software nicht skalierbar sind.

Ebenen | Alle Elemente, die Sie in After Effects unabhängig von anderen animieren möchten, müssen auf eigenen Hauptebenen liegen. Die Datei müssen Sie in After Effects als Komposition importieren.

Premiere importiert Illustrator-Dateien mit mehreren Ebenen immer auf eine Ebene reduziert.

Rechenzeit | Um die Bearbeitung zu beschleunigen, sollten Sie Ihre Dateien auf die notwendigen Objekte beschneiden. Dazu verwenden Sie Schnittmarken oder einen Schnittbereich. Ist im Dokument weder das eine noch das andere eingerichtet, wird die Datei in den Ausmaßen importiert, die alle Objekte umfasst.

Für After Effects und Premiere speichern

After Effects kann Illustrator-Dateien öffnen, jedoch nur, wenn die Dokumente PDF-kompatibel abgespeichert wurden. In die Datei eingebettete Farbprofile werden beim Import ignoriert.

After Effects und Premiere können Sequenzen von Dateien importieren. Dazu ist es nötig, dass sich alle Dateien in einem Ordner befinden und ein gemeinsames Namensschema nutzen, wie z. B. Datei0001.ai, Datei0002.ai, Datei0003.ai.

Während die Erzeugung von Dateisequenzen eher eine Aufgabe für die Stapelverarbeitung und Scripting-Lösungen ist, können Sie Animationen auch als SWF exportieren und in beiden Video-Programmen importieren.

Pfade kopieren und einsetzen

Vor allem in After Effects lassen sich an vielen Stellen Vektorpfade verwenden, z. B. um Texte entlang eines Pfads zu animieren oder Clips freizustellen. Diese Pfade können Sie in Illustrator erstellen und dann über die Zwischenablage in After Effects einfügen.

Die Übertragung von Pfaden aus Illustrator mit Hilfe der Zwischenablage funktioniert aber nur, wenn in den VOREINSTELLUN-

▲ **Abbildung 20.71**
Elemente, die in Illustrator auf Hauptebenen liegen (oben), sind auch in AfterEffects unabhängig voneinander zu bearbeiten (unten).

▲ **Abbildung 20.72**
Verwenden Sie das Skript INTERAKTIV ABPAUSEN in Adobe Bridge, dann bestehen umfangreiche Optionen für Dateinamen.

GEN • DATEIEN VERARBEITEN UND ZWISCHENABLAGE die Optionen AICB und PFADE BEIBEHALTEN aktiviert sind.

Illustrator-Dateien in Video-Projekte importieren

In Premiere importieren Sie Ihre Illustrator-Dateien ohne weitere Einstellungsmöglichkeiten.

In After Effects stehen Ihnen folgende Optionen zur Verfügung:

▶ KOMPOSITION: Beim Import als Komposition bleiben Hauptebenen unabhängig voneinander erhalten. Wollen Sie die Datei beim Import auf das Endformat beschneiden, wählen Sie KOMPOSITION. Sollen über das Format hinausreichende Elemente erhalten bleiben, wählen Sie KOMPOSITION – BESCHNITTENE EBENEN.

▶ FOOTAGE: Beim Import als Footage wird die Datei auf das Endformat beschnitten und alle Ebenen zusammengerechnet.

Wichtige Einstellungen in After Effects

Damit Ihre Vektorgrafik optimal dargestellt wird, sind vor allem die Einstellungen für das Rastern und das Pixelseitenverhältnis wichtig.

▲ **Abbildung 20.73**
Importiert als KOMPOSITION – BESCHNITTENE EBENEN (oben) und als KOMPOSITION (unten)

Kontinuierlich rastern | Illustrator-Dateien sind – außer wenn pixelbasierte Effekte eingesetzt wurden – in After Effects problemlos skalierbar. Sie müssen jedoch darauf achten, die Ebene zu OPTIMIEREN ✹. Die entsprechende Einstellung finden Sie in der Zeitleiste.

▲ **Abbildung 20.74**
Skalierte Illustrator-Grafik in After Effects ohne (links) und mit (rechts) Option OPTIMIEREN, Zeitleiste mit Button OPTIMIEREN (ganz links)

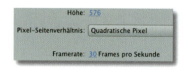

▲ **Abbildung 20.75**
Einstellung des Seitenverhältnisses

Pixel Aspect Ratio | Das Pixelseitenverhältnis wird normalerweise von After Effects richtig eingestellt. Sollte es einmal nicht der Fall sein, finden Sie diese Einstellung unter KOMPOSITION • KOMPOSITIONSEINSTELLUNGEN. Setzen Sie die Option PIXELSEITENVERHÄLTNIS auf QUADRATISCHE PIXEL.

21 Personalisieren und Erweitern

Wie Sie in den vergangenen Kapiteln erfahren haben, ist Illustrator ein sehr mächtiges Werkzeug – zu Beginn vielleicht auch ein wenig unübersichtlich. Seinen Funktionsumfang können Sie durch Hinzufügen von Plug-ins und Skripten sogar weiter steigern. Illustrators Oberfläche lässt sich an Ihre Bedürfnisse anpassen, so dass Sie das Überangebot an Funktionen besser handhaben können.

21.1 Anpassen

Wie in allen Programmen enthalten die Voreinstellungen die wichtigsten Optionen, Illustrator an den Einsatzzweck anzupassen, wie Maßeinheiten, Sprache, Raster und Werkzeuggrundeinstellungen. Sie können aber weiter gehende Einstellungen vornehmen, um die Programmoberfläche komfortabler zu gestalten.

Benutzerdefinierte Arbeitsbereiche
Das »Layout« der Paletten auf Ihrem Bildschirm sowie die Zusammenstellung und Anzeigeart der Paletten im Dock lässt sich als »Arbeitsbereich« speichern und über das Menü wieder aufrufen.

Das ist praktisch, wenn Sie einen Arbeitsplatz mit Kollegen teilen, aber auch wenn Sie selbst für verschiedene Aufgaben – Illustration, Konstruktion oder Typografie – andere Paletten oder unterschiedliche Anordnungen der Paletten benötigen.

▲ **Abbildung 21.1**
Gespeicherte Arbeitsbereiche

Arbeitsbereich speichern | Richten Sie die Position der Paletten wie gewünscht ein. Rufen Sie anschließend FENSTER • ARBEITSBEREICH • ARBEITSBEREICH SPEICHERN… auf, und geben Sie dem Bildschirmlayout einen passenden Namen.

Arbeitsbereich aufrufen | Um einen gespeicherten Arbeitsbereich aufzurufen, wählen Sie den Namen des Bildschirmlayouts aus dem Untermenü von FENSTER • ARBEITSBEREICH.

Tipp

Die Position »abgerissener« Werkzeugpaletten wird im Arbeitsbereich gespeichert.

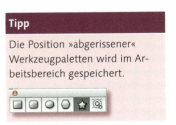

▲ **Abbildung 21.2**
Dialogbox ARBEITSBEREICHE
VERWALTEN

▲ **Abbildung 21.3**
Datei-Icon Vorlagendatei

Arbeitsbereiche verwalten | Möchten Sie gespeicherte Arbeitsbereiche umbenennen, duplizieren oder löschen, rufen Sie FENSTER • ARBEITSBEREICH • ARBEITSBEREICHE VERWALTEN… auf.

▶ Umbenennen: Aktivieren Sie einen der Einträge in der Liste und tragen den neuen Namen in das Eingabefeld ein. Bestätigen Sie mit OK.

▶ Duplizieren: Wählen Sie einen Eintrag aus, und klicken Sie auf den Button NEUER ARBEITSBEREICH ▣.

▶ Löschen: Aktivieren Sie den Eintrag, und klicken Sie auf den Button ARBEITSBEREICH LÖSCHEN 🗑.

Vorlagen

Vorlagendateien sind wie ein Zeichenblock, von dem Sie ein Blatt abreißen. Falls Sie häufig mit wiederkehrenden Dokumentformaten, Farben, Mustern, Formen oder Druckeinstellungen arbeiten müssen, können Sie sich die benötigten Vorgaben in einer Vorlagendatei speichern und für ein neues Projekt von dieser Datei »ein Blatt abreißen«, um sich die gleichzeitig langweilige und aufwendige Arbeit des Einrichtens der benötigten Grundlagen, Erstellens und Importierens von Mustern und Farbfeldern zu ersparen. Wenn Sie z. B. regelmäßig CD-Cover für ein bestimmtes Label entwerfen, erstellen Sie sich eine Vorlage mit den entsprechenden Spezifikationen, Logos, Farbfeldern und Druckvorgaben. Für einen neuen Entwurf erstellen Sie keine neue Datei, sondern verwenden die Vorlage »CD-Cover«.

Vorlagen erstellen | Beginnen Sie mit einem neuen Dokument, oder öffnen Sie ein vorhandenes Dokument, das bereits einige der benötigten Elemente enthält. Richten Sie die gewünschten Optionen ein:

▶ Dokument einrichten: Definieren Sie das Format, Maßeinheiten, Sprache und Transparenzeinstellungen.

▶ Ansicht: Legen Sie z. B. den Linealnullpunkt, die Zoom-Stufe, Hilfslinien und die Bildschirmansicht fest.

▶ Farbfelder, Pinsel, Symbole: Löschen Sie alle nicht benötigten Farbfelder, Stile, Pinsel, Symbole etc. und richten die benötigten ein, z. B. Corporate-Design-Elemente.

▶ Diagrammdesigns: Fügen Sie Balken- und Punkte-Designs der Dialogbox OBJEKT • DIAGRAMM • DESIGNS… hinzu.

▶ Druckvorgaben: Definieren Sie die Optionen für den Ausdruck des Dokuments im Drucken-Dialog.

Vorlagen speichern | Rufen Sie nach dem Einrichten der Vorlage den Befehl DATEI • ALS VORLAGE SPEICHERN… auf. Wählen Sie im Dateibrowser den Speicherort, und klicken Sie auf SPEICHERN.

Vorlagen öffnen | Möchten Sie eine neue Datei auf Basis einer Vorlage erstellen, wählen Sie DATEI • NEU AUS VORLAGE… – Shortcut ⌘/Strg+⇧+N. Illustrator öffnet den Vorlagenordner im Dateibrowser.

Dokumentprofile

Ein neues Dokument, das Sie mit dem Befehl DATEI • NEU… erstellen, basiert auf einem von sechs Dokumentprofilen. Wählen Sie aus Profilen für die Bereiche DRUCK, WEB, MOBILE GERÄTE, VIDEO UND FILM sowie EINFACHES RGB und CMYK.

In den Dokumentprofilen sind die üblichen Einstellungen für Rastereffektauflösung, Bildschirmansicht oder Schnittbereiche bereits vorgenommen, und Sie können aus gebräuchlichen Dokumentgrößen auswählen. Die Einstellungen lassen sich bereits in der Dialogbox NEUES DOKUMENT oder zu einem späteren Zeitpunkt ändern.

▲ **Abbildung 21.4**
Startdateien für CMYK- und RGB-Dokumente (oben)

Tastaturbefehle

Voreingestellt sind viele Funktionen mit Tastaturbefehlen – Shortcuts – belegt. Falls Ihnen die verwendeten Befehle nicht zusagen oder Sie gerne weitere Funktionen mit Shortcuts versehen würden, ist es möglich, die Belegung zu bearbeiten.

So wie Sie unterschiedliche Bildschirmlayouts abspeichern, ist dies auch mit Belegungssätzen möglich. So können Sie zwischen unterschiedlichen Sätzen von Tastatur-Shortcuts umschalten.

Um die Tastaturbelegungen zu bearbeiten, rufen Sie BEARBEITEN • TASTATURBEFEHLE… auf – Shortcut ⌘+⌥+⇧+K bzw. Strg+Alt+⇧+K. Die Tastatur-Shortcuts für WERKZEUGE und MENÜBEFEHLE bearbeiten Sie getrennt.

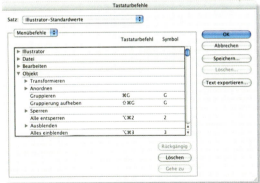

▶ Befehlssatz auswählen: Wählen Sie den Belegungssatz aus dem Aufklappmenü SATZ und klicken auf OK, um diesen anzuwenden.

▲ **Abbildung 21.5**
Tastaturbefehle-Dialogbox: Editieren der Kurzbefehle für Werkzeuge (links) und Menübefehle (rechts)

▲ **Abbildung 21.6**
Der Tastaturbefehle-Dialog enthält zwei Löschen-Buttons: Mit
dem einen Button (rechts) löschen Sie einen ganzen Satz, mit
dem anderen Button (unten) nur
den aktivierten Shortcut.

▲ **Abbildung 21.7**
Warnung bei Doppelbelegung

▲ **Abbildung 21.8**
Darstellung im Menü

▲ **Abbildung 21.9**
Belegung speichern

▶ Befehlssatz löschen: Um einen Satz Tastaturbefehle zu löschen, wählen Sie ihn im Aufklappmenü Satz aus und klicken auf den Button Löschen… (in der Dialogbox rechts).

▶ Als Text exportieren: Eine Liste aller Werkzeuge und Menüein-träge sowie der zugewiesenen Kurzbefehle können Sie als Textdatei exportieren, indem Sie auf den gleichnamigen But-ton klicken.

Befehlssatz ändern | Gehen Sie wie folgt vor, um einen Befehls-satz zu ändern (Änderungen am Standardbefehlssatz können Sie nur als neuen Satz abspeichern – siehe Schritt 6):

1. Wählen Sie einen Belegungssatz aus dem Menü Satz und die Tastaturbefehlsart aus dem Aufklappmenü darunter – Werk-zeuge bzw. Menübefehle.

2. Aktivieren Sie einen der Einträge, und klicken Sie in die Spalte unter Tastaturbefehl. Ein Rahmen hebt ein Eingabefeld her-vor. Geben Sie in dieses Feld den gewünschten Befehl samt Modifizierungstasten ein. Sobald Sie den ersten Befehl editiert haben, ändert sich der Name des Satzes im Menü in Eigene.

3. Ist der eingegebene neue Befehl bereits vergeben, wird das Tastaturkürzel an der ursprünglichen Stelle entfernt – Illustra-tor zeigt eine entsprechende Warnung. Sie haben zwei Mög-lichkeiten:

   ▶ Widerrufen Sie die letzte Zuweisung, und stellen Sie die vorherige Belegung wieder her, indem Sie auf den Button Rückgängig klicken.

   ▶ Rufen Sie den Befehl auf, dessen Tastaturbelegung geändert wurde, und weisen diesem einen anderen Shortcut zu. Kli-cken Sie dafür auf den Button Gehe zu.

4. Haben Sie einen Shortcut zugewiesen, können Sie außerdem einen Eintrag bestimmen, der hinter dem Menübefehl ange-zeigt wird. Automatisch werden an der Stelle das eingegebene Zeichen und ggf. die Modifizierungstasten angezeigt – Sie kön-nen jedoch auch ein anderes Zeichen bestimmen.

5. Um einen Shortcut von einem Befehl zu entfernen, aktivieren Sie den Eintrag und klicken den Button Löschen (unten).

6. Haben Sie alle gewünschten Befehle eingetragen, bestätigen Sie den Dialog mit OK.
   Haben Sie Ihre Änderung am Standardbelegungssatz durchge-führt, werden Sie aufgefordert, die Änderungen als einen neuen Satz zu speichern.
   Haben Sie einen bereits gespeicherten Satz editiert, fragt Illus-trator, ob Sie diesen überschreiben möchten.

▲ Abbildung 21.10
In diesem Zeichenformat ändern Sie die Standardschrift.

▲ Abbildung 21.11
Illustrator-Vorlagen können auch Elemente auf der Zeichenfläche enthalten.

Checkliste: Programmvorgaben anpassen

Voreinstellungen editieren | Studieren Sie die Voreinstellungen und richten diese passend ein. Es ist übrigens nicht ungewöhnlich, die Voreinstellungen während der Arbeit nach Bedarf zu ändern.

Standardschrift ändern | Um die Schriftart zu ändern, in der Illustrator neue Texte erstellt, rufen Sie das betreffende Dokumentprofil auf und ändern dort die Schriftart im Zeichenformat NORMALES ZEICHENFORMAT.

Vorlage oder Dokumentprofil | Ob Sie häufig gebrauchte Einstellungen als Dokumentprofil speichern oder eine Vorlagendatei erstellen, hängt davon ab, wie individuell Sie die Musterdatei auf eine bestimmte Aufgabe zuschneiden möchten und wie regelmäßig oder häufig Sie diese Datei benötigen. Sehr individuelle Musterdokumente werden Sie eher als Vorlagen-Datei und allgemeinere, häufig benötigte Musterdokumente dagegen als Dokument-Profil speichern. Nur in Vorlagen ist es möglich, Elemente bereits auf der Zeichenfläche zu platzieren.

Bibliotheken | Ihre eigenen Pinsel, Symbole, Grafikstile, Muster- und Farbfelder können Sie in Bibliotheken sammeln. Speichern Sie die Bibliothek an den im jeweiligen Dialog vorausgewählten Ort, dann stehen die Bibliotheken direkt im Fenster-Menü zur Verfügung.

Diagramm-Balkendesigns | Balken- und Punktedesigns können Sie im Dokumentprofil oder einer Vorlagendatei ablegen. Oder legen Sie alle Balkendesigns in einer »Sammeldatei« ab. Wann immer Sie in Ihrem aktuellen Dokument ein Balkendesign benötigen, öffnen Sie diese Sammeldatei und können dann aus allen geöffneten Dokumenten im Dialog DIAGRAMMDESIGNS auf die enthaltenen Balkendesigns zugreifen.

Preferences-Datei editieren (nur für Fortgeschrittene!) | In der Voreinstellungen-Datei können Sie zum Beispiel die Anzahl der »Letzten Dateien« einstellen. Kopieren Sie bitte immer die Originaldatei an einen sicheren Ort, bevor Sie etwas ändern, damit Sie diese notfalls wiederherstellen können.

Hinweis

Sie finden die Voreinstellungen unter BENUTZER/LIBRARY/PREFERENCES/ADOBE ILLUSTRATOR CS 3 SETTINGS/ ADOBE ILLUSTRATOR PREFS bzw. auf Windows XP und 2000 in DOCUMENTS AND SETTINGS/[USER NAME]/APPLICATION DATA/ADOBE/ADOBE ILLUSTRATOR CS3 SETTINGS/AIPREFS und auf Windows Vista unter USERS/[USER NAME]/APPDATA/ROAMING/ADOBE/ADOBE ILLUSTRATOR CS3 SETTINGS/AIPREFS.

21.2   Automatisieren

Viele wiederkehrende Befehlsabfolgen lassen sich zu Aktionen kombinieren und in einer Stapelverarbeitung sogar automatisch auf mehrere Dokumente in Folge anwenden, ohne dass Sie eingreifen müssen.

Darüber hinaus können Sie Illustrator mit AppleScript bzw. VisualBasic oder mit JavaScript programmieren. Die Skript-Fähigkeit bietet nicht nur Automatisierungspotenzial, sondern auch Möglichkeiten für den kreativen Einsatz.

▲ **Abbildung 21.12**
Datei-Icon ACTION

Aktionen

Als Aktionen können Sie sich Befehlsabfolgen speichern, die Sie wiederholt an Objekten oder Dokumenten anwenden müssen. Das Erstellen einer Aktion ist so einfach wie das Aufnehmen mit dem Videorekorder: Sie drücken eine Taste, um die Aufzeichnung zu beginnen, führen alle Arbeitsschritte aus und drücken einen anderen Button, um die Aufzeichnung zu stoppen.

Sie sind aber nicht darauf angewiesen, Aktionen selbst erstellen zu müssen. Da Sätze von Aktionen als Textdateien gespeichert werden können, finden Sie in vielen Illustrator-Foren Aktionen zum Download.

Aktionen-Palette

Die Erstellung, Anwendung und Verwaltung von Aktionen nehmen Sie mit Hilfe der Aktionen-Palette vor. Wählen Sie FENSTER • AKTIONEN – im Dock ▶ –, um die Palette aufzurufen.

▲ **Abbildung 21.13**
Aktionen-Palette in der Listen-Darstellung

Anzeige | Wie alle Paletten hat auch diese ein Menü, das Sie mit dem Button ▄▅≡ aufrufen – in diesem Palettenmenü finden Sie u. a. die Stapelverarbeitung.

Aktionen sind in Sätzen ❹ zusammengestellt, zu erkennen an dem Ordnersymbol ▣. Nur Sätze lassen sich als externe Datei speichern. Klicken Sie auf den Pfeil ▶, um die zu einem Satz gehörenden Aktionen anzuzeigen.

Die einzelnen Aktionen ❸ bestehen aus einer Abfolge von »Aufgaben«. Zeigen Sie die Aufgaben der Aktionen an, indem Sie auf den Pfeil ▶ links neben dem Namen der Aktion klicken.

Die Aufgaben tragen den Namen des Illustrator-Befehls. Auch den Eintrag vieler Aufgaben können Sie öffnen, um die in Dialogboxen eingegebenen Parameter einzusehen. Ändern lassen sich die Parameter allerdings in dieser Auflistung nicht.

Wird beim Abspielen der Aktion eine Dialogbox geöffnet ❷, zeigt die Aktionen-Palette dies mit dem entsprechenden Symbol ▣ an. Klicken Sie auf das Symbol, um das Öffnen der Dialogbox zu unterdrücken und die Aufgabe stattdessen mit den aufgezeichneten Werten auszuführen.

Das Häkchen ❶ zeigt an, ob ein Schritt ausgeführt wird. Möchten Sie die Ausführung eines einzelnen Befehls oder aller Befehle innerhalb einer Aktion unterdrücken, deaktivieren Sie den Schritt, indem Sie das Häkchen ☑ vor dem Eintrag der Aufgabe bzw. der Aktion anklicken.

Mit den Buttons am unteren Rand der Palette steuern Sie das Abspielen und Aufzeichnen von Aktionen sowie deren Verwaltung.

Paletten-Modus | Wählen Sie SCHALTFLÄCHENMODUS aus dem Palettenmenü, um die Aktionen statt in Listendarstellung als einzelne Buttons anzuzeigen. Die Größe der Palette und damit die Anzahl der Button-Spalten können Sie frei einstellen.

Aktionen abspielen | Beim Abspielen einer Aktion werden die enthaltenen Befehle von Illustrator an Ihren Objekten ausgeführt. Wenn Sie eine Aktion das erste Mal ausprobieren, sollten Sie zunächst eine Kopie Ihrer Datei erstellen, um vor unangenehmen Überraschungen sicher zu sein.

Zum Abspielen eines Satzes, einer Aktion oder eines Teils einer Aktion aktivieren Sie den Eintrag in der Aktionen-Palette, ab dem Sie die Befehle ausführen möchten, und wählen ABSPIELEN aus dem Palettenmenü oder klicken auf den Button AKTUELLE AUS-WAHL ABSPIELEN ▶ – das Symbol des Buttons wechselt zu ▶. Die Aktion spielt bis zum Schluss.

Je nach Einstellung werden während des Abspielens Dialogboxen geöffnet, in denen Sie Optionen eingeben müssen. Stehen in der Aktion enthaltene Befehle nicht zur Verfügung, weil eine vom Ersteller der Aktion angenommene Bedingung nicht eingetreten ist, erhalten Sie eine entsprechende Warnung und können die Ausführung der Aktion an der Stelle abbrechen.

Möchten Sie die Wiedergabe vor dem Durchlaufen aller Aufgaben beenden, klicken Sie auf den Button WIEDERGABE BEENDEN ■.

Einzelne Aufgaben können Sie aus einer Aktion ausschließen, indem Sie das Kontrollkästchen ☑ neben dem Namen der Aktion anklicken und das Häkchen deaktivieren.

Abspieloptionen | Zur Fehlersuche kann es nötig sein, die Abspielgeschwindigkeit zu regulieren. Sie haben folgende Möglichkeiten:

► BESCHLEUNIGT: Dies ist die Standardeinstellung – die Befehle werden so schnell wie möglich abgespielt.
► SCHRITTWEISE: Nach dem Ausführen eines Befehls wird die Bildschirmdarstellung aktualisiert, bevor die Aktion den nächsten Schritt startet.
► ANHALTEN FÜR: Wählen Sie diese Option, um die Aktion für einen festgelegten Zeitraum nach dem Ausführen jedes Schritts anzuhalten.

Aktion aufzeichnen | In einer Aktion lassen sich fast alle Menübefehle, Palettenoptionen und Werkzeugfunktionen aufzeichnen – einige Befehle können Sie zwar nicht aufzeichnen, aber mit Hilfe von Befehlen des Palettenmenüs in eine Aktion einfügen.

▲ **Abbildung 21.14**
Aktionen-Palette in der Schaltflächen-Darstellung

Hinweis

Denken Sie daran, die Voreinstellungen wie bei der Aufnahme zu konfigurieren.

Verwenden Sie Aktionen aus dem amerikanischen Raum, müssen Sie ggf. mit anderen Maßeinheiten arbeiten, um die gewünschten Ergebnisse zu erhalten.

▲ **Abbildung 21.15**
Dialogbox ABSPIELOPTIONEN

Aufgaben, die nicht unmittelbar aufgezeichnet werden können (siehe folgende Seite): Unterbrechung, Pfad einfügen, Objekt auswählen (von oben)

Die Aufzeichnung einer Aktion sollten Sie in einer Kopie Ihrer Datei vornehmen, z. B. indem Sie vor Beginn Ihrer Aufzeichnung den Befehl DATEI • KOPIE SPEICHERN UNTER… ausführen. Gehen Sie bei der Aufzeichnung wie folgt vor:

1. Erstellen Sie eine neue Aktion, indem Sie den Button NEUE AKTION ERSTELLEN ◫ anklicken. In der Dialogbox AKTIONS-OPTIONEN sollten Sie der Aktion vor allem einen aussagekräftigen Namen geben. Sie können Ihre Einstellungen zu einem späteren Zeitpunkt editieren.

2. Klicken Sie auf den Button AUFZEICHNUNG BEGINNEN ●. Der Button zeigt durch die rote Farbe ● die Aufzeichnung an.

3. Führen Sie die gewünschten Aufgaben aus – Sie können sich dabei Zeit lassen, die Abspielgeschwindigkeit ist unabhängig von der Aufnahmegeschwindigkeit.

4. Haben Sie die gewünschten Befehle ausgeführt, stoppen Sie die Aufzeichnung, indem Sie auf den Button AUFZEICHNUNG BEENDEN ■ klicken. Die Aktion wird automatisch in der Voreinstellungsdatei gespeichert. Da diese Datei beschädigt werden kann, sollten Sie Aktionen dauerhaft speichern (siehe unter »Aktionen verwalten«).

Aktionen editieren | Um Aktionen zu editieren, schalten Sie die Palette in die Listendarstellung.

▶ DIALOGFELD AKTIVIEREN/DEAKTIVIEREN: Für die Ausführung von Aktionen verwendet Illustrator Ihre bei der Aufzeichnung eingegebenen Werte. Möchten Sie die Optionen einzelner Befehle individuell bei jedem Abspielen definieren, aktivieren Sie die Dialogboxen (im Handbuch werden sie als MODALE STEUER-ELEMENTE bezeichnet), indem Sie bei dem betreffenden Befehl die Anzeige des Dialogsymbols ▣ aktivieren. Klicken Sie neben den Eintrag der Aktion, um die Modalsteuerung für alle Aufgaben zu aktivieren oder deaktivieren.

▶ OPTIONEN EINES SCHRITTS EDITIEREN: Möchten Sie nur die Optionen eines einzelnen Befehls ändern, aktivieren Sie – falls zur Ausführung des Schritts erforderlich – ein passendes Objekt auf der Zeichenfläche, und doppelklicken Sie auf den zu ändernden Eintrag in der Aktionen-Palette.

▶ OPTIONEN IN EINER AKTION EDITIEREN: Möchten Sie den Ablauf einer Aktion erhalten, aber Einstellungen und Optionen neu einrichten, aktivieren Sie die Aktion und wählen ERNEUT AUF-ZEICHNEN… aus dem Palettenmenü. Das Abspielen der Aktion wird sofort gestartet. Geben Sie an den gewünschten Stellen die Änderungen in die Dialogboxen ein und bestätigen diese.

▶ ABFOLGE ÄNDERN: Möchten Sie einen Befehl an eine andere Stelle in der Abfolge einordnen, klicken und ziehen Sie den

Verändern der Reihenfolge von Aufgaben durch Verschieben

Eintrag an den gewünschten Platz (die Trennlinie zwischen den bestehenden Befehlen wird hervorgehoben) und lassen die Maustaste los.

▶ BEFEHLE EINFÜGEN: Um weitere Befehle in eine Aktion einzufügen, aktivieren Sie den Schritt, dem die zusätzlichen Aufgaben folgen sollen, und wählen AUFZEICHNUNG BEGINNEN aus dem Palettenmenü oder klicken auf den Button ●. Führen Sie die Schritte aus, und beenden Sie die Aufzeichnung.

▶ EINTRAG DUPLIZIEREN: Eine Aufgabe, eine Aktion oder einen Satz duplizieren Sie, indem Sie den Eintrag aktivieren und DUPLIZIEREN aus dem Palettenmenü wählen. Alternativ ziehen Sie den Eintrag einer Aufgabe oder einer Aktion über den Button NEUE AKTION ERSTELLEN 🔳. Den Eintrag eines Satzes ziehen Sie über den Button NEUEN SATZ ERSTELLEN 🔲.

▶ EINTRAG LÖSCHEN: Wenn Sie einen Schritt, eine Aktion oder einen Satz löschen möchten, aktivieren Sie den Eintrag in der Aktionen-Palette und klicken auf den Button AUSWAHL LÖSCHEN 🗑 oder ziehen den Eintrag auf diesen Button.

Aufgaben per Menü hinzufügen | Einige Aufgaben lassen sich nicht »live« aufzeichnen, Sie können diese Schritte nur mit Hilfe von Befehlen des Menüs der Aktionen-Palette in eine Aktion integrieren.

Die betreffenden Aufgaben – z. B. die Auswahl eines bestimmten Pfads, Verwenden der Freihand-Werkzeuge Pinsel, Buntstift, Schere oder Verlauf, das Zuweisen von Effekten und das Einstellen der ANSICHT – können Sie mit Hilfe des Menüs der Aktionen-Palette während der Live-Aufzeichnung in die Aktion integrieren oder beim späteren Bearbeiten einer Aktion hinzufügen. Im letzteren Fall aktivieren Sie den Schritt, dem die Aufgabe folgen soll, und wählen den gewünschten Befehl aus dem Palettenmenü.

▶ **Menübefehl, der nicht aufgezeichnet werden kann**: Um einen Menübefehl einzufügen, der nicht aufgezeichnet werden kann, wählen Sie MENÜBEFEHL EINFÜGEN aus dem Palettenmenü.

Den Befehl können Sie anschließend entweder durch Auswahl aus dem Menü bestimmen oder in der Dialogbox danach suchen lassen, indem Sie die Anfangsbuchstaben eingeben.

▶ **Unterbrechung**: Möchten Sie an einem Punkt im Ablauf der Aktion eine Dialogbox mit einem Hinweis anzeigen oder eine individuelle Benutzereingabe zulassen, wählen Sie UNTERBRECHUNG EINFÜGEN aus dem Palettenmenü.

Geben Sie den gewünschten Hinweistext in die Dialogbox ein. Soll der Text vom Benutzer nur zur Kenntnis genommen werden, aktivieren Sie die Option FORTFAHREN ZULASSEN.

Tipp

Beobachten Sie die Aktionen-Palette beim Aufzeichnen der Aktion – falls ein Befehl dort nicht sofort nach der Ausführung aufgelistet wird, ist dieser nicht »live« aufzunehmen.

▲ **Abbildung 21.18**
MENÜBEFEHL EINFÜGEN

▲ Abbildung 21.19
Dialogbox UNTERBRECHUNG EIN-
FÜGEN (oben), Hinweisbox (unten)

▲ Abbildung 21.20
Notiz in Grafikattribute-Palette
(oben), Dialogbox OBJEKT AUS-
WÄHLEN (unten)

Abbildung 21.21 ▶
Dialogbox AKTIONSOPTIONEN

Falls ein Eingreifen des Benutzers – z. B. das Zeichnen mit einem Werkzeug – erforderlich ist, darf das Fortfahren nicht zugelassen werden. Nach Durchführung der erforderlichen Eingabe muss der Benutzer das Weiterspielen der Aktion über die Aktionen-Palette manuell veranlassen.

▶ **Einen Pfad einfügen**: Benötigen Sie im Ablauf der Aktion einen oder mehrere Pfade, erzeugen Sie diese an der gewünschten Position auf der Zeichenfläche. Dies können Sie während der Aufzeichnung der Aktion vornehmen, da die Benutzung des Zeichenstift-, Pinsel- oder Buntstift-Werkzeugs nicht aufgezeichnet wird.

Haben Sie den Pfad erstellt, aktivieren Sie ihn und wählen PFADAUSWAHL EINFÜGEN aus dem Palettenmenü.

Es ist möglich, offene oder geschlossene Pfade innerhalb einer Aktion in das Dokument einzufügen. Alle Pfade können nur eine gemeinsame Kontur und Füllung erhalten. Besitzen sie ursprünglich unterschiedliche Farben, werden die des obersten Objekts übernommen.

▶ **Ein Objekt auswählen**: Ein bestimmtes Objekt kann innerhalb einer Aktion nur dann ausgewählt werden, wenn es eine Bezeichnung besitzt. Wird das Objekt in der Abfolge der Aktion erstellt, müssen Sie also sofort nach der Erzeugung des Elements eine Bezeichnung in das Notizfeld der Grafikattribute-Palette eintragen.

Ein mit dem Notiz-Attribut versehenes Objekt können Sie anschließend jederzeit wieder auswählen. Wählen Sie OBJEKT AUSWÄHLEN aus dem Palettenmenü, um den Auswahlschritt in die Aktion einzufügen.

Geben Sie die Objektbezeichnung in die Dialogbox ein.

Aktionsoptionen | Möchten Sie den Namen einer Aktion ändern oder der Aktion einen Kurzbefehl zuweisen, rufen Sie die Aktionsoptionen mit einem Doppelklick auf den Namen der Aktion in der Palette auf oder indem Sie die Aktion aktivieren und AKTIONSOPTIONEN… aus dem Palettenmenü wählen. Neben dem Namen können Sie folgende Optionen in die Dialogbox eingeben:

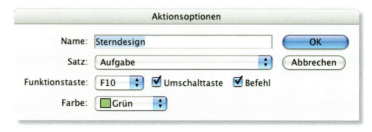

- ▶ SATZ: Das Aufklappmenü listet die vorhandenen Aktions-Sätze auf. Wählen Sie aus dem Menü, welchem Satz Sie die Aktion zuweisen möchten.
- ▶ FUNKTIONSTASTE: Den Aktionen können Sie Tastaturkombinationen aus einer Funktionstaste $\boxed{\text{F1}}$ bis $\boxed{\text{F15}}$ und den Tasten $\boxed{\text{⌘}}$/$\boxed{\text{Strg}}$ und $\boxed{\text{⇧}}$ zuweisen. Innerhalb der Aktionen ist es nicht möglich, Shortcuts doppelt zu vergeben. Falls Sie aber eine Aktion mit einem Kurzbefehl versehen, der bereits für einen Menübefehl Verwendung findet, hat die Ausführung der Aktion Vorrang vor dem Menü.
- ▶ FARBE: Wählen Sie eine Farbe für die Darstellung des Aktions-Buttons im Schaltflächenmodus der Aktionen-Palette.

▲ **Abbildung 21.22**
Farbige Darstellung der Aktions-Buttons im Schaltflächenmodus

Aktionen verwalten |

- ▶ NEUER SATZ 🗀: Erstellen Sie einen neuen Satz, indem Sie diesen Befehl aus dem Palettenmenü wählen.
- ▶ SATZOPTIONEN: Möchten Sie den Namen eines Satzes von Aktionen editieren, doppelklicken Sie auf seinen Eintrag oder wählen SATZOPTIONEN… aus dem Palettenmenü.
- ▶ AKTIONEN LADEN: Aktionen, die als externe Dateien auf Ihrem Computer gespeichert sind, müssen in Illustrator geladen werden, damit sie zur Verfügung stehen.
  Wählen Sie aus dem Menü der Aktionen-Palette den Eintrag AKTIONEN LADEN…, und wählen Sie die Aktion im Dateibrowser aus. Falls die Aktion nicht sichtbar ist, überprüfen Sie, ob die korrekte Dateiendung .aia vorhanden ist.
  Die Verbindung zur Aktion bleibt nicht bestehen. Wenn Sie die geladene Aktion ändern, werden diese Änderungen nicht in der Datei gespeichert, und Sie können die Aktion jederzeit neu laden, um den Originalzustand wiederherzustellen.
- ▶ AKTIONEN ZURÜCKSETZEN: Möchten Sie die Standardaktionen von Illustrator erneut laden, wählen Sie AKTIONEN ZURÜCKSETZEN aus dem Palettenmenü. In der Dialogbox wählen Sie eine von zwei Möglichkeiten:
  - ▶ ERSETZEN: Klicken Sie auf OK, um die aktuell in der Palette angezeigten Aktionen durch die Standardaktionen zu ersetzen.
  - ▶ ANFÜGEN: Wählen Sie ANFÜGEN, um den Satz der Standardaktionen zusätzlich zu allen vorhandenen Aktionen zu laden. Er wird als letzter Eintrag in der Palette angezeigt.
- ▶ AKTIONEN ERSETZEN: Möchten Sie alle in der Palette geladenen Aktionen durch einen auf Ihrem Computer gespeicherten Satz ersetzen, wählen Sie AKTIONEN ERSETZEN… aus dem Palettenmenü und öffnen die Datei im Dateibrowser.
  Ihre vorhandenen Aktionen werden ohne weitere Nachfrage

▲ **Abbildung 21.23**
Aktionen zurücksetzen

ersetzt – Sie können diesen Schritt jedoch mit ⌘/Strg+Z widerrufen. Speichern Sie die vorhandenen Aktionen vorher, falls Sie sie später wieder benötigen.

▶ AKTIONEN SPEICHERN: Einzelne Aktionen lassen sich nicht speichern – mit diesem Befehl aus dem Palettenmenü können Sie jedoch einen Satz speichern. Aktivieren Sie den gewünschten Satz, und rufen Sie den Befehl auf.

▶ AKTIONEN LÖSCHEN: Um alle Aktionen zu löschen, wählen Sie AKTIONEN LÖSCHEN aus dem Palettenmenü. Sicherheitshalber fragt Illustrator noch einmal nach, ob Sie wirklich alle Aktionen löschen möchten. Bestätigen Sie mit JA.

Stapelverarbeitung

In der Stapelverarbeitung – auch »Batch« genannt – können Sie eine Aktion auf ein komplettes Verzeichnis von Illustrator-Dokumenten anwenden und so z.B. alle Dateien eines Ordners in ein bestimmtes Format exportieren.

Wählen Sie STAPELVERARBEITUNG… aus dem Menü der Aktionen-Palette, um die Batch-Optionen einzurichten. Diesen Befehl können Sie auch dann wählen, wenn keine Datei geöffnet ist.

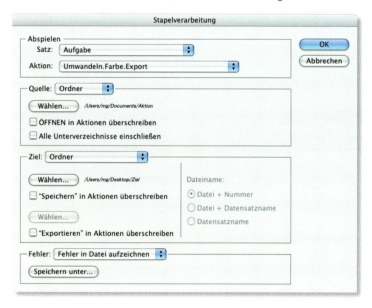

▶ ABSPIELEN: Wählen Sie den Satz und die Aktion, die Sie auf die Dateien anwenden möchten.

▶ QUELLE: Als Quelle können Sie entweder ein Verzeichnis mit Illustrator-Dokumenten oder Datensätze wählen, die Sie für dynamische Objekte im aktuellen Dokument angelegt haben.

▶ ÖFFNEN IN AKTIONEN ÜBERSCHREIBEN: Setzen Sie diese Option, falls in der Aktion Öffnen-Befehle aufgenommen wurden. Das

Überschreiben bewirkt, dass Illustrator das in der Stapelverarbeitung angegebene Verzeichnis als Quelle verwendet.

▶ ALLE UNTERVERZEICHNISSE EINSCHLIESSEN: Wählen Sie diese Einstellung, um auch die Dateien in Unterverzeichnissen zu bearbeiten.

▶ ZIEL: Wählen Sie ein Verzeichnis, in das die geänderten Dokumente abgelegt werden.

▶ SPEICHERN/EXPORTIEREN IN AKTIONEN ÜBERSCHREIBEN: Sind in der Aktion Speicher- oder Export-Befehle, aktivieren Sie diese Option, um den in der Stapelverarbeitung definierten Zielordner zu verwenden.

▶ DATEINAME: Die Optionen stehen Ihnen bei der Verarbeitung von Datensätzen zur Verfügung. Sie bestimmen darin, wie sich der Name der generierten Dateien zusammensetzt.

▶ FEHLER: Legen Sie hier fest, wie die Fehlerbehandlung erfolgen soll. Falls Sie beabsichtigen, die Stapelverarbeitung während Ihrer Abwesenheit durchführen zu lassen, sollten Sie Fehler in eine Datei speichern. Bestimmen Sie in diesem Fall einen Speicherort und einen Dateinamen.

Schritt für Schritt: Aktion aufzeichnen und Stapelverarbeitung einrichten

1 Neuen Satz anlegen

In dieser Übung werden Sie eine Reihe von Illustrator-Dateien für eine Clipart-Sammlung aufbereiten. Die Dateien enthalten je ein Live-Trace-Objekt, das (in Pfade) umgewandelt, farblich angepasst und als TIFF exportiert werden soll. Die bearbeiteten Illustrator-Dokumente werden in einen neuen Ordner gespeichert.

Die Aktion nehmen Sie in einem der betreffenden Dokumente auf. Öffnen Sie die Datei Blume.ai aus dem Ordner Aktion auf der DVD – den Öffnen-Befehl lassen Sie später über die Stapelverarbeitung durchführen, er muss also nicht aufgezeichnet werden.

Rufen Sie die Aktionen-Palette auf und richten einen neuen Satz ein, indem Sie auf den Button NEUEN SATZ ERSTELLEN 📁 klicken. Geben Sie dem Satz einen Namen.

2 Bearbeitung aufzeichnen

Eine Aktion sollten Sie zumindest grob planen, bevor Sie mit der Aufzeichnung beginnen. Bei der Planung ist es wichtig, dass Sie Arbeitsschritte wählen, die allgemein für alle Dateien zutreffen.

Bei der Planung Ihrer Aktion ergibt sich auch die Verwendung verschiedener Paletten. Rufen Sie diese auf und platzieren sie so auf dem Bildschirm, dass Sie den Überblick behalten.

▲ **Abbildung 21.25**
Die Beispiel-Datei

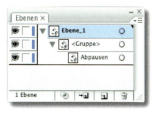

▲ **Abbildung 21.26**
Inhalt der Ebene angezeigt

▲ **Abbildung 21.27**
Objekt umgewandelt

▲ **Abbildung 21.28**
Gruppierung aufgehoben

▲ **Abbildung 21.29**
Aufnehmen der Farbe und Aufrufen des Farbwählers

Hinweis

Das Erzeugen der weißen Fläche verhindern Sie mit der Einstellung WEISS IGNORIEREN in den Abpausoptionen. Um die Farbauswahl in einer Aktion zu demonstrieren, ist diese Anleitung nicht auf der Option aufgebaut.

Für unsere Aktion benötigen Sie neben der Werkzeugpalette die Farbfelder- und die Ebenen-Palette – zeigen Sie den Inhalt der Bildebene an (siehe Abbildung 21.26 auf der vorherigen Seite). Wählen Sie das Auswahl-Werkzeug in der Werkzeugpalette.

Legen Sie innerhalb des eben erzeugten Satzes eine neue Aktion an, indem Sie den entsprechenden Button verwenden. Sobald Sie der Aktion einen Namen gegeben und die Dialogbox geschlossen haben, startet Illustrator die Aufzeichnung:

1. Auswählen des Objekts: Jede der zu bearbeitenden Dateien enthält nur ein Objekt, dieses aktivieren Sie mit dem Befehl AUSWAHL • ALLES AUSWÄHLEN – Shortcut ⌘/Strg+A.

2. In Pfade umwandeln: Sie können leider nicht den praktischen Button aus der Steuerungspalette verwenden – dieser Befehl würde nicht aufgezeichnet. Wählen Sie stattdessen aus dem Menü OBJEKT • INTERAKTIV ABPAUSEN • UMWANDELN.

3. Gruppierung aufheben: Zur Weiterbearbeitung ist die Gruppierung der Objekte hinderlich. Lösen Sie die Gruppe auf – da es sich um verschachtelte Gruppen handelt, müssen Sie den Befehl zweimal geben. Achten Sie darauf, dass in der Ebenen-Palette einzelne bzw. zusammengesetzte Pfade angezeigt werden (siehe Abbildung 21.28).
Heben Sie die Auswahl auf – Shortcut ⌘/Strg+⇧+A.

4. Umfärben: Beim Abpausen wurde die Illustration in schwarze und weiße Flächen umgewandelt. Die weißen Flächen benötigen Sie nicht, und die schwarzen sollen umgefärbt werden.
Stellen Sie für das Feld FLÄCHE in der Werkzeugpalette die Farbe Weiß ein, indem Sie mit der Pipette auf eines der weißen Objekte klicken. Diese Aktion wurde nicht aufgezeichnet, daher doppelklicken Sie in der Werkzeugpalette auf das Feld FLÄCHE mit der aufgenommenen Farbe (siehe Abbildung 21.29) und bestätigen im Farbwähler mit OK.
Auf Basis dieser Farbe erstellen Sie die nächste Objektauswahl. Rufen Sie AUSWAHL • GLEICH • FLÄCHENFARBE auf und löschen Sie die ausgewählten Elemente. Als Resultat sind nur noch schwarze Objekte auf der Zeichenfläche.
Wählen Sie erneut ALLES aus, und stellen Sie über die Farbfelder-Palette eine neue Flächenfarbe für die Objekte ein.

5. Exportieren: Wählen Sie DATEI • EXPORTIEREN…, und stellen Sie das TIFF-Format ein. Speichern Sie die Datei an einem beliebigen Ort (den Speicherort legen Sie in der Stapelverarbeitung neu an) und richten die Optionen für die exportierte Datei im folgenden Dialog ein. Bestätigen Sie diesen mit OK.

6. Beenden Sie die Aufzeichnung der Aktion.

3 **Aktion speichern und testen**

Bevor Sie fortfahren, sollten Sie die eben fertiggestellte Aktion speichern. Aktivieren Sie den Satz in der Aktionen-Palette, und wählen Sie AKTIONEN SPEICHERN… aus dem Palettenmenü.

Möchten Sie den korrekten Ablauf der Aktion noch einmal testen, schließen Sie die bearbeitete Datei nicht, sondern wählen DATEI • ZURÜCK ZUR LETZTEN VERSION.

Anschließend spielen Sie die Aktion ab. Wenn der Ablauf zum gewünschten Ergebnis führte, richten Sie die Stapelverarbeitung ein.

4 **Stapelverarbeitung einrichten**

Beginnen Sie mit der Einrichtung zweier Verzeichnisse auf Ihrer Festplatte für die exportierten TIFF-Dateien und die bearbeiteten Illustrator-Dokumente.

Anschließend rufen Sie STAPELVERARBEITUNG… aus dem Menü der Aktionen-Palette auf – diesen Befehl können Sie ohne ein geöffnetes Illustrator-Dokument ausführen.

Wählen Sie den neu erstellten Satz und die darin abgelegte Aktion aus. Als Quelle bestimmen Sie den Ordner Aktion auf der DVD – alternativ kopieren Sie diesen vorher auf Ihre Festplatte.

Die Aktion enthält keinen Öffnen-Befehl, daher bleibt die Option ÖFFNEN ÜBERSCHREIBEN deaktiviert.

Als Ziel wählen Sie den eben erstellten Ordner für die Illustrator-Dokumente. Für den Export wählen Sie den anderen Ordner, aktivieren Sie die Option EXPORTIEREN ÜBERSCHREIBEN.

Fehler sollten Sie in eine Datei schreiben lassen, da es anderenfalls nicht möglich ist, die Aktion unbeaufsichtigt ablaufen zu lassen. ◼

Skripte

Skripte bieten Ihnen wie Aktionen eine Möglichkeit, wiederkehrende Aufgaben zu automatisieren. Skripte stellen Ihnen jedoch erweiterte Funktionen zur Verfügung, denn anders als bei Aktionen sind Sie nicht nur auf die Optionen angewiesen, die Ihnen die Benutzeroberfläche mit ihren Werkzeugen, Menüs und Dialogboxen bietet.

Skripte können Informationen und Zustände direkt aus dem Programm und dem Dokument abfragen und damit anhand von Bedingungen Befehle auf eine bestimmte Art ausführen. Einige – häufig sogar frei verfügbare Skripte – haben daher einen großen Funktionsumfang.

Da Skripte nicht über den Umweg der Benutzeroberfläche abgespielt werden, sind sie schneller auszuführen als Aktionen –

▲ **Abbildung 21.30**
Die fertiggestellte Aktion

Hinweis

Nach erfolgter Stapelverarbeitung meldet Illustrator einen Fehler, da eines der umgewandelten Objekte nicht zweifach gruppiert ist.

▲ **Abbildung 21.31**
Datei-Icons AppleScript, JavaScript

und mit Hilfe von Skripten sind Sie in der Lage, die Funktionalität anderer Programme in die Abläufe einzubinden, z. B. Inhalte aus Datenbanken abzufragen und in Textobjekte einzusetzen.

Um Skripte in den Sprachen AppleScript, VisualBasic und JavaScript zu schreiben, müssen Sie kein Informatiker sein – etwas Einarbeitung ist natürlich trotz allem nötig.

Skripte laden, installieren, anwenden | Einige Beispielskripte – getrennt nach den Scriptsprachen JavaScript und AppleScript bzw. VisualBasic – finden Sie im Programmordner im Verzeichnis Scripting.

Legen Sie die Skriptdateien in den Ordner Illustrator CS3\Vorgaben\Skripte. In diesem Ordner gespeicherte Skripte rufen Sie aus dem Untermenü von DATEI • SKRIPTEN auf.

In welchem Zusammenhang und unter welchen Bedingungen das jeweilige Skript aufgerufen werden kann, sollten Sie der Dokumentation entnehmen.

Skripte erstellen | Auf der Illustrator-Installations-DVD bzw. im Paket der Creative Suite auf der DVD »Inhalte« im Ordner Dokumentation\Skripterstellung\ finden Sie umfangreiche Dokumentationen für die zu Ihrem Betriebssystem passenden Skriptsprachen.

21.3 Variablen

▲ Abbildung 21.32
Variablen-Palette: ❶ Aus den eingerichteten Variablen einen Datensatz erstellen, ❷ Datensatz aus der geladenen Tabelle auswählen, ❸ durch Datensätze scrollen, ❹ Variablen-Typ, ❺ Inhalt

Textinhalte, Diagrammdaten, Bildverknüpfungen sowie die Eigenschaft »Sichtbarkeit« lassen sich mit Datentabellen verknüpfen und von diesen steuern. Eine entsprechende Datenbank vorausgesetzt, können so auch die Inhalte an anderer Stelle Ihres Unternehmens erfasst bzw. aus vorhandenen Datenbanken generiert werden. Beispielsweise lassen sich die Druckvorlagen für Visitenkarten aller Mitarbeiter mit Hilfe der Stapelverarbeitung automatisiert erstellen.

Illustrator verwendet den Standard XML als Basis für die Variablen-Bibliotheken. Dies hat zum einen den Vorteil, dass Sie eine Anbindung an viele Datenbanken realisieren können. Interessant für eine Anwendung im kleineren Umfang ist aber auch, dass sich die XML-Dokumente mit einem beliebigen einfachen Texteditor öffnen und bearbeiten lassen.

Variablen mit der Palette verwalten

Um die Variablen zu verwalten und z. B. nachträglich Veränderungen an den Variablen oder ihrer Zuweisung zu den Objekten vorzunehmen, verwenden Sie die Variablen-Palette. Die Palette rufen Sie auf unter FENSTER • VARIABLEN – im Dock besitzt die Palette das Symbol 🎯.

Variablen anlegen | Sie haben zwei Möglichkeiten, Variablen anzulegen: aus bestehenden Objekten oder ohne Objektbezug.

► Variablen aus bestehenden Objekten: Aktivieren Sie ein Objekt und wählen aus dem Menü der Variablen-Palette TEXT oder VERKNÜPFTE DATEI bzw. SICHTBARKEIT DYNAMISCH MACHEN.

► Variable ohne Objektbezug: Um eine Variable ohne Objektbezug anzulegen, wählen Sie den Eintrag NEUE VARIABLE aus dem Palettenmenü. Sie können in der Dialogbox VARIABLENOPTIONEN einen Typ angeben oder die Option (KEIN TYP) bestehen lassen. In diesem Fall wird der Typ der Variable durch das erste Objekt bestimmt, mit dem Sie die Variable verknüpfen.
In der Variablen-Liste wird eine unbestimmte Variable durch das Symbol ∅ gekennzeichnet.

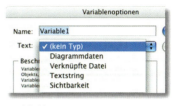

▲ Abbildung 21.33
Rufen Sie den Befehl NEUE VARIABLE aus dem Palettenmenü auf, erscheint die Dialogbox VARIABLENOPTIONEN

Variable verknüpfen | Um eine bestehende Variable mit einem Objekt zu verknüpfen, aktivieren Sie die Variable in der Liste der Palette sowie das Objekt auf der Zeichenfläche und wählen TEXT, VERKNÜPFTE DATEI 🎯 bzw. SICHTBARKEIT DYNAMISCH MACHEN 🎯 aus dem Palettenmenü oder klicken auf den entsprechenden Button.

◄ Abbildung 21.34
Eine »freie« Variable mit einem Objekt verknüpfen

Ein Objekt kann mit mehreren Variablen verknüpft sein. So können Sie zum Beispiel den Text eines Objekts durch eine Text-Variable und seine Sichtbarkeit durch eine Sichtbarkeits-Variable steuern.

Variablen-Typ ändern | Der Variablen-Typ wird in der Liste der Variablen durch Symbole gekennzeichnet. Möchten Sie den Typ im Nachhinein ändern, doppelklicken Sie auf den Eintrag der betreffenden Variable und wählen einen anderen Typ aus dem Aufklappmenü in der Dialogbox VARIABLENOPTIONEN. Ist ein Objekt mit der Variable verknüpft, wird diese Verbindung gekappt.

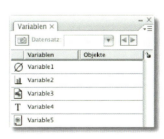

▲ Abbildung 21.35
Variablen-Typen (von oben): Kein Typ, Diagramm, Verknüpfte Datei, Textstring, Sichtbarkeit

▲ Abbildung 21.36
Die Variablen können Sie z. B. nutzen, um Druckdaten der Visitenkarten für eine Reihe von Mitarbeitern aus einer einzigen Datei zu generieren.

▲ Abbildung 21.37
Geänderter Datensatz

Verknüpftes Objekt finden | Besonders wenn Sie viele Objekte in Ihrer Datei haben, kann es passieren, dass Sie nicht mehr wissen, welches Objekt einer bestimmten Variable zugeordnet ist. In diesem Fall aktivieren Sie die Variable in der Liste und wählen den Befehl Gebundenes Objekt auswählen.

Schneller geht es, wenn Sie mit gedrückter ⌥/Alt-Taste auf den Eintrag in der Variablen-Palette klicken.

Alle verknüpften Objekte finden | Möchten Sie dagegen wissen, welche Objekte überhaupt dynamisch gesteuert werden, wählen Sie den Befehl Alle gebundenen Objekte auswählen aus dem Palettenmenü.

Variable löschen | Soll eine Variable gelöscht werden, aktivieren Sie ihren Eintrag in der Liste und klicken den Löschen Button 🗑 an oder wählen Variable löschen aus dem Palettenmenü. War die Variable an ein Objekt gebunden, ist das Objekt anschließend statisch.

Verknüpfung aufheben | Soll ein Objekt nicht mehr dynamisch sein, die Variable aber bestehen bleiben, wählen Sie entweder das Objekt auf der Zeichenfläche oder die Variable aus und rufen den Befehl Variablenbindung lösen auf.

Datensatz erfassen

Ein Datensatz ist eine Zusammenstellung aller definierten Variablen und der darin enthaltenen Daten, die den Status der dynamischen Objekte auf der Zeichenfläche zum Zeitpunkt der Erfassung repräsentieren.

Den Datensatz erfassen Sie mit dem gleichnamigen Befehl aus dem Palettenmenü oder durch Klick auf den Kamera-Button 📷.

Der Datensatz wird im Aufklappmenü der Variablen-Palette aufgeführt – die Bezeichnung erfolgt automatisch in der Form »Datensatz [Nummer]«.

Datensatz umbenennen | Möchten Sie dem angezeigten Datensatz einen anderen Namen geben, rufen Sie den Befehl Datensatz umbenennen auf.

Datensatz aktualisieren | Auch nach dem Erstellen des Datensatzes können Sie selbstverständlich auf der Zeichenfläche bzw. mit der Ebenen- oder der Verknüpfungen-Palette Änderungen an dynamischen Objekten durchführen. Wenn sich der Zustand dynamischer Objekte auf der Zeichenfläche von dem im Datensatz gespeicherten Status unterscheidet, wird der Name des Datensatzes in der Palette kursiv dargestellt.

Anschließend können Sie den DATENSATZ AKTUALISIEREN, um die Änderungen darin aufzunehmen. Alternativ erstellen Sie einen neuen Datensatz mit dem Befehl DATENSATZ ERFASSEN. Diese Methode der aufeinanderfolgenden »Momentaufnahmen« können Sie als Alternative zum Editieren der aus den Datensätzen generierten XML-Datei anwenden.

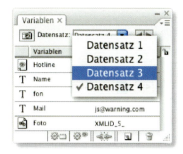

Datensatz anzeigen | Soll ein Datensatz auf der Zeichenfläche dargestellt werden, rufen Sie ihn aus dem Menü in der Variablen-Palette auf. Die Textinhalte werden in die Textvariablen eingefügt, die Sichtbarkeit der Elemente umgestellt und die passenden verknüpften Dokumente geladen.

Datensatz speichern | Sollen die Datensätze in einer externen Applikation, z. B. einer Datenbank, weiterbearbeitet werden, müssen Sie eine XML-Datei erstellen. Wählen Sie VARIABLEN-BIBLIOTHEK SPEICHERN… aus dem Palettenmenü.

Datensätze laden | Um auf der Festplatte gespeicherte XML-Dokumente in die Illustrator-Datei zu laden, wählen Sie VARIABLEN-BIBLIOTHEK LADEN…

Datensatz löschen | Soll ein kompletter Datensatz gelöscht werden, wählen Sie ihn im Datensatz-Aufklappmenü aus und rufen DATENSATZ LÖSCHEN aus dem Palettenmenü auf.

Variablen fixieren/lösen

Soll an den Variablen keine Änderung mehr möglich sein, lassen sie sich durch einen Klick auf das Schloss-Symbol 🔒 fixieren. Damit können Sie keine Variablen mehr hinzufügen oder löschen, auch das Bearbeiten des Variablen-Namens oder des Typs ist nicht möglich. Dies ist z. B. dann praktisch, wenn Ihre Kollegen bereits an der Datenbankstruktur zur Erstellung der Variablen-Inhalte arbeiten, während Sie noch parallel das Layout feinjustieren.

Von der Fixierung nicht beeinflusst wird aber die Möglichkeit, dynamische Objekte zu editieren, Datensätze zu bearbeiten sowie das Verknüpfen von Objekten mit Variablen.

Möchten Sie die Fixierung wieder lösen, klicken Sie erneut auf das Schloss-Symbol 🔒.

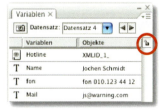

21.4   Erweitern

▲ **Abbildung 21.41**
Datei-Icons FILTER, PLUG-IN

Die Zahl der externen Plug-ins für Illustrator ist im Gegensatz zu Photoshop überschaubar. Nichtsdestotrotz gibt es neben etlichen praktischen Ergänzungen wie Separationsvorschau, Mehr-Seiten-Unterstützung oder Generierung von Mustern auch Lösungen für Spezialanwendungen, z. B. zusätzliche Funktionen aus dem CAD-Bereich.

Plug-ins installieren

Viele Filter werden mit einem Installer ausgeliefert. Zeigen Sie diesem den Programm- oder Plug-in-Ordner, erfolgt die Installation aller benötigten Module automatisch.

Bei einer manuellen Installation kopieren oder verschieben Sie die Plug-ins sowie notwendige Setup-Dateien in den Ordner Adobe Illustrator CS3\Zusatzmodule\Illustrator-Filter, seltener auch in den Ordner Adobe Illustrator CS3\Zusatzmodule\Erweiterungen. Photoshop-Filter installieren Sie in Adobe Illustrator CS3\Zusatzmodule\Photoshop-Filter.

Beachten Sie jeweils die Dokumentation des Herstellers.

PlugIns anwenden

Während Photoshop-Filter über die Menüs FILTER • PHOTOSHOP-FILTER bzw. EFFEKTE • PHOTOSHOP-FILTER aufgerufen werden, finden Sie Plug-ins an den unterschiedlichsten Orten. Einige generieren einen Menüeintrag unter FILTER oder anderen Menüs, z. B. OBJEKT. Einige Filter haben eigene Paletten zur Definition von Optionen – diese Paletten wählen Sie aus dem Menü FENSTER.

Andere Filter erweitern die Werkzeugpalette um etliche Einträge.

Plug-ins programmieren

Plug-ins werden in höheren Programmiersprachen für eine bestimmte Plattform als in sich abgeschlossener Code geschrieben, der von Illustrator aufgerufen wird.

Möchten Sie selbst Filter programmieren, um Illustrators Funktionalität zu erweitern, so benötigen Sie Adobes Software Development Kits (SDK), die Sie samt Dokumentation auf der Adobe Website unter www.adobe.com/devnet/illustrator/ herunterladen können.

22 Von FreeHand zu Illustrator

Sie haben sich also entschieden, den Wechsel von FreeHand auf Illustrator zu wagen. Als geübtem FreeHand-Benutzer sollte Ihnen der Umstieg nicht allzu schwer fallen, arbeiten doch beide Programme mit Bézier-Kurven, verwenden eine weitgehend ähnliche Terminologie sowie vergleichbare Werkzeuge und Funktionen. Dennoch gibt es kleine, aber entscheidende Unterschiede, die den gewohnten Arbeitsablauf anfangs etwas bremsen können. Gerade die ähnlichen Funktionen und Bezeichnungen verleiten dazu, gewohnte Arbeitsweisen direkt zu übertragen.

In den folgenden Abschnitten analysieren wir die konzeptionellen Unterschiede zwischen den Arbeitsweisen beider Programme, damit Sie die Funktionsweisen nachvollziehen können. Lassen Sie sich nicht entmutigen, wenn es am Anfang nicht so klappt wie gedacht und wenn Illustrator Ihnen viel zu umständlich vorkommt. Nutzen Sie gerade diese Momente, um herauszufinden, warum etwas nicht geht und wie Sie stattdessen vorgehen können.

22.1 Warum habe ich nur eine Seite?

Gleich beim Erstellen einer neuen Datei in Illustrator werden Sie mit zwei auffälligen Unterschieden zu FreeHand konfrontiert: der Beschränkung auf eine Seite und einen Farbmodus pro Datei.

Dokumentprofil und Dokumentfarbmodus

Ebenso wie die Dokumente von FreeHand basieren auch die von Illustrator auf allgemeinen Musterdateien – Dokumentprofile genannt. Diese können Farbfelder, Pinsel, Symbole und Grafikstile sowie Mustervorlagen für Diagramme enthalten.

Während Sie in einer FreeHand-Datei RGB- und CMYK-Farben nebeneinander anlegen und verwenden können, lässt Illustrator nur einen Farbmodus je Datei – RGB oder CMYK – zu. Beim Erstellen eines neuen Dokuments und beim Konvertieren Ihrer

Hinweis

Damit Sie die Screenshots der Programme in diesem Kapitel besser voneinander unterscheiden können, sind alle FreeHand-Abbildungen unter Windows angefertigt – Illustrator-Abbildungen kommen vom Mac.

Hinweis

Anstatt die allgemeinen Musterdateien anzupassen, können Sie auch in Illustrator Vorlagen für verschiedene Projekte speichern und neue Dateien auf diesen basierend anlegen.

Hinweis

Der Lineal-Nullpunkt ist in Illustrator z. B. für die Ausrichtung
von Musterfüllungen und das
Pixelraster maßgebend.

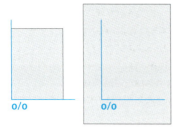

▲ **Abbildung 22.2**
Neupositionierung des Nullpunkts
nach dem Verändern der Dokumentgröße in Illustrator

▲ **Abbildung 22.3**
Mit [ctrl]+Klick bzw. Rechtsklick
auf das Lineal rufen Sie ein Menü
auf, in dem Sie die Einheit wählen
können.

FreeHand-Dateien müssen Sie sich entscheiden, in welchem
Dokumentfarbmodus Sie arbeiten möchten.

Lassen Sie sich nicht davon verwirren, dass Sie beim Anlegen
eines Farbfelds oder Definieren einer Farbe die Wahl haben, dies
in den unterschiedlichsten Farbmodellen durchzuführen – die
Farben werden sofort in den Dokumentfarbmodus konvertiert.

Den Dokumentfarbmodus können Sie selbstverständlich zu
einem späteren Zeitpunkt wechseln. Dabei werden jedoch die
Farbdefinitionen entsprechend der eingestellten Farbprofile und
der Umwandlungsmethode konvertiert, wie es auch in der Bildbearbeitung bei einem Moduswechsel passiert.

Seiten und der Lineal-Nullpunkt

In Illustrator können Sie im Gegensatz zu FreeHand nur eine Seite
pro Dokument anlegen. Über diesen Umstand wird zwischen
Anwendern leidenschaftlich gestritten, ändern lässt er sich zur
Zeit nicht. Workarounds basieren entweder auf der Nutzung von
Ebenen, der Seitenaufteilung (siehe dazu Kapitel 19) oder in speziellen Fällen Variablen. Auch mit dem Anlegen mehrerer Schnittbereiche können Sie sich behelfen.

Der Lineal-Nullpunkt ist in beiden Programmen links unten im
jeweiligen Seitenformat. Einen wichtigen Unterschied könnten
Sie aber beim Ändern der Seitengröße eines Dokuments (mit
DATEI • DOKUMENT EINRICHTEN…) übersehen. Während Free-
Hand die linke untere Ecke der Seite als Ausgangspunkt für die
Größenänderung verwendet (und damit der Nullpunkt konstant
bleibt), führt Illustrator die Größenänderung aus der Mitte des
Formats durch. Damit verschiebt sich der Nullpunkt. Wenn Sie
mit numerischen Positionierungen arbeiten, setzen Sie also nach
der Änderung der Seitengröße den Nullpunkt zurück. Dies erfolgt
durch Doppelklick in den Lineal-Ursprung – so wie gewohnt.

Farbmanagement

Illustrator besitzt umfangreiche Farbmanagement-Optionen
unter BEARBEITEN • FARBEINSTELLUNGEN bzw. – wenn Sie die
Creative Suite einsetzen – einheitlich für alle zugehörigen Applikationen in Adobe Bridge.

Im Farbmanagement richten Sie wie in Photoshop die Arbeits-
farbräume für RGB und CMYK ein sowie die Richtlinien für die
Konvertierung zwischen Farbräumen. Bei jedem Öffnen und Platzieren von Dateien vergleicht Illustrator die verwendeten Profile
und führt je nach Einstellung ggf. Transformationen durch. Die
numerischen Farbdefinitionen können Sie jedoch bei Transformationen zwischen zwei verschiedenen CYMK-Farbräumen schützen.

Das Farbmanagement ist **aktiviert** und kann Einfluss auf Ihre Arbeit haben, daher sollten Sie unbedingt die für Ihren Bedarf relevanten Voreinstellungen vornehmen.

22.2 Arbeitsumgebung

Paletten gruppieren, verankern und andocken

Das Handling von Paletten wurde mit der Version CS3 in vielen Punkten geändert. Am augenfälligsten ist das Dock, das in vielen Anwendungen der Creative Suite eingeführt wurde.

Die Handhabung von Paletten gestaltet sich in Illustrator etwas intuitiver als in FreeHand. Illustrators Paletten ziehen Sie einfach aus einer Gruppe heraus und ggf. in eine neue Gruppe hinein, wenn Sie die Zuordnung ändern möchten. Darüber hinaus lassen sich einzelne Paletten ober- oder unterhalb anderer Paletten »andocken«, indem Sie den Reiter an den oberen oder unteren Rand der anderen Palette ziehen.

Hinweis

Mit einem Klick auf den Reiter ⌐≡ rechts oben in einer Palette öffnen Sie deren Palettenmenü. Diese Menüs enthalten bei etlichen Paletten wichtige Bearbeitungsfunktionen, so z. B. die Stapelverarbeitung in der Aktionen-Palette.

Viele Paletten zeigen nicht automatisch alle Einstellungen. Rufen Sie daher immer den Befehl OPTIONEN EINBLENDEN auf.

▲ **Abbildung 22.4**
Frei positionierbare (links) und gedockte Palette (rechts)

Hilfslinien

Anders als in FreeHand werden Hilfslinien in Illustrator jeweils der Ebene zugeordnet, auf der Sie arbeiten, während Sie die Hilfslinie erstellen. Hilfslinien sind auch nicht auf die Seitengröße begrenzt, sondern reichen über die gesamte Montagefläche. Es ist sogar möglich, eine Hilfslinie komplett außerhalb der Zeichenfläche (d. h. der Seite) anzulegen.

Wie in DTP-Programmen üblich, ziehen Sie Hilfslinien aus den Seitenlinealen – drücken Sie dabei ⟨⇧⟩, rastet die Hilfslinie an den Linealeinheiten ein. Sehr komfortabel ist die Vorgehensweise beim genauen Positionieren der Hilfslinien. Dafür wählen Sie diese per Mausklick aus und geben die gewünschten Koordinaten in der Transformieren- oder Steuerungspalette ein.

Aktivieren Sie ANSICHT • MAGNETISCHE HILFSLINIEN, funktionieren alle Objekte als Hilfslinien. Andere Objekte und Punkte können dann daran einrasten.

▲ **Abbildung 22.5**
Paletten gruppieren (oben) und verankern (unten)

▲ **Abbildung 22.6**
Magnetische Hilfslinien sind sehr »gesprächig«.

Die Werte sind ungenau

Aus FreeHand sind Sie eine Genauigkeit von vier Stellen hinter dem Komma gewöhnt. Anfangs sind Sie eventuell verunsichert, wenn Sie einen genauen Wert eingeben, diesen aber anschließend nicht im Eingabefeld wiederfinden. Für die Anzeige der Werte rundet Illustrator auf drei Stellen, führt aber eine eingegebene Positionierung oder Größenangabe dennoch genauer aus.

Wo kommen all die Ebenen her?

In Illustrator lassen sich wie in FreeHand Ebenen zur Organisation Ihrer Objekte einsetzen. Illustrator kennt aber keine Aufteilung in Vorder- und Hintergrundebenen und hat keine spezifische Hilfslinienebene. Außerdem bietet es umfangreiche Verschachtelungsmöglichkeiten mit Hilfe von Unterebenen.

Die Ebenen-Palette listet nicht nur die Ebenen auf, sondern hier haben Sie Zugriff auf alle in Ihrer Datei enthaltenen Objekte und können diese auswählen, ihre Zuordnung zu den Ebenen neu organisieren und ihre besonderen Aussehen-Eigenschaften verschieben oder kopieren. Die Reihenfolge in der Palette entspricht der Stapelreihenfolge der Elemente und der Hierarchie, die sich z. B. durch Gruppierungen ergibt.

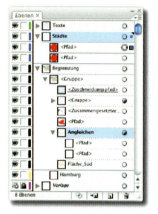

▲ **Abbildung 22.7**
In der Ebenen-Palette werden alle Objekte des Dokuments angezeigt. Der automatisch vergebene Name kennzeichnet die Objekt-Art, Einträge können jedoch umbenannt werden.

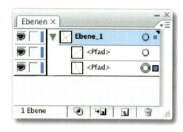 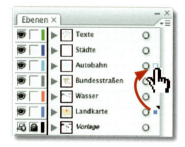

▲ **Abbildung 22.8**
Aktiviertes Objekt (links), Verschieben von aktivierten Objekten auf eine andere Ebene (rechts)

Die Ebenen-Palette ist in Illustrator nicht nur ein Hilfsmittel zur besseren Organisation der Objekte, sondern ein wichtiges Werkzeug für die Analyse einer Datei.

▶ **Hintergrundebene**: Möchten Sie erreichen, dass sich eine Ebene wie die Hintergrundebene in FreeHand verhält, z. B. um Objekte nachzuzeichnen, wandeln Sie diese Ebene in der Dialogbox EBENENOPTIONEN in eine Vorlagenebene um oder blenden Sie auf der Ebene platzierte Bilder ab.

▶ **Pfadansicht**: Um den Bildschirmaufbau zu beschleunigen oder die Übersicht zu verbessern, können Sie den Darstellungsmodus PFADANSICHT für einzelne Ebenen wählen.

▲ **Abbildung 22.9**
Auf Vorlagenebenen platzierte Pixelbilder werden abgeblendet.

- **Hilfslinien**: Hilfslinien lassen sich auf jeder beliebigen Ebene anlegen und im Nachhinein auf jede andere Ebene verschieben.

Arbeit sparen durch Automatisierung

In Illustrator können Sie wie in Photoshop Aktionen erstellen. Darüberhinaus ist Illustrator skriptfähig. Unter Windows mit VBScript, am Mac mit AppleScript und für beide Plattformen mit JavaScript. Auf der Installations-CD finden Sie umfangreiche Dokumentationen für alle Skriptsprachen.

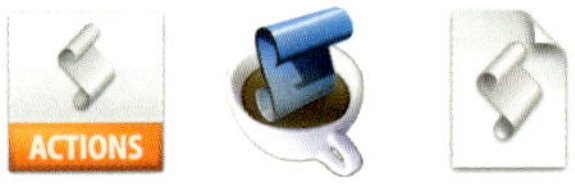

▲ **Abbildung 22.10**
Datei-Icons: Aktion, JavaScript, AppleScript

Kooperation mit anderen Applikationen

Das Übertragen von Vektorelementen in andere Applikationen über die Zwischenablage ist innerhalb der Creative Suite problemlos möglich. Sie müssen lediglich darauf achten, in den Voreinstellungen von Illustrator unter DATEIEN VERARBEITEN UND ZWISCHENABLAGE das für den jeweiligen Zweck passende Format PDF oder AICB (Adobe Illustrator Clipboard) zu aktivieren (achten Sie dazu auf die entsprechenden Hinweise in diesem Handbuch).

In Photoshop können Sie Vektorobjekte entweder als Pfad, als Form-Ebene oder (ab CS2) als Smart Object verarbeiten.

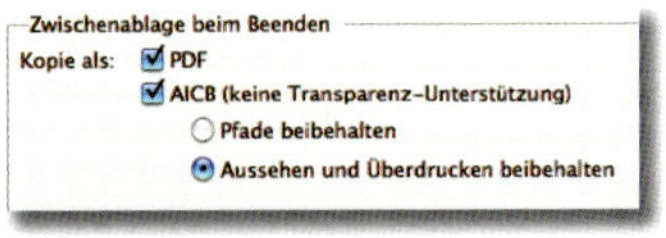

▲ **Abbildung 22.11**
Optionen für das Speichern der Zwischenablage

22.3 Auswählen

Werkzeuge

Der Umgang mit Illustrators Auswahl-Werkzeugen wird Ihnen wahrscheinlich gewöhnungsbedürftig vorkommen – warum so kompliziert? In FreeHand kommen Sie mit einem Auswahl-Werkzeug überall hin, in Illustrator haben Sie am Anfang wahrscheinlich das Gefühl, dass die drei vorhandenen nicht ausreichen. Das Geheimnis liegt in einer anderen Umsetzung des Auswahlprozesses.

In FreeHand führen Sie eine Auswahl »von außen nach innen« aus. Sie klicken erst das Objekt an, dann den gewünschten Punkt. Und wenn Sie aus dem aktivierten Punkt eine Grifflinie anlegen möchten, müssen Sie dann zusätzlich `Alt` drücken, um diese mit einem weiteren Klicken erzeugen zu können.

Illustrator geht den anderen Weg und setzt auf unterschiedliche Werkzeuge anstatt aufeinanderfolgende Mausklicks. Um einen Punkt auszuwählen, nehmen Sie das Direktauswahl-Werkzeug und klicken auf den Punkt – sehr hilfreich ist dabei die seit der Version CS3 eingeführte deutliche Punkt-Hervorhebung. Möchten Sie die Grifflinien aus einem Punkt ziehen, verwenden

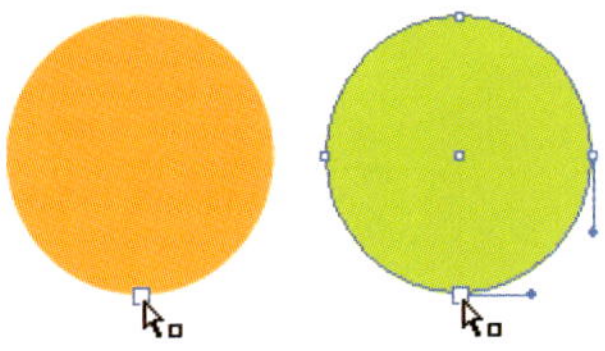

▲ **Abbildung 22.12**
Ankerpunkte werden hervorgehoben, wenn das Direktauswahl-Werkzeug darüber liegt – selbst dann, wenn die Objekte nicht aktiviert sind.

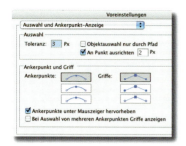

▲ **Abbildung 22.13**
Voreinstellungen für Auswahlen

▲ **Abbildung 22.14**
Der Cursor zeigt an, wenn Sie ein
Objekt aktivieren können. Vorein-
gestellt wird ein Objekt durch
Klick in seine Füllung ausgewählt.
Mit der Option OBJEKTAUSWAHL
NUR DURCH PFAD erfolgt die Akti-
vierung nur bei Klick auf den
Pfad. Diese Einstellung kann bei
komplexen Dokumenten sinnvoll
sein.

▲ **Abbildung 22.15**
Um Objekte zu teilen, aktivieren
Sie einen Punkt und schneiden
diesen mitsamt den angrenzenden
Pfadsegmenten aus.

Sie das Ankerpunkt-konvertieren-Werkzeug und klicken und ziehen die Griffe direkt aus dem Punkt.

Möchten Sie sozusagen den Rückweg antreten, also eine Auswahl vom Teil zum übergeordneten Ganzen ausführen, dann verwenden Sie dafür das Gruppenauswahl-Werkzeug ▸⁺. Klicken Sie
mit diesem Werkzeug mehrfach hintereinander auf ein Objekt,
wird jeweils die nächste Hierarchiestufe ausgewählt: vom Ankerpunkt zum Objekt zur übergeordneten Gruppe und so weiter.

Mit dem Auswahl-Werkzeug ▸ können Sie nur »das Ganze«
auswählen wie einen Pfad oder eine Gruppe.

An diesen Beispielen sehen Sie, dass Auswahlen in Illustrator
gar nicht komplizierter sind. Sie benötigen sogar weniger Mausklicks, der Unterschied besteht nur in der Arbeitsweise. Alles, was
Sie jetzt noch benötigen, ist ein Workflow, durch den Sie zwischen den Werkzeugen einfach und ohne Umweg über die Werkzeugpalette umschalten können.

Auswahl-Werkzeuge mit Tastatur-Shortcuts wechseln | In
Illustrator wechseln Sie von jedem Auswahl-Werkzeug mit
⌘/Strg zum vorher benutzen Auswahl-Werkzeug.

Ist das ▸ Direktauswahl- oder das ▸⁺ Gruppenauswahl-Werkzeug aktiv, drücken Sie Alt, um das jeweils andere Auswahl-
Werkzeug zu erhalten. Ist das ▸ Auswahl-Werkzeug aktiv, drücken Sie zu diesem Zweck ⌘/Strg + Alt.

Ausgewählte Punkte

Wenn Sie einen Ankerpunkt auswählen, sind immer die beiden
angrenzenden Pfadsegmente mitselektiert. Wenn Sie den Punkt
löschen möchten, verwenden Sie daher nicht die Löschtaste,
sondern entweder das Ankerpunkt-löschen-Werkzeug 🖉 oder
den Button AUSGEWÄHLTE ANKERPUNKTE ENTFERNEN 🖋 in der
Steuerungspalette.

Auswahlrechteck

Ziehen Sie in Illustrator ein Auswahlrechteck mit einem Auswahl-
Werkzeug auf, ist es nicht nötig, das Objekt wie in FreeHand
komplett zu umschließen, um es zu aktivieren. Alle Objekte, die
auch nur teilweise unter der Fläche des Auswahlrechtecks liegen,
werden aktiviert.

Dieses Verhalten kann jedoch manchmal ungünstig sein. Denken Sie dann an die Möglichkeit, Objekte zu fixieren, oder probieren Sie die Auswahl mit Hilfe der Ebenen-Palette oder dem
Lasso-Werkzeug.

Darunterliegende auswählen und das Kontextmenü

Die schnellste Möglichkeit, Objekte auszuwählen, die unter dem aktivierten Objekt liegen, haben Sie mit dem Kontextmenü. Das rufen Sie (unter Windows) mit der rechten Maustaste oder (am Mac) mit [Ctrl]-Klick auf – dabei muss das Auswahl-Werkzeug aktiv sein. Wählen Sie den Befehl Auswahl • Nächstes Objekt darunter aus dem Kontextmenü aus.

▲ **Abbildung 22.16**
Kontextmenü-Liebhaber kommen in Illustrator auf ihre Kosten.

Nach Objekteigenschaften suchen

In Illustrator bezieht sich Suchen und Ersetzen nur auf Text. Für die Auswahl von Objekten auf der Basis ihrer Eigenschaften steht Ihnen das Zauberstab-Werkzeug zur Verfügung. Die zu suchenden Eigenschaften sowie die Auswahl-Toleranz bestimmen Sie in der Zauberstab-Palette. Ähnliche Möglichkeiten bietet das Menü Auswahl • Gleich.

Bildschirmdarstellung der Auswahl

Anders als in FreeHand erfolgt die Anzeige eines ausgewählten Objekts durch die Hervorhebung aller zugehörigen Vektorpfade und deren Punkte. Diese Darstellung sehen Sie auch bei gruppierten Objekten. Zusätzlich zeigt Illustrator normalerweise den Begrenzungsrahmen, der die Außenform umschließt.

Die Darstellung ausgewählter Punkte erfolgt genau umgekehrt zur gewohnten FreeHand-Umgebung: In Illustrator sind die nicht aktivierten Punkte »hohl«, der oder die ausgewählten Punkte ausgefüllt. Haben Sie einen Ankerpunkt innerhalb einer umfangreichen Gruppe mit dem Direktauswahl-Werkzeug aktiviert, erkennen Sie an der Darstellung auf der Zeichenfläche nicht, ob das Objekt, zu dem der Punkt gehört, Teil einer größeren Gruppe ist – dies erkennen Sie nur in der Ebenen-Palette.

Auswahl-Hervorhebungen lassen sich – auch versehentlich – im Menü Ansicht deaktivieren. Falls Sie die Anzeige eines aktivierten Objekts vermissen, wählen Sie Ecken einblenden bzw. Begrenzungsrahmen einblenden im Menü Ansicht.

▲ **Abbildung 22.17**
Ist eine Gruppe ausgewählt, werden alle Pfade hervorgehoben.

Isolierte Gruppe

Die Auswahl und Bearbeitung einzelner Objekte in komplexen Objekthierarchien kann schwierig sein. Mit der Funktion Isolierte Gruppe haben Sie die Möglichkeit, einzelne Teile einer Gruppe direkt auf der Zeichenfläche so zu bearbeiten, als wären sie nicht gruppiert. Den Isolationsmodus erreichen Sie durch einen Doppelklick mit dem Auswahl-Werkzeug auf das zu bearbeitende Objekt oder mit dem Button Ausgewählte Gruppe isolieren in der Steuerungspalette. In tief verschachtelte Objekte

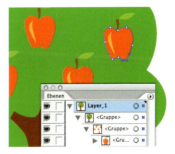

▲ **Abbildung 22.18**
Ist nur ein Pfad ausgewählt, wird die Gruppe auf der Zeichenfläche nicht mit hervorgehoben.

▲ **Abbildung 22.19**
Eine Gruppe im Isolationsmodus

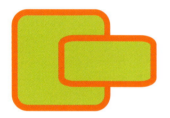

▲ **Abbildung 22.20**
Skalieren eines abgerundeten
Rechtecks

▲ **Abbildung 22.21**
Effekt ECKEN ABRUNDEN

dringen Sie mit weiteren Doppelklicks oder mit dem Befehl ISO-
LATIONSMODUS AUFRUFEN aus der Ebenen-Palette vor.

Neben Gruppen können Sie auch interaktive Malgruppen,
Schnittsätze, zusammengesetzte Formen, Symbole und Angleichungen im Isolationsmodus bearbeiten.

Den Isolationsmodus beenden Sie mit einem Doppelklick
außerhalb des isolierten Objekts.

22.4 Konstruieren und Zeichnen

In dieser Version haben die Entwickler Illustrator ein paar Funktionen aus FreeHand spendiert, die speziell die Pfadbearbeitung
betreffen. Sie finden diese als Buttons in der Steuerungspalette.
Dies ändert jedoch nichts daran, dass sich Illustrator vor allem
beim Zeichnen von Pfaden ganz anders »anfühlt« als FreeHand.

Form-Werkzeuge

Formen können Sie in Illustrator durch Eingabe in eine Dialogbox
definieren (klicken Sie mit dem Form-Werkzeug auf die Zeichenfläche, um die Dialogbox zu öffnen) oder intuitiv »aufziehen«.
Beim »Aufziehen« einer Form können Sie Optionen durch Tastatur-Shortcuts steuern, eine Übersicht finden Sie in Kapitel 5.

Der bedeutendste Unterschied zwischen FreeHand- und Illustrator-Formen ist, dass eine in Illustrator erzeugte Form sofort
nach dem Erstellen ein ganz normaler Vektorpfad ist. Sie können
einzelne Punkte direkt mit den Zeichenstift-Werkzeugen bearbeiten. Dadurch haben die Formen gegenüber den vergleichbaren
Objekten in FreeHand weniger Flexibilität – ihre spezifischen
Eigenschaften (wie etwa der Abstand zwischen Außen- und
Innenradius eines Sterns) lassen sich nachträglich nicht mehr einfach verändern.

Für das abgerundete Rechteck ergibt sich durch dieses Verhalten ein Schönheitsfehler, sobald Sie es transformieren: Der Eckenradius wird verändert. Erzeugen Sie die abgerundeten Ecken statt
mit dem spezifischen Werkzeug durch EFFEKT • STILISIERUNGSFIL-
TER • ECKEN ABRUNDEN, verhält sich diese Form wie ein abgerundetes Rechteck in FreeHand. Dazu muss die Voreinstellung KON-
TUREN UND EFFEKTE SKALIEREN deaktiviert sein.

Pfade zeichnen

Illustrator kennt nur zwei Arten von Punkten: Eckpunkte und
Kurvenpunkte, »Übergangspunkte« genannt. Wie in FreeHand
setzen Sie Eckpunkte mit einem einfachen Klick, Kurvenpunkte
durch Klicken und Ziehen.

Das Zeichnen und Bearbeiten von Pfaden und Ankerpunkten in Illustrator ist an einigen Stellen anders und weniger komfortabel als in FreeHand. Dies zeigt sich auch in der Vielzahl der Werkzeuge, die für die Arbeit zur Verfügung stehen. Während FreeHand mit dem Stiftwerkzeug und dem Teilauswahl-Werkzeug auskommt, benötigen Sie in Illustrator insgesamt fünf Werkzeuge zum Erzeugen und Bearbeiten von Pfaden. Um sich in der Werkzeugvielfalt besser zurechtzufinden, gewöhnen Sie sich an, besonders auf den Werkzeug-Cursor zu achten: Er zeigt Ihnen jeweils an, welche Operation Sie an einem Pfad ausführen.

Von Eck- in Kurvenpunkte (und zurück)

Möchten Sie Eck- in Kurvenpunkte umwandeln (und umgekehrt), verwenden Sie in Illustrator normalerweise das Ankerpunkt-konvertieren-Werkzeug : Klicken und ziehen Sie die Grifflinien aus einem Eckpunkt, um einen Kurvenpunkt zu erzeugen. Klicken Sie auf einen Punkt, um beide Griffe gemeinsam zurückzuschieben. Klicken und ziehen Sie einen Griff, um ihn »abzubrechen« und den zugehörigen Kurvenpunkt in einen Eckpunkt umzuwandeln.

Beim Umwandeln eines Eckpunkts erzeugen Sie immer zwei neue Grifflinien. Das ist dann ärgerlich, wenn die Position oder Länge einer bereits bestehenden Grifflinie erhalten bleiben soll. Aktivieren Sie die magnetischen Hilfslinien, dann lässt sich der Cursor an einem Griff einrasten. So können Sie z. B. dessen Position mit Hilfslinien markieren. Möchten Sie sich die Hilfslinien sparen, dann müssen Sie einen kleinen Umweg machen (siehe Abbildung 22.24)

Die Entwickler haben sich für die Version CS3 mehrere Funktionen aus FreeHand abgeschaut, so z. B. die Möglichkeit, einen Ankerpunkt mit Hilfe eines Buttons von einem Eck- in einen Kurvenpunkt (und umgekehrt) zu konvertieren. Auch für das Erzeugen bzw. Entfernen von Grifflinien wurden Buttons hinzugefügt. Alle diese Funktionen stehen in der Steuerungspalette zur Verfügung, sobald Sie mit mit dem Direktauswahl-Werkzeug ein Pfadsegment oder einen Ankerpunkt aktiviert haben.

▲ **Abbildung 22.23**
Diese beiden Buttons sehen zwar aus wie FreeHands Grifflinien-Buttons, kehren aber die Richtung zusammengesetzter Pfade um.

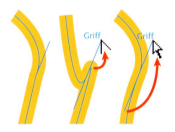

▲ **Abbildung 22.24**
Erzeugen des zusätzlichen Griffs mit Assistenz der magnetischen Hilfslinien

▲ **Abbildung 22.**
Funktionen zum Umwandeln und Löschen von Ankerpunkten

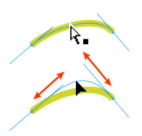

▲ **Abbildung 22.25**
Verformen eines Pfadsegments

▲ **Abbildung 22.26**
Illustrators Radiergummi hat eine kalligraphische Werkzeugspitze.

▲ **Abbildung 22.27**
Füllen von offenen Pfaden

Pfade verbinden und weiterführen

Ebenso wie die Auswahl-Werkzeuge benötigen auch die Zeichenwerkzeuge keine Extra-Klicks, um zu markieren, welcher Pfad bearbeitet werden soll. Klicken Sie mit dem Zeichenstift in die Einrast-Distanz eines Endpunkts, setzt Illustrator automatisch an diesem an, und Sie können den Pfad fortführen. Klicken Sie mit dem Ankerpunkt-hinzufügen-Werkzeug auf einen bestehenden Pfad, setzt Illustrator einen Punkt auf diesen Pfad. Wenn Sie beim Konstruieren eines Pfads in die Nähe eines bestehenden Endpunkts geraten, nimmt Illustrator an, dass Sie an diesen Pfad anschließen möchten.

Pfadsegmente interaktiv verformen

In Illustrator werden Pfadsegmente beim Anklicken mit dem Direktauswahl-Werkzeug aktiviert. Sie können ein Pfadsegment jedoch nur dann durch Ziehen mit dem Werkzeug verformen, wenn mindestens eine der benachbarten Grifflinien herausgezogen ist. Das Verformen ist außerdem nicht völlig frei, Sie ändern nur die Länge der Grifflinien – nicht deren Winkel zum Pfad.

Pfade zerschneiden

Das Werkzeug, dessen Symbol FreeHands Schneide-Werkzeug am ähnlichsten sieht, hat mit der Pfad-Bearbeitung nichts zu tun. Es handelt sich hier um das Slice-Werkzeug ⌀, das den Export von Web-Grafiken vorbereitet. Die Werkzeuge zum Auftrennen von Pfaden sind die Schere ✂, das Messer ⌀, das Radiergummi ⌀, der Button PFAD AUSSCHNEIDEN ⌀ in der Steuerungspalette oder die Funktion OBJEKT • PFAD • DARUNTERLIEGENDE OBJEKTE AUFTEILEN.

Pfade schließen

In FreeHand haben Sie sich daran gewöhnt, dass Sie voreingestellt nur geschlossene Pfade mit einer Füllung versehen können. In Illustrator dürfen Sie auch offene Pfade füllen – die Fläche wird geschlossen, indem Illustrator die kürzeste gerade Verbindung zwischen den beiden Endpunkten herstellt (siehe Abbildung 22.27). Eine Kontur wird jedoch nur entlang des tatsächlich vorhandenen Pfads erzeugt. Möchten Sie einen Illustrator-Pfad schließen, aktivieren Sie ihn mit dem Auswahl-Werkzeug und drücken ⌘/Strg+J.

Diesen Shortcut kennen Sie aus FreeHand für die Funktion VERBINDEN: Er ist eine Art Schweizer Messer, mit dem Pfade geschlossen, mehrere offene Pfade zu einem verbunden und nicht zuletzt zusammengesetzte Pfade erstellt werden. Diese

Funktionen finden Sie in Illustrator nicht nur an anderen Orten, sie wirken auch anders.

Zusammengesetzte Pfade

Während Sie in FreeHand entweder nur offene oder nur geschlossene Pfade zu einem zusammengesetzten Pfad kombinieren können, lassen sich offene und geschlossene Pfade in einem zusammengesetzten Pfad in Illustrator auch mischen. Sie müssen sich auch daran gewöhnen, dass Sie nicht mehr so einfach mehrere offene Pfade miteinander verbinden können wie in FreeHand.

Möchten Sie zwei offene Pfade miteinander verbinden, müssen Sie jeweils zwei Endpunkte aktivieren (und nur diese), um anschließend den Befehl OBJEKT • PFAD • ZUSAMMENFÜGEN anzuwenden. Um eine größere Menge von Pfaden auf einmal miteinander zu verbinden, können Sie den Pathfinder FLÄCHE AUFTEILEN oder INTERAKTIV MALEN verwenden (siehe Kapitel 10).

Pfadrichtung

Sowohl in FreeHand als auch in Illustrator ist die Pfadrichtung – das ist normalerweise die Richtung, in der eine Vektorkurve gezeichnet wurde – verantwortlich für das Verhalten von Pfadtext, Pinselkonturen, Pfeilspitzen und zusammengesetzten Pfaden.

In FreeHand ändern Sie beispielsweise den Verlauf eines Pfadtexts, indem Sie die Pfadrichtung mit dem entsprechenden Menübefehl umkehren.

Illustrator geht andere Wege: Die Richtung von Pinselkonturen und Pfadtexten lässt sich mit den Optionen in der Pinsel-Palette bzw. den Pfadtext-Optionen steuern. Die Richtung von Pfaden innerhalb zusammengesetzter Pfade steuern Sie mit den Optionen ⇄ in der Attribute-Palette. »Löcher« in zusammengesetzten Pfaden werden mit einer passenden Füllregel erzeugt.

Möchten Sie aufgrund gewohnter Arbeitsweisen trotzdem das Verhalten von Pfadtexten oder Pinselstrichen mit Hilfe der Pfadrichtung beeinflussen, verwenden Sie bei offenen Pfaden das Zeichenstift-Werkzeug: Klicken Sie mit diesem Werkzeug einfach auf den Endpunkt, in dessen Richtung der Pfad verlaufen soll.

Sprühdose und Symbole

Illustrator kombiniert die Eigenschaften von Sprühdose (Graphic Hose) und Symbolen zu sehr vielseitig einsetzbaren Vektorobjekten. Einerseits vereinfachen sie die Illustrationsarbeit, andererseits helfen sie dabei, Objekte zu verwalten und die Dateigröße gering zu halten.

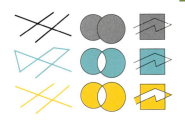

▲ **Abbildung 22.28**
Zusammengesetzte Pfade: Originalobjekte (grau), FreeHand (türkis), Illustrator (orange)

▲ **Abbildung 22.29**
Pinselkonturen und Texte werden in Pfadrichtung angebracht.

▲ **Abbildung 22.30**
Instanzen verschiedener Symbole in einem Symbolsatz kombiniert

Instanzen von Symbolen lassen sich nicht nur einzeln auf der Zeichenfläche platzieren, mehrere Symbole können Sie auch zu Symbolsätzen kombinieren. Zu diesem Zweck verwenden Sie die Sprühdose und die Symbol-Werkzeuge.

Um die Weitergabe Ihrer Datei an Flash-Entwickler vorzubereiten, können Sie bereits in Illustrator spezifische Symbol-Optionen definieren (siehe Kapitel 20).

Automatisch vektorisieren

Illustrators Autotrace-Funktion nennt sich INTERAKTIV ABPAUSEN. In dieser Funktion haben Sie eine Vielzahl von Einstellungsoptionen zur Verfügung, um die Vektorisierung zu steuern. Aktivieren Sie die Rastergrafik, die Sie nachzeichnen lassen wollen, und wählen Sie OBJEKT • INTERAKTIV ABPAUSEN • ABPAUSOPTIONEN aus dem Menü und stellen zunächst die Optionen ein.

Der Namensbestandteil »Interaktiv« deutet es bereits an: Solange Sie das Abpausobjekt nicht umwandeln lassen, können Sie es jederzeit aktivieren und die Optionen editieren.

▲ **Abbildung 22.32**
Oben: Rastergrafik; unten: Autotrace mit Nachbearbeitung (Textsatz)

22.5 Objekte bearbeiten

Objekte transformieren

Die Arbeit mit den Transformations-Werkzeugen erfolgt in Illustrator in zwei Schritten: In einem ersten Schritt bestimmen Sie durch einen Mausklick den Mittelpunkt der Transformation, z. B. den Punkt, um den eine Drehung erfolgt. Erst im zweiten Schritt transformieren Sie das Objekt durch Klicken und Ziehen. Je weiter entfernt vom Referenzpunkt Sie dabei klicken, desto feiner können Sie die Umformung vornehmen.

▲ **Abbildung 22.33**
Beim EINZELN TRANSFORMIEREN (rechts) wird jedes Objekt um seinen eigenen Mittelpunkt gedreht anstatt alle um ein gemeinsames Zentrum (Mitte).

Möchten Sie eine Transformation numerisch eingeben, wählen Sie das entsprechende Werkzeug, drücken [Alt] und klicken auf den gewünschten Mittelpunkt. Daraufhin öffnet sich die Dialogbox für die Eingabe der Werte – jedes Werkzeug hat seine eigene Dialogbox.

▲ **Abbildung 22.34**
In Illustrator hat jedes Transformieren-Werkzeug eine eigene Dialogbox.

Zusätzlich zu den Transformations-Werkzeugen bietet Illustrator Ihnen den Befehl Objekt • Transformieren • Einzeln transformieren, mit dem mehrere Objekte jeweils um ihren eigenen Referenzpunkt – die Mitte des Objekt-Begrenzungsrahmens – verformt werden, anstatt um einen gemeinsamen Bezugspunkt.

Die Option, gleichzeitig mit einer Transformation nicht nur eine, sondern eine beliebige Anzahl Kopien des transformierten Objekts herzustellen, besteht in Illustrator nur, wenn Sie die Transformation als Live-Effekt anwenden. Die entstehenden Kopien sind zunächst keine eigenständigen Objekte, sondern eine Objekteigenschaft des Ursprungselements. Verwenden Sie den Befehl Objekt • Umwandeln, um auf die Kopien als Objekte zugreifen zu können (siehe Kapitel 13).

Transformationsgriffe

Die Transformationsgriffe, die Sie in FreeHand mit einem Doppelklick auf das Objekt anzeigen, werden in Illustrator als »Begrenzungsrahmen« bezeichnet. Mit dessen Hilfe lassen sich die Transformationen Drehen und Skalieren anwenden. Die Anzeige des Begrenzungsrahmens aktivieren Sie im Menü Ansicht. Alternativ zum Begrenzungsrahmen verwenden Sie das Frei-transformieren-Werkzeug ![Werkzeug-Icon] – Shortcut E .

Einrasten, Positionierungshilfe

In Illustrator zeigt der Cursor immer an, wenn er sich über einem Ankerpunkt befindet. Das Einrasten an Punkten aktivieren Sie im Menü Ansicht.

Um FreeHands Einrasten am Objekt zu emulieren, aktivieren Sie die magnetischen Hilfslinien – Shortcut ⌘/Strg+U . Die Menge der Anzeigen und Positionierungshilfen der Funktion ist in den Voreinstellungen konfigurierbar.

Eingerastet wird die Position des Cursors, nicht die der Objektbegrenzung. Der Begrenzungsrahmen macht das Verschieben eines Objekts an einem seiner Eckpunkte oft unmöglich – verstecken Sie ihn in diesen Fällen unter Ansicht • Begrenzungsrahmen ausblenden.

Objekte klonen

Illustrator besitzt keinen spezifischen Klonen-Befehl. Sie können jedoch zu diesem Zweck ein Objekt kopieren und anschließend Davor bzw. Dahinter einfügen. Alternativ verwenden Sie den Befehl Objekt • Transformieren • Verschieben – Shortcut ↵ – mit einem Versatz von 0 und der Option Kopieren, oder Sie duplizieren das gewünschte Objekt mit Hilfe der Ebenen-Palette.

▲ **Abbildung 22.35**
Mit dem Transformieren-Effekt erstelltes grafisches Muster

▲ **Abbildung 22.36**
Transformationsgriffe und Begrenzungsrahmen

▲ **Abbildung 22.37**
»Fassen« Sie ein Objekt beim Verschieben an dem Punkt, der an der Hilfslinie einrasten soll.

▲ **Abbildung 22.38**
Klonen via Verschieben

▲ **Abbildung 22.39**
FreeHands Pfadoperation XTras
und die Pathfinder-Palette

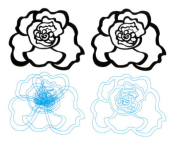

▲ **Abbildung 22.40**
VERDECKTE FLÄCHE ENTFERNEN

▲ **Abbildung 22.41**
Maskiertes Objekt im Isolationsmodus

▲ **Abbildung 22.42**
Mit Deckkraftmasken lassen sich
z. B. Spiegelungen erzeugen.

Objekte ausrichten und verteilen

Das Ausrichten von Objekten gestaltet sich in Illustrator etwas unkomplizierter als in FreeHand: Ein Klick auf den gewünschten Button in der Ausrichten-Palette löst sofort die Aktion aus. Lesen Sie in Kapitel 5, wie Sie die Ausrichten-Palette einsetzen, z. B. ein Bezugsobjekt definieren.

Pfade zusammenfassen und Pathfinder-Operationen

Ein wesentlicher Unterschied zwischen FreeHand und Illustrator besteht beim Zusammenfassen von Pfaden (Verbinden, Stanzloch, Schnittmenge etc.). Normalerweise erzeugen diese Operationen in Illustrator ZUSAMMENGESETZTE FORMEN, in denen im Gegensatz zu den vergleichbaren FreeHand-Funktionen die Originalpfade erhalten bleiben. Die kombinierte Form entsteht zunächst »virtuell«. Erst bei der gezielten UMWANDLUNG der zusammengesetzten Form werden die Originalpfade zerschnitten und neu zusammengefügt (siehe Kapitel 10).

Zusammengesetzte Formen erstellen Sie mit der oberen Button-Reihe der Pathfinder-Palette.

Einige weitere Operationen stehen Ihnen mit den »Pathfindern« zur Verfügung, diese wenden Operationen direkt auf Pfade an. Es handelt sich hier um sehr mächtige Funktionen, die z. B. einen Objektstapel auf der Basis der jeweiligen Füllfarben automatisch verflachen, das heißt, in nebeneinanderliegende Objekte umwandeln können (Pathfinder-Funktionen siehe Kapitel 10).

Und wo finde ich »Innen einfügen«?

Illustrator kennt keine innen eingefügten Objekte. Die entsprechende Funktion ist die Schnittmaske. Schnittmasken können nicht nur auf Objekte, sondern auch auf Ebenen angewendet werden (Schnittmasken siehe Kapitel 11).

Weiterführende Freistellmöglichkeiten bieten Deckkraftmasken, die wie Alpha-Kanäle bzw. die aus Photoshop bekannten Ebenenmasken funktionieren, und in Illustrator sowohl mit Pixeldaten als auch mit Vektorobjekten erstellt werden können (Transparenz siehe Kapitel 12). Deckkraftmasken sind vergleichbar mit FreeHands Verlaufsmasken-Effekt, aber wesentlich flexibler.

Konturen in Flächen umwandeln

Möchten Sie eine Kontur in eine Fläche umwandeln, wählen Sie OBJEKT • PFAD • KONTURLINIE. Anders als FreeHand bietet Ihnen Illustrator keine weiteren Optionen – es verwendet die in der Kontur-Palette eingestellte Linienstärke. So ist es auch möglich, mehrere Konturen unterschiedlicher Stärke »in einem Rutsch« in die jeweils passenden Flächen umzuwandeln.

Überlappungen entfernen | Beim Umwandeln von Konturen in Flächen entstehen häufig Überlappungen, die – um eine problemlose Weiterverarbeitung zu gewährleisten – beseitigt und dabei in einen zusammengesetzten Pfad umgewandelt werden müssen. In Illustrator steht Ihnen für diese Aufgabe die Funktion VERDECKTE FLÄCHE ENTFERNEN in der Pathfinder-Palette zur Verfügung.

▲ **Abbildung 22.43**
Überlappungen entfernen mit der Pathfinder-Funktion VERDECKTE FLÄCHE ENTFERNEN

Pfade aufräumen – Vereinfachen

Beim Vereinfachen von Pfaden – OBJEKT • PFAD • VEREINFACHEN – bietet Ihnen Illustrator neben der Stärke der Vereinfachung weitere Optionen, mit denen Sie sehr gezielt Einfluss nehmen können auf die Genauigkeit der Umwandlung und die Behandlung von Eckpunkten.

◄ **Abbildung 22.44**
Pfad vereinfachen in FreeHand (links) und Illustrator (rechts)

Umwandeln

Als UMWANDELN wird in Illustrator die AUSLÖSEN-Operation bezeichnet, bei der Live-Effekte in Objekte umgerechnet oder Aussehen-Eigenschaften auf separate Objekte verteilt werden. Je nachdem, welches Objekt umgewandelt werden soll, finden Sie den Befehl in der zugehörigen Palette oder im Menü.

22.6 Füllungen, Konturen, Eigenschaften

Objekt-Eigenschaften/Aussehen

Anders als in FreeHand mit seinem Objekt-Bedienfeld verwaltet Illustrator Objekt-Eigenschaften in mehreren Paletten. Eine zentrale Aufgabe hat dabei die Aussehen-Palette. In der Palette lässt sich jedoch nur die Hierarchie der Eigenschaften bearbeiten, d. h., Sie können Konturen und Füllungen zusätzlich anlegen oder löschen, die Stapelreihenfolge verändern oder die Attribute und Effekte anderen Elementen zuordnen.

Die kontextsensitive Steuerungspalette vereinigt inzwischen viele Funktionen, die vorher auf einzelne Spezial-Paletten verteilt waren, die Vielfalt kann trotzdem immer noch verwirren, wenn Sie vorher gewohnt waren, alles an einem Platz zu finden.

> **Hinweis**
>
> Aussehen-Eigenschaften können Sie nicht nur Objekten, sondern auch Gruppen und Ebenen zuweisen.

▲ Abbildung 22.45
Objekt-Bedienfeld und Aus-
sehen-, Zeichen-, Kontur-, Farb-
felder- sowie Transparenz-Palette.
Achten Sie auf die unterschiedliche Hierarchie von Effekten und
Konturen bzw. Flächen und Füllungen.

▲ Abbildung 22.46
Die Konturstärke können Sie
durch Neigung, Rundheit und/
oder Größe der kalligraphischen
Pinselspitze beeinflussen.

▲ Abbildung 22.47
Bildpinsel und Musterpinsel

Die Attribute selbst – Farben, Konturen, Pinsel, Transparenz –
editieren Sie in den entsprechenden Spezial-Paletten. Die Optionen der zugewiesenen Effekte öffnen Sie durch einen Doppelklick auf den Effekt-Eintrag in der Aussehen-Palette.

Zur einfacheren Anwendung einer Gruppe von Eigenschaften
auf weitere Objekte können Sie die Eigenschaften wie in Free-
Hand als Grafikstil speichern.

Effekte

Verformungs-Effekte sind in FreeHand jeweils Eltern-Element für
die zugeordneten Konturen und Füllungen. Dies ist in Illustrator
genau umgekehrt – hier sind Effekte Kind-Elemente der Konturen
oder Flächen (sofern sie nicht dem ganzen Objekt zugewiesen
sind). Das bedeutet: Wenn ein Effekt mehreren (aber nicht allen)
Flächen zugewiesen werden soll, müssen Sie diesen Effekt den
betroffenen Flächen einzeln zuweisen. Einfacher als in FreeHand
ist es dagegen, eine Kontur mit mehreren Effekten zu versehen.

Kalligraphische Pfade

Wenn Sie Pfade mit variabler Konturstärke durch freihändige Eingabe (z. B. mit einem Grafiktablett) erzeugen, verwenden Sie
dafür das Pinsel-Werkzeug 🖌 zusammen mit einem Kalligraphie-
Pinsel. Im Kalligraphiepinsel entsteht die Kontur-Variation nicht
nur durch Änderung des Durchmessers, sondern anhand dreier
Merkmale werden traditionelle Schreibwerkzeuge simuliert (siehe
Abbildung 22.46).

Die mit dem Stift auf dem Grafiktablett weitergegebenen
Eigenschaften wie Druck oder Stiftneigung werden in einem mit
dem Pinsel-Werkzeug gezeichneten Pfad gespeichert, so dass Sie
zu einem späteren Zeitpunkt auf Basis dieser Merkmale die Pin-
sel-Einstellung variieren können.

Pinsel

Wie in FreeHand können Sie auch in Illustrator Pfade mit grafisch gestalteten Konturen versehen. In Illustrator finden Sie diese Option in der Pinsel-Palette. Die vier verschiedenen Arten von Pinselkonturen können nicht nur mit dem Pinsel-Werkzeug verwendet werden, sondern lassen sich jedem Pfad zuweisen.

Die Optionen eines Pinsels richten sich nach seiner Art. Den Einstellungsdialog öffnen Sie mit einem Doppelklick auf das Pinsel-Symbol in der Palette.

Wie in FreeHand können Sie auch in Illustrator mit Pinselkonturen versehene Pfade in Outlines umwandeln.

▲ **Abbildung 22.48**
Umgewandelte Pinselkontur

Pfeilspitzen

Anders als in FreeHand sind Pfeilspitzen keine Linien-Eigenschaft, sondern müssen entweder mit dem gleichnamigen Filter erzeugt oder als Effekt auf einen Pfad angewendet werden – unter EFFEKT • STILISIERUNGSFILTER • PFEILSPITZEN. Dabei entspricht die Anwendung als Effekt eher dem aus FreeHand gewohnten Verhalten einer Linieneigenschaft, denn die per Effekt erzeugten Spitzen passen sich auch nach dem Verschieben einzelner Punkte dem neuen Linienverlauf automatisch an.

▲ **Abbildung 22.49**
Pfeilspitzen als Effekt

Farbe editieren

Ein bedeutender Unterschied zwischen den beiden Programmen ist die Handhabung von Objektfarben und Farbdefinitionen mit der Farbe-Palette bzw. dem Bedienfeld Mischer.

◀ **Abbildung 22.50**
Farbmischer (FreeHand) und Farbe-Palette (Illustrator) mit Auswahlfeld für Flächen- und Konturfarbe

In FreeHands Mischer können Sie bei aktiviertem Objekt die Farbregler verschieben. Die Farbe erscheint erst am Objekt, wenn Sie sie – z. B. über das Bedienfeld Objekt – zuweisen.

Illustrators Farbe-Palette ist sehr viel enger an Objektfarben gekoppelt. Dies erkennen Sie schon am Auswahlfeld für die Flächen- und Konturfarbe, in welchem jeweils die Farben des aktivierten Objekts angezeigt werden. Wenn Sie die Farbdefinition ändern, dann geschieht dies nicht nur in der Palette, sondern immer am aktivierten Objekt.

▲ **Abbildung 22.51**
Mit dem Pipette-Werkzeug übertragen Sie Eigenschaften von einem auf ein anderes Objekt.

Das Verhalten der Palette bedeutet auch, dass eine Farbdefinition, die Sie dort vorgenommen haben, nicht erhalten bleibt, wenn Sie ein anderes Objekt aktivieren, sondern durch die Farbe dieses Objekts ersetzt wird.

Farbfelder: global, lokal

In FreeHand sind alle angelegten Farbfelder »global«, das heißt, wenn Sie Änderungen an einer Farbfelddefinition vornehmen, werden alle Objekte aktualisiert, die dieses Farbfeld verwenden. Illustrator unterscheidet zwischen globalen und lokalen Farbfeldern. Lokale Farbfelder verlieren die Verbindung zum Objekt, nachdem Sie das Objekt mit der Farbe versehen haben, globale Farbfelder verhalten sich wie FreeHands Farbfelder. Sie erstellen ein globales Farbfeld, indem Sie die gleichnamige Option im Dialog NEUES FARBFELD ankreuzen.

Damit das Farbfeld wie beabsichtigt funktioniert, müssen Sie die Option GLOBAL gleich beim Definieren des Farbfelds setzen. Beim nachträglichen Umwandeln besteht die Verbindung zwischen Objektfarbe und Farbfeld nur für die Objekte, denen das Farbfeld seit der Umwandlung zugewiesen wurde.

Wenn Sie ein Volltonfarbfeld erzeugen, wird dieses immer als globales Farbfeld definiert. Globale Farbfelder erkennen Sie in der Farbfelder-Palette an dem »Eselsohr« ■ bzw. in der Listenansicht an dem Symbol ▨.

▲ **Abbildung 22.52**
Dialogbox FARBFELD-OPTIONEN mit Einstellung GLOBALES FARBFELD

Farbton

Von globalen Farbfeldern lassen sich Abstufungen (Farbtöne) erzeugen. Für die Einstellung von Farbtönen gibt es keine eigene Palette. Sie verwenden dafür ebenfalls die Farbe-Palette, die sich automatisch anpasst, sobald ein globales Farbfeld in der Farbfelder-Palette angeklickt oder ein Objekt mit einer globalen Farbe ausgewählt wurde. Auch Farbtöne können Sie als Farbfeld speichern.

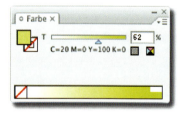

▲ **Abbildung 22.53**
Einstellen von Tonwerten

Kachelfüllungen

Um ein Objekt mit einer Kachelfüllung zu versehen – Illustrator bezeichnet diese Füllung als Muster –, müssen Sie zunächst den Rapport erstellen und ein Farbfeld daraus erzeugen. Dieses lässt sich anschließend Objekten sowohl als Füllung als auch als Kontur zuweisen. Als Musterfüllung können Sie Vektor- oder Bitmapobjekte verwenden.

Die Speicherung in der Farbfelder-Palette ermöglicht die Erstellung von Mustern unabhängig von Objekten sowie den Austausch von Mustern zwischen Dokumenten.

▲ **Abbildung 22.54**
Musterfüllungen

Verläufe

Im Gegensatz zu FreeHand kennt Illustrator nur zwei Arten von Verläufen: Lineare und kreisförmige Verläufe. Nur diese werden auch beim Konvertieren von FreeHand-Dateien korrekt interpretiert. Alle anderen Arten von Verläufen müssen Sie entweder mit Hilfe von Mischungen (bzw. Angleichungen, wie sie in Illustrator genannt werden) oder Verlaufsgittern erzeugen.

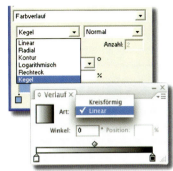

▲ **Abbildung 22.55**
Von FreeHands Vielfalt (oben und rechts) steht in Illustrator nur die lineare und die radiale Verlaufsform zur Verfügung.

22.7 Spezial-Objekte und -Effekte

Mischungen/Angleichungen

Eine Mischung – in Illustrator als »Angleichung« bezeichnet – aus zwei Objekten erstellen Sie wie in FreeHand entweder mit dem Angleichen-Werkzeug 🔲 oder mit dem Menübefehl OBJEKT • ANGLEICHUNG • ERSTELLEN. Die Optionen der Überblendung rufen Sie aus dem Menü auf (Angleichungen siehe Kapitel 10).

Wie in FreeHand ist es möglich, die Achse zu ersetzen. Das Ersetzen der Achse durch eine geschlossene Form führt in Illustrator häufig nicht zum gewünschten Ergebnis. Die einfachste Lösung ist, den Pfad an einer Stelle aufzutrennen.

▲ **Abbildung 22.56**
Optionen für eine Mischung – nicht alle Einstellungen haben Sie auch in Illustrator.

◄ **Abbildung 22.57**
Das Ersetzen der Achse durch einen geschlossenen Pfad (links und Mitte) kann zu unerwarteten Resultaten führen. Öffnen Sie den Pfad an einer Stelle durch einen Schnitt.

Verzerren

Verzerrungen erstellen Sie mit den Verflüssigen-Werkzeugen, die allerdings die Vektorpfade direkt verformen. Neben der Stärke lassen sich weitere Optionen einstellen. Illustrators Verflüssigen-Werkzeuge können Sie mit dem drucksensitiven Stift eines Grafiktabletts variabel steuern.

▲ **Abbildung 22.58**
Verflüssigen-Werkzeuge

Hüllenobjekte

Dem Verformen der Vektorpfade vorzuziehen, ist die Verwendung von (nichtdestruktiven) Verzerrungshüllen. Sie können diese als »Verkrümmung« auf Objekte anwenden. Wählen Sie entweder aus den verschiedenen vorgegebenen Hüllenformen

▲ **Abbildung 22.59**
Aufblasen-Werkzeug

▲ **Abbildung 22.60**
Live-Effekte

▲ **Abbildung 22.61**
Aussehen-Eigenschaften und Effekte ermöglichen Ihnen eine weitgehende Flexibilität in der Editierbarkeit der Objekte.

▲ **Abbildung 22.63**
FreeHands Drehung von Objekten entlang der Extrusionsachse und eigene Extrusionspfade finden Sie in Illustrator nicht.

unter OBJEKT • VERZERRUNGSHÜLLE oder EFFEKT • VERKRÜMMUNGSFILTER. Die Formen sind in Stärke und Ausrichtung variabel. Darüber hinaus können Sie auch aus eigenen Formen Verzerrungshüllen erzeugen.

Wenn Sie die Verzerrungshülle über das Objekt-Menü erzeugt haben, lässt sich die Hüllenform individuell nachbearbeiten.

Filter und Live-Effekte

Illustrator bietet eine Vielzahl an Filtern und Effekten, die sich auf Objekte anwenden lassen, um deren Aussehen zu verändern. Bei der Anwendung eines Filters werden die Pfade direkt verändert. Möchten Sie dagegen einem Pfad wie in FreeHands Objekt-Palette eine Eigenschaft »live« zuweisen (so dass sie sich auch wieder entfernen lässt), benutzen Sie dafür einen Effekt. Die zugeordneten Effekte verwalten Sie mit der Aussehen-Palette.

Als Effekte können Sie auch viele Operationen anwenden, die in der normalen Anwendung bereits »live« sind, wie Verzerrungshüllen oder die Formmodi der zusammengesetzten Formen. Der Sinn dieser Option ergibt sich u. a. aus der Zusammenfassung von Effekten und anderen Aussehen-Eigenschaften in Grafikstilen.

Zwischen unterschiedlichen Einstellungen von Effekten lassen sich mit der Angleichen-Funktion Zwischenstufen generieren.

3D

Mit den seit Illustrator CS bestehenden 3D-Effekten richten Sie Ihre Objekte im dreidimensionalen Raum aus. Es ist möglich, isometrische oder perspektivische Ansichten zu generieren und dabei unterschiedliche Kamerabrennweiten zu simulieren.

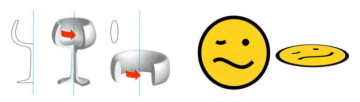

▲ **Abbildung 22.62**
Illustrators 3D-Effekte Extrudieren, Kreiseln und Drehen

Eine dreidimensionale Extrusion wenden Sie in Illustrator ebenso wie in FreeHand »live« an, d. h., die Attribute der Extrusion lassen sich zu einem späteren Zeitpunkt weiter editieren. Zusätzlich zu Extrusionskörpern können Sie Rotationskörper erstellen (Kreiseln) und Objekte im dreidimensionalen Raum drehen – letzteres entspricht FreeHands 3D-Rotations-Werkzeug.

Illustrators 3D-Objekte können Sie mit Oberflächen-Mapping versehen, um z. B. Packungsdesigns zu visualisieren.

▲ **Abbildung 22.64**
Ein 3D-Objekt kann mit Vektor- oder Raster-Objekten gemappt werden.

Möchten Sie Ihre Extrusionskörper mit eigenen Profilkanten (damit wurde die Keksdose realisiert) versehen, legen Sie diese vorher in der Datei Bevels.ai im Ordner Zusatzmodule an. Die Option, Objekte entlang einem Pfad zu extrudieren oder sie um den Extrusionspfad zu drehen, finden Sie in Illustrator nicht.

Prägung

Durch die Kombination von Effekten, Transparenzen und Füllungen können Sie sehr komplexe Aussehen-Eigenschaften für Ihre Objekte zusammenstellen. Die mitgelieferten Grafikstil-Bibliotheken – FENSTER • GRAFIKSTIL-BIBLIOTHEKEN – beweisen es. Mit den Stilen in diesen Bibliotheken können Sie FreeHands Prägeeffekten vergleichbare Formen bauen.

Als pixelbasierte Effekte stehen Ihnen darüber hinaus für diese und ähnliche Zwecke fast alle Photoshop-Filter zur Verfügung.

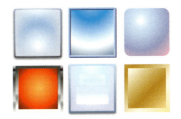

▲ **Abbildung 22.65**
Einige der Grafikstile von Illustrator

Transparenz

Die produktionssichere Verarbeitung von Transparenz ist einer der großen Trümpfe von Illustrator – dies nicht nur im RGB-, sondern auch im CMYK-Farbmodus sowie in Verbindung mit Sonderfarben. Es steht eine große Anzahl der z. B. aus Photoshop bekannten Füllmethoden zur Verfügung, mit denen Vektorobjekte versehen werden können. Die Zuweisung von Füllmethoden und Deckkrafteinstellungen nehmen Sie mit Hilfe der Transparenz-Palette für ein ganzes Objekt oder getrennt für dessen einzelne Konturen und Flächen vor.

Ebenfalls mit der Transparenz-Palette lassen sich die bereits erwähnten Deckkraftmasken – sie funktionieren wie Alpha-Kanäle in der Bildbearbeitung – für Objekte anlegen.

Schlagschatten, Schein und weiche Kanten sind Live-Effekte mit Transparenzwirkung, die mit den Objekten skalieren.

Zur Ausgabe von Dateien mit Transparenz ist es jedoch in der Regel nötig, die Transparenz zu »reduzieren« und damit auch zumindest teilweise zu rastern. Falls Sie Transparenz in Ihren Gra-

▲ **Abbildung 22.66**
Darstellung einer Deckkraftmaske in der Transparenz-Palette

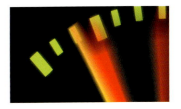

▲ **Abbildung 22.67**
Vektorobjekte mit Transparenz

fiken verwenden möchten, beschäftigen Sie sich ausgiebig mit den Zusammenhängen, erst dann können Sie alle Möglichkeiten voll ausschöpfen (siehe Kapitel 12).

22.8 Text

Textobjekte, Pfadtexte, Textfelder

Illustrator kennt drei Arten von Textobjekten: Punkttext, Pfadtext und Flächentext. Sie lassen sich nicht ineinander umformen.

▶ **Flächentexte** verhalten sich wie FreeHands Texte, deren Inhalt sich an die Größe des Rahmens anpasst. Die Größe des Flächentexts können Sie zu einem späteren Zeitpunkt durch Skalieren seines Begrenzungsrahmens verändern. Es ist nicht möglich, Flächentexte so einzustellen, dass sie sich an die Textlänge automatisch anpassen. Um einen Flächentext zu erzeugen, klicken Sie nicht einfach auf die Zeichenfläche, sondern erzeugen per Klicken und Ziehen einen Textrahmen, in den Sie anschließend den Text einfügen oder eingeben.

▶ Ein einfacher Klick mit dem Text-Werkzeug erzeugt einen **Punkttext**, der nur bedingt zum Setzen von Textpassagen geeignet ist, die länger als eine Zeile sind. Die Länge des Textobjekts passt sich jedoch immer der Anzahl der Zeichen an.

▶ Um einen **Pfadtext** zu erstellen, zeichnen Sie zunächst den Pfad und wandeln diesen durch einen Klick mit dem Pfadtext-Werkzeug in ein Pfadtext-Objekt um. Erst dann geben Sie den Text ein. Den sehr gefragten, ober- und unterhalb des Objekts laufenden Pfadtext können Sie nicht wie in FreeHand mit einer Zeilenschaltung erzeugen. Sie benötigen stattdessen 2 Pfade.

Flächentexte und Textpfade können Sie miteinander verketten, so dass ein längerer Text über mehrere Rahmen bzw. Pfade fließt.

Illustrator kann Texte sowohl in horizontaler Leserichtung als auch in vertikaler Richtung setzen. Die Textausrichtung lässt sich darüber hinaus jederzeit per Menübefehl wechseln. Beim vertikalen Satz werden die Spalten von rechts nach links angeordnet. Falls Sie Texte für den japanischen Sprachraum setzen, haben Sie die Möglichkeit, in den Voreinstellungen weitere Text-Optionen zu aktivieren.

Ein großer Pluspunkt von Illustrator ist neben seiner Fähigkeit, die Optionen von OpenType-Schriften zu nutzen, die verwendete Textsatz-Engine, mit deren Optionen sich Texte sehr gut ausgleichen lassen. Die Optionen für den Umbruch finden Sie im Palettenmenü der Absatz-Palette.

▲ **Abbildung 22.68**
Einen Flächentext erzeugen Sie wie in einem Layoutprogramm per Click & Drag.

▲ **Abbildung 22.69**
Für diese Konstruktion benötigen Sie in Illustrator zwei Kreishälften, an die jeweils ein Text gesetzt wird.

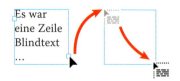

▲ **Abbildung 22.70**
Verkettung zweier Flächentexte

Regelmäßig verwendete Text- und Absatzformatierungen lassen sich wie in FreeHand als Formate in der Datei speichern und dadurch schnell aufrufen.

Sehr komplex kann sich die Anwendung von Füllungen, Effekten und anderen Aussehen-Eigenschaften gestalten, da Sie diese nicht nur einzelnen Zeichen, sondern den Objekten insgesamt zuweisen können (Text siehe Kapitel 14).

Flächentexte transformieren | Einen Flächentext können Sie in Illustrator an allen Anfassern seines Begrenzungsrahmens ziehen, um die Fläche zu skalieren. Die Schrift wird dabei nicht verzerrt. Möchten Sie die Schrift mit dem Rahmen skalieren, verzerren oder drehen, verwenden Sie die entsprechenden Werkzeuge bzw. das Frei-transformieren-Werkzeug.

22.9 Ausgabe

Softproof

Die Auswirkungen von Überdrucken-Einstellungen und Transparenz-Optionen sowie eine an den Lab-Werten orientierte Vorschau von Schmuckfarben simulieren Sie mit der Überdruckenvorschau, erreichbar unter ANSICHT • ÜBERDRUCKENVORSCHAU.

Ist Ihr System farbkalibriert und das Farbmanagement von Illustrator Ihrem Workflow entsprechend eingerichtet, können Sie durch das Aktivieren von ANSICHT • FARBPROOF zumindest einen ungefähren Eindruck vom (Druck-)Ergebnis erhalten.

Für Ausgabe sammeln

Diesen äußerst praktischen Befehl werden Sie in Illustrator vergeblich suchen. Stattdessen können Sie das mitgelieferte Skript oder (allerdings nur am Mac) das Plug-in Scoop verwenden.

Schriften können in Illustrator-Dokumente eingebettet werden, damit sie zur Verfügung stehen, wenn die Datei in einem Layoutprogramm platziert wird. Wird das Dokument in Illustrator geöffnet, muss die Schrift jedoch auf dem Computer installiert sein (siehe Kapitel 19).

PDF

Sie haben in Illustrator zwei Möglichkeiten, ein PDF zu erzeugen: über den Drucken-Dialog/Acrobat sowie durch Speichern. Beide Methoden haben ihre Berechtigung und führen mit geeigneten Optionen zu drucktauglichen Ergebnissen. Um Ihr PDF auf die jeweiligen Anforderungen zuzuschneiden, steht eine Vielzahl an Optionen zur Verfügung.

Buttontext

▲ **Abbildung 22.71**
Buttonform und -aussehen entstehen hier nur durch die zugewiesenen Aussehen-Eigenschaften.

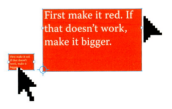

▲ **Abbildung 22.72**
Skalieren von Flächentexten mit dem Skalieren-Werkzeug

▲ **Abbildung 22.73**
Die Größen der nativen Dokumente unterscheiden sich erheblich.

Hinweis

Der Datei-Austausch über EPS ist nur noch in Ausnahmefällen anzuraten.

PSD speichern

Beim Speichern als Photoshop-Datei besteht neben der Option, Textebenen in Photoshop weiterzubearbeiten die Möglichkeit, Vektorformen nicht zu rastern, sondern als Pfade in der Datei zu erhalten.

Flash und SWF

Ihre Dateien können Sie entweder als AI in Flash importieren oder als SWF aus Illustrator exportieren. Die Option SWF wählen Sie vor allem, wenn Sie Animationen erstellen (siehe Kapitel 20).

22.10 FreeHand-Dateien migrieren

Um Ihre FreeHand-Dateien in Illustrator weiterzubearbeiten, sind keine Umwege über Austauschformate nötig. Illustrator unterstützt Dateiversionen von FreeHand 4 bix MX.

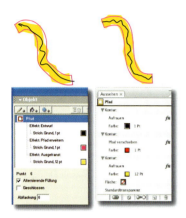

▲ **Abbildung 22.74**
Konstruktion eines vergleichbaren Objektstils in FreeHand und Illustrator

Vorbereitung in FreeHand

Da nicht alle Objekte voll editierbar übernommen werden, können Sie Vorkehrungen für eine einfachere Rekonstruktion dieser Objekte bereits in FreeHand treffen.

▶ Grafikstile, Formate: Möchten Sie in Illustrator weiterhin die Originalpfade mit editierbaren Effekten verformen, hilft nur, die Stile in FreeHand zu entfernen, und stattdessen nur unterschiedliche Konturfarben als Kennzeichnung zu verwenden. In Illustrator konstruieren Sie die Stile anschließend neu.

▶ Pinsel: Die meisten Optionen der Pinsel von FreeHand stehen Ihnen in Illustrator ebenfalls zur Verfügung. Um einen Pinsel in Illustrator nachzubauen, platzieren Sie eine Instanz seines Symbols aus der Bibliothek auf der Zeichenfläche. Den am Pfad angewendeten Pinsel sollten Sie entfernen, jedoch ein Duplikat des Objekts als Vorlage in der Datei belassen.

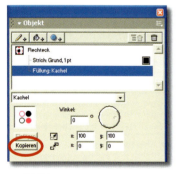

▲ **Abbildung 22.75**
Kopieren des Grundmusters einer Kachelfüllung

▶ Kachelfüllungen: Kopieren Sie den Rapport mit Hilfe des Objekt-Bedienfelds und fügen ihn auf der Zeichenfläche ein. In Illustrator erstellen Sie damit ein Musterfarbfeld.

▶ Umhüllungen: Diese bleiben nicht immer erhalten. Rufen Sie in FreeHand MODIFIZIEREN • UMHÜLLUNG • ALS PFAD KOPIEREN auf und fügen die Hülle auf der Seite ein. Das Objekt verwenden Sie, um in Illustrator eine Verzerrungshülle zu konstruieren.

▶ Mischungen: Ist die Editierbarkeit zu einem späteren Zeitpunkt wichtig, reduzieren Sie die Anzahl der Stufen in FreeHand auf eins und bauen das Objekt in Illustrator als Angleichung neu auf. Es stehen allerdings nicht alle gewohnten Optionen zur Verfügung.

Öffnen der Datei

Ihre Dateien öffnen Sie einfach über den Dialog ÖFFNEN.

In einem ersten Schritt entscheiden Sie, welche Seiten importiert werden sollen. Importieren Sie entweder nur eine bestimmte Seite oder das gesamte Dokument (nur mit dieser Option importiert Illustrator auch Elemente, die neben Seiten liegen) – für jede Seite wird dabei ein Schnittbereich angelegt.

Darüber hinaus ist es möglich, Texte in Outlines umzuwandeln – mit dieser Option erhalten Sie das Aussehen der Texte, d. h. vor allem die Kerning-Einstellungen.

Da Illustrator-Dokumente nur entweder im RGB- oder im CMYK-Modus vorliegen können, müssen Sie danach entscheiden, in welchem Sie arbeiten möchten.

Textfelder | In FreeHand eingestellte Schriftformatierungen bleiben erhalten. Auch die Einteilung von Textfeldern in Spalten sowie Einzüge und Absatzabstände übernimmt Illustrator. Nichtsdestoweniger müssen Sie an vielen Stellen nacheditieren.

Farbfelder | Seit der Version CS3 wird das FreeHand-Farbfeld Schwarz korrekt importiert.

Nicht korrekt konvertiert wird dagegen das Farbfeld PASS-FARBE. Haben Sie dieses in Ihrem Dokument verwendet, weisen Sie in Illustrator stattdessen das Farbfeld [PASSERMARKEN] zu.

Die Farbfelder-Palette verwenden Sie auch, um in Illustrator Ihre Kachelfüllungen neu anzulegen.

Pfeilspitzen | Pfeilspitzen legt Illustrator nicht als Kontur-Eigenschaft an, sondern wandelt sie beim Öffnen der Datei in Pfade um. Falls Sie den Verlauf der mit Pfeilspitzen versehenen Linien zu einem späteren Zeitpunkt verändern wollen, löschen Sie die Pfeilspitzen und weisen den Pfaden in Illustrator den Pfeilspitzen-Effekt zu (EFFEKT • STILISIERUNGSFILTER • PFEILSPITZEN).

Monitordarstellung | Wahrscheinlich sehen die Farben Ihrer Grafik in Illustrator anders aus als in FreeHand, vor allem, wenn Sie das eher umständliche Farbmanagement von FreeHand bisher nicht benutzt haben. Beschäftigen Sie sich daher mit den Farbeinstellungen in Illustrator, falls Sie bisher nicht mit Farbmanagement vertraut sind, und richten Sie das Farbmanagement ein.

▲ **Abbildung 22.76**
Importoptionen für FreeHand-Dokumente

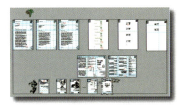

▲ **Abbildung 22.77**
Die Schnittbereiche sehen Sie, wenn Sie das Schnittbereich-Werkzeug auswählen und ⌘/Alt drücken.

Hinweis

Wenn Sie mit einer älteren Illustrator-Version arbeiten, ist es erforderlich, die Definition des importierten Farbfelds Schwarz zu überprüfen und gegebenenfalls zu korrigieren.

Hinweis

Eine FreeHand-Testdatei zum Ausprobieren der Importfunktion finden Sie auf der Buch-DVD: FH-Testdatei.fh11.

FreeHand	Illustrator
Pfad (alt: Zeichenweg)	Pfad
Punkt	Ankerpunkt
Eckpunkt	Eckpunkt
Kurvenpunkt	Übergangspunkt
Anschlusspunkt (alt: Verbindungspunkt)	kein Äquivalent
Griff (alt: Anfasser)	Grifflinie, Griff(punkt)
Füllung	Fläche
Strich	Kontur
Zusammengesetzte Pfade	Zusammengesetzte Pfade
Vereinigen, Trennen, Überschneidung, Öffnung (Stanzloch), Zuschneiden	Hinzufügen, Fläche aufteilen, Schnittmenge, Subtrahieren, Schnittmengenfläche
Alternierende Füllung	Füllregel Gerade-Ungerade
Kachel, Kachelfüllung	Muster, Musterfeld
Einfügepfad, Innen einfügen	Schnittmaske
Pfad zoomen	Pfad verschieben
Strich erweitern	Konturlinie
Winkelgrenze	Gehrungsgrenze
Umhüllung	Verzerrungshülle
Mischung (alt: Elemente vereinigen)	Angleichung
Grobansicht	Pfadansicht
Teilauswahlwerkzeug	Direktauswahl-Werkzeug
Stiftwerkzeug	Zeichenstift-Werkzeug
Bezigonwerkzeug	kein Äquivalent
Messer-Werkzeug	Schere-Werkzeug
Ausgabebereichswerkzeug	Schnittbereich
Skalierungs-, Rotations-, Reflexions-, Neigunswerkzeug	Skalieren-, Drehen-, Spiegeln-, Verbiegen-Werkzeug
Transformationsgriffe	Begrenzungsrahmen
Auslösen	Umwandeln
Bedienfelder	Paletten
Bedienfeld OBJEKT	Aussehen-Palette
Bedienfeld MISCHER	Farbe-Palette, Farbpalette
Einfügeablage	Montagefläche
Live-Vektoreffekte	Effekte
Extrudieren	3D-Effekt
Grafiksprühdose	Symbol-aufsprühen-Werkzeug
Standardvorlage	Dokumentprofil
Importieren	Platzieren

▲ Tabelle 22.1

Begriffe entsprechender Objekte, Werkzeuge und Befehle in FreeHand und Illustrator

23 Werkzeuge und Kurzbefehle

23.1 Die Werkzeugpalette

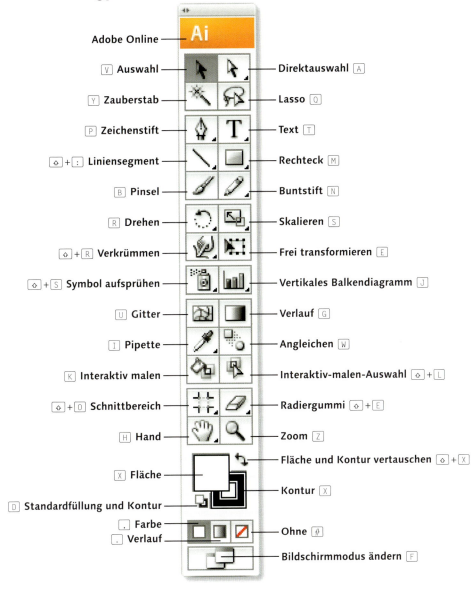

Adobe Online

V Auswahl — Direktauswahl A

Y Zauberstab — Lasso Q

P Zeichenstift — Text T

⇧+⟨⟩ Liniensegment — Rechteck M

B Pinsel — Buntstift N

R Drehen — Skalieren S

⇧+R Verkrümmen — Frei transformieren E

⇧+S Symbol aufsprühen — Vertikales Balkendiagramm J

U Gitter — Verlauf G

I Pipette — Angleichen W

K Interaktiv malen — Interaktiv-malen-Auswahl ⇧+L

⇧+O Schnittbereich — Radiergummi ⇧+E

H Hand — Zoom Z

Fläche und Kontur vertauschen ⇧+X

X Fläche

Kontur X

D Standardfüllung und Kontur

⟨⟩ Farbe — Ohne #

⟨⟩ Verlauf

Bildschirmmodus ändern F

23.2 Verborgene Werkzeuge

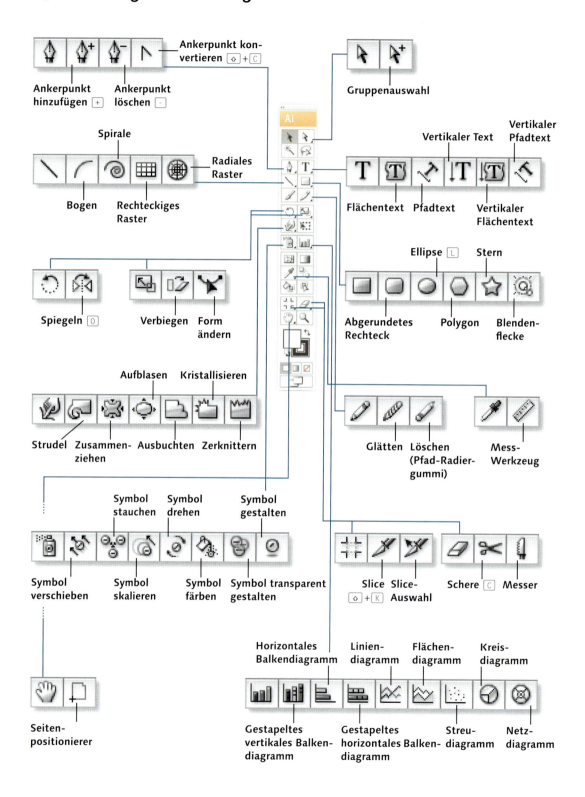

Ankerpunkt konvertieren ⬦+C

Ankerpunkt hinzufügen +
Ankerpunkt löschen -

Gruppenauswahl

Spirale

Radiales Raster

Vertikaler Text
Vertikaler Pfadtext

Bogen
Rechteckiges Raster

Flächentext   Pfadtext   Vertikaler Flächentext

Ellipse L   Stern

Spiegeln O

Verbiegen   Form ändern

Abgerundetes Rechteck   Polygon   Blendenflecke

Aufblasen   Kristallisieren

Strudel   Zusammenziehen   Ausbuchten   Zerknittern

Glätten   Löschen (Pfad-Radiergummi)   Mess-Werkzeug

Symbol stauchen   Symbol drehen   Symbol gestalten

Symbol verschieben   Symbol skalieren   Symbol färben   Symbol transparent gestalten

Slice   Slice-Auswahl ⬦+K

Schere C   Messer

Seitenpositionierer

Horizontales Balkendiagramm   Linien-diagramm   Flächen-diagramm   Kreis-diagramm

Gestapeltes vertikales Balkendiagramm   Gestapeltes horizontales Balkendiagramm   Streu-diagramm   Netz-diagramm

23.3 Tastatur-Kurzbefehle

Menübefehle

Datei	Mac-Shortcut	Windows-Shortcut
Neu…	⌘ + N	Strg + N
Neu mit gleichen Einstellungen (ohne Dialog)	⌘ + ⌥ + N	Strg + Alt + N
Neu aus Vorlage…	⌘ + ⇧ + N	Strg + ⇧ + N
Öffnen…	⌘ + O	Strg + O
Durchsuchen… (Adobe Bridge öffnen)	⌘ + ⌥ + O	Strg + Alt + O
Schließen	⌘ + W	Strg + W
Alle schließen	⌘ + ⌥ + W	Strg + Alt + W
Speichern	⌘ + S	Strg + S
Speichern unter…	⌘ + ⇧ + S	Strg + ⇧ + S
Kopie speichern unter…	⌘ + ⌥ + S	Strg + Alt + S
Für Web und Geräte speichern…	⌘ + ⌥ + ⇧ + S	Strg + Alt + ⇧ + S
Zurück zur letzten Version	F12	F12
Skripten		
Anderes Skript…	⌘ + F12	Strg + F12
Dokument einrichten…	⌘ + ⌥ + P	Strg + Alt + P
Dateiinformationen…	⌘ + ⌥ + ⇧ + I	Strg + Alt + ⇧ + I
Drucken…	⌘ + P	Strg + P
Beenden		Strg + Q

Bearbeiten	Mac-Shortcut	Windows-Shortcut
Rückgängig	⌘ + Z	Strg + Z
Wiederholen	⌘ + ⇧ + Z	Strg + ⇧ + Z
Ausschneiden	⌘ + X oder F2	Strg + X oder F2
Kopieren	⌘ + C oder F3	Strg + C oder F3
Einfügen	⌘ + V oder F4	Strg + V oder F4
Davor einfügen	⌘ + F	Strg + F
Dahinter einfügen	⌘ + B	Strg + B
Rechtschreibprüfung	⌘ + I	Strg + I
Farbeinstellungen…	⌘ + ⇧ + K	Strg + ⇧ + K
Tastaturbefehle…	⌘ + ⌥ + ⇧ + K	Strg + Alt + ⇧ + K
Voreinstellungen Allgemein		Strg + K

Objekt	Mac-Shortcut	Windows-Shortcut
Transformieren		
Erneut transformieren	⌘ + D	Strg + D
Verschieben…	⌘ + ⇧ + M	Strg + ⇧ + M
Einzeln transformieren…	⌘ + ⌥ + ⇧ + D	Strg + Alt + ⇧ + D
Anordnen		
In den Vordergrund	⌘ + ⇧ + 9	Strg + ⇧ + 9
Schrittweise nach vorne	⌘ + ⌥ + ⇧ + V	Strg + Alt + ⇧ + V
Schrittweise nach hinten	⌘ + ⌥ + ⇧ + R	Strg + Alt + ⇧ + R
In den Hintergrund	⌘ + ⇧ + 8	Strg + ⇧ + 8
Gruppieren	⌘ + G	Strg + G
Gruppierung aufheben	⌘ + ⇧ + G	Strg + ⇧ + G
Sperren-Auswahl	⌘ + 2	Strg + 2
Andere sperren	⌘ + ⌥ + ⇧ + 2	Strg + Alt + ⇧ + 2
Alle entsperren	⌘ + ⌥ + 2	Strg + Alt + 2
Ausblenden-Auswahl	⌘ + 3	Strg + Num 3
Andere ausblenden	⌘ + ⌥ + ⇧ + 4	Strg + Alt + ⇧ + 4
Alles einblenden	⌘ + ⌥ + 3	Strg + Alt + Num 3
Zusammenfügen	⌘ + J	Strg + J
Durchschnitt berechnen	⌘ + ⌥ + J	Strg + Alt + J
Durchschnitt berechnen und zusammenfügen	⌘ + ⌥ + ⇧ + J	Strg + Alt + ⇧ + J
Angleichen		
Erstellen	⌘ + ⌥ + B	Strg + Alt + B
Zurückwandeln	⌘ + ⌥ + ⇧ + B	Strg + Alt + ⇧ + B
Verzerrungshülle		
Mit Verkrümmung erstellen…	⌘ + ⌥ + ⇧ + W	Strg + Alt + ⇧ + W
Mit Gitter erstellen…	⌘ + ⌥ + M	Strg + Alt + M
Mit oberstem Objekt erstellen	⌘ + ⌥ + C	Strg + Alt + C
Inhalt bearbeiten	⌘ + ⇧ + V	Strg + ⇧ + V
Interaktiv malen		
Erstellen	⌘ + ⌥ + X	Strg + Alt + X
Schnittmaske		
Erstellen	⌘ + 7	Strg + 7
Zusammengesetzter Pfad		
Erstellen	⌘ + 8	Strg + 8
Zurückwandeln	⌘ + ⌥ + ⇧ + 9	Strg + Alt + ⇧ + 9

Schrift	Mac-Shortcut	Windows-Shortcut
In Pfade umwandeln	⌘ + ⇧ + O	Strg + ⇧ + O
Verborgene Zeichen einblenden	⌘ + ⌥ + I	Strg + Alt + I

Auswahl	Mac-Shortcut	Windows-Shortcut
Alles auswählen	⌘ + A	Strg + A
Auswahl aufheben	⌘ + ⇧ + A	Strg + ⇧ + A
Erneut auswählen	⌘ + 6	Strg + Num 6
Nächstes Objekt darüber	⌘ + ⌥ + 9	Strg + Alt + 9
Nächstes Objekt darunter	⌘ + ⌥ + 7	Strg + Alt + 7

Filter	Mac-Shortcut	Windows-Shortcut
Letzten Filter anwenden	⌘ + E	Strg + E
Letzter Filter	⌘ + ⌥ + E	Strg + Alt + E

Effekt	Mac-Shortcut	Windows-Shortcut
Letzten Effekt anwenden	⌘ + ⇧ + E	Strg + ⇧ + E
Letzter Effekt	⌘ + ⌥ + ⇧ + E	Strg + Alt + ⇧ + E

Ansicht	Mac-Shortcut	Windows-Shortcut
Vorschau	⌘ + Y	Strg + Y
Überdruckenvorschau	⌘ + ⌥ + ⇧ + Y	Strg + Alt + ⇧ + Y
Pixelvorschau	⌘ + ⌥ + Y	Strg + Alt + Y
Einzoomen	⌘ + ⇧ + =	Strg + ⇧ + =
Auszoomen	⌘ + -	Strg + -
In Fenster einpassen	⌘ + 0	Strg + 0
Originalgröße	⌘ + 1	Strg + 1
Ecken ausblenden/Begrenzung einblenden	⌘ + H	Strg + H
Vorlage ein-/ausblenden	⌘ + ⇧ + W	Strg + ⇧ + W
Lineale ein-/ausblenden	⌘ + R	Strg + R
Begrenzungsrahmen ein-/ausblenden	⌘ + ⇧ + B	Strg + ⇧ + B
Transparenzraster ein-/ausblenden	⌘ + ⇧ + D	Strg + ⇧ + D
Textverkettungen ein-/ausblenden	⌘ + ⇧ + Y	Strg + ⇧ + Y
Hilfslinien		
Hilfslinien ein-/ausblenden	⌘ + ;	Strg + ;
Hilfslinien sperren	⌘ + ⌥ + ;	Strg + Alt + ;
Hilfslinien erstellen	⌘ + 5	Strg + Num 5
Hilfslinien zurückwandeln	⌘ + ⌥ + 5	Strg + Alt + Num 5
Magnetische Hilfslinien	⌘ + U	Strg + U

Ansicht	Mac-Shortcut	Windows-Shortcut
Raster ein-/ausblenden	⌘ + <	Strg + +
Am Raster ausrichten	⌘ + ⇧ + <	Strg + ⇧ + +
An Punkt ausrichten	⌘ + ⌥ + <	Strg + Alt + +

Fenster	Mac-Shortcut	Windows-Shortcut
Attribute	⌘ + F11	Strg + F11
Ausrichten	⇧ + F7	⇧ + F7
Aussehen	⇧ + F6	⇧ + F6
Ebenen	F7	F7
Farbe	F6	F6
Farbhilfe	⇧ + F3	⇧ + F3
Grafikstile	⇧ + F5	⇧ + F5
Info	⌘ + F8	Strg + F8
Kontur	⌘ + F10	Strg + F10
Pathfinder	⌘ + ⇧ + F9	Strg + ⇧ + F9
Pinsel	F5	F5
Schrift		
Absatz	⌘ + ⌥ + T	Strg + Alt + T
OpenType	⌘ + ⌥ + ⇧ + T	Strg + Alt + ⇧ + T
Tabulatoren	⌘ + ⇧ + T	Strg + ⇧ + T
Zeichen	⌘ + T	Strg + T
Symbole	⌘ + ⇧ + F11	Strg + ⇧ + F11
Transformieren	⇧ + F8	⇧ + F8
Transparenz	⌘ + ⇧ + F10	Strg + ⇧ + F10
Verlauf	⌘ + F9	Strg + F9

Hilfe	Mac-Shortcut	Windows-Shortcut
Illustrator-Hilfe	F1	F1
Debugging-Palette	⌘ + ⌥ + ⇧ + F12	Strg + Alt + ⇧ + F12

Illustrator	Mac-Shortcut
Voreinstellungen Allgemein	⌘ + K
Andere ausblenden	⌘ + ⌥ + H
Illustrator beenden	⌘ + Q

Paletten-Funktionen

Aussehen-Palette	Mac-Shortcut	Windows-Shortcut
Neue Fläche hinzufügen	⌘ + ⇧ + 7	Strg + ⇧ + 7
Neue Kontur hinzufügen	⌘ + ⌥ + ⇧ + 7	Strg + Alt + ⇧ + 7

Ebenen-Palette	Mac-Shortcut	Windows-Shortcut
Neue Ebene	⌘ + L	Strg + L
Neue Ebene mit Dialog	⌘ + ⌥ + L	Strg + Alt + L

Pathfinder-Palette	Mac-Shortcut	Windows-Shortcut
Formmodus od. Pathfinder erneut anwenden	⌘ + 4	Strg + 4

Symbole-Palette	Mac-Shortcut	Windows-Shortcut
Neues Symbol	F8	F8

Absatz-Palette	Mac-Shortcut	Windows-Shortcut
Text linksbündig ausrichten	⌘ + ⇧ + L	Strg + ⇧ + L
Text zentrieren	⌘ + ⇧ + C	Strg + ⇧ + C
Text rechtsbündig ausrichten	⌘ + ⇧ + R	Strg + ⇧ + R
Blocksatz, letzte Zeile linksbündig	⌘ + ⇧ + J	Strg + ⇧ + J
Absoluter Blocksatz	⌘ + ⇧ + F	Strg + ⇧ + F
Auto-Silbentrennung aktivieren/deaktivieren	⌘ + ⌥ + ⇧ + H	Strg + Alt + ⇧ + H
Zeilen-Setzer aktivieren/deaktivieren	⌘ + ⌥ + ⇧ + C	Strg + Alt + ⇧ + C

Zeichen-Palette	Mac-Shortcut	Windows-Shortcut
Schrift um 2 Pt vergrößern	⌘ + ⇧ + .	Strg + ⇧ + .
Schrift um 2 Pt verkleinern	⌘ + ⇧ + ,	Strg + ⇧ + ,
Schrift um 10 Pt vergrößern	⌘ + ⌥ + ⇧ + .	Strg + Alt + ⇧ + .
Schrift um 10 Pt verkleinern	⌘ + ⌥ + ⇧ + ,	Strg + Alt + ⇧ + ,
Kerning um 20 Einheiten vergrößern	⌘ + ⌥ + ⇧ + 9	Strg + Alt + ⇧ + 9
Kerning um 20 Einheiten verkleinern	⌘ + ⌥ + ⇧ + 8	Strg + Alt + ⇧ + 8
Laufweite um 20 Einh. vergrößern/verkleinern	⌥ + → / ←	Alt + → / ←
Laufweite um 100 Einh. vergrößern/verkleinern	⌘ + ⌥ + → / ←	Strg + Alt + → / ←
Fokus auf Laufweite	⌘ + ⌥ + K	Strg + Alt + K
Laufweite löschen	⌘ + ⌥ + Q	Strg + Alt + Q
Zeilenabstand vergrößern/verkleinern	⌥ + ↓ / ↑	Alt + ↓ / ↑
Zeilenabstand vergr./verkl. (vertikaler Text)	⌥ + → / ←	Alt + → / ←
Fokus auf Schrift	⌘ + ⌥ + ⇧ + F	Strg + Alt + ⇧ + F
Horizontale Skalierung 100 %	⌘ + ⇧ + X	Strg + ⇧ + X

Textbearbeitung

Cursor in Texten bewegen	Mac-Shortcut	Windows-Shortcut
An den Anfang des Textobjekts	⌘ + ↑	Strg + ↑
Ans Ende des Textobjekts	⌘ + ↓	Strg + ↓
An den Anfang des Textobjekts (vertikaler Text)	⌘ + →	Strg + →
Ans Ende des Textobjekts (vertikaler Text)	⌘ + ←	Strg + ←
An den Zeilenanfang	↖	Pos1
Ans Zeilenende	↘	Ende
Gleiche Position in nächster Zeile	↓	↓
Gleiche Position in voriger Zeile	↑	↑
Gleiche Position in nächster Zeile (vertikal)	←	←
Gleiche Position in voriger Zeile (vertikal)	→	→
Ein Wort vor	⌘ + →	Strg + →
Ein Wort zurück	⌘ + ←	Strg + ←
Ein Wort vor (vertikaler Text)	⌘ + ↓	Strg + ↓
Ein Wort zurück (vertikaler Text)	⌘ + ↑	Strg + ↑
Ein Zeichen vor	→	→
Ein Zeichen zurück	←	←
Ein Zeichen vor (vertikaler Text)	↓	↓
Ein Zeichen zurück (vertikaler Text)	↑	↑
Eingabe beenden und zum Auswahl-Werkzeug	esc	Esc

Texteingabe	Mac-Shortcut	Windows-Shortcut
Bedingter Trennstrich	⌘ + ⇧ + -	Strg + ⇧ + -
Zeilenumbruch	⇧ + ↵	⇧ + ↵
„ (öffnende Anführungszeichen)	⌥ + ⇧ + W	Alt + Num 0 1 3 2
" (schließende Anführungszeichen)	⌥ + 2	Alt + Num 0 1 4 7
‚ (öffnende einfache Anführungszeichen)	⌥ + S	Alt + Num 0 1 3 0
' (schließende einfache Anführungszeichen)	⌥ + #	Alt + Num 0 1 4 5
' (Apostroph)	⌥ + ⇧ + #	Alt + Num 0 1 4 6
» (öffnende Guillemets)	⌥ + ⇧ + Q	Alt + Num 0 1 8 7
« (schließende Guillemets)	⌥ + Q	Alt + Num 0 1 7 1
› (öffnende einfache Guillemets)	⌥ + ⇧ + N	Alt + Num 0 1 5 5
‹ (schließende einfache Guillemets)	⌥ + ⇧ + B	Alt + Num 0 1 3 9
© (Copyright)	⌥ + G	Alt + Num 0 1 6 9
® (eingetragene Marke)	⌥ + R	Alt + Num 0 1 7 4
• (Listenpunkt)	⌥ + Ü	Alt + Num 0 1 4 9
… (Auslassungspunkte)	⌥ + .	Alt + Num 0 1 3 3

Objektbearbeitung

Werkzeugpalette	Mac-Shortcut	Windows-Shortcut
Auswahl-Werkzeuge wechseln	⌘ und/oder ⌥ halten	Strg + ⇆

Objekte bewegen	Mac-Shortcut	Windows-Shortcut
nach oben, unten, links, rechts verschieben	↑ , ↓ , ← , →	↑ , ↓ , ← , →
um das Zehnfache verschieben	⇧ + ↑ , ↓ , ← , →	⇧ + ↑ , ↓ , ← , →

Den Abstand, um den Sie Objekte mit den Pfeiltasten verschieben, stellen
Sie ein unter Voreinstellungen • Allgemein • Schritte per Tastatur.

Symbol-Werkzeuge	Mac-Shortcut	Windows-Shortcut
Durchmesser erhöhen	⇧ + <	⇧ + <
Durchmesser verringern	<	<
Intensität erhöhen	⇧ +)	⇧ +)
Intensität verringern	⇧ + (	⇧ + (

Sonstige

	Mac-Shortcut	Windows-Shortcut
Maßeinheiten wechseln	⌘ + ⌥ + ⇧ + U	Strg + Alt + ⇧ + U
Alle Paletten ausblenden	⇆	⇆
Alle außer WZ- und Steuerungspal. ausblenden	⇧ + ⇆	⇧ + ⇆
Werkzeug-Spitze als Fadenkreuz-Cursor	⇧	⇧

Palettensymbole im Dock

Palette		Palette	
Absatz		kuler	
Absatzformate		Navigator	
Aktionen		OpenType	
Attribute		Pathfinder	
Ausrichten		Pinsel	
Aussehen		Pinsel-Bibliotheken	
Dokumentinformationen		Reduzierungsvorschau	
Ebenen		SVG-Interaktivität	
Farbe		Symbole	
Farbfelder		Symbol-Bibliotheken	
Farbfelder-Bibliotheken		Tabulatoren	
Farbhilfe		Transformieren	
Flash-Text		Transparenz	
Glyphen		Variablen	
Grafikstile		Verlauf	
Grafikstil-Bibliotheken		Verknüpfungen	
Info		Zauberstab	
knowhow		Zeichen	
Kontur		Zeichenformate	

24 Glossar

9-Slice-Skalierung

Eine Skalierungsmethode von Adobe Flash und Fireworks, die selbst bei nichtproportionaler Skalierung eines rechteckigen Objekts die Integrität der Ecken erhält. Dies wird erreicht durch die Einteilung der Objekte in neun Zonen, die jeweils entweder gar nicht, nur horizontal, nur vertikal oder angepasst skaliert werden. 9-Slice-Skalierung ist nur im Flash Player und Fireworks wirksam.

Abpaus-Objekt
→ Interaktiv abpausen

Absatz
Text, der sich zwischen zwei Zeilenschaltungen (Wagenrückläufen, Carriage Returns) befindet.

ActionScript
Die Scriptsprache von → Flash. ActionScript ermöglicht das Erstellen interaktiver Elemente sowie die Kommunikation mit Datenbanken.

AICB
Adobe Illustrator ClipBoard. Seit Illustrator 10 wird der Inhalt der Zwischenablage im PDF-Format gespeichert. AICB ist die Bezeichnung für das alte Format der Zwischenablage.

Aktion
Aufgenommene Abfolge von Bearbeitungsschritten. Aktionen können gespeichert und an anderen Objekten oder Dateien erneut angewendet sowie in → Stapelverarbeitungen automatisiert werden. Darüber hinaus ist es möglich, sie an andere Nutzer weiterzugeben.

Anfasser
→ Grifflinien

Angleichung
Da Pfade auf geometrischen Algorithmen basieren, ist es möglich, dass ein Vektorgrafik-Programm interpolierte Formen zwischen zwei geometrischen Figuren berechnet. In Illustrator wird diese Funktion Angleichen genannt.

Anker, Ankerpunkt
Das kleinste Objekt in einer Vektorgrafik. In Illustrator gibt es zwei Arten von Punkten: Eckpunkte, an denen ein Pfad seine Richtung abrupt ändert, sowie Kurvenpunkte, an denen ein allmählicher Übergang erfolgt. Ein Kurvenverlauf wird durch Grifflinien gesteuert.

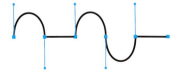

Anschnitt
Bereich, um den ein Layout größer angelegt wird, damit beim Zuschneiden auf das Endformat keine Blitzer an → randabfallenden Objekten entstehen.

Anti-Aliasing
Die Kantenglättung in Pixelbildern, um einen Treppcheneffekt zu vermeiden.

Appearance
→ Aussehen

Auflösung
Die Auflösung legt fest, wie viele Bildpunkte sich auf einer definierten Strecke befinden. Bezeichnet wird die Auflösung mit ppi (Pixel per Inch) und dpi (Dots per Inch). Mit der Angabe ppi soll die Auflösung von Bilddateien benannt werden, der Wert meint also die in einer Bilddatei zur Verfügung stehende Informationsmenge. dpi bezeichnet die Auflösung von Eingabe- und Ausgabegeräten, also von Scannern, digitalen Kameras oder Druckern. In der Praxis werden die Begriffe nicht mehr so sauber getrennt – dpi hat sich längst als universale Maßeinheit eingeschlichen.

KAPITEL 24

Ausrichten

Automatisches Anordnen mehrerer Objekte oder Punkte zueinander nach festen Regeln.

Aussehen

Hierarchisch geordnete editierbare Eigenschaften wie Füllung, Kontur, Effekte, die zusammen das Erscheinungsbild eines Objekts bestimmen, ohne seine Struktur zu verändern.

Aussparungsgruppe

Mit dieser Option lassen sich die Objekte innerhalb einer Gruppe von der Berechnung von Deckkraft und Füllmethode ausschließen, d. h., nur Objekte außerhalb der Gruppe sind betroffen.

Autotrace

→ Interaktiv abpausen

Auswählen

Das Aktivieren eines Objekts auf der Zeichen- oder Montagefläche, um es zu bearbeiten. Objekte können nur dann verändert werden, wenn sie ausgewählt sind. Für Auswahlen stehen fünf Werkzeuge zur Verfügung: Das Auswahl-Werkzeug zur Aktivierung ganzer Objekte, das Direktauswahl- und das Lasso-Werkzeug für die Auswahl von Punkten, Pfadsegmenten (aber ebenfalls ganzer Objekte), das Gruppenauswahl-Werkzeug für das Selektieren der Bestandteile von Gruppen sowie das Zauberstab-Werkzeug zur Auswahl von Objekten basierend auf ihren Aussehen-Eigenschaften.

Banding

Abstufungen, die beim Drucken oder in der Bildschirmdarstellung eines generierten Verlaufs entstehen. Die »Smooth Shading«-Technologie in PostScript3-RIPs verhindert die Entstehung von Banding.

Batch

→ Stapelverarbeitung

Bedienfeld

In Adobe-Software: aktuelle Bezeichnung für → Palette

Begrenzungsrahmen

Der Begrenzungsrahmen ist ein Rechteck, das die äußersten Punkte eines oder mehrerer aktivierter Objekte umschließt. Je nach Voreinstellung sind formverändernde Objekteigenschaften (wie die Linienstärke) ebenfalls eingeschlossen.

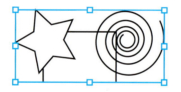

Beschnitt

1. Teil einer Grafik, der im Layout über den Seitenrand ragt, aber beim fertigen Druckobjekt weggeschnitten wird. Der in der Regel verlangte Überstand beläuft sich auf 3 mm.
2. Teil des Druckbogens, der beim Schneiden nach dem Falzen wegfällt.

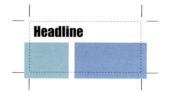

Beschnittmarken

5 bis 10 mm lange feine Linien außerhalb des Endformates einer Drucksache, welche die Verlängerung der Endformatkanten darstellen und bei → randabfallendem oder angeschnittenem Druck auf dem größeren unbe-

schnittenen Format als Markierung für den Stapelschnitt mitgedruckt werden.

Bevel

Profilkante (»abgeflachte Kante«), mit der ein Objekt bei einer 3D-Extrusion versehen werden kann.

Bézierkurve

Als Vektoren definierte Kurvenzüge zur Anlage von → Pfaden. Eine Bézierkurve wird immer definiert durch die Koordinaten von vier Punkten. Die Bézierkurven erhielten ihren Namen von dem französischen Ingenieur Pierre Bézier, der sie für das Karosseriedesign im Automobilbau entwickelte.

Bibliothek

Ein als Datei gespeicherter Bestand an Farbfeldern, → Pinseln, → Grafikstilen oder → Symbolen

Blend Modes

→ Füllmethoden

Blitzer

Weiße Zwischenräume bei übereinanderliegenden farbigen Elementen auf dem Ausdruck, die durch kleine Ungenauigkeiten der Druckmaschine entstehen können, oder weiße Zwischenräume an den Schnittkanten.

Boole'sche Operationen

In der Computergrafik: die Anwendung der logischen Operatoren wie AND, OR, NOT auf geometrische Formen. Dabei entstehen z. B. Schnitt- oder Vereinigungsmengen.

Brush

→ Pinsel

CMYK

Die vier Druckfarben Cyan, Magenta, Gelb (Yellow) und Schwarz (Key) des Vierfarbdrucks. Die drei farbigen Komponenten CMY ermöglichen die Darstellung von Farben durch autotypische Farbmischung, wobei jedoch das hundertprozentige Übereinanderdrucken der drei Farben kein reines Schwarz ergibt, so dass zusätzlich als vierte Druckfarbe Schwarz verwendet wird.

Composite-Datei
Druckdatei, bei der im Gegensatz zur separierten Ausgabe mit Farbauszügen die Farben nicht seitenweise voneinander in die → Prozessfarben aufgeteilt sind, sondern alle Farben einer Seite als Einheit behandelt werden. Der Ausdruck auf Farbdruckern erfolgt beispielsweise immer als Composite-Datei, die Aufteilung auf die Druckfarben erfolgt dann erst im Gerät.

Copy & Paste
Kopieren eines Elements in die Zwischenablage und Einfügen in dasselbe oder ein anderes Dokument.

DCS
Dateiformat für vorseparierte Bilder. Das Dateiformat umfasst je eine Datei für jeden → Farbauszug (CMYK sowie Schmuckfarben) und ein Vorschaubild für die Platzierung im Layoutprogramm.

Deckkraft
Die Transparenz einer Ebene. Bei 100 % sind die Objekte deckend, bei 0 % durchsichtig.

Deckkraftmaske
Die Hell-Dunkel-Werte einer Grafik werden als Alpha-Transparenz für eine zweite Grafik verwendet. Idealerweise wird eine Deckkraftmaske in Grautönen angelegt, dabei erzeugen schwarze Bereiche einen vollständig transparenten Bereich, weiße Bereiche dagegen 100 % Deckung.

DeviceN
Ein Farbraum, der im Gegensatz zu RGB oder CMYK (3 bzw. 4 Farbkanäle) bis zu 31 Farbkanäle enthalten kann. DeviceN kommt für Hexachrome oder für die Speicherung anderer Schmuckfarben-Dateien zum Einsatz.

Diagramm
Grafische Visualisierung von Daten, Sachverhalten oder Zusammenhängen. Die Diagramm-Werkzeuge in Illustrator dienen zur Darstellung voneinander abhängiger Werte.

Digitalproof
Hochwertiger Farbdruck, der das spätere Druckergebnis simuliert, ohne vorherige Herstellung der Filmvorlagen. Nachteil des Digitalproofs gegenüber den herkömmlichen Proofverfahren oder einem Andruck ist, dass Fehler durch falsche Rasterung (z. B. Moiré) nicht erkannt werden können.

Dokumentfarbmodus
Der für eine Datei definierte Farbmodus (RGB oder CMYK) legt fest, auf welche Art Objektfarben angelegt werden können. Darüber hinaus bestimmt der Dokumentfarbmodus die Wirkweise von → Füllmethoden und den Farbmodus eingebetteter Bilder.

Dokument-Rastereffekt-Einstellungen
In den Optionen wird definiert, wie auf Vektorobjekte angewendete pixelbasierte Effekte, z. B. SCHEIN NACH AUSSEN, in Pixel umgerechnet werden. Wichtig ist vor allem die Einstellung der → Auflösung.

Drag & Drop
Ziehen und fallen lassen. Ein Objekt wird mit der linken Maustaste angeklickt, wobei die Taste ge-

drückt bleibt. Nun kann das Objekt auf der Arbeitsoberfläche des Computers verschoben (transportiert) werden. Dort, wo die Maustaste losgelassen wird, bleibt das Objekt liegen.

Dynamisch
Elemente in einer Datei, die durch äußere Einflüsse geändert werden können, werden als dynamisch bezeichnet. In Illustrator zählen dazu z. B. → Variablen oder → Live-Effekte. Auch Textfelder können zur Weiterverwendung in Flash bereits in Illustrator als dynamisch definiert werden.

Ebene
Schicht in einem Dokument, auf der einzelne oder mehrere Objekte liegen. Illustrator-Dokumente enthalten mindestens eine Ebene. Jeder Ebene können weitere Ebenen untergeordnet werden.

Eckenradius
Bei der Ecke eines abgerundeten Rechtecks die Distanz zwischen der Viertelkreislinie und deren gedachtem Mittelpunkt.

Effekt
Operation, die das Aussehen eines Pfads oder Objekts verändert, ohne den Pfadverlauf zu beeinflussen. Auf ein Objekt angewandte Effekte gehören zu seinen Aussehen-Eigenschaften und können editiert und wieder entfernt werden.

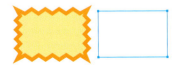

EPS

Encapsulated PostScript. Dateiformat für Bilder, Vektorgrafiken und einseitige Layouts, das intern PostScript verwendet und in der Regel für die Bildschirmdarstellung zusätzlich eine niedrig auflösende (72 dpi) Voransicht umfasst. EPS-Daten lassen sich nur auf Geräten ausgeben, die PostScript-Befehle verarbeiten können, alle anderen Ausgabegeräte stellen nur die Bildschirmansicht dar.

Extrusion

Erzeugung einer dreidimensionalen Form durch Parallelverschiebung der Grundform im Raum.

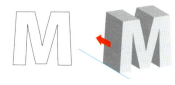

Farbauszug

Bildanteil einer Farbe auf einer Dokumentseite. Für den Farbdruck werden alle in einem Dokument vorkommenden Farben in die auf dem Ausgabegerät verwendeten Farben seitenweise aufgetrennt (separiert). Je Auszug entsteht dann ein Film für die Belichtung der Druckplatten, oder die Druckplatten werden direkt belichtet. Durch den Zusammendruck der Prozessfarben entsteht im fertigen Ausdruck wieder der eigentliche Farbeindruck.

Farbharmonie

Beziehungen mehrerer Farbtöne und -nuancen untereinander und deren Einordnung in Gesetzmäßigkeiten.

Farbmanagement

Die Soft- und Hardware-Funktionen sowie Arbeitsmethoden, mit denen über verschiedene Medien hinweg vorhersagbare Farbeindrücke erzielt werden sollen.

Farbmodus

Die Farben von Bildern und Grafiken können in unterschiedlichen Farbsystemen (Farbmodi) dargestellt werden, denen jeweils ein anderer Farbraum zugrundeliegt. Die gebräuchlichsten Farbmodi basieren auf RGB, CMYK, Lab, Graustufen und Bitmap (Schwarzweiß).

Filter

Operationen, die das Aussehen eines Pfads oder Objekts verändern, indem sie den Pfadverlauf oder andere Objekt-Eigenschaften beeinflussen. Im Gegensatz zum → Effekt lassen sie sich nur direkt im Anschluss an die Operation mit dem Widerrufen-Befehl wieder vom Objekt entfernen.

Fläche

Die Farbe, der Verlauf oder das Muster, das dem von einem Pfad umschlossenen Bereich zugewiesen wurde.

Flash

Eine Entwicklungsumgebung, mit der multimediale interaktive Inhalte erstellt werden. Da das Dateiformat SWF vektorbasiert ist, sind die Dateien gut zu komprimieren. → ActionScript

Flattening

→ Reduzieren

Font

1. Schriftschnitt einer Schriftart.
2. Digitale Umsetzung eines Schriftdesigns als Datei.

Format

→ Stil

Formbereich

Die bei einer → Zusammengesetzten Form durch Kombination mittels eines → Formmodus entstehende Fläche.

Formmodus

Die Art, in der verschiedene Objekte in einer → Zusammengesetzten Form kombiniert werden, z. B. Schnittmenge oder Subtraktion. Der Formmodus wird mit den Buttons der oberen Reihe in der Pathfinder-Palette bestimmt.

Füllmethoden

Die Farbe eines mit einer von NORMAL abweichenden Füllmethode versehenen Objekts wird entsprechend der gewählten Füllmethode mit der Farbe der darunterliegenden Objekte verrechnet. Die Wirkungsweise einiger Füllmethoden ist vom Dokumentfarbmodus abhängig.

Füllung

→ Fläche

Gitterobjekt

Ein mehrfarbiges vektorbasiertes Spezialobjekt, das vor allem in fotorealistischen Illustrationen zur Anwendung kommt.

Glyphe

Die grafische Darstellungsform eines Schriftzeichens – Buchstabe, Satzzeichen oder grafisches Element.

Grafikstil

→ Stil

Grafiktablett

Alternatives Eingabegerät, bestehend aus einer drucksensitiven Unterlage und verschieden geformten und ausgestatteten Stiften. Von der Treibersoftware ausgewertet werden können: Position des Stifts, Druck, Neigung, Drehrichtung und das Betätigen von zusätzlichen Knöpfen oder Rädchen am Stift.

Griffe, Grifflinien

Tangenten, die aus jedem → Ankerpunkt gezogen werden können und deren Lage und Länge den Verlauf des Kurvensegments zwischen zwei Punkten bestimmen.

Griffpunkt

Endpunkt der Grifflinie. Durch Klicken und Ziehen des Griffpunkts wird die Grifflinie verändert.

Gruppe

Eine Verbindung mehrerer Einzelobjekte, die sich nicht gegenseitig beeinflussen. Gruppierte Objekte können gemeinsam → transformiert werden und lassen sich je-

derzeit wieder voneinander trennen.

Hilfslinie

Eine Hilfslinie ist ein nicht-druckendes Vektorobjekt, an dem andere Objekte ausgerichtet werden. Hilfslinien haben in → Diagrammen und bei der → 9-Slice-Skalierung weitergehende Funktionen für die Konstruktion.

Hinting

Methode für die Rasterung von Schrift, bei der zunächst die Buchstaben selbst gerastert und dieses Ergebnis dann in einem zweiten Schritt auf das vorhandene Pixelraster optimiert wird.

HKS

→ Sonderfarbe

Hülle

Ein Spezialobjekt, das zur Verformung anderer Objekte verwendet wird. Die umhüllten Objekte passen sich der Form der Hülle an. Sowohl Hülle als auch Inhalt bleiben als Vektorobjekte editierbar und lassen sich wieder voneinander lösen.

ICC

Damit nicht jeder Hersteller eigene Geräteprofile verwendet, die nicht kompatibel zueinander wären, haben 1993 Firmen wie Agfa, Apple, Adobe, Kodak, Linotype und Microsoft sowie die FOGRA (Forschungsgesellschaft Druck e. V.) das International Color Consortium (ICC) gegründet und Richtlinien ausgearbeitet, wie ein Geräteprofil aufgebaut sein muss. Alle aktuellen Versionen von Windows sowie das Mac OS unterstützen das ICC-Format ebenso wie professionelle Layout-, Grafik und Bildbearbeitungsprogramme.

Innen einfügen

→ Schnittmaske

Instanz

Im Dokument platzierter Verweis auf die Originalgrafik eines → Symbols.

Interaktiv abpausen

Mit dieser Funktion ist es möglich, eine Vorlage zu vektorisieren. Solange das Abpausobjekt nicht in Pfade umgewandelt wird, bleibt die Verbindung zwischen der Vorlage und dem Abpausergebnis bestehen, so dass Änderungen am Originalbild oder den Abpausoptionen in der Abpausung ausgeführt werden.

Interaktiv malen

Eine Funktion, mit deren Hilfe Flächen gefüllt werden können, die von einander unabhängigen Pfaden begrenzt sind.

Interaktive Farbe

Eine Reihe von Funktionen, die den Umgang mit Farbe im Dokument – vor allem das Umfärben und Reduzieren der Anzahl verwendeter Farben – vereinfachen.

Isolationsmodus

Bearbeitungsmodus, in welchem zwar alle Dateiinhalte sichtbar sind, jedoch nur eine ausgewählte → Gruppe oder ein → Symbol bearbeitbar ist.

Isometrie

Eine einfache Form der perspektivischen Darstellung, in der alle drei Achsen gleich verkürzt erscheinen. Der Winkel zwischen zwei Achsen beträgt jeweils 120°.

Kontextmenü

Liste von möglichen Anweisungen, die durch einen Rechtsklick (Windows) bzw. einen Mausklick bei gedrückter `ctrl`-Taste (Macintosh) zugänglich gemacht wird. Das Kontextmenü ist je nach Werkzeugwahl und Ort der Aktivierung (kontextabhängig) unterschiedlich bestückt.

Kontur

Die einem Pfad zugewiesenen Eigenschaften Farbe bzw. Muster, Stärke, Strichelung oder Pinsel.

Kreiseln

Erzeugung einer dreidimensionalen Form durch Rotieren der Grundform um die y-Achse.

kuler

Eine Online-Community um das Thema Farben und → Farbharmonien. In kuler veröffentlichte Farbharmonien können in einige Versionen von Illustrator direkt übernommen oder als kompatible Farbbibliothek gespeichert werden.

Kurvenpunkt

Ein Ankerpunkt mit einer oder zwei Grifflinien, der Kurvenschwünge definieren kann.

Layer

→ Ebene

Legacy

Bezeichnung für Illustrator-Versionen vor CS. Vor allem Text, der in alten Illustrator-Versionen gesetzt wurde (Legacy-Text), kann Probleme verursachen.

Live Color

→ Interaktive Farbe

Live-Effekt

→ Effekt

Live Paint

→ Interaktiv malen

Live Trace

→ Interaktiv abpausen

Magnetische Hilfslinien

Diese Funktion ermöglicht es, alle Objekte und deren Punkte als Hilfsmittel zum Ausrichten von Objekten zu verwenden.

Metadaten

In den Metainformationen von Dateien sind zusätzliche Informationen über den Dateiinhalt, -autor oder Nutzungsrechte gespeichert, um die Katalogisierung zu vereinfachen.

Mischung

→ Angleichung

Moiré

Durch die Überlagerung unterschiedlicher Raster entstehendes Muster. Die Moirébildung beim Farbdruck wird dadurch weitgehend vermieden, dass die Farben mit bestimmten Rasterwinkeln gedruckt werden.

Montagefläche

Eine Ablagefläche, die sich rund um das Dokument befindet. Hier können Elemente erstellt oder bis zu ihrer Verwendung »zwischengelagert« werden – auch Hilfslinien lassen sich auf der Montagefläche anlegen. Die Elemente auf der Montagefläche werden jedoch nicht gedruckt.

Objekt

Ein einzelner Bestandteil einer Vektorgrafik. Als Objekte werden Pfade, Gruppen, platzierte Bilder sowie besondere Elemente wie Gitter, Hüllen oder interaktive Malgruppen bezeichnet – das kleinste mögliche Objekt ist ein einzelner Punkt. Jedes Objekt verfügt über einen eigenen Eintrag in der Ebenen-Palette. Übereinanderliegende Objekte kombinieren sich nicht automatisch miteinander, sondern bleiben wie einzelne Formen in einem Papierstapel übereinander liegen. Jede Kombination von Objekten muss durch einen Befehl ausgelöst werden.

OpenType

Von Adobe und Microsoft entwickeltes, plattformunabhängiges und unicodefähiges Dateiformat für Schriften, das auch erweiterte Zeichensatzbelegungen unterstützt. Zur Beschreibung der einzelnen Zeichen verwendet OpenType entweder PostScript oder TrueType.

OPI

Open Prepress Interface. Ein Schnittstellenprotokoll, das den Einsatz von Servern erlaubt, die für Layoutzwecke eine niedrigaufgelöste Version eines Bildes bereitstellen und dieses dann automatisch bei der Druckausgabe durch die hochaufgelöste Version ersetzen. OPI ist nicht kompatibel mit → Transparenz.

Palette

In den Paletten sind wichtige Kontroll- und Hilfsinstrumente untergebracht. → Bedienfeld

Pantone

→ Sonderfarbe

Pathfinder

Die Funktionen in der unteren Reihe der Pathfinder-Palette wie z. B. Fläche aufteilen, Überlappung entfernen, Schnittmengenfläche. Die Funktionen erzeugen nebeneinanderliegende Flächen aus zuvor gestapelten Objekten. Die entstandenen Objekte lassen sich nicht in den Ursprungszustand zurückwandeln.

PDF

Portable Document Format. Ein von Adobe auf der PostScript-Basis entwickeltes Dateiformat, das den plattformübergreifenden Austausch von Dokumenten bei gleichzeitiger Beibehaltung aller Gestaltungsmerkmale erleichtern soll, was unter anderem durch die Einbettung der Schriften möglich ist. PDF-Dateien sind durch die Komprimierungsmöglichkeiten für Bilder und Schriften vergleichsweise klein. Ursprünglich nicht mit Blick auf die Druckindustrie entwickelt, ist PDF inzwischen zu einem Standardaustauschformat in der Druckvorstufe geworden.

Pfad

Eine durch mehrere Ankerpunkte definierte Bézier-Kurve, die die Grundform vieler Illustrator-Objekte darstellt. Der Kurvenabschnitt zwischen zwei Ankerpunkten wird als Kurvensegment bezeichnet. Ein Pfad besitzt immer einen Anfangs- und einen Endpunkt.
Ist ein Pfad geschlossen, umschließt er eine Fläche komplett, und Anfangs- und Endpunkt sind identisch.

Pinsel

Über Standardkonturen hinausgehende grafische Eigenschaften von Pfaden. Während der Kalligraphie-Pinsel ein virtuelles Schreibwerkzeug verwendet, um eine Linienform zu bestimmen, formen Bild-, Muster- und Spezialpinsel die Kontur, indem sie Vektorelemente auf unterschiedliche Art am Pfad entlanglegen.
Pinsel können jedem Pfad zugewiesen oder mit dem Pinselwerkzeug direkt gezeichnet werden. Nur das Pinsel-Werkzeug kann die mit einem → Grafiktablett erzeug-

ten Eigenschaften (wie Druck des Stifts) an den Pfad weitergeben.

Pixel

Kurzform von Picture Element. Bezeichnet die Punkte einer digital gespeicherten Grafik. Jeder dieser Punkte ist bei der Darstellung auf dem Computermonitor quadratisch und hat einen eindeutig definierten Farbwert. Ein Pixel ist die kleinste Informationseinheit einer Bitmap und nicht weiter unterteilbar.

Pixelseitenverhältnis, Pixel Aspect Ratio (PAR)

Bedingt durch die Fernseh-Spezifikationen sind Bildpunkte im Video- und speziell Digitalvideobereich nicht quadratisch, sondern in unterschiedlichsten Seitenverhältnissen rechteckig. Die Beziehung der x- und y-Längen zueinander bezeichnet man als Pixelseitenverhältnis.

Plotter

Ursprünglich ein »Kurvenschreiber«, der Vektorzeichnungen druckt oder in Folie schneidet, indem ein Stift oder Messer dem Pfadverlauf folgt.
Später auch als Bezeichnung für (vor allem großformatige) Tintenstrahldrucker verwendet.

Polygon

Ein Vieleck, das durch Verbinden von mindestens drei Punkten mit geraden Linien (Strecken) entsteht. In einem regelmäßigen Polygon haben alle Strecken dieselbe Länge.

PostScript

Programmiersprache zur Beschreibung von Text, Grafik und Bildern in einem Layout, weshalb man PostScript auch als Seitenbeschreibungssprache bezeichnet. Der Vorteil von PostScript liegt darin, dass bis auf die Pixelbilder

alle Elemente rein mathematisch definiert und deshalb auflösungsunabhängig sind. Erst bei der Ausgabe wird eine PostScript-Datei entsprechend dem Auflösungsvermögen des Ausgabegerätes im → RIP aufgerastert.

PPD

Postscript Printer Description. Auch als Druckerbeschreibung bezeichnete Datei, welche die Informationen zu den Spezifikationen eines PostScript-Ausgabegerätes beinhaltet.

Prozessfarben

Die vier Farben Cyan, Magenta, Gelb und Schwarz, aus denen im Vierfarbdruck alle anderen Farben erzeugt werden. Für den Sechsfarbdruck (Hexachrome) werden die vier Druckfarben leicht verändert und durch Orange und Grün ergänzt. → CMYK

PSD

Das »hauseigene« Photoshop-Format. Es unterstützt Ebenen und Transparenzen und zeigt seine Stärken hauptsächlich im Workflow mit der Creative Suite. Photoshop-Dateien lassen sich in die Anwendungen dieses Bundles problemlos integrieren.

Punkt

→ Ankerpunkt

QuickInfo

Ein erklärender Werkzeugtipp oder Hinweis zu einer Funktion, der eingeblendet wird, sobald der Cursor sich länger über einem Button oder anderem aktiven Bereich befindet.

Randabfallende Objekte

Elemente, die in einem Layout bis zur Schnittkante des Blattes reichen.

Rapid Web Prototyping

Bezeichnung für die Funktionen und Bibliotheken in Adobe Fireworks CS3, die es Designern ermöglichen, aus Illustrator- oder Photoshop-Dateien in kurzer Zeit mehrseitige klickbare Demo-Versionen zu erstellen.

RGB

RGB ist ein Farbmodus, der im Zusammenhang mit Lichtfarben und additiver Farbmischung eingesetzt wird, also zum Beispiel auf Bildschirmen, bei Scannern und Digicams. Das Bild setzt sich dort aus Anteilen von Rot, Grün und Blau zusammen. Alle drei additiven Grundfarben ergeben zusammen reines Weiß. Ist keine der drei Farben vorhanden, liegt reines Schwarz vor.

RIP

Raster Image Processor. Gerät bzw. Software, mit dem Daten aus einer Seitenbeschreibungssprache, z. B. PostScript oder PDF, in pixelbasierte Daten umgerechnet werden.

Schmuckfarbe

→ Sonderfarbe

Schnittmarken

→ Beschnittmarken

Schnittmaske

Ein Objekt, das ein oder mehrere andere Objekte beschneidet, so dass von den beschnittenen Objekten nur die Teile sichtbar sind, die in seinem Inneren liegen. Die beschnittenen Objekte und die Maskenform werden zusammen als Schnittsatz bezeichnet. Die Struktur der beteiligten Objekte bleibt unverändert und der Schnittsatz kann wieder zurückgewandelt werden.

Separation

Erzeugung der → Farbauszüge. Die Separation kann entweder durch das jeweilige Grafik- oder Layoutprogramm erfolgen oder bei modernen Geräten auch direkt im RIP (In-RIP-Separation).

Skalenfarben

→ Prozessfarben

Slicing

Aufteilen einer Grafik in rechteckige Bereiche, denen beim Für Web und Geräte speichern jeweils eigene Komprimierungseinstellungen zugewiesen werden können. Aus jedem Slice entsteht eine Bilddatei bzw. ein Textbereich. Das Slicen verändert die Vektorobjekte nicht.

Smart Guides

→ Magnetische Hilfslinien

Sonderfarbe

Auch als Schmuckfarbe oder Volltonfarbe bezeichnet. Diese Farben werden als gesonderte, vorgemischte Farben über ein separates Farbwerk aufgetragen. Man benötigt sie, um Farben zu erzeugen, die sich nicht durch den Zusammendruck der → Prozessfarben darstellen lassen. Es gibt standardisierte Sonderfarbensysteme wie HKS und Pantone.

Stanzen

Bezeichnung für den Formmodus Vom Formbereich subtrahieren

Stapelreihenfolge

Die Abfolge, in der einzelne Objekte in einer Grafik übereinanderliegen.

Stapelverarbeitung

Automatisierte Anwendung einer → Aktion auf mehrere Dateien

Statusleiste

Die Statusleiste, die Sie unterhalb jedes Dokumentenfensters finden, liefert wichtige Informationen zur Datei und hilft, sich im Programm zu orientieren.

Stil

Ein Satz von Aussehen-Eigenschaften, eine Kombination von Zeichen- bzw. Absatz-Attributen wird als Grafikstil bezeichnet und über die Grafikstil-, die Absatzformate- bzw. Zeichenformate-Palette verwaltet und angewendet.

Supersampling

Hochrechnung. Eine Methode des → Anti-Aliasing

SVG

Scalable Vector Graphics. Ein → XML-basierter Standard zur Beschreibung zweidimensionaler Vektorgrafiken.

SWF

Shockwave Flash. Ein vor allem im Web eingesetztes vektorbasiertes Speicherformat für Grafik und Animation.

Symbol

Einmal in der Datei gespeichertes, replizierbares Objekt, von dem Instanzen – Verweise auf die Originalgrafik – auf der Zeichenfläche platziert werden. Dadurch kann die Dateigröße klein gehalten und der Aufwand für Aktualisierungen an der Grafik reduziert werden. Nicht nur einzelne Instanzen, sondern auch Kombinationen von Instanzen unterschiedlicher Symbole sind möglich. Diese werden als Symbolsätze bezeichnet. Instanzen sowie Symbolsätze lassen sich mit den Symbol-Werkzeugen bearbeiten.

Tiefschwarz

Tiefschwarz ist 100%iges Schwarz mit CMY-Beimischungen. Je nachdem, welche Farbe zugegeben wird, wirkt Tiefschwarz eher kalt, warm oder neutral.

Tonwert

Abstufung der Intensität einer Volltonfarbe.

Tonwertzuwachs

Durch Farbquetschung, Diffundierung der Druckfarbe in die Papierstruktur und vor allem durch den optischen Effekt des Lichtfangs (Unterstrahlung eines Rasterpunkts) hervorgerufene Verdunklung eines gerasterten Farbtones. Der Tonwertzuwachs muss bei der Separation oder Belichtung durch invertierte Berechnung (Aufhellung) kompensiert werden, damit der Druck die Tonwerte in der vorgesehenen Helligkeit und Farbe wiedergibt.

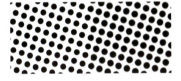

Tracen

→ Vektorisieren

Transformieren

Oberbegriff für die Operationen Bewegen, Skalieren, Drehen, Spiegeln, Verschieben und Angleichen.

Transparenz

Eine Objekt-Eigenschaft, die die in der Stapelreihenfolge darunter liegenden Objekt durch das transparente Objekt scheinen lässt. Die Transparenz von Objekten bleibt in der Creative Suite erhalten, wenn Dateien ausgetauscht werden. Transparenz entsteht u.a. bei der Reduktion der Deckkraft eines Objekts, beim Anwenden von

Füllmethoden oder Deckkraftmasken sowie bei der Verwendung von Live-Effekten wie SCHATTEN, SCHEIN und WEICHE KANTE.

Transparenzreduzierung

Live-Transparenz kann derzeit nur von wenigen → RIPs verarbeitet werden. Daher ist es nötig, unter Erhaltung des optischen Eindrucks die transparenten in opake Flächen umzuwandeln. Diesen Prozess nennt man (Transparenz-) Reduzierung oder -Verflachung.

Trapping

→ Überfüllen

Überdrucken

Normalerweise muss ein in einer bestimmten Farbe definiertes Gestaltungselement einer Drucksache aus einem Untergrund, der mit von dem Element nicht benutzten Farben definiert wurde, ausgespart werden, damit die Farbe des Elements nicht durch die Farbe des Untergrunds verfälscht wird. Es gibt jedoch Fälle, wo dies nicht sinnvoll ist, beispielsweise bei schwarzer Schrift vor einem farbigen Hintergrund. Hier spricht man davon, dass das Objekt den Hintergrund überdrucken muss, also aus diesem nicht ausgespart wird, denn Schwarz kann durch einen hinterlegten Grund nicht mehr nennenswert verändert werden.

Überfüllen

Zur Vermeidung von → Blitzern zwischen angrenzenden Farben, die durch Ungenauigkeiten beim Druck entstehen können, lässt man die Objekte sich etwas über-

lagern. Dann entsteht zwar ein farbiger Saum, der vom Auge aber weniger wahrgenommen wird als das durchscheinende weiße Papier.

Übergangspunkt

→ Kurvenpunkt

Unicode

Ein international standardisiertes Zeichensystem, in dem auf lange Sicht für jedes sinntragende Zeichen jeder Schriftkultur ein digitaler Code definiert werden soll. Im Gegensatz zu ASCII, das 128 Zeichenpositionen enthält, kann der aktualisierte Unicode-Standard bis zu 1,1 Millionen Zeichen darstellen.

Reduzieren

Die Umwandlung durch Live-Funktionen und/oder Aussehen-Eigenschaften erzeugter »virtueller« Formen in einfache Vektor-Objekte.

Umwandeln

Das Auflösen der durch Effekte erzeugten Attribute einer Form in reale Objekte.

Variablen

Mit Hilfe von Variablen kann die Sichtbarkeit von Objekten, Textinhalten, verknüpften Dateien oder Diagramminhalten in einer Illustrator-Datei gesteuert werden.

Vektorgrafik

Ein Bild, das mit Hilfe von grafischen Grundelementen wie Linie, Polygon und Kreis erzeugt wurde. Hauptmerkmal dieser Art von Grafik ist jedoch der objektorientierte Ansatz. Jedes Element bleibt unabhängig, solange es nicht explizit mit einem anderen Objekt verbunden wird.

Vektorisieren
Automatische oder manuelle Umwandlung von Pixel- in Vektordaten mit Hilfe der Zeichenwerkzeuge, der Funktion INTERAKTIV ABPAUSEN oder einer Kombination aus beiden.

Verflachung
→ Reduzieren

Verflüssigen
Oberbegriff für die Operationen mit den Werkzeugen Verkrümmen, Strudel, Zusammenziehen, Aufblasen, Ausbuchten, Kristallisieren und Zerknittern. Diese Werkzeuge werden freihändig auf Pfade angewendet – sie erzeugen selbstständig neue Ankerpunkte und Grifflinien nach Bedarf.

Verlauf
Objektfüllung in Form eines fließenden Übergangs von einer Farbe in eine andere. Die Mitte des Verlaufs sowie Zwischenstufen lassen sich definieren. Verläufe können linear oder radial (kreisförmig von der Mitte nach außen) angelegt werden.

Verlaufsgitter
→ Gitterobjekt

Version Cue
Ein mehrbenutzerfähiges Werkzeug der Creative Suite, mit dem sich die Änderungen an einzelnen Dateien eines Projekts sowie dessen alternative Versionen verwalten und nachvollziehen lassen.

Verzerrungshülle
→ Hülle

Video-Safe Areas
Röhrenmonitore zeigen nicht das komplette Videobild an. Daher werden Bereiche definiert, innerhalb derer sich wichtige Details befinden sollten, damit sie unter allen Umständen dargestellt werden. Man unterscheidet zwischen der Title-Safe Area (titelsicherer Bereich) und der Action-Safe Area (aktionssicherer Bereich).
Die Safe-Areas können im Schnittbereich-Werkzeug angezeigt werden.

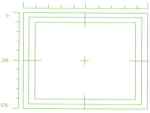

Virtuelle Form
Durch einen Formmodus, Live-Funktionen (Verzerrungshüllen) oder Aussehen-Eigenschaften erzeugte Form.

Volltonfarbe
→ Sonderfarbe

XML
Extensible Markup Language. Mit dieser Auszeichnungssprache lassen sich hierarchisch strukturierte Daten im Textformat darstellen. XML ist die Basis für → XMP, → SVG und den Export von → Variablentabellen.

XMP
Extensible Metadata Platform. Mit Hilfe dieser Technologie lassen sich → Metadaten in die Binärdaten aus den Creative-Suite-Applikationen integrieren.

Zeichenweg
→ Pfad

Zusammengesetzte Form
In einer zusammengesetzten Form fügen Sie mehrere Objekte (reversibel) zu einer → virtuellen Form zusammen. Die Form wird nur für die Anzeige auf dem Bildschirm bzw. für den Druck in Echtzeit berechnet. Bei Veränderungen der Teil-Objekte passt sich die zusammengesetzte Form an.

Zusammengesetzter Pfad
Zwei oder mehr offene oder geschlossene Pfade bilden zusammen ein Objekt. Ob das Objekt an Stellen, an denen sich die Pfade überlappen, eine Füllung besitzt, wird durch die Füllregel definiert. Zusammengesetzte Pfade können wieder getrennt werden.

25 Die DVD zum Buch

Die DVD zum Buch ist eine wahre Fundgrube, die Ihnen viel Freude bei der Arbeit mit Illustrator bereiten wird. Sie setzt sich aus folgenden Verzeichnissen zusammen:

- Beispieldateien
- Demoversionen_Plugins
- Testversion_Adobe
- Video-Training

Damit Sie einen Überblick über die einzelnen Ordner bekommen, möchte ich Ihnen die Inhalte kurz vorstellen.

Beispieldateien

In diesem Ordner finden Sie – nach Kapiteln geordnet – Materialien zum Buch, z. B. Beispieldateien der Abbildungen, deren Aufbau Sie studieren können. Darüber hinaus sind die Übungsdateien für die Schritt-für-Schritt-Anleitungen dort abgelegt.

Das detaillierte Verzeichnis der Dokumente mit kurzen Erklärungen und einem Verweis auf die zugehörige Seite finden Sie als PDF direkt auf der DVD.

Demoversionen_Plugins

Illustrators Funktionsumfang lässt sich durch Plug-ins erweitern. Einige interessante Plug-ins möchte ich Ihnen vorstellen und konnte Demoversionen für Sie beschaffen. Vollversionen aller Plug-ins können Sie direkt bei den Herstellern unter den jeweils angegebenen URLs erwerben, dort finden Sie auch weiterführende Informationen. Bitte beachten Sie die Nutzungsvereinbarungen – selbstverständlich ist das Dekompilieren der Software nicht zulässig.

Für den Macintosh werden einige Plug-ins in verschiedenen Versionen ausgeliefert. Auf einem intelbasierten Mac benötigen

> **Hinweis**
>
> Bei den Plug-ins auf der DVD handelt es sich um Demoversionen, die Vollversionen sind **nicht** im Preis dieses Buches enthalten.
>
> Von den meisten Plug-ins gibt es auch Versionen für Illustrator CS2. Bitte sehen Sie dies unter den angegebenen URLs nach.

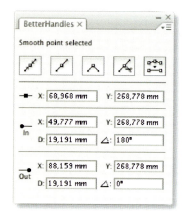

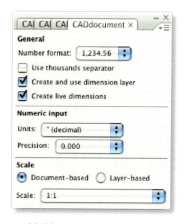

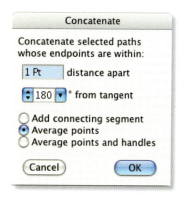

Sie die Universal-Binary-Version des jeweiligen Plug-ins, während Sie auf einem PPC auch die normale Version installieren können. Alle Plug-ins liegen in englischer Sprache vor.

Arrowheads
Erzeugt eine Pfeilspitze, passend zu Text in der Größe 7 Punkt, fakultativ mit weißem Hintergrund (Halo).
http://rj-graffix.com/software/plugins.html
▶ Windows und Mac

BetterHandles
Ermöglicht eine bessere Handhabung der Griffe, u.a. deren numerische Positionierung.
http://www.nineblock.com
▶ Windows und Mac

CADtools
Werkzeuge für das Erstellen von 2D-CAD-Zeichnungen und Iso-metrien sowie die Bearbeitung und Bemaßung von Zeich-nungen.
http://www.hotdoor.com/cadtools/index.php
▶ Windows und Mac

Concatenate
Drei Filter, die vor allem für das »Aufräumen« konvertierter CAD-Dateien nützlich sind, indem zusammengehörige Pfade nach bestimmten Regeln zu einem Pfad zusammengeführt werden.
http://rj-graffix.com/software/plugins.html
▶ Windows und Mac

Excentro
Mit dieser Software gestalten Sie sehr komplexe Guillochen – Export als Illustrator-Datei möglich.
http://www.excourse.com/excentro/
▶ Mac

EZ Constrain
Erzeugt eine Palette, in der Sie die Bildachse (Constrain angle) einstellen können, so dass der Weg über die Voreinstellungen nicht mehr nötig ist.
http://www.nineblock.com
▶ Mac

Isometric Line Tool

Fügt der Werkzeugpalette ein Linien-Werkzeug zur Erzeugung von Geraden in 60°-Winkelungen hinzu.
http://rj-graffix.com/software/plugins.html
▶ Windows und Mac

NudgePalette

Mit Hilfe dieser Palette lassen sich Musterfüllungen von Objekten positionieren und gestrichelte Konturen am Pfad entlangschieben.
http://rj-graffix.com/software/plugins.html
▶ Windows und Mac

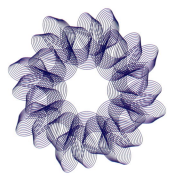

▲ **Abbildung 25.4**
Excentro

Phantasm CS

Die aus Photoshop bekannten Farbkorrekturwerkzeuge Tonwertkorrektur, Gradationskurven, Farbton/Sättigung und andere können Sie mit diesem Plug-in auf Vektorobjekte anwenden.
http://www.phantasmcs.com
▶ Windows und Mac

PointControl

Erweiterte Funktionen zur Pfad- und Punkt-Bearbeitung – z. B. Veränderung von Konturstärken, Löschen und Umwandeln von Punkten.
http://worker72a.com
▶ Mac

▲ **Abbildung 25.5**
Phantasm CS

ProofBlock

Dieses Script fügt ein Formular für das Abzeichnen der Korrektur auf der Seite ein. Die Inhalte können angepasst werden.
http://rj-graffix.com/software/plugins.html
▶ Mac

Guides
Paths
Open Paths
Closed Paths
Filled Paths
Unfilled Paths
Stroked Paths
Unstroked Paths
Dashed Paths
Undashed Paths
Compound Paths
Groups
Live Object Groups
Gradient Meshes
Envelopes
Symbols
Raster Art
Placed EPS Art

QuickCarton

Erzeugt eine Karton-Stanzform nach Eingabe einiger Parameter.
http://worker72a.com
▶ Mac

Select CS3

Ergänzt das Auswahl-Menü um etliche Objekt-Typen, die mit Hilfe des Plug-ins automatisch gesucht werden können, z. B. offene oder konturierte Pfade.
http://rj-graffix.com/software/plugins.html
▶ Windows und Mac

▲ **Abbildung 25.6**
Select CS3

▲ **Abbildung 25.7**
QUICKCARTON

▲ **Abbildung 25.8**
SEP PREVIEW

▲ **Abbildung 25.9**
SYMMETRYWORKS

SelectEffects

Wenn im Dokument Effekte und Transparenz angewendet sind, können Sie betroffene Objekte mit diesen Funktionen filtern.
http://worker72a.com
▶ Mac

Sep Preview

Mit Sep Preview ist eine Vorschau einzelner Farbauszüge direkt in Illustrator ohne Umweg über andere Programme möglich.
http://worker72a.com
▶ Mac

Scoop

Scoop sammelt die für die Ausgabe benötigten Dateien wie Fonts und platzierte Bilder und speichert sie mit der Illustrator-Datei.
http://worker72a.com
▶ Mac

Scriptographer

Scriptographer ist eine Schnittstelle, mit deren Hilfe JavaScripts in Illustrator interaktiv ausgeführt werden können, d.h. zum Beispiel an Mausbewegungen gekoppelt. Die Dokumentation, eine Beispiel-Galerie und Nutzerforen sowie den Download des Plug-ins finden Sie unter http://www.scriptographer.com.
▶ Windows und Mac

Snap Measure

Ein Messwerkzeug mit sehr vielen Anzeige-Optionen, das an Punkten, Griffen und Pfaden einrastet.
http://www.nineblock.com
▶ Windows und Mac

Square Up

Richtet Objekte exakt horizontal und/oder vertikal aus.
http://rj-graffix.com/software/plugins.html
▶ Windows und Mac

SymmetryWorks

Erstellung von Endlos-Mustern nach verschiedenen Regeln aus einfachen Grundformen und Generieren des Rapports für die Musterfelder.
http://artlandia.com/products/SymmetryWorks/
▶ Windows und Mac

Trackplan

Ergänzt Illustrator durch Werkzeuge und Standard-Elemente zur Planung von Modelleisenbahn-Anlagen.

http://rj-graffix.com/software/plugins.html

▶ Windows und Mac

WhiteOPDetector/WhiteOP2KO

WhiteOPDetector sucht überdruckende weiße Objekte. WhiteOP2KO wandelt die Überdrucken-Eigenschaft in Aussparen um.

http://worker72a.com

▶ Mac

▲ **Abbildung 25.10**
Snap Measure

Zoom

Die Ansicht in Bezug auf ausgewählte Objekte zoomen.

http://worker72a.com

▶ Mac

▲ **Abbildung 25.11**
Trackplan Tools

Testversionen_Adobe

Das Verzeichnis enthält 30-Tage-Vollversionen von

▶ Adobe Illustrator CS3
▶ Adobe Photoshop CS3

Die Testversionen liegen für Mac und Windows vor und sind in deutscher Sprache.

Zur fehlerfreien Installation der Demoversionen raten wir Ihnen, den kompletten Ordner zunächst auf Ihre Festplatte zu kopieren. Doppelklicken Sie die .exe-Datei (Windows) bzw. das dmg-Archiv (Mac). Wenn Sie schon einmal eine Demoversion eines der Programme auf Ihrem Rechner installiert hatten, so ist die erneute Installation einer Testversion nicht mehr möglich.

Video-Training

In diesem Ordner finden Sie ein attraktives Special: Als Ergänzung zum Buch möchten wir Ihnen relevante Lehrfilme zur Verfügung stellen. So haben Sie die Möglichkeit, dieses neue Lernmedium kennen zu lernen und gleichzeitig Ihr Wissen um Illustrator CS3 zu vertiefen. Sie schauen dem Trainer bei der Arbeit zu und verstehen intuitiv, wie man die erklärten Funktionen anwendet.

▲ **Abbildung 25.12**
Die Video-Lektionen sind ein Auszug aus dem Video-Training »Adobe Illustrator CS3« von Karl Bihlmeier, erschienen ebenfalls bei Galileo Design (ISBN 978-3-8362-1018-8).

▲ **Abbildung 25.13**
Die Benutzeroberfläche des Video-Trainings

Training starten

Um das Training zu starten, gehen Sie auf der Buch-DVD in den Ordner VIDEO-LEKTIONEN und klicken dort auf der obersten Ebene als Mac-Anwender die Datei »Start-Mac« an (als Windows-Benutzer die Datei »Start-PC.exe«). Alle anderen Dateien können Sie ignorieren.

Das Video-Training startet, und Sie finden sich auf der Oberfläche wieder.

Inhalt des Trainings

Dieses Training erklärt Ihnen alle Werkzeuge von Illustrator CS3. Die Filme sind in Kapiteln sortiert. Klicken Sie einfach im rechten Bereich des Trainings auf einen Werkzeugnamen, und schon läuft die Video-Lektion los. Sie finden folgende Filme:

1. Auswahlwerkzeuge (00:11 Std.)
2. Zeichenwerkzeuge (00:33 Std.)
3. Textwerkzeuge (00:11 Std.)
4. Malwerkzeuge (00:18 Std.)
5. Verformungswerkzeuge (00:19 Std.)
6. Symbolwerkzeuge (00:05 Std.)
7. Diagrammwerkzeuge (00:03 Std.)
8. Slice- und Schneidewerkzeuge (00:06 Std.)
9. Verschiebungs- und Zoomwerkzeuge (00:04 Std.)
10. Kontur- und Flächenfarbe (00:03 Std.)

Viel Spaß beim Lernen am Bildschirm!

Probleme

Sollten Sie Probleme bei der Verwendung des Video-Trainings haben, so finden Sie Hilfe unter http://www.galileodesign.de/hilfe/Videotrainings_FAQ.

Danke schön!

Es steht zwar nur mein Name auf dem Umschlag, dennoch wäre dieses Buch ohne tatkräftige Unterstützung vieler Menschen nicht möglich gewesen. Das Team von Galileo Press – allen voran Ruth Lahres, Alexandra Rauhut und Vera Brauner – hat mich wieder vorzüglich betreut.

Danke meinen Leserinnen und Lesern und den DiskutantInnen in den Online-Foren mediengestalter.info, hilfdirselbst.ch und traum-projekt.com für den anregenden Austausch, Euer Lob und Eure Kritik.

Vielen Dank an Helga Uphoff für ihr stets offenens Ohr (und ihre offene Mailbox) und an Sibylle Mühlke für den Austausch über Fachliches und weniger Fachliches.

Meiner Familie für Euer Mittragen und Drandenken und Klaus, dafür, dass Du mich immer im richtigen Moment wieder aufgebaut oder auf den Boden der Tatsachen geholt hast.

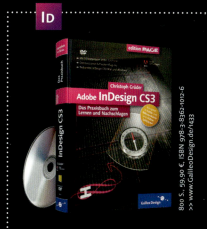
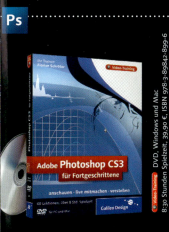
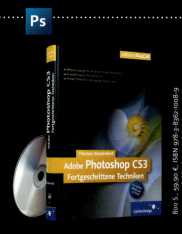
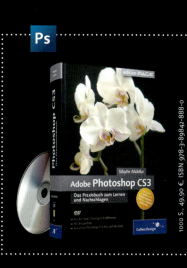
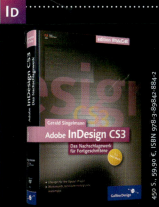
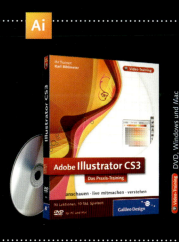

Bibliografische Information der Deutschen Bibliothek
Die Deutsche Bibliothek verzeichnet diese Publikation in der Deutschen
Nationalbibliografie; detaillierte bibliografische Daten sind im Internet über
http://dnb.ddb.de abrufbar.

ISBN 978-3-8362-1011-9

© Galileo Press GmbH, Bonn 2007
1. Auflage 2007, 2., korrigierter Nachdruck 2009

Der Name Galileo Press geht auf den italienischen Mathematiker und Philosophen Galileo Galilei (1564–1642) zurück. Er gilt als Gründungsfigur der
neuzeitlichen Wissenschaft und wurde berühmt als Verfechter des modernen, heliozentrischen Weltbilds. Legendär ist sein Ausspruch Eppur se
muove (Und sie bewegt sich doch). Das Emblem von Galileo Press ist der
Jupiter, umkreist von den vier Galileischen Monden. Galilei entdeckte die
nach ihm benannten Monde 1610.

Lektorat Ruth Lahres, Alexandra Rauhut
Korrektorat Jürgen Dubau, Freiburg; Petra Biedermann, Reken
Herstellung Vera Brauner
Einbandgestaltung Hannes Fuß, www.exclam.de
Typografie und Layout Vera Brauner
Satz Monika Gause, mediawerk, Hamburg
Druck Himmer AG, Augsburg

Dieses Buch wurde gesetzt aus der Linotype Syntax (9,25pt/13 pt) in Adobe
InDesign CS2.
Gedruckt wurde es auf mattgestrichenem Bilderdruckpapier (115 g/m²).

Gerne stehen wir Ihnen mit Rat und Tat zur Seite:
ruth.lahres@galileo-press.de
bei Anmerkungen zum Inhalt des Buches
service@galileo-press.de
für versandkostenfreie Bestellungen und Reklamationen
ralf.kaulisch@galileo-press.de
für Rezensions- und Schulungsexemplare

In unserem Webshop finden Sie unser aktuelles
Programm mit ausführlichen Informationen,
umfassenden Leseproben, kostenlosen Video-Lektionen –
und dazu die Möglichkeit der Volltextsuche in allen Büchern.

www.galileodesign.de

Know-how für Kreative.